呂思勉全集

15

中國民族史
中國民族演進史
中國文化史六講
中國文化史

本册總目

中國民族史

前　言

《中國民族史》的撰寫約起於一九一九年前後，後經多次增補修改，於一九三四年四月由上海世界書局初版，同年十二月再版，一九三六年四月中國文化服務社再版。吕先生自評此書“考古處有可取，近代材料不完全，論漢族一篇，後來見解已改變”。①《中國民族史》出版後，吕先生曾做過一遍仔細的校訂。上世紀八十年代初，楊寬、吕翼仁先生也做過一些校訂。

《中國民族史》有多種新版或重印版：②如中國大百科全書出版社“中國學術叢書”版（一九八七年十一月出版，有删改）、上海書店“民國叢書”版（第一編，一九八九年十月影印出版）、北京東方出版社“學術經典叢書”版（一九九六年三月出版），又收入上海古籍出版社“吕思勉文集”《中國民族史兩種》（二〇〇八年五月出版）、岳麓書社“民國學術文化名著”叢書（二〇一〇年十二月出版）、上海世紀出版集團上海古籍出版社“世紀文庫”（二〇一二年十一月出版）、吉林人民出版社“中國學術文化名著文庫”（二〇一三年三月出版）、北京聯合出版公司“民國大師文庫”（二〇一四年一月出版）等。

此次將《中國民族史》收入《吕思勉全集》重印出版，我們以吕先生的部分手稿和上海世界書局初版本爲底本，參考了吕先生、楊寬、吕翼仁先生的校訂成果，並將原書的繁體直排、雙行夾註，改爲繁體横排、單行夾註。除訂正原書的錯字、誤植外，其他如行文遣句，概念術語、人名地名等，均未作改動。

李永圻　張耕華

二〇一四年七月

---

① 吕思勉：《三反及思想改造學習總結》，參見《吕思勉全集》之《吕思勉論學叢稿》下。

② 有關《中國民族史》的再版、重印的情況，詳見《吕思勉全集》之《吕思勉先生編年事輯》附録二《吕思勉先生著述繫年》的記録。

目　録

序

吕君誠之，著《先秦學術概論》，予既爲序而行之矣。越三日，君復以所著《中國民族史》相示。讀之，二日而畢。則其貫通精確，又有非前書所能逮者。漢高祖之盛也，以三十萬衆，困於平城。是役也，上距蒙恬之逐頭曼，僅十餘年耳。蒙恬之兵則强矣，自此以前，秦之兵威，未能若是其盛也；燕趙諸國，兵力尤不逮秦；匈奴之爲國則舊矣，何以迄無冒頓其人者，侵擾北垂？此史事之可疑者一也。漢世所謂上谷、漁陽、右北平、遼西東者，實苞今遼、熱二省，且渡鴨綠江入朝鮮。烏桓居五郡塞外，其地亦不狹矣。乃自魏武柳城一捷，而烏桓之名，幾不復見，其衆果何往乎？此史事之可疑者二也。朝鮮爲箕子之國，無足疑者。然當商周之間，遼東西究作何狀，殊不可知，無論箕子出走，武王封建，安能及於朝鮮？此史事之可疑者三也。蒙古由來，《元史》不載。賴有《祕史》，少窺崖略。然《祕史》所述，則蒙古王室之先世耳。其部族緣起，不可知也。近世考證之家，謂其實出室韋，以地望覈之，是矣，然蒙人又自號曰韃靼，何居？抑韃靼者，《五代史》云：靺鞨别部之居陰山者也。靺鞨在松花江畔，何緣西附陰山？既附陰山，又何緣絶漠而北？此史事之可疑者四也。往史所載諸民族，一夫多妻者多，一妻多夫者少。苟其有之，必且競相傳述。當南北朝時，有具一妻多夫之俗者曰嚈噠，居今于闐。史謂其自金山而南；班勇平西域時，已有其國。果如所言，《後書》、《國志》，何以一語不及？而吐蕃贊普，《唐書》謂其系出秃髮，越積石而撫有羣羌。羌固父死妻後母，兄亡報嫠嫂者。以一妻多夫之藏族，而謂其原出於羌，可乎？此史事之可疑者五也。苗、瑶、僚、㸙占地既廣，稱名猥多。果一族乎？抑多族乎？若爲多族，當得幾族？若本一族，緣何派分？歷來記諸族之事跡者多，能董理其派别者少。此尤予讀書以來所懷疑莫釋者也。一讀此書，則向之懷疑莫釋者，今皆昭若發曚。昔人謂《漢書》可以下酒，得此快作，真可一石不醉矣。然向所臚舉，僅就予所懷疑者言之耳。全書中精闢之處，蓋未易枚數。如匈奴與中國同文也，其前後龍庭所在也，契丹十部八部之異也，金源王室得氏之由也，靺鞨二字之義也，文身食人之俗究出何族也，無一不怡然涣然，未道破則人不能言，已道破則人人共信者。又如濮族遠跡，曾及秦豫；肅慎濊貉，皆因燕開五郡，播遷東北；則穿貫史事，若綴千狐之白而爲裘，使往史失載之大事，突然現於眼前。斯尤足究民族盛衰興替之原，豈徒曰誦習簡策，若數米鹽而已。近人所撰《東北史綱》，因夫餘諸國，俗類有殷，而疑滿族來自東方，遠不如此書諸族本居燕北，因燕國開拓而播遷之説之善。蓋嘗論之：考證之學，以清代爲最精。實詳於經而略於史。清儒之考史者，多留心於一枝一節，爲古人彌縫其闕，匡救其災，其能貫串全史，觀其會通者蓋寡；比合史事，發見前人所未知之事實者，尤不可覯矣。君之所爲，誠足令先輩咋舌。附録諸篇，若三皇五帝、昆侖、鬼方、長狄諸考，則又淹貫經子，雖專門之經生有不逮。才士固無所不可哉！誰謂古今人不相及乎？

民國二十二年夏武進陳協恭序

第一章　總　　論

此書凡分十二族，今各述其大概如下：

（一）漢族　此爲最初組織中國國家之民族。其語言、習俗、文化等，皆自成一體，一綫相承。凡世所稱爲中國民族者，皆以其能用此種語言，具有此等習俗文化而言之也。此族初居黄河流域，漸向長江、粤江兩流域發展。其開化之年代，今尚不能確知。據史家所推算者計之，則其有史時期，當在距今五千年前後。中國確實之紀年，始於共和元年，在公元前八百四十一年。自此以前，據《漢書・律曆志》所推：周尚有一百二十二年，殷六百二十九年，夏四百三十二年，爲公元前二千零二十四年，即民國紀元前三千九百三十五年，更加巢、燧、羲、農，及黄帝、顓頊、帝嚳、堯、舜等，事跡較可憑信者，必在距今五千年前後也。其爲故居此地，抑自他處遷徙而來，今亦未能確知，其奄有中國本部，蓋定於秦、漢平南越開西南夷之日。自此以後，其盛衰之跡，即普通中國歷史，人人知之。其與他族交涉，則述他族時可以見之。故述此族之事，即至此爲止。

（二）匈奴　此族當前二世紀至紀元一世紀時，據今内外蒙古地方，爲中國之强敵。一世紀末，爲中國所破，輾轉西遷，直至歐洲爲止，與中國無甚交涉矣。其入居中國内地者，四世紀之初，乘中國内亂而崛起。是爲五胡中之胡、羯，十六國中之前後趙，約五十年，大爲冉閔所屠戮，遂驟衰，其遺族浸與漢族相同化焉。此族自周以前，蓋與漢族雜居黄河流域，詳見篇中。此時今内外蒙古之地，蓋極地廣人稀；錯處之種族雖多，非盡此族。實無一强大者。故中國當未統一之前，無北方游牧民族侵掠之患，實天幸也。

（三）鮮卑　此族似即古所謂析支，散居中國之北。秦、漢時，則在今遼、熱之間。蓋南限於燕所開上谷、漁陽、右北平諸郡，西限於匈奴也。更東則爲貉族。中國人稱爲東胡。公元前一二世紀之間，爲匈奴所破，餘衆分保烏桓、鮮卑二山，因以爲名。二山所在，今不能確知，然必滿、蒙之間，所謂内興安嶺之脈者。烏桓在南，鮮卑在北。漢武帝時，招致烏桓，居於上谷、漁陽、右北平、遼西、遼東五郡塞外，助漢捍禦匈奴。自此烏桓與漢較親。一世紀末，匈奴亡。鮮卑徙據其地，而臣其遺落，由此大盛。至二世紀後半，遂與中國相抗衡。然未久復衰。惟其部落分布仍甚廣。烏桓當二世紀後半，其大人亦頗有桀驁者。三世紀初，曹操襲破之於柳城。自此不能復振。然後此崛起之鮮卑，核其地，實多前此烏桓所據。故予頗疑鮮卑爲其種族之本名，烏桓僅其分部之號；柳城戰後，非烏桓自此遂亡，乃皆改從本名耳。此族分布既廣，故五胡之亂，乘時崛起者頗多。前後燕、西秦、南涼、拓跋魏、宇文周皆是。高齊雖自稱漢族，風氣實同鮮卑，亦不能視爲漢族也。兩晉南北朝之世，此族之興，始於慕容氏之據遼東西。事在三世紀末葉。至五八一年，隋代宇文周，而其在中國割據之局始終，其人亦大抵同化於中國。而其種落，仍有居西遼河上游流域者，是爲奚、契丹。公元十世紀之初，契丹崛起，盡服漠南北；聲威西至西域；又東北滅渤海；南割燕雲十六州。至千一百二十五年，乃爲金所滅。自東胡之强至此，蓋千三四百年，其運祚，實遠較匈奴爲久也。

（四）丁令　此族在今日，中國人通稱爲回，西人則通稱爲突厥，皆其後來之分部。其種族之稱，實惟丁令，異譯作勑勒，亦作鐵勒。地在匈奴及西域諸國之北。自貝加爾湖附近起，至鹹海、裏海之北，成一弧形。鮮卑侵入内地後，此族踵之而據漠南北。公元四世紀前半，北魏與柔然，争鬭最烈。柔然雖鮮卑分部，其所用實皆丁令之衆也。五世紀中葉，柔然衰，而此族之突厥盛。自此或與中國爲敵，或則臣服於中國，至七世紀初乃亡。而其同族回紇又繼之。至八世紀初葉，乃爲黠戛斯所破。自此棄漠南北，居河西及天山南路，以至於今。以上所述，爲此族之居東方者。其居西方者爲西突厥。六世紀中葉，爲中國所破。後中國之威力衰，則臣服於大食，然其種落仍在。大食衰，此族復多崛起者。元世，入居中國者不少焉。

（五）貉族　東洋史上，漢族而外，當以此族程度爲最高。古所稱東方君子之國者，實指此族言之。其根據地，予疑其本在遼、熱、河北之間，自燕開五郡，乃爲所逐，奔迸塞外。於是此族名國，在今吉林西境者有夫餘，其南下朝鮮半島者，爲高句麗及百濟。夫餘亡於三世紀之初。而句麗、百濟，日益昌大，終成半島之主人焉。此族文化，酷類有殷，蓋受之箕子。古代之朝鮮，斷不能在半島，蓋亦隨燕之開拓，而奔迸於東者也。

（六）肅慎　即今所謂滿族，此族在古代，疑亦近北燕，隨燕之開拓而東北走者，詳見篇中。自漢以後，此族居於松花江流域，而黑龍江兩岸，亦其種落所在。初蓋服屬夫餘，後亦臣事句麗。句麗之亡，助之之粟末部，入居今熱河境。七八世紀之間，因契丹叛亂，東走出塞，建國曰渤海。盡有吉、黑及清咸豐間割畀俄國之地。并有今遼寧東境，及朝鮮北境。一切制度文物，皆模範中華，稱爲海東盛國。九百二十六年，爲遼所滅。於是此族大致服遼。至千一百十四年，而此族之黑水部曰女真者興起。以飄風暴雨之勢，十有二年而滅遼，又二年而亡北宋，奄有中國之半。凡百二十年，而亡於元。其居長白山者，後四百年乃興起，是爲清。其居黑龍江上游者爲室韋。其別部，唐時曰蒙兀，即後來之蒙古。然蒙古王室之先世，則實沙陀突厥與室韋之混種也。詳見篇中。

（七）羌族　此族在今隴蜀之間，及西康、青海、前藏之境。其分支東出，沐浴中國之文化最早者曰氐。三代時，即與中國有交涉。據河、湟肥饒之地，爲中國患最甚者，爲漢時之西羌。又西北至天山南路，南至雲南西境，亦有其種落。但非其蟠結繁盛之區而已。此族所處之地，極爲崎嶇，且較磽瘠，既不能合大羣，産業亦無由開發，故其進化頗遲。然亞洲中央之高原，大半爲此族所據。將來大陸中心開發時，實占極重要之地位也。

（八）藏族　此族有一特異之俗，曰一妻多夫。自晉以前無聞焉。南北朝時，乃有據今于闐之地者，曰嚈噠。其兵威遠暨西亞。至突厥興，乃爲所破。嚈噠原起，史籍所云殊不足據。以予觀之，則嚈噠二字，實系于闐異譯。後藏、于闐之間，本有交通孔道。嚈噠蓋後藏民族之北出者也。西康、青海、西藏同爲亞洲中央高原。然其地勢，仍有微別。西康、青海及前藏，皆向東南傾斜，爲諸大川上游谷地，此爲羌族所據。後藏之地，則高而且平，其水皆無出口，地理學家稱爲湖水區域，此則藏族之所據也。前藏之南，雅魯藏布江流域，地最肥饒，亦較平坦，去印度又近，是以吐蕃王室之先，自此入藏，遂爲羌、藏二族之主。此族以所居之地之閉塞，其開化亦遲。然正以此故，其信教之心極篤。佛教衰於印度，遂以此爲根據。蒙、羌兩族，亦皆受其感化。亞洲内陸開發時，亦必占極重要之位置也。

（九）苗族　南方諸族，向來論者，不甚加以分别。然考諸史籍，則固顯然可分爲三：其一族，予從今日通行之名，稱之曰苗。又其二族，則稽諸古初，而稱之曰越，曰濮。苗族古稱黎，漢以後稱俚，亦作里。其地居正南，故古書多稱爲蠻。今所謂苗，即蠻字之轉音也。或以附會古之三苗，誤矣。然今苗族之稱，不因古三苗之國，而古三苗之國所治，則確爲今之苗民，即所謂九黎也。此族當五帝時，曾據今長江中流，洞庭、彭蠡之間。後爲漢族所破。周時，江域之地入楚。此族退居湖南，自漢以後，又沿洞庭流域西南退。凡今湖南及貴州沅江上游之地，古所謂蠻者，大抵皆此族也。

（一〇）越族　今所謂馬來人。其分布之地，在亞洲沿海，暨環亞洲諸島嶼，即地理學家所謂亞洲大陸之真沿邊者。其形狀之異甚著，史多明載之。又文身食人之俗，散見史籍者甚多，比而觀之，則皆係此族人。此族之程度，似較苗族爲低。然其所據之地，遠較苗族爲廣。山東半島及江、浙、閩、廣、湘、贛，古代蓋皆此族人所據、且有深入川、滇者。今日中國人之成分中，此族之血胤必不少也。

（一一）濮族　此族今稱倮儸。其與苗族之異，日本鳥居龍藏曾言之。然考諸史籍，其事亦甚顯著也。此族之文明程度，又較苗族爲高。其地在苗族之西；貴州西境，雲南東境，四川南境，則其蟠據之區也。此族在古代，蹤跡曾深入北方，達今秦、豫之境。湖北西半，亦大抵爲所據，詳見篇中。其去漢族蓋最近，故其程度亦最高也。

（一二）白種諸族　今日歐、亞二洲之界綫，非歷史上東西洋之界綫也。歷史上東西洋之分界，實爲亞洲中央之帕米爾高原。自此以東之地，其事皆與中國之關係多，與歐洲之關係少；自此以西之地，則與歐洲之關係多，而與中國之關係少矣。白種人之分布，大都在蔥嶺以西，故與中國關係較淺。然彼此往來，究亦不乏。而蔥嶺以東，白種人之分布，亦非曰無之，特非大部落耳。

以上所述，除白種諸族甚少不足計外，其餘十一族，可分三派：匈奴、鮮卑、丁令、貉、肅慎爲北派；羌、藏、苗、越、濮爲南派；此以大致言。羌、藏中，亦有具北派之性質者。而漢族居其中。北派除貉族外，非據瘠薄之草原，則據山嶺崎嶇而苦寒之地，故其性好殺伐。歷代爲中國患，又蹂躪西域，有時且及於歐洲者，皆此派民族也。南方則地勢崎嶇，而氣候炎熱，其民性較弱，而團結亦較難，故不能爲大患。然其開發亦不易。漢族卵翼之，教誨之，迄今已數千年，猶未能全然同化也。惟漢族，根據黄河，而漸進於長江、粵江兩流域。川原交錯，物産豐饒，幅員廣大，交通利便，氣候亦具寒熱温三帶，取精用弘，故能大啓文明，創建世界所無之大國。得天獨厚，良非偶然。然以四圍諸族，程度皆下於我，遂不免傲然自大，而稍流於故步自封；又以廣土衆民，生活及文化程度，皆遠較他族爲勝；一時雖爲人所征服，不久即能同化他人；不恃兵力，亦足自立，民氣遂日流於弱；此則其缺點也。今日所遇諸族，則非復昔時之比矣。狃於蒲騷之役者，雖遇小敵，亦不免敗績失據，況今之所遇，固大敵乎？可不深自念哉？

第二章　漢　　族

民族與種族不同。種族論膚色，論骨骼，其同異一望可知。然雜居稍久，遂不免於混合。民族則論言文，論信仰，論風俗，其同異不能别之以外觀。然於其能否摶結，實大有關係。同者雖分而必趨合，異者雖合而必求分。其同異，非一時可泯也。

一國之民族，不宜過雜，亦不宜過純。過雜則統理爲難，過純則改進不易。惟我中華，合極錯雜之族以成國。而其中之漢族，人口最多，開明最早，文化最高，自然爲立國之主體，而爲他族所仰望。他族雖或憑恃武力，陵轢漢族，究不能不屈於其文化之高，舍其故俗而從之。而漢族以文化根柢之深，不必藉武力以自衛，而其民族性自不虞澌滅，用克兼容并苞，同仁一視；所吸合之民族愈衆，斯國家之疆域愈恢；載祀數千，巍然以大國立於東亞。斯固並世之所無，抑亦往史之所獨也。

漢族之稱，起於劉邦有天下之後。近人或謂王朝之號，不宜爲民族之名。吾族正名，當云華夏。案《書》曰："蠻夷猾夏。"《堯典》，今本分爲《舜典》。《左氏》曰："戎狄豺狼，諸夏親暱。"閔元年。又曰："裔不謀夏，夷不亂華。"定十年。又載戎子駒支對晉人之言曰："我諸戎飲食衣服不與華同。"襄十四年。《論語》曰："夷狄之有君，不如諸夏之亡也。"《八佾》。《説文》亦曰："夏，中國之人也。"則華夏確係吾族舊名。然二字音近義同，竊疑仍是一語。二字連用，則所謂複語也。"裔不謀夏，夷不亂華"二語，意同辭異，古書往往有之，可看俞氏樾《古書疑義舉例》。以《列子》黄帝夢游華胥，附會爲漢族故壤，未免失之虚誣。夏爲禹有天下之號，夏水亦即漢水下流。禹興西羌，《史記·六國表》。漢中或其舊國。則以此爲吾族稱號，亦與借資劉漢相同。且炎劉不祀，已越千年。漢字用爲民族之名，久已不關朝號。如唐時稱漢、蕃，清時稱滿、漢，民國肇建，則有漢、滿、蒙、回、藏五族共和之説是也。此等豈容追改？夏族二字，舊無此辭。華族嫌與貴族混。或稱中華民族，詞既累重，而與合中華國民而稱爲一民族者，仍復相淆。夫稱名不能屢更,而涵義則隨時而變。故片辭隻語,其義俱有今古之不同。訓詁之事,由斯而作。必謂漢爲朝號,不宜用爲民族之名,則今日凡百稱謂,何一爲其字之初詁哉?廢百議一,斯爲不達矣。

漢族自有史以前,久居此土乎?抑自他處遷來,其跡尚有可考者乎?此近人所謂"漢族由來"之問也。昔人闇於域外地理,即以其國爲天下,此説自無從生。今則瀛海大通,知中國不過世界列國之一;遠覽他國史乘,其民又多非土著;而讀史之眼光,始一變矣。法人拉克伯里氏撰《支那太古文明西原論》,謂漢族來自巴比倫。日本白河次郎、國府種德取其説以撰《支那文明史》。東新譯社譯之。改名《中國文明發達史》。説極牽强。顧中國人自此頗留意考據。蒐輯最博者,當推蔣智由之《中國人種考》。見《新民叢報》。此篇以博爲主,故所采不皆雅言。作者亦無確實論斷。此外丁謙、章炳麟等,咸有論著。或主來自小亞細亞。丁氏之説。見所著《穆天子傳地理今釋》。略謂"此書體例,凡穆王經過諸國,有所錫賚皆曰'賜';惟於西王母則曰'獻'。諸受天子之賜者,皆膜拜而受,惟西王母及河宗氏不然。天子觴西王母於瑶池之上。西王母爲天子謡曰:白雲在天,山陵自出。道里悠遠,山川間之。將子無死,尚復能來。意謂中華大國,然其初起自西方,猶天上白雲,出自山陵也。然則西王母爲漢族故國,理自可信。傳云:'自羣玉之山以西,至於西王母之邦,三千里。自西王母之邦,北至於曠原之野,飛鳥之所解其羽,千有九百里。'又云:'至於西王母之邦,遂驅,升於弇山。乃紀其跡於弇山之石,而樹之槐,眉曰西王母之山。'羣玉之山,以穆王游行道里核之,當在今蔥嶺左右。曠原之野,蓋印度固斯山以北高平之地。西王母在羣玉之山之西三千里,曠原之野之西千九百里,則當在今小亞細亞。弇山,郭注云:弇兹山,日所入也。即《山海經》之崦嵫山。經云:崦嵫之山,苕水出焉,而西流注於海。可證西王母之地,西面濱海。然則西王母當在小亞細亞之西端。昔人所知陸地,西盡於此,遂以爲日之所入耳。"愚案西王母之名,見於《爾雅》,爲四荒之一。《淮南子・地形訓》:"西王母,在流沙之瀕。"《禮記・王制》:"自西河至於流沙,千里而遥。"則西王母之地,極遠亦不過在今甘肅邊境。《太平御覽》地部引崔鴻《十六國春秋》:"酒泉太守馬岌上言:酒泉南山,即昆侖之體。有西王母石室"云云。雖未必密合,地望固不甚遠。故虞舜時,西王母能來獻其白琯,若在小亞細亞,則蔥嶺東西,古代了無交通之跡,西王母安能飛越邪?舜時西王母來獻白琯,見《大戴禮記・少閒》篇。或謂來自大夏故墟。章氏之説,見《太炎文録・論種姓》篇。以西史之巴克特利亞(Bactria),《史記》稱爲大夏,必其地之舊名。而引《吕覽・古樂》篇,黄帝命伶倫作律。伶倫自古大夏之西,乃之阮隃之陰,取竹於嶰谿之谷,爲大夏爲漢族故土之證。然大夏之名,古籍數見,雖難確指其地,亦必不得在蔥嶺之西也。詳見近人柳詒徵所撰《大夏考》,載《史地學報》。要其立説,皆不免藉《山海經》、《穆天子傳》等書爲佐證。此等書,後人所以信之者,以其述域外地理多合。予謂二書實出晉世,漢時西域地理已明,作僞者乃取以爲資,而後人遂爲所欺耳。此説甚長,當別著論,乃能詳之。《山海經》係據漢後史志僞造。予所考得,凡數十事。予昔亦主漢族西來之説。所立證據,爲《周官》鄭注。謂古代之祀地祇,有昆侖之神與神州之神之别。人神州後仍祀昆侖，則昆侖爲漢族故土可知。自謂所據確爲雅言。迄今思之，鄭氏此注，原本緯候。疏引《河圖·括地象》爲證。緯候之作，僞起哀、平，亦在西域地理既明之後。雖多取材故記，未必不附以新知。則其所言，亦與《山海經》、《穆天子傳》等耳。據此議彼，未免五十步之笑百步也。參看拙撰《昆侖考》。

然則漢族由來，竟不可知乎？曰：非不可知也，特今尚非其時耳。草昧之時，訖無信史，爲各國各族所同。他國古史，所以漸明者，或則發掘古物，以求證驗；或則旁近史乘，可以參稽。吾國開化最早，四鄰諸國其有史籍，皆遠出我後；掘地考古，方始萌芽；則邃古之事，若存若滅，蓋無足怪，與其武斷，無寧闕疑也。

然則漢族發展之跡，竟不可知乎？曰：漢族入中國以前，究居何處不可知。其入中國後發展之跡，則尚有可徵也。特皆在有史以後耳。案欲考漢族發展之跡，必先明其地理。考證古史地理，厥有三法：（一）考其疆域四至，及九州境界。（二）考古國所在。（三）考其用兵地理是也。疆域四至及州之境界，多有山川之名爲據，似若可信。然此不過聲教所及，非必實力所至也。古國所在，多難確考。有可考者，亦難分别其究爲漢族，抑非漢族。無已，其惟考證古代帝王都邑乎？王朝史事，傳者較詳。都邑所在，亦較可憑信也。用兵地理，能傳諸後世者，其間戰勝攻取之方，遁逃負固之跡，皆足以考立國形勢，交通路綫。較諸僅知其都邑所在者，尤爲可貴。故此三法者，第三法可用其全，第二法可用其半，第一法則全不足用也。

古代帝王事跡，多雜神話。其較可信者，蓋始三皇五帝。三皇五帝，異説紛如，要以《尚書·大傳》燧人、伏羲、神農爲三皇；《史記·五帝本紀》，黄帝、顓頊、帝嚳、堯、舜爲五帝之説爲可信。詳見鄙人所撰《三皇五帝考》。燧人都邑無徵。《遁甲開山圖》，謂伏羲生於成紀，今甘肅秦安縣。徙治陳倉，今陝西寶雞縣。地在秦、隴之間。神農氏，一稱厲山氏，亦曰大庭氏。厲山，《括地志》謂在隨縣，今湖北隨縣。即春秋時之厲國。而春秋時魯又有大庭氏之庫，皇甫謐《帝王世紀》，謂神農都陳徙魯，《史記·五帝本紀》正義引。蓋本諸此。黄帝邑於涿鹿之阿。服虔云：涿鹿，山名，在涿郡。今河北涿縣。張晏謂在上谷，皆見《集解》。蓋因《漢志》上谷有涿鹿縣云然。竊疑服説爲是也。顓頊、帝嚳，《史記》皆不言其都邑。《集解》引《皇覽》，謂其冢並在濮陽，今山東濮陽縣。則在今山東境。堯都晉陽，今山西太原縣。見於《漢志》。舜蓋因之。《左》定四年，祝佗謂唐叔封於夏虚，啓以夏政，則禹亦仍堯舊都也。然《世本》謂禹都陽城，蓋其後嗣所徙。《左》哀六年引《夏書》曰："惟彼陶唐，帥彼天常，有此冀方。今失其行，亂其紀綱，乃滅而亡。”蓋指太康失國之事。竊疑有夏自此，遂失冀州，後嗣更居河南也。詳見鄙人所撰《夏都考》。湯都曰亳，異説尤繁。鄙意當采魏氏源之説，以商、今陝西商縣。偃師、今河南偃師縣。及漢薄縣今河南商邱、夏邑、永城三縣境。三處皆爲亳。湯初居於商，《史記》所謂“自契至湯八遷，湯始居亳，從先王居”者也。其後十一征，自葛始。韋、顧既伐，遂及昆吾、夏桀。桀敗於有娀之虚，奔於鳴條。湯以其間又伐三孷。其戰勝攻取之跡，皆在河南、山東，則必在漢薄縣境矣。此孟子所謂“湯居亳，與葛爲鄰”者也。有天下之後，蓋定都偃師。故盤庚渡河而南，《史記》謂其“復居成湯之故居”也。詳見鄙人所撰《釋亳》。其後仲丁遷於敖；《書》序作囂。《正義》：“李顒曰，囂在陳留浚儀縣，皇甫謐云：仲丁自亳遷囂，在河北也。或曰：今河南敖倉。二説未知孰是。”《史記正義》：“《括地志》云：滎陽故城，在鄭州滎澤縣西南十七里，殷時敖地也。”案浚儀，今河南開封縣，滎澤，今河南滎澤縣。《水經・濟水》注：濟水又東經敖山，山上有城，即殷帝仲丁之所遷也。皆同《正義》或説。河亶甲居相；《史記正義》：“《括地志》云：故殷城，在相州内黄縣東南十三里，即河亶甲築都之所，故名殷城也。”案今河南内黄縣。祖乙遷邢；《書》序：“祖乙圮於耿。”《正義》：“皇甫謐以耿在河東，皮氏縣耿鄉是也。”《史記・索隱》：“邢，近代本亦作耿。”案此蓋後人以書序改之。《通典》謂祖乙所遷之邢爲邢州，説似較確。皮氏，今山西河津縣。邢州，今河北邢臺縣。盤庚涉河南，治亳；武乙立，復去亳，徙河北；《項羽本紀》：“項羽乃與期洹水南殷虚上。”《集解》：“應劭曰：洹水在湯陰界。殷虚，故殷都也。瓚曰：洹水，在今安陽縣北，去朝歌殷都一百五十里。”然則此殷虚非朝歌也。案清光緒己亥，河南安陽縣西五里小屯，發見龜甲獸骨，刻有文字。近人多謂即《史記》之殷虚，武乙所遷。亦皆在大河兩岸。然則自伏羲至殷，漢族蹤跡，迄在今黄河流域矣。

《史記・六國表》：“或曰：東方物所始生，西方物之成熟。夫作事者必於東南，收功實者常於西北。故禹興於西羌，湯起於亳，周之王也以豐、鎬伐殷，秦之帝，用雍州興，漢之興，自蜀、漢。”此等方位地運之説，原不足信。然自漢以前，興亡之跡，確係如此。此實考漢族發展者所宜留意也。伏羲起自秦、隴；神農跡躔兗、豫，黄帝、堯、舜，則宅中冀州，已隱有自西徂東之跡。然猶曰：古史茫昧，不盡可據也。至殷而事跡較詳矣。猶曰：都邑地里，多有歧説也。至周則更無異辭矣。統觀古史，大抵肇基王跡，必在今之陝、甘，繼乃進取直、魯、晉、豫，終至淮域而止。三代、秦、漢，莫不皆然。然則唐虞以前，雖無信史，亦可臆測矣。堯、舜嬗代，究由禪讓，抑出争奪？久成疑案。予則頗信《史通・疑古篇》之説，别有《廣疑古篇》明之。① 今姑勿具論。使予所疑而確，則舜卒於鳴條，禹會諸侯於塗山，今安徽懷遠縣。皆淮域地也。商事已見前。

① 見《吕思勉全集》之《中國社會史》。

周封有邰，今陝西武功縣。公劉遷邠，今陝西邠縣。大王遷岐，今陝西岐山縣。文王作豐，武王作鎬，今陝西鄠縣。皆在今陝西境。文王伐犬戎，見下篇。伐密須，今甘肅靈臺縣。則今陝西西北及甘肅境。虞、芮今山西平陸縣。質成，敗耆，今《尚書》作黎，今山西長子縣。伐邘，今河南沁陽縣。則今山西及河南北境。蓋濟蒲津東出。武王渡孟津，戰牧野，則出函谷而東也。武王末受命，周公乃大成王業。親戡三監之叛，而使子魯公伯禽平淮夷、徐戎。成王復東征，踐奄。《説文》奄在魯。亦猶湯韋、顧、昆吾，三嵏之伐，鳴條之放矣。武王營雒邑，周公卒成之，則湯之建偃師爲景亳也。秦起關中，其出函谷，劫韓苞周，則武王東伐之路也。其遷魏安邑，今山西夏縣。阬趙衆長平，今山西高平縣。南下上黨，今山西晉城縣。北定太原，今山西太原縣。則文王東出之路也。而其滅楚，用兵亦至壽春今安徽壽縣。而止。與周之平淮夷、徐戎，如出一轍。特其滅燕，開遼東，及破楚鄢、今河南鄢陵縣。郢，今湖北江陵縣。爭戰之烈，則商、周所未有耳。漢高祖使韓信渡河北出，而身距項羽於滎陽、今河南滎澤縣。成皋今河南汜水縣。之間。卒背約追楚，破之垓下。今安徽靈璧縣。其形勢，猶夫商、周以來之形勢也。興亡之跡，異世同揆，豈真有如《史記·六國表》之説，故“收功實者必於西北”哉？非也。射獵之民，率依險阻。降丘宅土，必耕農之世乃然。故漢族初基，實在黄河上流，後乃漸進於其下流。東方地形平衍，戎狄之雜居者少，其民以無與競争而弱。秦、隴、燕、晉之境，則其民多與異族錯處，以日事淬厲而强。此則三代、秦、漢，所以累世有勝於天下也。豈真有地運方位之説哉？然而漢族以河域發展之跡，則固可以微窺矣。春秋時强國，曰晉、楚、齊、秦，其後起者則吴、越，皆與蠻夷雜處。其居腹地者，如魯、衛、宋、鄭、陳、蔡等，皆寖弱以即於亡。一由無與競争。一亦由四鄰皆文明之國，非如戎狄之貴貨賤土，拓境不易也。梁氏啓超《中國之武士道》序，論此義頗悉，可以參看。又冀州亦鄰戎狄，而商、周皆起雍州者，竊疑冀州爲黄帝、堯、舜所都，其文明程度，已較雍州爲高，故其民亦較雍州爲弱矣。

漢族在江域之發展，中流最早，下流次之，上流最晚。以蜀地大險，吴、越距文物之邦太遠故也。中流古國，厥惟三苗。《韓詩》述其地曰：“衡山在南，岐山在北；左洞庭之陂，右彭蠡之澤。”實跨楚、豫、湘、贛之交。近人誤謂即今之苗族。以予所考，實爲姜姓之國，炎帝之後，詳見《苗族》篇。此實漢族開發江域之最早者矣。然自夏以後，闃焉無聞。《國語》謂“少昊之衰，九黎亂德。民神雜擾，不可方物”。得毋南遷之後，已化於越人巫鬼之習邪？三苗爲九黎之君，見《苗族》篇。此江域文明之大啓，所以必有待於楚人也。

楚封丹陽，《漢志》謂即漢時之丹陽縣，地在今安徽之當塗。與郢都相距，未免太遠。故後人多主杜預説，謂在今之秭歸。宋氏翔鳳始考得丹陽在丹、淅二水入漢處，地實在今南陽、商縣之間。熊繹徙荆山，在今湖北南漳。至武王徙郢，乃居今之江陵。《過庭録・楚鬻熊居丹陽武王徙郢考》參看《濮族》篇。吾儕讀此，乃知楚之開拓，實自北而南。本此以觀古史，則知丹、淅一帶，實爲古代形勝之地。《吕覽・召類》謂“堯戰於丹水之浦，以服南蠻”；而其子朱，即封於此；《書傳》謂“湯網開三面，而漢南諸侯，歸之者四十國”；周南之地，《韓詩》謂在南郡、南陽之間，皆是物也。周公奔楚，蓋亦襲三分有二之勢，故出武關，走丹、淅矣。昭王南征而不復，管仲以詰屈完。杜預謂是時漢非楚境，故楚不受罪。信如杜言，管子豈得無的放矢？觀宋氏之説，乃知是時漢正楚境，昭王是役，蓋伐楚而敗也。《左》僖四年：“昭王南征而不復。寡人是問。”杜注：“昭王南廵守，涉漢，船壞而溺。”《正義》：“《吕氏春秋・季夏紀》云：周昭王親將征荆蠻。辛餘靡長且有力，爲王右，還反涉漢，梁敗，王及祭公隕於漢中。辛餘靡振王北濟，反振祭公。高誘注引此《傳》云：昭王之不復，君其問諸水濱。由此言之，昭王爲没於漢，辛餘靡焉得振王北濟也？振王爲虚，誠如高誘之注，又稱梁敗，復非船壞。舊説皆言漢濱之人，以膠膠船，故得水而壞，昭王溺焉。不知本出何書。”又《史記・齊太公世家》《集解》：“服虔曰：周昭王南廵狩，涉漢未濟，船解而溺昭王。《索隱》：宋忠云：昭王南伐楚，辛由靡爲右。涉漢中流而隕。由靡逐王，遂卒不復。周乃侯其後於西翟。”案《史記・周本紀》云：“昭王南廵狩不返，卒於江上。其卒不赴告，諱之也。”此蓋因周人諱飾，故傳聞異辭。諸家或云廵狩，或云征伐；或云隕漢，或云卒江；甚有振王北濟之説，皆由於此。然以理度之，自以伐楚而敗，隕没於漢，爲得其實。古人造舟爲梁，梁敗船壞，實非異事。屈完之對，乃謂此事楚弗與知，非謂是時漢非楚境也。牧野之役，實有庸、蜀、羌、髳、微、盧、彭、濮人，得力於西南諸族者不少。詳見《濮族》篇。至是武關道阻，而周室之威靈，亦日替矣。楚既南下，其勢力寖達長江下游。觀熊渠三子，皆封江域，少子實王越章可見也。越章即豫章，乃漢之丹陽也。亦見宋氏《楚鬻熊居丹陽武王徙郢考》。是時吴、越尚在榛狉之境，故皆服從於楚。至春秋時，巫臣奔吴，教之射御戰陳，而形勢乃一變。吴爲泰伯後，越爲少康後，其受漢族之牖啓亦甚早，而其開化獨遲者，則以地處僻遠，不與上國通故也。《華陽國志》謂“蜀之爲國，肇自人皇”，黄帝之子昌意，降居若水，説者謂即今雅龍江，而蜀至戰國時始爲秦有，亦同此理。

五嶺南北，開拓尤晚。春秋時楚地不到湖南，顧氏棟高嘗論之。《春秋大事表》。然《史記・越世家》載齊使説越王之辭曰：“此時不攻楚，臣以是知越大不王，小不伯。復讎、龐、《集解》：“徐廣曰：一作寵。”長沙，楚之粟也。竟澤陵，楚之材也。越窺兵通無《集解》：“徐廣曰：無一作西。”假之關，此四邑者，不上貢事於郢矣。”《索隱》云：“復字上脱況字。讎，當作犨。竟澤陵，當作竟陵澤。四邑者，犨一，龐二，長沙三，竟陵四也。”無假之關，《正義》謂在長沙西北。又云：“戰國時永、今湖南零陵縣。郴、今湖南郴縣。衡、今湖南衡陽縣。潭、今湖南長沙縣。岳、今湖南岳陽縣。鄂、今湖北武昌縣。江、今江西九江縣。洪、今江西南昌縣。饒，今江西鄱陽縣。並屬楚。袁、今江西宜春縣。吉、今江西吉安縣。虔、今江西贛縣。撫、今江西臨川縣。歙、今安徽歙縣。宣，今安徽宣城縣。並屬越。”則湖南、江西及皖南，皆已開闢矣。越攻楚而敗，諸族子或爲王，或爲君，濱於江南海上，服朝於楚。後七世，閩君搖，佐諸侯平秦。漢高帝復以爲越王。東越閩君皆其後。則浙東、福建之地，亦勾踐後裔所開也。兩廣之地，秦始皇帝始略取之。秦亡，南海尉趙佗，據以自立。漢武時乃卒入版圖。雲南之地，楚莊蹻始開拓之，亦至漢武而後大定，詳見《粵族》、《濮族》兩篇，此不贅。

附録一 昆侖考

昆侖有二:《史記・大宛列傳》:"漢使窮河源。河源出于闐。其山多玉石,采來,天子案古圖書,名河所出山曰昆侖云。"此今于闐河上源之山,一也。《禹貢》:"織皮:昆侖,析支,渠蒐,西戎即敍。"《釋文》引馬云:"昆侖,在臨羌西。"《漢志》:金城郡臨羌有昆侖山祠。敦煌郡廣至有昆侖障。《太平御覽・地部》引崔鴻《十六國春秋》:"酒泉太守馬岌上言:酒泉南山,即昆侖之體。"地望並合。《周書・王會解》:"正西昆侖,請令以白旄、紕、罽爲獻。"旄,犛牛尾。紕,《説文》:"氐人瀱也。""瀱,西胡毛布也。"犛牛正出甘肅、青海,物産亦符。析支,馬云:"在河關西。"《水經・河水注》:"司馬彪曰:西羌者,自析支以西,濱於河首,左右居也。河水屈而東北流,經析支之地,是爲河曲矣。"《後漢書・西羌傳》亦曰:"河關之西南,濱於賜支,至于河首,緜地千里。"《禹貢》敍述之次,蓋自西而東。渠蒐雖無可考,《涼土異物志》:"渠蒐國,在大宛北界。"《隋書・西域傳》:"鏺汗國,都葱嶺之西五百餘里。古渠蒐國。"地里並不合。度必更在析支之東;故《漢志》朔方郡有渠蒐縣,蓋其種落遷徙所居邪?蔣氏廷錫説,見《尚書地理今釋》。析支在河曲,而昆侖更在其西,則必在今黄河上源矣。二也。《書疏》引鄭玄云:"衣皮之民,居此昆侖、析支、渠蒐三山之野者,皆西戎也。"又申之曰:"鄭以昆侖爲山,謂別有昆侖之山,非河所出者也。"《山海經・海内西經》:"海内昆侖之墟在西北,河水出其東北陬。"《郭注》亦曰:"言海内者,明海外復有昆侖山。"一似此兩昆侖者,必不可合矣。然予謂以于闐河源之山爲昆侖,實漢人之誤,非其實也。水性就下;天山南路,地勢實低於黄河上源;且其地多沙漠,巨川下流,悉成湖泊;安得潛行南出,更爲大河之源?漢使於西域形勢,蓋本無所知;徒聞大河來自西方,西行驟覩巨川,遂以爲河源在是。漢武不知其誑,遽案古圖書而以河所出之昆侖名之。蓋漢使謬以非河爲河,漢武遂誤以非河所出之山,爲河所出之山矣。太史公曰:"《禹本紀》言河出昆侖,昆侖,其高二千五百餘里,日月所相避隱爲光明也;其上有醴泉瑶池。今自張騫使大夏之後也,窮河源,惡睹《本紀》所謂昆侖者乎?故言九州山川,《尚書》近之矣。至《禹本紀》、《山海經》所有怪物,余不敢言之也。"《禹本紀》等荒怪之説,自不足信。然其所託,實今河源所出之昆侖。史公據于闐河源之山以斥之,其斥之則是,其所以斥之者則非也。《太史公書》,止於麟止。此篇多元狩後事,實非史公所作也。《爾雅》:"河出昆侖墟。"雖不言昆侖所在,然又云:"西方之美者,有昆侖墟之球琳琅玕焉。”《淮南·地形訓》作西北方。《禹貢》昆侖之戎，實隸雍州；而雍州之貢，有球琳琅玕。可知《爾雅》河所出之昆侖，即其産球琳琅玕之昆侖，亦即《禹貢》之昆侖矣。《淮南·地形訓》：“河水出昆侖東北陬，貫渤海，入禹所導積石山。”《海内西經》則云：“入渤海，又出海外，入禹所導積石山。”《説文》：“河水出敦煌塞外昆侖山，發源注海。”所謂海、渤海者，蓋指今札陵、鄂陵等泊言，所據仍係舊説。《水經》謂“河水入渤海，又出海外，南至積石山下；又南，入葱嶺，出于闐；又東，注蒲昌海”，則誤合舊説與漢人之説爲一矣。以山言之則如彼，以河言之則如此。然則河源所在，古人本不誤，而漢之君臣，自誤之也。《周官·大宗伯》，“以黄琮禮地。”鄭注：“此禮地以夏至，謂神在昆侖者也。”《典瑞》：“兩圭有邸，以祀地旅四望。”鄭注：“祀地，謂所祀於北郊，神州之神。”疏：“案《河圖·括地象》，昆侖東南萬五千里，神州是也。”案鄭氏之説，蓋出緯候，故疏引《河圖·括地象》爲證。江、淮、河、濟，古稱四瀆。漢族被跡，先在北方。北方之水，惟河爲大。記曰：“三王之祭川也，皆先河而後海。或源也，或委也，此之謂務本。”《大司樂》注謂：“禘大祭地祇，則主昆侖。”昆侖爲河源所在，故古人嚴祀之與？

附録二　三皇五帝考

言古史者，必稱三皇五帝。三皇之名，不見於經。五帝則見《大戴禮記》。然説者猶多異辭。蓋嘗博考之，三皇之異説有六，五帝之異説有三。《河圖·三五曆》云："天地初立，有天皇氏，十二頭。澹泊，無所施爲，而俗自化。木德王，歲起攝提。兄弟十二人，立各一萬八千歲。地皇，十一頭。火德王。姓十一人，興於熊耳、龍門等山，亦各萬八千歲。人皇，九頭。乘雲車，駕六羽，出谷口。兄弟九人，分長九州，各立城邑。凡一百五十世，合四萬五千六百年。"司馬貞《補三皇本紀》。此三皇之説一也。《史記·秦始皇本紀》：丞相綰等與博士議帝號曰："古有天皇，有地皇，有泰皇。泰皇最貴。"此三皇之説二也。《尚書大傳》以燧人、伏羲、神農爲三皇。《含文嘉》、《風俗通》引。《甄燿度》、宋均注《援神契》引之，見《曲禮正義》。《白虎通》正説、譙周《古史考》《曲禮正義》。並同。惟《白虎通》伏羲次燧人前。此三皇之説三也。《白虎通》或説，以伏羲、神農、祝融爲三皇。此三皇之説四也。《運斗樞》、鄭注《中候勑省圖》引之，見《曲禮正義》。《元命苞》《文選·東都賦》注引。以伏羲、女媧、神農爲三皇。此三皇之説五也。《尚書·僞孔傳序》、皇甫謐《帝王世紀》、孫氏注《世本》，以伏羲、神農、黄帝爲三皇。《史記·五帝本紀正義》。此三皇之説六也。太史公依《世本》、《大戴禮》，以黄帝、顓頊、高辛、唐堯、虞舜爲五帝，譙周、應劭、宋均皆同。《五帝本紀正義》。此五帝之説一也。鄭注《中候勑省圖》，於黄帝、顓頊之間，增一少昊。謂德合五帝座星者爲帝，故實六人而爲五。《曲禮正義》。此五帝之説二也。僞孔、皇甫謐、孫氏，以少昊、顓頊、高辛、唐、虞爲五帝。《五帝本紀正義》。此五帝之説三也。案《大傳》云："燧人以火紀，火，太陽，故託燧皇於天。伏羲以人事紀，故託羲皇於人。神農悉地力，種穀蔬，故託農皇於地。天地人之道備，而三五之運興矣。"則三皇之説，義實取於天地人，猶五帝之義，取於五德迭代也。伏生者，秦博士之一。《始皇本紀》所謂天皇、地皇、泰皇者，蓋即《大傳》所謂燧皇、羲皇、農皇；《索隱》："天皇，地皇之下，即云泰皇，當人皇也。"雖推測之辭，説自不誤。《河圖》説雖荒怪，然其天皇、地皇、人皇之號，仍本諸此也。《白虎通》釋祝融之義曰："祝者，屬也。融者，續也。言能屬續三皇之道而行之。"司馬貞《補三皇本紀》曰："女媧氏，代伏羲立。無革造。惟作笙簧。故《易》不載，不承五運。一曰：女媧亦木德王。蓋伏羲之後，已經數世，金木輪環，周而復始。特舉女媧，以其功高而充三皇。"無革造及同以木德王，皆與屬續之義相關。未知《白虎通》意果誰主？然司馬氏之言,則必有所本也。《補三皇本紀》又曰"當其末年,諸侯有共工氏。與祝融戰,不勝而怒,乃頭觸不周山,天柱折,地維缺。女媧乃煉五色石以補天,斷鼇足以立四極"云云。原注:"按其事出《淮南子》。"上云祝融,下云女媧,則祝融女媧一人。蓋今文家本有此異説,故《白虎通》並列之,造緯候者亦取之也。實六人而爲五,立説殊不可通。然實僞孔説之先河。《後漢書·賈逵傳》:"逵奏《左氏》大義長於《二傳》者,曰:五經家皆言顓頊代黄帝,而堯不得爲火德。左氏以爲少昊代黄帝,即《圖讖》所謂帝宣也。如令堯不得爲火,則漢不得爲赤。"此古文家於黄帝、顓頊之間,增一少昊之由,然以六爲五,於理終有未安。僞孔乃去燧人而升黄帝爲三皇,則少昊雖增,五帝仍爲五人矣。且與《易繫》蓋取一節,始伏羲而終堯舜者相合。此實其説之彌縫而更工者也。僞孔以《三墳》爲三皇之書,《五典》爲五帝之典。據《周官·外史疏》,其説實本賈、鄭。增改之跡,固可微窺。然則三皇之説:義則託於天地人;其人則或爲燧人、伏羲、神農,或爲伏羲、神農、祝融,此經師舊説也。因天地人之名,而立爲怪説者,緯候也。五帝本無異説,古文家增一少昊,僞孔遂並三皇而易其人。異説雖多,固可窮其源以治其流矣。

問曰:三皇五帝之義,及其人之爲誰某,則既聞之矣,敢問舊有此説邪?抑亦儒家所創也?應之曰:三皇五帝之名,舊有之矣。託諸天地人,蓋儒家之義也。《周官》:"都宗人,掌都宗祀之禮。凡都祭祀,致福於國。"注:"都或有山川,及因國無主,九皇六十四民之祀。"疏:"史記,伏羲以前,九皇六十四民,並是上古無名號之君,絶世無後,今宜主祭之也。"按注以因國無主之祀,釋《周官》之都宗人,蓋是。以九皇六十四民説周因國無主之祭,則非也。《周官》雖戰國時書,然所述必多周舊制。九皇六十四民,見《春秋繁露·三代改制質文》篇。其説:存二王之後以大國,與己並稱三王。自此以前爲五帝,録其後以小國。又其前爲九皇,其後爲附庸。又其前爲民,所謂六十四民也。其説有三王九皇而無三皇。《周官》:"外史,掌三皇五帝之書。"伏羲者,三皇之一,疏引史記史記爲史籍之通稱。今之《史記》,古稱《太史公書》。漢東觀所續,猶稱史記。蓋未有專名,故以通名稱之也。此疏所引史記,不知何書,然必南北朝舊疏,其説必有所本也。云伏羲以前,明在三皇五帝之前,其説必不可合。鄭蓋但知《周官》都宗人所祀,與《繁露》九皇六十四民,並是絶世無名號之君,遂引彼注此。鄭注好牽合,往往如此。疏亦未知二説之不可合,謂《史記》所云伏羲以前上古無名號之君,即鄭所云九皇六十四民,遂引以疏鄭也。《史記·封禪書》:"管仲曰:古者封泰山禪梁父者七十二家。"又曰:"孔子論述六藝傳,略言易姓而王,封泰山,禪梁父者七十餘王矣。其俎豆之禮不章。"而《韓詩外傳》曰:"孔子升泰山,觀易姓而王,可得而數者,七十餘人,不得而數者萬數也。"《封禪書正義》引,今本無之。然書序疏及《補三皇本紀》,並有此語,乃今本佚奪,非張氏誤引也。萬蓋以大數言之,然其數必不止七十二可知。數不止七十二,而管仲、孔子,皆以七十二言之者,蓋述周制也。七十二家,蓋周登封之所祀也。曰俎豆之禮不章,言周衰,不復能封禪,故其禮不可考也。《春秋》立新王之事,不純法古制,然損益必有所因。因國無主之祭,及於遠古有功德於民之人,忠厚之至也。蓋孔子之所因也,然不能無所損益。王制者,孔子所損益三代之制也。《王制》多存諸經之傳,如説廵狩禮爲《堯典》之傳是也。皆孔門六經之義,非古制。鄭以其與《周官》不合,多曲説爲殷制大非。《王制》曰:"天子諸侯,祭因國之在其地而無主後者。"此《周官》都宗人之所掌,蓋孔子之所因也。《繁露》曰:"聖王生則稱天子,崩遷則存爲三王,絀滅則爲五帝,下至附庸,絀爲九皇,下極其爲民。有一謂之三代。雖絶地,廟位祝牲,猶列於郊號,宗於岱宗。"絶地者,六十四民之後,封爵之所不及,故命之曰民。絶地而廟位祝牲,猶列於郊號,宗於岱宗,此蓋周登封時七十二家之祭矣。周制:蓋自勝朝上推八世,謂之三皇五帝,使外史氏掌其書,以備掌故。自此以往,則方策不存,徒於因國無主及登封之時祀之而已。其數凡七十二。合本朝爲八十一。必八十一者,九九八十一;九者,數之究;八十一者,數之究之究者也。孔子則以本朝合二代爲三王,又其上爲五帝,又其上爲九皇,又其上爲六十四民。必以本朝合二代爲三王者,所以明通三統之義也。上之爲五帝,所以視昭五端之義也。九皇之後,絀爲附庸;六十四家徒爲民,親疏之義也。此蓋孔子作新王之事,損益前代之法,《春秋》之大義。然此於《春秋》云爾;其於《書》,仍存周所謂三皇五帝者,以寓"天地人之道備,而三五之運興"之義;故伏生所傳,與董子所説,有不同也。《古今注》:"程雅問於董生曰:古何以稱三皇五帝?對曰:三皇者,三才也。五帝,五常也。"三才者,天地人也。五常可以配五行。董子之言,與伏生若合符節。故知三皇五帝爲《書》説,三王、五帝、九皇、六十四民爲《春秋》義也。或曰:《繁露》謂:"湯受命而王;親夏,故虞絀唐謂之帝堯。以神農爲赤帝。周以軒轅爲黄帝;因存帝顓頊、帝嚳、帝堯之帝號;絀虞而號舜曰帝舜,推神農以爲九皇。"明九皇六十四民爲周時制也。應之曰:此古人言語與今人不同,其意謂以殷周之事言之當如此,非謂殷周時實然也。或曰:管子曰:"古者封泰山禪梁父者七十二家;夷吾所記,十有二焉。"下歷舉無懷、伏羲、神農、炎帝、黄帝、顓頊、帝嚳、堯、舜、禹、湯、周成王之名,凡十二家,明三皇五帝,即在七十二家之中。應之曰:此亦古今言語不同。上云七十二家,乃極言其多。下云十二家,則更端歷舉所能記者,不蒙上七十二家言。此以今人語法言之爲不可通,然古人語自如是,多讀古書者自知之也。《莊子·胠篋》篇,列古帝王稱號,有容成氏、大庭氏、伯皇氏、中央氏、栗陸氏、驪連氏、軒轅氏、赫胥氏、尊盧氏、祝融氏,多在三皇以前。古人同號者甚多。大庭氏不必即神農、軒轅、祝融，亦不必即黄帝、女媧也。《禮記·祭法正義》引《春秋命歷》序："炎帝曰大庭氏。傳八世，合五百二十歲。黄帝，一曰帝軒轅。傳十世，二千五百二十歲。次曰帝宣，曰少昊，一曰金天氏，則窮桑氏。傳八世，五百歲，次曰顓頊，則高陽氏。傳二十世，三百五十歲。次是帝嚳，即高辛氏。傳十世，四百歲。"又《曲禮正義》："《六藝論》云：燧人至伏羲，一百八十七代。宋均注《文耀鉤》云：女媧以下至神農七十二姓。譙周以爲伏羲以次，有三姓，始至女媧。女媧之後五十姓，至神農。神農至炎帝，一百三十三姓。"説雖怪迂，然三皇五帝，不必身相接，則大略可知；亦足爲韓詩不得而數者萬數作佐證也。二千五百二十歲之二，閩本宋本作一。

附録三　夏都考

夏都有二：《漢志》：太原郡晉陽，"故《詩》唐國"。《左》定四年，祝佗謂唐叔封於夏虚，啓以夏政。服虔以爲堯居冀州，虞、夏因之。是夏之都，即唐堯舊都也。金氏鶚《禹都考》云："杜預注《左傳》云：夏虚，大夏，今太原晉陽是也。本於《漢志》，其説自確。《水經》云：晉水，出晉陽縣西縣甕山。酈道元注：縣故唐國也。亦本《漢志》。乃臣瓚以唐爲河東永安，張守節以爲在平陽。不知唐國有晉水，故燮父改唐曰晉。若永安去晉四百里，平陽去晉七百里，何以改唐曰晉乎？"愚按臣瓚、張守節之言，蓋泥《史記》唐叔封於河、汾之東致誤。不知古人言地理，皆僅舉大概，太原固亦可曰河、汾之東也。顧亭林引《括地志》：故唐城，在絳州翼城縣西二十里。堯裔子所封。成王滅之，以封唐叔。以爲唐叔始封在翼。不知《括地志》此文亦誤，故又有唐城，在并州晉陽縣北二里。全謝山已糾之矣。《漢志》：潁川郡，陽翟，"夏禹國"。"應劭曰：夏禹都也"。"臣讚曰：《世本》禹都陽城，《汲郡古文》亦言居之，不居陽翟也"。《禮記·緇衣正義》：謂《世本》及《汲郡古文》，皆云禹都咸陽。咸陽乃陽城之誤。洪氏頤煊謂"陽城亦屬潁川郡，與陽翟相近。或禹所都陽城，實在陽翟"。金氏鶚駁之，謂："趙岐《孟子注》，陽城在嵩山下。《括地志》：嵩山，在陽城縣西北二十三里。則陽城在嵩山之南，今河南府登封縣是也。若陽翟則在開封府禹州，其地各異。《漢志》於偃師曰殷湯所都，於朝歌曰紂所都，於故侯國皆曰國。今陽翟不曰夏禹所都，而曰夏禹國，可知禹不都陽翟矣。"愚案古代命山，所苞甚廣，非如後世，但指一峯一嶺言之。又其時去游牧之世近，民習於移徙。宫廟民居，規制簡陋，營構皆易。不恆厥居，事所恆有。稽古都邑，而出入於數十百里之間，殊不足較也。《國語》："伯陽父曰：河竭而商亡。"韋注謂："禹都陽城，河洛所近。"蓋據《世本》，説初不誤。而金氏引《史記》吴起對魏武侯之言，謂桀都必在洛陽。其拘泥之失，亦與此同也。金氏又謂："《史記·夏本紀》：禹避舜之子於陽城，諸侯去商均朝禹，禹於是即天子位。知其遂都陽城，蓋即所避之處以爲都也。"釋於是字亦非是。《史記》此文，大同《孟子》。《孟子》及《史記》敍舜事，皆有"之中國踐天子位"語。《集解》引劉熙曰："帝王所都爲中，故曰中國。"雖未知當否，然必自讓避之處，復歸建都之處可知。不然，即位之禮，豈可行之草莽之間哉？"於是"二字，指諸侯之朝，不指讓避之地也。予謂夏蓋先都晉陽，後都陽城。陽城之遷，蓋在太康之後。《左》哀六年，引《夏書》曰："惟彼陶唐，帥彼天常，有此冀方。今失其行，亂其紀綱，乃滅而亡。"蓋指太康失國之事。《僞五子之歌》曰："太康尸位以逸豫，滅厥德。黎民咸貳。乃般遊無度，畋於有洛之表，十旬弗反。有窮后羿，因民弗忍，距於河。厥弟五人，御其母以從。徯於洛之汭。五子咸怨，述大禹之戒以作歌。”僞書此文，將羿好田獵，移諸太康。且誤太康兄弟五人爲厥弟五人，不直一笑，夏之亡，由好樂太過，非以畋也。《墨子・非樂》：“於武觀曰：啓乃淫溢康樂，野於飲食。將將銘莧磬以力，湛濁於酒，渝食於野。萬舞翼翼，章聞於天，天用弗式。”辭雖不盡可解，然夏之亡，由好樂太過，則固隱約可見。《楚辭》曰：“啓九辨與九歌兮，夏康娱以自縱。不顧難以圖後兮，五子用失乎家巷。羿淫遊以佚田兮。又好射夫封孤。固亂流其鮮終兮，浞又貪夫厥家。澆身被服强圉兮，縱欲而不忍。日康娱而自忘兮，厥首用夫顛隕。”綜述太康、羿、浞始末，以好樂屬夏，以好田屬羿，尤極分明。《周書・嘗麥》：“其在啓之五子，忘伯禹之命。假國無正，用胥興作亂。遂凶厥國。皇天哀禹，賜以彭壽，思正夏略。”似五子之間，復有作亂争奪之事，與左昭元年“夏有觀扈”，國語楚語“啓有五觀”之言合。韋注：“五觀，啓子太康昆弟也。”《漢書・古今人表》：“太康，啓子。兄弟五人，號五觀。”《潛夫論・五德志》：“啓子太康、仲康更立，兄弟五人，皆有昏德，不堪帝事，降在洛汭，是爲五觀。”皆以太康兄弟凡五人，武五同聲，即墨子所謂武觀也。然“須於洛汭”，亦見《史記・夏本紀》。即謂《史記》同《書序》處，爲後人所竄。然《潛夫論・五德志》，亦有“兄弟五人，降居洛汭”之言，非撰僞書者所臆造也。《左》襄四年，“后羿自鉏遷於窮石，因夏民以代夏政”。鉏不可考。《淮南子・地形訓》：“河水出昆侖東北陬，貫渤海，入禹所導積石山。赤水出其東南陬，西南注南海。丹澤之東。赤水之東，弱水出自窮石，至於合黎，餘波入於流沙。絶流沙，南至南海。洋水出其西北陬，入於南海。羽民之南。凡四水者，帝之神水。以和百藥，以潤萬物。”此節文字頗錯亂。王引之謂：“自窮石以下十三字，爲後人竄改。原文當作弱水出其西南陬。而出自窮石等文，當在下江出岷山諸條間。”王説信否難遽定。然王逸注《楚辭》，郭璞注《山海經》，並引《淮南子》，謂弱水出自窮石，則此語雖或簡錯，決非僞竄。至於合黎十字，或後人以《禹貢》旁注，誤入正文。《淮南》既云絶流沙，不必更衍此十字也。然竊疑《禹貢》入於流沙之下，亦奪南至南海一類語。《禹貢・雍州》：“弱水既西。”其導九川，先弱水，次黑水，次河，次漾，次江。黑水即今長江；黄河上源，出於昆侖，與今所謂河源同；予别有考。導川敍次，蓋自西而東。《集解》引《地記》曰：“弱水西流入合黎，餘波入於流沙，通於南海。”《地記》古書，頗可信據。見予所撰《黑水考》。《集解》引鄭玄曰：“地理志：弱水出張掖。”又曰：“地理志：流沙，居延西北，名居延澤也。”似鄭亦宗《漢志》所謂古文説者。《漢志》：張掖郡，居延，“居延澤在其北，古文以爲流沙”。然《索隱》又云：“《水經》云：合黎山，在酒泉會水縣東北。鄭玄引《地記》，亦以爲然。”合諸《集解》所載鄭引《地記》之説，則鄭初無所偏主矣。《禹貢》、《地記》説弱水，皆僅云西流，不云北向。古文以居延澤當之，蓋誤。既云入於南海，而又在黑水西，則弱水必今瀾滄江。瀾滄江東南流，而《禹貢》、《地記》云弱水西流者，其所指上源與今異也。《禹貢》云："道黑水，至於三危，入於南海。"《集解》引《地記》曰："三危山，在鳥鼠之西南。"弱水在黑水西，窮石亦必在三危之西。然亦不越隴、蜀、青海之境。羿遷窮石，果即此弱水所出之窮石者，則當來自湟、洮之間。其地本射獵之區，故羿以善射特聞，而其部族亦强，不可圉也。太康此時，蓋失晉陽而退居洛汭。少康光復舊物，然曾否定居河北，了無可考。竊疑自太康之後，遂居陽城也。《周官・大司徒》："以土圭之法，測土深，正日景，以求地中。日至之景，尺有五寸，謂之地中。天地之所合也，四時之所交也，風雨之所會也，陰陽之所和也，然則百物阜安，乃建王國焉。"注："鄭司農云：土圭之長，尺有五寸，以夏至之日，立八尺之表，其影適與土圭等，謂之地中。今潁川陽城爲然。"《正義》："潁川郡陽城縣，是周公度景之處，古跡猶存。案《春秋左氏》，武王克商，遷九鼎於洛邑，欲以爲都，不在潁川地中者。武王欲取河洛之間，形勝之所；洛都雖不在地之正中，潁川地中，仍在畿内。"司農父子，皆明三統曆，所舉當係曆家舊説。《義疏》此言，亦當有所本。此可見陽城附近，確爲歷代帝都所在；而先後營建，出入於數十百里之間，則曾不足較也。然則《漢志》、《世本》，非有異説；應劭、臣瓚，亦不必相非矣。

夏遷陽城之後，蓋未嘗更反河東，故桀時仍在陽城，而伯陽父以伊、洛之竭，爲夏亡之徵也。鄭氏《詩譜》云："魏國，虞舜夏禹所都。"此亦以大較言之。乃造《僞孔傳》者，見戰國之魏曾都安邑，遂以爲夏都亦在安邑；又不知《史記》所謂"湯始居亳從先王居"者，先王爲契，亳爲契本封之商，而以爲即後來所都之偃師；見予所撰《釋亳》。於是解先王爲帝嚳；鑿空，謂帝嚳亦都偃師。《史記》云："湯自把鉞，以伐昆吾，遂伐桀。桀敗於有娀之虚。桀奔於鳴條。"《尚書大傳》云："湯放桀，居中野。士民皆奔湯。桀與其屬五百人，南徙千里，止於不齊。不齊士民往奔湯。桀與其屬五百人徙於魯。魯士民復奔湯。桀曰：國，君之有也。吾聞海外有人。與五百人俱去。"《周書・殷祝》篇略同。末作"桀與其屬五百人去居南巢"。其跡皆自西而東。今安邑反在偃師之西，其説遂不可通。《左》昭十二年："楚靈王謂子革曰：昔我皇祖伯父昆吾，舊許是宅。"《國語》：史伯對鄭桓公曰："昆吾爲夏伯矣。"韋昭云："祝融之孫陸終，第三子名樊，爲巳姓，封於昆吾。昆吾，衛是也。其後夏衰，昆吾爲夏伯，遷於舊許。"是則桀時昆吾之地，在今許昌，去陽城極近。故得與桀同日亡。《孟子》曰："舜，生於諸馮，遷於負夏，卒於鳴條，東夷之人也。"《吕覽・簡選》篇："殷湯登自鳴條，乃入巢門。"《淮南・主術訓》："湯困桀鳴條，禽之焦門。"《修務訓》："湯整兵鳴條，困桀南巢。譙以其過，放之歷山。"則鳴條之地，必與南巢、歷山相近，當在今安徽境。故《孟子》謂之東夷。《書序》:“伊尹相湯伐桀,升自陑,遂與桀戰於鳴條之野。”陑雖不知何地,度必近接鳴條。《僞傳》乃謂“陑在河曲之南,鳴條在安邑之西”;遂生繞道攻桀,出其不意之説,費後來多少辯論。皇甫謐又謂:“昆吾亦來安邑,欲以衛桀,故同日而亡。”又謂:“安邑有昆吾邑,鳴條亭。”不知暫來衛桀,安暇築邑,遂忘其自相矛盾也。不徒妄説史事,並妄造地名以實之。江艮庭謂“謐無一語可信”,誠哉其不可信矣!西漢經説,多本舊聞。雖有傳譌,初無臆造。東漢古文家,則往往以意穿鑿。今日故書雅記,百不一存,故無從考其謬。然偶有可疏通證明者,其穿鑿之跡,則顯然可見。如予所考東漢人謬以倉頡爲黄帝史官,其一事也。詳見予所撰《中國文字變遷考》。魏晉而後,此風彌甚。即如左氏所載,羿代夏政,少康中興之事,據杜注,其地皆在山東。設羿所遷窮石,果在隴蜀之間,則杜注必無一是處,惜書闕有間,予説亦無多佐證,不能辭而闢之耳。

附録四　釋　　亳

《史記》曰:"自契至於成湯,八遷。湯始居亳,從先王居。"其後仲丁遷於敖。河亶甲居相。祖乙遷於邢。盤庚渡河南,復居成湯之故居。武乙立,復去亳,徙河北。歷代都邑遷徙,蓋無如殷之數者?而亳之所在,異説尤滋。《漢書·地理志》:河南郡,偃師縣,"尸鄉,殷湯所都"。《續漢書·郡國志》:偃師縣下,亦云"有尸鄉"。《注》引《皇覽》曰:"有湯亭,有湯祠。"《書序疏》:"鄭玄云:亳,今河南偃師縣。有湯亭。"此皆以亳在偃師者也。《漢志》論宋地云:"昔堯作遊成陽,舜漁雷澤,湯止於亳,故其民猶有先王遺風。"山陽郡薄縣下,"臣瓚曰:湯所都"。偃師縣下,又載瓚説曰:"湯居亳,今濟陰薄縣是也。今亳有湯冢,已氏有伊尹冢,皆相近也。"《續書·郡國志》:"梁國薄縣,湯所都。"《注》:"杜預曰:蒙縣西北有亳城,中有湯冢。"《書序疏》:"皇甫謐云:孟子稱湯居亳,與葛爲鄰,葛伯不祀,湯使亳衆往爲之耕。葛即今梁國寧陵之葛鄉也。若湯居偃師,去寧陵八百餘里,豈當使民爲之耕乎?亳,今梁國穀熟縣是也。"又《立政》:"三亳阪尹。"疏:"皇甫謐以爲三亳,三處之地,皆名爲亳。蒙爲北亳,穀熟爲南亳,偃師爲西亳。"此以薄、亳、蒙、穀熟之地爲亳者也。魏氏源以《史記·六國表》,以"湯起於亳",與"禹興於西羌;周之王也,以豐、鎬伐殷;秦之帝,用雍州興;漢之興,自蜀漢"並言;又《雒子命》、《尚書中候》,皆有"天乙在亳,東觀於洛"之文,斷"從先王居"之先王爲契。謂"湯始居商,《帝嚳釐沃序疏》:"鄭玄云:契本封商,國在太華之陽。"有天下後,分建三亳:徙都偃師之景亳,而建東亳於商邱,仍西亳於商州"。案魏氏説三亳,雖與皇甫謐異,而其立三亳之名,以牽合立政"三亳阪尹"之文則同。似非。《立政》疏云:"鄭玄以三亳阪尹,共爲一事。云:湯舊都之民,服文王者,分爲三邑。其長居險,故言阪尹。"蓋是。此自周初事,不必牽及商代。此又以商之地亦爲亳者也。《書古微·湯誓序發微》。王氏鳴盛《尚書後案》謂:"薄縣漢本屬山陽郡。後漢又分其地,置蒙、穀熟二縣,與薄並改屬梁國。晉又改薄爲亳,且改屬濟陰。故臣瓚所謂湯都在濟陰亳縣,及其所謂在山陽薄縣,司馬彪所謂在梁國薄縣,杜預所謂在梁國蒙縣者,本即一説。孔穎達《書詩疏》,皆誤認爲異説。皇甫謐以一亳分爲南北,且欲兼存偃師舊説,以合《立政》三亳之文,實爲謬誤。"其説甚確。然謐謂"偃師去寧陵八百餘里,不當使民往爲之耕",則其説中理,不容妄難。王氏論古,頗爲精核,惟佞鄭太過。如於此處,必執謂"薄非亳。薄非亳,則蒙、穀熟可知"。其所據者,謂"晉人改薄爲亳,乃以《漢志》謂湯嘗止於是,又其地有湯冢也。然《漢志》僅謂湯嘗遊息於此。劉向云：殷湯無葬處。而《皇覽》云：哀帝建平元年，大司空御史長卿案行水災，因行湯冢。突然得之，足徵其妄”。其說似辨矣。然於偃師去寧陵八百里，不當使民往爲之耕之難，不能解也。此難不能解，而必謂薄非亳，則非疑《孟子》不可。尊鄭而排皇甫謐可也，佞鄭而疑《孟子》則傎矣。王氏於謐説，但謂“其説淺陋，更不足辨”，豈足服謐之心乎？魏氏謂湯始居商，所舉皆古據。諸侯不敢祖天子；《玄鳥》之頌，及契而不及嚳；先王爲契，尤爲確鑿也。然則亳果安在邪？予謂古本無今世所謂國名。古所謂國者，則諸侯所居之都邑而已。然四境之内，既皆屬一人所統，則人之稱此國者，亦漸該四境之内言之。於是專指都邑之國，乃漸具今世國名之義焉。都邑可以屢遷，而今世之所謂國名者，不容數變。於是雖遷新邑，仍以舊都之名名之。如晉之新故絳是也。商代之亳，蓋亦如是。《左》襄三十年，“鳥鳴於亳社”，是春秋之宋，其都仍有亳稱也。《史記·秦本紀》：“寧公二年，遣兵伐蕩社。三年，與亳戰。亳王奔戎。遂滅蕩社。”《集解》：“徐廣曰：蕩音湯，社一作杜。”《索隱》：“西戎之君，號曰亳王，蓋成湯之胤。其邑曰蕩社。”徐廣曰：“一作湯杜，言湯邑在杜縣之界，故曰湯杜也。”《封禪書》：“於杜亳，有三社主之祠。”《索隱》：徐廣云：京兆杜縣有亳亭，則社字誤，合作杜亳。且據文，列於下者皆是地邑，則杜是縣。案秦寧公與亳王戰，亳王奔戎，遂滅湯社。皇甫謐亦云：“周桓王時自有亳王號湯，非殷也。”是湯後在雍州者，春秋時其都仍有亳稱也。此皆亳不止一處之證。亳既不止一處，則商也，偃師也，薄縣也，固無妨其皆爲亳矣。予蓋以湯用兵之跡證之，而知其始居商，中徙薄，終乃定居於偃師也。何以言之？案《史記》云：“葛伯不祀，湯始伐之。”又云：“當是時，夏桀爲虐政，淫荒，而諸侯昆吾氏爲亂。湯乃興師，以伐昆吾。遂伐桀，桀敗於有娀之虚。桀奔於鳴條，夏師敗績，湯遂伐三㚇。伊尹報。於是諸侯服，湯乃踐天子位。平定海内，湯歸至於泰卷陶，還亳”云云。葛，《漢志》：陳留郡寧陵，“孟康曰：故葛伯國，今葛鄉是”。今河南寧陵縣是也。昆吾有二：（一）《左》昭十二年，“楚靈王謂子革曰：昔我皇祖伯父昆吾，舊許是宅”。地在今河南許昌。（二）哀十七年，“衛侯夢於北宫，見人登昆吾之觀”。注：“衛有觀，在古昆吾之虚。今濮陽城中。”今河北之濮陽，《國語》：“史伯對鄭桓公曰：昆吾爲夏伯矣。”韋昭注：“祝融之孫陸終，第二子名樊，爲己姓，封於昆吾，昆吾，衛是也。其後夏衰，昆吾爲夏伯，遷於舊許。”則此時之昆吾，在今許昌，去桀都陽城極近，桀都陽城，見予所撰《夏都考》。故得同日亡也。有娀之虚不可考。鳴條，《吕覽·簡選》篇云：“登自鳴條，乃入巢門。”《淮南·主術訓》云：“湯革車三百乘，困之鳴條，禽之焦門。”注：“焦，或作巢。”《修務訓》云：“乃整兵鳴條，困夏南巢。譙以其過，放之歷山。”注：“南巢，今廬江居巢是。歷山，蓋歷陽之山。”居巢，今安徽巢縣。歷陽，今安徽和縣。鳴條亦當在今安徽。故“舜卒於鳴條”，孟子以爲“東夷之人”也。《史記·夏本紀集解》：“鄭玄曰：南夷地名。”《書湯誓序正義》引同。三㚇者，《續漢書·郡國志》：濟陰郡，定陶，“有三㚇亭”。地在今山東定陶縣。泰卷陶者，《集解》：“徐廣曰：一無此陶字。”《索隱》：“鄒誕生卷作餉，又作泂，則卷當爲泂，與《尚書》同。解《尚書》者以大泂爲今定陶，舊本或旁記其地名，後人轉寫，遂衍斯字也。”則泰卷亦今定陶也。《詩》云：“韋、顧既伐，昆吾夏桀。”則湯伐昆吾之先，又嘗伐韋、顧。《郡國志》：東郡白馬縣，“有韋鄉”。注：“杜預曰：縣東南有韋城，古豕韋氏之國。”今河南滑縣。《郡縣志》：“顧城，在濮州范縣東，夏之顧國。”今山東范縣。《尚書大傳》：“湯放桀，居中野，士民皆奔湯。桀與其屬五百人南徙千里，止於不齊。不齊士民往奔湯。桀與其屬五百人徙於魯，魯士民復奔湯。桀曰：國，君之有也。吾聞海外有人。與五百人俱去。”《周書·殷祝》篇略同。末云：“桀與其屬五百人，去居南巢。”不齊蓋即齊，魯則周公所封也。縱觀湯用兵之跡：始伐今寧陵之葛；次伐今滑縣之韋，范縣之顧；遂伐今許昌之昆吾，登封之夏桀。一戰而勝，桀遂自齊、魯輾轉入今安徽。湯以其間，更伐今定陶之三㚇。三㚇，蓋桀東方之黨也。其戰勝攻取之跡，皆在今河南山東，則其所都，必跨今商丘、夏邑、永城三縣境之薄矣。《禮記·緇衣》引《尹吉》曰：“惟尹躬天見於西邑夏。”注：“天當爲先字之誤。夏之邑在亳西。”夏都陽城，薄縣在其東，商與偃師、顧在其西，此則《孟子》湯居亳與葛爲鄰之鐵證也。《孟子》言：“伊尹五就湯，五就桀。”《史記》言：“伊尹去湯適夏，既醜有夏，復歸於亳。”《書·大傳》：“夏人飲酒，醉者持不醉者，不醉者持醉者，相和而歌。曰：盍歸於亳？盍歸於亳？亳亦大矣！故伊尹退而閒居，深聽歌聲。更曰：覺兮較兮！吾大命極兮！去不善而就善，何不樂兮？伊尹入告於桀，曰：大命之亡有日矣。桀僩然歎，啞然笑，曰：天之有日，猶吾之有民也。日亡，吾乃亡矣。是以伊尹遂去夏適湯。”所謂先見也。鄭釋先見，謂“尹之先祖，見夏之先君臣”，似迂曲。如此，非謂夏本在亳西不可，則湯始居商之説不可通。吾舊疑西邑夏，乃别於夏之既東言之，疑桀嘗自陽城遷居舊許，故得與昆吾同日亡。然此説了無證據，亦不能立。似不如釋尹躬先見，即爲尹初就夏之爲直捷也。然湯始居商，後遷偃師，亦自有其佐證。《太平御覽·皇王部》引《韓詩内傳》曰：“湯爲天子十三年，百歲而崩。葬於徵。今扶風徵陌是也。”韓詩當漢時，傳授甚盛；劉向治魯詩，與韓詩同屬今文。韓詩果有此説，劉向豈得不知，而云殷湯無葬處乎？然則徵陌湯冢，蓋湯後裔，如《史記》亳王之類；或其先祖耳。然傳者以爲湯冢，則亦湯嘗居關中之證也。《大傳》謂：“湯網開三面，而漢南諸侯，歸之者四十國。”亦必居關中，乃能通武關之道，如周之化行江、漢矣。《盤庚》：“不恆厥邑，于今五邦。”《正義》：“鄭王皆云湯自商徙亳，數商、亳、囂、相、耿爲五。”鄭説商國在太華之陽，自商徙亳，即謂其自本封之商，徙居偃師。

《春秋繁露·三代改制質文》篇“湯受命而王，作官邑於下洛之陽”，亦指偃師言之也。《孟子》謂：“伊尹耕於有莘之野，湯三使往聘之。”《史記》則謂：“阿衡欲干湯而無由，乃爲有莘氏媵臣，負鼎俎，以滋味説湯。”《吕覽·本味》云：“有侁氏女子采桑，得嬰兒於空桑之中，獻之其君。其君令烰人養之。察其所以然，曰：其母居伊水之上，孕。夢有神告之曰：臼出水而東走；毋顧。明日，視臼，出水。告其鄰，東走十里而顧。其邑盡爲水。身因化爲空桑。故命之曰伊尹。此伊尹生空桑之故也。長而賢。湯聞伊尹，使人請之有侁氏。有侁氏不可。伊尹亦欲歸湯。湯於是請取婦爲昏。有侁氏喜，以伊尹爲媵，送女。”“故命之曰伊尹”，黄氏東發所見本，作“故命之曰空桑”，蓋是。如今本，文義不相銜接。身化空桑，跡涉荒怪。謂阿衡得氏，由其母居伊水，難可依從。尹之氏伊，蓋由後居伊水，故後人以其母事附會之邪？有莘者，周太任母家，其地“在洽之陽，在渭之涘”，今陝西郃陽縣是也。伊尹始臣有莘，後居伊水，亦湯初居商，終宅偃師之一證矣。統觀諸説，湯蓋興於關中，此猶周文王之作豐，武王之宅鎬也。其戰勝攻取，則在薄縣，猶周公之居東以戡三監也。終宅偃師，猶武王欲營洛邑，而周公卒成其志也。世之相去，五百有餘歲；事又不必相師也，而其攻戰之略，後先一揆，豈不詭哉？商周之得天下殆同。特周文武周公，相繼成之，湯則及身戡定耳。

第三章　匈　　奴

中華民國，所吸合之異族甚多。顧其與漢族有關係最早、且最密者，厥惟匈奴。

《史記・匈奴列傳》曰："匈奴，其先祖，夏后氏之苗裔也，曰淳維。"其説未必可信。《索隱》："張晏曰：淳維以殷時奔北邊。又樂彦《括地譜》云：夏桀無道，湯放之鳴條。三年而死，其子獯粥，妻桀之衆妾，避居北野，隨畜移徙，中國謂之匈奴。"案此説羌無證據。鳴條在南，桀子何由北走？又獯粥乃種族名，非人名，而此云"其子獯粥"。《索隱》因謂"淳維獯粥是一"，疏矣。顧又云："唐虞以上，有山戎、獫允、葷粥，居於北蠻。"則其由來之久，可想見矣。夷蠻戎狄，其初自係按方位言之。然游牧之族，遷徙無常。居地可以屢更，名稱不能數變，則夷蠻戎狄之稱，不復與其方位合矣。居地遷徙，種族混淆，皆常有之事，故古書中夷蠻戎狄等字，不能據以别種族，並不能據以定方位也。《史記・匈奴列傳》，敍述匈奴古代之事，頗得綱要。或譏其并戎狄爲一談，非也。又或以戎爲漢時之羌人，亦非。觀第十篇及予所撰《山戎考》自明。此族在古代，蓋與漢族雜居大河流域。其名稱：或曰獫狁，亦作玁狁。或曰獯鬻，獯，亦作熏，作葷，鬻亦作粥。或曰匈奴，皆一音之異譯。《史記索隱》："應劭《風俗通》曰：殷時曰獯粥，改曰匈奴。又晉灼云：堯時曰葷粥，周曰獫狁，秦曰匈奴。韋昭云：漢曰匈奴，葷粥其别名。"《詩・采薇》毛傳："玁狁，北狄也。"箋云："北狄，今匈奴也。"《孟子・梁惠王下》趙注："熏粥，北狄强者，今匈奴也。"《吕覽・審爲》篇高注："狄人，獫允，今之匈奴。"案伊尹四方令逕作匈奴。又案《史記》："唐虞以上，有山戎、獫狁、葷粥。"葷粥兩字，蓋係自注；史公非不知其爲一音之轉也。又稱昆夷、畎夷、串夷，則胡字之音轉耳。昆，又作混，作緄。畎，亦作犬。又作昆戎，犬戎。《詩・皇矣》："串夷載路。"鄭箋："串夷，即混夷。"《正義》："書傳作畎夷，蓋犬混聲相近，後世而作字異耳。或作犬夷，犬即畎字之省也。"案《詩・采薇》序疏引《尚書大傳》注："犬夷，昆夷也。"《史記・匈奴列傳》："周西伯昌伐畎夷氏。"又"自隴以西，有緜諸，緄戎"。《索隱正義》皆引"韋昭曰：春秋以爲犬戎"。足徵此諸字皆一音異譯。《索隱》又引《山海經》云："黄帝生苗，苗生龍，龍生融，融生吾，吾生并明，并明生白，白生犬。犬有二牡，是爲犬戎。"又云："有人面獸身，名犬夷。"則附會字義矣。狄、貉、蠻、閩等字，其初或以爲種族所自生。故《説文》有犬種、豸種、虫種之説。然其後則只爲稱號，不含此等意義。至於犬戎之犬，則確係音譯，諸家之説可徵也。昆夷，獫狁，係一種人，猶漢時既稱匈奴亦稱胡也。《孟子》"文王事昆夷"，"大王事獯粥"，乃變文言之耳。《詩序》："文王之時，西有昆夷之患，北有玁狁之難。"竟以爲兩族人，誤矣。《出車》之詩曰：

“赫赫南仲，玁狁于襄。”又曰：“赫赫南仲，薄伐西戎。”又曰：“赫赫南仲，玁狁于夷。”玁狁在西北，可稱戎，亦可稱狄，詩取協韻也。箋云：“時亦伐西戎。獨言平玁狁者，玁狁大，故以爲始以爲終，”已不免拘滯。序析玁狁、昆戎而二之，益鑿矣。“并明生白，白生犬”，今本作“并明生白犬”。此族在古代，與漢族之交涉蓋甚多。其或可考或不可考者，乃書缺有間，吾族之記載，不甚完具，而非彼族之事跡有斷續也。《史記・匈奴列傳》曰：“申侯怒，而與犬戎共攻殺周幽王於驪山之下。遂取周之焦穫，而居於涇渭之間，侵暴中國。”又曰：“於是惠后與狄后子帶爲内應，開戎狄。戎狄以故得入，破逐周襄王，而立子帶爲天子。於是戎狄或居於陸渾，東至於衛，侵盜暴虐中國。”一似戎狄本居塞外，至此乃入内地者。説春秋者亦多謂赤狄白狄等，乃踵周之東遷而入内地。然求諸古籍，實無此等部落本居塞外之證。故謂匈奴從古即與漢族雜居大河流域，實甚確也。

此族與我族交涉，見於史傳最早者，則《史記・五帝本紀》所謂“黄帝北逐葷粥，合符釜山，而邑於涿鹿之阿”是也。又堯都晉陽，而《墨子》稱其“北教八狄”，則《禹貢》冀州之域，自隆古即與此族雜居。夏自中葉以後，蓋遷都河南，商雖間居河北，然不過在今河北大名，河南河北道境，非如黄帝、堯、舜之深入其阻，故此族在冀州之事，不復見於紀載；而其在《禹貢》雍州之域者，其事跡乃隨商、周先世之史實而並傳。史稱“自契至於成湯八遷”，其所以遷之故不可知；然觀諸周代之行事，則商之先世，或亦爲戎狄所迫逐，未可知也。周自后稷封於有邰。越數世，即失官，而竄於戎狄之間。至公劉，乃復修后稷之業，居於邠。《史記・周本紀》：“封棄於邰，號曰后稷，别姓姬氏。后稷之興，在陶唐、虞、夏之際，皆有令德。后稷卒，子不窋立。不窋末年，夏后氏政衰，去稷不務，不窋以失其官，而犇戎狄之間。不窋卒，子鞠立。鞠卒，子公劉立。公劉雖在戎狄之間，復修后稷之業，務耕種，行地宜。自漆沮渡渭取材用，行者有資，居者有畜積，民賴其慶。百姓懷之，多徙而保歸焉。周道之興自此始。故詩人歌，樂思其德。”《匈奴列傳》則曰：“夏道衰，而公劉失其稷官，變於西戎，邑於豳。”案“號曰后稷”之后稷，指棄。“后稷之興”之后稷，指自棄以後居稷官者。“后稷卒”之后稷，則不窋之父也。周先世之失稷官自不窋，後迄未復，至公劉猶然。《匈奴列傳》不敍鞠以前事，故逕云“公劉失其稷官”；其復修后稷之業則所謂“變於西戎”者也。本無矛盾。《正義》云：“《周本紀》云不窋失其官，此云公劉，未詳。”疏矣。又案《周本紀》《索隱》：“《帝王世紀》云：后稷納姞氏，生不窋。而譙周按國語云：世后稷，以服事虞夏，言世稷官，是失其代數也。若以不窋爲棄之子，至文王千餘歲，唯十四代，亦不合事情。”《正義》：“毛詩疏云：虞及夏殷，共有千二百歲，每世在位皆八十年，乃可充其數耳。命之短長，古今一也；而使十五世君，在位皆八十許載，子必將老始生，不近人情之甚。以理而推，實難據信也。”不窋非棄之子，古人早言之甚明。乃近猶有據此攻古書之不可信者，何其疏也。再傳至大王，復爲狄所逼，徙岐山下。以上參看前篇。爰及文、武，世濟其德，而周勢始張。文王伐昆夷。《書》傳文王受命後，四年伐昆夷。《詩》：“柞棫拔矣，行道兑矣。混夷駾矣，維其喙矣。”箋云：“今以柞棫生柯葉之時，使大夫將師旅出聘問。昆夷見文王之使者，將士衆過己國，則惶怖驚走，奔突入此柞棫之中而逃，甚困劇也，是之謂一年伐昆夷。”《正義》：“《帝王世紀》云：文王受命四年，周正丙子，混夷伐周。一日三至周之東門，文王閉門修德而不與戰。王肅同其説，以申毛義，以爲柞棫生柯葉拔然時，混夷伐周。”至武王，遂放逐之涇洛以北，命曰荒服，以時入貢。周之聲威，蓋於是爲盛。然穆王之世，荒服即已不至。《史記·匈奴列傳》："武王伐紂而營雒邑，復居於酆、鄗，放逐戎夷涇、洛之北，以時入貢，命曰荒服。其後二百有餘年，周道衰，而穆王伐犬戎，得四白狼四白鹿以歸。自是之後，荒服不至。"則穆王之所伐，即武王之所放也。至於幽王，卒有驪山之禍。時則玁狁"整居焦穫"，《爾雅》十藪之一。據郭注，在今陝西涇陽縣。"侵鎬及方，至于涇陽"。周人嘗命將伐之，至太原，而城朔方。詩家説此，多以爲宣王時事。然觀《史記·匈奴列傳》，則似在驪山之役以後，疑莫能明也。《史記·周本紀》及《匈奴列傳》，皆不言宣王時有與玁狁争戰之事。《匈奴列傳》曰："穆王之後，二百有餘年，周幽王用寵姬褒姒之故，與申侯有隙。申侯怒，而與犬戎共攻，殺周幽王於驪山之下。遂取周之焦穫，而居於涇、渭之間，侵暴中國。"又曰："初周襄王欲伐鄭，故取戎狄女爲后，與戎狄兵共伐鄭。已而黜狄后，狄后怨。而襄王後母曰惠后，有子子帶，欲立之。於是惠后與狄后、子帶爲内應，開戎狄。戎狄以故得入，破逐周襄王，而立子帶爲天子。於是戎狄或居於陸渾，東至於衛，侵盜暴虐中國。中國疾之，故詩人歌之曰：戎狄是膺。薄伐獫狁，至于太原。出輿彭彭，城彼朔方。"則似詩之所詠，皆周東遷後事。案鎬、方、朔方，説詩者皆不能指爲何地。若以爲東遷後事，則鎬即武王所居，方或豐之轉音也。劉向《訟甘延壽疏》："千里之鎬，猶以爲遠。"鎬京與雒邑，相去固得云千里。朔方亦當在涇水流域。自鎬京言之，固可云西北也。平王雖不能禦犬戎，特以畏逼東遷；不應一遷之後，西都畿内之地，即盡淪戎狄。據《史記·秦本紀》及《十二諸侯年表》：秦襄公伐戎至岐，在其十二年，當周平王五年。秦文公十六年，收周餘民有之，地至岐，當平王十九年。德公元年："卜居雍，後子孫飲馬於河。"可見是時秦東境尚未至河。德公元年，乃周釐王五年，東遷後之九十四年也。《六國表》曰："穆公修政，東境至河。"據《秦本紀》及《十二諸侯年表》，事在穆公十六年，則周襄王之八年，東遷後之百二十七年矣。周與西都交通之絶，由晉滅虢，守桃林之塞而然。虢之滅，在周惠王二十二年，亦在東遷後百十六年。然則自平王東遷後百餘年間，周與西都之交通，迄未嘗絶。西都畿内之地，亦未嘗盡爲秦有，命將出師，以征玁狁，固事所可有也。《出車》之詩曰："王命南仲，往城于方。"毛傳："方，朔方，近玁狁之國也。"案《詩》又言"天子命我，城彼朔方"，所詠當係一事，毛傳是也。然則朔方乃近玁狁之地，在周之北。劉向《訟甘延壽疏》，亦以詩所詠爲宣王時事。然古人學術，多由口耳相傳，久之乃著竹帛，不審諦處甚多。無妨其言千里之鎬爲是，其言宣王時事爲非也。

春秋以後，史籍之傳者較富，此族之事，可考者亦較多。其見於《春秋》者，或稱戎，或稱狄，蓋就其始所居之方位名之，無關於種族也。其稱狄者，初止作狄，後又有赤狄、白狄之分。赤狄始見宣公三年，白狄始見宣公八年。據《左氏》杜説，則赤狄種類有六：曰東山皋落氏，今山西昔陽縣東皋落山。曰廧咎如，《公羊》作將咎如，今山西樂平縣。曰潞氏，今山西潞城縣。曰甲氏，今河北雞澤縣。曰留吁，今山西屯留縣。曰鐸辰。今山西長治縣。皆滅於晉。白狄種類有三：曰鮮虞，今河北定縣。曰肥，今河北藁城縣。曰鼓。今河北晉縣。肥鼓亦滅於晉。鮮虞至戰國時曰中山，滅於趙。《史記·匈奴列傳》曰："晉文公攘戎翟，居於河内、圁、洛之間，號曰赤翟、白翟。"則居河内者爲赤翟，居圁、洛之間者爲白翟。竊疑《史記》之説爲是也。詳見予所撰《赤狄白狄考》。其以戎稱者：曰揚拒、泉皋、伊雒之戎，揚拒，在今河南偃師縣附近。泉皋，在今河南洛陽縣附近。伊雒之戎，《春秋》作雒戎。文八年，公子遂會雒戎盟於暴。《釋文》："本或伊雒之戎，此後人妄取傳文加之耳。"地皆入於周。曰蠻氏之戎，今河南臨汝縣。本居茅津。亦稱茅戎，公羊作貿戎、地入於晉。曰驪戎，今陝西臨潼縣。地亦入晉。以上釋地，據顧氏棟高《春秋大事表》。又有陸渾之戎，乃羌族，見第十篇。皆在今河南、陝西境。其跨今河南、山東及河北境者，時曰山戎，亦曰北戎。《管子》常以山戎與令支、孤竹並舉。杜預又以山戎、北戎、無終三者爲一。《漢志》：右北平無終，故無終子國。遼西郡令支，有孤竹城。漢無終，今河北薊縣。令支，今河北遷安縣。讀史者因以山戎爲在今河北東北境。然據《公羊》，則齊桓公之伐山戎，嘗旗獲而過魯；而《左氏》亦載北戎侵鄭，北戎侵齊；又《春秋》所載，魯與戎之交涉甚多；竊疑山戎之地，實不僅東北一隅。至於無終，則《左》襄四年，嘗遣使請成於晉，昭元年，晉又敗其衆於太原；竊疑其地必近晉，亦不得在今河北東北境也。詳見予所撰《山戎考》。又有所謂長狄者，其君蓋別一種族，其民則亦狄也。詳見予所撰《長狄考》。

以上所述，皆其地在腹裏者。其君多有封爵，時與於會盟征伐，儼然廁於冠裳之列。較諸戰國初年之秦，爲東諸侯所擯者，猶或過之。自此以往，則其地較偏僻；其文明程度，亦當較低；故猶沿部落時代之習。《史記·匈奴列傳》，所謂"自隴以西，有緜諸、緄戎、皆在今甘肅天水縣。翟貆之戎；今陝西南鄭縣。岐梁山、涇、漆以北，有義渠、今甘肅寧縣、慶陽縣。大荔、今陝西大荔縣。烏氏、今甘肅涇川縣。朐衍之戎。今甘肅靈武縣。而晉北有林胡、今山西馬邑縣。樓煩之戎，今山西嵐縣。燕北有東胡、山戎；各分散居谿谷，自有君長。往往而聚者，百有餘戎。然莫能相一"者也。戰國之世，燕、趙、秦、魏並起而攘斥之。魏有河西、上郡，後入於秦。趙有雲中、雁門、代郡，秦有隴西、北地，以與胡界邊。而燕秦開亦襲破東胡，置上谷、漁陽、右北平、遼西、遼東五郡。參看第三篇。趙自代並陰山至高闕，山名。在今綏遠省境，黄河沿岸。燕自造陽地名，在上谷。至襄平，今遼寧遼陽縣。秦於隴西、北地、上郡，皆築長城以拒胡。及始皇併六國，燕、趙之地，亦皆入於秦。秦又使蒙恬收河南地，今河套。因河爲塞。因邊山險，塹谿谷，可繕者治之。起臨洮，至遼東萬餘里。臨洮，今甘肅岷縣。秦之長城，全非今之長城。當起隴西、北地、上郡塞外。東循陰山，沿黄河北岸，經今宣化之北，歷熱河至遼寧，迤東南，度鴨緑江，入朝鮮。即上谷、漁陽、右北平、遼西、遼東五郡之界也。秦長城東端，在樂浪郡遂城縣，見《晉書·地理志》。樂浪郡，今黄海平安二道地也。漢初，遼東與朝鮮，以浿水爲界。秦界則更在浿水以東。浿水，今大同江也。而北幹山脈以南，謂黄河流域與蒙古之界山。盡爲中國之地矣。

四裔爲中國患者，莫如北族；北族之爲中國患者，多在漠南北。中國人對朔方，遂有一種恐怖心，以爲敵之起於是者，皆不可禦也。中國自與歐洲交通，訖日俄戰前，國人論者，皆最畏俄。林文忠曰："英法諸國，皆不足患，終爲中國患者，其俄羅斯乎？"徐繼畬撰《瀛寰志略》，謂英法之助土耳其以拒俄，猶之六國之合從以擯秦。甲午戰後，猶有著論，謂俄國形勢酷類强秦者，皆此等見解也。其實不然，歷代游牧之族，爲中國患者，多非起自蒙古；即入據蒙古者，亦或能爲中國患，或不能爲中國患。可見敵國外患，原因甚多，地理特其一端耳。

蒙恬之斥逐匈奴也，匈奴單于曰頭曼。頭曼不勝秦，北徙。史不言其所居。然侯應議罷邊塞事曰："北邊塞至遼東，外有陰山。東西千餘里；草木茂盛，多禽獸。本冒頓單于，依阻其中；治作弓矢，來出爲寇，是其苑囿也。"冒頓弑父，龍庭未聞徙地，則頭曼棄河南後，必即居陰山中矣。本居河南，平夷無險，至是蓋依山爲阻。秦之亂，適戍邊者皆去。匈奴得寬，復稍度河南，與中國界於故塞。時北方游牧之族，在匈奴之東者爲東胡，西爲月氏，北爲丁令。冒頓單于皆擊破之。又南并樓煩，白羊王。白羊王，在河南。《史記》云："諸左王將居東方，直上谷，以東接濊貉、朝鮮。右王將居西方，直上郡，以西接氐、羌。而單于庭直代雲中。"匈奴蓋至是始盡有漠南北之地。冒頓子老上單于，又擊破西域。置僮僕都尉，居焉耆、危須間。賦税諸國，取富給焉。孝文三年，右賢王入居河南爲寇。其明年，單于遺漢書曰："今以小吏之敗約，故罰右賢王，使至西方求月氏擊之。以天之福，吏卒良，馬力强，以滅夷月氏，盡斬殺降下之。定樓蘭、烏孫、呼揭，及其旁三十六國，皆已爲匈奴。"則匈奴之服西域，在孝文三四年間。而匈奴之國勢，遂臻於極盛。

漢初對匈奴，亦嘗用兵。已而被圍於平城，今山西大同縣。不利。乃用劉敬策，妻以宗室女，與和親。蓋以海内初平，不能用兵，欲以是徐臣之也。高后、文、景之世，守和親之策不變。然匈奴和親不能堅，時入邊殺掠。中國但發兵防之而已。是時當匈奴冒頓，老上，軍臣之世，爲匈奴全盛之時。武帝即位，用王恢策，設馬邑之權，以誘軍臣單于。軍臣覺之而去。匈奴自是絶和親，攻當路塞，數入盜邊。然尚樂關市，耆漢財物，漢亦關市不絶以中之。元光元年，漢始發兵出擊。自後元朔二年，五年，六年，元狩三年，仍歲大舉。而元朔二年之役，衛青取河南，置朔方郡；在今鄂爾多斯右翼後旗，黄河西岸。漢既築朔方，遂繕蒙恬所爲塞，因河爲固。元狩二年，渾邪王殺休屠王降漢；漢通西域之道自此開，羌、胡之交關自此絶。匈奴受創尤巨。於是伊稚斜單于，軍臣之弟，繼軍臣立。用漢降人趙信計，本胡小王，降漢，封爲翕侯，敗歿，又降胡。益北絶幕。欲誘疲漢兵，徼極而取之。元狩四年，漢發十萬騎，私負從馬凡十四萬匹，糧重不與焉。使衛青、霍去病中分兵。青出定襄，今山西右玉縣。至寘顔山趙信城。去病出代，封狼居胥，禪於姑衍,臨瀚海而還。自是匈奴遠遁,而漢南無王庭。漢度河,自朔方以西至令居,今甘肅平番縣。往往通渠,置田官。吏卒五六萬人。稍蠶食,地接匈奴以北矣。

伊稚斜單于後,再傳而至兒單于。兒單于之立,當武帝元封六年。自兒單于以後,益徙而西北。左方兵直雲中,右方兵直酒泉、敦煌。龍庭所在,史亦不詳。而以兵事覈之,則距余吾水至近。天漢四年,貳師之出,且鞮侯單于悉遠其累重於余吾水北,而自以兵十萬待水南。征和二年,聞漢兵大出,右賢王驅其人民,度余吾水六七百里,居兜銜山。壺衍鞮單于時,漢生得甌脱王,匈奴恐以爲導襲之,即北橋余吾,令可渡。《山海經》:"北鮮之山,鮮水出焉。北流注於余吾。""北鮮"二字,疑鮮卑之倒誤。余吾,仙娥,一音之轉。頗疑今色楞格河,古時本名鮮水;即鮮卑水,或譯名但取上一音,或奪卑字。而拜哈勒湖,則名余吾;後乃虵其所注之湖之名,以名其水也。本始二年,五原之兵,出塞八百餘里,而至丹余吾水。丹余吾,當係余吾衆源之一,或其支流。以道里計之,亦當在今色楞格河流域也。匈奴之弱,實由失漢南。侯應《罷邊備議》謂:"邊長老言,匈奴失陰山之後,過之未嘗不哭也。"據《漢書・匈奴傳》:元封六年,冬,匈奴大雨雪,畜多飢寒死。誅貳師後,連雨雪數月,畜産死,人民疫病,穀稼不熟。始元二年,單于自將擊烏孫。欲還,會天大雨雪,一日深丈餘。人民畜産凍死,還者不什一。虚閭權渠單于之立,匈奴飢,人民畜産死十六七。蓋三十七年之間,大變之見於中國史者四矣。度尚有較小,爲中國史所不載者也。兒單于四傳而至壺衍鞮單于。宣帝本始二年,匈奴欲掠烏孫。烏孫公主來求救。漢發五將軍十五萬衆,出塞各二千餘里以擊之。匈奴聞之,驅畜産遠遁。是以五將少所得,而校尉常惠,護烏孫兵,入自西方,獲三萬九千餘級;馬、牛、驢、贏、橐駞五萬餘匹,羊六十餘萬頭。《烏孫傳》云:"烏孫皆自取所虜獲。"則此數未必確實。然匈奴之所損,必甚多也。匈奴民衆死傷,及遁逃死亡者,不可勝數。其冬,單于自將攻烏孫,頗有所得。欲還,會大雨雪,人畜凍死,還者不及什一。於是丁令攻其北,烏桓入其東,烏孫擊其西,凡三國所殺,數萬級;馬數萬匹,牛羊甚衆。匈奴大虚弱,諸國羈屬者皆瓦解。滋欲鄉和親,然尚未肯屈服於漢也。其後匈奴内亂,五單于争立。呼韓邪盡并諸單于,又爲新立之郅支單于所敗。乃於甘露元年,款五原塞降漢。三年,入朝。郅支北擊烏揭,降之。發其兵,西破堅昆,北降丁令。併三國之衆,留都堅昆。烏揭、堅昆、丁令,見第四篇。《三國志》注引《魏略》:匈奴單于庭,在安習水上,當係指此時言之。安習水,今額爾齊斯河也。後殺漢使谷吉,自以負漢;又聞呼韓邪日强,恐襲之;欲遠去。會康居數爲烏孫所困,使迎郅支居東邊,欲并力取烏孫以立之。郅支大悦,引而西。康居王甚尊敬之,妻以女。郅支數借兵擊破烏孫,烏孫西邊空虚不居者且千里。郅支驟勝而驕,殺康居王女,又役康居之民爲築城。元帝建昭三年,西域副都護陳湯,矯制,發諸國及車師,戊己校尉屯田兵攻殺之。傳首京師。北方積年之大敵,至是稱戡定焉。

呼韓邪既降漢,請留居光禄塞下;太初三年,徐自爲所築,去五原塞近者數百里,遠者千里。有急,保漢受降城。太初元年所築,在今烏喇特旗西北。許之。後人衆漸盛,乃歸北庭,事漢甚謹。王莽時,撫馭失宜,始復爲寇。光武之世,至徙幽,併邊人於常山、在今河北唐縣。居庸關,在今河北昌平縣。之東以避之。幸匈奴旋復内亂。其奥鞬日逐王比,自立爲呼韓邪單于,降漢。於是匈奴分爲南北。南單于人居西河美稷。今鄂爾多斯左翼中旗。北匈奴連年旱蝗,又爲南部、丁令、鮮卑、西域所侵,益弱。和帝時,南部求併之。永元元年,竇憲合南部擊之,降其衆二十餘萬。至燕然山,出塞三千餘里。明年,南部又分兵:左過西海,至河宗北;右繞天山南,度甘微河。北單于被創走。明年,右校尉耿夔又破之金微山。出塞五千餘里,前此出師未嘗至也。《後漢書》謂單于遁走,不知所在。《魏書·悦般傳》則謂其逃亡康居。蓋《後漢書》所載,乃當時軍中奏報;《魏書》所載,則後來得之於西域者也。北單于之弟於除鞬自立,止蒲類海,遣使款塞。四年,立爲北單于。欲輔還北庭,於除鞬自畔還北,漢使人誘還殺之。其餘衆輾轉西域。《後漢書》:永元十六年,北單于遣使詣闕貢獻,願和親,修呼韓邪故約。和帝以其舊禮不備,未許。元興元年,重遣使詣敦煌貢獻。辭以國貧,未能備禮。願請大使。當遣子入侍。時鄧太后臨朝,亦不答其使,但加賜而已。據此,則北匈奴自章、和後,仍自有單于。特微弱,又去中國遠,世系事跡,皆不可考耳。至南北朝時,猶立國於烏孫西北者曰悦般。其入歐洲者,立國於馬加之地,爲今匈牙利等國之祖焉。見《元史譯文證補》卷二十七上。

南單于入居西河後,漢使中郎將段郴、副校尉王郁留擁護之。又令西河長史歲將騎二千,弛刑五百,助中郎將護衛單于。冬屯夏罷,歲以爲常。單于亦遣諸部王屯駐北地、朔方、五原、雲中、定襄、雁門、代郡,爲郡縣偵羅耳目。明帝時,南部有欲叛還北者。置度遼營,以中郎將行將軍事以制之。靈帝時,張純反,率鮮卑寇五郡。詔發南匈奴兵配幽州牧劉虞討之。國人恐單于發兵無已,反,攻殺單于。子於扶羅立。國人殺其父者遂畔。立須卜骨都侯爲單于。一年死。南庭遂虚其位,以老王行國事。於扶羅詣闕自訟。會靈帝崩,天下大亂,單于將數千騎與白波賊合,寇河内諸郡。時民皆保聚,寇鈔無利,而兵遂破傷。復欲歸國。國人不受。乃止河東。卒,弟呼廚泉立。建安二十一年,入朝。曹操留之於鄴,遣右賢王去卑監其國,分其衆爲五部。立其中貴者爲帥,選漢人爲司馬監之。魏末,復改爲長史。左部都尉所統可萬餘落,居太原故泫氏縣。今山西高平縣。右部六千餘落,居祁縣。今山西祁縣。南部三千餘落,居蒲子縣。今山西隰縣。北部四千落,居新興縣。今山西忻縣。中部六千落,居太陵縣。今山西文水縣。左部帥豹，即劉淵之父。右賢王去卑，則赫連勃勃之先也。別部居上黨武鄉縣之羯室者，今山西遼縣。亦稱羯，其後爲後趙。而居臨松盧水者，今甘肅張掖縣。先世爲匈奴左沮渠，遂以沮渠爲氏，其後爲北涼焉。

五胡之中，匈奴、鮮卑，部落皆盛；而匈奴尤居腹地，故最先叛。然劉、石二氏，皆淫暴無人理。石氏亡後，冉閔大肆殺戮，胡、羯遂衰。其歷久而後同化者，惟稽胡而已。《北史》云："稽胡，一曰步落稽，蓋劉元海五部之苗裔也。或曰：山戎、赤狄之後，自離石今山西離石縣。以西，安定今甘肅固原縣。以東，方七八百里。居山谷間，種類繁熾。雖分統郡縣，列於編户；然輕其傜賦，有異華人。山谷阻深，又未盡役屬。而兇悍者，恃險數爲寇。"案元海部落，當時多散居郡縣。《晉書》云："其部落隨所居郡縣，使宰牧之，與編户大同，而不輸貢賦。"稽胡蓋因生事及風俗之異，入居山谷。其能久而不亡，正以其自成一部落故也。兩《漢書》及《三國志》，皆無稽胡之名。以爲山戎、赤狄之後者，必誤。《北史》云："言語類夷狄，因譯乃通。"蓋因少與漢人交接之故。然又云："其俗土著，亦知種田。地少桑蠶，多衣麻布。其丈夫衣服，及死亡殯葬，與中夏略同。其渠帥頗知文字。"則漸染華風，亦非一日矣。故自隋、唐以後，遂泯焉無跡也。

匈奴政教風俗，與中國相類者極多。《史記》云："自淳維以至頭曼，千有餘載，時大時小，别散分離，尚矣。然至冒頓而匈奴最强大，盡服從北夷，而南與諸夏爲敵國。"是則頭曼以前，匈奴迄未嘗爲大國也。夫使當戰國以前，漠南北之地，已有控弦數十萬，如漢時之匈奴者，則深入殺略之事，必時有所聞；大興師征伐，亦必在所不免；斷非僅築長城，所能限戎馬之足也。參看附録《秦始皇築長城》。然則自秦以前，漠南北部落，亦不過如《史記》所謂散居谿谷，莫能相一者耳。其大部落，實自皇古以來，即與漢族雜居黄河流域也。則其漸染漢族文化之深，固無足怪矣。

中國之俗，敬天而尊祖。而《史記·匈奴列傳》曰："歲正月，諸長少會單于庭，祠。五月，大會龍城，祭其先天地鬼神。秋，馬肥，大會蹛林，校課人畜計。"《後漢書》稱其俗歲有三龍祠，嘗以正月，五月，九月戊日祭天神。合二書觀之，蓋此三會皆祭天地，並及其餘諸鬼神也。南單于内附後，兼祠漢帝。"單于朝出營，拜日之始生；夕拜月。"亦與中國朝日夕月合。其圍高帝於平城也，其騎：西方盡白，東方盡駹，北方盡驪，南方盡騂；月尚戊己；祭天神以戊日；此中國五行干支之説也。貳師之降匈奴，歲餘，衛律害其寵。會母閼氏病，律飭胡巫言："先單于怒曰：胡故時祠兵，嘗言得貳師以社，今何故不用？"遂屠貳師以祠。征和中，漢武帝詔："軍候弘上書：言匈奴縛馬前後足，置城下，馳言：秦人，我匄若馬。丞相，御史，二千石，諸大夫，郎爲文學者，迺至郡屬國都尉趙破奴等，皆以虜自縛其馬，不祥甚哉。或以爲欲以見强。重合侯得虜候者，言：聞漢軍當來，匈奴埋羊牛所出諸道及水上以詛軍。單于遺天子馬裘，常使巫祝之。縛馬者，詛軍事也。”貳師之出塞，匈奴使右大都尉與衛律將五千騎要擊漢軍於夫羊句山狹。貳師遣屬國胡騎二千與戰，虜兵壞散，死傷者數百人。漢軍乘勝追北，至范夫人城。應劭曰：本漢將築此城。將亡，其妻率餘衆完保之，因以爲名也。張晏曰：范氏，能胡詛者。夫信巫，則亦中國之古俗也。《北史·悦般傳》：“真君九年，遣使朝獻，並送幻人。稱能割人喉脈令斷；擊人頭，令骨陷血出，或數升，或盈斗，以草藥内其口中，令嚼咽之。須臾血止，養瘡一月復常，無瘢痕。世疑其虚。乃取死罪囚試之，皆驗。云中國諸名山，皆有此草。乃使人受其術而厚遇之。”此幻人自出西域。又云：“又言其國有大術者，蠕蠕來鈔掠，術人能作霖雨、盲風、大雪及行潦。蠕蠕漂亡者十二三。”此則柔然、丁令，皆云有此術，或受之匈奴耳。《左氏》：狄之入衛也，“囚史華龍滑與禮孔，以逐衛人。二人曰：我大史也，實掌其祭。不先，國不可得也。乃先之”。注曰：“夷狄畏鬼，故恐言當先白神。”則狄人之巫鬼，由來舊矣。此其教之相類者也。

北狄無稱其君爲天子者，有之者，其惟匈奴乎？匈奴以外皆稱汗。汗，大也。蓋音譯則曰汗，意譯則曰大人。匈奴稱其君曰撐犂孤塗單于。撐犂，天也。孤塗，子也。單于，廣大之貌也；言其象天，單于然也。老上《遺漢書》，自稱“天地所生，日月所置，匈奴大單于”；狐鹿姑《遺漢書》，亦曰“胡者，天之驕子”；得毋感天而生之説，亦爲彼所習聞邪？頗重盟約。永光元年，漢使韓昌、張猛送呼韓邪侍子。昌、猛見單于民衆益盛，塞下禽獸盡；單于足以自衛，不畏郅支。聞其大臣多勸單于北歸者，恐北去後難約束，即與爲盟約，曰：“自今以來，漢與匈奴，合爲一家。世世毋得相詐相攻。有竊盜者，相報，行其誅，償其物。有寇，發兵相助。漢與匈奴，敢先背約者，受天不祥，令其世世子孫盡如盟。”儼然見古者束牲載書之辭焉。《漢書》載董仲舒之言曰：“如匈奴者，非可説以仁義也，獨可説以厚利，結之於天耳。與之厚利，以没其意。與盟於天，以堅其約。質其愛子，以累其心。”劉敬之説高帝和親也，曰：“陛下誠能以適長公主妻單于，厚奉遺之。彼知漢女，送厚，必慕，以爲閼氏；生子，必爲太子。陛下以歲時漢所餘，彼所鮮數問遺，且使辨士風諭以禮節，冒頓在，固爲子壻，死則外孫爲單于。豈聞外孫敢與大父抗禮哉？可毋戰以漸臣也。”此古代諸侯屢盟交質，事之以貨賄，申之以昏姻之習；抑劉敬之策，亦莒人之所以亡鄫也。此其政之相類者也。

匈奴之俗，與中國尚文之世，若不相容，而反諸尚質之世，則極相類。“其送死，有棺槨、金銀、衣裳而無封樹、喪服。近幸臣妾，從死者數百人。”此古者不封不樹，喪期無數及殉葬之俗也。“父死，妻其後母；兄弟死，皆取其妻妻之。"此晉獻公所以烝於齊姜，象所以欲使二嫂治朕棲也。"有名不諱而無字。"幼名，冠字，本乃周道也。"貴壯健，賤老弱；壯者食肥美，老者食其餘。"此古之人所以兢兢於教悌也。"利則進，不利則退；不羞遁走。苟利所在，不知禮義。"春秋時戎狄之俗皆如此，尤其久與漢族雜居河域之徵也。其文教雖不如中國乎？然《史記》稱其"獄久者不滿十日；一國之囚，不過數人"。中行説謂其"約束徑易行，君臣簡可久；一國之政猶一體"；猶足想見古者刑措不用；及未施信於民而民信，未施敬於民而民敬之風焉。要之匈奴之俗，與周以後不相類，若返諸夏、殷以前，則我國之俗，且可資彼以爲借鏡也。此其俗之相類者也。

《羅馬史》載匈奴西徙後，有詩詞歌詠，皆古時匈奴文字。當時羅馬有通匈奴文者，匈奴亦有通拉丁文者，惜後世無傳焉。見《元史譯文證補》。案匈奴之有文字，史不言其始於何時，亦不言爲何種文字。或謂當時西域諸國，多有旁行文字，匈奴或西徙後受之西域，如回紇文字，出自大食者然。案匈奴之服西域，事在孝文三四年間，自此以前，久與中國書疏相往還矣。中行説教單于左右疏記，以計識其人衆畜數，必先有文字，疏記之法，乃有可施。《史記》謂其"無文書，以言語爲約束"，乃謂其無文書，非謂其無文字也。然則匈奴之有文字舊矣。創制文字，實爲大業，雖乏史記，十口不得無傳。遼、金、元、清、西夏皆然。然則匈奴文字，非由自制。既非自制，舍中國將安所受之哉？漢遺單于書以尺一牘；中行説令單于以尺二寸牘，及印封，皆令廣長大；則其作書之具，正與中國同。從古北族文字，命意措詞，與中國近者，莫匈奴若，初未聞其出於譯人之潤飾也。然則匈奴與中國同文，雖史無明文，而理有可信矣。抑《史》、《漢》之不言，非疏也。《西域傳》云："自且末以往，有異乃記。"記其與中國異者，而略其與中國同者，作史之例則然。然則《史》、《漢》之不言，正足爲匈奴與我同文之證矣。《漢書》於《安息傳》，明著其畫革旁行爲書記，即因其有異而記之者也。然則我國文字之流傳於歐洲也舊矣。日逐王比遣漢人郭衡奉匈奴地圖求内附，則匈奴並有地圖。又《説文》控字下曰："匈奴引弓曰控弦。"《一切經音義》引作"匈奴謂引弓曰控弦"。案《一切經》引是也，今本蓋奪謂字。觀此，則匈奴之語，亦有與中國同者矣。皆其久與漢族雜居之證也。《一切經》又一引作突厥。漢時無突厥，必誤也。《觀堂集林》有匈奴相邦印跋，曰："匈奴相邦玉印，藏皖中黄氏。形制文字，均類先秦。當是戰國秦漢之物。考六國執政，均稱相邦。秦有相邦吕不韋，見戈文，魏有相邦建信侯，見劍文。今觀此印，知匈奴亦然。史作相國，蓋避漢高帝諱改。《史記・大將軍驃騎列傳》，屢言獲匈奴相國都尉。而《匈奴列傳》記匈奴官制，但著左右賢王以下二十四長，而不舉其目。又言二十四長，亦各自置千長、百長、十長、裨小王、相封、都尉、當户、且渠之屬。相封即相邦。易邦爲封，亦避高帝諱耳。"此印若真，亦匈奴與中國同文之一證。

匈奴與漢族關係之深如此，然其文明程度，終不逮漢族者，則漢族久進於耕農，而匈奴迄滯於游牧之故也。《史記》云："自唐、虞以上，有山戎、獫允、葷粥，居於北蠻，隨畜牧而轉移。"可見其從事畜牧，由來之久。然迄春秋戰國時，此族仍多以游牧、射獵爲生。故魏絳勸晉悼公和戎之辭曰："戎狄薦居，貴貨易土；土可賈焉。"《左》襄四年。雜居内地者如此，在塞外者，自更不待言矣。《史記・匈奴列傳》，謂其"自君王以下，咸食畜肉，衣其皮革，被旃裘"。又云："兒能騎羊，引弓射鳥鼠；稍長，則射狐兔；用爲食。"蓋猶《王制》所謂北方之狄，衣羽毛穴居不粒食之舊也。《王制》：四海之内，北不盡恆山。所謂北狄，當在恆山之北。然漢時之匈奴，亦間有事種植者。《漢書》謂匈奴誅貳師，連雨雪數月，穀稼不熟。師古曰："北方早寒，雖不宜禾稷，匈奴中亦種黍穄。"師古此言，當有所本。蓋生業之興，由於地利，漠南北亦有宜於種植之地，農業遂緣之而興也。特究不以爲正業耳。

《春秋》僖公三十二年："衛人及狄盟。"杜注："不地者，就狄廬帳盟。"疏云："狄逐水草，無城郭宫室，故云就廬帳盟也。"杜氏此注，非必經意，然當時北狄未有宫室，説當不誣。《史記》云："其後義渠之戎，築城郭以自守，而秦稍蠶食；至於惠王，遂拔義渠二十五城。"蓋後來之事；且亦未必凡戎狄皆然也。秦漢時之匈奴，"無城郭常居耕田之業，然亦各有分地"。其國中間有城郭，大抵漢人所築；如趙信城，孟康曰："趙信所築。"范夫人城，應劭曰："本漢將築此城，將亡，其妻率餘衆保完之。"是也。壺衍鞮單于初立，年少，母閼氏不正，國内乖離，常恐漢兵襲之。衛律爲單于謀，穿井，築城，治樓以藏穀，觀此語，亦可知匈奴有農業。與秦人守之。漢兵至，無奈我何。即穿井數百，伐材數千。或曰：胡人不能守城，是遺漢糧也。乃已。郅支之徙康居，役其民以築城，日五百人，二歲乃已。然終爲漢兵所誅夷。胡人不能守城，此其一證也。

匈奴極重漢物。"其攻戰，斬首虜，賜一卮酒"，酒之貴重可知。漢文與匈奴和親，遺以繒絮、秫糵，歲有數，所以中之也。自關市之通，單于以下皆親漢，往來長城下，幾墮馬邑之權。然猶樂關市，不能絶，可知其陷溺之深。賈生三表五餌之説，不能謂爲處士大言矣。見《新書・匈奴》篇。中行説之説匈奴曰："匈奴人衆，不能當漢之一郡，然所以强之者，以衣食異，無仰於漢也。今單于變俗，好漢物，漢物不過十二，則匈奴盡歸於漢矣。其得漢絮繒，以馳草棘中，衣袴皆敝裂，以視不如旃裘之堅善也；得漢食物，皆去之，以視不如湩酪之便美也。"嗚呼！何其計之深而慮之遠也！

匈奴風俗，最稱强悍。《史記》曰："其俗寬則隨畜田獵爲生業，急則人習戰攻以侵伐，其天性也。"《淮南子》曰："雁門之北，狄不穀食。賤長貴壯，俗尚氣力。人不弛弓，馬不解勒。"《原道訓》。此即《中庸》所謂"衽金革，死而不厭，北方之强"者邪。揚雄《諫不受單于朝書》曰："往時嘗屠大宛之城，蹈烏桓之壘，探姑繒之壁，藉蕩姐之場，艾朝鮮之旃，拔兩越之旗，近不過旬月之役，遠不離二時之勞，固已犂其庭，掃其閭，郡縣而置之；雲徹席捲，後無餘菑。惟北狄爲不然，真中國之堅敵也；三垂比之懸矣，前世重之滋甚。"江統《徙戎論》曰："并州之胡，本實匈奴。其天性驍勇，弓馬便利，倍於氐羌。"是匈奴在四裔中爲最强也。左伊秩訾之勸呼韓邪降漢也，呼韓邪問諸大臣，皆曰："不可。匈奴之俗，本上氣力而下服役，以馬上戰鬭爲國；故有威名於百蠻。戰死，壯士所有也。今兄弟争國，不在兄，則在弟，雖死，猶有威名；子孫常長諸國。奈何亂先古之制，臣事於漢，卑辱先單于，爲諸國笑？雖如是而安，何以復長百蠻？"百世之下，讀之虎虎有生氣焉。其能以不逮一縣之衆，見附録《秦始皇築長城》。使中國爲之旰食，宜矣。

然匈奴衆雖勇悍，而訓練節制頗缺。"利則進，不利則退，不羞遁走"，猶是春秋戰國以來戎狄之舊俗。"其攻戰，斬首虜，賜一卮酒；而所得虜獲，因以與之。得人，以爲奴婢。故其戰，人人自爲趨利，如鳥之集。其困敗，瓦解雲散矣。"此孫卿所譏齊人隆技擊，若飛鳥然，傾側反覆無日者也。古漢族事耕稼，故多居平原。戎狄事畜牧射獵，故多居山險。故漢族重車戰，戎狄則用騎兵及步兵。《左》隱九年，北戎侵鄭。鄭伯禦之。患戎師，曰："彼徒我車，懼其侵軼我也。"昭元年，晉中行穆子敗無終及羣狄於太原。將戰，魏舒曰：彼徒我車，所遇又阨，請皆卒。乃毁車以爲行。而趙武靈王亦胡服騎射，以滅中山。皆是道也。漢時匈奴，仍係如此。鼂錯《論兵事疏》曰："上下山阪，出入溪澗，中國之馬弗與也。險道傾仄，且馳且射，中國之騎弗與也。風雨罷勞，飢渴不困，中國之人弗與也。此匈奴之長技也。若夫平原易地，輕車突騎，則匈奴之衆易撓亂也。勁弩長戟，射疏及遠，則匈奴之弓弗能格也。堅甲利兵，長短相雜，遊弩往來，什伍俱前，則匈奴之兵弗能當也。材官騶發，矢道同的，則匈奴之革笥木薦，弗能支也。下馬地鬭，劍戟相接，去就相薄，則匈奴之足弗能給也。此中國之長技也。"要而言之，匈奴長於騎，中國長於步；匈奴利於險阻，中國利於平地；匈奴之勇悍，非中國所及；中國之兵器及行陳，亦非匈奴所能當也。《史記》云："其長兵則弓矢，短兵則刀鋋。"則其兵器，亦與中國同，特不如中國之精而已。又曰："善爲誘兵以包敵。"此亦居廣原，習於馳逐之故也。又曰："舉事常隨月盛壯以攻戰，月虧則退兵。"案《左》成十六年，晉郤至謂楚有六間，"陳不違晦"其一，注："晦，月終，陰之盡，故兵家以爲忌。"昭二十三年，戊辰，晦，戰於雞父。注："七月二十九日。違兵忌晦戰，擊楚所不意。"蓋月無光時，懼敵夜襲，故不用師也。此亦匈奴俗類漢族之一證。

北族多辮髮，惟匈奴則似椎髻。《漢書·李廣蘇建傳》："昭帝立，大將軍霍光、左將軍上官桀輔政，素與陵善。遣陵故人隴西任立政等三人俱至匈奴招陵。後陵、律衛律。持牛酒勞漢使。博飲。兩人皆胡服椎結。立政大言曰：漢已大赦，中國安樂，主上富於春秋，霍子孟、上官少叔用事。以此言微動之。陵嘿不應，熟視，而自循其髮，曰：我已胡服矣！"明椎髻爲匈奴俗也。或曰：文帝前六年遺單于，有比疏一。《史記》作比余。師古曰："辮髮之飾也，以金爲之。"此實匈奴辮髮之證，陵、律蓋未忍效之，故猶椎髻也。曰我已胡服，明髮未嘗如胡也。案比疏即箆梳，古今字。不必辮髮然後可用。師古之説，似覩當時北族辮髮，以意言之。《朝鮮列傳》謂"衛滿椎結蠻夷服，東走出塞"，明是時塞北蠻夷多椎結，滿豈亦有所不忍邪？《北史·悦般傳》，謂其"翦髮齊眉"。又云："其人清潔。與蠕蠕結好。其主嘗將數千人入蠕蠕，欲與大檀相見。入其界，百餘里，見其部人不浣衣，不絆髮，不洗手。婦人口舐器物。王謂其從臣曰：汝曹誑我，將我入此狗國。乃馳還。"不絆髮即辮髮之謂，辮髮即被髮也。從古西域多潔清，北族則否。悦般西徙後，蓋已漸染西域之俗。然絆髮當係匈奴之舊。翦髮齊眉，不知爲匈奴俗否？若然，則頗似中國之兩髦矣。又匈奴之法，漢使不去節，不以墨黥面，不得入穹廬。蓋以以墨黥面，爲示辱之意也。

匈奴爲漢族所迫逐，正支西徙，至今立國歐洲。然其同化於我者實不少。《左》莊二十八年："晉獻公娶二女於戎。大戎狐姬生重耳，小戎子生夷吾。"注："大戎，唐叔子孫，别在戎狄者。"《晉語》："狐氏出自唐叔；狐伯耳之子，實生重耳。"是杜注所本也。又曰："晉伐驪戎，驪戎男女以驪姬。"注云："驪戎，其君姬姓，爵男也。"案驪戎立國甚古。《周書·史記篇》："昔有林氏召離戎之君而朝之。"即驪戎也。《史記·周本紀》："紂囚西伯於羑里。閎夭之徒，求驪戎之文馬而獻之紂。"是時驪戎爲姬姓之國與否不可知，然其與姬姓之國有交涉，則甚確鑿矣。昭十二年，晉伐鮮虞，《公》、《穀》皆責其伐同姓。范注云："鮮虞，姬姓。"疏謂《世本》文。又戎州己姓，見哀十七年。己者，黄帝之子之姓也。見《國語》。廧咎如隗姓。隗姓，姓苑謂出古帝大隗氏。是則春秋以前，我族作大長於戎狄中者多矣。《公羊》謂潞氏"離於夷狄，而未能合於中國。晉師伐之，中國不救，夷狄不有"，實爲其漸即諸夏之徵。《穀梁》例，滅夷狄時，嬰兒以賢書月。甲氏，留吁餘邑，以賢嬰兒，滅亦月。左氏謂狄有五罪，亦謂酆舒有三儁才。《韓非子·外儲説》："趙主父使李疵視中山可攻不也，還報曰：中山可伐也。君不亟伐，將後齊、燕。主父曰：何故可攻。李疵對曰：其君見好顧千里曰："當依下文作好顯。"巖穴之士，所傾蓋與車，以見窮閭隘巷之士以十數；伉禮下布衣之士，以百數矣。"亦見《中山策》。周秦諸子，固多寓言，然寓諸何國，亦必有其所由。中山之文明程度，亦可想見矣。然則古代之戎狄，至秦漢以後，不復聞其爲患者，大抵皆同化於漢族也。漢時南部之降，漢人驕縱之太甚，讀揚雄《諫不受單于朝書》，可見此時漢人之見解。卒釀成劉、石之亂，致召冉閔之殺戮。然是時胡人居中國者甚多，閔所殺戮，實不過十之一二。謂足摧挫胡、羯則有之，謂能誅鋤胡、羯殆盡，則事理所必無也。據《晉書》載記：閔躬率趙人，誅諸胡羯，死者二十餘萬。屯據四方者，所在承閔書誅之。此亦殺其屯聚者耳。又云："高鼻多鬚，濫死者半。"高鼻多鬚，自係白種人，見第十三章。當時所謂胡，範圍甚廣，初不專指匈奴。如鮮卑稱東胡，西域諸國稱西胡是也。閔欲誅胡羯，而非胡羯以形狀之異而濫死，則胡羯之形狀不異者，必多獲免可知。其頗同化於漢族者，更無論矣。魏五部都尉所統，已二萬九千餘落。晉初歸化，武帝使居塞内者，亦輒千萬落。此等非同化於中國，果何往哉？然則中華民國國民中，匈奴之成分，必不少矣。

附録一　赤狄白狄考

狄之見於《春秋》者，或止稱狄，或稱赤狄、白狄。宣十五年，"六月，癸卯，晉師滅赤狄潞氏。"《注》："潞，赤狄之别種。"《疏》云："狄有赤狄，白狄。就其赤白間，各自别有種類。此潞是國名，赤狄之内，别種一國。夷狄祖其雄豪者，子孫則稱豪名爲種，若中國之始封君也。謂之赤白，其義未聞；蓋其俗尚赤衣白衣也？"案兩爨亦稱烏白蠻。《唐書》：初裹五姓皆烏蠻，其婦人衣黑繒，東欽二姓皆白蠻，其婦人衣白繒。疏蓋據後世事推之。如《疏》意，則凡狄非屬於赤，即屬於白矣。竊謂不然。

赤狄種類，見於《春秋》者有三：潞氏及甲氏、留吁是也。宣十六年："晉人滅赤狄甲氏及留吁。"《左氏》云："晉士會帥師滅赤狄甲氏及留吁，鐸辰。"《杜注》："鐸辰不書，留吁之屬，"似以意言之。又成三年："晉郤克衛孫良夫伐廧咎如。"《左氏》曰："討赤狄之餘焉。"是《左氏》所稱爲赤狄者，較《春秋》多一鐸辰，一廧咎如也。廧咎如，公羊作將咎如。至東山皐落氏，則《左氏》亦不言爲赤狄。《杜注》云："赤狄别種也。"《正義》："成十三年《傳》，晉侯使吕相絶秦，云：白狄及君同州，則白狄與秦相近，當在晉西。此云東山，當在晉東。宣十五年，晉師滅赤狄潞氏。潞則上黨潞縣，在晉之東。此云伐東山皐落氏，知此亦在晉東，是赤狄别種也。"其説似屬牽强。

白狄種類，《春秋》及《左氏》，皆未明言。昭十二年《杜注》曰："鮮虞，白狄别種。""肥，白狄也。"十五年《注》又曰："鼓，白狄之别。"《疏》云："宣十五年，晉師滅赤狄潞氏。十六年，晉人滅赤狄甲氏及留吁。成三年，晉郤克，衛孫良夫伐廧咎如。《傳》曰：討赤狄之餘焉。是赤狄已滅盡矣。知鮮虞與肥，皆白狄之别種也。"其説之牽强，與前説同。

案《春秋》、《左氏》言赤狄種類，雖似不同。然鐸辰之名，《春秋》無之。"討赤狄之餘焉"，語有兩解。劉炫以爲"廧咎如之國，即是赤狄之餘"。見《疏》。杜預則謂宣十五年晉滅赤狄潞氏，其餘民散入廧咎如，故討之。揆以文義，杜説爲長，以《春秋》、《左氏》，於潞氏，甲氏，留吁，鐸辰，皆明言爲赤狄，於廧咎如則不言也。然則《左氏》之意，蓋不以廧咎如爲赤狄。《左》不以廧咎如爲赤狄，而鐸辰爲《春秋》所無，則《春秋》、《左氏》，言赤狄初無歧異矣。然則赤狄自赤狄；白狄自白狄：但言狄者，自屬非赤，非白之狄；安得謂凡狄皆可分屬赤狄、白狄乎？杜説蓋失之也。

予謂赤狄、白狄，乃狄之兩大部落。其但稱狄者，則其諸小部落。小部落時役屬於大部落，則有之；若遂以赤白爲種類之名，謂凡狄皆可或屬諸赤，或屬諸白，則非也。《左》宣十一年云："衆狄疾赤狄之役，遂服於晉。"必赤狄之名，不苞衆狄，乃得如此措辭。若衆狄亦屬赤狄，當云疾潞氏之役，安得云疾赤狄之役乎？此《春秋》及《左氏》，凡言狄者，不得以爲赤狄或白狄之明徵也。

然則赤狄、白狄，果在何方乎？曰：赤狄在河内，白狄在圁、洛之間。何以知之？曰：以《史記·匈奴列傳》言"晉文公攘戎翟居於河内、圁、洛之間，號曰赤翟白翟"知之也。居河内者蓋赤狄？居圁、洛之間者蓋白狄也？曰：《史記》上云"攘戎翟"，而下云"號曰赤狄、白狄"，明赤狄、白狄爲兩種之總稱，所苞者廣矣。曰：《史記》之言，蓋舉其大者以概其餘，非謂凡狄皆可稱赤狄或白狄也。若謂凡狄皆可稱赤狄或白狄，則無解於《春秋》之或稱赤狄，或稱白狄，或但稱狄矣。蓋狄在《春秋》時，就大體言之，可區爲二：一在東方，一在西方。在東方者，侵軼於周、鄭、宋、衛、齊、魯之間。其地蓋跨今河北之保定、大名兩道，山西冀寧道之東境，河南之河北道。或且兼及河洛、開封道境。其中以居河内之赤狄爲最大。居西方者，其地蓋跨今山西冀寧道之西境，及河東道。陝西之榆林道及關中道。其中以居圁、洛之間之白狄爲最大。故史公舉之以概其餘也。言春秋時狄事者，莫詳於《左氏》。今請舉之，以爲吾説之證。

狄之居東方者，莫張於莊、閔、僖之間。莊三十二年，伐邢。閔二年，入衛。以齊桓公之威，糾合諸侯，遷邢於夷儀，封衛於楚丘；然及僖十二年，諸侯復以狄難故，爲衛城楚丘；其明年，狄侵衛；又明年，侵鄭；則其勢初未弱也。齊桓公之卒也，宋襄公伐齊而納孝公。雖曰定亂，實有伐喪之嫌。諸侯莫能正。惟狄人救之。僖十八年。是時邢附狄以伐衛。至二十五年，而爲衛所滅。狄雖不能救；然二十年，嘗與齊盟於邢。《左氏》曰：爲邢謀衛難也；二十一年，狄侵衛；三十一年，又圍衛；衛爲之遷於帝丘；狄之勤亦至矣。先是僖公九年，狄滅温。温者，蘇子封邑，周初司寇蘇忿生之後也。見成十一年。十一年，王子帶召揚拒、泉皐、伊洛之戎以伐周。入王城，焚東門。秦、晉伐戎以救周。晉侯平戎於王。十二年，王討王子帶。王子帶奔齊。齊侯使管夷吾平戎於王，使隰朋平戎於晉。十六年，王以戎難告於齊，齊徵諸侯而戍周。此所謂戎，不知與狄有關否？然及僖二十四年，王以狄師伐鄭；冬，遂爲狄所伐，出居於鄭；大叔以狄女居於温；則必即九年滅温之狄矣。晉文勤王，取大叔於温，殺之於隰城。王以温錫晉。三十二年，狄有亂。衛人乘之侵狄，狄請平焉。其在河内者，至是當少衰。然三十二年及文七年、九年、十一年，迭侵齊；七年，伐魯西鄙;十年侵宋;十三年又侵衛;則東方之狄,亦未嘗遂弱也。凡此者,《春秋》及《左氏》,皆但稱爲狄。惟文七年侵魯之役,《左氏》云:公使告於晉,趙宣子使因賈季問酆舒,且讓之。酆舒潞氏相,似其事由赤狄,然此祇可謂侵魯之狄役屬於赤狄,不能謂侵魯者即赤狄也。

赤狄見《經》,始於宣公三年之侵齊。六年,伐晉。七年,又侵晉,取向陰之禾。十一年,晉侯會狄於欑函。《左氏》云:"衆狄服也。衆狄疾赤狄之役,遂服於晉。"觀宣七年趙宣子之讓酆舒,則知赤狄是時所役屬之狄頗衆,故其勢驟張也。及是,黨與攜離,勢漸弱矣。十三年,雖伐晉及清,及十五年,潞氏遂爲晉所滅。晉侯治兵於稷,以略狄土。明年,滅甲氏留吁及鐸辰。成三年,又伐廧咎如,以討赤狄之餘焉。赤狄之名,自是不復見。蓋赤狄本居河内,是時强盛,故兼據潞氏、甲氏、留吁、鐸辰之地也。據《左氏》伯宗之言,則潞氏又奪黎侯之地。其本據地河内,未知滅亡或否?然縱幸存,其勢力亦無足觀矣。

東方之狄,自晉滅赤狄後,不見於《春秋》及《左氏》者若干年。至昭、定以降,鮮虞、肥、鼓、乃復與晉競。《左》昭十二年,晉荀吴僞會齊師者,假道於鮮虞,遂入昔陽。秋,八月,壬午,滅肥,以肥子緜臯歸。十三年,荀吴以上軍侵鮮虞,及中人。十五年,荀吴伐鮮虞,圍鼓,以鼓子載鞮歸。既獻而反之。又叛於鮮虞。二十二年,六月,荀吴滅之。定三年,鮮虞人敗晉師於平中。四年,晉士鞅衛孔圉伐鮮虞。五年,士鞅圍鮮虞。哀元年,齊、衛會於乾侯,救范氏也。師及齊師,衛孔圉,鮮虞人伐晉,取棘蒲。三年,齊、衛圍戚。求援於中山。四年,十一月,邯鄲降。荀寅奔鮮虞。十二月,齊國夏會鮮虞,納荀寅於柏人。六年,晉伐鮮虞,治范氏之亂也。鮮虞、肥、鼓地與潞氏、甲氏、留吁、鐸辰相近;與齊、晉、魯、衛,皆有關係;其形勢,正與自莊公至宣公時之狄同。《春秋》及《左氏》,皆絶不言爲白狄,不知杜氏何所見而云然?以予觀之,毋寧謂爲與赤狄相近之羣狄,爲較當也。

白狄本國,蓋在圁、洛之間。然西方之狄,跨據河之東西者亦甚衆,非止一白狄也。晉之建國也,籍談追述其事曰:"晉居深山之中,戎狄之與鄰,而遠於王室。王靈不及,拜戎不暇。"昭十五年。是唐叔受封之時,已與此族爲鄰矣。二五之説晉獻公也,曰:"蒲與二屈,君之疆也。疆埸無主,則啓戎也。"又曰:"狄之廣莫,於晉爲都。晉之啓土,不亦宜乎?"則蒲、屈所與爲界者,即狄人也。僖五年,晉侯使寺人披伐蒲,重耳奔狄。明年,賈華伐屈。夷吾將奔狄。郤芮曰:後出同走,罪也。不如之梁。梁近秦而幸焉。乃之梁。重耳、夷吾,蓋皆欲借資於秦以復國。夷吾不果奔狄,仍奔近秦之梁,則狄之近秦可知也。

晉文公讓寺人披之辭曰“予從狄君以田渭濱”，則晉文所奔，夷吾所欲奔而未果之狄，即與蒲、屈爲界之狄；其地自渭濱跨河而東，界於蒲、屈也。《左》閔二年，“虢公敗犬戎於渭汭”，雖未知即此狄否，然其地則相近矣。重耳之奔狄也，狄人伐廧咎如，獲其二女叔隗、季隗，納諸公子。成十三年，吕相絶秦之辭曰：“白狄及君同州，君之仇讎，而我之昏姻也。”《杜注》：“季隗，廧咎如赤狄之女也。白狄伐而獲之，納諸文公。”杜氏此注，殊屬牽强，故《疏》亦游移其辭，不敢强申其説也。凡此等狄，其地皆與白狄相近。然《春秋》及《左氏》，皆不明言爲白狄，則亦西方之衆狄，與白狄相近者而已。僖八年，“晉里克帥師，梁由靡御，虢射爲右，以敗狄於采桑。梁由靡曰：狄無恥，從之，必大克。里克曰：懼之而已，無速衆狄。虢射曰：期年狄必至，示之弱矣。夏，狄伐晉，報采桑之役也。復期月。”曰“無速衆狄”，明西方狄亦甚衆；如東方赤狄所役屬也。西方之狄，與晉相近，故争鬩頗烈。僖十六年，因晉韓原之敗，侵晉，取狐廚，受鐸，涉汾，及昆都。二十八年，晉作三行以禦狄。三十一年，又作五軍以禦狄。三十三年，晉侯敗狄於箕。郤缺獲白狄子。曰獲白狄子，而不言所敗者即白狄，蓋白狄與他狄俱來也？范文子曰：“吾先君之亟戰也有故。秦、狄、齊、楚皆强，不盡力，子孫將弱。”成十六年。以狄與秦、齊、楚並舉，可以見其盛矣。此等狄人，東爲晉人所攘斥；又秦穆修政，東境至河；《史記・六國表》。其在渭濱及河東之地，蓋皆日蹙。昭十三年，晉人執季孫意如，使狄人守之；定十四年，晉人圍朝歌；析成鮒，小王桃甲率狄師以襲晉，戰於絳中；蓋皆其服屬於晉者也。《史記》云：“秦穆公得由余，西戎八國服於秦。”此《匈奴列傳》文。《秦本紀》云：“益國十二，開地千里。”與韓非子《十過》篇同。《李斯傳》作“并國二十”。二十字疑倒。《漢書・韓安國傳》作“并國十四”，四亦疑二之誤。古文一二三四皆積畫也。穆公所服，蓋多岐以東之地，即大王所事之獯粥，文王所事之昆夷，及滅幽王之犬戎也。然則同、蒲間之狄，蓋盡爲秦、晉所併矣。白狄居圁、洛之間，其地較僻，蓋至魏開河西、上郡而後亡。

白狄之見《春秋》，始於宣公八年，與晉伐秦。成九年，與秦伐晉。十三年，吕相絶秦之辭曰：“白狄及君同州，君之仇讎，而我之昏姻也。君來賜命曰：吾與女伐敵。寡君不敢顧昏姻，畏君之威，而受命於吏。君有二心於狄，曰：晉將伐女。狄應且憎，是用告我。”《左氏》亦曰：“秦桓公既與晉爲令狐之盟，而又召狄與楚，欲道以伐晉。”白狄蓋叛服於秦、晉之間者也。《春秋》哀十八年，春，“白狄來”。《左氏》云：“始來。”蓋至是始通於魯。可見所謂白狄者，惟指圁、洛間一族。若凡在西北者，皆可稱白狄，則前此不得迄無往來矣。二十八年，白狄朝晉。昭元年，祁午稱趙文子服齊、狄，《杜注》謂指此事，其重視之可知。《管子・小匡》篇，謂齊桓公“西征，攘白狄之地，遂至於西河”。《小匡》述事，不甚可信，然白狄之在西河，則因此而得一左證也。《左》僖三十三年杜注：“白狄，狄別種也。故西河郡有白部胡。”

《左》襄四年，無終子嘉父使孟樂如晉，因魏莊子，納虎豹之皮，以請和諸戎。《杜注》謂無終，山戎國名。其《釋例》又謂山戎，北戎，無終，三者是一。案山戎，北戎在東方，別見予所撰《山戎考》。杜氏之云，未知何據？觀魏絳勸晉侯和戎，謂“戎狄薦居，貴貨易土，土可賈焉”？又曰“邊鄙不聳，民狎其野，穡人成功”；則其地與晉密邇。昭元年，“晉荀吴帥師敗狄於大鹵”。《左氏》云：“敗無終及羣狄於太原。”則無終即在太原附近。疑亦西方之狄，而能役屬羣狄者也。

夷、蠻、戎、狄之稱，其初蓋皆按據方位，其後則不能盡然。蓋種落有遷徙，而稱名不能屢更。故見於古書者，在東方亦或稱戎，西方亦或稱夷也。《春秋》時之戎，史公概敍之《匈奴列傳》中，則亦不得謂之非狄。別見予所撰《山戎考》，此不贅。

附録二　山戎考

《管子·大匡》篇曰："桓公遇南州侯於召陵，曰：狄爲無道，犯天子令，以伐小國。以天子之故，敬天之命，令以救伐。北州侯莫至。上不聽天子令，下無禮諸侯。寡人請誅於北州之侯。諸侯許諾。桓公乃北伐令支，下鳧之山，斬孤竹，遇山戎。"《小匡》篇曰："北伐山戎，制泠支，斬孤竹，而九夷始聽。海濱諸侯，莫不來服。"又曰："桓公曰：北至於孤竹、山戎、穢貉，拘秦夏。"《霸形》篇曰："北伐孤竹，還存燕公。"《戒》篇曰："北伐山戎，出冬蔥與戎菽，布之天下。"《輕重甲》篇曰："桓公曰：天下之國，莫强於越。今寡人欲北舉事孤竹、離枝，恐越人之至，爲此有道乎？桓公終北舉事於孤竹、離枝，越人果至。"皆以山戎在北方，與燕及孤竹、令支相近。燕召公封地，在今薊縣。《漢志》：遼西郡，令支，有孤竹城。注引應劭曰："古伯夷國。今有孤竹城。"則今遷安縣也。然《小問》篇曰："桓公北伐孤竹，至卑耳之谿。"《小匡》篇曰："西征，攘白狄之地，遂至於西河。方舟投柎，乘舟濟河。至於石沈，縣車束馬，踰大行與卑耳之貉。拘秦夏。"又曰："北至於孤竹、山戎、穢貉，拘秦夏。""卑耳之貉"之貉，當係谿字之誤。注隨文妄説爲"與卑耳之貉共拘秦夏之不服者"，誤也。穢貉初在今陝西北境，予别有考。然則卑耳之谿，實在西河、大行附近；與漢之令支縣，風馬牛不相及矣。《輕重戊》篇曰："桓公問於管子曰：代國之出何有？管子對曰：代之出，狐白之皮，公其貴買之。代民必去其本，而居山林之中。離枝聞之，必侵其北。"則離枝又在代北，亦非漢令支地也。《穀梁》謂"齊桓越千里之險，北伐山戎，爲燕辟地。"又曰："燕，周之分子也，而貢職不至，山戎爲之伐矣。"其釋齊侯來獻戎捷曰："軍得曰捷，戎，菽也。"皆與管子合。《史記·匈奴列傳》謂："山戎越燕而伐齊。"又云："山戎伐燕，燕告急於齊。齊桓公北伐山戎。山戎走。"亦以山戎在北方，與燕近。然《公羊》謂其"旗獲而過我。"《疏》云："齊侯伐山戎而得過魯，則此山戎不在齊北可知。蓋戎之别種，居於諸夏之山，故謂之山戎耳。"自來説山戎者，多主《左》、《穀》，鮮措意《公羊》。然《左氏》於齊侯來獻戎捷，但云"諸侯不相遺俘"，無戎菽之説。其説公及齊侯遇於魯濟曰："謀山戎也，以其病燕故也。"雖似與《穀梁》合。然山戎果去齊千里，何爲與魯謀之？則其消息，反與《公羊》相通矣。《禮記·檀弓》："孔子過泰山側，有婦人哭於墓者而哀。"《新序》亦記此事，而云"孔子北之山戎"。《論衡·遭虎》篇云："孔子行魯林中。"《定賢》篇云："魯林中哭婦。"俞氏正燮謂俱稱林中，殆齊配林之類。《癸巳存稿》。明山戎實在泰山附近，故齊伐之，得旗獲而過魯也。《管子》一書，述齊桓管仲事，多不可據。即如一孤竹也，忽謂其在燕之外，忽焉伐孤竹所濟卑耳之谿，又近西河、大行，令人何所適從邪？蓋古書本多口耳相傳；齊人所知，則管仲、晏子而已，輾轉增飾，遂不覺其詞之侈也。然謂伐山戎而九夷始聽，則亦見山戎之在東而不在北矣。

杜預《釋例土地名》，以北戎、山戎、無終三者爲一。昭元年疏。僖十年注曰："北戎，山戎。"襄四年注曰："無終，山戎同名。"昭元年注曰："無終，山戎。"莊三十年注則曰："山戎，北戎。"《漢志》：右北平，無終，故無終子國。地在今薊縣。然襄四年，無終子嘉父使孟樂如晉，請和諸戎。魏絳勸晉侯許之，曰："戎狄薦居，貴貨易土，土可賈焉。"又曰："邊鄙不聳，民狎其野，穡人成功。"則無終之地，必密邇晉。故昭元年，荀吴得敗無終及羣狄於太原。若謂在今薊縣，則又渺不相及矣。故《義疏》亦不信其説也。

北戎之見於《春秋》者，僖十年，齊侯、許男伐北戎。其見於《左氏》者，隱九年，北戎侵鄭；桓六年，北戎伐齊。亦絶無近燕之跡。且隱九年鄭伯之患北戎，昭元年魏舒之策無終，皆云"彼徒我車"；而《小匡》篇亦以"北伐山戎，制泠支，斬孤竹，而九夷始聽"，與"中救晉公，禽狄王，敗胡貉，破屠何，而騎寇始服"對舉。胡者，匈奴東胡，貉即濊貉。屠何者，《墨子·非攻中》篇曰："雖北者且不一著何，其所以亡於燕、代、胡、貉之間者，亦以攻戰也。"孫氏詒讓曰："且不一著何，當作且，不著何。且疑柤之借字。《國語》：晉獻公田，見翟柤之氛。《韋注》云：翟柤，國名是也。不著何，亦北胡。《周書·王會》篇云：不屠何青熊。又《王會伊尹獻令》。正北有且略，豹胡。且略即此且及《左傳》翟柤。豹胡，亦即不屠何。豹不，胡何，並一聲之轉。不屠何，漢爲徒何縣，屬遼西郡。故城在今奉天錦縣。柤，據《國語》，爲晉獻公所滅，所在無考。"案孫説近之。古代異族在北徼者多游牧，雜居内地者則否。胡貉、屠何，爲騎寇，而山戎、令支、孤竹不然，又以知其非一族矣。

戎之名，見於《春秋》者甚多。隱二年，"春，公會戎於潛"。"秋，八月，庚辰，公及戎盟於唐"。又是年，"無駭帥師入極"。賈云：極，戎邑。見疏。七年，"冬，天王使凡伯來聘。戎伐之於楚丘，以歸"。桓二年，"公及戎盟於唐"。莊十八年，"夏，公追戎於齊西"。二十四年，"冬，戎侵曹"。二十六年，"春，公伐戎"。其地皆在今山東境。雖不云山戎，亦近魯之地多戎之證也。竊疑山戎占地頗廣，次第爲諸國所併。至戰國時，惟近燕者尚存。後人追述管子之事，不知其時之山戎，疆域與後來不同也，則以爲在燕北而已矣。記此事者獨《公羊》不誤，亦足雪口説流行之誣矣。

附録三　長狄考

孟子曰："其事則齊桓、晉文，其文則史，孔子曰：其義，則丘竊取之矣。"斯言也，實治《春秋》者之金科玉律也。能分别其事與義，則《春秋》作經讀可，作史讀亦可。而不然者，則微特不能明《春秋》之義，於《春秋》時事，亦必不能了也。

《春秋》事之可怪者，莫如長狄。文十一年《經》云："叔孫得臣敗狄於鹹。"但云狄而已。而公羊及《左》、《穀》，皆以爲長狄。《左氏》所載，但云長狄有名緣斯者，獲於宋；有曰僑如者，斃於魯叔孫得臣；僑如之弟焚如，獲於晉；榮如獲於齊；簡如獲於衛；鄋瞞由是遂亡而已。無荒怪之説也。《公羊》云"記異"，而不言其所以異。《穀梁》則云："弟兄三人，佚宕中國。瓦石不能害。叔孫得臣，最善射者也。射其目。身横九畝。斷其首而載之，眉見於軾。"其荒怪甚矣。

注家之言，《穀梁范注》，但循文敷衍，無所增益。《左氏杜注》亦然。其云"蓋長三丈"，乃本《國語》。《國語》，《左氏》，固一家言也。何君之意，則不以長狄爲人。故注兄弟三人曰："言相類如兄弟。"又曰："魯成就周道之封，齊、晉霸，尊周室之後。長狄之操，無羽翮之助。别之三國，皆欲爲君。此象周室衰，禮義廢，大人無輔佐，有夷狄行。事以三成，不可苟指一。故自宣成以往，弑君二十八，亡國四十。"二十八當作二十，四十當作二十四，見《疏》。《疏》引《關中記》曰："秦始皇二十六年，有長人十二，見於臨洮。身長百尺。皆夷狄服。天誡若曰：勿大爲夷狄行，將滅其國。"《穀梁疏》引《考異郵》曰："兄弟三人，各長百尺，别之國，欲爲君。"《漢書・五行志》引《公》、《穀》説，而曰："劉向以爲是時周室衰微，三國爲大，可責者也。天戒若曰：不行禮義，大爲夷狄之行，將至危亡。其後三國皆有篡弑之禍。近下人伐上之痾。"又引京房《易傳》曰："君暴亂，疾有道，厥妖長狄入國。"又曰："豐其屋，下獨苦。長狄見，世主虜。"又曰："《史記》：秦始皇帝二十六年，有大人，長五丈，足履六尺。皆夷狄服。凡十二人，見於臨洮，天戒若曰：勿大爲夷狄之行，將受其禍。後十四年而秦亡，亡自戍卒陳勝發。"其義皆與何君同。

以長狄爲非人，似極荒怪。然束閣三傳，獨抱遺經，以得臣所敗，亦尋常之狄則可。否則以之爲人，其怪乃甚於非人也。記事荒怪，《穀梁》爲甚。然《公羊》謂："其兄弟三人，一者之齊，一者之魯，一者之晉。其之齊者，王子成父殺之；之魯者，叔孫得臣殺之；則未知其之晉者也。”其説全與《穀梁》同。特不云其佚宕中國，瓦石不能害；又不言其長若干而已。然《穀梁》云：“不言帥師而言敗，何也？直敗一人之辭也。一人而曰敗何也？以衆焉言之也。”范《注》：“言其力足以敵衆。”《公羊》曰：“其言敗何？大之也。其日何？大之也。其地何？大之也。”意亦全同。以得臣所敗爲一人，則非謂其瓦石不能害，身横九畝，斷其首而載之，眉見於軾不可矣。故《公穀》之辭，雖有詳略，其同出一本，蓋無疑也。《穀梁》曰：“傳曰”云云，蓋據舊傳也。惟《左氏》之説，最爲平正。其曰：“富父終甥摏其喉以戈，殺之。”特記其殺之之事，非有瓦石不能害，必射其目之意也。詳記齊、魯二國埋其首之處，則杜氏所謂骨節非常，恐後世怪之，更未嘗有身横九畝，眉見於軾之説也。雖《杜注》謂“榮如以魯桓十八年死，至宣十五年一百三歲，其兄猶在，《傳》言既長且壽，有異於人。”然年代舛譌，古書恒有。此乃杜推《左氏》之意如此，《左氏》之意，初未必如此也。然則《左氏》果本諸國史，記事翔實？而《公羊》、《穀梁》，皆不免口説流行之誚邪。

蓋《公羊》所云“記異”者，乃《春秋》之義也。何君所言，則發明《公羊》之所謂異者也。與事本不相干。至《公》、《穀》之記事，與《左氏》之記事，則各有所取。古事之傳於今；有出史官之記載，士夫之傳述者；亦有出於東野人之口，好事者之爲者。有傳之未久，即著竹帛者；亦有輾轉傳述，乃形簡策者。由前之説，其言恒較雅，其事亦較確。由後之説，則其詞多鄙，其事易蕪。《左氏》所資，蓋屬前説；《公》、《穀》所本，則屬後説也。以記事論，《左氏》誠爲近實。然以義論，則公羊子獨得聖人之傳已。

《左氏》之記事，誠近實矣。然長狄究爲何如人，《左氏》未之言也。則請徵之《國語》。《國語》：“吴伐越，墮會稽，得骨專車。使問仲尼。仲尼曰：昔禹致羣神於會稽山，防風氏後至，禹殺而戮之。其節專車。客曰：防風何守？仲尼曰：汪罔國之君也。守封禺之山。漆姓。在虞、夏、商爲汪罔氏，於周爲長翟氏。今謂之大人。客又曰：人長之極幾何？仲尼曰：僬僥氏三尺，短之至也。長者不過十之，數之極也。”《史記·孔子世家》、《説苑》、《家語·辨物篇》略同。惟《説苑》漆姓作釐姓。又云“在虞、夏爲防風氏，商爲汪芒氏”耳。《説文》亦曰：“在夏爲防風氏，殷爲汪芒氏。”如此説，則長狄之先，有姓氏及封土可稽，身長三丈，乃出仲尼推論，非謂其人實如是，了無足怪矣。《義疏》云：“如此《傳》文，長狄有種。種類相生，當有支胤。惟獲數人，其種遂絶，深可疑之。命守封禺之山，賜之以漆爲姓，則是世爲國主，緜歷四代，安得更無支屬，惟有四人？且君爲民心，方以類聚；不應獨立三丈之君，使牧八尺之民。又三丈之人，誰爲匹配？豈有三丈之妻，爲之生産乎？人情度之，深可怪也。"又引蘇氏云："《國語》稱今曰大人，但迸居夷狄，不在中國，故云遂亡。"案蘇氏所疑，蓋同《賈疏》，故以是爲解。然竊謂無足疑也。《疏》之所疑，首由不知身長三丈，乃出仲尼推論而非其實。若知此義，自不嫌以三丈之君，牧八尺之民；更不疑乏三丈之妻爲之生産矣。次則不知鄋瞞遂亡，惟指防風一族。蓋泰伯、仲雍，竄身揚越，君爲姬姓，民則文身。設使當日弟昆，並被異邦戕殺，南國神明之胄，固可云由是而亡。汪芒本守會稽，長狄跌宕兖、冀，蓋由支裔北徙，君臨羣狄；昆弟迭見誅夷，新邑遂無遺種，此亦不足爲怪。至於封禺舊守，原未嘗云不祀忽諸也。

民國十年，十月，八日，予客瀋陽，讀是日之《盛京時報》，有云："北京西城大明濠，因治馬路，開掘暗溝。有工人，在下岡四十號民家牆根下，掘得巨人骸骨八具。長約八尺餘。頭大如斗。棄之阬内。行人觀者如堵。監者慮妨工作，乃命工人埋之。"該報但云日前，未確記其日。此事衆目昭彰，不容虚構。知史籍所云巨人、侏儒，縱有過當之辭，必非子虚之説矣。長狄之長；何君云百尺，蓋本之《關中記》等書。杜云三丈，本諸《國語》。范云五丈四尺，則就九畝之長計之。並非其實。竊謂《左氏》"富父終甥摏其喉以戈"一語，即所以狀長狄之長。謂恒人舉戈，僅及其喉也。然則長狄之長，斷不能越北京西城所得之骨矣。豈今日北京西城之地，亦古代長狄埋骨之區邪？

夫"語增"則何所不至？今之歐洲人，皆長於中國人；日本人則短於中國人；來者既多，日習焉則不以爲異。設使歐人、日人，來者不過一家數口，後遂無以爲繼；數十百年之後，或則同化於我，或則絶世無傳；而吾國於此，亦無翔實之記載，一任傳説者之悠謬其辭；則不一再傳，而歐人爲防風，而日人爲僬僥矣。然則《公》、《穀》記事之繆悠，亦不足怪，彼其所資者則然也。故借長狄之來以示戒，《春秋》之意也。古有族曰防風，其人蓋别一種類，頗長於尋常人，事之實也。曰百尺，曰三丈，曰五丈四尺，事之傳譌，説之有託者也。曰瓦石不能害，弟兄三人，即能佚宕中國，致興大師以獲一人，則又身長之傳語既增，因而輾轉附會焉者也。一一分别觀之，而《春秋》之義得，而《春秋》之事亦明矣。故曰：分别其事與義，乃治《春秋》者之金科玉律也。

附録四　秦始皇築長城

秦始皇帝築長城，譽之者以爲立萬古夷夏之防，毁之者以爲不足禦異族之侵略，皆不察情實之談也。《史記・匈奴列傳》曰："士力能彎弓，盡爲甲騎。"又曰："自左右賢王以下至當户，大者萬餘騎，小者數千。凡二十四長，立號曰萬騎。"則匈奴壯丁，尚不足二十四萬。《史記》又云：冒頓"控弦之士三十萬"，蓋其自號之虚詞也。《新書・匈奴》篇曰："竊料匈奴控弦，大率六萬騎。五口而出介卒一人，五六三十，此即户口三十萬耳。"此則其數太少。或賈生所計，非匈奴全國之衆。南部之并北部也，領户三萬四千，口二十三萬七千三百，勝兵五萬一百十七人。所謂勝兵，即力能彎弓之士也。然則匈奴壯丁，居其民數五之一弱。與賈生五口而出介卒一人之説合。今即以匈奴兵數爲二十四萬，以五乘之，其口數亦不過百二十萬耳。賈生謂匈奴之衆，不當漢千石大縣；中行説謂匈奴人衆，不能當漢之一郡，非虚詞也。冒頓盡服從北夷時，口數如此，頭曼以前當何如？《史記》曰："自隴以西，有緜諸、緄戎、翟獂之戎。岐梁山、涇、漆以北，有義渠、大荔、烏氏、朐衍之戎。而晉北有林胡、樓煩之戎，燕北有東胡、山戎，各分散居谿谷，自有君長；往往而聚者，百有餘戎，然莫能相一。"頭曼以前之匈奴，則亦如此而已。此等小部落：大興師征之，則遁逃伏匿，不可得而誅也；師還則寇鈔又起；留卒戍守，則勞費不資；故惟有築長城以防之。長城非起始皇，戰國時，秦、趙、燕三國，即皆有之。皆所以防此等小部落之寇鈔者也。齊之南亦有長城，齊之南爲淮夷，亦小部落能爲寇鈔者也。若所鄰者爲習於戰陣之國，則有雲梯隧道之攻，雖小而堅如偪陽，猶懼不守，況延袤至千百里乎？然則長城之築，所以省戍役，防寇鈔，休兵而息民也。本不以禦大敵。若戰國秦時之匈奴，亦如冒頓，控弦數十萬，入塞者輒千萬騎，所以禦之者，自别有策矣。謂足立萬古夷夏之防，幾全不察漢後匈奴、鮮卑、突厥之事，瞽孰甚焉？責其勞民而不足立夷夏之防，其論異，其不察史事同也。

第四章 鮮　　卑

北方游牧之族，繼匈奴而起者，時曰鮮卑。鮮卑，古稱東胡。《史記·匈奴列傳》所謂“燕北有東胡、山戎”是也。《山海經·海内西經》：“東胡，在大澤東。”又《周書·伊尹四方令》，正北有東胡。又曰：“燕將秦開，爲質於胡。胡甚信之。歸而襲破東胡。東胡却千餘里。燕築長城，自造陽至襄平，置上谷、漁陽、右北平、遼西、遼東五郡以拒胡。”則東胡之所棄者，必即此五郡地矣。是時居五郡之地者，疑尚不止東胡。濊貉、肅慎等皆與焉。參看第五第六兩篇。秦始皇時，東胡亦强，後爲匈奴冒頓所襲破。《後漢書》曰：“烏桓、鮮卑，本東胡。冒頓滅其國，餘類保此二山，因名焉。”世因以東胡爲此族之本名；烏桓、鮮卑，爲其破滅後，因所居之山而得之稱號。然《史記索隱》引服虔曰：“東胡，烏桓之先，後爲鮮卑。在匈奴東，故曰東胡。”又引《續漢書》曰：“桓以之名，烏號爲姓。”則東胡者，中國人稱之之詞。烏桓者，彼族大人健者之名姓。乃分部之專稱，非全族之通號。惟鮮卑實其本名，故烏桓後來，亦以之自號也。《希臘羅馬古史》，載裏海以西，黑海之北，古代即有辛卑爾族居之。又拓跋先世，出於西伯利亞，而史亦云“國有大鮮卑山”，足知鮮卑種人，占地甚廣，不僅匈奴之東，山嶺崎嶇之地矣。漢時之烏桓、鮮卑，蓋皆山以部族名，而非部族以山名。參看附録《鮮卑》及《後魏出自西伯利亞》兩條。

《後書》所謂烏桓、鮮卑二山，蓋在今蒙古東部，蘇克蘇魯、索岳爾濟等山是也。更東則爲肅慎，更北則爲濊貉矣。參看該兩篇自明。《史記·匈奴列傳》云：東胡“與匈奴間，中有棄地，莫居，千餘里。”匈奴左方王將直上谷。上谷今宣化，自宣化之北，至蘇克蘇魯一帶，恰千里也。二山蓋烏桓在南，故其去中國較近，與中國之交涉亦較多。

烏桓自爲冒頓所破，常臣服匈奴。歲輸牛、馬，羊皮。過時不具，輒質其妻子。及霍去病擊破匈奴左地，乃徙其衆於五郡塞外，爲漢偵察匈奴動静。其大人歲一朝見。置護烏桓校尉監領之。壺衍鞮單于時，烏桓稍强，乃發單于冢墓，以報冒頓之怨。匈奴怒，發兵二萬騎擊破之。霍光聞之，遣范明友將二萬騎出遼東邀擊匈奴。時烏桓亦數犯塞。光戒明友：“兵不空出。即後匈奴,遂擊烏桓。"斬首六千餘級,獲其三王首。烏桓由是怨,寇幽州。宣帝時,乃稍保塞歸附。王莽欲擊匈奴,使嚴尤領烏桓屯代郡,皆質其妻子。烏桓不便水土,數求去。不許。遂自亡畔,還爲鈔盜。諸郡盡殺其質子。由是結怨。匈奴因誘臣之。光武初,匈奴率烏桓、鮮卑,寇鈔北邊無寧歲。烏桓居近塞,朝發穹廬,暮至城郭,爲患尤深。建武二十二年,匈奴亂,烏桓乘弱擊破之。匈奴北徙數千里。漠南地空。帝乃以幣帛賂烏桓。二十五年。遼西大人郝思等二百二十二人詣闕朝貢。封其渠帥爲侯、王、君、長者八十一人。皆居塞内。布列遼東屬國,遼西、右北平、漁陽、廣陽、上谷、代郡、雁門、太原、朔方諸郡。招徠種人,給其衣食,爲漢偵候,助擊鮮卑。置校尉於上谷寧城。今河北涿鹿縣。而鮮卑亦以是時通譯使。其歸附者,詣遼東受賞賜。青、徐二州,歲給錢二億七千萬,以爲常。安帝永初中,寧城下通胡市。因築南北兩部質館。鮮卑邑落百二十部,各遣子入質。靈帝時,烏桓上谷大人難樓、遼西大人丘力居、遼東大人蘇僕延、右北平大人烏延,皆擁衆千百落,自稱王。丘力居死,子樓班年少,兄子蹋頓立。驍勇。邊長老皆比之冒頓。袁紹矯制,皆拜爲單于。後難樓、蘇僕延奉樓班爲單于,蹋頓爲王。然蹋頓猶秉計策。廣陽人閻柔,少没烏桓、鮮卑中,爲所尊信。乃因鮮卑殺校尉邢舉而代之。紹亦因加撫慰。紹敗。子尚奔蹋頓。閻柔降。曹操即以爲校尉。建安十二年,操破烏桓於柳城,今熱河道凌源縣。斬蹋頓,尚與樓班、烏延奔遼東。太守公孫康皆斬送之。餘衆降者,及閻柔所統萬餘落,皆徙諸中國,帥與征伐。由是三郡烏桓,爲天下名騎。而其本族微不復振。見於史者,惟《新唐書》所載,有一極小部落,居烏羅渾之北云。

鮮卑當和帝時,北匈奴逃亡,轉徙據其地。匈奴留者十餘萬落,悉自號鮮卑。由是始盛。《三國志》注引《魏略》,謂其地東接遼水,西當西城,西城,在今陝西安康縣北。桓帝時,其大人檀石槐,盡據匈奴故地。立庭於高柳北三百餘里彈汗山上。高柳,在今山西陽高縣北。分其衆爲三部:東部,自右北平至遼東,接濊貉、夫餘。中部,自右北平以西至上谷。西部,自上谷以西至敦煌。屢爲邊患。靈帝發兵三萬征之,皆敗績。檀石槐死,子和連立。攻北地,爲善弩射者所殺。子騫曼年小,兄子魁頭立。後騫曼長大,與之争國。衆遂離散。而小種鮮卑軻比能盛。自雲中、九原,東撫遼水。亦數寇邊。魏青龍中,幽州刺史并領烏桓校尉王雄遣勇士刺殺之。諸弟繼統其衆。在遼西、漁陽、右北平塞外,去邊遠,不復爲害。

烏桓、鮮卑,漢時蓋分爲衆小部落。觀其來朝者,烏桓百二十二大人,入質者,鮮卑百二十部可見。自遭冒頓之禍,歷前後漢四百年,未嘗大見破壞。

而鮮卑又并匈奴之衆;其户口當大增。然終不能甚爲中國患者蓋以此。然部落既盛;復日與漢人相接,漸染其文化;程度漸高,終必有能用其衆者,此慕容、拓跋諸氏之所由興也。十六國中,鮮卑有三:曰慕容氏,曰乞伏氏,曰秃髮氏;而拓跋氏繼諸國之後,盡并北方。繼其後而據關中者,又有宇文氏焉。渤海高氏,雖云漢姓,然久居朔土,遂化於胡,論其氣質,實鮮卑也。與慕容氏並起遼西者,又有段氏。乘後魏之衰而入中國,爲宇文、高氏之前驅者,又有尒朱氏。隨尒朱氏入中原者,又有賀拔氏、侯莫陳氏等。雖其業或成或不成,然其擾亂中國則一也。蓋烏桓、鮮卑當漢時散處遼東之北,至於涼州。部落雖小而甚衆。兩晉之世,收率遼東西之衆者爲慕容氏;收率上谷以西之衆者爲拓跋氏;介於慕容,拓跋二氏之間者,則宇文氏及段氏也。北魏自南遷以前,根本之地,實在平城,對北重於對南。太武所以屢親征柔然、高車者以此。六鎮之設,盛簡親賢,配以高門子弟,實爲全國兵力所萃。慕容氏既入中原,故所據地,多爲高句驪所陷。遼東西之鮮卑,遂不復振。後魏全國兵力所萃,亦即鮮卑全族兵力所萃矣。胡靈后之亂,尒朱、宇文諸氏,紛紛豕突中原。及其力盡而踣,而鮮卑亂華之局,亦遂於此告終,職是故也。惟宇文氏之衆,當爲慕容氏所破時,别有一支,竄居西遼河流域。隋、唐兩代,休養生息,漸致盛强。晚唐五代之間,遭遇時會,遂能崛起,囊括北方,割據中國之燕、雲焉。蓋鮮卑種人數千年來之盛衰如此。慕容氏之先曰莫護跋。建國於棘城之北,今熱河道凌源縣境也。孫涉歸,徙邑於遼東北。涉歸子廆,徙徒河之青山,在今遼寧錦縣。後又徙大棘城,在今遼寧義縣。廆子皝,築龍城,徙居之,則今熱河道之朝陽縣也。慕容氏盛時,嘗東侵高句驪,北并夫餘,西破宇文氏。今遼寧全省,吉林西南境,熱河道南境皆其地。乞伏氏:據《晉書·載記》,謂自漠北南出大陰山。後居苑川,在今甘肅靖遠縣境。秃髮氏:《載記》云:其先與後魏同出。有匹孤者,始自塞北遷於河西。卒,子壽闐立。初母孕壽闐時,因寢,産於被中,乃名秃髮,其俗爲覆被之義。竊疑秃髮,拓跋,同音異譯。拓跋氏之先,出自西伯利亞,見附録。詰汾傳子力微,始居定襄之盛樂,地在今歸綏縣北。四傳至樂官,分爲三部:一居上谷之北,濡源之西,東接宇文,自統之。濡水,今灤河也。一在代郡北參合陂,兄子猗㐌統之。參合陂,在今陽高縣境。一在盛樂,兄子猗盧統之。猗盧合三部爲一,助劉琨攻匈奴。琨錫以陘北之地。乃城盛樂爲北都。修故平城爲南都。後世以内難,嘗築城於東木根山。又以石趙來攻,遷於大寧。東木根山,在漢五原郡境,黄河東岸。大寧,在今宣化西北。其後又遷新盛樂,在故城南八里。至什翼犍,爲苻秦所滅。道武帝復興,仍居平城。宇文氏,見附録。段氏出於遼西。有日陸眷者,因亂,被賣爲漁陽烏丸子家奴。漁陽亂,其主使將衆就食遼西。招誘亡叛,遂致强盛。控弦十餘萬。其後世嘗助王浚攻石勒。又貳於勒。後以自相攜,或降於勒,或爲石虎所破。徙屯令支。石氏亡,其酋南據齊地,爲慕容氏所滅。尒朱氏:其先居尒朱川,世爲部落酋帥。賀拔氏,與魏俱出陰山。侯莫陳氏,後魏别部。居庫斛真水。世爲渠帥。

當慕容氏崛起時,其支庶又有西徙入今青海者,是爲吐谷渾。吐谷渾者,廆庶兄。與廆不協。西附陰山，踰隴而西，止於枹罕。今甘肅導河縣。及於其孫，遂以王父字爲氏。吐谷渾傳十二世至拾寅，邑於伏羅川。丁氏謙曰：今湟水源博羅中克克河。十五世夸吕，徙青海西十五里之伏俟城。十九世諾曷鉢，唐高宗龍朔三年，爲吐蕃所破，走涼州。咸亨元年，薛仁貴納之，大敗。吐谷渾殘衆走鄯州。今甘肅碾伯縣。又徙靈州。今甘肅靈武縣。唐爲置安樂州，拜爲刺史。傳四世，又爲吐蕃所破。殘衆徙朔方、河東。德宗貞元十四年，以復爲長樂都督，青海國王，襲可汗號。傳一世而絶。五代時，其衆服屬於遼。

當拓跋氏之强，塞外諸部，盡爲所收攝，然亦有崛强不服者，則柔然是也。柔然，《南史》云"匈奴别種"，殊誤。《魏書》云："始神元之末，掠騎有得一奴，髮齊肩。無本姓名，其主字之曰木骨閭。木骨閭者，首秃也。木骨閭，郁久閭聲相近，故後子孫因以爲氏。木骨閭既壯，免奴爲騎卒。穆帝時，坐後期當斬。亡匿廣漠谿谷間。收合逋逃，得百餘人。依純突鄰部。疑當作紇突鄰。木骨閭死，子車鹿會，雄健，始有部落。自號柔然。後太武以其無知，狀類於蟲，故改其號曰蠕蠕。"阿那瓌之降魏也，啓魏主："臣先世緣由，出於大魏。"觀此，則柔然之先，必爲鮮卑。惟純突鄰部，似系高車部落。車鹿會五傳至社崘，爲道武所破，遁走漠北，破斛律，并拔也稽，當即唐時之拔也固。則所用者，幾全爲高車之衆矣。社崘三傳至大檀，復南徙犯塞。太武屢親征之。大檀及其子吴提，孫吐賀真時。降高車部落數十萬。柔然由是衰弱。高車叛之。又有内亂，至明帝正光元年，阿那瓌、婆羅門先後降魏。魏置阿那瓌於懷朔鎮北之吐六奚泉，懷朔鎮，在今山西五原縣北。婆羅門於敦煌北。時嚈噠盛强，其王三妻，皆婆羅門妹。婆羅門叛降嚈噠，爲魏兵所討禽。阿那瓌衆漸盛。屬魏衰亂，稍驕。天平後，東魏孝靖帝年號。遂復行敵國之禮。東西魏分立，慮其爲敵用，争結昏姻，厚賂遺以撫之。然柔然終已不振。而其屬部突厥，興於西北方。北齊神武帝天保二年，突厥擊柔然，大破之。阿那瓌自殺。北齊輔立其後。仍爲突厥所破。西魏恭帝二年，阿那瓌子菴羅辰率千餘家奔關中。突厥使譯相繼，請盡殺以甘心。周文帝議許之，收縛柔然主以下三千餘人付突厥，盡殺之於青門外。柔然遂亡。柔然雖鮮卑分部，然其所用者，多高車之衆；以民族論，實與鮮卑之關係淺，與高車之關係深。與謂爲元魏之旁支，不如謂爲突厥之前驅也。

鮮卑部落興起最後者，時曰契丹。契丹者，宇文氏别種。參看附録《宇文氏先世》條。爲慕容氏所破，竄於松漠之間。又爲元魏道武帝所破。乃分爲二：西曰奚。本稱庫莫奚。隋以後去庫莫，但稱奚。東曰契丹。奚衆依土護真水，今英金河。盛夏徙保冷陘山。在嬀州西北。契丹在潢水之西，土河之北。潢水，今西喇木倫河。土河，今老哈河。奚衆分爲五部，契丹分爲八部焉。魏孝文時，有部族曰地豆干者，在室韋西千餘里。欲與高句麗、柔然分其地。契丹懼，内附。止白狼水東。亦今老哈河。《遼史·營衛志》云：是時始去奇首可汗故壤。北齊文宣帝之世，擊破之。虜其男女十餘萬口。又爲突厥所逼。僅以萬家寄於高句麗。隋時，乃復來歸。依托紇臣水吐護真之異譯。以居。分爲十部。唐初，其酋長窟哥内屬，以其地置松漠都督府。又有辱紇主曲據者，亦來歸，以其地爲玄州。奚酋可度者内附，以其地爲饒樂都督府。又以八部、五部皆爲州。而以營州治柳城。統饒樂、松漠二府焉。唐時，君臨契丹者爲大賀氏，繼爲遥輦氏，最後爲世里氏。參看附録《契丹部族》條。《遼史·地理志》，謂唐以大賀氏窟哥爲使持節都督十州軍事，窟哥殆大賀氏之始主邪。窟哥死，契丹連奚叛。行軍總管阿史德樞賓執松漠都督阿卜固，獻於京師。阿卜固蓋亦大賀氏窟哥後也。窟哥孫曰盡忠，爲松漠都督。先是高祖時，契丹别部酋帥孫敖曹内附。詔於營州城旁安置。即以其地爲歸誠州。盡忠，敖曹孫，萬榮之妹壻也。武后時，盡忠、萬榮反，陷營州。進攻幽、冀。武后發大兵討之，不能克。會盡忠死，其衆爲突厥默啜所襲破。萬榮亦敗於奚，爲其家奴所殺。其餘衆不能立，遂附於突厥。契丹是時，雖見破壞，然其兵力，則已嶄然見頭角矣。玄宗開元二年，盡忠從父弟失活，以默啜政衰，來歸。奚酋李大酺亦降。時奚亦服默啜。仍置松漠、饒樂二府，復營州都督。失活卒，開元六年。從父弟娑固襲。有可突干者，勇悍。娑固欲除之，不克。奔營州。都督許欽澹發兵及李大酺攻之，敗績。娑固、大酺皆死。欽澹懼，徙軍入榆關。是爲奚人見弱於契丹之始。可突干立娑固從父弟鬱干。卒，開元十年。弟吐干襲。復與可突干猜阻，來奔。國人立吐干弟邵固，從《遼史》。《唐書》云李盡忠弟，必誤。爲可突干所弑。脅奚衆共附突厥。奚酋魯蘇大酺弟。不能拒，亦來奔。幽州擊可突干，破之。可突干走。奚衆降。可突干復盜邊。朝廷擢張守珪爲幽州長史，經略之。守珪善將，可突干懼，陽請臣，而稍趨西北倚突厥。有過折者，亦契丹部長，與可突干俱掌兵，不相能。守珪使客陰邀之，即斬可汗屈列及可突干來降。時開元二十二年也。以過折爲松漠都督。未幾，爲可突干餘黨泥里所弑，屠其家。泥里，即雅里，亦作涅里，遼太祖七世祖也。《遼史·百官志》載遥輦氏可汗九世，曰洼，曰阻午，曰胡剌，曰蘇，曰鮮質，曰昭古，曰耶瀾，曰巴剌，曰痕德堇，《營衛志》以屈列當洼可汗，則自邵固以上皆大賀氏矣。《遼史·耶律曷魯傳》説奚曰："契丹與奚，言語相通。實一國也。我夷離堇於奚，豈有陵轢之心哉？漢人殺我祖奚首，奚離堇怨次骨，日夜思報漢人，顧力微弱，使我求援於奚耳。"此奚離堇指太祖，則奚首者，太祖先世，爲中國所殺者也。疑即可突干。遼人立迪輦阻里。唐賜姓名曰李懷秀，妻以宗室出女。時天寶四年也。是歲，殺公主，叛去。迪輦阻里，《遼史》以當阻午可汗。安禄山討破之。更封其酋李楷落。禄山又出兵討契丹，大敗。《遼史·營衛志》："太祖四世祖耨里思，時爲迭剌部奚離堇。遣只里姑逆戰潢水南，禄山大敗。"《蕭塔葛傳》："八世祖只魯，遥輦氏時，嘗爲虞人。當安禄山來攻，只魯戰於魯山之陽，敗之。以功，爲北府宰相。"即其事也。可見契丹是時兵力之强。自是契丹中衰，附奚以通於唐。其酋長曰屈戍，武宗會昌二年，回紇破，來降。《遼史》以當耶瀾。習爾，咸通中再貢獻。《遼史》以當巴剌。曰欽德，即痕德堇也。嬗於遼太祖。

太祖七世祖曰雅里，即弑過折之泥里，已見前。據《太祖本紀》，雅里之子曰昆牒，昆牒之子曰頦領，頦領之子曰肅祖耨里思，肅祖之子曰懿祖薩剌德，懿祖之子曰玄祖匀德，玄祖之子曰德祖撒剌的，德祖之子，即太祖也。當大賀氏之亡，推戴雅里者頗衆。雅里讓不有國，而立遥輦氏。見《耶律曷魯傳》。時則契丹八部，僅存其五。雅里乃更析爲八。又析三耶律爲七，二審密爲五。三耶律者，曰大賀，曰遥輦，曰世里，即相次居汗位者。二審密者，曰拔里，曰乙室已，即後來之國舅也。三耶律之析爲七也，大賀、遥輦二氏分爲六，而世里氏仍合爲一。是爲迭剌部。故終遥輦氏之世，强不可制云。契丹之初，草居野次，靡有定所。雅里始制部族各有分地。又立制度，置官屬。刻木爲契，畫地爲牢。政令大行。《地理志》慶州："遼國五代祖勃突，貌異常。有武略，力敵百人。衆推爲主。生勃突山，因以爲名。没葬山下。"以世數核之，當爲頦領。以音譯求之，則於昆牒爲近。案雅里爲太祖七世祖，并太祖數之，實當云八世。明白無疑。而《兵衛志》誤作六世，豈《地理志》亦誤差一世。因以昆牒爲五世歟？肅祖大度寡欲，令不嚴而人化。懿祖嘗與黄室韋挑戰，矢貫數扎。玄祖教民稼穡，又善畜牧，國以殷富。德祖仁民愛物，始置鐵冶。其弟述瀾，亦稱釋魯，《皇子表》述瀾爲玄祖三子，德祖弟四。爲于越。遥輦氏歲貢於突厥。至是始免。疑當作回紇，屈戍時事。述瀾北征干厥、室韋，南略易、定、奚、霫。始興版築，置城邑。教民種桑麻，習織組。已有廣土衆民之志。至太祖，乘遥輦氏之衰，又直晚唐之亂，遂崛起而成大業焉。以上遼先世事跡，大抵見《營衛志》。兼據《兵衛志》，《食貨志》及《皇子表》。太祖東北滅渤海，服室韋、女直；西北服黠戛斯；西南服党項、沙陀、韃靼、吐谷渾、回鶻；遠至吐蕃、于闐、波斯大食，亦通朝貢；其聲威可謂極廣。《遼史·地理志》，稱其地"東至海，西至金山，暨於流沙，北至臚朐河，南至白溝"，猶僅以疆理所及言之也。

奚衆當唐時，未嘗犯邊，有勞征討，致遭破壞。然其後反弱於契丹。豈以宴安致然邪，抑其衆本寡弱也？南北朝時，奚分五部：曰辱紇主，曰莫賀弗，曰契箇，曰木昆，曰室得。有阿會氏，五部中最盛，諸部皆歸之。唐時，五部：曰阿會，曰處和，曰奥失，曰度稽，曰元俟折。五代時五部：曰阿薈，曰啜米，曰奥質，曰奴皆，曰黑紇支，蓋即唐五部異譯。居幽州東北數百里之琵琶川。契丹太祖强，奚服屬之，常爲之守界上。契丹苛虐，奚王去諸怨叛，以别部西徙嬀州，依北山射獵。嬀州北之山。常采北山麝香、人參賂劉守光以自託。其族至數千帳。始分爲東西奚。去諸卒，子掃剌立。莊宗破劉守光，賜掃剌姓李，更其名曰紹威。紹威卒，子拽剌立。初紹威娶契丹舍利逐不魯之姊爲妻。後逐不魯叛，亡入西奚。紹威納之。及幽、薊十六州割，紹威與逐不魯皆已死。契丹太宗北還。拽剌迎謁。太宗曰："非爾罪也；負我者，掃剌與逐不魯爾。"乃發其墓，粉其骨而颺之。後太宗滅晉，拽剌常以兵從。其後不復見於中國。蓋奚至是始盡入契丹。然奚在契丹中，尚爲大部族。遼之亡，奚王回離保，猶能擁衆自立云。奚之名，見於《遼史·屬國表》者，西奚，東奚之外，又有烏馬山奚。

烏桓、鮮卑，皆以游牧爲生。《後書》稱其"俗善騎射，弋獵禽獸，隨水草放牧。食肉飲酪，以毛毳爲衣，居無常處，以穹廬爲舍，東開向日"是也。然又云："其土地宜穄及東牆。東牆似蓬草，實如葵子，至十月而熟。俗識鳥獸孕乳，以别四節。耕種常以布穀鳴爲候。能作白酒，而不知作麴糵。米常仰給中國。"則亦非不知耕稼矣。

其風俗：貴少而賤老。妻後母，報寡嫂，死則歸其故夫。氏姓無常，以大人健者名字爲姓。怒則殺其父兄，而終不害其母，以母有族類，父兄無相讎報故也。其嫁娶：先略女通情。或半歲百日，然後送牛、馬、羊畜，以爲聘幣。壻隨妻還家。妻家無尊卑，旦旦拜之，而不自拜其父母。爲妻家僕役，一二年間，妻家乃厚遺送女，居處財物，一皆爲辦。故其俗從婦人計。至戰鬬時，乃自決之。蓋婦女持生計，男子事戰鬬，去女系時代未遠也。鮮卑婚姻，先髡頭，以季春月，大會饒樂水上。飲讌畢，然後配合。《後書》言風俗者，皆見《烏桓傳》。《鮮卑傳》曰"其言語習俗，與烏桓同，惟婚姻先髡頭。"云云，蓋惟婚禮爲特異也。

其政治極爲散漫，遠不如匈奴之摶結。《後書》云："有勇健，能理決鬬訟者，推爲大人，邑落各有小帥，不世繼也。自檀石槐後，諸大人乃世相傳襲焉。"孟子稱"舜、禹之有天下，必以朝覲訟獄之歸"，而自禹以後，遂變禪讓爲世襲，其理可借鑑而明矣。又云："數百千落，自爲一部。大人以下，各自畜牧營産，不相徭役。"此則許行所謂"並耕而食，饔飱而治"也。"有所召呼，刻木爲信。邑落傳行。雖無文字，而部衆不敢違犯。"殊足見其風俗之淳。"其約法：違大人言者，罪至死。盜不止死。若相賊殺者，令部落自相報。不止，詣大人告之。有罪者聽出馬、牛、羊以贖死。其自殺父兄則無罪。若亡畔，爲大人所捕者，邑落不得受之。徙逐於雍狂之地，沙漠之中。其土多蝮蛇，在丁令東南，烏孫西北焉。"

"俗敬鬼神。祠天地、日月、星辰，及先大人之有健名者。祠用牛、羊，畢，皆燒之。""有病，知以艾炙。或燒石自熨，燒地臥其上。或隨痛病處，以刀決脈出血，及祝天地，山川之神。無鍼藥。"蓋重巫，而醫術則方在萌芽也。"俗貴兵死。斂尸以棺，有哭泣之哀。至葬，則歌舞相送。肥養一犬，以彩繩纓牽；并取死者所乘馬、衣物，皆燒而送之。言以屬累犬，使護死者神靈歸赤山。赤山在遼東西北數千里，如中國人死者魂神歸岱山也。"《三國志》注引《魏書》："至葬，日夜聚親舊員坐。牽犬馬歷位。或歌哭者，擲肉與之。使一人口誦呪文。使死者魂神逕至，歷險阻，勿令橫鬼遮護，達其赤山。然後殺犬馬衣物燒之。"

以上所述，皆契丹舊俗。既與中國交通，其文明程度頗有進。靈帝時議擊鮮卑，蔡邕謂："關塞不嚴，禁網多漏。精金良鐵，皆爲賊有。漢人逋逃，爲之謀主。兵利馬疾，過於匈奴。"又《三國志》稱軻比能："自袁紹據河北，中國人多亡叛歸之。教作兵器鎧楯，頗學文字，故其勒御部衆，擬制中國，出入弋獵，建立旌麾，以鼓節爲進退。"可見一斑矣。《後書》謂烏桓："婦人能刺韋，作文繡。男子能作弓矢鞍勒，鍛金鐵爲兵器。"疑皆中國人所教也。

晉時五胡，羯即匈奴，氐、羌亦一族，與鮮卑而三耳。匈奴，漢人所以畜之者太驕；羌則頗爲漢人所侵役，故積怨而叛。惟烏桓、鮮卑，雖居塞下，而不處腹心之地。既不凌犯漢人，亦不爲漢人所迫壓，能獲平和交通之利。故五胡之中，鮮卑最能倣效漢族之文明，非偶然也。割據中國之鮮卑，以慕容、拓跋二氏爲大。北魏孝文帝盡棄其俗，以從中國，慕容氏亦濟濟多才；夫人知之，不待贅述。即遠竄青海之吐谷渾，其文明亦有可觀者。史稱吐谷渾之孫慕延，援禮公孫之子，得以王父字爲氏之義，因以吐谷渾爲氏。又其主阿豺，嘗升西强山，觀墊江源，曰："水尚知歸，吾雖塞表小國，可以獨無所歸乎?"因遣使通宋，此或使臣文飾之詞，然其屢通南朝，則事實也。其風俗，多沿鮮卑之舊，或化而從羌。史稱其"有城郭而不居。隨逐水草，以廬帳爲屋，肉酪爲糧"。國無常賦。調用不給，輒斂富室商人，取足而止。殺人及盜馬者死，他犯則徵物以贖。亦量事決杖。刑人必以氈蒙頭，持石從高擊之。其婚姻，富家厚出聘幣，貧者竊妻走。父死，妻其庶母。兄亡，妻其諸嫂是也。其主視羆，以子樹洛干年少，傳位於弟烏紇提，而妻樹洛干之母。隋以光化公主妻其主世伏。國人殺世伏，立其弟伏允，亦請依俗尚主。皆鮮卑及羌俗也。然又稱拾寅用書契，起城池，築宫殿，居止出人，擬於王者。伏連籌準擬天朝，樹置官司，稱制諸國，以自誇大。其官：有長史、司馬、將軍、王公、僕射、尚書、郎中。又頗識文字。國中又有佛法。能與益州通商賈。則其建國之規模，實有可觀者。惜乎羌人程度太低，未能一時丕變也。

從來北族之强盛，雖由其種人之悍鷙，亦必接近漢族，漸染其文化，乃能致之。過於樸僿，雖悍鷙，亦不能振起也。若其所居近塞，乘中國喪亂之際，能多招致漢人，則其興起尤速。突厥、契丹，其最著者也。契丹太祖之興也，史稱劉守光暴虐，幽、涿之人，多亡入契丹。阿保機又間入塞，攻陷城邑，俘其人民，依唐州縣，置城以居之。其後自爲一部，治漢城。其地可植五穀。阿保機率漢人耕種。爲治城郭、邑屋、廛市，如幽州制度。漢人安之，不復思歸。又謂遼太祖之久專旗鼓而不肯受代，實出漢人之教。此雖未必然。然其自爲一部，所用實係漢人，則彰彰矣。契丹隋世十部，兵多者不過三千，少者千餘。大賀氏八部，勝兵合四萬三千。太祖會李克用於雲中，乃以兵三十萬伐代北，兵四十萬，天祐二年。親征幽州，旌旗相望數百里。此如林之旅，果何自來哉？契丹建國，誠以部族爲爪牙。太祖北討南征，所俘降游牧之民亦不少。然《遼史》稱其析本部迭剌部。爲五院六院，宫衛缺然，乃分州縣，析部族，以立宫衛軍；述律后居守之際，又摘蕃漢精騎爲屬珊軍；凡三十萬。則其兵實有漢人。漢人之有造於契丹亦大矣。

契丹故游牧之族，分地而居，合族而處。分地所謂部，合族所謂族也。然其後有以族而部，部而族者。亦有部而不族，族而不部者。部族之衆，大抵以游牧爲生。亦或從事種植。分地之制，始於涅里。其後多因俘降而置。分合屯戍，各以政令定之，不能自專也。部族之勝兵甲者，即著軍籍。無事田牧草莽間。生生之資，仰給畜牧。各安舊風，狃習勞事，不見紛華異物而遷。有事而戰，彍騎介夫，卯命辰集。馬逐水草，人仰湩酪；挽强射生，以給食用；糗糧芻茭，道在是矣。史稱其"家給人足，戎備整完，虎視四方，强朝弱附，部族實爲之爪牙"，非虚語也。然其所得中國之地，亦自爲其國元氣所在。其設官分南北面。北以舊制治宫帳部族，南以漢法治漢人州縣。觀其財賦之官，多在南面，即可知其立國之有資於漢人也。契丹之國，合耕稼及游牧之民而成，實兼居國及行國者也。其耕稼之民，得諸中國，所謂州縣也。游牧之民，爲契丹之國民者，部族是也。又有所謂屬國者，則平時朝貢，戰時徵其兵糧而已，與契丹之關係實淺。

其政治，雖有君主，而貴族之權頗重。《五代史》謂其嘗推一大人，建旗鼓以統八部。及其歲久，或其國有疾疫而畜牧衰，則八部共議，以旗鼓立其次而代之。被代者以爲約本如此,不敢争。太祖襲殺八部大人,乃立不復代。一似八部本無世襲之共主者。此説雖未必然。然八部大人之權力,則可以想見矣。參看附録《契丹部族》條。太祖即位之後,部族之權力,雖不如是其偉。然北面諸官,總以北南二宰相府。北宰相府,皇族四帳,世預其選。南宰相府,國舅五帳,世與其選。猶是以同姓、外戚,爲國家之楨幹也。皇族四帳者,太祖爲横帳。德祖次子巖木之後爲孟父房。三子釋魯之後爲仲父房。太祖五弟之後爲季父房。國舅五帳者,拔里氏二房:曰大父、少父。乙室已二房:曰大翁、小翁。太宗取於回鶻糯思之後,是爲述律氏。其後爲國舅别部。遼俗東向而尚左,東西爲經,南北爲緯,故御帳東向,稱横帳,猶是烏桓穹廬東開向日之舊也。

奚與契丹,本皆以游牧爲生,《北史》稱其"隨逐水草,頗類突厥"者也。至太祖之考匀德、仲父述瀾,始教民以樹藝、組織。太祖益招致漢人,令其耕種。及平諸弟之亂,弭兵輕賦,專意於農。至太宗時,則獵及出兵,皆戒傷禾稼。蓋駸駸進於耕稼矣。道宗時,西蕃多叛。命耶律唐古督耕稼以給西軍。唐古率衆田臚朐河側,歲登上熟。是其耕稼,不徒近中國之地,并以施之諸部族也。然史稱"契丹舊俗,其富以馬,其强以兵"。又稱太祖時,畜牧之盛,括富人馬不加多,賜大小鶻軍萬餘匹不加少。"自太宗至興宗,垂二百年,羣牧之盛如一日。天祚初年,馬猶有數萬羣,每羣不下千匹。"則其生業,究以畜牧爲重云。

當南北朝時,奚及契丹,即多與漢人互市。《魏書》載宣武帝詔:謂"奚,自太和二十一年以前,與邊人參居,交易往來,並無欺貳。至二十二年,叛逆以來,率衆遠竄。今雖款附,猶在塞表。每請入塞,與百姓交易"是也。遼太祖招致漢人,於炭山北起榷務,以通諸道貿易。太宗既得幽州,即置市,而命有司治其征。餘四京及他州縣貨産懋遷之地亦如之。雄州、高昌、渤海,亦立互市,以通南宋西北諸部及高麗之貨。史稱"女直以金帛,布、密蠟,諸藥材,鐵驪、靺鞨、于厥諸部,以蛤珠、青鼠、貂鼠、膠魚之皮,牛、羊、駞、馬、毳罽等物,來易於遼者,道路繦屬"。則當其盛時,北族之商業,必有可觀者。惜乎史不能紀其詳也。

契丹舊俗,亦敬天而尊祖。《地理志》:"永州有木葉山。上建契丹始祖廟。奇首可汗在南廟,可敦在北廟。繪塑二聖并八子神像。相傳有神人,乘白馬,自馬盂山浮土河而東。有天女,駕青牛,由平地松林泛潢河而下。至木葉山,二水合流,相遇,爲配偶。生八子。其後族屬漸盛,分爲八部。"《述律后傳》:"嘗至遼、土二河之會。有女子,乘青牛車,倉猝避路。忽不見。未幾,童謡曰:青牛嫗,曾避路。蓋諺謂地祇爲青牛嫗云。"青牛嫗爲地祇,則白馬神人，必天神矣。凡舉兵，必率文武臣僚，以白馬、青牛，祭告天地，日神，惟不拜月。又分命近臣告太祖以下陵及木葉山神，乃詔諸道徵兵焉。《遼史》謂“終遼之世，郊丘不建”，《儀衛志》二。乃不用漢禮祭天，非其俗本不祭天也。

《禮志》：“冬至日，國俗屠白羊白馬白雁，各取血和酒，天子望拜黑山。黑山在境北，俗謂國人魂魄其神司之猶中國之岱宗。每歲是日，五京進紙造人馬百餘事，祭山而焚之。俗甚嚴畏，非祭不敢近山。”黑山，似即烏桓之赤山。契丹舊地，在潢、土二水合流處，其北，正在遼東西北數千里也。又云：“歲十月，五京進紙小衣甲、槍刀、器械萬副。十五日，天子與羣臣望祭木葉山。用國字書狀而焚之。國語謂之戴辣。戴，燒也。辣，甲也。”似亦烏桓送死燒乘馬衣物之俗。《魏書·契丹傳》云：“父母死而悲哭者，以爲不壯。但以其屍置於小樹之上。經三年後，乃收其骨而焚之。因酌酒而祝曰：冬月時，向陽食。若我射獵，使我多得豬鹿。”與《後書》所述烏桓之俗不合。《後書》云：“鮮卑習俗，與烏桓同。”契丹鮮卑部落，不應殊異至此。或魏時契丹嘗與他族雜處，《魏書》誤以他族之俗，爲契丹之俗也。

其俗亦頗重巫。《五代史》：石敬瑭求援於契丹。契丹太宗以告其母。母召胡巫問吉凶。巫言吉，乃許。《遼史·列女傳》：耶律奴妻嘗與娣姒會，争言厭魅，以取夫寵。則崇信之者亦頗多。巫鬼固北族之通習也。

至通中國以後，則信佛頗篤。《遼史》：太宗援石晉，自潞州迴入幽州。幸大悲閣，指佛像曰：“我夢神人，令送石郎爲中國帝，即此也。”因於木葉山建廟，春秋告賽，尊爲家神。軍興，必告之，乃合符傳箭於諸部。又其俗以二月八日爲佛生日。京府及諸州，雕木爲像。儀仗百戲，道從循城爲樂。則風靡全國矣。興宗以信佛故，屢降赦宥，釋死囚。道宗時，一歲飯僧三十六萬，一日祝髮三千。皆其先世有以啓之也。又《義宗傳》：“神册元年，春，立爲皇太子。時太祖問侍臣曰：受命之君，當事天敬神。有大功德者，朕欲祀之，何先？皆以佛對。太祖曰：佛非中國教。倍曰：孔子大聖，萬世所尊，宜先。太祖大悦。即建孔子廟，詔皇太子春秋釋奠。”《太祖紀》：神册三年，四月，己亥，詔建孔子廟、佛寺、道觀。則太祖實三教並尊。然其後來之崇信，則儒、道遠非釋氏之比矣。

契丹之慕效中國，由來已久。而其大有所得，則在入汴之後。《儀衛志》云：“大賀，失活，入朝於唐。娑固兄弟繼之，尚主封王，飫觀上國。開元東封，邵固扈從，又覽太平之盛。自是朝貢，歲至於唐。遼始祖涅里立遥輦氏，世爲國相，目見耳聞，歆企帝王之容輝有年矣。至於太宗，立晉以要册禮，入汴而收法物，然後累世之所願欲者，一舉而得之。於是秦漢以來，帝王文物，盡入於遼。周宋按圖更製，乃非故物。"以兵力之不競，遂致舉數千年來聲明文物之積，一旦輸之外邦，自契丹言之可幸，自中國言之，則可悲也。《遼史·太宗紀》："大同元年，三月，壬寅，晉諸司僚吏、嬪御、宦寺、方伎、百工、圖籍、曆象、石經、銅人、明堂、刻漏、太常樂譜、諸宫懸、鹵簿、法物及鎧仗，悉送上京。"《儀衛志》云："晉高祖使馮道劉煦册應天太后太宗皇帝，其聲器與法駕，同歸於遼。天子車服，昉見於遼自此。"又遼郊廟頌樂，得之於汴，散樂得之晉。天福三年，劉煦以伶官歸遼，皆見《樂志》。《志》又云："太宗入晉之後，皇帝與南班漢官用漢服，太后與北班契丹臣僚用國服。"《太宗本紀》："會同三年，十二月，丙寅，詔契丹人授漢官者從漢儀，聽與漢人婚姻。"《外戚表序》："契丹外戚，其先曰二審密氏：曰拔里，曰乙室已。至遼太祖取述律氏。大同元年，太宗自汴將還，留外戚小漢爲汴州節度使。賜姓名蕭翰，以從中國之俗。由是拔里、乙室已、述律三族，皆爲蕭姓。"《后妃傳》曰："太祖慕漢高皇帝，故耶律儼稱劉氏，以乙室、拔里比蕭相國，遂爲蕭氏。"其慕效中國之心，可謂切矣。

契丹既入中國，一切制度，悉以中國爲楷模；《遼史》又極簡略；其舊制遂多不可考。惟《刑法志》載其用刑甚酷。親王有罪，或投諸高崖殺之。淫亂不軌者，五車轘殺之。逆父母者視此。犯上者，以熟鐵椎摏其口殺之。又有梟磔、生瘞、射鬼箭、礮擲、支解等刑。頗足見其野蠻之習。

契丹先世，本無文字。《遼史·本紀》：太祖神册五年，始製契丹大字。九月，壬寅，成。詔頒行。《五代史》謂漢人教契丹，以隸書之半增損之，作文字數千，以代刻木之約。則契丹大字，實出中國。又《皇子表》：迭剌，"性敏給。回鶻使至，無能通其語者。太祖使迭剌迓之。相從二旬，盡習其言語。因製契丹小字，數少而該貫"。則契丹小字，出於回鶻。今世所傳契丹書，係增損漢文爲之，則其小字，蓋未嘗通行也。《突吕不傳》："製契丹大字，贊成爲多。"《耶律魯不傳》："太祖製契丹國字，以贊成功，授林牙，監修國史。"

契丹文化之進步，觀其種人通文學者之多，可以知之。其首出者當推人皇王倍。嘗市書萬卷，藏之醫巫閭絶頂之望海堂。通陰陽，知音律。精醫學砭焫之術。工遼、漢文字。嘗譯《陰符經》。善畫本國人物。如《射騎》、《獵雪騎》、《千鹿圖》等，皆入宋祕府云。此外通文學者：宗室中：若世宗第五子和魯菫，若人皇王第四子平王隆先，若耶律學古、耶律資忠、耶律庶成庶箴兄弟。庶箴子蒲魯。耶律韓留、耶律昭、耶律陳家奴、耶律良。外戚中：若蕭勞古及其子朴、蕭陽阿、蕭柳、蕭韓家奴。究心史學者：則庶成、韓家奴，及耶律孟簡、耶律谷欲、耶律儼。善畫者：則耶律顯學、耶律裹里。善醫者，則庶成及蕭胡篤之祖敵魯、耶律敵魯、迭里特等。其事備見於《遼史》，迥非草昧獉狉之舊矣。《興宗紀》：重熙十三年，六月，丙申，"詔前南院大王耶律谷欲，翰林都林牙耶律庶成等編集國朝上世以來事蹟"。《耶律谷欲傳》："奉詔與耶律庶箴、蕭韓家奴，編遼國上世事蹟，未成而卒。"《耶律孟簡傳》："太康中，詣闕上表，言遼興幾二百年，宜有國史。上命置局編修。"實重熙十三年之詔所由來也。天祚帝乾統三年，又詔耶律儼纂太祖以下實録，共成七十卷。又案《遼史》謂耶律富魯舉進士第，帝怒其父庶箴，擅令子就科目，有違國制，鞭之二百。則遼人並不欲其本族人從事文學。然《天祚紀》又謂耶律大石舉天慶五年進士。蓋一時風氣所趨，雖國法亦不能禁也。

北族除匈奴外，殆皆辮髮，而其辮髮之制，又小有不同。《後書・烏桓傳》，謂其父子男女相對踞，以髡頭爲輕便。婦人至嫁時，乃養髮爲髻。而鮮卑則婚姻先髡頭。《魏書・宇文莫槐傳》："人皆剪髮。而留其頂上，以爲首飾。長過數寸，則截短之。"是其所留之髮頗短。然木骨閭髮齊肩，而拓跋氏諡之曰禿，則拓跋氏之辮髮，又頗長矣。此南朝所以呼爲索虜歟。《晉書・載記》述慕容氏得氏之由曰："燕代多冠步摇，莫護跋見而好之，斂髮襲冠。諸部因呼之爲步摇，音譌爲慕容。"竊疑莫護亦慕容音轉，此人實名跋也。此當爲北族慕化解辮之最早者。而後來之滿洲人，乃以强迫漢人薙髮，大肆殺戮，人之度量相越，豈不遠哉？然漢族至今日，猶有辮髮而效忠於胡者，則亦可謂不念始矣。

附録一　鮮　　卑

鮮卑出於東胡，讀史者無異詞。近人或曰："通古斯（Tung-us）者，東胡之音轉也。不譯爲東胡，而譯爲通古斯，則何不稱孔子曰可夫沙士也？"竊有疑焉。《後漢書》曰："烏桓者，本東胡也。漢初，匈奴冒頓滅其國，餘類分保烏桓山，因以爲號焉。""鮮卑，亦東胡之支也。別依鮮卑山，故因號焉。"《三國志》注引《魏書》略同，蓋《後書》所本也。然則東胡之亡，衆分爲二。烏桓、鮮卑，大小當略相等。顧鮮卑部落，自漢以後，緜延不絶，而烏桓自魏武柳城一捷，遂不復見於史。僅《唐書》所載，有一極小部落曰烏丸，亦作古丸，在烏羅渾之北。《遼史・太祖紀》，詔撒剌討烏丸。穆宗時，烏丸叛，蓋即此烏丸也。然其微已甚矣。烏桓當漢時，遍布五郡塞外，豈有柳城一捷，所餘僅此之理，《通考》云：西晉王浚爲幽州牧，有烏桓單于審登，前燕慕容儁時，有烏桓單于薛雲，後燕慕容盛時，有烏桓渠帥莫賀咄科勃，亦其微已甚，不足數也。何耶？案拓跋氏之先，實來自西伯利亞。別有一條考之。《魏書》謂其國有大鮮卑山。希臘羅馬古史，謂裏海以西，黑海之北，古有辛卑爾族居之。故今黑海北境，有辛卑爾古城；黑海峽口，初名辛卑峽；而俄人稱烏拉嶺一帶曰西悉畢爾。《元史譯文證補・西域古地考康居奄蔡》。辛卑爾，即鮮卑也。此豈東胡滅後，餘衆所居邪？抑鮮卑山自歐、亞之界，緜亘滿、蒙之間也？烏桓、鮮卑二山，以地理核之，當即今蘇克蘇魯、索岳爾濟等山。案《史記・匈奴列傳》，《索隱》引服虔曰："東胡，在匈奴之東，故曰東胡。"《後書・烏桓傳》："氏姓無常，以大人健者名字爲姓。"《索隱》又引《續漢書》曰："桓以之名，烏號爲姓。"此八字或有譌誤，然大意可見。然則東胡者，吾國人貤匈奴之名以名之，而加一方位以爲別，猶稱西域諸國曰西胡爾，非譯名也。烏桓蓋彼族大人健者之名姓，乃分部之專號，非全族之通稱。彼族本名，舍鮮卑莫屬矣。此族古代，蓋自歐、亞之界，蔓延於匈奴之北及其東。實在丁令之北。其所居之地，皆以種人之名名之。故裏黑海、烏拉嶺、西伯利亞及滿、蒙之間，其名不謀而合也。《史記》以東胡山戎分言。《索隱》引服虔曰："山戎，蓋今鮮卑。"又曰："東胡，烏丸之先，後爲鮮卑。"又引胡廣曰："鮮卑東胡別種。"則烏桓鮮卑，雖大同，似有小別。

近人或又云：鮮卑，即《禹貢》之析支。説頗可通。然惟據音譯推度，未能詳列證據。予昔嘗爲之補證，曰："析支者，河曲之地，羌人居之，所謂河曲羌也。《後書・西羌傳》注引應劭。羌與鮮卑，習俗固有極相類者。羌俗氏姓無常，或以父名母姓爲種號，則母有姓父無姓可知。烏桓亦氏姓無常，以大人健者名氏爲姓。又怒則殺其父兄，而終不害其母，以母有族類，父兄無相讎報故也。

一也。羌俗父死則妻後母，兄亡則納嫠嫂。烏桓亦妻後母，報寡嫂。二也。羌以戰死爲吉利，病終爲不祥。烏桓俗亦貴兵死。三也。此皆鮮卑與河曲羌同族之證也。"由今思之，此等習俗，蠻族類然，用爲證據，未免專輒。且如匈奴父死妻其後母，兄弟死，皆取其妻妻之，復可云與羌及鮮卑同祖邪？然此説雖不足用，而鮮卑出於析支，其説仍有可立者。《禹貢》析支與渠蒐並舉，則二族地必相近。《漢志》朔方郡有渠蒐縣，蔣廷錫謂後世種落遷徙，説頗近之。《管子・輕重戊》篇："桓公問於管子曰：代國之出何有？管子曰：代之出，狐白之皮。公其貴買之。代人必棄其本，而居山林之中。離枝聞之，必侵其北。"離枝即析支，是析支在代北也。《大匡》篇："桓公乃北伐令支，斬孤竹，遇山戎。"《小匡》篇："北伐山戎，制泠支，斬孤竹。"又曰："北至於山戎濊貉，拘秦夏。"令支、泠支，亦即析支。《漢志》：遼西郡，令支，有孤竹城。地在今河北遷安縣。是析支在今河北境矣。濊貉者，即《詩・韓奕》之追貊。陳氏奂説，見所撰《詩毛氏傳疏》。未知信否。予謂追未必即濊，然追貊之貊，必即濊貉之貉也。《詩》曰："王錫韓侯，其追其貊。"鄭以韓在韓城，追貊爲雍州北面之國。又曰："其後追也，貉也，爲匈奴所逼，稍稍東遷。"説頗可信。予别有考。渠蒐者，《禹貢》析支之鄰國，而漢時跡在朔方，濊貉者，周時地在離枝之東，而其後居今東三省境，然則自夏至周，青海至於遼東，種落殆有一大遷徙。離枝、渠蒐，何事自今青海遷至雍、冀之北不可知。若濊貉之走遼東西，鮮卑之處今蒙古東境，則殆爲匈奴所逼也。又燕將秦開，襲破東胡。燕因置上谷、漁陽、右北平、遼西、遼東五郡。此五郡者，其初亦必離枝、濊貉諸族所雜居矣。《後書・烏桓傳》："若亡畔，爲大人所捕者，邑落不得受之，皆走逐於雍狂之地，沙漠之中。其土多蝮蛇，在丁令西南，烏孫東北焉。"丁令所居，北去匈奴庭安習水七千里，南去車師五千里，見《史記索隱》引《魏略》。安習水，今額爾齊斯河；烏孫則今伊犁地也。烏桓區區，流放罪人，安得如是之遠？得毋居西方時，故以是爲流放罪人之地，東遷後猶沿其法邪？然則吐谷渾附陰山踰隴而入青海，非拓新疆，乃歸故國矣。此説雖似穿鑿，然析支、渠蒐、濊貉，同有遷徙之跡，則亦殊非偶然也。又肅慎古代，亦不在今吉林境。予别有考。

附録二　後魏出自西伯利亞

五胡諸族，多好自託於古帝之裔，其説殊不足信。然其自述先世事跡，仍有不盡誣者。要當分别觀之，不得一筆抹殺也。《魏書》謂："後魏之先，出自黄帝。黄帝子曰昌意。昌意少子，受封北國。其後世爲君長，統幽都之北，廣漠之野。黄帝以土德王，北俗謂土爲拓，謂后爲跋，故以爲氏。"又謂："其裔始均，仕堯時，逐女魃於弱水北，人賴其勳，舜命爲田祖。"此全不可信者也。然謂"國有大鮮卑山，因以爲號"，則其説不誣。已見《鮮卑》條。又云："積六七十代，至成帝毛，統國三十六，大姓九十九，威振北方。五傳至宣帝推寅，南遷大澤，方千餘里，厥土昏冥沮洳。謀更遷徙，未行而崩。又七傳至獻帝鄰，有神人，言：此土荒遐，宜徙建都邑。獻帝年老，以位授其子聖武帝詰汾，命南移。山谷高深，九難八阻。於是欲止。有神獸似馬，其聲類牛，導引歷年乃出。始居匈奴故地。其遷徙策略，多出宣、獻二帝，故時人並號爲推寅，蓋鑽研之義也。"此爲拓跋氏信史，蓋成帝强盛，故傳述之事，始於其時也。《魏書》云："時事遠近，人相傳授，如史官之有紀録焉。"

今西伯利亞之地：自北緯六十五度以北，地理學家稱爲凍土帶。自此南至五十五度，稱森林帶。又南，稱曠野帶。最南，稱山嶽帶。其山，即西伯利亞與蒙古之界山也。凍土帶極寒，人不能堪之處甚多。森林帶多蚊虻。曠野帶雖沃饒，然卑溼，多疫癘，亦非樂土。拓跋氏蓋始處凍土帶，以苦寒南徙，復陷曠野帶中，最後乃越山嶽帶而至今外蒙古也。大澤方千餘里，必曠野帶中藪澤。或謂今拜喀勒湖，非也。拜喀勒湖乃古北海，爲丁令所居，漢時服屬匈奴，匈奴囚蘇武即於此，可見往來非難，安有山谷高深，九難八阻之事。

附録三　宇文氏先世

《周書》謂周之先,出自炎帝。“炎帝爲黄帝所滅,子孫遁居朔野。其後有葛烏兔者,雄武多算略。鮮卑奉以爲主。遂總十二部落,世爲大人。其裔孫曰普回,因狩,得玉璽三紐,文曰皇帝璽。其俗謂天子曰宇文,故國號宇文,並以爲氏。普回子莫那,自陰山南徙,始居遼西,爲魏甥舅之國。自莫那九世至侯歸豆,爲慕容皝所滅。”出自炎帝乃妄語。自莫那至侯歸豆,世次事實亦不具。當以《魏書・宇文莫槐傳》正補之。《宇文莫槐傳》謂其先出自遼東塞外,世爲東部大人,莫槐虐用其人,爲部下所殺。更立其弟普不。普不傳子丘不勤。丘不勤傳子莫廆。莫廆傳子遜昵延。遜昵延傳子乞得龜。丘不勤取魏平帝女,遜昵延取昭帝長女,所謂爲魏甥舅之國也。莫廆,遜昵延,乞得龜三世,皆與慕容廆相攻,皆爲廆所敗。乞得龜時,廆乘勝長驅,入其國。收資財億計。徙部人數萬户以歸。别部人逸豆歸,遂殺乞得龜自立。與慕容晃相攻,爲所敗。遠遁漠北。遂奔高句麗。晃徙其部衆五千餘落於昌黎。自是散滅矣,逸豆歸即侯歸豆。侯逸同聲,歸豆豆歸,未知孰爲倒誤也。侯應議罷邊備塞吏卒,謂“北邊塞至遼東,外有陰山,東西千餘里”,則陰山之脈,遠接遼東。《周書》謂莫那自陰山南徙,《魏書》謂莫槐出遼東塞外,似即一人。惟自莫槐至逸豆歸,僅得七世。《周書》世次既不具,所記或有譌誤也。《晉書》以宇文莫槐爲鮮卑;《魏書》謂南單于之遠屬,又謂其語與鮮卑頗異。疑宇文爲匈奴、鮮卑雜種,語亦雜匈奴也。又《魏書》以奚、契丹爲宇文别種,爲慕容晃所破,竄匿松漠之間,則逸豆歸敗亡時,慕容廆所徙五千餘落,實未盡其衆,奚、契丹之史,亦可補宇文氏先世事跡之闕矣。奚事跡無考。契丹事跡可知者,始於奇首可汗。别見《契丹部族》條,奇首遺跡,在潢、土二河流域,已爲北竄後事,不足補宇文氏先世事跡之闕。惟《遼史・太祖本紀贊》,謂“遼之先世,出自炎帝,此即據《周書》言之。世爲審吉國。其可知者,蓋自奇首云”。審吉二字,尚在奇首以前,或宇文氏故國之名歟?然事跡無可徵矣。

附録四　契丹部族

契丹部族，見於史者，在元魏及唐五代時，其數皆八，惟隋時分爲十部，而逸其名。元魏八部：曰悉萬丹，亦作欣服萬丹。曰何大何，曰伏弗郁，曰羽陵，曰日連，曰匹絜，曰黎，曰吐六干。唐時八部：曰達稽，曰紇便，曰獨活，曰芬問，曰突便，曰芮奚，曰墜斤，曰伏。《五代史》八部：曰旦利皆，曰乙室活，曰實活，曰納尾，曰頻没，曰納會雞，曰集解，曰奚嗢。其名前後皆不同。《遼史·營衛志》云："奇首八部，爲高麗、蠕蠕所侵，僅以萬口附於元魏。生聚未幾，北齊見侵，掠男女十餘萬口。繼爲突厥所逼，寄處高麗，不過萬家。部落離散，非復古八部矣。"又謂大賀氏之亡，八部僅存其五。太祖七世祖雅里，更析爲八。似乎契丹部族，時有變更。然唐之置羈縻州也，達稽部爲峭落州，紇便部爲彈汗州，獨活部爲無逢州，芬問部爲羽陵州，突便部爲日連州，芮奚部爲徒河州，墜斤部爲萬丹州，伏部爲匹黎、赤山二州，則芬問部即羽陵，突便部即日連，芮奚部即何大何，墜斤部即悉萬丹，伏部即匹絜，惟達稽、紇便、獨活三部，不能知其與元魏時何部相當耳。然則部衆雖更，部名雖改，而其分部之法，則後實承前。《五代史》部名之異於唐，此八部蓋即雅里就五部所析。當亦如是矣。《遼史·地理志》：永州，"有木葉山。上建契丹始祖廟。奇首可汗在南廟，可敦在北廟。繪塑二聖并八子神像。相傳有神人，乘白馬，自馬盂山浮土河而東。有天女，駕青牛，由平地松林泛潢河而下。至木葉山，二水合流，相遇，爲配偶，生八子。其後族屬漸盛，分爲八部"。蓋八部之分，由來甚舊，所託甚尊，故累遭喪敗，其制不改耶。《太祖本紀》："遼之先世，出自炎帝，世爲審吉國。其可知者，蓋自奇首云？"奇首生都菴山，徙潢河之濱。太祖七年，登都菴山，撫奇首可汗遺跡，徘徊顧瞻而興歎焉。《地理志》：上京道，龍化州，"奇首可汗居此，稱龍庭"。《營衛志》："潢河之西，土河之北，奇首可汗故壤也。"又云："奇首可汗、胡剌可汗、蘇可汗、昭古可汗，皆遼之先，世次不可考。"白馬青牛，説雖荒誕，然奇首則似非子虚烏有之流。然隋時何以獨分爲十部。又唐置羈縻州之先，契丹酋長窟哥及辱紇主曲據皆來歸，唐以窟哥之地置松漠都督府，以辱紇主曲據所都爲玄州，合八部亦十部也。《遼史·營衛志》説如此。此又何説耶？曰：八部者所以象奇首八子，八部外之二部，則所以象奇首可汗及其可敦，即《遼史》所謂三耶律二審密者也。并三耶律二審密言之，則曰十部，去此二部言之，則曰八部。中國人言之有異，契丹之分部，則未嘗變也。何以知之？曰：以太祖創業之事知之。

《五代史》述太祖之創業也，曰："契丹部族之大者曰大賀氏。後分爲八部。部之長號大人。而常推一大人，建旗鼓，以統八部。至其歲久，或其國有疾疫而畜牧衰，則八部共議，以旗鼓立其次而代之。被代者以爲約本如此，不敢争。某部大人遥輦次立。時劉仁恭據有幽州，數出兵摘星嶺攻之。秋霜落，則燒其野草。契丹馬多飢死，即以良馬賂仁恭，求市牧地。請聽盟約，甚謹。八部之人，以爲遥輦不任事，選於其衆，以阿保機代之。阿保機，不知其何部人也。是時劉守光暴虐，幽、涿之人，多亡入契丹。阿保機又間入塞，攻陷城邑，俘其人民，依唐州縣置城以居之。漢人教阿保機曰：中國之王，無代立者。由是阿保機益以威制諸部而不肯代。其立九年，諸部以其久不代，共責誚之。阿保機不得已，傳其旗鼓。而謂諸部曰：吾立九年，所得漢人多矣，吾欲自爲一部，以治漢城，可乎？諸部許之。漢城，在炭山東南灤河上；有鹽鐵之利；乃後魏滑鹽縣也。其地可植五穀。阿保機率漢人耕種，爲治城郭、邑屋、廛市，如幽州制度，漢人安之，不復思歸。阿保機知衆可用。用其妻述律策，使人告諸部大人，曰：我有鹽池，諸部所食。然諸部知食鹽之利，而不知鹽有主人，可乎？當來犒我。諸部以爲然。共以牛酒會鹽池。阿保機伏兵其旁。酒酣，伏發，盡殺諸部大人。遂立不復代。"似契丹共主，本由選立，至遼太祖乃變爲世襲者。然據《唐書》及《遼史》，則遥輦諸汗，世次相承，初無大賀氏亡，分爲八部之説。《遼史·太祖紀》：唐天復元年，痕德堇可汗立，爲本部奚離堇，專征討。十月，授大迭烈府奚離堇。三年，十月，拜于越，總知軍國事。天祐三年，十二月，痕德堇可汗殂。明年，正月，即皇帝位。其汗位受諸遥輦，又彰彰也。此又何説邪？曰：太祖之所争；乃奚離堇之職，而非汗位也。奚離堇者，後來之北南二大王。《遼史》謂其統部族軍民之政。《五代史》所謂建旗鼓以統八部者，蓋即指此？世宗之立，即由北南二大王。李胡争之，卒不勝。可見北南二王權力之大。契丹雖有共主，然征伐決之會議，田獵部得自行，其權力實不甚完；況於遥輦氏之僅亦守府？《五代史》之所紀，蓋得之漢人傳述。斯時述契丹事者，知有奚離堇而不知有可汗，正猶秦人之知有穰侯而不知有王，其無足怪。然太祖之汗位，則固受之痕德堇，非由八部所推之大人而變。謂太祖變公推之夷離堇爲專任則可，謂其變嬗代之共主爲世襲，則不可也。《遼史·營衛志》謂雅里析八部爲五，立二府以總之。又析三耶律爲七，二審密爲五。三耶律者，曰大賀，曰遥輦，曰世里，即相次居汗位者；二審密者，曰乙室已，曰拔里，即耶律氏所世與爲婚姻者也。二府，蓋即後來之北南二宰相府。北宰相府，皇族四帳，世豫其選。南宰相府，國舅五帳，世豫其選。然則是時之總八部者，蓋即三耶律，二審密，以其象奇首，故世汗位，以其象奇首可敦，故世婚皇族也。隋時十部，唐時八部之外，别有松漠、玄州。其故蓋亦如此。《五代史》謂八部之長，皆號大人；又謂推一大人，建旗鼓以統八部；似建旗鼓之大人，即在八部大人之中者。然又謂阿保機不知何部人，又謂太祖請自爲一部，則太祖實非八部大人，其部族且在八部之外，亦隱隱可見也。

第五章　丁　　令

北方游牧之族，大者有四：曰匈奴，曰鮮卑，曰丁令，曰肅慎。匈奴起自上古，極盛於前漢，而亡於後漢。鮮卑繼之，兩晉南北朝時臻極盛，宇文周滅而亡。丁令繼鮮卑而起。極盛於南北朝、隋唐之間，而亡於唐文宗時。自金之起，以迄於清，則肅慎極盛之世也。

丁令，亦作丁零、丁靈，異譯曰勑勒，亦作鐵勒。我國今日，統稱此族曰回，西人則稱爲突厥。其實突厥、回紇，皆丁令之分部耳。詳見附録《丁令》條。此族當漢代，居今拜喀勒湖附近。爲匈奴冒頓所征服。又有居今西伯利亞西境者，當唐努烏梁海之西，額爾齊斯河之東南，吐魯番之正北。爲郅支單于所擊破。《魏書》載其部落，分布尤廣，自西海以東，依山據谷，往往不絶。康國之北，得嶷海之東西，伊吾以西，焉耆之北，以及金山西南，獨洛河域，北海之南皆有之。《唐書》鐵勒分十五部，今内外蒙及興安嶺一帶皆其地。蓋沿匈奴、鮮卑、烏孫、康居、大宛諸國之北，東西緜亘，如衣帶焉。詳見附録《丁令居地》條。其部落頗多，而缺於摶結。故兩晉以前，未有興者。五胡亂華之時，鮮卑紛紛侵入内地，此族乃踵之，而入漠南北。

《魏書》云："勑勒，諸夏稱之爲高車。"是二者雖稱名不同，實係一族。然又分高車、鐵勒爲二傳，蓋以遷漠南服魏者爲高車，居漠北服柔然者爲鐵勒也。高車之在漠南者，居鹿渾海西北百餘里。今達里泊。常與柔然爲敵，亦侵盜於魏。魏道武帝擊破之。柔然社崙之爲魏所敗也，走漠北，擊高車，深入其地，盡并諸部。由是大張。其後太武征大檀，前後降其衆數十萬。皆徙之漠南。凡此者，史皆稱之爲高車。隋以後遂不復見，蓋或與他族相同化，或則并入突厥也。其在漠北者，突厥起而收用之。

漠北之鐵勒，首起與柔然抗者，爲副伏羅部。然無所成。大檀之敗，其部長阿伏至羅，與其從弟窮奇，走車師之北自立。後爲柔然及嚈噠所破。至南北朝之末，而突厥始盛。突厥起於金山。其先，蓋柔然之鐵工也。突厥緣起，詳見附録《突厥與蒙古同祖》

條。有名吐務者，訥都陸之孫。訥都陸，即納都六設也。詳見附録。吐務之名，見《唐書·西突厥傳》。種類漸强。始號大葉護。吐務之長子曰土門，始至塞上市繒絮。土門求婚於柔然。柔然阿那瓌怒，使人詈辱之，曰："爾是我鍛奴，何敢發是言也?"土門亦怒，殺其使者，遂與之絶，而求婚於魏。魏以長樂公主妻之。文帝大統十七年。廢帝元年，土門擊柔然，大破之。阿那瓌自殺。土門自號伊列可汗。卒，子科羅立，號乙息記可汗。乙息記可汗且死，捨其子攝圖而立其弟，是爲木杆可汗。遂滅柔然。又西破嚈噠，東臣契丹，西南襲破吐谷渾。其地：東自遼海以西，至西海，萬里。南自沙漠以北，至北海，五六千里。赫然爲北方大國矣。周齊相争，懼其爲敵用，争結婚姻，厚贈遺以撫之。突厥益驕。其他鉢可汗至謂其徒屬曰："但使我在南兩個兒常孝順，何憂無物邪?"他鉢者，木杆之弟也。木杆捨其子大邏便而立之。他鉢子曰菴邏。他鉢謂菴邏："避大邏便。"攝圖者，乙息記可汗子；他鉢以爲爾伏可汗，主東方；不可。菴邏繼他鉢立。大邏便不服，數使人詈辱之。菴邏不能制，以位讓攝圖。攝圖立，是爲沙鉢略可汗。以大邏便爲阿波可汗。齊之亡也，其范陽王紹義奔突厥。他鉢可汗立爲齊帝寇周。周人以千金公主妻之，乃執送紹義。沙鉢略仍妻千金公主。周之亡也，公主痛宗社覆滅，日夜言於沙鉢略。沙鉢略侵隋。文帝擊破之。沙鉢略與阿波構兵。主西方之達頭可汗沙鉢略從父。助阿波。沙鉢略乃降隋。立約，以磧爲界。千金公主改姓楊，封大義公主。沙鉢略卒，弟處羅侯立，是爲葉護可汗。西禽阿波。卒，子雍虞閭立，是爲都藍可汗。沙鉢略子染干，爲突利可汗，主北方。使來求婚。文帝要以殺大義公主而後許。突利構公主於都藍。都藍殺公主。隋以宗女義安公主妻突利，故厚其禮以間之。突利南徙度斤舊鎮。胡三省曰："即都斤山，舊沙鉢略所居。"案《唐書·突厥傳》曰："可汗建庭都斤山。"《薛延陀傳》曰："樹牙鬱督軍山，直京師西北六千里。頡利滅，率其部稍東，保都尉韃山獨邏水之陰。遠京師才三千里而羸。"《回紇傳》曰："南居突厥故地，徙牙烏德鞬山，昆河之間。"獨邏水，今土拉河。昆河，今鄂爾坤河。都尉韃山與烏德鞬山，地當相近。烏德鞬爲突厥故地，疑與都斤是一。惟鬱督軍山頗遠。然《延陀傳》又謂："突厥處羅可汗時，鐵勒一時反叛，推契苾哥楞，延陀乙室鉢爲可汗。後突厥復强，二部黜可汗往臣之。回紇，拔野古，阿趺，同羅，僕骨，在鬱督軍山者，東附始畢。乙室鉢在金山，西役葉護。"以鬱督軍山與金山對舉，則距土拉、鄂爾坤二河，亦不能甚遠。竊疑都斤，都尉韃，烏德鞬，鬱督軍，均係一音異譯，皆即今之杭愛山；而《唐書》直京師西北六千里之語有譌也。都藍怒曰："我大可汗也，反不如染干?"擊突利，破之。突利以五騎走歸朝。拜爲啓民可汗。處之夏、勝二州之間。夏州，今陝西懷遠縣。勝州，今鄂爾多斯左翼後旗。時義安公主已卒，復妻以宗女義成公主。未幾，都藍爲其下所殺。啓民以隋援，盡有其衆。臣服於隋。

從來夷狄之服，恒以我之盛强，適直彼之衰亂；而夷狄之横，亦以我之衰亂，奉成彼之盛强；此數見不鮮之事也。惟突厥亦然。啓民之世，事隋甚謹。啓民卒，子始畢立。直煬帝時，中國亂，始有輕中國心。煬帝北巡，始畢圍之雁門，援至乃解。時中國大亂，華人歸之者甚衆。突厥遂大張，控弦之士且百萬，前此夷狄未有也。羣雄之崛起者，悉臣事之。唐高祖起太原，亦卑辭厚禮以乞援焉。天下已定，猶屈意奉之。而突厥求取無厭。始畢卒，弟處羅可汗立。處羅卒，弟頡利可汗立。自啓民至頡利四世，皆妻隋義成公主。處羅始迎隋蕭后及齊王暕子正道，處之定襄。今山西平魯縣北。及頡利，遂歲寇邊。高祖至欲遷都以避之，以太宗諫而止。始畢子曰什鉢苾，主東方，稱突利可汗。太宗與之相結。突利貳於頡利。而頡利仍歲興師，羣下怨苦；又遭歲饑，褒斂苛重，鐵勒叛之；勢遂衰。貞觀四年，太宗遣李靖擊破之。頡利爲行軍總管張寶相所禽。於是突厥崩潰。或附薛延陀，或走西域，蓋走西突厥。而來降者尚十餘萬。詔議處置之宜，温彦博請徙之兗、豫之間，分其種落，散居州縣。教以耕織，化爲齊民。魏徵請遣還故土。太宗右彦博議。度朔方地，建順、化、祐、長四州爲都督府，以處其衆。地皆在今河套内。剖頡利故地，左置定襄，右置雲中都督府以統之。定襄都督府，僑治寧朔，今陝西榆林縣境。雲中都督府，僑治朔方，今陝西懷遠縣境。以突利爲順州都督，率其下就部。卒，子賀邏鶻嗣，後太宗幸九成宫，突利弟結社率以郎將宿衛，陰結種人謀叛，劫賀邏鶻北還。事敗，誅。乃投賀邏鶻於嶺外。立頡利族人思摩爲可汗，樹牙河北，悉徙突厥還故地。時薛延陀强，思摩畏之，不敢出塞。太宗賜延陀書，諭以“磧以北，延陀主之。其南，突厥保之。各守境，毋相鈔犯。有負約，我自以兵誅之。”延陀受令，貞觀十五年，思摩乃率其衆渡河，牙於故定襄城。今歸綏縣境。居三年，下多攜背。慚而入朝，因留宿衛。餘衆稍稍南渡河，處於夏、勝二州之間。其地爲車鼻可汗所盜。

突厥者，鐵勒之一部耳。其驟致强盛，雖曰土門、木杆之雄略，亦鐵勒之衆，爲之輔也。《唐書·突厥傳》，謂“自突厥有國，東征西討，皆資其用，以制北荒。”故鐵勒一叛，而突厥遂不可支。唐時鐵勒諸部，以薛延陀、回紇爲最强。頡利政衰，鐵勒叛之，共推薛延陀部長夷男爲主。太宗册爲真珠毗伽可汗。突厥亡，延陀稱雄北方。貞觀十九年，夷男卒，子拔灼立。國亂，爲唐所滅。鐵勒諸部皆降。悉以其地置都督府州，即故單于臺立燕然都護府以統之。在今歸綏西。於是回紇南境至河。車鼻可汗者，亦阿史那氏。居金山北，勢頗張。延陀亡，益盛。貞觀二十一年，太宗以其逆命，發回紇、僕骨兵討禽之。置單于、瀚海二都護府，分領突厥諸都督府州。高宗時，省單于，徙瀚海於古雲中，改號雲中都護府。後又改號單于，統磧以南。改燕然都護府曰瀚海，統磧以北焉。單于府酋温傅、奉職二部嘗叛，温傅部再叛。裴行儉討平之。高宗末年，頡利族人骨咄禄又叛。唐不能定。武后時，骨咄禄死，弟默啜立。遂大盛。鐵勒諸部，回紇，契苾，思結，渾，皆度磧，南徙甘、涼間。餘悉臣之。兵與頡利時略等矣。嘗寇河北，至相州。今河南安陽縣。武后發三十萬衆討之，不能戰，突厥徐引去。玄宗開元時，默啜老，昏暴，部落叛之。四年，北討拔野古，勝歸。不設備，爲拔野古殘卒所殺。弟默棘連立，爲毘伽可汗。用默啜老臣暾欲谷，與中國和。突厥以安。又傳兩世，至天寶初，國亂。回紇懷仁可汗定之，盡有其地。徙牙烏德鞬山。自是回紇獨雄漠南北矣。

回紇之强，非有以踰於延陀也。然突厥之初亡也，延陀據其地，不二十年而爲唐所滅；突厥之再亡也，回紇雄張漠南北者且百年；則時會爲之也。懷仁可汗之卒也，子葛勒可汗立。直安史之亂，使太子葉護，將兵四千，來助唐收東西京。葉護得罪死。葛勒卒，次子牟羽可汗立。其妻，僕固懷恩女也。僕固者，即鐵勒之僕骨部也。史朝義誘牟羽入寇，代宗使懷恩往見之。牟羽乃請助唐討朝義。唐以雍王适爲天下兵馬大元帥，往會之。王見可汗於陝州。可汗責王不蹈舞，榜殺兵馬使魏琚，判官韋少華。懷恩及其子瑒，以回紇兵平東京，定河北。初葉護之助唐收西京也，約城克之日，土地歸唐，金帛子女歸回紇。西京既下，回紇欲如約。時廣平王俶爲天下兵馬大元帥，率衆拜於馬前。回紇乃止。乃破東京，卒大掠三日。肅宗猶歲賜絹二萬匹以酬之。朝義之平，回紇入東京，放兵剽攘，人皆遁保聖善、白馬二祠浮屠。回紇怒，火之，殺萬餘人。後僕固懷恩反，誘回紇、吐蕃入寇。懷恩道死，二虜爭長。郭子儀單騎見其帥於涇陽。回紇乃約和而還。自乾元後，肅宗年號。納一馬，取直四十縑。歲以馬四萬求售，皆駘弱不可用。其人之留京師者尤驕横。至詬折官吏；以兵斫含光門，入鴻臚寺；曹輩掠子女，暴市物；殺人則首領劫囚，殘獄吏去。德宗立，九姓胡勸可汗入寇。宰相頓莫賀達干諫。不聽。弑之，屠其支黨，及九姓胡幾二千人，而自立，是爲毘伽可汗。始回紇至中國，常參以九姓胡。往往留京師，居貲殖産甚厚。及是，毘伽諸父突董等還國，裝橐系道。留振武軍名，治單于都護府。三月，供擬珍豐，費不貲。軍使者張光晟陰伺之，皆盛女子以橐。已而聞毘伽新立，多殺九姓。九姓胡懼，不敢歸，往往亡去。突董察視嚴。羣胡獻計於光晟，請悉斬回紇。光晟因勒兵盡殺回紇及羣胡。明年，因册使，歸突董之喪。毘伽使謂册使曰："國人皆欲爾死，我獨不然。突董等已亡，今又殺爾，猶以血濯血，徒益汙。我今以水濯血，不亦善乎？爲我言：有司所負馬直百六十萬，可速償也。"使隨册使來朝。德宗隱忍，賜以金繒。然回紇雖横，多得唐物，寖驕侈，稍弱。自天寶末，隴右陷於吐蕃，安西、北庭，唐所置都護府。安西治焉耆，今新疆焉耆縣。北庭治庭州，今新疆迪化縣。朝貢道絶，假道回紇，乃得達。回紇由是求取無厭。沙陀突厥依北庭者苦之，密引吐蕃陷北庭。回紇以數萬衆攻之，大敗。吐蕃又取深圖川。當在今蒙、新間。回紇大恐，稍南其部落以避之。毘伽以後，國多弑逆。傳十世，至𠪚馺特勒，當唐文宗開成四年，飢疫，爲黠戛斯所破。可汗死。諸部皆潰。可汗牙部十三姓，奉烏介特勒爲可汗，轉側天德、振武間。天德軍，在今烏喇特旗境。求居天德，不許。攻雲州，今山西大同縣。唐兵敗之，降其衆數萬。可汗收所餘保黑車子室韋。唐啗黑車子殺之。其下奉其弟遏捻特勒爲可汗，裒殘部數千，仰食於奚。宣宗初，張仲武討奚，破之。回紇寖耗滅。名王貴臣五百餘，轉依室韋。仲武諭室韋："羈致可汗等。"遏捻懼，挾妻子，馳九騎，夜委衆西走。部人皆慟哭。室韋七姓，析而隸之。黠戛斯怒，伐室韋，悉收回紇還磧北。回紇之在漠南北者遂亡。餘帳匿山林間，狙盜諸蕃自給，稍歸於龐特勒。

回紇之爲黠戛斯所破也，殘衆入安西、吐蕃。此所謂吐蕃，亦吐蕃所據河西及天山南路之地，非今海、藏地也。其相馺職，及外甥龐特勒，以十五部奔葛邏禄。後稍强。宣宗嘗册爲可汗。懿宗時，又有僕固俊者，擊斬吐蕃將論恐熱，盡有西州、今新疆土魯番縣。輪臺今新疆輪臺縣。等城。自唐之衰，回紇貢會不常，史紀其事，不能備始末。然其居甘州、今甘肅張掖縣。沙州、今甘肅安西縣。西州等處者，時時以玉馬與邊州相市。自五代至宋，亦時通貢獻。其上書，猶呼中國爲舅，以唐代尚主故。答詔亦呼之爲甥。契丹之興，兵力嘗至河西，回部遠至于闐，皆通朝貢。元昊之强，河西亦服屬之。遼之亡也，其宗室大石西走。會十八部王衆於北庭。詒書回鶻王，諭以假道之意。回鶻王畢勒哥，即迎至邸，大宴三日。獻馬六百，駞百，羊三千，送至境外。元稱其族曰畏吾兒。元太祖既定漠南北，畏吾兒亦都護巴而朮阿兒忒的斤來朝。元人妻以女。元通西域之道始開。太祖之西征也，畏兀兒及哈剌魯皆以兵從。蓋自唐文宗時，回紇亡於漠南北，而其西南遷者，則日以盛大。自五代以降，河西及天山南路，幾悉爲所據云。元時，天山南路，地屬太祖第三子察合臺。清初，南路諸城主，仍多察合臺後裔。先是元、明之際，元室疏族帖木兒，興於撒馬兒干，盡并西亞之地。帖木兒信天方教，教士多集於其都。教主後裔摩訶末亦至焉。後遷居喀什噶爾。摩訶末二子：長曰加利宴，其後爲白山宗。次曰伊撒克，其後爲黑山宗。南路政教實權，漸入其手。而二宗軋轢殊甚。清康熙時，白山宗爲黑山宗所逐，奔西藏，乞援於達賴喇嘛。準噶爾噶爾丹以達賴之命，納白山酋。遂盡執元裔諸王，遷諸天山北路，并質回酋於伊犁。策妄阿布坦立，復替白山宗，代以黑山宗。白山酋馬罕木特，實亦摩訶末之異譯。據葉爾羌謀自立。策妄阿布坦執而幽之。馬罕木特二子：長曰布羅尼特，次曰霍集占，所謂大小和卓木也。清定伊犁，大小和卓木遁歸南路，自立。清兵進平之。二酋皆奔巴達克山。巴達克山執以獻。於是蔥嶺以西回部，若巴達克山，若克什米爾，若乾竺特，即坎巨提。一作喀楚特。若博羅爾，即帕米爾。若敖罕，若布哈爾，若阿富汗，若哈薩克，若布魯特，皆來朝貢。威令所及，直接波斯。布羅尼特子曰薩木克，居敖罕。清人賂敖罕銀歲萬兩，使禁錮之。其子曰張格爾，嘉慶二十五年，犯喀什噶爾。守兵擊却之。道光六年，復以敖罕兵入寇，陷喀什噶爾、英吉沙爾、和闐、葉爾羌。清楊遇春擊破之。張格爾走布魯特。布魯特執獻之。詔敖罕執獻其家屬。敖罕不聽。清人絶其貿易。敖罕以兵資張格爾兄摩訶末，使爲寇。後敖罕仍爲清錮和卓木之族，清亦許敖罕互市以平。自元以來，回族錯居内地，西北尤盛。以所信教之異，與漢人不能無齟齬。咸同間，粵捻兵起，回亂亦起於西南西北。張格爾子和卓布蘇格，又以敖罕兵入據喀什噶爾。阿古柏帕夏者，敖罕將。嘗拒俄人有功。同治六年，弑和卓布蘇格而代之。盡有南路諸城。通使於土耳其。俄人與訂通商條約。英印度總督亦遣使修好。又皆爲之求封册。清廷姑息，欲許之。左宗棠力主用兵，卒平之。始改新疆爲行省。然蔥嶺外諸回部，既皆亡於英、俄；伊犁河下流又割棄；新疆形勢遂赤露；而西亞諸天方教國，又有欲藉同教以誘致吾民者，其隱憂正未艾云。前數年，有土耳其天方教徒約翰沙馬爾，請於政府。謂“西方回族，欲聯合甘、新回族，創爲回教大同盟。請自往甘、新勸導消弭”。政府爲電甘、新督軍，令加以保護。新督楊增新復電，謂“凡外國回教人入新疆遊歷者，向不許入禮拜寺傳教誦經。亦不許新疆回教人，與外國回教人往來；及延請外國回教人入寺教經。十餘年來，皆係如此辦理。今約翰沙馬爾，雖保不勸導消弭其名，而誘惑煽動其實。望勿令入甘、新境。若業不能止，亦望告以新省向章，務令遵守”云。

天山南路，爲回紇敗亡後所遷。而自金山以西南，訖於黑海，則皆爲西突厥故壤。西人今日，仍稱此族曰突厥，蓋有由也。西突厥者，其始曰瑟點蜜，亦作瑟帝米。葉護吐務次子，而伊列可汗之弟也。始分烏孫故地而有之。與都陸、即咄陸異譯。弩失畢、哥邏禄、即葛邏禄。處月、處蜜、伊吾諸種相雜。案舊史所謂種者，大抵指氏族言之。《唐書》此語，蓋謂阿史那外，又有此諸氏，非謂突厥之外，别有他民族也。其風俗大抵突厥也，言語小異。蓋與西域諸國人相雜故。瑟點蜜子曰達頭可汗，始助阿波，與東突厥構兵。以隋助啓民故，達頭敗，奔吐谷渾。阿波之禽，其下立泥利可汗。後爲鐵勒所敗。子泥撅處羅可汗立。其母向氏，中國人也。達頭孫射匱，入朝於隋。隋拜爲大可汗。襲敗處羅。處羅奔高昌，隋使向氏要之，乃入朝。後唐以射匱之請，殺之。射匱建庭於龜兹北之三彌山。自玉門以西皆役屬。卒，弟統葉護可汗立，并鐵勒，服波斯、罽賓，控弦之士數十萬。遂霸西域。徙庭於石國北之千泉。在碎葉城西四百五十里。碎葉城，在碎葉川上。碎葉川，今吹河也。已而負其强，不以恩接下。諸父莫賀咄殺之自立。國亂。其後復分爲東西。西以五咄陸東以五弩失畢部爲楨幹，而以伊列水今伊犂河。爲界。西咄陸可汗并東部。其下作亂，復出亡。國人來請立君。唐爲册立乙毘射匱可汗。賀魯者，瑟點蜜之五世孫也。居多邏斯川。今塔拉斯河。乙毗射匱追逐之。賀魯内屬。唐處之庭州。招懷離散，部落日盛。西取咄陸可汗故地。復建牙於千泉，盡統咄陸、弩失畢之衆。遂寇庭州。高宗討平之，建崑陵、濛池二都護府，以阿史那彌射、瑟點蜜五世孫，爲崑陵都護，統左五咄陸之衆。步真，彌射族兄。爲濛池都護，統右五弩失畢之衆。分統其衆。時乙毘射匱已死，子真珠葉護立。彌射擊殺之。彌射爲步真所誣，爲唐所誅。旋步真亦死。西突厥益衰。突騎施烏質勒，據有其地。烏質勒卒，子娑葛，與弟遮弩畢相攻，皆爲默啜所殺。突騎施别種車鼻施啜蘇禄，雄張西域，衆至三十萬。肅宗後，葛邏禄徙居其地，即《元史》所謂哈剌魯云，西突厥屬部處月，異譯亦曰朱邪。西突厥亡，依北庭都護府以居。地在金娑山之陽，蒲類海之陰，蒲類海，今巴里坤湖。有大磧曰沙陀，故俗稱沙陀突厥，以苦回紇哀斂，引吐蕃陷北庭，吐蕃徙之甘州，入寇，常以其人爲前鋒。久之，回紇陷涼州。吐蕃疑沙陀貳於回紇，欲徙之河外，舉部愁恐。其酋長朱邪盡忠，乃與其子執宜，悉其衆三萬落來歸，吐蕃追之，戰且走。所部死傷略盡，盡忠戰死。執宜裒殘部二千款靈州塞。今甘肅靈武縣。節度使范希朝以聞，詔處之鹽州。今甘肅鹽池縣。時憲宗元和三年也。希朝移鎮太原，沙陀舉族從之。希朝料其勁騎千二百，置沙陀軍，而處其餘衆於黄花堆。在今山西山陰縣北。後又料其部人三千，置代北行營，授執宜兵馬使。死，子赤心嗣，遷蔚州刺史，雲州守捉使。龐勛亂，從康承訓討平之。賜姓名曰李國昌，進大同節度使，大同軍，治雲州，今山西大同縣。以回紇寇鄜、今陝西鄜縣。延，今陝西膚施縣。徙鎮振武。僖宗時，其子克用，殺雲州防禦使段文楚，入據其州。朝議移國昌於大同，以爲克用必無以拒也，而國昌欲父子各得一鎮，不奉詔。遂反。幽州兵討破之。國昌、克用，亡入韃靼。已而黄巢亂，陷長安，官軍四面討之，不能克，卒召克用討平之。乃以國昌鎮代北，克用鎮河東，遂爲唐、晉、漢三朝入據中原之本。以上爲西突厥事見於中國史者。其見於西史者，則有若哥疾寧朝（Ghazni），有若塞而柱克朝（Seljaks），有若花剌子模朝（Khwarozm），譯名皆依

《元史譯文證補》，花剌子模，《元史》稱爲西域國。洪氏因之，亦稱其補傳爲西域，於義未安。今改稱花剌子模。皆嘗雄據葱嶺以西。後花剌子模爲成吉思汗所破，西北亞之地，皆入蒙古。至近世，又爲英、俄諸國所侵略。然雄據其地之民族，固猶以突厥爲大。土耳其雖孱弱，固猶能自立於歐、亞之間也。

康里《元祕史》作康鄰，西史謂亦突厥族，其地在鹹海之北，西抵黑海。大食哈利發愛其勇悍，多募爲兵。數傳而後，遂跋扈。哈里發之廢立，亦操其手。花剌子模王阿剌哀丁謨罕默德，有兵四十萬，皆康里人。王母亦康里部酋女。王母以康里人爲將，權與王埒。諸將亦倚王母，不聽令。成吉思西征時，花剌子模所以一敗塗地者，由其威權素奪，不可以禦大敵也。蒙古西征，由訛打剌城主殺蒙古西行之人，城主，王母之弟也。《元史》之克列部，或曰即康里轉音。其族本居欠欠州。即謙河流域。在今唐弩烏梁海境。詳見《元史譯文證補》西北地附録釋地下吉利吉思撼合納謙州益蘭州等處條。至王罕，乃徙土兀拉沐漣。今土拉河。王罕爲成吉思父執。成吉思初起時，東征西討，嘗與合兵。後以王罕子你勒合，與成吉思有隙，乃至構兵。爲成吉思所滅。

今之烏梁海，《明史》作兀良哈，《元祕史》作兀良孩。西人謂其容貌近突厥，蓋亦丁令族。據《祕史》，其牧地在不而罕山。今車臣、土謝圖兩部界上之布爾罕哈勒那都嶺。元時，居今熱河、洮昌二道境。其地爲大寧路，屬遼陽行省。明初，大寧路來降，即其地置泰寧、朵顔、福餘三衛，隸北平行都司。寧王權居大寧今熱河道隆化縣境。以節制之。成祖起兵，襲執寧王。即位後，改北平行都司爲大寧都司，徙治保定。大寧遂入兀良哈。瓦剌既强，兀良哈役屬之。清平衛拉特，其衆乃自立，居於唐努山，謂之唐努烏梁海。設佐領四十八，分隸定邊左副將軍，哲卜尊丹巴呼圖克圖，及札薩克圖，三音諾顔兩部。其徙牧阿爾泰山者，則屬科布多大臣。雍正時，唐努烏梁海之地，嘗與俄分立界碑。同治八年，又各派員立界牌八。宣統二年，俄人忽將察布齊雅勒達布界牌撤毁。外務部與交涉。俄人謂同治八年所立界碑，未爲妥協。唐努烏梁海界限，衹可作爲未定之案。交涉未了，外蒙叛變，清室遂無從過問。民國初年，亦未能問外蒙之事。迨四年，《中俄蒙協約》成立。俄人承認外蒙爲中國領土。唐努烏梁海，當然亦在其内。乃俄人於五年，復强占烏梁海之地，給其頭目以印信，使歸俄轄。將該處華商，盡行驅逐，没其財産。政府擬設佐理專員於其地。俄人聲言將以兵力拒之，遂不果。俄國革命，僑寓烏梁海之俄人，時以黨派互争。華商及外蒙，皆請政府保護，政府乃以嚴式超爲佐理員，偕外蒙所委員前往。俄人禦諸途，殺嚴式超護兵三人。前年，政府電新疆督軍楊增新，謂“准蒙古宣慰使函稱：庫倫再陷，赤俄侵入唐努烏梁海，外蒙遣使赴俄，私訂條約，求將唐努烏梁海劃歸外蒙，俄人謂唐努烏梁海，已爲獨立之國，歸俄保護云云。究竟唐努烏梁海情形如何，希查明見復”。新督復電：則謂“唐努烏梁海久爲俄人佔據，非我有”云。政府方困於内憂，不遑問邊事；即國人亦罕留意於此者，唐努烏梁海之情形，至今尚屬茫昧也。

丁令之政治，遠不如匈奴之統一。匈奴單于，一而已矣。突厥則分據一方者，皆稱可汗。其尊卑與大可汗，蓋不甚殊，故每致紛爭。突厥之地，大於匈奴；隋、唐所以對待之者，實力又不如漢代之厚；然不旋踵而皆奏膚功，則突厥之分崩離析，授之以隙也。其兵甚勇悍，而無節制。《北史·高車傳》云：“爲性麤猛，黨類同心。至於寇難，翕然相依。鬭無行陳，頭别衝突，乍出乍入，不能堅戰。”《鐵勒傳》曰：“人性凶忍，善於騎射。貪婪尤甚，以寇鈔爲事。”是其事也。社崙始立軍法，以千人爲軍，軍置將。百人爲幢，幢置帥。先登者，賜以鹵獲。退懦者，以石擊首殺之，或臨時捶撻。然收效蓋寡。楊忠與突厥伐齊，還，言於周武帝曰：“突厥甲兵惡，賞罰輕，首領多而無法令，何謂難制馭？”頡利入寇，唐太宗謂突厥：“衆而不整，君臣惟利是視。可汗在水南，而酋帥皆來謁我，我醉而縛之，甚易。”可見自南北朝至隋、唐，其散漫情形，迄未嘗改。此其所以地雖廣，兵雖多，而終不競於中國歟？《北史·突厥傳》：“候月將滿，轉爲寇鈔。”與匈奴同。蓋所以利夜行也。

其生業，亦以游牧爲主。《北史·鐵勒傳》，謂其“居無恒處，隨水草遷移”；《突厥傳》謂其“穹廬氈帳，隨逐水草；食肉飲酪，身衣裘褐”是也。《鐵勒傳》又云：“近西邊者，頗知藝植。”蓋爲數甚少，故突厥取醉，僅知馬酪，又不如匈奴之知飲糵酒，烏桓之能釀而不知作麴矣。唐時，默啜求六州降户，并粟種十萬斛，農器三千具。蓋歸化中國者，漸知種植也。

《北史·突厥傳》，謂其“賤老貴壯；重兵死，恥病終”；此與匈奴、鮮卑相類。又稱其“男子好樗蒱。女子好踏鞠。飲馬酪取醉，歌呼相對”。可見其伉爽而少思慮。又《高車傳》謂其“畜産自有記識，雖闌縱在野，終無妄取”。亦足見其風俗之淳也。

其服飾：男子辮髮，女子則否。《北史·高車傳》：“婦女以皮裹羊骸，戴之首上，縈屈髮鬢而綴之，有似軒冕。”《南史·蠕蠕傳》：“辮髮。衣錦。小袖袍，小口袴，深雍鞾。”利禦寒而便騎射，亦各適於其地也。《北史·突厥傳》稱其“被髮左衽”。《隋唐·突厥傳》載《沙鉢略表》，謂“削衽解辮，華音從律，習俗已久，未能改變”。可見其由來之舊矣。

其婚姻喪葬之禮，亦頗有可考者。《北史・高車傳》："婚姻用牛馬納聘。結言既定，男黨營車闌馬，令女黨恣取。上馬袒乘出闌。馬主立闌外，振手驚馬，不墜者即取之。墜則更取，數滿乃止。"蓋亦賣買婚姻之俗。又藉以覘騎乘之術，則游牧之族之游戲也。又云："俗無穀，不作酒。迎婦之日，男女相將，持馬酪、熟肉節解。主人延賓，亦無行位。穹廬前叢坐，飲宴終日。復留其宿。明日，將婦歸。既而夫黨還入其家馬羣，極取良馬。父母兄弟雖惜，終無言者。頗諱取寡婦，而優憐之。"《鐵勒傳》："其俗大抵與突厥同。惟丈夫婚畢，便就妻家，待産乳男女，然後歸舍；死者殯埋之，此其異也。"《突厥傳》："葬日，男女咸盛服飾，會於葬所。男有悦愛於女者，歸即遣人聘問。其父母多不違也。"又云："父兄伯叔死，子弟及姪等妻其後母、叔母、嫂，惟尊者不得下淫。"此則類匈奴矣。

其喪葬之禮，有足見其俗之右武者。《北史・高車傳》，謂"其死亡葬送，掘地作坎。坐尸於中。張臂引弓，佩刀挾矟，無異於生，而露坎不掩"是也。《突厥傳》："死者停尸於帳。子孫及親屬男女，各殺羊馬，陳於帳前祭之。遶帳走馬七匝。詣帳門，以刀剺面，且哭，血淚俱流。如此者七度，乃止。擇日，取亡者所乘馬，及經服用之物，并屍俱焚之。待時而葬。春夏死者，候草木黄落；秋冬死者，候華茂；然後坎而瘞之。案古之爲喪服者，至親以期斷，取天地已易，四時已變，凡在天地之中者，莫不更始之義也。士庶人三月而葬，亦取天道一時而小變之義也。突厥之所謂時者，雖與中國異。然其候時之變而葬，則與中國同。可以見禮之緣起，大略相類也。葬日，親屬設祭。及走馬，剺面，如初死之儀。表木爲塋，立屋其中。圖畫死者形儀，及其生時戰陣狀。此可知壁畫之緣起。嘗殺一人，則立一石，有至千百者。又以祭之羊馬頭，盡懸於竿上。"案突厥喪儀，頗類烏桓，惟焚尸爲異。豈以近接西胡，故染其俗邪？抑古氐羌之俗也。羌族本有火葬之俗，見第十一章。唐太宗謂頡利時葬皆起墓，則又漸染華俗矣。

肅宗以幼女寧國公主，下嫁回紇葛勒可汗。可汗死，國人欲以公主殉。主曰："中國人壻死，朝夕臨，喪期三年，此終禮也。回紇萬里結婚，本慕中國，吾不可以殉。"乃止。可見其國本有殉葬之俗矣。

凡野蠻人，往往寬厚時極寬厚，殘忍時又極殘忍。由直情逕行，而不能節之以禮也。丁令殘忍之俗，觀其刑法可見。古代刑法，恒較後世爲酷者，亦以其任情而動，而不能節其疾惡之情也。《北史・蠕蠕傳》："豆崙殺其臣石洛侯，夷其三族。"《突厥傳》："反叛殺人，及姦人之婦，盜馬絆者皆死。淫者割勢而要斬之。姦人女者，重責財物，即以其女妻之。鬬傷人者，隨輕重輸物。傷目者償女，無女則輸婦財。折支體者輸馬。盜馬及雜物者，各十餘倍徵之。"《隋書》："盜者則償贓十倍。"其用刑之酷，可以見其殘忍。其動輒以女婦爲償，又可見其視人如物也。

丁令諸族，敬天地、日月、先祖，亦與匈奴同。《隋書·突厥傳》："五月中，多殺羊馬，以祭天神於都斤西五百里。有高山迥出，上無草樹，謂之勃登凝棃，夏言地神也。"此可見"因高祀高"之禮意，登封所由昉也。《北史·突厥傳》："可汗恒處於都斤山。牙帳東開，蓋敬日之所出也。"此類烏桓。"每歲率諸貴人，祭其先窟。""西突厥亦歲使重臣向其先世所居之窟致祭。""以五月八月聚祭神。"《北史·高車傳》："時有震死及疫癘，則爲之祈福。若安全無他，則爲之報賽。多殺雜畜，燒骨以燎。走馬遶旋，多者數百匝。男女大小皆集會。文成時，五部高車，合聚祭天，衆至數萬。大會走馬，殺牲游遶。歌吟忻忻。其俗稱自前世以來，無盛於此會。"此即匈奴蹛林之俗也。亦重休咎徵。木杆可汗與周武帝約婚，武帝使逆女。突厥貳於齊。會有雷風之變，乃許使者以后歸。隋文帝之罪狀突厥也，曰："彼地咎徵袄作，年將一紀。乃獸爲人語，人作神言，云其國亡，訖而不見。"文帝固好禨祥，然唐太宗亦謂突厥"盛夏而霜，五日並出，三月連明，赤氣滿野"，則必彼中先有此等妖祥之説，然後中國從而摭拾之矣。又其見於《唐書》者，武德元年，始畢牙帳自破，明年而始畢死。天雨血三日，國中羣犬夜號，求之不見，而處羅死。"延陀將滅，有丐食於其部者。延客帳下。妻見客，人而狼首。主不覺。客已食，妻語部人共追之。至鬱督軍山，見二人焉，曰：我神也。薛延陀且滅。追者恐，却走。遂失之。果敗此山下。"又回紇人自述其亡國之事云："唐以金蓮公主憲宗女太和公主，穆宗時，下嫁登囉羽録没密施句主毗伽可汗。又三傳而爲黠戛斯所破。女回紇葛勵的斤。别建牙於和林之别力跛力答，言婦所居山也。又有山曰天哥里于答哈，言天靈山也。南有石山曰胡力答哈，言福山也。唐使與相地者至其國，曰：和林之盛强，以有此山也。盍壞之以弱其國？乃詭語葛勵曰：既爲婚姻，將有求於爾，其與之乎？福山之石，於上國無所用，而唐人願見。葛勵與之。石大不能動。唐人烈而焚之，沃以醇酢。石碎，輦去。國中鳥獸爲之悲號。後七日，葛勵卒。自是災異屢見，民弗安居。傳位者又數亡。乃遷於西州。"語出虞集《高昌王世勳碑》。《元史·亦都護傳》采之，而誤西州爲交州。於内憂外患，一無所憶，而轉傳此荒誕不經之語，亦可以見其程度矣。《北史·高車傳》："俗不清潔。喜致震霆。每震，則叫呼射天而棄之，移去。來歲，秋，馬肥，復相率候於震所。埋羖羊，然火拔刀，女巫祝説，似如中國祓除；而羣隊馳馬，旋繞百匝，乃止。人持一束柳桋，回豎之，以乳酪灌火。"一震霆之微，亦以爲祥而禳之，可謂甚矣。

《唐書·黠戛斯傳》，謂其呼巫爲甘。黠戛斯雖白種，亦雜丁令，其語言多同回紇,此殆丁令語邪?柔然末主阿那瓌,兄曰醜奴。醜奴父曰伏圖,伏圖父曰那蓋。那蓋,可汗豆崙之叔父也。豆崙時,高車副伏羅部叛。部長阿伏至羅,與從弟窮奇走車師之北,自立。豆崙與那蓋分兩道擊之。豆崙數敗,而那蓋累捷。國人咸以那蓋爲天所助,殺豆崙而立之。卒,伏圖立。時窮奇已爲嚈噠所殺,虜其子彌俄突等。阿伏至羅亦以殘暴,爲其下所殺。立其宗人跋利延。嚈噠納彌俄突,國人殺跋利延迎立之。伏圖擊彌俄突,敗死於蒲類海北。醜奴立,壯健善用兵。西擊高車,大破之。禽殺彌俄突。盡并叛者。柔然復盛。實中興之雄主也,而以信巫亡其國。初伏圖納豆崙之妻侯吕陵氏,生醜奴、阿那瓌等六人。醜奴立後,忽亡一子,字祖惠。求募不能得,副升牟妻是豆渾地萬,年二十許,爲醫巫。言此兒今在天上,我能呼得之。醜奴母子欣悦。後歲仲秋,在大澤中施帳幄,齋潔七日,祈請天神。經一宿,祖惠忽在帳中,自云恒在天上。醜奴母子抱之悲喜。大會國人,號地萬爲聖女,納爲可賀敦。授夫副升牟爵位。賜牛馬羊三千頭。地萬既挾左道,亦有姿色。醜奴甚加寵愛,信用其言,亂其國政。如是積歲。祖惠年長,其母問之。祖惠言我恒在地萬家,不曾上天。上天者,地萬教也。其母以告醜奴,醜奴言地萬懸鑑遠事,不可不信;勿用讒言也。既而地萬恐懼,譖祖惠於醜奴。醜奴陰殺之。魏明帝正光初,醜奴母遣莫何去汾李具列等絞殺地萬。醜奴怒,欲誅具列等。會阿至羅未詳何人。侵醜奴。醜奴擊之,軍敗。還爲母與大臣所殺。立阿那瓌。十日,其族兄俟力發示發伐之。阿那瓌戰敗,南走歸魏。阿那瓌母及其二女,尋爲示發所殺。案阿那瓌自降魏後,遂居漠南。北方諸部,非復威力所及。突厥遂以此時大張。向使仍居漠北,挾積世之聲威,以攝服諸部,突厥之興,或不至如是其速也。地萬雖以色寵,其始實由巫進,亦可見巫風之足以亡人國矣。僕固懷恩之挾回紇入寇也,回紇有二巫,言此行必不戰,當見大人而還。及與郭子儀盟,相顧笑曰:巫不吾欺也。其出兵必以巫卜可知。又其巫自謂能致風雨,亦常用之於行軍。《南史·蠕蠕傳》:"其國能以術祭天,致風雷。前對皎日,後則泥潦橫流。故其戰敗,莫能追及。或於中夏爲之,則不能雨,蓋以暵云。"薛延陀之敗,會雨雪,衆皸踣,死者十八。《唐書》謂"始延陀能以術禬神致雨雪,及是反自敝"云。此即《悦般傳》所謂術人能作霖雨盲風大雪及行潦者,蓋北族之舊俗也。突厥可汗初立,近侍重臣等輿之以氈。隨日轉九回。每回,臣下皆拜。拜訖,乃扶令乘馬。以帛絞其頸,使才不至絶,然後釋而問之,曰:爾能作幾年可汗?其主既神情瞀亂,不能詳定多少。臣下等隨其所言,以驗修短之數。此蓋君權未重之世,立君由衆,以此卜其吉不吉者。

《元史譯文證補》曰："回紇稱謂，多本突厥。可汗、可敦、特勒之名無論矣。突厥别部將兵者，皆謂之設。默啜可汗立其子弟爲左廂察，右廂察。毘伽可汗，本蕃號爲小殺。而回紇亦有左殺，右殺，分管諸部。曰設，曰察，曰殺，皆譯音之異。骨咄禄可汗及葉護之稱，達干之名，回紇並同突厥。度其言語，或亦多同。突厥文字，不復可考。回紇文字，至今猶存，所謂托忒字體是也。與西里亞文字相仿。泰西人謂唐時，天主教人，自西里亞東來傳教，唐人稱爲景教。陜西之景教碑，碑旁字兩行，即西里亞字，此其確證。回紇之有文字，實由天主教人授以西里亞文字之故。此一説也。回紇人自元以後，大率入天方教。而天方文字，本於西里亞。故信教之回人，謂蒙古文出於回紇，回紇文出於天方，以歸功於謨罕默德。此又一説也。各私其教，傅會所由，皆屬妄説。竊疑回紇文字，亦本突厥。特無左證，以折異議。"案《北史》謂突厥文字旁行，有類於胡。所謂胡者，西胡，指西域諸國也。丁令族人居西域者甚多，蓋遂受其文字？突厥、回紇，皆沿而用之耳。《北史・突厥傳》又云："無文字。其徵發兵馬，及諸税雜畜，刻木爲數，并一金鏃箭蠟印封之，以爲信契。"蓋有文字而不甚用也。觀其能於塋屋中圖畫死者形儀及其生時戰陳之狀，則其圖畫已有可觀，必不至不知文字。又《北史・蠕蠕傳》："始無文字。將帥以羊屎粗記兵數。後頗知刻木爲契。"似其文字又受之丁令者。

丁令諸族，自交華夏，頗仿其制度。《北史》謂"汝陽王暹之知泰州也，遣其典籤齊人淳于覃使於阿那瓌。遂留之。親寵任事。阿那瓌因入洛陽，心慕中國，立官號，僭擬王者。遂有侍中、黄門之屬。以覃爲祕書郎，掌其文墨"。據《北史》，柔然可汗，皆建年號。《南史》載其《相國表》辭有曰："京房讖云：卯金卒草肅應王。歷觀圖緯，代宋者齊。"此必華人所爲也。又道武帝謂尚書崔宏曰："蠕蠕之人，昔來號爲頑嚚。每來鈔掠，駕牸牛奔遁，驅犍牛隨之。牸牛伏不能前。異部有教以犍牛易之者。蠕蠕曰：其母尚不能行，而況其子？遂爲敵所虜。今社崙學中國，立法，置戰陳，卒成邊害。道家言聖人生，大盜起，信矣。"《唐書》云："頡利得華士趙德言，才其人，委任之，稍專國。"《回紇傳》："吐迷度爲瀚海都督，私自號可汗。署官吏，一似突厥。有北宰相六，南宰相三。又有都督、將軍、司馬之號。"皆其模仿漢制，引用漢人之徵也。《北史》又云："齊有沙門惠琳，掠入突厥中。因謂他鉢曰：齊國富强，皆爲有佛法。遂説以因緣果報之理。他鉢聞而信之。建一伽藍。遣使聘齊，求《净涅槃》、《華嚴》等經，并《十誦律》。他鉢亦躬自齋戒，遶塔行道，恨不生内地。"《唐書》："默棘連欲城所都，起佛老廟。以暾欲谷諫而止。"則并所信之教，亦受中國之感化矣。

附録一　丁　令

洪氏鈞《元史譯文證補》，謂："今日葱嶺西北西南諸部，我國統稱之曰回，西人則稱爲突厥。回紇之盛，威令未行於鹹海、裏海之間，其衰，播遷未越於葱嶺、金山以外。突厥盛時，東自遼海以西，至西海，萬里。南自沙漠以北，至北海，五六千里。極西之部可薩，亦曰曷薩。西國古籍，載此部名哈薩克，即曷薩轉音。亦曰喀薩克，即可薩轉音。裏海、黑海之北，皆其種落屯集。又東羅馬古書，載與突厥通使。東羅馬，即《唐書》之拂菻國也。種落繁多，幅員遼闊。匈奴而後，實惟突厥。而散居西土，亦惟突厥舊部爲多。回紇、突厥之稱，誠不敢謂已是而人非。"予案洪氏此言，乃知二五而不知一十也。若舉强部以概其餘，則西人與突厥之交涉多，而在東土，則回紇爲後亡，彼我所稱，均未爲失。若原其朔，則此族當正稱曰丁令。突厥、回紇，皆其分部之後起者耳。我之稱回紇固非，彼之稱突厥，亦未是也。

丁令之名，昉見於漢。《山海經·海内經》："有釘靈之國，其民從膝已下有毛，馬蹏，善走。"《山海經》僞書，此條乃據後世史誌所造。其來歷見《三國志》注引《魏略》。又黄佐《六藝流别》卷十七《五行篇》引《尚書大傳》："北方之極，自丁令北至積雪之野，帝顓頊神玄冥司之。"陳氏壽祺《尚書大傳輯校》采之。然此條恐亦黄氏誤采，不出《大傳》也。亦作丁零、丁靈。異譯作勑勒，又作鐵勒。中夏稱爲高車。《北史》分高車、鐵勒爲二傳，乃就其服於魏與未服於魏者分之，似無所據。《唐書》以回紇初與鐵勒諸部並屬突厥，仍列爲鐵勒十五部之一，而於突厥别爲一傳，不復著其爲鐵勒，亦未安也。

何以知突厥、回紇，皆鐵勒之分部也？曰：言語相同，爲種族相同之鐵證。洪氏於突厥、回紇言語之相同者，歷舉凡如干事，則二者必爲同族無疑。《唐書》回紇本列爲鐵勒十五部之一。回紇又作袁紇。《魏書·高車傳》，其種有表紇氏，表紇即袁紇之譌。又《鐵勒傳》：獨洛河北有韋紇。韋紇，亦回紇之異譯也。回紇之爲鐵勒，明白無疑，而突厥言語，與之相同，安得不爲鐵勒哉？又突厥興於金山，金山固鐵勒之地也。《魏書》述突厥緣起，其一説曰：突厥之先，伊折泥師都娶二妻，云是冬神、夏神之女。一孕而生四男。其一國於阿輔水、劍水之間，號爲契骨。契骨者，《唐書》所謂"黠戛斯，古堅昆國，或曰居勿，曰結骨，其種雜丁令"者也。又《魏書·高車傳》云："或云其先，匈奴甥也。俗云：匈奴單于有二女，姿容甚美。國人皆以爲神。單于曰：我有此女，安可配人？將以與天。乃於國北無人之地築高臺，置二女其上。曰：請天自迎之。

經三年，其母欲迎之。單于曰：不可。未徹之間耳。復一年，乃有一老狼，晝夜守臺嗥呼。因穿臺下爲空穴，經年不去。其小女曰：吾父處我於此，欲以與天。而今狼來，或是神物，天使之然。將下就之。其姊大驚，曰：此是畜生，無乃辱父母。妹不從。下爲狼妻而産子。後遂滋繁成國。故其人好引聲長歌，又似狼嗥。"此説謂鐵勒之先，出於匈奴單于之二女，與伊質泥師都娶二妻之説，頗有類似之處。又《魏書》述突厥原起第一説，亦以突厥爲狼種。突厥姓阿史那氏，以予考之，即《元祕史》帖赤那三字之異譯，義謂狼也。見《突厥與蒙古同祖》條。然則突厥、鐵勒，其謬悠傳説，亦實不可分也。

《魏書》云："高車，蓋古赤狄之餘種也。初號爲狄歷，北方以爲勑勒，諸夏以爲高車、丁零。其語略與匈奴同，而時有小異。"赤狄餘種，不知何所據而云然。徵諸史傳，鐵勒之語，亦無與匈奴類者。豈丁令種落，有與匈奴近者，其種遂相離，故其語多同，吾國人因别稱之曰高車，以與其餘之丁零别與？赤狄餘種之説，似又因其語與匈奴同而附會，以古以匈奴即狄也。高車傳説，既自託於匈奴之甥，又謂其先祖母，匈奴單于，寘之國北無人之地，則高車故地，必在匈奴之北。謂其與匈奴相近，或不誣邪？《魏書》述高車之稱所由來，謂其車輪高大，輻數至多。阿卜而嘎錫，則謂古時其部侵掠他族，鹵獲至多，騎不勝負。有部人能製車。車高大，勝重載。乃盡取鹵獲以返，故以高車名其部。見《元史譯文證補・康里補傳》。鐵勒種類，程度至低。能製車之部落，或亦其與匈奴近者與？推測之説，雖若可通，終未敢遂以爲信已。或云：古代匈奴，實與漢族雜居大河流域。北荒之地，不得無人。今據《魏書》，則丁令、鐵勒，實爲狄歷異譯。狄歷疊韻，簡稱之，固可但作一狄字。豈古稱北族爲狄，其原實指此族言之邪？此説於音譯雖近。然丁令古代與漢族有交接之證據太乏，亦未敢遂以爲信也。日本高桑駒吉曰：康里(Kankly)二字，乃突厥語，謂車也。

附録二　丁令居地

鐵勒諸族，大者曰突厥，曰薛延陀，曰回紇。突厥至南北朝之末始盛；延陀、回紇之强，則當唐世矣。然其種落散布朔垂，實由來已久。突厥疆域之廣，實由於此，非其力征經營，果有以超匈奴而幾蒙古也。今就諸史所載鐵勒居地，略爲考索如下。

鐵勒，古稱丁令。其名首見於《史記・匈奴列傳》。《匈奴列傳》云：冒頓"北服渾庾、屈射、丁靈、鬲昆、薪犂之國"。《漢書》渾庾作渾窳，丁靈作丁零，鬲昆作隔昆。薪犂作新犂，新犂上又衍一龍字。《漢書・匈奴列傳》云："郅支北擊烏揭，烏揭降。發其兵，西破堅昆，北降丁令。"《三國志》注引《魏略》云："呼得國，在蔥嶺北，烏孫西北，康居東北，勝兵萬餘人。堅昆國，在康居西北，勝兵三萬人。丁令國，在康居北，勝兵六萬人。此上三國，堅昆中央。俱去匈奴單于庭安習水七千里。《史記索隱》亦引此語，而誤作接習水。南去車師六國五千里。西南去康居界三千里，西去康居王治八千里。或以爲此丁令即匈奴北丁令也。而北丁令在烏孫西，似其種別也。又匈奴北有渾窳國，有屈射國，有丁令國，有隔昆國，有新棃國，明北海之南，自復有丁令，非此烏孫之西丁令也。"案匈奴徙蘇武北海上，丁令盜武牛羊，見《漢書・李廣蘇建傳》，北海，今拜喀勒湖。而此與堅昆、呼得接壤之丁令，則實在今西伯利亞西南境。隔昆堅昆，一音之轉，即唐時之黠戛斯。《唐書》："黠戛斯，古堅昆國。或曰居勿，曰結骨。其種雜丁令，乃匈奴西鄙也。可汗駐牙青山。青山之東，有水曰劍河。"劍河即後世之謙河，在今唐努烏梁海境内。見《元史譯文證補・謙河考》。安習水，今額爾齊斯河。烏孫，今伊犂。康居之地，起今伊犂之西，西訖裏海，北抵鹹海附近。《元史譯文證補・西域古地考康居奄蔡》。然則此三國之地，實在今西伯利亞境内，唐努烏梁海之西北，額爾齊斯河之東南，略當今吐魯番諸縣之正北。《魏略》云，堅昆中央，而《漢書》云，郅支降烏揭後，西破堅昆，北降丁令，則烏揭在堅昆之東，丁令在堅昆之西北。其去北海，蓋千里而遥，故《三國志》注，諍其非一，然按諸後世史傳，則丁令居地，實尚不止此也。《北史》述鐵勒諸部，勝兵最多者，不過三萬，且皆已合若干部落。而《魏略》謂丁令勝兵六萬，亦必合多部言之。

《北史・鐵勒傳》："種類最多。自西海之東，依山據谷，往往不絶。獨洛河北，有僕骨、同羅、韋紇、拔也古、覆羅，並號俟斤。蒙陳、吐如紇、斯結、渾、斛薛等諸姓，勝兵可二萬。伊吾以西，焉耆之北，傍白山，則有契苾，薄落職、乙咥、蘇婆、那曷、烏護、紇骨、也咥、於尼護等，勝兵可二萬。金山西南，有薛延陁，咥勒兒、十槃、達契等，一萬餘兵。康國北，傍阿得水，則有訶咥、曷截、撥忽、比干、具海、曷比悉、何嵯蘇、拔也末、謁達等，有三萬許兵。得嶷海東西，有蘇路羯、三素咽、篾促、薩忽等諸姓，八千餘。拂菻東，則有恩屈、阿蘭、北褥、九離、伏嗢昏等，近二萬人。北海南則都播等。雖姓氏各別，總謂爲鐵勒。"案以上諸部名，多不可句讀。然其地則大略可徵。西海，蓋今裏海。獨洛河，今土拉河。伊吾，今新疆哈密縣。焉耆，今新疆焉耆縣。白山在其北。金山，今阿爾泰山。康國，今撒馬兒干。得嶷海，疑今鹹海。拂菻，則羅馬也。

《唐書》：鐵勒，凡十五部：曰袁紇，即回紇，居薛延陀北娑陵水上。曰拔野古，漫散磧北，地千里。直僕骨東，鄰於靺鞨。曰僕骨，在多覽葛之東。地最北。曰同羅，在薛延陀北，多覽葛之東。距京師七千里而贏。曰渾，在諸部最南。曰契苾，在焉耆西北鷹娑川，多覽葛之南。曰多覽葛，在薛延陀東，濱同羅水。曰都播，北瀕小海，西堅昆，南回紇。曰骨利幹，處瀚海北。其地北距海，去京師最遠。又北度海，則晝長夜短，日入，烹羊胛熟，東方已明。曰白霫，居鮮卑故地。直京師東北五千里。與同羅、僕骨接。避薛延陀，保奥支水、冷陘山。南契丹，北烏羅渾，東靺鞨，西拔野古。地圓袤二千里，山繚其外。曰斛薛，處多覽葛北。曰奚結，處同羅北。曰思結，在延陀故牙。回紇在薛延陀北娑陵水，則延陀故牙，在娑陵水南。娑陵水，今色楞格河。《唐書》異譯，亦作仙娥。同羅水，亦今土拉河。都播北瀕小海，蓋今庫蘇古爾。骨利幹北距海，仍即今拜喀勒湖，《地理志》：骨利幹西十三日至都播，又北六七日至堅昆，道里符合。惟謂骨利幹、都播二部落，北有小海，冰堅時馬行八日可度，一似骨利幹、都播，共瀕一小海者然，則語欠分析。馬行八日可度，自指拜喀勒湖，庫蘇古爾無此大。若謂都播亦瀕拜喀勒，則道里不合。且北海自古不稱小海，必《地理志》誤。至《北史》云北海南則都播等者，以北海爲大水，故舉以爲言；且言等，則非指都播一部也。鮮卑故地，當在今滿、蒙之間。云圓袤二千里，山繚其外，則包今嫩江流域矣。

此族居地，蓋自拜喀勒湖西附金山之陰；又西，當庫里鄂模、伊犂河所注泊，今圖作巴勒哈什。鹹海、裏海之北，直抵黑海。東西緜亘，成一直線。南北朝以前，據漠南北之地者，爲匈奴、鮮卑。其西則中國，匈奴、狎主齊盟之城郭三十六國也。又其西，則烏孫也，大宛也，大月氏也。繼大月氏而起者，則嚈噠也。皆强國也。故此族無由南牧。迨鮮卑漸次南遷，此族乃踵之而入色楞格、土拉二河流域，且東取鮮卑故地。其爲魏所破，而遷諸漠南者，則史所謂高車也。留居漠北，爲柔然所撫用者，則史所謂鐵勒也。至南北朝之末，而此族之中，自有一强部起，則突厥是也。突厥之興，適當柔然、嚈噠之衰，一舉而皆爲所破。散處之鐵勒，靡不臣之。而其疆域，遂大莫與京矣。延陀、回紇之盛。雖未能踵武突厥，摶東西爲一體。然其種人之散布各地者固自若。此其所以自唐迄今，仍爲中西亞及東歐之一大族也。

附録三　突厥與蒙古同祖

突厥原起，《北史》所載，凡有三説：一曰："其先居西海之右，獨爲部落。蓋匈奴之别種也。姓阿史那氏。後爲鄰國所破，盡滅其族。有一兒，年且十歲。兵人見其小，不忍殺之。乃刖其足，斷其臂，棄草澤中。有牝狼，以肉餌之。及長，與狼交合，遂有孕焉。彼王聞此兒尚在，重遣殺之。使者見在狼側，并欲殺狼。於時若有神物，投狼於西海之東，落高昌國西北山，山有洞穴。内有平壤茂草，周圍數百里，《隋書》作地方二百餘里。四面俱山。狼匿其中，遂生十男。十男長，外託妻孕。其後各爲一姓，阿史那其一也。最賢，遂爲君長。故牙門建狼頭纛，示不忘本也。漸至數百家。經數世，有阿賢設者，率部落出於穴中，臣於蠕蠕。"二曰："突厥本平涼雜胡，姓阿史那氏。魏太武皇帝滅沮渠氏，阿史那以五百家奔蠕蠕。世居金山之陽，金山形似兜鍪，俗呼兜鍪爲突厥，因以爲號。"三曰："突厥之先，出於索國。在匈奴之北。其部落大人曰阿謗步，兄弟七十人。其一曰伊質泥師都，狼所生也。阿謗步等性並愚癡，國遂被滅。泥師都既别感異氣，能徵召風雨。娶二妻，云是夏神、冬神之女。一孕而生四兒。其一變爲白鴻。其一國於阿輔水、劍水之間，號爲契骨。其一國於處折水。其一居踐斯鼠折施山，即其大兒也。山上仍有阿謗步種類，並多寒露。大兒爲出火温養之，咸得全濟。遂共奉大兒爲主，號爲突厥。即納都六設也。都六有十妻，所生子皆以母族姓。阿史那是其小妻之子也。都六死，十母子内欲擇立一人。乃相率於大樹下共爲約，曰：向樹跳躍，能最高者，即推立之。阿史那年幼，而跳最高，諸子遂奉以爲主。號阿賢設。"又《元史譯文證補》譯拉施特《蒙古全史》，述蒙古緣起曰："相傳古時蒙古與他族戰，全軍覆没。僅遺男女各二人。遁入一山。斗絶險巇，惟一徑通出入。而山中壤地寬平，水草茂美，乃攜牲畜輜重往居。名其山曰阿兒格乃衮。二男：一名腦古，一名乞顔。乞顔，義爲奔瀑急流。以其膂力邁衆，一往無前，故以稱名。乞顔後裔繁盛，稱之曰乞要特。乞顔變音爲乞要。曰特者，統類之詞也。後世地狹人稠，乃謀出山。而舊徑蕪塞，且苦艱險。繼得鐵礦，洞穴深邃。爰伐木熾炭，篝火穴中。宰七十牛，剖革爲筒。鼓風助火。鐵石盡鎔，衢路遂闢。後裔於元旦，鍛鐵於爐，君與宗親，次第捶之，著爲典禮。"與《北史》第一説絶相類，而鍛鐵之説，又足與第二説之世爲鐵工相印證。以風馬牛不相及之兩族，而其傳説之相似，至於如是，實可異也。

民族繆悠之傳説，雖若爲情理所必無，然其中必有事實存焉。披沙揀金，往往見寶，正不容以言不雅馴，一筆抹殺也。今試先即《北史》所載三説觀之。案此三説雖相乖異，然其中仍有相同之處。突厥姓阿史那氏，一也。突厥有十姓，阿史那其一，二也。首出之主曰阿賢設，三也。突厥先世，嘗爲他族所破滅，四也。狼生十子，説極荒唐。然突厥後世，牙門實建有狼頭纛，又有所謂九姓部落者，於突厥爲最親。九姓之名：曰藥羅葛。曰胡咄葛。曰掘羅勿。曰歌息訖。曰阿勿[illegible]。曰葛薩。曰斛嗢素。曰藥勿葛。曰奚邪勿。見《唐書·回紇傳》。《突厥傳》述突厥之亡，謂後或朝貢，皆舊部九姓云，此謂阿史那氏既亡，其餘九姓，猶或來朝貢也。又《回紇傳》載九姓胡勸牟羽可汗入寇。宰相頓莫賀干諫，不聽。怒，遂弑可汗。屠其支黨及九姓胡，幾二千人。九姓胡先隨回紇入中國者聞之，因不敢歸。此爲九姓胡與回紇有别之證。九姓胡既與回紇較疏，則突厥之於九姓，必較回紇爲親。故《唐書》稱爲舊部。蓋回紇等皆後來服於突厥者，惟九姓，則爲阿史那同族也。又突厥可汗，嘗歲率重臣，祭其先窟。而西突厥亦歲遣使臣，向其先世所居之窟致祭。則繆悠之傳説，實爲數典所不忘，斷不容指爲虚誣矣。據《元史譯文證補》，突厥最西之可薩部，實在裏海、黑海之濱。然則突厥先世，殆本居西海之右，迨爲他族所破，乃輾轉遁入阿爾泰之南山中，其地在高昌西北，其名則跋施處折施邪？鍛鐵之業，發明頗難。鮮卑、契丹，皆與漢人相習久而後能之。女真初起時，漢人有攜甲至其部者，尚率其下出重貲以市。突厥僻陋，未必有此。或沮渠亡後，敗逋北走者之所教與？

蒙古傳説，與突厥相類，洪氏疑蒙人襲突厥唾餘，以敍先德。夫突厥之在當日，則亦敗亡奔北之餘耳。引爲同族，豈足爲榮？若謂傳述者語涉不經，載筆者意存毁謗，則拉施特身仕宗藩之朝，親見捶鐵典禮；又乞要特即奇渥温，爲有元帝室得氏之由，亦斷不容指爲虚構。拉施特之修史也，其主盡出先時卷牘，以資考核；又命蒙古大臣，諳習掌故者，襄理其事；安得作此謂他人父之言？拉施特亦安敢億造異説，作爲謗書邪？然此説與《北史》第一説，相類太甚；又《蒙文祕史》，蒙古始祖名孛兒帖赤那，譯言蒼狼。帖赤那與阿史那，泥師都，似皆同音異譯，雖欲不謂爲一説而不得也。此又何故邪？予反覆思之，然後知蒙古爲韃靼、室韋雜種，韃靼爲靺鞨及沙陀突厥雜種，拉施特《蒙古全史》之説，確與《北史》第一説，同出一原也。

蒙古先世，《元史》不載。洪氏謂即《唐書》大室韋之蒙兀部，其説甚確。然蒙人實自稱韃靼。《祕史》即然。《祕史》作達達，即韃靼異譯也。順帝北遷，五傳而大汗統絶。其後裔仍自號韃靼可汗。此何説邪？《五代史》云：“韃靼，靺鞨之遺種。本在奚、契丹之東北。後爲契丹所攻，而部族分散。或屬契丹，或屬渤海。别部散居陰山者，自號韃靼。後從克用入關，破黄巢。由是居雲、代之間。”據《唐書》、《五代史》、《遼史》，渤海盛時，靺鞨悉役屬之。契丹太祖以前，並無攻破靺鞨之事。《滿洲源流考》引《册府元龜》：謂“黑水帥突地稽，隋時率部落千餘家内屬。處之營州。唐武德中，以其部落置燕州。《五代史》所謂爲契丹攻破者，實即此族”。其説是也。然此族實與室韋之蒙兀部，風馬牛不相及，何緣以之自號乎？案彭大雅《黑韃事略》曰：“黑韃之國，號大蒙古。沙漠之地，有蒙古山。韃語謂銀曰蒙古。女真名其國曰大金，故韃名其國曰銀。”黄震《古今紀要逸編》云：“韃靼與女真同種，皆靺鞨之後。其在混同江者曰女真。在陰山北者曰韃靼。韃靼之近漢者曰熟韃靼，遠漢者曰生韃靼。韃靼有二：曰黑，曰白，皆事女真。黑韃靼至忒没真叛之，自稱成吉思皇帝。又有蒙古國，在女真東北。我嘉定四年，韃靼始并其名號，稱大蒙古國。”孟珙《蒙韃備録》曰：“韃靼始起，地處契丹西北。族出於沙陀别種，故歷代無聞其種有三：曰黑。曰白。曰生。案生、熟自以距漢遠近言，不得與黑白並列爲種别。此説蓋誤。所謂白韃靼者，顔貌稍細。所謂生韃靼者，甚貧，且拙，且無能爲，惟知乘馬隨衆而已。今成吉思皇帝及將相大臣，皆黑韃靼也。”據此三説，則韃靼及蒙古，自系二族。而韃靼之中，又有黑、白之别。族出於沙陀别種，蓋緣李克用敗亡，曾居其部，遺種與靺鞨相雜，遂生黑白之别，其無足怪。惟所謂蒙古國者，除室韋之蒙兀部，無可當之。二者相距甚遠，何由并合？爲可疑耳。案《蒙韃備録》又云：“韃人在本國時，金虜大定間，燕京及契丹地有謡言云：韃靼去，趕得官家没處去。虜酋雍，宛轉聞之，驚曰：必是韃人，爲我國患。乃下令：極於窮荒，出兵勦之。每三歲，遣兵向北勦殺，謂之減丁。迄今中原盡能記之。韃人遁逃沙漠，怨入骨髓。至僞章宗明昌年間，不令殺戮。以是韃人稍稍還本國，添丁長育。”因童謡而出兵勦殺，語涉不經。然世宗初年，北邊曾有移剌窩斡之亂，牽動甚衆。仍歲興師，説非無據。韃靼之北走而與蒙兀合，蓋在此時也。然此以韃靼之部落言也。至於有元帝室，則其與蒙兀部落之牉合，尚别有一重因緣。《蒙文祕史》云：“自天而生之孛兒帖赤那，與其妻豁阿馬闌勒，同渡騰吉思水，東至斡難沐漣之源不兒罕哈勒敦。”孛兒帖赤那，譯言蒼狼。豁阿，女子美稱。馬闌勒，譯言慘白牝鹿。乃人以狼鹿名。《大典本》之譯述，意在考證蒙古語言，非以求其史實。故但旁注其爲狼鹿，而不復釋爲人名。輯《大典》本《祕史》者，但就其旁解之文鈔之，遂有狼鹿生人之譌也。此爲奇渥温氏徙居漠北之始。孛兒帖赤那生巴塔赤罕。巴塔赤罕生塔馬察。塔馬察生豁里察兒篾兒干。豁里察兒篾兒干生阿兀站孛羅温。阿兀站孛羅温生撒里合察兀。撒里合察兀生也客你敦。也客你敦生撏鎖赤。撏鎖赤生合兒出。合兒出生孛兒只吉歹篾兒干。孛兒只吉歹篾兒干之妻曰忙豁勒真豁阿。忙豁勒真，猶言蒙古部人。蓋孛兒帖赤那之後，至此“娶蒙古部女，遂以蒙古爲部名，猶金始祖函普，娶完顔部女，子孫遂以完顔爲氏也”。說本屠氏寄《蒙兀兒史記》。又案《蒙古源流考》云：“土伯特智固木博贊汗，爲姦臣隆納木所弑。三子皆出亡。季子布爾特齊諾，渡騰吉思海，東行，至拜噶所屬之布爾干哈勒圖納山下必塔地方，人衆尊爲君長。”布爾特齊諾，即《祕史》之孛兒帖赤那也。或據此，謂有元先世，出自吐蕃王室。然《源流考》之作，意在闡揚喇嘛教，故援蒙古以入吐蕃。其說殊不足信。即如此處，以智固木贊博汗爲色哩特贊博汗之子。色哩特贊博汗者，尼雅特贊博汗之八世孫也。而下文又云：尼雅特贊博汗七世孫色爾特贊博汗，爲其臣隆納木所弑。又此處述智固木贊博汗，遠在名哩勒丹蘇隆贊之前。名哩勒丹蘇隆贊，即《唐書》之棄宗弄讚，與太宗同時者也。其言尚可信乎？爲金守長城之部曰汪古。成吉思汗之侵金，汪古實假以牧地，爲之鄉導，故金人先失外險，猝不及防。乃釁之伐蒙古，約汪古與俱。汪古以告成吉思汗，成吉思汗乃得先發制人。蓋汪古之於蒙古，論部酋，論部族，皆有同族之親；而滅丁剿殺之舉，汪古雖力不能救，未嘗不心焉痛之；故於元爲特厚，而於金乃獨酷邪？納都六三字，與腦古音極相近。設爲突厥别部典兵者之稱。豈突厥先世，爲他族所破壞後，分爲二派，一爲腦古，即納都六設，一爲乞顔，即奇渥温氏之祖歟？果然，則阿兒格乃衮之名，且足補突厥先竄稱名之闕矣。

第六章　貉　　族

北方諸族，傳中國之文明最早者，莫如貉。"貉，又作貊"，亦稱濊貉。又單稱濊。濊，亦作薉，作穢。

"此族見於經典者：《詩》'王錫韓侯，其追其貉，奄受北國'。又'保有鳧繹，遂荒徐宅。至于海邦，淮夷蠻貉，及彼淮夷，莫不率從，莫敢不諾，魯侯是若'。《論語》：'言忠信，行篤敬，雖蠻貉之邦，行矣。'《孟子》：'子之道，貉道也。夫貉：五穀不生，惟黍生之。無城郭宫室宗廟祭祀之禮，無諸侯幣帛饔飧，無百官有司，故二十取一而足也。'"《周官》："職方氏，辨其邦國都鄙，四夷，八蠻，七閩，九貉，五戎，六狄之人民。"案從古説貉，無以爲在南方者。《魯頌》以蠻貉與淮夷並舉，自與《論語》之言蠻貉，同以爲夷狄之通稱。舉在北之貉，以對在南之蠻，猶後世言胡越耳。僞《武成》"華夏蠻貉，罔不率俾"，以蠻貉爲對華夏之辭。《魯頌》毛傳："淮夷，蠻貉而夷行也。"《正義》言："淮夷蠻貉如夷行者，以蠻貉之文，在淮夷之下，嫌蠻貉亦服，故辨之。以僖公之從齊桓，惟能服淮夷耳，非能服南夷之蠻，東夷之貉，故即淮夷蠻貉，謂淮夷如蠻貉之行。"其説不誤。乃其疏《韓奕》，又引此詩，而曰："是於魯僖之時，貉近魯也。"可謂自相矛盾矣。至以貉在北方，或在東北方，則頗有異説。《孟子》趙注："貉在北方，其氣寒，不生五穀。"《職方》鄭注，鄭司農云："北方貉狄。"《説文》豸部："貉，北方豸種。"《詩》《論語》《釋文》引，皆作"北方人也"。此皆以貉在北方者也。《鄭注》秋官貉隸，"征東北方所獲"。《詩》、《周官正義》引《鄭志》，答趙商問："九貉，九夷，在東方。"《説文》羊部羌下："東方貉从豸。"此皆以貉在東北方者也。《周書・王會篇》：穢人，在稷慎、良夷之間，稷慎，即肅慎。今案《説文》羌下之文，不甚可信。其文云："南方蠻閩從虫，北方狄從犬，東方貉從豸，西方羌從羊，此六種也。西南僬僥從人。蓋在坤地，頗有順理之性。惟東夷從大。大，人也。夷俗仁，仁者壽，有君子不死之國。孔子曰：道不行，欲之九夷，乘桴浮於海，有以也。"《説文》一書，係博采通人而成，其體例本不純一。詳見予所撰《字例略説》。世之執例以繩《説文》者誤也。然未有如此處作慨歎之辭者。古人説字，從無此例。蓋後人識語混入者也。然貉自在東北方。其云北方，則渾言之耳。何以言之？

經典之言貉者，惟《韓奕》一詩有地名可考。得《韓奕》詩中諸地所在，則貉之所在，從可推矣。《韓奕》鄭箋云："梁山，今左馮翊夏陽西北。韓，姬姓之國也。後爲晉所滅，故大夫韓氏，以爲邑名焉。幽王九年，王室始騷。鄭桓公問於史伯曰：周衰，其孰興乎？對曰：武實昭文之功，文之祚盡，武其嗣乎？武王之子應韓不在，其晉乎？"是鄭以姬姓之韓，即武王之子。與《史記·韓世家》所謂"韓侯之先，與周同姓，姓姬氏。其後苗裔事晉，得封於韓原"；及《毛傳》所謂"韓侯之先祖，武王之子"者，皆同物也。其箋"溥彼韓城，燕師所完"云："溥，大。燕，安也。大矣韓國之城，乃古平安時衆民之所築完。"箋"以先祖受命，因時北蠻，王錫韓侯，其追其貉，奄受北國，因以其伯"云："韓侯先祖有功德者，受先王之命，居韓城，爲侯伯。其州界外接蠻服。因見，使時節百蠻貢獻之往來。後君微弱，用失其業。今王以韓侯先祖之事如是，而韓侯賢，故於入覲，使其復先祖之舊職，賜之蠻服追貉之戎狄，令撫柔其所受王畿北面之國。因以先祖侯伯之事盡與之。"又云："其後追也，貉也，爲玁狁所逼，稍稍東遷。"是鄭以當韓侯受命時，追、貉實在王畿之北也。然據《釋文》，則王肅、孫毓，並以"燕師所完"之燕，爲北燕國。又《水經》聖水注："聖水逕方城縣故城北，又東逕韓城東。《詩》溥彼韓城，燕師所完。王錫韓侯，其追其貉，奄受北國。王肅曰：今涿郡方城縣有韓侯城，世謂寒號城，非也。"《括地志》："方城故城，在幽州固安縣南十里。"案固安縣，今屬河北。與《潛夫論·志氏姓》篇"昔周宣王時，亦有韓侯，其國也近燕。故《詩》曰：溥彼韓城，燕師所完"之説合。近世顧氏炎武、《日知録》。朱氏右曾《詩地理徵》。主之，謂："《史記·燕世家》：易水東分爲梁門。"《水經注》："濕水經良鄉縣之北界，歷梁山南，高梁水出焉。良鄉縣，今屬河北。鮑邱水過潞縣西，高梁水注之。潞縣，今河北通縣。水東徑梁山南。"是近北燕亦有梁山也。韓實有二：(一)《左》僖二十四年，富辰所謂邘、晉、應、韓武之穆；《國語·鄭語》所謂武王之子，應、韓不在；即《毛傳》所謂韓之先祖，武王之子者。其受封在成王之世，封地在職方并州。王肅所謂涿郡方城縣之韓侯城，其都邑也。(一)則《左》襄二十九年，叔侯所謂霍、楊、韓、魏皆姬姓者。即《史記·韓世家》所謂韓之先與周同姓。其受封在武王之世，封地在河東。後爲晉所滅。《漢書·地理志》所謂韓武子食采於韓，《續漢書·郡國志》所謂河東郡河北縣有韓亭，杜預所謂韓國在河東郡界者也，二者既未可混合，又皆不在河西。自鄭氏箋《詩》，誤以晉之梁山爲韓之梁山。韋昭解《國語》，誤以宣王命韓侯，爲即晉所滅之韓。張華《博物志》，遂云，夏陽馮翊有韓原，韓武子采邑。隋世因之，置韓城縣。説地者罔不以爲據，豈知案之經傳不可通云云。韓城，今仍爲縣，屬陝西。其地在春秋時爲少梁。朱氏曰："《漢志》：左馮翊夏縣，故少梁，秦惠文王更名。梁山在西北。無故爲韓國之說。"顧氏謂左氏記秦晉韓之戰，先言涉河，次乃言及韓，則韓實在河東。文十年，晉伐秦，取少梁，乃得今韓城地。其說似矣。然俞氏正燮申鄭云："禹甸梁山，必當爲《禹貢》之梁山，在今韓城。燕乃蹶父國也。周初有燕，有北燕。《左傳》隱五年，衛人以燕師伐鄭。《注》云：南燕國。今東郡燕縣。《正義》云：《世本》：燕國，姞姓也。《漢書·地理志》：東郡南燕縣云：南燕國，姞姓。今衛輝之封邱地。其國春秋前及春秋時謂之燕，其在薊之燕，謂之北燕，《詩》言韓姞汾王之甥，蹶父之子，則蹶父姞姓，爲厲王壻。以燕公族，入爲卿士。《詩》言韓侯迎止，於蹶之里。知蹶不在燕，久居周，已有族里。韓城在河西，居鎬東北，得受王命，爲北諸侯長。蹶父亦得假王靈，用其國人，爲韓築城。如晉人城杞，亦戚好赴役，燕韓事同也。鄭未思南燕姞姓，故疑之。王符云：周宣王時，亦有韓侯，其國也近燕，是亦不知燕，韓之地何在。王肅乃以寒號城爲韓侯城，後人多喜其說。於《詩》之燕與姞，不能通也。"《癸巳類稿》。以經證經，其說尤長。予謂韓自以從鄭說在韓城爲是。雖以追、貉爲王畿北面之國，自與其注司隸及答趙商之問相違，然謂"其後追也，貉也，爲玁狁所逼，稍稍東遷"，似非鑿空。參看第三章附録二《山戎考》，第四章附録一《鮮卑》自明。《墨子·兼愛》"以利燕、代、胡、貉與西河之民"。《荀子·强國》："秦北與胡、貉爲鄰。"亦以胡貉並舉。追爲何種不可考。陳氏奂《毛詩傳疏》，謂"追濊聲相近，疑追貉即濊貉。"然亦無他證。

貉族居地，初在燕北。其後則在遼東之外。蓋當燕開上谷、漁陽、右北平、遼西、東五郡時，爲所迫逐出走者也。《史記·燕世家》云："燕北迫蠻貉。"此謂貉在燕北者也。《水經注》："清漳逾章武故城西。故濊邑也。枝瀆出焉，謂之濊水。"章武，今大城，滄二縣之地。酈氏之言而信，則貉并曾在燕南矣。《貨殖傳》云："燕北鄰烏桓、夫餘，東綰穢貉、朝鮮、真番之利。"此謂貉在遼東之外者也。《漢書·高帝紀》："四年，八月，北貉燕人來致梟騎助漢。"此北貉不知究在何所，疑遺落仍處五郡之内，近燕者也。《三國志·夫餘傳》："國之耆老，自説古之亡人。其印文言濊王之印。國有故城名濊城。蓋本濊貉之地，而夫餘王其中。自謂亡人，抑有由也。"此言微誤。夫餘蓋即濊貉，爲人所敗，遁逃至此，故云亡人。若攘濊貉之地而居之，則是戰勝攻取矣。其逋亡之由不可知，以意度之，或即燕開五郡之事也。予疑鮮卑、濊貉、肅慎，初皆居五郡之地，及燕開五郡，乃被迫出走。參看《鮮卑》、《肅慎》兩篇。據《方言》，北燕朝鮮之間，言語略同。

貉族國落，見於漢以後者：曰夫餘，曰高句驪，曰百濟，曰東濊，曰沃沮。據史籍所載，句驪出於夫餘，百濟出於句驪。句驪與百濟之事不可知。若夫餘，則其事之見於中國史者，反在句驪之後。而夫餘、句驪、百濟開國之事，相似太甚。其實爲一事可知。《後漢書·夫餘傳》:“初北夷索離國王出行。其侍兒於後姙身。王還,欲殺之,侍兒曰:前見天上有氣,大如雞子,來降我,因以有身。王囚之。後遂生男。王令置於豕牢。豕以口氣噓之,不死。復徙於馬蘭。馬亦如之。王以爲神,乃聽母收養。名曰東明。東明長而善射。王忌其猛,復欲殺之。東明奔走。南至掩淲水。以弓擊水,魚鼈皆聚浮水上。東明乘之得度。因至夫餘而王之焉。”《三國志》注引《魏略》略同,蓋《後書》所本。而《魏書》述百濟開國事,又與此大同。皆即高句驪東明聖王事也。索離,注云:“索一作槖。”槖疑櫜之誤,櫜離,即高麗也。高句驪謂城曰溝婁。頗疑句驪二字,亦溝婁異譯。高句驪,猶言高氏城耳。蓋濊貉種落,散處遼東塞外,各自興起者耳。《三國志·高句麗傳》:“東夷舊語,以爲夫餘别種。言語諸事,多與夫餘同。其性氣衣服有異。”《東沃沮傳》:“其言語與句驪大同,時時小異。食飲居處,衣服禮節,有似句驪。”於北沃沮云:“其俗南北皆同。”於濊云:“其耆老自謂與句驪同種。言語法俗,大抵與句驪同。衣服有異。”皆足徵此諸國之爲同族也。

至其地,則跨今奉吉二省及朝鮮境。《志》稱夫餘在長城之北,去玄菟千里。南與高句驪,東與挹婁,西與鮮卑接。北有弱水。方可二千里。“多山陵,於東夷之域,最爲平敞。”蓋今吉林西境。弱水,今松花江也。高句麗:“在遼東之東千里。南與朝鮮、濊貉,東與沃沮,北與夫餘接。都於丸都之下。此丸都爲山名。方可二千里。多大山深谷,無原澤。隨山谷以爲居。食澗水,無良田。雖力佃作,不足以實口腹。”丸都,今輯安,高句驪之地,蓋跨鴨绿江上游兩岸,今遼寧東南境,朝鮮平安道北境也。《後書》:“句驪,一名貉耳。”《三國志》:“句驪作國,依大水而居。西安平縣北有小水,南流入海。句驪别種,依小水作國。因名之爲小水貊。出好弓,所謂貉弓是也。”案西安平,在今安東縣境。東沃沮,“在高句驪蓋馬大山之東。濱大海而居。其地形,東北狹,西南長,可千里。北與挹婁、夫餘,南與濊貉接。其土地肥美,背山向海。宜五穀,善田種”。蓋馬大山,蓋今平安、咸鏡兩道間之山。東沃沮,在今咸鏡道境也。北沃沮,“一名置溝婁。去南沃沮八百餘里。與挹婁接”。案漢武滅朝鮮,以沃沮地爲玄菟郡。郡治在今咸興附近。此所云相去八百里者,當自玄菟郡治計之。則在今咸鏡道極北境矣。《滿洲源流考》云:“沃沮,即窩集轉音。”案沃沮人久知農作。且句驪名城曰溝婁,而北沃沮一名置溝婁,則已有城矣,非復林木中人民也。大抵研究四夷事,專據音譯附會,最不足信。清人自謂能知北族之語,於舊譯輒好妄改,或加解釋。姑無論北族言語,不皆同於滿洲。即女真確與滿洲同族,其語亦有今古之異,地域之殊,安得輒武斷邪?其繆誤百出宜矣。濊,“南與辰韓,北與高句驪沃沮接。東窮大海,西至樂浪”。今江原道之地。此濊亦稱東濊,又曰不耐濊,蓋所以别於遼東北面之濊也。《三國志》又云:“自單單大嶺以西,屬樂浪。自嶺以東七縣,都尉主之。皆以濊爲民。”案單單大嶺,今江原及京畿黄海兩道間之山。凡此皆貉族散布之區也。以上釋地,略據朝鮮人金于霖所撰《韓國小史》。諸國地理，皆據《三國志》。《後書》亦大同。

貉介鮮卑、肅慎間，兩族文明程度皆淺，而貉族程度獨高。果何所受之哉？則不得不泝其原於箕子。箕子立國朝鮮，昔人皆以爲即今朝鮮之地。近始有疑之者。謂箕子初封，當在廣寧附近。予謂朝鮮初地，究在何處，殆難質言。然必不在今朝鮮境，度其大較，當在燕之東北，與貉雜居。或竟以貉爲民。貉族文化，多同於殷，蓋自箕氏有國以來所漸染，非待北燕拓境，然後受之也。朝鮮古籍，經衛滿之亂，悉亡佚。三國史籍，高句麗、百濟之滅，亦俄空焉。或曰：李勣焚之。故彼國史自三國以前，實不盡可信。惟較之我國所傳，究屬詳備。今姑據之，述朝鮮及貉族諸國興亡大略如下。不過我國《竹書紀年》、《帝王世紀》之倫耳。

新羅僧無極，撰《東事古記》，云："中國唐堯時，有檀君者，立國於今平壤，號曰朝鮮。言東方之地，受朝日光鮮也。子解夫婁，與於塗山之會。傳國至商武丁時乃絶。或曰：北徙而爲濊也。"其説殊不可據。

箕氏世系事跡，見於鮮于氏奇氏譜牒。據譜牒所載："箕氏凡五十三王。其第五十一世曰元王勳者，有别子三：曰友平，其後爲鮮于氏。曰友誠，其後爲奇氏。曰友諒，其後爲韓氏云。"説亦未必可信。今姑擷其大要如下：其略曰："武王克殷，箕子恥臣周，走之朝鮮，今平壤也。殷民從之者五千人，詩書禮樂及百工之具皆備。周人因而封之。箕子不受。子松，始受周命爲朝鮮侯。亦曰韓侯。韓，方言大也。詩所謂王錫韓侯者，即其後也。箕子十八傳至貞敬王闕。其十三年，當周桓王十年。饑，使通齊魯語者，泛海買米。二十世曰孝宗王存。使上大夫鮮于益聘於齊。齊行人公孫恪來聘。有伯一清者，自言周人。得軒轅氏之術，能煉丹長生。以訪東海神山，浮海至朝鮮。羣臣請試其術。不許。太子孝信之。王卒，孝立，是爲天老王。以一清爲國師。築求仙臺於紇骨山，高五百尺。以修道故，傳位於子修道王襄。以一清爲國太師。使一清弟子盧龍，駕大船數十，入東海求神山。至竹島，遇風，舟盡覆。盧龍僅免。天老王及修道王，皆以服丹藥毒發卒。修道王子徽襄王邇立，誅一清及盧龍。二十七世曰英傑王黎。周敬王元年立。北胡入寇，自將伐之。拓地千里。北胡，或曰：即中國所謂東胡。或曰：實後世之靺鞨也。二十九世曰濟世王混。禁人民潛商齊魯者。三十二世曰赫聖王隲。燕僖公使來聘。卒，子和羅王諧立。六年，周安王二十二年。燕人侵邊郡，郡守苗春敗之。卒。子説文王賀立。五年，周顯王四年。燕將以二萬人侵遼西，上大夫衛文言敗之五道河。燕將移屯連雲島。造船筏，將渡海來襲。明年，文言又敗之。射殺其將。

餘衆遁還。卒，子慶順王華立。十二年，周顯王十九年。北胡酋厄尼車吉汗來朝。請共伐燕。下大夫申不死以兵二萬會之。北胡兵一千，共拔上谷。燕連年來侵，皆不得志。十九年，周顯王二十六年。請和，許之。卒，子嘉德王翊立。二十年，周顯王四十六年。燕稱王，亦稱王。追王箕子以下二十九世。卒，子三老王煜立。元年，周慎靚王五年。使大夫王霖如周。自箕子三十九世至章平王潤，大爲燕將秦開所敗，失地二千餘里。以潘滿韓爲界。未詳何地。北胡酋阿里當夫請助報燕，不許。北胡怨，不朝貢。自將伐之，敗還。卒，子宗統王杏立。王之世，服屬於秦，惟不與朝會。卒，子哀王準立。立二十年而秦滅漢興。二十七年，燕人衛滿，率千餘人來歸。封以故秦空地曰上下障者數百里。明年，漢惠帝元年。衛滿告王：漢兵十道至。請入衛，許之。滿遂襲王。王與戰，不勝。將左右宫人及餘衆數千浮海。攻馬韓，王之。都金馬郡，今全羅北道益山郡也。傳九世，爲百濟所滅。時王莽始建國元年。遺民保聚一隅，奉先王之祀者曰後馬韓。至建武時，降於新羅云。"其所記皆不近情理，僞跡顯然。然天下無可全然僞造之物，總必略有事實爲據。據之，亦可推想朝鮮古代之情形耳。

朝鮮初封，必不在今朝鮮之地，説已見前。其爲燕攘斥東走之跡不可徵；入今朝鮮後始居何地，亦不可考。《漢書》曰："始燕時嘗略屬真番、朝鮮，爲置吏築障。秦滅燕，屬遼東外徼。漢興，爲其遠，難守，復修遼東故塞，至浿水爲界。"真番，即後來漢武所置四郡之一。據朝鮮史家所考，地跨今鴨緑江。朝鮮乃平壤古名。浿水，今大同江也。然則燕時，遼東邊境，實較今中韓國界爲遠。宜《管子・輕重》，以"八千里之發，朝鮮與八千里之禺氏、吴越、昆侖之虚"並舉，以爲極遠之地矣。漢武既滅衛氏，以其地置真番、玄莬、樂浪、臨屯四郡。玄莬，今咸鏡南道。樂浪，今黄海、平安二道。臨屯，地在今漢江以北。自此至晉初，其地屬於中國爲郡縣者，蓋四百年焉。然距腹心之地太遠，實非實力所及。而貉族勢力，遂潛滋暗長於其間。至於典午分崩，紀綱失墜，而艮隅片土，遂不復隸中國之版圖焉。述其略，可以見中國遠馭之失，亦可以見貉族興起之跡也。

夫餘建國，舊説謂出北夷之國曰索離，其説之不可據，已述於前。《漢書・武帝紀》："元朔元年，東夷薉君南閭等口二十八萬降，爲蒼海郡。"數年而罷。夫餘，似即此等薉君之後裔也。據《後書》所載，夫餘之通中國，始於光武建武二十五年。歷後漢之世，朝貢時通，侵叛甚鮮。晉初猶修貢職。太康六年，乃爲鮮卑慕容廆所破。明年，護東夷校尉何龕送之復國。自是以後，紀載闕焉。日人某云:"《魏書·本紀》:太安三年,夫餘來貢。又《高句麗傳》有北至舊夫餘之語。舊夫餘,似對新夫餘言之。《魏書》高句麗四至,蓋得諸册封長壽王之李敖。長壽王初朝貢於魏,據《册府元龜》,事在太延元年。早於太安三年二十有二年。則太安時之夫餘,已非故土。傳又載正始間,文咨王上言,扶餘爲勿吉所逐,涉羅爲百濟所併,臣雲惟繼絶之義,悉遷於境内。《三國史記·高句麗紀》六,載文咨王三年,夫餘王及妻孥以國來降。蓋播遷後爲靺鞨所逼,降於句麗也。"夫餘建國,實在鮮卑、靺鞨之間,中國疆理以外。爲二夷所逼,遂至不能自立。遠不如句驪、百濟,久居中國郡縣之下,資其卵翼者,憑藉之優矣。《魏書·豆莫婁傳》,所載事跡,皆與《三國志·夫餘傳》同。蓋夫餘遺落,留居故土者。

朝鮮史籍,述句驪百濟開國事云:"夫餘王解夫婁,用其相河蘭弗之言,移都加葉原。地在今俄領沿海州。是爲東夫餘。王莽時,其王帶素,爲高句麗所攻殺。帶素季弟,率國人奔鴨渌谷。當在鴨渌江上流。立國於曷思水濱。無考。漢明帝永平十一年,其孫解都頭,降於高句驪。而東扶餘亡。解夫婁之東徙也,族人慕瀨,代主北國。慕瀨通於部酋河伯之女曰柳花,河伯以其無媒而從人,謫之太白山南優勃水上。太白山,即長白山,朝鮮人謂之白頭山。優勃水,無考。夫婁子金蛙,見而憐之。收置室中。若有日光,逐照其身。已而有娠。生子。七歲,自作弓矢,射無不中。夫餘人謂善射者曰朱蒙,因名焉。金蛙七子,技皆不及朱蒙。忌欲殺之。柳花知之,以語朱蒙。朱蒙南走,至忽本,亦作卒本。今遼天興京縣境。攘斥靺鞨而立國。國號高句麗,以高爲氏。都沸流山上。沸流水,即今佟家江支流富爾溝,山當在其附近。時漢宣帝神爵四年也。是爲東明聖王。《東事古記》,永樂大王碑皆作鄒牟王。鄒牟即朱蒙音轉也。卒,子琉璃明王類利立。琉璃,亦即類利轉音。永樂大王碑作朱留王。初北夫餘王優台,娶忽本人延陀勃女,曰召西奴。生二子,曰沸流,曰温祚。優台死,召西奴歸於東明王。撫二子如已出。類利立,沸流兄弟鬱鬱,自視如贅疣,與其臣十人南走。百姓多從之者。至漢山,登貝兒岳,今漢城附近之山。以望可居之地。沸流欲居海濱。十臣諫,不聽。乃分其民就彌鄒忽。今仁川。温祚止北漢山下,樹柵以居,是爲北慰禮城。今漢城東北。以十臣爲輔,號曰十濟。後又以百姓樂從,改號百濟。以先世出於夫餘,遂以爲氏。時漢成帝鴻嘉三年。沸流居彌鄒忽,土濕水鹹,不能奠其民。來視百濟,都邑既定,人民安泰。慚恚而死。而百濟遂日盛。"與中國史所載,大同小異也。

句麗百濟建國之地,實在中國郡縣之内。蓋貉族酋豪,外隸中國,而内雄長其部落者,猶今日之土司耳。然漢族之於東北,實有鞭長莫及之勢。駕馭之力，日即陵夷。而貉族遂因之坐大焉。自漢武帝置四郡，至昭帝始元五年，而並臨屯於樂浪，真番於玄菟，以玄菟爲諸部所侵，徙治高句驪西北。朝鮮史家云："高句驪本古國名，漢因之置縣。地在遼水上源。"案此殆高句驪之舊國，尚在朱蒙都沸流以前者也。而析玄菟所領單單大嶺以東，沃沮，濊貉之地，悉屬樂浪。未幾，以樂浪土廣，分嶺東置二部。東部都尉治不耐，今永興。南部都尉治昭明。今春川。王莽之世，發句驪人伐匈奴。句驪不欲，多亡出塞爲寇盜。光武建武六年，省東部都尉，棄嶺東之地。因其土俗，悉封濊貉豪右爲縣侯。令歲時詣樂浪朝貢。二十年，渡海，復樂浪都尉。復取薩水以南。薩水，今清川江。後漢之世，句麗與中國屢構兵。及公孫氏守遼東，而形勢乃一變。獻帝建安九年，公孫康分屯有、即臨屯。有鹽今延安。以南之地，爲帶方郡。今臨津江，古名帶水。帶方郡之地，大抵在臨津江北。百濟、日本，皆屬焉。公孫氏亡，魏以劉昕爲帶方太守，鮮于嗣爲樂浪太守。時薩水之道，爲句麗所阻。二人浮海往定之。明帝景初七年，樂浪太守劉茂，帶方太守弓遵伐嶺東濊，降之。明年，幽州刺史毌丘儉，與茂、遵伐句驪，入丸都。琉璃明王徙治國内。八傳至山上延優，築丸都，徙都之。句驪東川王名優位居，山上王子。徙治平壤。晉初，句驪屢侵樂浪、帶方，晉將張統戰敗，奔慕容廆。故國原王釗，東川王四傳。復居丸都，兵力復及馬訾水矣。鴨緑江古名。成帝延康八年，平州刺史慕容廆伐句麗。入丸都。虜釗母妻。發釗父墓，載其尸歸。釗卑詞請和，納質奉貢，乃還之。句麗復去丸都，居平壤。又四傳至廣開土王談德，南服百濟，乘慕容氏之亡，盡取遼東。遂爲東北方大國矣。

漢魏而後，朝鮮半島，大國有三：在北者爲句驪、百濟，在南者則新羅也。新羅、百濟，與日本皆有關係。後漢獻帝時，熊襲叛日本，新羅嘗助之。日本神功皇后，越海伐新羅。新羅請和。日人遂置任那府於弁韓故地。今慶尚道洛東江以西。與新羅時構釁隙。句驪之爲慕容氏所破也，絶意於北，專務南侵。新羅、百濟，嘗聯合以禦之。自宋元嘉至梁天監，殆百年。天監而後，新羅日强。既攻取任那，遂思滅百濟以拓土。與句驪聯合攻之。百濟懼，請成於句驪。句驪疾新羅之强，背盟與百濟合。日本亦時出兵攻新羅。新羅勢孤，不得不乞援於中國。此隋唐之際東北方之形勢也。

句驪自併遼東後，事中國頗不謹。拓跋氏之世，即有違言。隋煬帝三伐之而無功。唐太宗自將征之，亦不克。至高宗世，乃與百濟俱爲中國所滅焉。於時朝鮮半島，僅存新羅一國。唐所併句驪、百濟之地，皆分置都督府州，設安東都護府於平壤以統之。而新羅嗾百濟餘衆叛唐，因之略其地。咸亨元年，安東都護府内徙遼東。玄宗時，遂盡棄浿水以外。於是朝鮮半島，唐室無復寸土。然新羅疆理，亦僅及浿水。浿水以北，大都爲渤海所有。渤海亡，靺鞨復據之。高麗王氏之初，以薩水爲界，其後稍度薩水而北。契丹聖宗伐高麗，高麗徐熙禦却之。遂築六城於今平安北道境。後復築長城，起鴨緑江入海處，東傅今咸興府以南海口，以攘斥女真。金之初興，來侵。高麗擊破之。於今吉州一帶築城九，女真卑辭請和，乃以九城還之。西北境與女真，以鴨渌江爲界。鴨江爲中韓界水，始此。契丹之與高麗構兵，契丹頗不利。然高麗亦困弊，卒稱藩納貢以和。女真本臣屬高麗。宋徽宗政和七年，既破遼，遣使通好，始自稱兄。後又渡鴨渌江，取保州。今義州。交涉多年，高麗卒以事遼者事之。乃歸以保州。元人初起，因討契丹遺族，闌入高麗境，約爲兄弟之國。後蒙使歸，渡鴨緑江，爲盗所殺。蒙人疑高麗所爲，釁端始構。遂致兵争。高麗不能禦。其國人又多據地附蒙者。卒至國主廢立，操於蒙古之手。蒙人且時於其地設行省焉。蓋自遼、金、元之興，而高麗恆爲所弱。其原因，實由新羅不能正句麗、百濟舊壤，猶之越滅吴而不能正淮泗之境也。勇夫重閉，守在四夷，豈非百代之龜鑑哉？

貉介鮮卑、肅慎間。二族之文明程度皆低，而貉族獨高。謂其自然發生邪？則其所處之地，與二族無異也。謂其與燕雜處，有所受之邪？則鮮卑、肅慎，亦未嘗不與燕雜處也。今觀諸國政教風俗，多極類中國。又有可證其出於殷者。如祭天以殷正月及尚白之類。則朝鮮古國，必以貉爲民可知矣。然則貉族古俗，不徒可見其族開化之跡，並可徵殷之遺制也。

《孟子》稱貉之道二十取一，則其俗已久進爲耕農，而史稱，夫餘“水旱不調，五穀不熟，輒歸咎於王，或言當易，或言當殺”。此人主有過，謫見於天實行之制。中國古者，豈亦如是？至後世，乃移其責於三公邪？王而可易可殺，則貴戚易位，粥拳兵諫，不爲異聞；而伊周之事，尤不足爲怪矣。諸國政制，亦有異同。有有王者，有無王者。其有王者，如夫餘、句驪、百濟是也，其無王者，如東沃沮，“有邑落長帥而無大君主”是也。夫餘“以六畜名官，有馬加，猪加，狗加等。其邑落皆分屬諸加。大者數千家，小者數百家”。蓋古采邑之制。“有敵，諸加自戰，下户儋糧飲食之。”猶可見古者士與民之别。句驪“大加不佃作，坐食者萬餘口。下户遠儋米糧魚鹽供給之”。此則所謂“治人者食於人”，禄以代耕之制所由昉也。

諸族用刑，皆極嚴急。夫餘之法：“殺人者死。又没入其家爲奴婢。盜一，責十二。男女淫，婦人妬，皆殺之。尤憎妬婦。既殺，復尸之國南山上，至腐爛。女家欲得，輸牛馬，乃與之。”句驪：“無牢獄，有罪，諸加評議，重者便殺之。没入妻子爲奴婢。反逆者縛之於柱，爇而斬之，籍没其家。盗則償十倍。"百濟："退軍及殺人者皆斬。盗者流，其贓，兩倍徵之。婦犯姦，没入夫家爲奴婢。"均失之於嚴酷。豈殷代刑法，本甚峻急歟？

其兵，性質强悍，長於步戰。而其好寇鈔與否，則視其所居之地而殊。史稱夫餘之人，"麤大强勇，而謹厚，不爲寇鈔"；而高句驪之人，則以"凶急，有氣力，習戰鬬，好寇鈔"聞；其地之肥瘠異也。東沃沮之人，"性質强勇，便持矛步戰"。濊人亦"少寇盗，能步戰"。蓋諸國，皆處山險，車騎非所尚也。其械器亦頗修飭。如夫餘"以弓、矢、刀、矛爲兵，家家自有鎧仗"。句驪别種小水貉，出好弓，謂之貉弓。濊人又能作矛，"長三丈，數人共持之"。已非淺演之羣所能逮矣。

史稱濊人"知種麻，養蠶，作緜布。曉候星宿。豫知年歲豐約"。則其進於耕農，爲時已久。又稱夫餘"以員柵爲城，有宫室、倉庫、牢獄"。高句驪之俗，"節於飲食，而好修宫室"。則又非《孟子》所稱"無城郭宫室"之舊矣。

其喪祭之俗，最與中國類。史稱夫餘："以殷正月此從《三國志》，《後書》作臘月。祭天。大會連日，飲食歌舞，名曰迎鼓。是時斷刑獄，解囚徒。有軍事，亦祭天，以蹏占其吉凶。"句驪："好祠鬼神、社稷、靈星。以十月祭天大會，名曰東盟。疑即東明，謂以東明聖王配天也。其國東有大穴，號隧神，亦以十月迎而祭之。"濊："常用十月祭天，晝夜飲酒歌舞，名之爲舞天。又祠虎以爲神。多所忌諱。疾病死亡，輒捐棄舊宅，更造新居。"馬韓："常以五月田竟祭鬼神。晝夜酒會，羣聚歌舞。舞輒數十人相隨，蹋地爲節。十月農功畢，亦如之。諸國邑各以一人主祭天神，號爲天君。又立蘇塗，注"《魏志》曰：諸國各有别邑，爲蘇塗。"建大木，懸鈴鼓，以事鬼神。"以上據《後漢書》。百濟："以四仲月祭天及五帝之神。立始祖仇台之廟於國城，歲四祠之。"《魏書》。此其祭禮之類中國者也。夫餘："喪皆用冰。殺人殉葬，多者以百數。有棺無槨，停喪五月，以久爲榮。其祭亡者，有生，有熟。喪主不欲速，而他人强之。常諍引，以此爲節。居喪，男女皆純白。婦人著布面衣。去環珮。大體與中國相彷彿。"東沃沮之葬："作大木槨，長十餘丈。開一頭爲户。新死者，先假埋之。才使覆形。皮肉盡，乃取骨置槨中。家人皆共一槨。刻木如生形。隨死者爲數。又有瓦鑩，置米其中，遍懸之於槨户邊。"此似異俗，非殷遺。至如高句驪："死者殯在屋内，經三年，擇吉日而葬。居父母及夫喪，服皆三年。兄弟三月。初終哭泣，葬則鼓舞作樂以送之。埋訖，取死者生時服玩車馬，置於墓側，會葬者争取而去。""積石爲封，亦種松柏。"則頗與中國類矣。貉俗好厚葬。史稱句驪"婚嫁已畢，便稍營送終之具”。“金銀財幣，盡於厚葬”。馬韓亦“牛馬盡於送死”，以致“不知騎乘”。蓋厚葬本中國舊俗。經儒墨諸家之非議，乃漸革除者也。夫餘之王，葬用玉匣。“漢朝常豫以付玄莬郡，王死則迎取以葬。”亦其好厚葬之一徵也。

其婚姻，亦頗類中國古俗。史稱夫餘、句驪，皆兄死妻嫂，與匈奴同俗。案此亦中國古俗，第二章已論之。《三國志》謂句驪：“作婚姻，言語已定。女家作小屋於大屋後，名壻屋。壻暮至女家户外，自名跪拜，乞得就女宿。如是者再三。女父母乃聽，使就小屋中宿。至生子已長大，乃將婦歸家。”此蓋女系時代，男子就婚於女氏之遺俗。贅壻之制，亦由是而起也。《魏書》稱句驪婚嫁，“男女相悦，即爲之。男家送猪酒而已，無財聘之禮。有受財者，人共恥之，以爲賣婢”。而《魏略》載東沃沮嫁娶之法：“女年十歲，已相説許。壻家迎之，長養以爲婦。至成人，更還女家。女家責錢。錢畢，乃復還壻。”則其俗適相反，俗固隨地而殊也。《魏書》謂句驪：“俗多游女，夫無常人”，蓋即女閭之制。

中國古俗，本好歌舞。禮稱：“君子無故不去琴瑟。”又曰：“鄰有喪，舂不相。里有殯，不巷歌。”《論語》謂：“子於是日哭，則不歌。”可見歌舞習爲常事。古代禮樂之盛，蓋亦以此。《後書・夫餘傳》，謂其“行人好歌吟，無晝夜，音聲不絶”。《三國志・句驪傳》：“民好歌舞，國中邑落，暮夜男女羣聚，相就歌戲。”得毋亦殷之故俗歟？此外諸國禮俗，與中國類者，蓋尚不少。《後書・東夷傳》總敍之曰：“東夷率皆土著，喜飲酒歌舞，或冠弁衣錦，器用俎豆。”《夫餘傳》：“其食飲用俎豆。會同，拜爵洗爵，揖讓升降。”《高句驪傳》：“其公會，衣服皆錦繡金銀以自飾。大加主簿，皆著幘，如冠幘而無後。其小加，著折風，形如弁。”夫其服食器用，相類如此，其必有所受之，無可疑矣，而夫餘“在國中衣尚白，出國乃尚繒繡錦罽”，尤足爲出於有殷之證也。

以上所述，爲貉族古俗。貉族傳受中國文化，當分三期。古代文化，蓋受諸箕氏，此一期也。東晉簡文帝咸安二年，苻堅使送浮屠順道及佛像經文於句驪。未幾，僧阿道繼至。是爲佛教入句驪之始。閲五六十年，而自句驪傳入新羅。孝武帝太元九年，胡僧摩羅難陁自東晉入百濟。百濟枕流王迎之宫内。明年，立佛寺於漢山，度僧十人。是爲佛教入百濟之始。據金于霖《韓國小史》。新羅之世，佛教大盛。新羅立國制度，一切以唐爲模範。然民間風氣，咸習於佛。論者謂是時之新羅，以制度論則儒，以風俗論則佛也。此第二期也。元時，宋學始傳入。至李朝而大盛，李朝太宗，修飭内治，有海東堯舜之稱。世宗建藏書閣，勑文臣編撰書籍，作雅樂，正曆象，製測雨器，歐洲測雨器，成於一千六百三十九年。後於朝鮮約二百年。造新字，朝鮮活字，創於太宗三年，即明永樂元年。歐洲活字，創於一千四百五十年，即明景泰元年。亦較朝鮮爲後。一切文化，燦然可觀。此第三期也。朝鮮當元時，薙髮易服，幾舉國同化於胡。然卒能自振拔，洗腥羶之習，而沐浴中國之文明，可謂難矣。不幸其尚文治而忽武功，逞意氣而好黨争，亦與宋人類。至釀成近世之局面，卒爲東鄰所吞噬，亦可哀矣。然宗尚中華，感恩向化，列國中無如朝鮮者。清之興，朝鮮嘗助明以掎之。後以力不能敵，至於稱臣。然心終右明。清太宗徵其兵以伐明。朝鮮曰："明吾父也，父可伐乎?"至再爲清兵所蹂躪而不悔。清人既入關，朝鮮孝宗，猶訓卒厲兵，欲伺其後。以清勢方盛，賫志而殂。子顯宗立，庸懦無能。吴三桂舉兵時，朝鮮士人羅碩佐，三上萬言書，請追先朝薪膽之志。不報。蓋至是而孝宗之志荒矣。然懷明之念終不忘。肅宗築大報壇，以太牢祀神宗。英祖時，又增祀太祖及思宗焉。模刻明成化所賜印，爲子孫嗣位之寶。正祖輯《尊周彙編》，三致尊攘之意。終李朝，未嘗用清年號，奉其正朔。烏乎！以數千年之史籍觀之，中國之於朝鮮，誠猶長兄之於鞠子也。"死喪之威，兄弟孔懷"，而今中國之於朝鮮何如哉?

東方諸族，能傳中國之文明者，固當以貉族爲第一。抑貉族之功績，尚有大足自豪者，則以予所考，發見新世界者，實當以貉族爲首是也。案《宋書·四裔傳》載："文身國，在倭東北七千餘里。大漢國，在文身國東五千餘里。扶桑國，在大漢國東二萬餘里。"其道里雖不可信，而其國則必在今南北美洲。文身、大漢，皆係粵族，别見第九章。扶桑國之事跡，得諸其國沙門慧深所述。其言云："其國法有南北獄。犯輕罪者入南獄，重罪者入北獄。有赦，則放南獄，不放北獄。在北獄者，男女相配；生男，八歲爲奴。生女，九歲爲婢。犯罪之身，至死不出。貴人有罪，國人共會，坐罪人於坑，對之宴飲，分訣若死别焉。以灰繞之；其一重，則一身屏退；二重則及子孫；三重則及七世。名國王爲乙祁。貴人：第一者爲對盧，第二者爲小對盧，第三者爲納咄沙。國王行，有鼓角導從。其衣色，隨年改易：甲乙年青，丙丁年赤，戊己年黄，庚辛年白，壬癸年黑。其地無鐵有銅，不貴金銀。市無租估。其婚姻：壻往女家門外作屋，晨夕洒掃。經年而女不悦，即驅之。相悦，乃成婚。婚禮大抵與中國同。親喪，七日不食。祖父母喪，五日不食。兄弟伯叔姑姊妹，三日不食。設坐爲神象，朝夕拜奠；不制衰絰。嗣王立，三年不親國事。"近人或以此爲漢族古代早居西半球之徵。予案乙祁、對盧之名，皆與高句麗同。而壻往女家門外作屋，亦與句麗壻屋之制相類。扶桑必貉人之浮海而東者矣。衣色隨時改易，月令即然，但非隨年耳。

附録一　貉族發見西半球説

近人《法顯發見西半球説》云:"《法顯佛國記》云：弘始二年，歲在己亥，與慧景、道整、慧應、慧嵬等同契至天竺尋求戒律。初發長安，六年，到中印國。停經六年，到師子國。同行紛披，或留或亡。即載商人大舶上，可有二百餘人。得好信風。東下。三日，便直大風，舶漏水入。商人大怖，命在須臾。如是大風，晝夜十三日，到一島邊。潮退之後，見船漏處，即補塞之。於是復前。大海瀰漫無邊，不識東西；惟望日月星宿而進。若陰雨時，爲逐風去，亦無所準。當夜闇時，但見大浪相搏，怳若火色。商人荒遽，不知那向。海深無底，又無下石住處。至天明已，乃知東西，還復望正而進。若直伏日，則無活路。如是九十許日，乃到一國，名耶婆提，其國外道婆羅門興盛，佛法無足言。停此國五月日，復隨他商人大船，亦二百許人；齎五十日糧。以四月十六日發，東北行趣廣州。一月餘日，夜鼓二時，遇黑風暴雨，於是天多連陰，海師相望僻誤，遂經七十餘日。即便西北行求岸。晝夜十二日，到長廣郡界牢山南岸。得好水菜，知是漢地。或言未至廣州，或言已過，莫知所定。即乘小舶，入浦覓人，得兩獵人，即將歸；令法顯譯語問之，答言此是青州長廣郡界，統屬晉家。是歲晉義熙十二年矣。案師子國，即今錫蘭。本欲自錫蘭東歸廣州，乃反爲風所播，東向耶婆提國。耶婆提者，以今對音擬之，即南美耶科陁爾國；直墨西哥南，而東濱太平洋。科音作婆者，六代人婆和兩音多相溷；如婆藪槃豆，一譯作和修槃頭，是其證。耶婆提，正音作耶和提，明即耶科陀爾矣。世傳墨西哥舊爲大國，幅員至廣；則耶科陁爾，當時爲墨西哥屬地無疑。所以知耶科提必在美洲，非南洋羣島者，自師子國還向廣州，爲期不過四十六日。據《唐書·地理志》。故法顯失道，商舶亦齎五十日糧。今遭大風，晝夜十三日，始至一島；又九十日而至一國；合前三日計之，已得一百六日；是東行倍程可知。況南洋師子國，途次悉有洲島；當時帆船，皆傍海岸而行，未有直放大洋者。今言海深無底，不可下石；而九十日中，又不見附海島嶼；明陷入太平洋中，非南洋羣島。逮至耶婆提國，猶不知爲西半球，復向東北取道；又行百餘日，始折而西。夫自美洲東行，又百許日，則還繞大西洋而歸矣。當時海師，不了地體渾圓，惟向東方求徑，還繞太西；進行既久，乃軼青州海岸之東；始向西北折行；十二日方達牢山；是顯非特發見美洲，又還繞地球一周也。然據《佛國記》言：耶婆提國，已先有婆羅門，特無佛法；則法顯以前，必有印度人遇風漂播至此者;故婆羅門教得傳其地。又觀美洲山脈,横貫南北者,在北美曰落迦,南美曰昂底斯。落迦本印度稱山之語,如補陀落迦、咀落迦、彈落迴、竭地落迦是也。落迦岡底斯爲西藏大山,即葱嶺所自起。美之山脈,莫長於昂底斯,正與葱嶺等,明昂底斯亦即岡底斯音轉。斯皆以梵語命山,益明婆羅門曾先至美洲;特以姓名不著,而尸其名者獨在法顯;斯可爲梵國前哲悲,亦爲漢土尊宿幸矣。”予案觀《宋書·四裔傳》,則知印人浮海而東者,自古即極多。婆羅門之先至美洲,非必如原文所云,出於遇風漂播;特其與貉族之至美洲,孰爲先後,則尚不可知耳。

近人《異聞録》云:“《山海經·海外東經》言:湯谷上有扶桑,十日所浴。《淮南子·天文訓》言:日出於湯谷,浴於咸池,拂於扶桑。此皆悠謬之談。然《梁書》確有扶桑國。齊永元元年,其國有沙門慧深,來至荆州。云扶桑在大漢國東二萬餘里。近西人諾哀曼(Nenmann),推度其地,謂即美洲墨西哥。此説未知確否。特墨西哥建國甚早,與閩粤沿海諸地,同一緯綫,中隔太平洋,在齊梁時,非不能與中華交通。《梁書》言扶桑國多扶桑,故以爲名。扶桑葉似桐,而初生如筍。績其皮爲布,以爲衣,亦以爲棉。其文字以扶桑皮爲紙。今考墨西哥特産之植物,則有摩伽(Magney)。其學名曰 Agave Americana。土人亦名百歲花,謂經百歲始一花。其物多纖維。古時墨西哥象形文字,皆書於摩伽葉。此猶印度之貝葉,埃及之巴比利葉。若遽謂摩伽即梁時之扶桑,恐亦近於附會。但齊、梁時由中國東行二萬餘里,果有文物之國,則除墨西哥外,實無地以當之。此諾哀曼氏所以疑扶桑爲墨西哥也。近世落花生,本來自南美之巴西,而《福清縣志》言僧應元往扶桑覓種寄回,似亦以南美爲扶桑。或者古人知中國極東有美洲,因附會《山海經》,名曰扶桑也。”又近年外交部嘗咨教育部云:“據駐紐約總領事張祥麟呈稱:准美國亞拉斯加省前任總督函稱:本省前年掘土,發見古物二件:一係陶器。一係銅器。如能證明確係中國古物,則可徵實華人曾經發見美洲。乞查明示復等因。並附發現古物拍照四紙前來。職領檢閲《金石索》,内載形似泉幣一圖,其形恰與美人所發見之銅器相同;正面反面之摹本,亦無差異。該書注云:係唐代孫思邈《入山符》。惟未能釋明所載符文係何意義。此地書籍不備,無從研究。至所發現之陶器,因物未目覩,亦無從查考。兹特將照片四紙,隨呈附送。可否咨行教育部,將符文意義,查明見復,以憑轉復等情。相應檢同原送照片二紙,咨行貴部,查照核復,以憑轉知可也。”教育部復文云“查該項銅器,確係我國厭勝錢幣。《西清古鑑圖》録是錢,以其面有符文,定名爲符印錢;且謂文與孫思邈《入山符》略仿佛。《金石索》及《吉金所見録》等錢譜，均沿襲其説，而未詳其製作年代，及符文意義。本部辨其形制、圖象、筆意，當屬宋代道家作品。又查各項厭勝錢文，皆祈福避凶之作。是錢符文意義要不外此。一俟本部考有確證，再行詳復。至陶器形製，甚似我國宋、元時磁洗。惟有無磁釉，質地及色澤若何，該總領事既未目睹原器，原文亦未經注明，本部自未便臆斷爲何時器物也”云云。觀此，知華人至美洲，雖或在貉人印度人後，亦必在歐人之先矣。

第七章　肅　　慎

今所謂滿族，見於史籍最早者，當推肅慎。肅慎之名，見於《史記》之《五帝本紀》、《周本紀》、《孔子世家》；《大戴記·少閒篇》；《書序》；《周書·王會篇》；《左》昭九年；《國語·魯語》；及《説苑》、《家語》之《辨物篇》。《大戴記》之文，似與《五帝本紀》，同出一原。《孔子世家》之文，與《國語》大同。王肅造《家語》，蓋取諸此。即《書序》亦據此僞造，而後人更以竄入《周本紀》者也。

《五帝本紀》述舜之功云："方五千里，至於荒服。南撫交阯、北發，西戎析支、渠廋、氐羌，北山戎，發息慎，東長鳥夷。"《索隱》："北發，當云北户；南方有地名北户。又按《漢書》：北發是北方國名，今以北發爲南方之國，誤也，此文省略，四夷之名錯亂。西戎上少一西字。山戎下少一北字。長字下少一夷字。"《大戴記》則云："朔方幽都來服，南撫交阯。出入日月，莫不率俾。西王母來獻其白琯，粒食之民。昭然明視。民明教，通於四海。海之外：肅慎、北發、渠蒐、氐羌來服。"自"民明教"至"來服"二十字，下述禹、湯、文之功並同。案此兩文似皆有錯亂，然大意自同。所異者：《史記》以肅慎與山戎、北發並列，謂與交阯、北户、析支、渠廋、氐羌、鳥夷、長夷，同在荒服之外；《大戴記》則以交阯與朔方、幽都、西王母並舉，似視之較近；其與肅慎並列者，則少山戎之名；與之並舉，謂在海外者，亦少析支之名，並不舉東南二方而已。四海與荒服，似皆以大概言之，不能據昔人所言四海及五服遠近里數，以定其所在。《爾雅》："觚竹、北户、日下、西王母，謂之四荒。九夷、八狄、七戎、六蠻，謂之四海。"四荒在四海之外；而《王制》以雕題交趾爲南蠻；則交趾、北户，渾言之，同爲南方遠國；析言之，則交阯視北户爲近。山戎即戰國時之東胡，其所居之地，已見第二篇。北發不可考。《史記》舉三國之名，似係由近及遠；則《大戴記》不舉山戎，似即以朔方幽都當之，猶其於南方，近交阯而遠北户也。

如上所言，僅知肅慎更在山戎、北發之表，而不能確知其所在。《周書》以肅慎與穢人並列，穢人即貉族，已見前篇。貉族古代居地，雖未能確知；然據前篇所考，大約在北燕之東北。則史家以後世之挹婁靺鞨，在今松花江上游者，當古代之肅愼，似不爲過。然《左》昭九年，以肅愼與燕、亳並列，爲武王克商後之北土；與魏、駘、芮、岐、畢爲西土，蒲姑、商奄爲東土，巴、濮、楚、鄧爲南土並舉。遼東西之地，雖或以爲古代營州之域；然謂松花江上游，周初視之，與魏、駘、芮、岐、畢諸國相等，終嫌其儗不於倫。《孔子世家》"有隼集於陳廷而死，楛矢貫之；石砮，矢長尺有咫。陳湣公使使問仲尼。仲尼曰：隼來遠矣！此肅愼之矢也。昔武王克商，通道九夷八蠻，使各以其方賄來貢；使無忘職業。於是肅愼貢楛矢石砮，長尺有咫"云云。此文雖不言肅愼所在，而有楛矢石砮方物爲據；後世所謂挹婁、靺鞨者，其國固猶產此物；且猶以之爲貢；考古者遂以此爲古代肅愼。即在後世挹婁、靺鞨之地之誠證。然予謂此衹可證古代之肅愼，即爲後世挹婁、靺鞨其人，而不能證古代肅愼，必居後世挹婁、靺鞨之地。何者？楛木固隨處有之，石砮亦所在皆是；必指今長白山之木，中爲矢榦；松花江之石，中爲矢鏃；遂謂古代肅愼氏之楛矢石砮，必爲此物，固無解於武斷之譏也。閻百詩謂肅愼氏即今寧古塔。其地榆松枝枯，墮入混同江，化爲石，可作箭鏃。榆化者爲上，松化者次之。未免失之穿鑿。然則謂朝鮮、濊貉、肅愼，皆本居燕北，迨燕開五郡時，乃爲所攘斥而北走，雖書闕有間，若無誠證，而其理固有可信矣。《淮南・地形訓》："東北薄州曰隱土。"案薄、亳二字之互譌，已見第一篇附録《釋亳》。此所謂薄州，殆即左氏所謂"肅愼，燕，亳"者也。亦可見肅愼與燕相近。

然則何以知古代之肅愼，必即後世之挹婁、靺鞨其人也？此其證有二：挹婁、靺鞨外，後世更無用楛矢石砮之民，一也。漢時但有挹婁，而《晉書》云："肅愼，一名挹婁。"此必晉時挹婁人仍以肅愼之名自通。不然，則《晉書》當云挹婁古肅愼國，《魏書・勿吉傳》："舊肅愼國也。"舊字蓋指晉時言之，若指三代以前，則常用古字矣。不得云"肅愼一名挹婁"也。二也。晉時之肅愼，《魏書》稱爲勿吉；《隋書》、《唐書》作靺鞨；遼以後稱女真；至明末，乃有滿洲之稱。案《大金國志》云："金國，本名珠里真；後譌爲女真，或曰慮真。"宋劉忠恕亦稱金之姓爲朱里真。《滿洲源流考》云："北音讀肅爲須，須朱同韻；里真二字，合呼之音近愼；蓋即肅愼轉音。國初舊稱所屬曰珠申，亦即肅愼轉音也。"又案清人自稱其部族之名曰滿洲。據日本稻葉君山所考：《清朝全史》。則謂"清人在明時，部落之名，仍曰女真。其建號曰清以前，嘗自號其國曰金。至滿洲二字，則明人及朝鮮人，音譯皆作滿住；乃大酋之稱，既非國名，亦非部族名"。予案《魏書》：靺鞨之酋長，號大莫弗瞞咄；瞞咄即滿住之異譯。勿吉、靺鞨，似仍係瞞咄音差。此族人慣以酋長之稱自名其部族，而他人遂誤以稱酋長之詞，爲其部族之名，固古今一轍也。《滿洲源流考》又云:"挹婁二字,即今滿語之懿路,乃穴居之義。"然則挹婁者,他人以其穴居而名之;勿吉、靺鞨,則誤以酋長之稱爲部族之名;至其部族之名,則古曰肅慎,後世曰女真、慮真、珠里真、朱里真;清人則譯作珠申;亦即現在所謂索倫,固有異譯而無異語矣。

肅慎古代居地,蓋遍今黑龍江及其支流流域;而史言其地不同者,則其通中國有早晚耳。《後漢書》云:"挹婁,在夫餘東北千餘里。東濱大海,未知其北所極。"夫餘都城,在今農安縣附近;其疆域,則跨松花江而東。相去千餘里,蓋指夫餘都城,及挹婁諸部落中,與中國交通之部落計之,其地當在今吉林東境。東濱大海,則抵今俄領沿海州矣。《晉書》云:"在不咸山北,去夫餘可六十日行。東濱大海,北極弱水。"不咸山,今長白山;弱水,今松花江也。與嫩江會合後東流之松花江。《魏書》述勿吉使者乙力支之來云:"初發其國,乘船溯難河西上。至太瀰河,沈船於水,南出陸行。度洛孤水,從契丹西界達和龍。"又述自和龍至勿吉之路云:"自和龍北二百餘里,有善玉山。山北行十五日,至祁黎山。又北行七日,至如洛瓌水。水廣里餘。又北行十五日,至太魯水。又東北行十八日,到其國。國有大水,闊三里餘,名速末水。"難河,今嫩江。太瀰河,即太魯水,《北史》作太岳魯水。今洮兒河。洛孤水,即如洛瓌水,《北史》作洛瓌。今老哈河。速末水,《唐書》作粟末水,又作涑末江,今嫩江會口以上之松花江也。勿吉之地,蓋本夫餘所有。日本津田左右吉《勿吉考》云:"《魏書·高句麗傳》述其四至云:北至舊夫餘。蓋長壽王初通貢於魏時,魏封册使李敖所聞。長壽王之初貢魏,事在太延元年;據《册府元龜》。云北至舊夫餘,則斯時高句麗之北方,尚不知有所謂勿吉。而乙力支之來朝,自云其國先破高句麗十落,密共百濟謀,從水道并力取高句麗。據《册府元龜》,勿吉之初通魏,事在延興五年,上距太延元年凡四十年;是時勿吉既與高句麗接界;則勿吉之强,蓋在此四十年中。夫餘舊土,遂爲所并也。"文咨王時降於高句麗之夫餘王,津田氏謂在渾河流域,所謂新夫餘也。予案《晉書》謂肅慎"自漢以後,臣服夫餘,故雖以秦漢之盛,莫之致焉"。則勿吉之地,蓋本肅慎氏故土。夫餘强時,夷爲其屬,故不能以名自通。迨夫餘王室,自今長春附近,南遷渾河之濱;故居其地之肅慎人,乃日漸强盛;終至以勿吉之名,自通於上國。非必魏時勿吉之地,故爲貉人所居,夫餘既衰,肅慎乃從而據之也。其漢時所謂挹婁,晉時所謂肅慎,則在夫餘東界之外;縱或服屬,未嘗繫籍而爲之民,故仍能以名自聞焉。降及隋時,其種人與中國通者愈多。《隋書》記其部落,大者有七:"曰粟末部,居最南,與高麗接。曰伯咄部,《唐書》、《五代史》均作汨咄。居粟末北。曰安車骨部,居伯咄東北。曰拂涅部，居伯咄東。曰號室部，居拂涅東。曰黑水部，居安車骨西北。曰白山部，居粟末東南。”粟末部，津田氏謂即魏時之勿吉，以地理徵之，良是。蓋魏時通中國者，惟此一部，不煩分别；隋時聞於中國者多，乃以粟末别稱之也。白山，今長白山。黑水，亦今松花江。此水上源稱粟末，會嫩江東折後，蓋漢魏時稱弱水，隋唐時稱黑水，《唐書》述靺鞨諸部惟無號室之名；餘六部名及地望，皆與《隋書》同；而曰“部間遠者三四百里，近者二百里”；核其道里，斷不得至今黑龍江。《金史》云：“女直之地，有混同江、長白山。混同江，亦號黑龍江；所謂白山黑水者也。”語極明白。清人以敖嫩克魯倫爲黑龍江上源，不自知其與古不同，而轉疑往史之言爲誤，可謂僨矣。《唐書》於六部之外又云：“黑水西北有思慕部。益北行十日，得郡利部。東北行十日，得窟説部。稍東南行，十日，得莫曳皆部。又有拂涅、亦稱大拂涅。虞婁、越喜、鐵利等部。《通考》：“渤海以越喜故地爲懷遠府。”《遼史》：東京韓州，“本渤海越喜縣也”。又銀州新興軍，“本故越喜國城”。又東京信州，“本越喜故城。地鄰高麗”。《金史》：韓州柳河縣，“本粵喜縣地”。案渤海懷遠府，遼金元皆爲信州，在今寧安附近。遼韓州，在今開原之北。銀州，今鐵嶺也。《通考》又云：“渤海以鐵利故地爲鐵利府，故鐵驪國地。”案渤海鐵利府，當在今圖們江北岸。拂涅、鐵利、虞婁、越喜，時時通中國；而郡利、窟越、莫曳皆，不能自通。白山本臣高麗；唐師取平壤，其衆多入唐。汨咄、安車骨等浸微，無聞焉。惟黑水完强，分十六落，跨水稱南北部。”此即後來之金人也。

靺鞨之衆，距中國遠，而近朝鮮，故其興起，恆爲近於朝鮮之部落；前之渤海，後之女真皆是也。渤海之興，《新舊唐書》記載互異。《舊書》云：“大祚榮者，本高麗别種也。高麗既滅，祚榮率家屬徙居營州。萬歲通天中，契丹李盡忠反叛，祚榮與靺鞨乞四比羽，各領亡命東奔，保阻以自固。盡忠既死，則天命右玉鈐衛大將軍李楷固率兵討其餘黨。先破斬乞四比羽。又度天門嶺以迫。祚榮合高麗、靺鞨之衆以拒楷固，王師大敗，楷固脱身而還。屬契丹及奚，盡降突厥，道路阻絶，則天不能討。祚榮遂率其衆，東保桂婁之故地；據東牟山，築城以居之。”《新書》則云：“渤海，本粟末靺鞨附高麗者，姓大氏。高麗滅，率衆保挹婁之東牟山。地直營州東二千里。南北新羅，以泥河今江陵北之泥川水。爲境；東窮海；西契丹。築城郭以居。高麗逋殘稍歸之。萬歲通天中，契丹盡忠殺營州都督趙翽反。有舍利乞乞仲象者，與靺鞨酋乞四比羽及高麗餘種東走，度遼水，保太白山之東北，阻奥婁河，樹壁自固。武后封乞四比羽爲許國公，乞乞仲象爲震國公，赦其罪。比羽不受命。后詔玉鈐衛大將軍李楷固，中郎將索仇擊斬之。是時仲象已死，其子祚榮，引殘痍遁去。楷固窮躡，度天門嶺。祚榮因高麗靺鞨兵拒楷固，楷固敗還。於是契丹附突厥，王師道絶，不克討。祚榮即并比羽之衆；恃荒遠，乃建國"云云。案《新書》之文，顯係雜采衆書，以致複緟誤謬。自"渤海本粟末靺鞨"至"稍歸之"，蓋采自一書。此書僅言渤海興起之大略；而南北新羅十五字，則又誤以渤海盛時疆域，系之保據東牟山之時。自"萬歲通天中"以下，當又采自一書。此書言渤海興起之事較詳；然似又采他説補苴之，故又誤以"度遼水，保太白山之東北，阻奥婁河樹壁自固"之語，系之天門嶺戰前。其實奥婁即挹婁音差，桂婁或挹婁形譌。《舊書》所謂桂婁故地之東牟山，《新書》所謂挹婁之東牟山，及太白山東北之奥婁河，三者正自一地；乃祚榮既敗李楷固後所據，而與楷固戰前保阻自固之地，雖在營州之東，必不能至挹婁故地；《舊書》大致，自不誤也。《新書》稱其部爲粟末靺鞨，而《舊書》稱爲高麗别種。蓋以其久附句麗云然。《新書》謂祚榮承乞乞仲象之業，《舊書》謂身自創亂，亦無從定其孰誤。然二書皆稱乞四比羽爲比羽，則似乞四其姓，比羽其名。乞四二字，似仍乞乞音差；而大字又頗似據中國文義自定之姓氏。得毋乞乞仲象，爲其本來之氏名，而大祚榮三字，則其自定之漢名漢姓歟？

渤海傳國，凡十二世。其自立，在周聖曆二年。其亡，在後唐明宗天成三年。前後二百三十年。其疆域：有五京，十五府，六十二州。其遺址不可悉考。大約上京龍泉府，在今敦化縣附近。中京顯德府，在今吉林西南。西京鴨緑府，在今輯安縣境。東京龍原府，在今海參崴。南京南海府，在今朝鮮之咸興。其疆域：蓋包今吉林全省，奉天東邊道之半，朝鮮之咸鏡、平安二道，及俄領之沿海州；一切制度，無不模範中華；可謂海東盛國矣。其都城忽汗城，在今寧安南鏡泊上，所謂忽汗城臨忽汗海也。第三世文王欽茂，嘗徙上京，又移東京。第四世成王華嶼，還居上京。然契丹之滅渤海，爲時曾不浹月，何哉？《遼史·本紀》：太祖以天贊四年，閏十二月，丁巳，夜圍夫餘府。明年，正月，庚申，拔之。進攻忽汗城。渤海哀王禋譔，使老相將兵三萬拒戰，敗降。丙寅，圍城。己巳，禋譔請降。辛未，遂出降，前後僅十四日。夫餘府今農安縣。《隋書》述靺鞨七部勝兵之數：粟末部數千，伯咄七千，餘五部並不過三千；則幅員雖廣，户口不繁。門藝之諫武藝曰："昔高麗盛時，士三十萬；抗唐爲敵，可謂雄彊。唐兵一臨，掃地盡矣。今我衆比高麗，不過三之一，王將違之不可。"然則渤海國勢，尚乃不逮句麗，所以能傳世十二，歷年二百者，徒以突厥爲梗，道路阻塞；盛唐之師，不暇遠略；而自句麗、百濟，相繼覆亡，新羅北疆，僅及浿水；又其嗣世之主，奕世尚文；拓土朔垂，非其所欲故耳。契丹勃起，而禋譔之亡忽焉，固其宜矣。

然渤海疆域廣遠，又其種人風氣勁悍，諺曰：渤海三人敵一虎。故契丹雖用迅雷不及掩耳之勢，係其王而墟其國，而究不能盡服其人。金于霖《韓國小史》云：“渤海之亡，其民之歸高麗者無虚歲。距契丹遠者，往往自立稱王。”案其見於中國史者：有定安國，宋太祖開寶三年，其王烈萬華；太宗太平興國四年，其王烏玄明，皆遣使通表。又有琰府王，太平興國六年，嘗詔其助討契丹。《韓國小史》又云：“高麗史高麗王氏之史。載契丹伐渤海，事在我國宋真宗二年。及徽宗政和五年，又有渤海舊國者，立大氏爲王。金太祖攻克之。時渤海勝兵三萬人。太祖慮其難制，仍歲驅之轉戍山東。至紹興十一年，遂盡驅以行。此渤海舊國，或云即忽汗城也。初契丹之滅渤海也，徙其名帳於遼陽等處，藉以控制高麗、女真。案此即所謂曷蘇館者也。參看下文。每戰，常以渤海爲前鋒。金太祖起兵，招誘之曰：女真，渤海，本同一家。其人遂降。然金卒忌其强，宋高宗紹興十九年，盡驅其衆於燕南。自是渤海之名，乃絶無聞焉。”以上皆據《韓國小史》。然則渤海之亡，實遠在哀王敗降之後也。

金源緣起，中國、朝鮮史籍所載，亦頗有異同。《金史》自述其先爲黑水靺鞨。又云：“渤海盛强，黑水役屬之。渤海滅，復役屬契丹。在南者系籍，號熟女直；在北者不籍，號生女直。生女直地有混同江、長白山。混同江亦號黑龍江，所謂白山、黑水也。”其説本甚明白。而朝鮮史籍，稱熟女直爲西女真，地在白頭山即長白山。大幹長嶺之西，鴨緑江之北；生女直爲東女真，在長嶺之東，豆滿江之南北。豆滿江，即圖們江。彼國史家，因疑金之先在黑水流域爲太遠。然以黑水爲今黑龍江，限其名於與松花江合流之後，本清代史家之誤，前已辨之。《大金國志》云：“世居混同江之東長白山下；南鄰高麗，北接室韋，西界渤海，東瀕海。”其所言，固與朝鮮史所載相符也。女直之名，見於《遼史》者，又有北女直、南女直、長白山女直、鴨緑江女直、瀕海女直，蓋各就其地名之。

至金室之先，出於高麗，則《金史》與朝鮮史同。然《金史》謂其始祖名函普；而朝鮮史則云“平州今永興。僧今俊，遁入生女真，生子，爲金之始祖”；又有謂“平州僧金幸之子克守，娶生女直女，生古乙太師，爲金之始祖者”。朝鮮史家云：“《金史》載函普之徙，其兄阿古迺以好佛不肯從，則爲僧之説，似非無因。”予案金源先世事跡，蒐訪纂輯，實出穆宗第五子勗，至爲審慎，見《金史・始祖以下諸子傳》。自不容以朝鮮人傳聞之説致疑。然朝鮮史又載：“宋徽宗崇寧八年，女真使裹弗失請和曰：昔我太師盈歌，嘗言我祖宗出自大國，至於子孫，義當歸附。今太師烏雅束，亦以大邦爲父母之邦。”則金人之出於朝鮮，金人固自言之矣。予又案《金史》但稱金之始祖名函普，初不言其姓氏。至其後以完顔爲姓,則女真部族之名,非函普之氏也。而朝鮮史載金室之先,本爲彼國金氏。金人國號之由來,《金史》始則謂“國言金曰安出虎,以安出虎水源於此,故名金源”。繼又載太祖建國之詔,謂契丹名國,義取賓鐵;賓鐵雖堅,終亦變壞;惟金不變。遂號國爲大金。二説自相矛盾。竊疑生女直之俗,猶用女系;故始祖娶完顔部女,而子孫遂以爲姓。然始祖之爲金氏,其子孫固猶能識之,其後遂以爲國名。觀《金史》“安出虎水源於此”之説,則知金源之名,遠在太祖稱號以前;太祖之詔,特傅舊名以新義耳。自古聞女直有黑水,不聞有金川。安出虎水之名,果何自來哉?或正由高麗金氏居此而命之與?高麗金氏,係出中國,則金室之先,且出於漢族矣。史事變幻,固有非常情所度者,夏桀淳維之説,亦不能概斥爲無徵矣。

金室之先,蓋以文明人入野蠻部落;以開明之酋,馭悍鷙之衆;故其興也浡焉。始祖居完顔部,在僕幹水之涯。今布爾哈圖河。取其部女,生二子,一女,遂爲完顔部人。始祖之曾孫曰獻祖,徙居海姑水。又徙安出虎水。今阿勒楚喀河。始築室,知樹藝。獻祖子昭祖,稍用條教爲治。遼人以惕隱官之。昭祖耀武,至於青嶺、白山,入於蘇濱、渤海之率賓府,金之恤品路。地自今興京西南越鴨緑江。耶懶之地。耶懶,即後來之曷懶路。地自今朝鮮吉州以南,至咸州。子景祖,受遼命,爲生女直部族節度使。自白山、耶悔、未詳。統門、圖們異譯。耶懶、土魯倫未詳。之屬,至於五國之長,遼五國部,城在朝鮮會寧府,宋二帝所遷也。皆聽命。女真部族,駸駸向統一矣。自景祖以後,常挾遼以號令同族,因以市功於遼。而又力阻遼兵入其境。景祖傳位於次子世祖,使越三子而傳位於第四子肅宗,以及第五子穆宗。世祖初年,同族羣起構釁,勢頗危急。世祖一戰破之。諸部次第來降。女真統一之業,至是告成。穆宗卒,世祖子太祖立,遂舉兵叛遼。

契丹控制女真之地有三:一咸州,在鐵嶺東。一賓州,今吉林賓縣。一寧江州,吉林北松花江右岸之烏拉舊城。《大金國志》云:“居混同江之南者爲熟女真,北爲生女真。契丹自賓州混同江北八十里,建寨以守之。”又云:“契丹誘女真豪右數千家,處之遼陽之南,謂之曷蘇館。自咸州東北分界入山谷,至涑末江,中間所居之女真,隸咸州兵馬司,謂之回霸。極遠而野居者,謂之黄頭女真。居涑末江之北,寧江州之東。地方千餘里。户十餘萬。族帳散處山谷,無國名,自推豪桀爲長。小者千户,大者數千户。”而黄龍府今農安。則其總匯之地也。金太祖既起兵,連克寧江、咸州。遼遣使議和。金要其遷黄龍府於别地。蓋金之初興,部落寡小,見下。謂其欲取遼而代之,斷無是理。其所求者,不過脱離遼人之羈制而已。乃和議遷延不就,而黄龍府遂爲金所克。天祚帝自將征之,又以内亂,倉卒而返。未幾,渤海人高永昌據東京,金太祖攻克之。東京郡縣,遂爲金有。不但遼之所以控制女真者全亡，即前此所遷渤海之衆，亦皆歸於金。女真至此，可謂悉離遼而自立。然謂其遂有取遼而代之之心，猶未必然也。故遷延於和議者仍累年。其後和議終不就，遼室又自行分裂，謂南京别立秦晉國王淳。遼耶律余睹又來降，則姑發兵嘗之。嘗之而天祚帝竟不能抗；秦晉國王，既不能定其衆，又南迫於宋；太祖自將，居庸不守；而遼祚遂忽焉以斬矣。然其在金，則仍幸也，非真有兵力，足以亡泱泱大國之遼也。職是故，遼地殆皆金人所下，而燕、雲故地，仍舉以還宋，不過欲得一平州而已。其後宋金啓釁，汴京被圍，爲城下之盟，金之所欲得者，不過太原、中山、河間三鎮。進一步，所欲者亦止於兩河。和議不定，宋人又不能守河南、山東。金人乃出兵經略之。然仍立一劉豫。劉豫又不能守，撻懶等幾欲舉以還宋，宗弼乃決策再取之。蓋自撻懶敗亡以前，金人迄未有意於河南、山東也。所以者何？其部落寡小，其力實止於是也。故金之興，雖由其部落之善戰，而其成功之大，則亦多直天幸，非盡人力所致也。

女真之衰，由於海陵、世宗之南遷。其種人多入中原，既失舊時强悍之風，而又不能勤事生産。一旦蒙古崛起，而其勢遂不可支矣。見下。

蒙古，亦女真同族也。蒙古出於室韋。《魏書》作失韋，云："蓋契丹之類；在南者爲契丹，在北者號爲室韋。"《唐書》云："鮮卑之别部。"案契丹爲鮮卑宇文氏之後，已見第四章。則二書之説相同。然《魏書》云"其語與奚、契丹同"；而《唐書》云"其語言靺鞨也"；則又相乖異。今案《魏書》，室韋酋長，號餘莫弗瞞咄，此語正與靺鞨同，則《唐書》之言不誤。《魏書》之云，蓋指其鄰近契丹之部落言之。魏時室韋之通於中國者，固不若唐時之盛也。餘莫弗瞞咄，《唐書》作莫賀咄。室韋風俗，有與契丹類者，契丹父母死，置尸樹上；南室韋則部落共構大棚，置尸其上是也。有與靺鞨類者，北室韋、鉢室韋、深末怛室韋之冬月穴居是也。故知《魏書》之云，實以室韋與契丹相混。

肅慎、挹婁、靺鞨，皆在松花江以南，室韋則在嫩江沿岸。滿族開化，既由朝鮮之牖啓，則渤海、金源，立國早於蒙古，亦其勢也。漠北自回紇之亡，久無强部；而游牧之族，散處其間者甚多；終必有能收率而用之者，蒙古則其選也。故蒙古之興，與渤海、金源，事勢又異。而滿洲之興，地實在今吉會鐵路沿綫，則其情勢，與渤海、金源正同也。

《魏書》述失韋疆域云："出和龍北千餘里，入契丹國。又北行，十日，至啜水。又北行，三日，有蓋水。又北行，三日，有犢了山。其山高大，周圍三百餘里。又北行，三日，有大水，名屈利。又北行，三日，至刃水。又北行，五日，到其國。有大水，從北而來，廣四里餘，名捺水。"捺水即難河，事至明白。餘諸山水，皆不能確指其今名。然此行必越遼河及洮兒河以至今嫩江，則無疑矣。魏時所通之失韋，蓋止於此。《隋書》則區其衆爲五部：曰南室韋：“在契丹之北三千里。土地卑濕，至夏則移向西北貸勃、欠對二山。”此部蓋即魏時所通。當在今龍江附近。“距契丹三千里”，似失之遠。然四裔道里，往史多不甚詳。即如《魏書》云，“自和龍千里而入契丹”，其詞亦不諦也。“自南室韋北行，十日，至北室韋，依吐紇山而居。又北行，千里，至鉢室韋，依胡布山而居。”蓋皆在今興安嶺中。“西南四日行，至深末怛室韋，因水爲號也。”屠氏寄《蒙兀兒史記》云：“今俄領阿穆爾省有結雅河，東源曰昔林木迪；蒙古語，譯言黄曲水；即深末怛異文。”“又西北行數千里，至大室韋。徑路險阻，言語不通。”則踰興安嶺入西伯利南境矣。“言語不通”，似非同種。蓋因自室韋以往，故假名之。《唐書》云：“室韋居猺越河北。”似仍專指隋時之南室韋。猺越河，即捺水異譯也。又述其分部凡二十餘：“曰嶺西部，曰山北部，此所謂嶺及山，蓋指今蘇克蘇魯索岳爾濟等山。曰黄頭部，曰大如者部，曰小如者部，曰婆萵部，蓋即鉢室韋。曰訥北部，曰駱丹部，悉處柳城東北；近者三千里，遠者六千里而羸。”今自洮南經吉林長春至龍江附近，皆其地也。“最西之烏孛固部，與回紇接，當俱輪泊之西南。”俱輪泊，今呼倫池也。“自泊而東，有移塞没部。稍東，有塞曷支部。益東，有和解部、烏羅護部、耶禮部。嶺西直北曰納北支部。北有大山，山外曰大室韋。瀕室建河。”室建即薩哈連異譯，今黑龍江也。河南有蒙兀部。其北有落坦部。猺越河之北，則稱東室韋焉。五代時凡分三部：一曰室韋，二曰黄頭室韋，三曰獸室韋。其見於《遼史》：有單稱室韋者；又有大小黄室韋，蓋即所謂黄頭室韋也。黄頭室韋，即黄頭女真也。可見室韋，女真爲同族。

蒙兀，《舊唐書》作蒙瓦。洪氏《元史譯文證補》謂即後來之蒙古，其説甚確。蒙古，《遼史》作盟古，萌古，《金史》作盟骨，《契丹事跡》作朦古，《松漠紀聞》作盲骨子，《西遊記》始作蒙古，明時脩《元史》用之，遂爲定稱。蒙古部族，據予所考，實韃靼、室韋之混種；而韃靼又爲靺鞨及沙陀突厥之混種。有元帝室之始祖曰孛兒帖赤那，始居斡難沐漣之源。十傳至孛兒只吉歹蔑兒干，娶蒙古部女，始以蒙古爲部名。與金始祖娶完顔部女，子孫遂以完顔爲氏正同。已見第四篇《附録》，玆不贅述。孛兒只吉歹之子曰脱羅豁勒真伯顔。脱羅豁勒真二子：長曰都蛙鎖豁兒，次曰朵奔蔑兒干。朵奔蔑兒干之妻曰阿闌豁阿。生二子：長曰别勒古台，次曰不古訥台。既寡，又生三子：曰不忽合塔吉，曰不合秃撒勒只，曰孛端叉兒蒙合黑。初，朵奔蔑兒干獵於脱豁察黑温都兒。温都兒，譯言高山。遇兀良哈人，即鹿林中，乞其餘。已而遇馬阿里黑名。伯牙兀歹，氏。《元史》作伯岳吾。飢困，請以子易肉。許之。攜其子歸，以爲奴。別訥古台，不古勒台疑其母私於奴。母知之。春日，烹伏臘之羊，食五子，曰："夜見黄白色人，穿穹廬頂孔入，摩抄我腹，光明入腹中。其去也以昧爽。我竊窺之，如黄犬然。遂生此三子。後日必有貴者。"不忽合塔吉之後爲合答斤氏。不合秃撒勒只之後爲撒勒只兀惕氏。孛端叉兒之後爲孛兒只斤氏。孛兒只斤，譯言灰色目睛，謂與神人同也。此三族，蒙人稱曰尼倫，義謂絜清。別派曰多兒勒斤，猶言常人也。伯牙兀歹之於奇渥温，其猶吕之於嬴乎？孛端叉兒玄孫曰海都，始有汗號，蓋其部落漸强。海都次子曰察剌合領忽，察剌合領忽之子曰想昆必勒格。領忽，即令穩轉音，想昆，亦詳穩異譯，蓋皆受職於遼也。海都曾孫曰合不勒，復有汗號，統轄蒙兀全部。合不勒卒，遺命立想昆必勒格之子俺巴孩。金人誘之往，以"木驢"非刑之名。殺之。諸部立哈不勒第四子忽都剌爲汗。忽都剌卒，蒙古無共主，後衰。成吉思汗之父曰也速該，合不勒孫。父曰把兒壇。嘗統轄尼倫全部。成吉思汗年十三，也速該爲塔塔兒人所毒殺。部族離散。成吉思幼年，備嘗艱困。同族泰亦赤兀，齮齕尤至。泰亦赤兀氏者，俺巴孩之後也。

當時漠南北部落：有翁吉剌者，《元史》、《親征録》作弘吉剌。《源流考》作鴻吉剌。據《祕史》，其與主因塔塔兒戰，在捕魚兒、今達里泊。闊漣今呼倫泊。兩海子間，《元史·特薛禪傳》謂其居於苦烈兒温都兒斤迭烈不兒也里古納河之地。屠氏寄云："根河出伊勒呼里山，西流百餘里，逕苦烈業爾山之南。其北，有特勒布爾河，略與平行。苦烈業爾，即苦烈兒。温都兒，蒙語高山也。特勒布爾，即迭烈不兒。也里古納者，額爾古訥河之異譯也。"此族與蒙古世爲婚姻，當係同族。又有蔑兒乞者，《祕史》載其牧地，在斡兒洹、薛涼格二水流域。斡兒洹，今鄂爾坤河；薛涼格，今色楞格河也。此族與蒙古種類極近。蔑兒乞，疑仍係靺鞨轉音。又有斡亦剌者，其居地在今西伯利亞南境。其種名見於《祕史》者，有不里牙惕、兀兒速惕、合卜合納思、康合里、秃巴昔等。不里牙惕，在薩拜喀勒省之巴爾古精河上。阿穆爾省之牛滿河上亦有之。牛滿河，一名布里雅特河，即不里牙惕之異譯也。兀兒速惕，在牛滿河之北。《西北地附録》稱爲烏斯，謂以水爲名；蓋即烏蘇之異譯。合卜合納思，《西北地附録》作憾合納，云在烏斯東，謙河所從出，則在今多特淖爾附近。康合里，地在今杭愛山之北。秃巴昔，在今俄領托波兒斯克省境。此種人部落蓋甚多，故《祕史》統稱之曰秃緜斡亦剌。秃緜亦作土緜，譯言萬也。明時謂之瓦剌，清時謂之衛拉特。以當時所居之地考之，殆即古所謂大室韋也。

塔塔兒，即韃靼異譯。居捕魚兒海附近。其分部頗多。見於《祕史》者，有主因塔塔兒、阿亦里兀惕塔塔兒、備魯兀惕塔塔兒等。主因即朱邪異譯，可證其爲沙陀突厥與靺鞨之混種也。此族與蒙古，世爲仇讎。俺巴孩之死於金，主因塔塔兒實執送之；也速該之死，亦主因塔塔兒毒之也。然白韃靼之一族曰汪古者，於蒙古甚親。汪古，即《遼史》之烏古也。其部名見於《遼史・百官志》者，有烏古涅剌、斡特盌烏古、隈烏古、三河烏古等。又有烏隈、烏骨里、烏濊等部，疑亦烏古轉音。《元史》稱爲汪古者，地在今歸綏縣北，馬祖常《月乃合神道碑》所謂"雍古部族，在净州之天山"者也。净州故城，在今歸綏縣北。《祕史》謂之白達達。此族爲金守長城。成吉思汗之侵金，此族實假以牧地，爲之鄉導；乃蠻之伐蒙古，亦此族豫告成吉思汗，成吉思汗乃得先發制人。豈蒙古本出韃靼，故二者有同族之親；而減丁勦殺之事，汪古未嘗不心焉痛之；故欲藉手於蒙古，以報女真耶？又有烏梁海者，牧地亦在不而罕山。客列部，《元史・本紀》及《親征録》作克列。《元史》列傳作怯列，《源流考》作克哩葉特。始居欠欠州，後徙土兀剌木漣。二者亦突厥族，見第五章。

以上諸族，皆在今蒙古之東偏。其雄據蒙古之西部者，則乃蠻也。乃蠻蓋白種，見第十三章。

成吉思汗亦取於翁吉剌；而客列部長脱鄰斡勒，成吉思汗之父執也；故二族右成吉思汗。兀都亦惕蔑兒乞酋脱黑脱阿，與蒙古有怨，襲成吉思汗，簒其妻孛兒帖去。成吉思汗母訶額侖，本脱黑脱阿弟也客赤列都之妻，而也速該簒之。札答剌部長札木合，孛端叉兒嘗虜一孕婦，所生前夫之子曰札只剌歹，其後爲札答剌氏。成吉思汗安答也。安答，譯言交物之友。成吉思汗以札答剌、客列之師襲蔑兒乞，復得孛兒帖。始與札木合同牧。諸部多歸心成吉思汗，札木合忌之。成吉思汗乃他去。諸部共推爲汗。此蒙古本部族之汗，猶俺巴孩，忽圖剌等之稱汗號也。札木合、泰亦赤兀等十三部來襲。成吉思亦分其衆爲十三翼以迎之。敗績。已而主因塔塔兒叛金。金丞相完顔襄討之。成吉思汗與脱鄰斡勒助之。襄喜，授成吉思汗札兀忽里，札兀，蒙古語，譯言百。《金史・百官志》："部長曰孛堇，統數部者曰忽魯。"忽里即忽魯轉音。札兀忽里，猶言百夫長也。封脱鄰斡勒爲王。脱鄰斡勒自此亦稱王罕。同汗。乃蠻亦難察汗，乘王罕助金，納其弟。王罕還戰，不勝，奔西遼。已而東歸。成吉思汗援之復國。亦難察卒，子太陽罕不亦魯黑交惡，分國而治。太陽居金山之陽，南近沙漠。不亦魯黑居其北，近金山。成吉思汗與王罕襲不亦魯黑，破之。不亦魯黑奔欠欠州。東方諸部，立札木合爲古兒罕，來襲。成吉思汗逆擊，破之。又與王罕連兵，擊破諸部。諸部多降。遂滅泰亦赤兀。王罕子你勒合桑昆，與成吉思汗不協，來襲。成吉思汗暫退。旋出不意，襲客列，亡之。王罕、桑昆皆走死。太陽罕約汪古來伐，汪古以告。成吉思汗伐乃蠻，滅之。太陽罕戰死。其子古出魯克奔西遼。後篡其國，謀復讎，蒙古西征之師所由興也。乃蠻既亡，漠南北皆定。宋寧宗開禧二年，諸部大會於斡難沐漣之源，上尊號曰成吉思汗。此爲諸部族之大汗。而伐金之師旋起矣。

蒙古入中國之事，盡人知之，無待贅述。其用兵四方，頭緒繁雜，須別爲專篇，乃能詳之。今但撮敍蒙古所征服之地，及蒙人分布之跡，盛衰之略，取足見蒙族之興替而已。

成吉思汗手定漠南北及西域，分其地於四子。和林舊業，與季子拖雷。葉密立河濱之地，葉密立河，今額米河。與次子太宗。昔渾河濱之地，昔渾河，今錫爾河。與第三子察合台。鹹海、裏海以北之地，與長子拙赤。日本那珂通世云："太宗所得者，爲乃蠻舊地。察合台所得者，爲西遼舊地。拙赤所得者，爲花剌子模舊地。"其説是也。蒙俗産業傳諸幼子。幼子稱斡赤斤，義謂守竈。故以本族舊地畀之。其後憲宗使阿里不哥守和林，猶此意也。其後平定西北諸部，功出朮赤之後拔都；而平定西南諸部，則拖雷子旭烈兀之功最多。故朮赤分地，拔都之後，爲之共主；而花剌子模以西南之地，旭烈兀之後，實君臨之。蒙兀共主，本由諸部推戴，謂之"忽烈而台"。譯言大會。太宗之立，由成吉思汗遺命，故無異議。太宗死，子定宗繼之。三年而殂。於是太宗後人，與拖雷後人争立。拖雷子憲宗卒立。太宗孫失立門，定宗可敦皆見殺。分裂之機始肇矣。憲宗使弟世祖開府金蓮川，在今獨石口外。以治漠南；阿里不哥留守和林，以治漠北。憲宗攻宋，死於合州。世祖不待忽烈而台之推戴，遽自立於開平。今多倫。阿里不哥亦自立於和林。與世祖戰，敗績，乃降。而太宗之孫海都，自立於海押立。在巴爾哈什湖西南。察合台、朮赤之後多附之。惟旭烈兀後王，以與世祖同出拖雷，不附。然地與世祖隔絶。海都死於成宗世，其子察八兒來降。然蒙古大汗之號令，自海都之叛，不復行於分封諸國，分裂之勢成矣。

直屬於蒙古大汗之地，爲今内地十八省，關東三省，内外蒙古，青海，西藏，略與見在疆域相當。其中和林爲蒙古舊業，和林城爲太宗所建。今土謝圖汗本旗之額爾德尼招，其遺址也。開平爲世祖即位之地。定都燕京之後，建爲上都，歷代時巡幸焉。應昌爲翁吉剌氏農土，應昌，在達里泊旁。元外戚世臣也。順帝既失燕京，退居應昌。子愛猷識里達臘，爲明師所逐，後奔和林，其子脱古思帖木兒，爲其下所弑。自此五傳至坤帖木兒，皆見弑，而大汗之統遂絶。此據《明史》。《源流考》：愛猷識里達臘作阿裕錫哩達喇，脱古思帖木兒作特古斯特穆爾，云是阿裕錫哩達喇之弟。特古斯特穆爾死，子恩克卓里圖、額勒伯克相繼爲汗。格勒伯克死，子琨特穆爾繼之，即《明史》之坤帖木兒也。琨特穆爾後,尚有其弟諤勒哲依特穆爾。及諤勒哲依特穆爾子德勒伯克兩汗。有鬼力赤者,自稱韃靼可汗。俄爲知院阿魯台所殺。成吉思汗弟哈布圖哈薩爾後。迎立元裔本雅失里。又爲瓦剌部長馬哈木所弑。瓦剌,即斡亦剌也。明初,元臣猛可帖木兒長其部。猛可帖木兒死,衆分爲三:馬哈木、太平、把秃孛羅分長之。馬哈木并三部爲一。欲自立,其下不可。乃立元裔脱脱不花。馬哈木卒,子脱歡襲。脱歡卒,子也先襲。弑脱脱不花,自立。部衆日强,遂有土木之變。也先後爲知院阿剌所殺,瓦剌復衰。韃靼部長孛來,殺阿剌,立脱脱不花子麻兒可兒。諸部紛拏,争據河套,邊患日棘。巴圖蒙克者,額勒伯克汗之五世孫也。明憲宗成化六年,年七歲,即汗位。及長,盡服諸部,統一漠南北。孝宗弘治十七年,再正諸部大汗之位。是爲達延汗。達延汗長子圖魯,早死。次子烏魯斯,征套部,敗死。達延汗怒,使三子巴爾蘇攻套部,破之。巴爾蘇遂留鎮其地。是爲鄂爾多斯部。巴爾蘇次子阿勒坦,即《明史》之俺答,居大同北,是爲土默特部。爲邊患最深。達顏汗季子格埒森札賚爾,留鎮漠北,是爲喀爾喀部。今土謝圖、車臣、札薩克三汗之祖也。達延汗自與圖魯之子博迪阿拉克,即《明史》之卜赤,徙牧近長城,是爲察哈爾部。《明史》作插漢兒。插,蒙語近也。初蒙古酋亦不剌、阿爾秃廝,以明武宗正德四年,襲據青海。是爲蒙人占據青海之始。明人出兵攻之。阿爾秃廝遁去。亦不剌仍據其地。死,其黨卜兒孩繼之。世宗嘉靖三十八年,俺答與子賓兔、丙兔入青海。卜兒孩走,賓兔、丙兔遂留居焉。時黄教新盛,賓兔、丙兔亦信之。黄教由此傳於漠南。俺答末年,所以甘就封貢者,實喇嘛教勸化之力也。然俺答雖就範,而察哈爾復爲患。神宗初,高拱爲相,擢戚繼光守薊鎮,李成梁守遼東。繼光嚴守備,成梁力戰破敵,患乃平。卜赤六傳至林丹汗,復强盛。陵轢漠南諸部。初阿魯台之見殺也,其衆走嫩江,依兀良哈。哈布圖哈薩爾十四世孫蒙克塔斯哈剌長之。是爲嫩江科爾沁部。郭爾羅斯、杜爾伯特、札賚特,皆其族也,明神宗萬曆二十一年,嘗合葉赫、哈達等九國之師攻清,爲清太祖所敗。後清攻烏拉,科爾沁援之,又敗績。自是降附於清。林丹汗既强,漠南諸部爲所陵者,多走科爾沁。林丹汗怒,攻之。以清援得解。時明熹宗天啓五年也。於是漠南諸部,次第降清。天啓七年,清太祖死,子太宗立。思宗崇禎七年,太宗徵諸部之兵伐察哈爾。乘遼河盛漲,出不意襲其庭。林丹汗走青海,道死。清遂取歸化城。使宣捷於喀爾喀。喀爾喀震懾,歲使進白駝一,白馬八,時曰九白之貢。自是内外蒙古,皆服於清,而科爾沁以降附早,世婚清室,稱肺腑焉。

蒙古既衰,瓦剌復盛。瓦剌,清時曰衛拉特。分爲四部:曰和碩特,居烏魯木齊。元太祖弟哈布圖哈薩爾之後長之。曰準噶爾，居伊犂。曰土爾扈特，居額爾齊斯河。部長皆也先後。曰杜爾伯特，居塔爾巴哈台。元臣翁罕之後長之。和碩特固始汗，始并青海、喀木之地。崇禎十年，西藏第巴官名。桑結，招之入藏，襲殺紅教護法藏巴汗，而奉班禪居札什倫布。固始汗遂徙牧青海，遥握西藏政權。卒，子達顔汗立。與桑結不協。於是準噶爾渾台吉，亦逐土爾扈特，服杜爾伯特。渾台吉卒，弟噶爾丹立。與桑結有舊。桑結又招之，襲殺達顔汗。準噶爾遂統一衛拉特四部。噶爾丹徙牧阿爾泰山，以窺蒙古。清聖祖康熙二十七年，以兵三萬，襲喀爾喀。三汗部衆數十萬，同時潰走漠南。聖祖命發粟振之。並令科爾沁部，假以牧地。親出兵征噶爾丹。噶爾丹累戰不利；伊犂舊地，又爲兄子策妄阿布坦所據；遂自殺。三汗還治漠北。聖祖崩，固始汗嫡孫羅卜藏丹津，誘青海諸部爲亂。岳鍾琪擊破之。羅卜藏丹津奔策妄阿布坦。青海平。設辦事大臣於西寧以統轄之。策妄阿布坦死，子噶爾丹策零，復犯蒙古。札薩克圖汗部額駙策凌大敗之。高宗乾隆二年，定以阿爾泰山爲準、蒙遊牧之界。嘉策凌之功，析土謝圖汗所屬二十一旗隸之，使獨立，稱三音諾顔汗。喀爾喀始有四部。十年，噶爾丹策零死，準部内亂。輝特部長阿睦爾撒納來降。輝特，本土爾扈特屬部。使爲嚮導，攻準部，平之。高宗欲仍杜爾伯特、和碩特之舊，以輝特代土耳扈特，綽羅斯補準噶爾之闕，各以降人爲汗；使如喀爾喀之例，爲外藩。而阿睦爾撒納覬兼長四部，復叛，又發兵討平之。而以滿兵駐防其地焉。清代平定準、蒙之事，大略如此。

蒙古分封諸汗國，自元之衰，亦多衰頽不振。察八兒既敗，太宗分地，多入察合台後王。拔都之王也，立鄂爾多於浮而嘎河下游之薩萊，是爲阿爾泰鄂爾多，譯言金帳也。其兄鄂爾達，分地在昔渾河北，是稱白帳汗。弟昔班，分地在鄂爾達之西，至於烏拉河，稱藍帳汗。即月即别族。又譯作月祖伯族（Usoeg）。昔班之弟脱哈帖木兒之後，地在阿速富海沿岸，稱哥里米汗。金帳汗後裔既絶，三家之裔，争欲據其位，紛争不絶。帖木兒（Timur）者，初隸月即别族。後自起兵據兩河間。阿母、錫爾兩河。定都於撒馬兒干。明太祖洪武五年。東定察合台分地。西服旭烈兀後王。破土耳其，定小亞細亞。西北服欽察。征俄羅斯，破莫斯科。蒙古在西域之聲威，幾復成吉思汗西征時之盛。帖木兒卒，諸子争立，國復分崩。帖木兒六世孫巴拜爾（Zdhir Udin Baber）入印度，定都特里。明世宗嘉靖五年。是爲印度蒙兀兒朝。日譯譌作莫卧兒。巴拜爾孫亞格伯（Akoar），服西北中三印度。未幾，德干高原諸國，結麻剌他同盟（Maratha）以抗之。明神宗萬曆四十三年，英人始至印度互市。清聖祖康熙四十八年，東印度公司成。以蒙兀兒朝與麻剌他同盟構兵，英商多受侵害，始抽鑲練兵以自衛。及乾隆時，英人遂據孟加拉。孟加拉者，印度最富饒之區也。自是英人數干預印度内亂，稍奪其收税之權。乾隆五十年，英人合麻剌他同盟陷特里，蒙兀兒朝亡。咸豐七年，孟加拉叛英，立蒙兀兒朝後裔於特里。明年，爲英所破。英人遂收公司之權歸政府。置印度大臣於倫敦。總督於印度。德宗光緒三年，英女皇維多利亞，始兼印度皇帝之號焉。

蒙族之在中西亞者，至俄羅斯强，而悉爲所并。初俄之敗於蒙也，諸小侯皆受命於欽察汗。术赤之後，西史稱 Km of Kiptchak 異譯亦作奇卜察克。其中以莫斯科爲最强。明英宗天順時，遂叛蒙古而自立。時欽察汗之後，分爲大斡耳朵(Orda)、阿斯達拉干(Astrakan)二國。窩瓦、烏拉二河間。北有喀山，哥里米汗同族。西有哥里米二汗。鹹海之濱，則月即别族萃焉。又有居葉尼塞、鄂畢二河間者，西史稱爲失必兒汗(Sibir)，實鮮卑之轉音也。俄人與喀山、哥里米兩汗同盟。明孝宗弘治十五年，大斡耳朵爲哥里米汗所并。世宗嘉靖十一年，俄人滅喀山。越二年，并阿斯達拉干。哥里米汗附土耳其，至清高宗乾隆四十八年，卒爲俄所并。巴拜爾之入印度也，兩河間地，爲藍帳汗之後所據，分爲阿富汗、基華二國。穆宗同治十二年，亦爲俄所滅。

以上述蒙族盛衰大略。既竟，以下略述滿洲之事。案滿洲二字，昔人恆以爲部族之名。蓋據清人所自述，其建號曰清以前，實以此二字爲稱號也。然據日本稻葉君山所考證，則清之建號曰清，實在太宗天聰十年，即以是年爲崇德元年，實明思宗之崇禎九年。是年以前，國號本稱後金，其見於朝鮮人之紀載，及奉天銘刻者甚夥。至滿洲二字，則明人書作“滿住”，係最大酋長之稱；非國名，亦非部族名也。詳見稻葉氏所著《清朝全史》。近人《滿洲名稱考》云：“滿住係最大酋長之稱，建州歷代相沿如此。日本人所蒐輯之朝鮮書，燃藜室記述中所録之《柵中日録》，記萬曆四十七年，朝鮮都元帥姜弘立降清。約和後，胡將言當到城見滿住，許令還國云云。當時太祖已建元稱號，將士尚稱之曰滿住。建州部族，既以滿住爲酋長，謂爲滿洲部族，猶之稱國爲王國、帝國、侯國，略無足怪。其對明言我滿洲如何，猶之明人謂上命如何。然彼此誤會，他人以爲建州人自名其國或部族，建州人亦遂訒之。其後太宗致書袁崇焕，即自稱滿洲國皇帝矣。其中蜕化之由，約略可見。”《清實録》載其始祖，姓愛新覺羅，名布庫里雍順，爲天女佛固倫之子。定三姓之亂，居長白山東俄漠惠一作鄂謨輝。之野俄朵里城。一作鄂多里。數世，國亂，族被戕。有范察者得免，隱其身以終。又數傳至肇祖都督孟特穆，乃計誘先世讎人誅之，而定居於赫圖阿拉。據近人所考證；則明代女真，凡分三種：曰建州，曰海西，曰野人，皆設衛以處之，而統以奴兒干都司。建州者，渤海之舊疆；

《唐書》所謂率賓府領華益建三州，而《元一統志》所謂故建州也。蓋自渤海設建州以來，其地即恒以是爲名，故遼金時治所雖移，《元志》猶稱之曰故建州。地在今興京附近。海西者，元行政區域之名，即後來扈倫四部之地。野人衛，地在吉黑二省之極東。曹廷杰《西伯利亞東偏紀要》載特林地方，有明代敕建及重建《永寧寺碑》，皆太監亦失哈述征服奴兒干及海中苦夷等事，苦夷即今庫頁，可見明時肅慎族散處之地，仍與前此相同。建州衛設於明永樂元年，見《明實録》。左衛設於永樂十年，見《明史》。《實録》載"十四年二月，賜建州左衛指衛使猛哥帖木兒宴"。朝鮮《龍飛御天歌》朝鮮李氏自頌其開國之詞。注有云"東北一道，本肇基之地也；畏威懷德久矣。野人酋長，遠至移蘭豆漫，皆來服事。如女真則斡朵里豆漫夾温猛哥帖木兒，火兒阿豆漫古論阿哈出，託温豆漫高卜兒閼"云云。《元史・地理志》：遼陽等處行中書省所屬合蘭府水達達等路，元初設軍民萬户府五：一曰桃温，今屯河。一曰胡里改，呼爾哈異譯，今寧安河名。一曰斡朵憐，一曰脱斡憐，一曰孛苦江。斡朵里，即斡朵憐之異譯。火兒阿，即胡里改之音差。託温，亦即桃温音轉。移蘭豆漫，原注義爲三萬户。蓋夾温猛哥帖木兒、古論阿哈出、高卜兒閼，實元斡朵憐、胡里改、桃温三路之萬户也。猛哥帖木兒，即肇祖之名孟特穆。《元史》之帖木兒，清修《三史國語解》，均改爲特穆爾可證。所謂都督，則滿洲人自稱其長官之詞。明廷雖授以指揮，滿人仍稱爲都督，《明實録》中，不乏其例。滿文稱某人某官者，例先官而後人；日本人由奉天鈔得之《清實録》，清初記載尚多如此。猛哥帖木兒既爲萬户，則必有所受之。《元史・兵志》謂元萬户千户百户，皆世其官。此三萬户者，既仍存元初之名，則必得之世襲。《開國方略》：《聖武記・開國龍興記一》，王氏《東華録》萬曆十年十二月。"太祖責烏喇貝勒布占泰云：我愛新覺羅氏由上天降生，事事循天理，順天命。汝即不知百世以前事，豈十世以來事，亦不知邪？"則雍順之得姓，據太祖自言，不過十世以來之事。從太祖上溯之，七世而至肇祖；再溯其前，不過三世，即滿十世之數。是知《實録》所云，雍順開國。越數世而國亂，又數世而後至肇祖，必係悠繆之詞。由元初至明洪武末，相距百年，正合三世之時限。則雍順必即元初受萬户職者，俄朵里城，亦即斡朵里之異譯。其地當在今三姓附近，故《清實録》謂雍順往定三姓之亂也。特其位置，在長白山北而不在其東耳。

《龍飛御天歌》注謂夾温即猛哥帖木兒之姓，而朝鮮《東國輿地勝覽》則又稱爲童孟哥帖木兒。《明實録》"神宗萬曆十七年九月辛未，以建州夷酋童奴兒哈赤爲都督僉事"，則清太祖亦姓童。而《東夷考略》又云："奴兒哈赤姓佟。”佟爲遼東大族,童佟音近,或夷人不知文字而誤書?太祖元妃佟佳氏,亦即佟家。今佟家江,明時尚稱婆猪江,似亦因建州女直曾居其地,而得佟家之名。然則清室之先,必爲佟姓無疑。至夾温二字,則或係斡准之雙聲互倒?金國語稱金爲斡准,又作按春,即清所自稱之愛新也。

猛哥帖木兒既受職於明,亦臣服朝鮮。朝鮮太祖授以萬户,世祖又升爲上將軍。明宣宗宣德八年,爲七姓野人所殺。並殺其子阿古,子童倉,弟凡察,挾衛印亡入朝鮮。凡察,當即《清實録》之范察也。旋襲指揮使。未幾,猛哥帖木兒子董山出,與之争印。明詔凡察以印與董山。凡察不聽。乃分建州爲左右二衛,使董山持新印掌左衛,凡察以故印掌右衛焉。《清實録》載肇祖二子:長曰充善,即董山對音。次曰褚宴,蓋倉字合音,童則其姓也。凡察之後不詳。董山頗桀驁,明檄致廣寧誅之。時憲宗成化二年。其下擁其子脱羅,爲之復仇。脱羅者,《清實録》充善之子妥羅也。久之,乃無聞。建州左衛,蓋至是中衰。《清實録》:褚宴次子曰錫寶齋篇古,錫寶齋篇古之子曰興祖都督福滿。都督福滿六子:長德世庫,次劉闡,次索昌阿,次景祖覺昌安,次包朗,次寶實,是爲寧古塔貝勒。寧古塔,譯言六也。景祖第四子曰顯祖塔克世。塔克世長子努爾哈赤,即太祖也。都督福滿,求諸《明實録》,無相當之人。稻葉氏疑建州左衛之統緒,實至董山而中絶。其後入主左衛者,乃别一部落。近人撰《心史史料》,據稻葉氏書引《明實録》武宗正德間左衛都督兀升哈求升職之表,疑即興祖其人。當時求升職蓋得請?故以都督稱之;且諡之曰興。予則頗疑興祖爲凡察後,故清雖出左衛,仍以凡察爲其先世也。

興祖時,建州左衛頗式微。《清實録》謂寧古塔貝勒,各築一城,相距近者五里,遠者不過二十里可見。而海西强盛。海西者,清所謂扈倫四部也。《清實録》載清初滿洲部落,大别爲四:曰滿洲,其分部五:一蘇克蘇滸河,二渾河,三完顔,四棟鄂,五哲陳。曰長白山,其分部三:一訥殷,二珠舍里,三鴨緑江。曰東海,其分部二:一瓦爾喀,二庫爾哈。曰扈倫,其分部四:一葉赫,二哈達,三輝發,四烏拉。滿洲及長白山,均明建州地;東海爲野人衛地;扈倫則海西衛地。然其部族,實非明初之海西女真,乃野人女真,於正統時侵入者。故有之海西女真,遂爲所逐。其人本在黑龍江支流忽剌温河上,忽剌温即扈倫異譯,其爲因地得名,抑地以部族得名,則不可考矣。諸部種族,亦不盡純。如葉赫酋長姓土默特氏,實來自蒙古;而庫爾哈,或云即兀良哈異譯是也。特其大體,則皆爲肅慎族耳。葉赫酋祝鞏革,築城於吉林西南。後爲哈達酋王台所殺。王台之居,在松花江流域。距開原四百餘里。二部互鬩,李成梁征服之。時建州右衛王杲亦桀驁犯邊。成梁擊破之。王杲走哈達。哈達執送之。葉赫酋那林孛羅，《清實録》納林布禄。嘗言清太祖爲王杲之裔。錢謙益《岳武穆畫象記》亦云佟奴爲王杲遺孽。《清實録》顯祖大福晉喜塔喇氏，阿古都督女。阿古都督，蓋即王杲也。王杲子阿台《清實録》阿太章京。怨明。萬曆十一年，蘇克蘇滸河部圖倫城主尼堪外蘭，與李成梁攻阿台。阿台之妻，景祖長子禮敦女也。景祖及顯祖往救，皆死焉。明人書，景祖名叫場，顯祖名他失。明人歸其喪，以太祖襲指揮使。後太祖攻破尼堪外蘭。尼堪外蘭奔明邊。明人執以付太祖，並開撫順、清河、寬甸、靉陽四關互市。清勢自是日張，滿洲諸部，次第爲所懾服。至萬曆四十四年，遂以七大恨告天，誓師伐明矣。以上所述清代興起之事，略據稻葉氏《清朝全史》及近人《心史史料》。

肅慎處山嶺崎嶇之地，故其政治極爲簡陋。《漢書・挹婁傳》云："無大君長。邑落各有大人，處於山林之間。"《北史・勿吉傳》云："邑落各自有長，不相總一。"《唐書・靺鞨傳》云："其部衆離爲數十，酋各自治。"蓋自渤海以前，訖未嘗有共主也。渤海制度，一切模範中華，稍變獉狉之舊。然《金史・本紀》云"生女直之俗，無書契，無約束，不可檢制。昭祖欲稍立條教，諸父部人，皆欲坑殺之。已被執。叔父謝里忽，彎弓注矢，射於衆中，劫執者皆散走，乃得免。昭祖稍以條教爲治，部落寖强。遼以惕隱官之。諸部族猶以舊俗，不肯用條教。昭祖耀武，至於青嶺、白山。見前。順者撫之，不從者討伐之"云云。則渤海之治，所能變靺鞨之俗者亦僅矣。《唐書》謂渤海開國時，即已頗知書契，而《金史》謂其無書契，亦渤海文化不普及於女真諸部之徵。

其風俗則極强勁。《晉書》謂其"人性凶悍，以無憂哀相尚。貴壯而賤老。父母死，男子不哭泣。哭者謂之不壯"。又謂其法律極嚴酷，"相盜竊，無多少皆殺之。故雖野處而不相犯"。《北史》謂其"種衆雖少，而多勇力；處山險；又善射，發能入人目"；故"於東夷中號稱强國"。當漢時，其居與北沃沮鄰。嘗乘船寇鈔。北沃沮畏之，夏則深藏巖穴，冬乃下居平壤焉。夫餘責其租賦重。魏黄初中，其衆遂叛。夫餘數伐之，亦不能定也。其人多以射獵爲業，故善造弓矢。《後漢書》云："弓長四尺，力如弩。矢用楛，長一尺八寸。青石爲鏃。鏃皆施毒，中人即死。"《晉書》云："其國東北有山，出石，其利入鐵。將取之，必先祈神。"《北史》云："其角弓長三尺，箭長尺二寸。常以七八月造毒藥，傅矢，以射禽獸，中者立死。"《晉書》謂其"土無鹽鐵"。《金史・本紀》亦云："女直舊無鐵。鄰國有以甲胄來粥者，景祖傾資厚價，以與貿易。亦令昆弟族人皆鬻之。得鐵既多，因之以修弓矢，備器械，兵勢稍振。"則此族至宋世猶無鐵也。《儀禮·鄉射禮》注:"肅慎氏貢楛矢,銘其栝。"其銘當係中國人所爲。

其生業,雖主漁獵畜牧,亦有五穀、麻布。有馬不乘,但以爲財産而已。蓋處山險故也。多畜猪,食其肉,衣其皮。冬以猪膏塗身,厚數分,以禦風寒。夏則裸袒,以尺布蔽其前後。夏巢居,冬穴處。其穴處:負山水,坎地,梁木其上,覆以土,如丘冢然。開口向上,以梯出入。穴以深爲貴,大家至接九梯焉。無井竈,作瓦鬲,受四五升以食。坐則箕踞,以足挾肉而啖之。得凍肉,坐其上令暖。其人臭穢不潔,作廁於中,圜之而居。又以溺洗面。《後書》謂其於"東夷之中,最無綱紀",信不誣也。

《金史·本紀》云:"黑水舊俗,無室廬,負山坎地,梁木其上,覆以土。夏則出隨水草,冬則入處其中。遷徙不常。獻祖乃徙居海古水,耕墾樹藝。始築室,有棟宇之制,人呼其地爲納葛里。納葛里,漢語居室也。"《禮志》:"天會十四年,文武百僚太師宗磐等上議:皇六代祖,徙居得吉,即納葛異譯。播種是勤,去暴露獲棟宇之安,釋負戴肇車輿之利。"則女真之穴居,直至金初始革也。

肅慎嫁娶:男以毛羽插女頭,女和則持歸,然後致禮聘之。初婚之夕,男就女家,執女乳而罷。婦貞而女淫。然妻外淫,人告其夫,夫輒殺妻,而後悔,必殺告者,由是姦淫事終不發。死者,其日即葬之於野。交木作小槨,殺猪積其上,以爲死者之糧。《晉書》。亦有無棺槨,但埋之者。秋冬死,或以其尸捕貂。貂食其肉,多得之。《唐書》。

辮髮之俗,北族類然。肅慎則又薙去其前。《晉書·肅慎傳》云:"俗皆編髮。"《唐書·靺鞨傳》亦云:"俗編髮。"可知其由來之舊矣。俞樾《曲園雜纂》引宋璹《建炎德安守禦録》,謂"建炎二年十二月二十八日,有北來一項羣賊數萬人,皆剃頭辮髮,作金人裝束",可見金人不但辮髮,抑且薙頭。稻葉氏《清朝全史》云:"綜宋代紀事,蒙古人之辮髮,前與左右皆留,他盡薙,其前所留,垂下,如今支那南方婦人之前髮。兩側所留則辮之,餘端垂下。"竹崎季長《蒙古襲來繪詞》猶言圖記。中,蒙古人皆兩辮,但不見前有留髮耳。

《北史·勿吉傳》:"國南有徒太山者。華言太皇。俗甚敬畏之。人不得山上溲汙。行經山者,以物盛去。上有熊羆豹狼,皆不害人;人亦不敢殺。"徒太山即太白山,見《唐書》。《金史·禮志》,謂金之郊祀,本於舊俗,有拜天之禮。又謂金初朝日用本國禮。又大定十一年,世宗謂宰臣:"本國事天之禮甚重。"《太祖本紀》謂故事,五月五日,七月十五日,九月九日,拜天射御,歲以爲常。則其俗亦敬天地、日月、山川,然巫鬼之習,亦由來甚舊。《始祖以下諸子傳》謂:"國俗有被殺者,必使巫覡詛呪殺之者。乃繫刃於杖端,與衆至其家,歌而詛之。曰：取爾一角，指天一角。指地之牛，無名之馬，向之則華面，背之則白尾，横視之則有左右翼者。其聲哀切悽惋，若蒿里之音。既而以刃畫地，劫取畜産財物而還。其家一經詛呪，家道輒敗。"又云："初昭祖久無子，有巫者能道神語，甚驗，乃往禱焉。巫良久，曰：男子之魂至矣。此子厚有福德，子孫昌盛，可拜而受之。若生，則名之曰烏古迺。是爲景祖。又良久，曰：女子之魂至矣。可名曰鵶忍。又良久，曰：女子之兆復見。可名曰斡都拔。又久之，復曰：男子之兆復見，然性不馴良，長則殘忍，無親親之恩，必行非義，不可受也。昭祖方念後嗣未立，乃曰：雖不良，亦願受之。巫者曰：當名之曰烏古出。既而生二男、二女，次第先後，皆如巫者之言。遂以巫所命名名之。"此其巫鬼之習，即今日所謂薩滿教也。清代有所謂堂子者，《嘯亭雜録》云："立竿祭天，又總祀社稷諸神於静室，謂之堂子。"然其所祀實非盡正神，故終清代祕其禮云。

《金史》謂女真地狹産薄，故其部族極貧窶。《太祖紀》："康宗七年，歲不登，民多流莩。强者轉而爲盗。歡都等欲重其法，爲盗者皆殺之。太祖曰：以財殺人，不可。財者，人所致也。遂減盗賊徵償者，爲徵三倍。民間多逋負，賣妻子不能償。康宗與官屬會議，太祖在外庭，以帛繫杖端，麾其衆，令曰：骨肉之愛，人心所同。自今三年勿徵。過三年徐圖之。衆皆聽令，聞者感泣焉。"然粥身爲奴，及粥賣妻子之事，《食貨志》及《本紀》中尚屢見，皆其本部族之人也。又太宗天會元年，詔孛堇阿賓賚曰："先皇帝以同姓之人，舊有自粥及典質其身者，令官爲贖。今聞尚有未復者，其悉閱贖。"則宗室亦不免矣。

惟其然也，故其兵力之强，乃爲舉世所罕覯。以少勝衆之民族，考諸往史，殆無如女真者。女真初起，兵不滿千。穆宗襲節度使後，爲遼討叛，募兵始得千餘。太祖攻遼，諸部兵皆會，僅二千五百人。出河店之戰，兵始滿萬。然天祚親征，衆號七十萬，金人拒之者，不過二萬。耶律余睹來降，引金深入，太祖親臨前敵，衆亦不過萬人。其追天祚於大魚濼，則僅四千人耳。入燕之役，宗望以七千人先。其後伐宋，恆分兩路，每路不過三萬，已多雜他部族與漢人矣。《金史・兵志》曰："金興，用兵如神，戰勝攻取，無敵當世。曾未十年，遂定大業。原其成功之速：俗本勁鷙，人多沈雄。兄弟子姪，才皆良將。部落隊伍，技皆鋭兵。加之地狹産薄；無事苦耕，可給衣食；有事苦戰，可致俘獲。勞其筋骨，以能寒暑。徵發調遣，事同一家，是故將勇而志一，兵精而力齊。一旦奮起，變弱爲强，以寡制衆，用是道也。及其得志中國，自顧其宗族國人尚少，乃割土地，崇位號，以假漢人，使爲效力而守之。猛安謀克，雜廁内地，聽與契丹、漢人婚姻，以相固結。迨夫國勢寖盛，則歸土地，削位號，罷遼東渤海、漢人之襲猛安謀克者。漸以兵柄，歸其内族。然樞府僉募，兼采漢制；伐宋之役，參用漢軍及諸部族，而統以國人。非不知制勝長策，在以志一之將，用力齊之兵也。土宇既廣，豈得盡任所親哉？”蓋金兵力之有限，實由其部衆之寡少，至其風氣之强悍，則固不可誣矣。《宋史·吴玠傳》“玠死，胡世將問玠所以制勝於璘。璘曰：璘從先兄，有事西夏。每戰，不過一進却頃，勝負輒分。至金人，則更進迭退，忍耐堅久。令酷而下必死。每戰，非累日不決。勝不遽追，敗不至亂。自昔用兵，所未嘗見也。久與角逐，乃得其情。蓋金人弓矢，不若中國之勁利。中國士卒，不若金人之堅耐。吾常以長技，洞重甲於數百步外，則其衝突固不能相及。於是選據形便，出鋭卒更迭撓之，與之爲無窮，使不得休暇，以沮其堅忍之勢”云云。《金史·酈瓊傳》：“語同列曰：瓊常從大軍南伐，每見元帥國王，親臨陳督戰，矢石交集，而王免胄，指揮三軍，意氣自若；用兵制勝，皆合孫吴；可謂命世雄才矣。至於親冒鋒鏑，進不避難。將士觀之，孰敢愛死？宜其所向無前，日闢國百里也。”此金將勇而志一，兵精而力齊之注脚也。元帥國王，謂宗弼。清太祖之興也，以遺甲十三副。其攻鄂勒琿，尼堪外蘭失圖倫後所居，在今龍江西南。身被卅餘創，猶力戰，卒克之。其禦楊鎬四路之師，以四旗六萬之衆。雖曰明兵以分而弱，以寡擊衆，實爲虚詞。見《聖武紀·開國龍興記》。然其往來扞禦，巧而且速，其智略勇氣，亦不可及也。故老傳言：“滿洲初興，漢人望而生畏。以一滿人，可逐數十漢人。如驅羊然，莫敢格者。”知方興之朝氣，必有不容輕視者矣。

然此等野蠻民族，一入中國，即易剛而爲柔。其初興也，沛然莫之能禦，其衰也，亦一落千丈。則由其程度太低，與文明之民族接，不能傳其文化，而惟紛華靡麗之悦也。金之衰，蓋自遷種人入中原始。猛安謀克户之入中原也：民口二十五，受田四頃四畝有奇，歲輸粟不過一石。税之可謂極薄，又多拘良田與之。然諸猛安謀克人，皆惟酒是務。令漢人佃蒔，而取其租。有一家百口，隴無一苗者。《世宗本紀》：“大定十六年，上與親王、宰執官從容論古今興廢，曰：女直舊風，最爲純直。雖不知書，然其祭天地，敬親戚，尊耆老，接賓客，信朋友，禮意款曲，皆出自然；其善，與古書所載無異。”秦檜之謀南歸也，告於監者。監者許之。檜猶以爲慮。監者曰：“吾國人許人一言，無不生死以之者。”即此一端，亦足見其慷慨誠樸矣。其能滅遼遷宋，豈偶然哉？然及世宗時，業已譯漢姓，改漢名，效南人裝束，寖至不能女直語。世宗雖力主保守舊俗，亦無如之何矣。

清室初興時，即能略知書史。金人忘其本俗之事，太宗時即引爲鑑戒。崇德元年，嘗集諸王貝勒大臣，令弘文院官讀《金史·世宗本紀》，諭以勿忘舊制，廢騎射，效漢俗，爲萬世之計。康、雍、乾諸朝，於此尤兢兢焉。然其部族風氣，轉移尤速。崇德元年，太宗諭王大臣，即云：“太祖時，八旗子弟，一聞行師出獵，皆踴躍争先。今則或託妻子有疾，或以家事爲辭。”逮乎入關，則戰伐多恃降將。三藩之變，自尚善貝勒一路外，多懷異心。有欲舉襄陽以北降敵者，轉賴漢將持之得免。見《嘯亭雜録》。滿人至此，已如澤中之麋，蒙虎之皮矣。而其不能勤事生業，亦與金人無異。入關之始，即圈占近畿田宅，以給旗兵。康、雍、乾之世，負債則爲代償；典賣田地，則爲代贖；又時有恩賜、借貸。其待種人，蓋又較金源爲厚。然其人皆侈衣食，事敖游；得田則賣，得粟則糶，得金則揮霍立盡；與金猛安謀克户，無以異也。初入關時，旗人四出强賣人參；又向商賈强行市易，至有恃强鞭撻者。於是禁不得出外經商。乾隆時，乃借以庫銀，令其營運。然其人本不能商，不旋踵，虧折以盡。見《熙朝紀政》。時又徙八旗餘丁三千於吉林，令其耕墾。亦以所得地典與漢人，逃歸北京。八旗生計，遂終清世無善策。至於今日，猶勞漢族代籌焉。

女真文字，亦本華文。創之者爲完顔希尹。自希尹創製後，宗室中通習最早者，當推景祖曾孫宗憲；宗憲又通契丹、漢文。其後精深者，推温迪罕締達；善教授者，稱紇石烈良弼。宗室中精中國文學者，爲世宗子豫王允成，孫璹。《始祖以下諸子傳》：穆宗第五子勗：“女直既未有文字，亦未嘗有記録。故祖宗事皆不載。宗翰好訪問女直老人，多得祖宗遺事。”“天會六年，詔書求訪祖宗遺事，以備國史。命勗與耶律迪越掌之。勗等采摭遺言舊事，自始祖以下十帝，綜爲三卷。凡部族，既曰某部，復曰某水之某，又曰某鄉某邨，以別識之。凡與契丹往來，及征伐諸部，其間詐謀詭計，一無所隱。有詳有略，咸得其實。”今一披讀《金史》，先世事跡，秩然可考。不徒遠勝《元史》，亦非《遼史》取資中國舊籍者所得比肩，皆勗等之功也。

女真部族，程度尚較契丹爲低，而其模效中華，則較契丹爲力。《金史·文藝傳》謂“金用武得國，無異於遼，而一代制作，能自樹立唐、宋之間，有非遼世所及”，謂此也。以與女真本族無關，今不之及。中國文物，爲女真所劫掠者亦甚多。《宋史·欽宗紀》靖康二年：“夏，四月，庚申朔，金人以帝及皇后、太子北歸。凡法駕、鹵簿，皇后以下車輅、鹵簿、冠服、禮器、法物、大樂、教坊樂器、祭器、八寶、九鼎、圭璧、渾天儀、銅人、刻漏古器、景靈宫供器、太清樓祕閣三館書、天下州府圖，及官吏、内人、内侍、技藝、工匠、倡優、府庫蓄積，爲之一空。”其所失，殆過遼之人汴矣。武力不競，文物隨亡，豈不痛哉？金初制度之簡陋，可參看附録《金初官制》條。

清時，女真開化，又非金世之比。其文字創於額爾德尼，而達海加以圈點。乃以蒙古文爲根原。滿、蒙言語多同，固較用漢字爲便也。太祖即通漢文，能讀《三國演義》及《水滸傳》。初設文館，後分爲三院，弘文院專譯漢書。故一切制度，較金初亦覺美備。太宗時已能修《太祖實録》，而遼寧所存《滿文檔案》，史家亦視爲瑰寶焉。

蒙古雖出室韋，然既與沙陀突厥混合，其居地又在漠北，故其風氣，與室韋等處山嶺之地者少殊。室韋人能種粟麥及穄，又有麯以釀。冬逐水草，夏亦城居。《五代史》稱其地多銅鐵金銀；其人工巧，銅鐵諸器皆精好。且善織毛錦。則已頗進於農工矣。而蒙古初興，純爲游牧種人風習。蓋地勢使然也。然室韋無君長，惟有大酋，號餘莫弗瞞咄，筦攝其部。死則子弟代立。嗣絶，則擇賢豪立之，其衆大者數千户，小或千户，濱散川谷，逐水草，不税斂。每弋獵，即相嘯聚，事畢而去。不相臣制。而蒙兀汗位，亦時絶時續，必待衆推，似仍室韋舊習也。

蒙古官制，極爲簡陋。除以萬户治軍旅，斷事官治政刑外，可考者惟四怯薛之制。怯薛者，蒙古親衛軍之名。其所屬：有火兒赤、昔寶赤、怯憐赤，主弓矢鷹隼之事。有札里赤，主書寫聖旨。有必闍赤，爲天子主文史。有博爾赤，親烹飪，以奉上飲食。有云都赤、闊端赤，侍上，帶刀及弓矢。有八剌哈赤，司閽。有答剌赤，掌酒。有兀剌赤、莫倫赤，典車馬。有速古兒赤，掌内府上供衣服。有帖麥赤，主牧橐駝。有火赤，主牧羊。有忽剌罕赤，主捕盗。有虎兒赤，掌奏樂。皆分番更直，而領於怯薛之長；實皆近習耳。其兵制，則確能舉國皆兵。用本部族人者，謂之蒙古軍。用他部族人者，謂之探馬赤軍。其法：家有男子，十五以上，七十以下，無衆寡，皆令爲兵。孩幼稍長，又籍之，爲漸丁軍。故其部族不多，而兵數頗衆。又能取異族之長，以自補其短。每攻破州縣，輒招取鐵木金火等人，以充礮手。其後來之軍，有以技名者，礮軍、弩手軍、水手軍是也。其所向無前，宜矣。

蒙人生事，本至簡陋。驟入中國，惟知見紛華美麗而悦。至於損上益下，藏富於民，爲久長之計，則非其所知也。《元史・耶律楚材傳》："太宗時，近臣别迭等言：漢人無補於國，可悉空其人，以爲牧地。又議裂州縣以賜親王功臣。"楚材力争，乃止。其初下中原，嘗舉降人爲驅丁，雖儒者不免。蓋視中國人皆俘虜矣。惟頗喜技巧。凡克城邑，工匠必别籍之。其制：凡攻城，敵以矢石相加，即爲拒命；既克，必盡殺之。汴梁將下，速不台欲屠其城。耶律楚材謂奇巧之工，厚藏之家，皆萃於此，遂已。太宗時，商賈鬻物於朝廷者，皆得馳驛。太宗崩，乃蠻真后稱制。西域商人奥都剌合蠻，以言利得政柄，使專掌財賦，至付以御寶宫紙，使自書行之。又有旨："奥都剌合蠻所建白，令史不爲書者，斷其手。"其鹵莽滅裂，亦可笑矣。然終元世，其理財之策，除朘民以自奉外，實他無所知，正不特初起時爲然也。

蒙古舊俗，亦尚巫鬼。《元史・文宗紀》"天順二年，正月，封蒙古巫者所奉神爲靈感昭應護國忠順王，號其廟曰靈佑"是也。然此等神教，程度甚淺，入人不深。故與他族相接後，信其教甚易。如其接吐蕃，則信喇嘛教，居西域，則信天方教是也。成吉思汗征西域，嘗掠得徒思婦人名法特馬者，以歸。法特馬好巫蠱，乃蠻真后寵之。太宗朝舊人，半爲所讒構斥逐。可見其迷信之易矣。然亦以此故，於各教無所歧視。克敵時，於其民所信之教悉仍之，遂爲民心所歸。如古出魯克據西遼，强其民改教，以致滅亡。蒙古取之，人民信教，一聽自由，民遂以安是也。

蒙古初用畏兀文。後據藏文，别造新字。其傳受漢人文化，遠不如遼、金二代。《廿二史劄記》云："《元史・本紀》：至元二十三年，翰林承旨撒里蠻言：國史院纂修太祖累朝《實録》，請先以畏吾字繙譯進讀，再付纂定。元貞二年，兀都帶等進所譯《太宗憲宗世祖實録》。是皆以國書進呈也。其散見於他傳者：世祖問徐世隆以堯、舜、禹、湯爲君之道。世隆取書傳以對。帝喜，曰：汝爲朕直解進讀。書成，令翰林承旨宏藏譯寫以進。曹元用奉旨譯唐《貞觀政要》爲國語。元明善奉武宗詔，節《尚書》經文，譯其關於政事者。乃舉文陞同譯。每進一篇，帝必稱善。虞集在經筵，取經史中有益於治道者，用國語、漢文兩進讀。譯潤之際，務爲明白，數日乃成一篇。馬祖常亦譯《大訓》以進。皆見各本傳。是凡進呈文字，必皆譯以國書，可知諸帝皆不習漢文也。惟裕宗爲太子時，早從姚樞、竇默受《孝經》。及長，則侍經幄者，如王恂、白棟、李謙、宋道等，皆長在東宫備咨訪。中庶子伯必，以其子阿八赤入見。太子諭令入學。伯必即令入蒙古學。逾年，再見。問所讀何書？以蒙古書對。太子曰：我命汝學漢人文字耳。此可見裕宗之留心學問。然未即位薨。以後如仁宗，最能親儒重道。然有人進《大學衍義》者，命詹事王約等，節而譯之。則其於漢文，蓋亦不甚深貫？至朝廷大臣，亦多用蒙古勳舊，罕有留意儒學者。世祖時，尚書留夢炎等奏：江淮行省，無一人通文墨者。乃以崔彧爲江淮行省左丞。《彧傳》。李元禮諫太后不當幸五臺。帝大怒，令丞相完澤、不忽木等鞫問。不忽木以國語譯而讀之。完澤曰：吾意亦如此。是不惟帝王不習漢文，即大臣中習漢文者亦少也。"以視遼、金二代，相去不甚遠哉。

金人以同化於中國而敗，元人頗豫防之。《元史・世祖本紀》：至元二十三年，"以從官南方者多不歸，遣使盡徙北還"。《成宗紀》：大德七年，"以行省官久住，多與所部人聯姻，乃詔遷其久任者”。是其事也。然亦終無救於其不振。此事自關文化之深淺，非可以力争也。

野蠻民族，大都直情逕行。故其寬厚質直之處，或非文明人所及。然其殘酷，亦出意外。蒙古欲空中國爲牧地，最足駭人聽聞，然猶空言耳。至女真，則其待中國之酷，有出人意計之外者。洪邁《容齋三筆》云：“靖康之後，陷於金虜者，帝王子孫，宦門仕族，盡没爲奴婢，使供作務。每人一月，支稗子五斗，令自舂爲米，得一斗八升，用爲餱糧。歲支麻五把，令緝爲裘。此外更無一錢一帛之入。男子不能緝者，則終歲裸體。虜或哀之，則使執爨。雖時負火得煖熱，然纔出外取柴歸，再坐火邊，皮肉脱落，不日輒死。惟喜有手藝，如醫人繡工之類。尋常只圍坐地上，以敗席或蘆藉之。遇客至開筵，引能樂者使奏技。酒闌客散，各復其初。依舊環坐刺績；任其生死，視如草芥。”《金史》載海陵殺趙氏子孫一百三十餘人。世宗時，梁肅奏：“天水郡公欽宗。本族，已無在者。其餘皆遠族，可罷其養濟。”蓋二帝之親支盡矣。撰《蒙兀兒史記》之屠君敬山，寄。嘗爲予言：“寧古塔人民，有於歲首闔户哀泣終日者，習俗相沿，莫知其故。實皆趙宋之遺黎，在當日以是志亡國之痛者也。”枯魚過河，泣將焉及？“我寧山頭望廷尉，不能廷尉望山頭。”今之高談無國界，無種族界者，其念之哉！

然金元等雖恃其强盛，陵轢漢人，而及其末葉，則受報亦慘。《廿二史劄記》云：“一代敝政，有不盡載於正史，而散見於他書者。金制，以種人設明安穆昆即猛安謀克，清乾隆時所改譯字。分領之，使散處中原。世宗慮種人爲民害，乃令明安穆昆，自爲保聚。其土地與民犬牙相入者，互易之。使種人與漢人，各有界址。意至深遠也。案世宗爲保守舊俗最力之人。其令種人自爲保聚，乃慮其與漢人同化，且欲團結以制漢人耳；非爲漢人計也。趙氏蓋以清代亦有圈地之事，故不得不爲此回護之辭。其後蒙古兵起，種人往戰輒敗。承安中，主兵者謂種人所給田少，不足豢身家，故無鬭志。請括民田之冒税者給之。於是武夫悍卒，倚國威以爲重，有耕之數世者，亦以冒占奪之。及宣宗貞祐間，南渡，盜賊羣起。向之恃勢奪田者，人視之爲血讎骨怨；一顧盼之頃，皆死於鋒鏑之下；雖赤子亦不免。事見元遺山所作《張萬公碑文》。又《完顔懷德碑》亦云：民間讎撥地之怨，睚眦種人，期必殺而後已。尋蹤捕影，不三二日，屠戮净盡。甚至掘墳墓，棄骸骨。惟懷德令臨淄，有惠政，民不忍殺，得全其生。可見種人之安插河北諸郡者，盡殲於貞祐時。蓋由種人與平民雜處，初則種人倚勢虐平民，後則平民報怨殺種人，此亦一代得失之林也。”予案今俗猶有殺韃子一語，韃子即韃靼也。然則元室亡時，其種人雖多以改姓自媚於漢得免，見《日知録・二字姓改一字》條。其見屠戮者，亦必不少矣。"無平不陂,無往不復",好殺戮者,其念之哉?

清承金元之後,文化稍高,又能粗知書史,故其待漢族,暴虐無異金元,而又益之以深鷙。當太祖時,獲漢人皆以爲奴,得儒士皆殺之。然亦能用范文程等,蓋深知其忠順者則用之,不敢必者則殺之。太祖自知爲野蠻人,深慮知計不足與漢儒士敵也。太宗時,漸有窺伺中原之心,務爲籠絡人心之計。故待中國降將極厚。又嘗考試儒士,免其爲奴。然究非出於真誠,故不旋踵,復定奴僕不許應試之制。崇德二年,都察院承政祖可法以爲言。太宗則斥之曰:"今滿洲家人,非先時濫行占取者可比。間有一二生員,皆攻城破敵之際,或經血戰而獲,或因陣亡賞給。無故奪之,彼死職之勞,捐軀之義,忍棄之乎?若另以人補給,所補者獨非人乎?爾等止知愛惜漢人,不知愛惜滿洲有功之人,及補給爲奴之人也。"是年,因責都察院承政張存仁等庇護漢人,又曰:"若禮部承政祝世昌,奏請禁陣獲良人婦女賣充樂户一疏。祝世昌豈不知樂户一事,朕已禁革?不過徇庇漢人,藉此立言要譽耳。朕料祝世昌身雖在此,心之所向,猶在明也。祝世昌果係忠臣,彼明以大元田、劉、張三姓功臣之裔爲娼,即當奏請禁止矣。"不惟私其種族,而又左袒胡元。其仇視漢人之心,可謂深矣。中國以没入婦女充樂户,固係秕政,然係本外族一律,非專以此待異族。寧完我云:"漢官不會滿語,常被駡詈辱打,至傷心墮淚。皇上遇漢官,每每温慰懇至,而國人反陵轢作踐,將何以成一體,徠遠人邪?"清室初年,漢官見滿洲王大臣白事皆長跪,雖大員亦如此。耿、尚、洪、吴等,雖若特蒙寵眷,其所處之境地,亦可想見矣,況其下於此者?而其能引決,曾不若臧獲婢妾;且甘爲胡虜鷹犬,以搏噬父母之邦,其用心豈不異哉?入關而後,圈占田宅之奪民生計;嘉定、揚州之肆行屠戮;列朝文字之獄之挫折士氣,摧毁文化;迄今言之,猶令人髮指眦裂焉。而炎黄之胤,神明之胄,猶有被髮效忠於胡者,無所迫而爲之,其用心,以視當日之降俘,尤可異矣。

清代深謀,尤在聯合滿、蒙,以制漢族。不特關東之地不許漢人屯墾,即於蒙地亦然。奉天將軍歲終例須奏報並無漢人出關,至末葉猶然也。然而究何益哉?藏舟於山,夜半,有力者負之去矣!坐使滿、蒙之地,廣田自荒,致生異族之覬覦,此則其禁阻漢人之效耳。今日關東,欲求一但知滿語之滿人,豈復可得?升允崎嶇,終於齎志,蒙人之所以助滿者,又何如乎?沃沮葉魯,終即華風。白水黑山,轉滋異類。清朝之祖宗,得毋令後人笑汝拙乎?然此皆汝曹自爲之,又何咎也?老子曰:"天之道,其猶張弓與?""其事好還。""天網恢恢,疏而不失。"

附録一 金初官制

《金史·百官志》:"金自景祖,始建官屬,統諸部,以專征伐,嶷然自爲一國。其官長皆稱曰勃極烈。故太祖以都勃極烈嗣位,太宗以諳班勃極烈居守。諳班,尊大之稱也。其次曰國論忽魯勃極烈。國論,言貴,忽魯,猶總帥也。又有國論勃極烈,或左右置,所謂國相也。其次諸勃極烈之上,則有國論、乙室、忽魯、移賚、阿買、阿舍、吴、迭之號,以爲陞拜宗室功臣之序焉。其部長曰孛堇,統數部者曰忽魯。凡此,至熙宗定官制皆廢,其後惟鎮撫邊民之官曰禿里。烏魯圖之下,有掃穩、脱朵。詳穩之下,有麽忽、習尼昆。此則具於官制而不廢。皆踵遼官名也。"此段文字,殊欠清晰。其《國語解》云:"都勃極烈,總治官名,猶漢云冢宰。諳版勃極烈,官之尊且貴者。國論勃極烈,尊禮優崇,得自由者。胡魯勃極烈,統領官之稱。移賚勃極烈,位第三曰移賚。阿買勃極烈,治城邑者。乙室勃極烈,迎迓之官。札失哈勃極烈,守官署之稱。昃勃極烈,陰陽之官。迭勃極烈,倅貳之官。諸糺詳穩,邊戍之官。諸移里堇,部落墟砦之首領。禿里,掌部落詞訟,察非違者。烏魯古,牧圉之官。"胡魯,即忽魯。國論勃極烈、忽魯勃極烈,據解乃兩官,而《志》誤合爲一。下又重出國論勃極烈之名。"則有國論、乙室、忽魯、移賚、阿買、阿舍、吴、迭之號"句,國論、忽魯又重出。阿舍,即《解》之札失哈。吴爲昃字之誤。蓋此諸號,至熙宗皆廢,故作史者亦不能了然也。《桓赧散達傳》:"國相雅達之子也。雅達之稱國相,不知其所從來。景祖嘗以幣與馬求國相於雅達。雅達許之。景祖得之,以命肅宗。其後撒改亦居是官焉。"案《遼志》:屬國職名,有左相右相。又載景宗保寧九年,女直國來請宰相,夷离堇之職,以次授者二十一人。則雅達之國相,必受諸遼,故須以幣與馬求之。然則金初國論勃極烈爲最尊之官;都勃極烈、諳版勃極烈,皆後來所設;故移賚勃極烈,位居第三也。

《志》又云:"諸糺詳穩一員,掌戍守邊堡。麽忽一員,掌貳詳穩。習尼昆,掌本糺差役等事。""諸移里堇司。移里堇一員,分掌部族村寨之事。""諸禿里。禿里一員,掌部落詞訟,訪察違背等事。""諸羣牧所,國言謂烏魯古。提控諸烏魯古一員。又設掃穩、脱朵,分掌諸畜,所謂牛馬羣子也。"此等序謂踵遼官名,其下皆無勃極烈字。然則凡有勃極烈字者,皆女真之舊也。金初官制,大略可見矣。

第八章　苗　族

西南諸族，最爲錯雜，而名稱亦猥多。我國古代，通稱爲蠻，後世譌而爲苗。近今之言種族者，亦多通稱爲高地族而已。不甚加以分别，此甚疏也。今就載籍可稽者，略加爬梳，析爲五族：曰苗，曰粵，曰濮，曰羌，曰藏，以次分論之。

苗者，蓋蠻字之轉音。我國古代，稱四方之異族曰夷、蠻、戎、狄，原以其方位言，非以其種族言。既習以是爲稱，而其種族之本名遂隱。今所謂苗族者，其本名蓋曰黎。我國以其居南方也，乃稱之曰蠻；亦書作髳作髦；《書·牧誓》："及庸蜀羌髳微盧彭濮人。"《詩·小雅》："如蠻如髦。"《毛傳》："髦，夷髦也。"《鄭箋》："髦，西夷别名。武王伐紂，其等有八國從焉。"《正義》："彼髳此髦，音義同也。"案西夷種族，别無稱髦者。若係國名，則不得與蠻對舉。《毛傳》例不破字，其稱夷髦，正係以夷蠻爲訓。《韓詩》："今夫肢體之序，與禽獸同節；言語之暴，與蠻夷不殊；混然無道，此明王聖主之所罪。《詩》曰：如蠻如髦，我是用憂。"亦以夷蠻訓蠻髦，韓毛同義也。如蠻如髦，乃以雙聲之字爲重言耳。近人或云：髳爲馬留二字合音，非。馬留乃粵族，見下篇，與今所謂苗族，古稱爲蠻者無涉。晚近乃譌爲苗。既譌爲苗，遂與古之三苗國混。三苗姜姓。當五帝時，姬姜二姓之争甚烈。《晉語》："昔少典娶於有蟜氏，生黄帝、炎帝。黄帝以姬水成，炎帝以姜水成，成而異德，故黄帝爲姬，炎帝爲姜；二帝用師，以相濟也。"可見姬姜二姓，實爲當時兩大族。自黄帝戰勝炎帝後，顓頊、帝嚳、堯、舜、禹、契、稷，相繼而有天下者，皆黄帝之子孫；姜姓望國不過齊、許、申、吕；蓋姬成而姜敗矣。姜爲姬敗，乃南走。服九黎之民而君之，時曰三苗。近人既不察今之苗族與古之三苗之别，又不察古之姜姓，其君九黎而稱三苗，實在北方戰敗之後；乃誤以爲初與姬姓戰於北方者，即爲後來之三苗，所用者亦即爲後來九黎之民；遂有今之苗族，先漢族入中國，後乃爲漢族所逐之説矣。今請得而辯正之。

何以知三苗爲姜姓之國，而非種族之名也？案古之言三苗者：馬融、王肅云："國名也，縉雲氏之後爲諸侯，蓋饕餮也。"《書·堯典》釋文。高誘云："帝鴻氏之裔子渾敦，少昊氏之裔子窮奇，縉雲氏之裔子饕餮，三族之苗裔，故謂之三苗。"《淮南子·修務訓》注。韋昭云："炎帝之後，諸侯共工也。"《書·吕刑正義》。其言苗民者：鄭玄云："苗民，謂九黎之君也。九黎之君，於少昊氏衰，而棄善道，上效蚩尤重刑。必變九黎言苗民者：有苗九黎之後，顓頊代少昊，誅九黎，分流其子孫，爲居於西裔者三苗。至高辛之衰，又復九黎之惡。堯興，又誅之。堯末，又在朝。舜時，又竄之。後王深惡此族三生凶惡，故著其氏而謂之民。民者冥也，言未見仁道。"《禮記·緇衣正義》引鄭注《吕刑》。然則苗者氏族，民者貶辭。既不容望文解爲人民，自無從憑臆斷爲種族。至於三苗本系，則高誘三族苗裔之説，似即緣三字而附會，别無確據。且即如所云，亦仍有縉雲氏之裔在内。杜預注《左氏》，謂縉雲爲黄帝時官名，文十八年。此僅得爲氏，以官爲氏。而未詳其姓。《史記集解》《五帝本紀》。引賈逵云："縉雲氏，姜姓也。炎帝之苗裔。"與韋昭"炎帝之後"之説合。惟昭又謂爲共工，似顯與《書》之"流共工""竄三苗"分舉者背。然《周語》：太子晉謂"共工壅防百川"；又謂"共之從孫四岳佐禹，祚四岳國，命爲侯伯，賜姓曰姜，氏曰有吕"。《韋注》引賈逵説，亦以共工爲炎帝之後，姜姓。而據宋翔鳳所考，則謂四岳即《左氏》"夫許大岳之胤也"之大岳；隱十一年。實即《堯典》之伯夷；《尚書大傳》之陽伯；《墨子》、《所染》篇。《吕覽》《當染》篇。之許由、伯陽；《莊子》堯讓天下於許由；實即《堯典》咨四岳遜朕位之事。其説甚爲精核。又《韓非子·外儲説》："堯欲傳天下於舜。共工諫曰：孰以天下而傳之於匹夫乎？堯不聽，舉兵而誅共工於幽州之都。"而郭璞注《山海經》《海外南經》。亦曰："昔堯以天下讓舜，三苗之君非之。帝殺之。有苗之民，叛入南海，爲三苗國。"然則共工、三苗，皆當時姜姓之讎舜者；實仍姬姜之争耳。縱令韋昭以三苗當共工爲誤，而三苗之必爲姜姓，則無疑矣。《後漢書·羌傳》："西羌之本，出自三苗，姜姓之别也。"其説與賈、馬、韋、高合，蓋必有所受之矣。《後漢書》又云："其國近南岳，及舜流四凶，徙之三危，河關之西南羌地是也。"其説地理亦極合。案自來説三危者，多誤以爲在敦煌附近，而"至於三危入於南海"之黑水，遂至聚訟紛紜。今案《史記集解》引鄭玄云："《地理志》，益州滇池有黑水祠，而不記此山水所在，《地記》曰：三危山，在鳥鼠之西南。"又《水經注》兩引《山海經》，以證《尚書》之三危。三十卷云："三危山，在敦煌南，與岷山相接，南帶黑水。"四十卷云："三危之山，三青鳥居之。廣圓百里，在鳥鼠山西。"又："江水東過江陽縣，雒水從三危山道廣魏雒縣南，東南注之。"雒縣，今四川廣漢縣。三危山，在鳥鼠西南，岷山之西，明係今青海地方，長江上源以北，黄河上源以南之山。黑水在三危之南，明即今金沙江。金沙江古名瀘水，瀘從盧，盧即黑也。滇池有黑水祠，滇池固在金沙江南岸也。《禹貢》雍梁二州，皆以黑水爲界，蓋雍州西南，抵今青海地方江源之北；梁州西界，抵今西康之江東岸；故雍州得包有析支。所謂入於南海者，乃夷蠻戎狄謂之四海之海，非洋海之海也。古代命山，所包至廣，非如後世，但指一峯一嶺言之。云三危在敦煌南，猶云河水出敦煌塞外；以敦煌爲當時中國最西北境，故云。非謂必在敦煌附近也。自《左》昭九年"允姓之姦，居於瓜州"，杜注謂"允姓陰戎之祖，與三苗俱放三危者；瓜州，今敦煌"；於是移敦煌南之三危於敦煌境内；《括地志》因之，鑿言"三危山在敦煌縣東南四十里"，而異説始滋矣，其實《前漢書·地理志》，及《續漢書·郡國志》，敦煌郡下，均不言有三危山也。《後書·羌傳》，言三危析支，地理皆與經義密合。清聖祖以哈剌烏蘇爲黑水，因謂康、衛、藏爲三危，猶中國之三省。其説殊爲荒繆。然世多信之者，以哈剌烏蘇譯義爲黑水耳。其實舍瀘水之瀘字不取，而轉以哈剌二字相附會，真所謂舍近而求遠也。

何以知三苗之君爲姜姓，而其民則爲今之苗族也？案鄭注《吕刑》，明言苗民爲九黎之君，則九黎二字，係指人民可知。馬融、高誘、僞孔，以蚩尤爲九黎之君；其用蚩尤二字，雖少涉含混；然九黎二字，係指人民言則同。參看下文。高注《淮南子》，於三族苗裔之説之外，别舉一説曰："一曰竄三苗國民於三危。"郭注《山海經》亦曰："堯誅三苗，其民叛入南海。"皆以君與民分别言之。三苗君民之實非同族，亦隱隱可見。雖鄭注謂"有苗九黎之後"，又謂"顓頊代少昊，誅九黎分流其子孫，爲居於西裔者三苗"，又謂"至高辛氏之衰，又復九黎之惡"，一似九黎亦爲君名，而爲苗民之祖；然此九黎二字，自以代九黎之君四字用。其言"有苗九黎之後"，猶言九黎之君之後。顓頊誅九黎，猶言誅九黎之君。又復九黎之惡，猶言又復於少昊氏衰而棄善道上效蚩尤重刑之九黎之君之惡。古人文字簡略，上文既明言之曰"苗民謂九黎之君"，又緊承之曰"九黎之君，於少昊之衰，而棄善道"云云，故下文遂省去"之君"二字耳。《後漢書·南蠻傳》："建武十二年，九真徼外蠻里張游，率其種人，慕化内屬。封爲歸漢里君。"注："里，蠻之别號，今呼爲俚人"是也。里、俚皆即黎，字變而音未變。蓋姜姓既敗於北，乃南走而臣九黎，猶月氏破於匈奴，乃西走而臣大夏耳。

何以知姜姓之君九黎，必在其北方既敗之後也？案近人誤以與黄帝戰於北方者，爲今日之苗族，皆爲"蚩尤九黎之君"一語所誤，殊不知古之稱人，惟重氏族；子孫父祖，同蒙一號者甚多。即如戰於阪泉之野之炎帝，豈得以爲"斲木爲耜，揉木爲耒"之炎帝乎？僞孔及高誘《秦策》注。之釋蚩尤，但曰"九黎之君"，"九黎民之君"，誠少涉含混。然馬融則明著之曰"少昊之末九黎君名"，《書·吕刑》釋文。實本《楚語》"少昊之衰，九黎亂德"之語，則不以爲與黄帝戰於涿鹿之蚩尤可知。鄭更明著之曰："九黎之君，於少昊氏衰，而棄善道，上效蚩尤重刑。"則蚩尤在九黎之君之前可知。其釋蚩尤也，則曰"霸天下，黄帝所伐者"；《吕刑正義》。絶不言爲九黎之君；則與黄帝戰之蚩尤，實未嘗君臨九黎可知。《韓詩》稱三苗之國曰："衡山在南，岐山在北；左洞庭之陂，右彭蠡之澤。"《史記·吴起列傳》，《戰國策·魏策》略同。《史記·五帝本紀》則云："在江淮荆州。"從古無以三苗爲在北方者。則戰於涿鹿之蚩尤，雖爲三苗國君之祖，而其身實未嘗君臨三苗，又可知矣。且鄭玄既以蚩尤爲霸天下，應劭又以蚩尤爲古天子，《吕刑正義》。而《史記·五帝本紀》述黄帝與炎帝、蚩尤之争，其詞又頗錯亂。其文曰："軒轅之時，神農氏世衰；諸侯相侵伐，暴虐百姓，而神農氏弗能征。於是軒轅乃習用干戈，以征不享，諸侯咸來賓從；而蚩尤最爲暴，莫能伐。炎帝欲侵陵諸侯，諸侯咸歸軒轅。軒轅乃修德振兵，以與炎帝戰於阪泉之野，三戰然後得其志。蚩尤作亂，不用帝命。於是黄帝乃徵師諸侯，與蚩尤戰於涿鹿之野，遂擒殺蚩尤。而諸侯咸尊帝爲天子，代神農氏。"夫既云"諸侯相侵伐，暴虐百姓弗能征"矣，又云"欲侵陵諸侯"，其事弗類；而以"習用干戈""諸侯賓從"之軒轅，阪泉之役，猶必"三戰然後得其志"，轉與最暴莫能伐之蚩尤，酷似一人，是則可疑也。今世所傳《大戴記》，雖未必可信，然要爲古書；其述五帝事，多與《史記》同，尤足以資參證。今案《五帝德篇》，衹有與炎帝戰於阪泉之文，更無與蚩尤戰於涿鹿之事。然則《五帝本紀》之蚩尤、炎帝，究爲一人，抑爲二人？殊未易定。崔氏適謂《易繫辭》之"黄帝垂衣裳"，《風俗通》聲音。引作皇帝；又《春秋繁露》，《三代改制質文篇》。亦以軒轅爲皇帝，足徵皇黄二字，古可通假；《吕刑》之"皇帝遏絶苗民"，實即黄帝與炎帝戰於阪泉之事，殊爲有見。然則謂蚩尤用九黎之民，即今日之苗族，與黄帝馳驅於幽、冀之域者，其爲武斷無據，概可見矣。

三苗與黎民之關係既明，則黎族古史，可以進考。案今之所謂苗族者，實爲漢長沙武陵蠻之後。其種族原始，《後漢書》備載之。曰："昔高辛氏有犬戎之寇。帝患其侵暴，而征伐不克。乃訪募天下：有能得犬戎之將吴將軍頭者，購黄金萬鎰，邑萬家；又妻以少女。時帝有畜狗，其毛五采，名曰槃瓠。下令之後，槃瓠遂銜人頭造闕下，羣臣怪而診之，乃吴將軍首也。帝大喜。而計槃瓠不可妻之以女，又無封爵之道；議欲有報，而未知所宜。女聞之，以爲帝王下令，不可違信，因請行。帝不得已，乃以女配槃瓠。槃瓠得女，負而走入南山，止石室中，所處險絶，人跡不至。於是女解去衣裳，爲僕鑒之結，著獨力之衣。帝悲思之，遣使尋求；輒遇風雨震晦，使者不得進。經三年，生子一十二人；六男六女。槃瓠死後，因自相夫妻。織績木皮，染以草實，好五色衣服，製裁皆有尾形。其母後歸，以狀白帝。於是使迎致諸子。衣裳班闌，言語侏離；好入山壑，不樂平曠。帝順其意，賜以名山廣澤，其後滋蔓，號曰蠻夷。外癡内黠，安土重舊。以先父有功，母帝之女，田作賈販，無關梁符傳租税之賦；有邑君長，皆賜印綬；冠用獺皮。其渠帥曰精夫，相呼爲姎徒。今長沙武陵蠻是也。"注："今辰州盧溪縣西有武山。"黄閔《武陵記》曰：山高可萬仞，山半有槃瓠石室，可容數萬人。中有石牀，槃瓠行跡。今案山窟前有石羊石獸，古跡奇異尤多。望石窟，大如三間屋。遥見一石，仍似狗形。俗相傳云是槃瓠像也。案唐盧溪縣，在今湖南瀘溪縣西南。此説一望而知爲漢人所附會。然干寶《晉紀》，范成大《桂海虞衡志》，皆謂苗人雜糅魚肉，扣槽而號，以祭槃瓠。《文獻通考·四裔考》引。則槃瓠確爲苗族之祖。近人或云："吾國古帝，蹤跡多在北方；獨盤古則祠在桂林，墓在南海。"《述異記》。又今所傳盤古事跡，或謂其與開闢俱生，《三五歷記》："天地混沌如雞子，盤古生其中。萬八千歲，天地開闢；陽清爲天，陰濁爲地；盤古在其中。一日九變，神於天，聖於地。天日高一丈，地日厚一丈，盤古日長一丈，如此萬八千歲，天數極高，地數極深，盤古極長，後乃有三皇。"或謂其以一身化爲萬有，《五運曆年記》："首生盤古，垂死化身：氣成風雲，聲爲雷霆；左眼爲日，右眼爲月；四支五體爲四極五岳；血液爲江河；筋脈爲地理；肌肉爲田土；髮髭爲星辰；皮毛爲草木；齒骨爲金石；精髓爲珠玉；汗流爲雨澤；身之諸蟲，因風所感，化爲黎甿。"《述異記》略同。亦與其餘繆悠古説，設想迥殊。現在粵西巖洞中，尚時有崇宏壯麗，榜爲盤古廟者，中祀盤古及天皇、地皇、人皇。舊曆六月二日，相傳爲盤古生日，苗族遠近咸集，致祭極虔。則盤古殆即吾族所謂槃瓠，與天、地、人三皇，皆爲苗族古帝；而其傳説，轉見於吾族之載籍歟。《遁甲開山圖》謂："天皇氏被跡在柱州昆侖山下；地皇氏興於熊耳、龍門之間；人皇氏興於刑馬山、提地之國。"柱州，以昆侖山高，若天柱然，故名。刑馬山，舊説在蜀。俱見《通鑑外紀》。《尚書璇璣鈐》謂"人皇氏乘六羽駕雲車出谷口"；而《華陽國志》謂"蜀之爲國，肇自人皇"。然則此族殆自中亞高原沿江東下者，地皇之跡，至於熊耳龍門，則彼族初封，初不局於洞庭、彭蠡間矣。予案盤古名號，雅記無徵。司馬貞作《補三皇本紀》，從鄭玄説，以伏羲、女媧、神農爲三皇；又據《河圖三五曆》，列天皇、地皇、人皇之説於後；可謂好用緯候矣；然亦不采盤古。而《三五曆記》及《五運曆年記》之説，與《摩登伽經》所謂"自在以頭爲天，足爲地，目爲日月，腹爲虛空，髮爲草木，流淚爲河，衆骨爲山，大小便利爲海"；《外道小乘涅槃論》所説"本無日月星辰，虛空及地，惟有大水。時大安荼生，形如雞子。周匝金色。時熟破爲二段。一段在上作天，一段在下作地"者，頗極相類。疑爲象教東來以後，竊彼外道之説而成。案厄泰梨雅優婆尼沙曇（Aitareya Upanishab）云："大古有阿德摩（Atman），先造世界，世界既成，後造人。此人有口，始有言，有言乃有火。此人有鼻，始有息，有息乃有風。此人有目，始有視，有視乃有日。此人有耳，始有聽，有聽乃有空。此人有膚，始有毛髮，有毛髮，乃有植物。此人有心，始有念，有念，乃有月。此人有臍，始有出氣，有出氣，乃有死。此人有陰陽，始有精，有精乃有水。"其思想亦相類，蓋本印度民族舊説，各種神教哲學，同以爲藍本也。既非吾族固有之詞，亦非苗族相傳之説。至於三皇，則古書所載，一似異説紛如，其實理而董之，僅得兩説：一爲今文家言，《尚書大傳》所謂"遂人爲遂皇，伏羲爲戲皇，神農爲農皇"是也。一爲古文家言，《白虎通義》或説，以伏羲、神農、女媧爲三皇是也。詳見第二章附録《三皇五帝考》。然則安有所謂被跡昆侖之天皇，興於熊耳、龍門之地皇，乘六羽，駕雲車，出谷口之人皇歟？又古所謂昆侖，實在青海境内。詳見第二章附録《昆侖考》。其地與三危，同爲西徼。然三危實三苗所流放，而非其發祥之所也。神州種族，多自西來。謂苗族之興，亦在中亞高原，説或可信。又槃瓠、盤古，音讀相同；扣槽之儀，千載未泯；則謂盤古實爲彼族古帝，或亦非誣。然必據百家言不雅馴之書，即爲彼族十口相傳之説，則未免失之早計矣。

苗族古代疆域，似未越洞庭、彭蠡之間。或引《吕覽·召類》"堯戰於丹水之浦，以服南蠻"，謂此族曾到南陽附近。然漢江上游，在古代實爲濮族之地。見第十章。南蠻二字，爲南方異族之通稱，不能即斷爲苗族也。觀熊眥遷郢而啓濮，則夷陵以西，亦爲濮族所據。惟熊渠東伐揚粤，至於鄂；粤爲今馬來人種，當時蹤跡，似未能至夏口，見第九章。或實爲此族歟。然自楚人拓地而南，又沿江東下，此族遂并洞庭、彭蠡間地而失之，而退入今湖南境内矣。

洞庭流系，古稱九江。其獨立入湖者凡四：湘、資、沅、澧是也。四水之中，湘江流域，地最平坦，故其開闢獨早。秦、漢時已無蠻患。蓋自楚闢湖南後，湘江流域，即逐漸開化矣。參看第一章。自漢以後，中國所致力者，乃在今川、鄂、湘三省之交。《後漢書》云：吴起相悼王，南并蠻、越。遂有洞庭、蒼梧。秦昭王使白起伐楚，略取蠻夷置黔中郡。漢世改爲武陵。今湖南沅陵縣。歲令大人輸布一匹，小口二丈，是謂賨布。雖時爲寇盜，而不足爲郡國患。光武中興，武陵蠻夷特盛。建武二十三年，精夫相單程等，據其險隘，大寇郡縣。遣劉尚擊之，敗没。二十五年，馬援乃破平之。章、和、安三世，澧中漊中諸蠻，漊水，今澧水支流九谿河。數爲寇盜。順帝永和元年，武陵太守上書：以爲蠻夷率服，可比漢人，增其租賦。其冬，澧中漊中蠻反。以李進爲太守，討破之。進簡選良吏，在郡九年，得其情和。桓、靈時，長沙、武陵、零陵蠻，零陵，今湖南零陵縣。復數反叛焉。三國而後，綱紀廢弛，此族遂大爲侵寇。《南史》述其事曰："東連壽春，今安徽壽縣。西通巴、蜀，北接汝、潁，往往有焉。其於魏氏，不甚爲患。至晉之末，稍以繁昌。漸爲寇盜。劉、石亂後，諸蠻無所忌憚，其族漸得北遷。宛、洛蕭條，略爲丘墟矣。"案夷陵以西，本爲濮族所據。夏口附近，亦有氐羌居之，各見本篇。不盡此族。惟當時此三族者，實已混合而不可分耳。馬貴與説。晉時，於荆州置南蠻校尉，雍州置寧蠻校尉以治之。宋孝武初，罷南蠻，而寧蠻如故。大抵在今河南境者，常叛服於南北朝間；又數爲内寇。在今湖北境者，深山重阻，人跡罕至，爲患尤深。甚至屯據三峽，斷遏水路。荆、蜀行人，爲之假道焉。其居今湖南境者：順附者一户輸粟數斛，餘無雜調。而宋人賦役嚴苦。貧者不堪，多逃亡入蠻。蠻無徭役，又不供官税。結黨連羣，動有百千。州郡力弱,則起爲盜賊。種類漸多。户口不可知也。其後居楚、豫間者,南北朝末,漸與漢人同化。居楚、蜀間者,周武帝天和末,命陸騰討破之。惟在今湖南境内者,至隋、唐之世,始加以經略焉。

今湖南境内,湘江流域,開闢最早;而沅、資流域較晚。雄、樠、武、辰、酉之域,尤爲羣蠻薈萃之區,所謂五溪蠻也。隋時,始於今沅陵縣地置辰州,唐時進置錦州、今湖南麻陽縣。溪州、今湖南永順縣。巫州、今四川巫山縣。敍州。今湖南黔陽縣。唐末,羣蠻分據其地,自署爲刺史。宋有天下,任傜人秦再雄招降之。於是沅江流域之地,分爲南北江。北江蠻酋,彭氏最大。南江蠻酋,舒氏、田氏、向氏最大,而資江流域,則爲梅山峒蠻所據。其地東接潭,南接邵,西接辰,北接鼎、澧,最爲腹心之患。又有楊氏者,據今靖縣地,號十峒首領。神宗始任章惇,招降梅山蠻,置安化、新化二縣。今縣同。又平南江蠻,置沅州。今芷江縣。降十峒首領,置誠州。北江之地,亦歸版籍,於是今湖南全境,未定者僅西北一隅,與湖北西南境毗連之地。明時,闢施州、今湖北恩施縣。永順、今湖南永順縣。保靖。今湖南保靖縣。清康熙時,增闢乾州、今湖南乾城縣。鳳凰今湖南鳳凰縣。二廳。雍正時,改永順爲府。又闢永綏、今湖南永綏縣。松桃今貴州松桃縣。二廳。其初蠻民畏吏如官,畏官如神。有司因之,恣爲侵暴。漢人移居其地者又日多。三四十年間,地幾盡爲所占。苗民忿怒,倡言逐客民,復故地。遂有乾隆六十年之苗亂。調四川、雲南、湖南、廣西兵數十萬,然後破之。未及大定,而川、楚教匪起。官軍北調,苗患益滋。後傅鼐總理邊務。乃修碉堡;創屯田;練漢民爲兵;購收苗人軍器;又設學塾以教之;苗民始戢戢向化焉。

貴州一省,地最閉塞。其地自湖南入者,經鎮遠、平越而至貴陽;自滇、蜀入者,經瀘州會於畢節;自廣西入者,則經鬱江上流;皆蠻族盤據之地。故其開闢爲獨晚。元時,始於其地設土司。明初,元所屬思州來降。分設思州、思南二司。思州,今貴州思縣。思南,今貴州思南縣。後相仇殺。乃於永樂十一年,分其地爲八府、四州,設貴州布政司、都指揮使以治之。貴州始列爲内地。貴陽附近諸土司,以安氏、宋氏爲最大,安氏居水西,宋氏居水東,分統諸土司。後宋氏衰,安氏獨盛。天啓時,其酋安位之叔邦彦,結永寧宣撫奢崇明叛。永寧,今貴州關嶺縣。圍貴陽。至崇禎元年,乃平之。貴州東南境,以古州爲中心,古州,今貴州榕江縣。環寨千三百餘,周幾三千里,謂之苗疆。清雍正時,鄂爾泰主改流,任張廣泗招撫之。後廣泗移督湖廣。繼任者易苗事。十三年,苗叛。討之無功。高宗立,復任廣泗經略,蹙之丹江、丹拱、都匀間之牛皮大箐中,殺戮殆盡。自是貴州之苗,不復爲大患矣。

苗族雖爲漢人所征服，然今湖南、貴州境，其族猶不少。其派别至繁，彼此不通婚姻，故不能摶結。其於漢人，有深閉固拒，不肯通婚者；亦有慕與漢人結婚者。然漢族多鄙視之，不願與通婚姻。今貴州男子，有取苗女者，猶多爲親族所歧視；甚至毁其宗祠。至漢女嫁苗男者，則可謂絶無矣。以是故，其種類頗純，迄今不能盡與漢人同化。然漢族之流徙其間者，究屬不少。故混合之事，亦時有之。今之論苗族者，或分爲純苗族，不純苗族。純苗族，言語、風俗，皆與漢人絶殊。不純苗族，則介乎漢與苗之間者也。諸土司多非苗族，大率漢人爲大長於蠻夷中，故頌土司之功者，多稱其"趕苗脱籍"云。苗人皆知田種。亦或獵牧，不以爲正業。平地率爲漢人所占。其人多居山地。墾田力作，勞苦倍而收穫半。以能勤苦；又不見紛華異物而遷；大抵惟土物愛；一切奢侈詐僞之事，幾於絶無，如煙賭，苗人即幾絶無。故猶足以自給云。其族古代本與漢族相接近，又其進化較遲，故多存漢族古俗。食必先祭；台拱之苗，以手摶飯而食，穆然見三古之遺風焉。女子衣服多華麗，好采色；或用五色線繡成，此《後書》所謂"衣裳班闌"者邪？無文字，每聚族致祭，祝詞必數先祖之名，能致祝者將老，則擇族之强識者傳焉。或不及傳而死，祭時遂無致祝者，則他族姗笑之。案此似亦中國古俗，《周官》所謂瞽矇誦世繫者也。故視之頗謹。然究不足恃，故其古事傳者甚少云。巫鬼之習，自古即然。《淮南子》謂"荆人鬼，越人禨"，荆人蓋苗族也。《墨子・非攻》："昔者三苗大亂，天命殛之。日妖宵出。雨血三朝。龍生於廟。犬哭於市。夏冰。地坼及泉。五穀變化。民乃大震。高陽乃命玄宫。當作高陽乃命禹於玄宫。禹親把天之瑞令，以征有苗。四電誘祇。孫氏詒讓云：疑雷電誖振之誤。有神，人面鳥身，若瑾以待。孫氏云：若瑾疑奉珪之誤。搤矢有苗之祥。孫云：祥疑當作將。苗師大亂。後乃遂幾。"孫云：幾，微也。言三苗之後世，遂衰微也。此苗族最古之傳説，幾充塞之以妖祥矣。日宵出雨血等，必彼族先有是説，而後吾族從而傳之也。今苗人疾病，猶不知醫，壹聽於巫。俗謂其人能畜毒蟲，造蠱以害人，則未必有此事。或苗人所用毒藥，有爲吾國人所不知者，乃故神其説歟？

又有所謂猺者，蔓衍於湖南之永明、江華、寧遠、藍山、道縣、武岡、城步、郴縣；廣東之連縣、連山、肇慶、羅定、合浦；廣西之桂林、慶遠、馬平、平樂。居平地者曰平猺，居山地者曰山猺。平猺多化於漢人。山猺則自率其俗，居於巖洞之間。所謂猺峒也。近亦漸事農業。舊峒往往爲匪徒所據，猺人轉爲所苦焉。猺亦出於苗。舊説謂因其不事征徭，故稱爲猺，説似難信。然其俗亦祀槃瓠，謂其與苗同祖，當不誣也。

又有所謂畬民者，在浙江福建兩省。浙江之舊處州府屬最多，衢、嚴亦有焉。其俗亦祀槃瓠。祭時爲竹箱二：一盛紅布囊，刻木爲狗頭，朱漆之，飾以金箔，置囊中。福建人稱畬民爲狗頭蠻，蓋以此？一置畫象。所畫皆其族故事，如槃瓠銜吴將軍首，高辛以女妻槃瓠等。其族傳説，謂"其祖初化爲狗，後又化爲龍"云。予案畬畬同音，猶荼荼本一字，《史記·儒林傳》：董仲舒弟子吕步舒。《集解》引徐廣曰："一作荼，亦音舒。"則舒荼同音。今之畬民，或古之羣舒乎？《春秋大事表》卷五：今江南廬州府舒城縣，爲古舒城。廬江縣東百二十里，有古龍舒城。舒蓼，舒庸，舒鳩及宗四國，約略在此兩域間。

第九章　粤　　族

粤者，蓋今所謂馬來人。此族之始，似居中央亞細亞高原；後乃東南下，散居於亞洲沿海之地；自五嶺以南，南至今後印度，北則今江、浙、山東、河北、遼寧，更東則抵朝鮮；其居海中者：則自南洋羣島東北抵日本，益東且抵美洲；而其族仍有留居今川、滇境者；其散布亦可謂廣矣。然則何以知此諸地方之民必爲同族也？曰：徵諸其風俗而知之。此族特異之俗有二：一曰文身，一曰食人。稽諸載籍，前述諸地，此俗皆同，有以知其非偶然也。《小戴記·王制》："東方曰夷，被髮文身。""南方曰蠻，雕題交趾。"《正義》釋雕題，謂"以丹青雕刻其額"。又曰"非惟雕額，亦文身也"。可見古代所謂夷與蠻者，吾國人雖因其所居之方位而異其稱，在彼則實爲同族。《禮記》於西戎、北狄，同言不粒食，東夷、南蠻，同言不火食，亦足見夷蠻風俗之同。《漢書·地理志》："今之蒼梧、鬱林、合浦、交趾、九真、南海、日南，皆粤分也。其君禹後，帝少康之庶子云。封於會稽；文身斷髮，以避蛟龍之害。"此可證春秋時於越之越，亦即漢時南粤閩粤之粤。《後漢書·哀牢傳》："種人皆刻畫其身，象龍文。"《東夷傳》："倭地大較在會稽、東冶之東，與珠崖、儋耳相類，故其法俗多同。"《三國志》："倭：男子無大小，皆黥面文身。"又云："夏后少康之子，封於會稽，斷髮文身，以避蛟龍之害。今倭人好沈没捕魚蛤，亦文身以厭大魚水禽；後稍以爲飾。諸國文身各異；或左或右，或大或小；尊卑有差；以丹朱塗其身體，如中國用粉也。"《後漢書》馬韓："其南界近倭。亦有文身者。"弁辰："其國近倭，故頗有文身者。"《北史》流求："婦人以墨黥手，爲蟲蛇之文。"《南史》扶南："俗本裸，文身被髮，不製衣裳。"此可見文身之俗，自滇、緬，經閩、粤以至朝鮮、日本皆有之。閻若璩《四書釋地三續》："《留青札記》曰：某幼時及見今會城住房客名孫禄者，父子兄弟，各於兩臂背足，刺爲花卉、葫蘆、鳥獸之形。因國法甚禁，皆在隱處，不令人見。某命解衣，歷歷按之；亦有五彩填者，分明可玩。及詢其故。乃曰：業下海爲鮮者，必須黥體，然後能避蛟龍鯨鯢之害。方知翦髮文身，古亦自有。

《漢書・地理志》,於粤已然。録此者,見今猶信耳。”此又足以證古説之非誣;抑可見此族之有此俗,實由其居沿海使然也。其徵一也。《墨子・魯問》:“楚之南,有啖人之國者;其國之長子生,則解而食之,謂之宜弟,美則以遺其君,君喜則賞其父。”《節葬下》:“越東有輆沐之國,其長子生,則解而食之,謂之宜弟。”《韓非子》二柄、難一皆云:“齊桓公好味,易牙蒸其子首而進之。”其《十過》及《淮南子》主術訓、精神訓高注,並作首子。《左》僖十九年,宋襄公使邾文公用鄫子於次睢之社,欲以屬東夷。杜注謂睢水次有妖神,東夷皆社祠之。《後漢書・郡國志》注引唐蒙《博物記》,謂在臨沂縣。案漢臨沂縣故城,在今山東臨沂縣北。又案《春秋》言“用之”者二:一僖十九年,“邾人執鄫子用之”,一昭十一年,“楚師滅蔡,執蔡世子有以歸用之”是也。僖十九年《公羊》云:“叩其鼻以血社。”《穀梁》云:“叩其鼻以衈社。”注:“衈者,釁也。取鼻血釁祭社器。”昭十一年《公羊》曰:“惡乎用之,用之防也。其用之防奈何?蓋以築防也。”注:“持其足,以頭築防。”《穀梁》不言用之之法。《左氏》則僖十九年,載司馬子魚之言曰:“古者六畜不相爲用,小事不用大牲,而況敢用人乎?”昭十一年載申無宇之言曰:“五牲不相爲用,況用諸侯乎?”皆謂以人爲牲。昭十年:“平子伐莒,取郠。獻俘,始用人於亳社。臧武仲在齊,聞之,曰:周公其不饗魯祭乎?周公饗義,魯無義。《詩》曰:德音孔昭,視民不佻。佻之謂甚矣,而壹用之,將誰福哉?”注:“壹,同也。同人於畜牲。”《漢書・五行志》:“宣公十七年,六月,癸卯,日有食之。劉向以爲後邾支解鄫子。”《山海經・東山經》:“凡東山經之首,自樕螽之山,以至於竹山,凡十二山,三千六百里。其神皆人身龍首,祠毛用一犬。祈聃用血。”郭注:“以血塗祭爲聃也。《公羊傳》云:蓋叩其鼻以聃社。音鈞餌之餌。”郝氏懿行曰:“《玉篇》云:以牲告神,欲神聽之曰聃,説與郭異。據郭注,聃疑當爲衈。《玉篇》云:耳血也。《禮記・雜記》:衈皆於屋下。鄭注云:衈,謂將刲割牲以釁,先滅耳旁毛薦之。郭引《公羊傳》者,僖十九年文。然傳云蓋叩其鼻以血社,不作衈字。《穀梁傳》正作叩其鼻以衈社。范寧注云。衈者,釁也。是郭此注當由誤記,故竟以《穀梁》爲《公羊》耳。”愚案用人之法蓋甚多,支解之以爲牲,或以其血塗祭器,或持其足,以頭築防皆是。《公》、《穀》同處甚多,竊疑《公羊》之血社,亦當作衈社。可知食人之俗,古所謂蠻夷者,亦皆有之。《後漢書・南蠻傳》,引《墨子》之説,以爲當時之烏滸人。《注》:“萬震《南州異物誌》曰:烏滸,地名。在廣州之南,交州之北。恒出道間,伺候行旅,輒出擊之。利得人食之,不貪其財貨。並以其肉爲肴葅;又取其髑髏,破之以飲酒;以人掌趾爲珍異,以食老也。”墨子所識,地不得至交、廣之間。范書所云,似近牽合,然其俗則固大同。《南史》毗騫:“國法刑人,並於王前噉其肉。”“國内不受估客,往者亦殺而食之。”《北史》流求:“國人好相攻擊,收鬭死者聚食之。其南境:人有死者,邑里共食之。戰鬭殺人,便以所殺人祭其神。”《隋書》真臘:“城東有神,名婆多利,祭用人肉。其王年别殺人,以夜祀禱。”此可徵食人之俗,亦自楚、粤、交、廣至南洋羣島皆同。其徵二也。又近世人種學家,語言學家,謂藏、緬、暹、越之民,並與馬來同種。暹、緬語皆單節,類中國,而顛倒出之。如勝地作地勝,好人作人好之類。惟暹重佛,多雜梵語;越雜華語,音分四聲耳。藏、緬及川、滇、青海諸番,語亦單節。四聲未備，而略有其端。且不復有所顛倒。此足爲沿海之馬來人，與中央山地之人同族之證。《後漢書》："珠崖、儋耳二郡，在海洲上。其渠帥貴長耳，皆穿而縋之，垂肩三寸。"《漢書·地理志》："自日南障塞徐聞、合浦船行，可五月，有都元國。又船行，可四月，有邑盧没國。又船行，可二十餘日，有諶離國。步行可十餘日，有夫甘都盧國。自夫甘都盧國船行，可二月餘，有黄支國。民俗略與珠崖相類。自黄支船行，可八月，到皮宗。船行可八月，到日南、象林界云。黄支之南，有已程不國，漢之譯使，自此還矣。"近人云："黄支，即《大唐西域記》西印度境之建誌補羅（Kanchipura），此外皆難確考。大約在今南洋羣島錫蘭及南印度境。"予案此所謂"民俗略與珠崖相類"者，不知其專指黄支國，抑兼指都元以下諸國言之？然即以爲專指黄支，已可見其散布之廣。又儋耳之民，《山海經》、《大荒北經》。《淮南子》《地形訓》。皆以爲在北方。《高注》謂其"以兩手攝耳，居海中"。亦足見其散布之廣，又可見其確居沿海之地也。又《通典》："五嶺之南，人雜夷、獠，不知教義，以富爲雄。鑄銅爲大鼓。初成，懸於庭中，置酒以招同類。人多構讎怨，欲相攻擊，則鳴此鼓。有鼓者號爲都老。"宋周去非《嶺外代答》："廣西土中銅鼓，耕者屢上之。其製正圓而平；其面曲；其腰有五蟾分據；蟾皆累蹲，一大一小，相負也。周圍款識，其圓文爲古錢，其方文如織簟。以其成章，合其衆紋，大類細畫圖陳之形。"近人云："今西人往往於印度支那及南洋巫來由羣島得銅鼓，模範款識，與吾國所記吻合。日本帝國博物館，藏有銅鼓三：一在廣東所得，一在爪哇所得，一則暹羅王室所贈也。"又《王制》鄭注："交趾，足相鄉，浴則同川，卧則僢。"《正義》："蠻卧時頭在外，足在内而相交，故曰交趾。"《後漢書·南蠻傳》："其俗，男女同川而浴。"《北史》流求："父子同牀而寢。"而男女同浴之風，今日本尚有之，亦皆此諸地方之民，本爲同族之證矣。

此族見於古籍者，自淮以北皆稱夷，自江以南則曰越。作粵同。夷之見於《禹貢》者，有青州之嵎夷、萊夷，冀州、揚州之鳥夷，徐州之淮夷。嵎夷，當即《堯典》"宅嵎夷曰暘谷"之嵎夷。《今文尚書》及《帝命驗》、《考靈曜》，並作嵎鐵，謂在遼西。《書》疏及《堯典釋文》，《史記·夏本紀索隱》。夷鐵音同。《説文》土部："堣夷，在冀州陽谷；立春日，日直之而出。"山部："崵山，在遼西。一曰嵎鐵，崵谷也。"蓋遼西之地，或以爲屬冀，或以爲屬青。馬融曰："嵎，海嵎也。夷，萊夷也。崵谷，海嵎夷之地名。"《書釋文》。則合嵎夷、萊夷爲一。案《史記·封禪書》："秦始皇東游海上，祠齊之八神。其七曰日，主祠成山。成山斗入海。最居齊東北隅，以迎日出云。"韋昭曰："成山，在東萊不夜縣，自古相傳爲日出之地。”似與馬説合。漢不夜故城，在今山東文登縣東。然《禹貢》下文，别言“萊夷作牧”，則馬説似非。要之總在今山東遼寧境也。萊夷，即春秋時之萊，爲齊人所滅者。據《漢志》，地當在今山東黄縣。揚州、冀州之鳥夷，今《禹貢》皆作島。然《正義》謂孔讀鳥爲島，則僞孔經文亦作鳥也。鄭釋冀州之“鳥夷皮服”云：“東北之民，搏食鳥獸者。”《書正義》。顔師古釋《漢志》之“鳥夷卉服”云：“東南之民善捕鳥者。”僞孔讀爲島似非，然亦不能確知所在。淮夷，《鄭注》云：“淮水之上夷民。”見《正義》。予案古所謂徐戎，亦稱爲徐夷者，似與淮夷是一。以其居淮水之上，則曰淮夷；以其州表之，則曰徐戎；猶粤之在揚州分者稱揚粤耳。僞孔説即如此。《説文》：“[illegible]san，邾下邑也。魯東有徐城。”《史記·魯世家》：“頃公十九年，楚伐我，取徐州。”徐廣曰：“徐州在魯東。今薛縣，六國時徐州。”案今山東滕縣。《漢志》：臨淮郡，治徐縣，即春秋時徐子之國，則安徽盱眙縣。可見徐戎跨地甚廣。嵎夷、鳥夷，後世無聞焉。而淮夷、徐戎，則特爲强悍。至秦有天下，乃悉散爲人户。《後漢書·東夷傳》：古有所謂九夷者，即淮夷也。孫詒讓云：“《爾雅·釋地》云：九夷，八狄，七戎，六蠻，謂之四海。《王制》孔疏云：九夷，依東夷傳九種：曰畎夷、于夷、方夷、黄夷、白夷、赤夷、玄夷、風夷、陽夷。李巡注《爾雅》云：一曰玄菟，二曰樂浪，三曰高驪，四曰滿飾，五曰鳧餘，六曰索家，七曰東屠，八曰倭人，九曰天鄙。按《王制》疏所云，皆海外遠夷之種别。此九夷與吴楚相近，蓋即淮夷，非海外東夷也。《書·敍》云：成王伐淮夷，遂踐奄。《韓非子·説林》上篇云：周公旦攻九夷而商蓋服。商蓋即商奄，則九夷亦即淮夷。故《吕氏春秋·古樂篇》云：成王立，殷民反。王命周公踐伐之。商人服象，爲虐於東夷。周公遂以師逐之，至於江南。又《樂成》篇云：猶尚有管叔蔡叔之事，與東夷八國不聽之謀。高注云：東夷八國，附從二叔，不聽王命。周公居攝三年伐奄，八國之中最大，著在《尚書》。餘七國小，又先服，故不載於經也。案東夷八國，亦即九夷也。春秋以後，蓋臣屬楚、吴、越三國。戰國時，又專屬楚。《説苑·君道》篇説：越王句踐與吴戰，大敗之。兼有九夷。《淮南子·齊俗訓》云：越王句踐霸天下，泗上十二諸侯，皆率九夷以朝。《戰國策·秦策》云：楚苞九夷，方千里。《魏策》云：張儀曰：楚破南陽，九夷内沛，許鄢陵死。《文選》：李斯上秦始皇書，説秦伐楚，包九夷，制鄢、郢。李注云：九夷，屬楚夷也。若然，九夷實在淮、泗之間，北與齊、魯接壤。故《論語》：子欲居九夷。參互校覈，其疆域固可考矣”案孫説是也。李巡注《爾雅》夷蠻戎狄，多引漢以後四夷之名，其爲附會，顯然。孫説見《墨子閒詁·非攻中》篇。其稱爲越者：則《史記·楚世家》：“熊渠伐揚粤，至於鄂，立長子康爲句亶王，中子紅爲鄂王，少子執疵爲越章王，皆在江上楚蠻之地。”句亶：《集解》：“張瑩曰：今江陵也。”《索隱》：“系本康作庸，亶作祖。”鄂：《集解》：“《九州記》曰：今武昌。”越章：宋翔鳳謂即漢丹陽，今當塗縣。《過庭録·楚鬻熊居丹陽武王徙郢考》。更證以泰伯、仲雍，文身斷髮，《史記·吴泰伯世家》。則自江陵以東，迄於吴會，皆爲此族居地。更南：則今浙江以南曰於越，甌江以南曰甌越，福建地曰閩越，兩廣、越南地曰南越，秦、漢時皆入中國版圖。而憑恃險阻之山越，至於六朝，猶勞討伐焉。

秦、漢之開南粤，地僅及今越南境。其最南之界，爲今廣和城，後此自立爲林邑者也。林邑之南爲扶南，當今瀾滄江下流，臨暹羅灣，《南史》所謂在“日南之南，海西大灣中，有大江，廣十里”者也。扶南之南，今柬埔寨境，曰真臘。益西，今地那悉林境，曰赤土。與扶南並爲後印度半島大國。《南史》云：“扶南南界三千餘里，有頓遜國。在海崎上，地方千里，城去海十里，有五王，並羈屬扶南。”“頓遜之外，大海洲中，又有毗騫國，去扶南八千里。”“又傳扶南東界，即大漲海。海中有大洲，洲上有諸薄國。國東有馬五洲，復東行漲海千餘里，至自然大洲。”頓遜，當在今馬來半島南端。毗騫，似在今蘇門答剌境。諸薄國、馬五洲，當係今婆羅洲。自然大洲，或今巴布亞歟？里數係傳聞侈大之詞，不足爲據。凡此諸國，殆皆因扶南而傳聞者。史稱扶南王范蔓，“嘗作大船，窮漲海。開國十餘，闢地五六千里”，或即其地也。

其南朝時來通朝貢者，則有訶羅陁、呵羅單、婆皇、婆達、闍婆達、盤盤、丹丹、干陁利、狼牙修、婆利諸國。訶羅單，都闍婆洲，與闍婆達當即一國。《唐書》：“訶陵，亦曰社婆，曰闍婆。”《地理志》：“海峽之南岸爲佛逝國。佛逝國東，水行四五日至訶陵國。”則當在今蘇門答剌之東南端。或曰：闍婆即爪哇，音譯小異也。盤盤，據《唐書》，在哥羅西北。哥羅在海峽北岸，則盤盤當在馬來半島南境。丹丹，《唐書》云：“在南海，北距環王。限小海，與狼牙修接。”亦當在馬來半島南端。狼牙修國，“在南海中。其界東西三十日行，南北二十日行”，證以隋使行程，當即今蘇門答剌。婆利國，“在廣州東南海中洲上。《北史》：“自交趾浮海，南過赤土丹丹，乃至其國。”《唐書》：“赤土西南入海得婆羅。”當即此也。國界東西五十日行，南北二十日行”。《北史》：“東西四月行，南北四十五日行。”似即今婆羅洲也。

其見於《隋書》者：有流求，“當建安郡東，水行五日而至”，今臺灣也。見於《唐書》者：有甘畢，“在南海上，東距環王”。有哥羅舍分，“在南海南，東距墮和羅”。有修羅分，“在海北，東距真臘”。又有僧高、武令、迦乍、鳩密四國。僧高“在水真臘西北”，其餘三國，亦當在其附近。與鳩密同入貢者，又有富那。真臘之南有投和，“自廣州西南海行，百日乃至”。其西有墮和羅，亦曰獨和羅。“南距盤盤，自廣州行五月乃至”。有屬國二：曰曇陵，“在海洲中”。曰陀洹，一曰耨沱洹，“在環王西南海中。與墮和羅接”。有羅越，“在海峽北岸”。凡此皆在今越南、暹羅及馬來隅半島境。有贍博，或曰贍婆，“北距兢伽河”，則當在今阿薩密附近。其北爲東天竺，又東即驃國，今緬甸地。驃國之東，則陸真臘，其西南則墮和羅也。其在海島上者，有墮婆登，“在環王之南，東拒訶陵”。有室利佛逝，“在海峽之南岸”，皆在今蘇門答剌。婆利之東有羅剎,"與婆利同俗",則當在今婆羅洲。環王之南有殊奈,"汎交趾海三月乃至"。又有甘棠國,"居大海南"。則未能確指爲今何島也。

凡此諸國,皆在今南洋羣島中。自此以東北,則接於朝鮮、日本。其分布,蓋以今地學家所畫亞、澳二洲之界爲限。更東北,則至美洲。《南史》云:"倭東北七千餘里,有文身國。人體有文如獸;額上有三文;文直者貴,文小者賤。""大漢國,在文身國東五千餘里,風俗並與文身國同,而言語異。"道里雖不可據,然其地必在今美洲,則無疑矣。

諸國種類,可分二派:一爲馬來西亞人,一則印度西亞人也。《晉書》林邑:"人皆裸露徒跣,以黑色爲美。"扶南:"人皆醜黑拳髮,倮身跣行。"《北史》真臘:"人形小而色黑,婦人亦有白者。悉拳髮垂耳。"《唐書》婆利:"俗黑身,朱髮而拳,鷹爪獸牙。"此皆馬來西亞種也。《隋書》林邑:"其人深目高鼻,髮拳色黑。"流求:"人深目長鼻,有類於胡。"此皆印度西亞種也。流求:"歌呼蹋蹄,一人唱,衆皆和,音頗哀怨。扶女子上膊,摇手而舞。"此即今西人跳舞之俗也。印度西亞人文明較馬來西亞人爲高。其來自印度者,尤常爲之君長;扶南、婆利之王,爲憍陳如氏。真臘之王,爲剎帝利氏。赤土之王,爲瞿曇氏是也。《隋書》赤土:"其俗敬佛,尤重婆羅門。"《南史》林邑:"其大姓號婆羅門。"則諸國貴族,亦出印度矣。

諸國之中,受中國之牖啓而自立者,當首推林邑。林邑者,漢日南郡象林縣,今越南之廣和城也。越南之地,自漢平南越後,隸中國,爲交趾、九真、日南三郡。交趾,今東京,九真爲義安、廣平等處,日南則順化以南之地也。後漢建武時,交趾女子徵則、徵貳反,馬援討平之。是役也,兵威所至蓋甚遠。《唐書》:"環王,南抵奔陀浪洲。其南大浦,有五銅柱;山形若倚蓋,西重巖,東涯海,漢馬援所植。"蓋薄今西貢境矣。然疆理所及,則以廣南爲限也。後漢末,縣功曹區姓,有子曰連。殺令,自立爲王。子孫相承數世。其後王無嗣,外孫《隋書》作甥。范熊代立。熊死,子逸立。晉成帝咸康三年,逸死。有范文者,本日南西卷縣夷帥范椎家奴。椎嘗使之商賈。往來,見上國制度。至林邑,教逸作宫室、城邑、兵車、器械。逸愛信之,使爲將。文乃譖逸諸子,或徙或奔。逸死,文僞於鄰國迓王子,置毒殺之。遂脅國人自立。有衆四五萬人,頗爲日南、九真之患。宋時,封林邑王。自此迄南朝,皆通貢。惟宋文帝元嘉時,以其爲寇,嘗一用兵,入其國。隋文帝仁壽時,又入之。以其地置三郡。而道阻不通。其王褒遺衆,别建國邑,遣使謝罪。自此訖唐,朝貢不絶。唐太宗貞觀十九年,其王鎮龍見弑。范氏絶,鎮龍父頭黎之姑子諸葛地繼之。肅宗至德後,更號環王。憲宗元和初,不朝獻,安南都護張丹伐之。其王棄林邑,南徙於占，今平順城。改號占城。宋時，其國仍在。而史云："有州三十八。無城郭，但有村落百餘。每村户三五百至七百。"則南徙後，已非復中國州縣之舊矣。宋時，占城嘗伐真臘，入其國。寧宗慶元時，真臘大舉復仇，俘其王，殺戮殆盡，遂并其地。宋末，復分立。明英宗天順中，安南黎氏滅占城，以其地爲廣南、順化二州。明責其以南邊數城，復立占城之後。孝宗弘治中，統絶。明行人屠滽，以兵二千，海舟二十，送其裔古來復國。安南不敢拒。占城仍保南邊數城。至阮氏據廣南，乃爲所并。

林邑而外，後印度半島之國，當以扶南爲最大。赤土其别種，真臘則其後起者也。扶南：本以女人爲王，號曰柳葉。其南激國，有事鬼神者，字混填，夢神賜之弓，乘賈人舶入海。晨起，詣廟，於神樹下得弓。便依所夢，乘舶入海，至扶南外邑。柳葉人衆見舶至，欲劫取之。混填即張弓射其舶。穿度一面，矢及侍者。柳葉懼，舉衆降。混填妻之，而君其國。混填生子，分王七邑。其後王混盤況，間諸邑，令相疑阻。因舉兵攻克之。混填、柳葉，時代不可知，約當中國漢時。其立國，尚在林邑之先也。混盤況年九十餘乃死。中子盤盤立，以國事委大將范蔓。盤盤立三年死。國人共舉蔓爲王。蔓雄健，有權略。以兵威攻伐旁國，咸服屬之。自號扶南大王。乃作大船，窮漲海，併國十餘，闢地五六千里。漲海，史云扶南東界之海。其所闢者，或今菲律賓羣島與？次當伐金隣國。蔓遇疾，遣太子金生代行。蔓姊子旃，因篡蔓自立。遣人詐金生，殺之。蔓死時，有乳下兒，名長，在民間。年二十，結國中壯士襲殺旃。旃大將范尋，又攻殺長而自立，晉武帝太康中，尋遣使貢獻。是爲扶南通中國之始。案林邑之王，自區氏後，亦爲范氏。林邑中國郡縣，范亦中國氏族，熊、文、蔓、尋，殆皆以漢族王異域者歟？范氏諸王之名，皆絶類中國人，其自稱扶南大王，於華文義亦可通。扶南王封，始於梁武帝，蓋因其自號。

范氏之後，扶南國祚，乃入天竺人之手。晉穆帝升平元年，其王竺旃檀，奉表貢馴象。竺旃檀之由來不可知，其名則天竺人也。其後有憍陳如者，本天竺婆羅門也。有神語之曰："應王扶南。"憍陳如悦，南至盤盤。扶南人聞之，舉國欣戴，迎而立焉。乃改制度，同天竺法。案《宋書》，婆利國王，姓憍陳如，則憍陳如乃婆羅門氏族，非人名也。其後王持黎陁跋摩，宋文帝元嘉十一、十二、十五年，皆奉表獻方物。齊武帝永明中，其王憍陳如闍邪跋摩，亦遣使貢獻。梁武帝天監二年，跋摩使送珊瑚佛像。并獻方物。詔授南安將軍扶南國王。跋摩死，子留陁跋摩，殺其嫡弟自立。其後之事，史不復載。唐初，爲真臘所併。自特牧城南徙那弗那城。武德、貞觀時，猶再入朝焉。真臘，本扶南屬國。《隋書》云：其王姓刹帝利氏；赤土，《隋書》云：其王姓瞿曇氏，亦皆印度氏族也。

安南之地，唐時猶屬中國，爲都護府。後梁貞明中，土豪曲承美據之，送款於汴。劉隱遣兵伐執之。使楊廷藝領其地。後爲其下所殺。牙將吴權自立，稱王。未幾，大亂。驩州刺史丁部領定之。部領始稱帝，國號瞿越。時宋太祖開寶四年也。旋爲大將黎桓所篡。宋太宗出兵討之，弗克。因而封之。真宗時，又爲其臣李公藴所篡，改號大越。理宗時，女主佛金，傳位於夫陳炬。自是陳氏代主其國。自李氏以來，世受封於中國。惟神宗以其犯邊，嘗一討之而已。元世祖爲皇弟時，嘗自西藏入雲南，留兀良哈台經略其地。兀良哈台既定雲南，使招安南，安南不受命。元屢興兵伐之，皆不利。明建文帝元年，陳氏爲外戚黎季犛所篡。季犛複姓胡，改國號曰大虞。成祖使沐晟、張輔，分出廣西、雲南討之。時季犛已傳位於子漢倉，《明史》名奃。并擒之。求陳氏後，不得。乃以其地置交趾布政司。時永樂七年也。交趾與中國分立久，猝不易合。明官又不善撫馭；中官採辦其地者，又多貪婪侵擾；遂至叛者四起。至宣宗宣德二年，卒棄其地於黎利。交趾復合於中國，僅十有九年而已。黎利有國，建號大越。世宗嘉靖六年，爲其臣莫登庸所篡。明人來討。登庸入鎮南關，囚首徒跣，請舉國爲内臣，乃削國號，立都統司，以登庸爲使。黎氏遺臣阮淦，立其後寧莊宗。於老撾。旋入西京。神宗萬曆二十年，入東京，滅莫氏。明以其爲内臣，來討。立其後於高平。黎氏亦如莫氏故事，受都統使職，乃已。清人入關，仍封黎氏爲安南國王，以莫氏爲都統使。三藩兵起，黎氏乃乘機滅莫氏焉。初黎氏莊宗，以其壻鄭檢爲太師，阮淦爲將軍。鄭氏傳松、棩、作、根、森，世執政柄。而阮淦子潢，南鎮順化。世宗名維禫。太子，爲鄭松所廢。阮潢起兵討之，不克。自是阮氏遂自立，惟對黎氏，猶執臣禮而已。阮氏以西貢爲重鎮，阮潢七世孫福嶼，置副王以鎮之。福嶼殺其長子，而立次子福順。西山豪族阮文岳、文慮、文惠兄弟起兵，陷順化。福順死，文岳自立，爲交趾郡王。會鄭森亦廢嫡子楝，而立庶子幹。森卒，幹襲。楝廢而代之。幹乞師於文岳。文岳使文惠入東京。楝自殺。文惠遂篡黎氏。時清高宗乾隆五十年也。清人爲之出師，入東京，封黎氏後維祁。已爲文惠所襲敗，乃因其請降，封之。表名阮光平。舊阮之亡也，福順子福映嘉隆帝。奔海島，使法教士阿特蘭傳其子，乞援法蘭西及暹羅。暹羅助以兵，復下交趾，後法兵亦至，遂滅文惠子弘瑞。清仁宗嘉慶七年。仍受封爲越南國王。自黎莫紛争以來，幾三百年矣，至此乃復統一，而歐人之禍遽起。初福映之乞援於法也，許事成，割化南島，且許法人自由通商。及事定，靳化南島不割。傳明命、名弘安。紹治、名弘特。嗣德名弘經。三帝，時與法人齟齬。法人以兵據西貢。清同治元年，越人割邊和、嘉定、定祥三州。永隆、安江、河仙三州，由法代治。雲南回亂之起，清提督馬如龍，使法商人秋辟伊（Dupuis）一譯久辟酉。由紅河爲運軍械。法人始知道紅河可通雲南，謀越之心益亟。同治十二年，法人下令：許中、法兩國船，通航紅河。已以紅河沿岸多亂事，駐兵海防、河内。遂陷東京。越人結黑旗兵復之。時越大臣阮文祥當國，主閉關。再廢立。法人來攻，結約二十八條，夷爲法之保護國。中國不認，遂致與法開戰，而越卒以亡。越南之地，自秦至唐，恒爲中國郡縣；且爲中國與西南洋交通要區。然卒不能自保。至近世，且以是資敵，使用爲侵略滇、黔之根據，亦可哀矣。

馬來人除在今日中國境内者，多與漢人同化，安南曾爲中國郡縣外，其受漢族文明之牖啓最早者，當推三韓及日本。三韓者：曰馬韓，據今朝鮮忠清道地。曰弁韓，曰辰韓，居今慶尚道地。《後漢書》、《三國志》，皆以辰韓爲秦人避役者。金于霖《韓國小史》，則稱秦人避役者爲秦韓。或稱之曰辰韓，則稱故辰韓爲辰韓本種焉。《三國志》謂辰韓："言語不與馬韓同。其名國爲邦，弓爲弧，賊爲寇，行酒爲行觴，案《禮記・投壺》："命酌者曰：請行觴。"相呼皆爲徒，有似秦人，非但燕、齊之名物也。"《南史・百濟傳》："呼帽曰冠，襦曰複，衫袴曰褌，其言參諸夏，亦秦韓之遺俗云。"三韓中，馬韓最大，弁韓、辰韓，皆役屬之。《韓國小史》云："秦人避役出塞者，辰韓割東界居之。分爲六村：曰楊山，曰高墟，曰大樹，曰珍支，曰加利，曰明活，各有村長。漢宣帝神爵四年，朴赫居世，以六部之推尊，即王位。建國號曰徐羅伐。築金城居之。今慶州東四里。後世乃改稱新羅。自此辰韓本種，日就衰頹。後漢桓帝延熹九年，其衆分爲八國。其臣智長帥之稱。攻帶方，弓遵，劉茂討之。遵戰死，而辰韓本種遂亡。又有駕洛者，亦漢族，而君於弁韓。其先有金天氏裔八人，自中國莒縣今山東莒縣。播遷於辰韓之西；人稱其地爲八莒，今星州。八人之裔，有分居弁韓者。其後曰首露，時弁韓有九干，各統其衆，分居山野，共尊爲君，號曰駕洛。實漢光武建武十八年也。地在今金海郡。案《魏書》謂新羅附庸於迦羅，即此。首露王最老壽，且有令德，爲鄰國所歸仰。傳八世，至梁武帝中大通四年，乃降於新羅。方首露之開國，其同族五人，亦各分據一部落，號曰五伽耶：是爲阿羅伽耶、今咸安。古寧伽耶、今咸昌。星山伽耶、今星州。大伽耶、今高靈。小伽耶。今固城。大伽耶，即後來之任那也。"案朝鮮古史，不甚可信。然三韓開化，由於漢人，則不誣也。

日本民族，據人類學家、史學家、考古學家之説，蝦夷居十之二，漢人、通古斯人各居十之一，馬來人居十之六。其與馬來人相似之處有十一：言語或同，一也。文身，二也。馬來人好食檳榔子，故齒黑，日人尚涅齒，三也。祖孫父子襲名，四也。馬來人有獨木舟，日人亦有之，五也。馬來人日人皆不袴，六也。馬來人食果實，日人好食植物，蓋其遺習，七也。果實中多糖分，日人亦喜食糖，八也。馬來人架木爲居，不用牆壁，與日人所謂“掘立小屋”同，九也。日人度歲，縣草縺於門，立松竹於其側，馬來人亦有此俗，十也。日本神話，稱其皇族之先曰天照大神，居高天原。命其孫杵杵瓊尊，下臨穗瑞國。時曰“天孫降臨”。瑞穗國，即日本；天孫降臨，乃浮海而來之寓言耳。其初至之地，如九州、太和、伊勢、紀伊，均在日本南岸。又日人西村真次，以爲《古事記》日本最古之書。之“日無堅間小舟”，即今安南之籠舟，編竹爲籠，形如雞卵。塗以椰子油，或牛矢，以浮水。十一也。日人中非無北族，然北族衣必皮毛，食必肉酪，居必温燠，日皆不然，可見北族之微矣。此節據近人所撰《同種同文辨》。原文見《黑潮雜志》第二册。

南洋諸國，自東晉至唐，大抵時通朝貢，史官紀録，唐代而外，當以宋元嘉時爲最詳，梁武帝時次之，前所述者其略也。隋煬帝好勤遠略，南方諸國，來者當亦不少，惜紀載無存焉。宋、元、明諸史，紀南洋諸國交涉尚詳，而於人種風俗罕及，與民族無關，故不著。宋時與我往還最密者，當推三佛齊。闍婆及渤尼次之。元時，海外諸國，以俱藍、馬八兒爲綱維。馬八兒，今麻打拉薩屬部馬拉巴爾。俱藍爲其後障，當在麻打拉薩附近。而元嘗一用兵於爪哇。明時遣鄭和入海，所招致之國尤多。具見《明史》。鄭和之航海，事在成祖永樂三年。後九十四年，而當孝宗弘治十一年，葡人始越喜望角，以抵馬拉巴爾。南洋諸國，自此多爲歐人所蠶食矣。元明史載諸國國書，多用回回字，可想見歐人東來以前，阿剌伯航業之盛也。

粤族之留居川、滇境者：曰哀牢，曰獠。哀牢緣起，《後漢書》述之曰：“其先有婦人名沙壹，居於牢山。嘗捕魚水中，觸沈木，若有感，因懷孕。十月，産子男十人。後沈木化爲龍，出水上。沙壹忽聞龍語曰：若爲我生子，今悉何在？九子見龍驚走，獨小子不能去，背龍而坐。龍因舐之。其母鳥語，謂背爲九，謂坐爲隆，因名之曰九隆。及後長大，諸兄以九隆能爲父所舐而黠，遂共推以爲王。後牢山有一夫一婦，復生十女子，九隆兄弟，皆娶以爲妻。後漸相滋長，種人皆刻畫其身，象龍文，衣著尾。”又云：“哀牢人皆穿鼻儋耳。其渠帥自謂王者，耳皆下肩三寸；庶人則至肩而已。”觀其傳説及其習俗，而其種族可知矣。

哀牢夷之開闢，始於後漢明帝時，以其地爲永昌郡，今雲南之保山縣也。《唐書》稱南詔爲哀牢夷之後，然南詔係出兩爨，自是濮族，見下篇。惟古哀牢夷之族，見於《唐書》者亦不少，今爲料揀之：其居古永昌郡者，謂之永昌蠻。

永昌蠻之西，有撲子蠻。“趫悍，以青娑羅爲通身袴，善用竹弓，入林射飛鼠，無不中者。人多長大，負排持矟而鬬”。又有望蠻者，“用木弓短箭，鏃傅毒藥，中者立死”。茫蠻，亦呼茫詔，在永昌之南。有茫天連、茫吐嫋大睒、茫昌、茫鮓、茫施等，“皆樓居，無城郭。或漆齒，或金齒，象才如牛，養以耕”。有望苴蠻，在瀾滄江西，“男女勇捷，不鞍而騎。善用矛劍，短甲蔽胸腹，鞮鍪皆插貓牛尾，馳突若神。南詔出兵，輒以爲前驅焉”。又有尋傳蠻者，“射豪猪，生食其肉。戰以竹籠頭如兜鍪。俗無絲纊，跣履荆棘，不苦也”。其西有裸蠻，亦曰野蠻，“漫散山中，無君長。作檻舍以居，男少女多。無田農。以木皮蔽形。婦或十或五，共養一男子”。有黑齒、金齒、銀齒三種，“見人以漆及鏤金銀飾齒，寢食則去之”。又有繡脚種，“刻踝至腓爲文”。有繡面種，“生踰月，涅黛於面”。有雕題種，“身面皆涅黛”。有穿鼻種，“以金環徑尺貫其鼻，下垂過頤。若長，以絲繫環，人牽乃行。其次以二花頭金釘貫鼻下出”。又有長髻種、棟鋒種，“皆額前爲長髻，下過臍，行，以物舉之。若長，則二女在前，共舉其髻乃行”。又有三濮，“在雲南徼外千五百里。曰文面濮，鏤面，以青涅之。曰赤口濮，裸身而折齒，劖其脣使赤。曰黑僰濮，山居如人，以幅布爲裙，貫頭而繫之。唐高宗龍朔中，亦通朝貢焉”。凡此諸蠻，觀其習俗及其分布之地，皆可知其爲古粵族也。自南詔興，大抵爲所撫用矣。今雲南元江、臨安、廣西、廣南之撲喇蠻，相傳爲九隆之裔。

獠地與氐羌相雜，南接濮；然其文明程度，遠視濮與氐羌爲低，可證其别爲一族。史稱“其人依樹積木，以居其上，名曰干闌”。此與後印度諸國同。又稱其人“自賣以供祭”，“俗畏鬼神。尤尚淫祀。所殺之人，美鬢髯者，乃剥其面皮，籠之於竹，及燥，號之曰鬼，鼓舞祀之，以求福利，報怨相攻擊，必殺而食之”。可證其亦有殺人以祭及食人之習。又其人能“卧水底，持刀刺魚”。此文身之習所由來也。其婦人横布二幅，穿中貫其首，號曰通裙。亦即古所謂貫頭衣。凡此諸端，皆足證其與粵族同源也。

獠族居地，《北史》云：“自漢中達於邛、今四川西昌縣。筰，今四川清谿縣。川洞之間，所在多有。”其爲患，始於李勢時。桓温破蜀，力不能制。又蜀人東流，山險之地多空。獠遂挾山傍谷。與夏人參居者，頗輸租賦。在深山者，不爲編户。梁、益二州，歲歲伐獠，以自裨潤，公私頗藉爲利。魏立巴州，以統諸獠。又立隆城鎮，所綰獠二十萬户。歲輸租布，謂之北獠。後梁州爲梁所有，又屬梁。周人平梁、益，令所在撫慰。其與華人雜居者，亦頗從賦役。然天性暴亂，旋致擾動。每歲命隨近州鎮，出兵討之。獲其生口，以充賤隸，謂之壓獠。商旅往來,亦資爲貨。公卿民庶之家,有獠口者多矣。唐高祖、太宗、高宗三朝,獠亦數爲劍南州郡之患。後遂無聞焉。其在四川綦江縣境者,謂之南平獠。其王朱氏,唐太宗貞觀三年,遣使内款。以其地隸渝州。宋神宗熙寧中,爲患。熊本平其地,爲南平軍。

今雲南臨安、開化、廣南、廣西、澂江、昭通諸縣,有所謂土獠者。生子置水中,浮則養之,沈則棄之。其在貴州之鎮遠、施秉、餘慶者曰水犵狫,隆冬能入水捕魚。在平越、黔西者曰打牙犵狫。女將嫁,折其二門齒。此即《唐書》赤口濮之俗。近人《游記》云:今已無此習矣。在貴定者曰翦髮犵狫。畜髮寸許,四垂,長則翦之。在平遠者曰鍋圈犵狫。女服青布,束髮如鍋圈。曰披袍犵狫。袍前短後長,無袖。此外都匀、鎮遠、遵義、大定,亦皆有犵狫。又有所謂木狫者,在都匀、清平、貴定。近人《遊記》云:"木狫,即僕獠,爲山獠所征服。山獠蔓衍黔、粤間,自稱主獠。主獠自征服僕獠後,淫酗專横,又爲猓玀所征服云。"案犵狫,亦作獇狫,乃獠之重言也。

今之瓊州,乃漢珠崖、儋耳二郡。居其地之族曰黎,軀幹膚色,皆類馬來。其稍與漢人同化者曰熟黎,居深山者曰生黎。生黎婦女,仍有文身之習,自兩耳至腮,刺爲三文或五文云。除文昌、瓊東二縣外,所轄皆有黎地。

馬來族之起自横斷山脈,而不在今中國境内者,時曰暹、緬。後印度半島,紅河流域,地最坦平。湄公,湄南二河次之。伊洛瓦諦江上流,最爲崎嶇閉塞。故紅河流域,開化最早;伊洛瓦諦江上流,開化最晚也。然山地之民,性質實甚强悍。故至近世,而平緬、麓川,大勤中國之兵力焉。

雲南之地,自唐時爲南詔所據。元始平之。蠻族來降者,皆以爲土司。明初仍之。其時疆域,實抵今後印度半島。然實力所及,西不過永昌,南不越普洱。其外蠻族,僅等羈縻。其後紛紛自立,遂成今日之境界焉。明時,永昌而外蠻族,以平緬、麓川爲大。今保山以西之潞江,騰衝以西南之南甸、干崖、盞達,越龍溪、天馬諸關,入今緬甸境,伊洛瓦諦江右岸之孟拱、孟養,左岸之八莫、孟密,皆其地也。自此以南,今蠻得勒、阿瓦一帶曰緬。其南爲洞吾。又其南爲古剌。今白古。普洱以南爲車里。雲南境内,瀾滄江右岸。其南爲老撾。在暹羅西北。又其南爲八百媳婦。緬東境,南界安南,東接暹羅。相傳其酋長有妻八百,故名。皆爲中國之土司。其疆域,實苞今伊洛瓦諦江流域,及薩爾温、湄公河之上游也。

平緬、麓川,元時本爲兩宣慰司。明太祖乃命平緬酋思倫發兼統麓川。後倫發爲其部長刀幹孟所逐。明爲之討禽幹孟,乃得還。於是分其地,設孟養、木邦、孟定、潞江、干崖、大候、灣甸諸土司。倫發弟任發，欲復故地。英宗時，叛。王驥討之。任發走孟養，爲緬所執送。子機發，仍據孟養。驥又討破之。立隴川宣撫司而歸。機發據孟養自如。朝命驥三討之。機發遁去。部人復奉任發少子禄居孟養。驥知終不可平，乃與立約：許居孟養，部勒諸酋。而立石金沙江，曰："石爛江枯，爾乃得渡。"遂班師。後機發亦爲緬所得。思氏怨緬。禄子與孟密、木邦攻緬，破之，殺其酋莽紀歲。亦作紀瑞。緬當明初，亦分緬中、緬甸兩宣慰司。後緬甸酋爲木邦所殺。部衆共推莽得剌爲主。是爲莽氏有國之始。而緬中不復見，蓋爲緬甸所并也。紀歲既爲思氏所殺，子瑞體，走洞吾母家。其酋養爲子，遂有其地。時葡萄牙人已通商東洋，瑞體傭爲兵，併古剌，降孟密、木邦、潞江。撫州人岳鳳，商於隴川。隴川宣撫司多士寧才之，妻以妹，用爲記室。鳳結瑞體，殺士寧，據其位。遂破干崖，服蠻莫，攻孟養，破之。思氏酋名箇者走死。世宗嘉靖八年，瑞體卒，子應裏襲，寇邊。劉綎大破之，直抵阿瓦，然亦僅定隴川而歸。遂成今日之境界矣。蓋伊洛瓦諦江上流，進化至於明代，本應有一大國出。平緬、麓川，地大兵强，統一諸部，其勢最順，而爲中國所分裂，構兵累年，中國雖不能定其地，思氏亦卒不能恢復故業，而緬甸遂乘其機而起也。

西力東漸，自莽瑞體傭葡人爲兵時，已肇其端。明亡，永曆帝奔緬甸。清兵攻之。葡人助緬守禦，清不能克。然緬人懼清再至，遂弑王，而執永曆帝畀清。緬自此篡亂相繼。乾隆時，木梳土司雍籍牙，取而代之。子孟駁，併阿剌干，滅暹羅，遂寇滇邊。清發大兵攻之。水土不宜，士卒多病。因其請和，許之而還。緬仍倔强，不朝貢。及暹羅復國，緬人懼清與暹羅夾攻之，事中國始恭順焉。

暹羅之地，本分暹與羅斛二國。據其人所記述，則羅斛建國，實在唐太宗貞觀十四年。暹人今以是年爲紀元。是爲第一朝。其後史籍殘缺，事多不可知。元順帝至元十二年，羅斛始併暹，定都於猶地亞。明太祖封爲暹羅國王。始以暹羅爲名。及爲莽瑞體所滅，而第一朝亡。神宗萬曆三十一年，第二朝立。天啓中，其王用日人山田長政爲相，平六昆之亂，國勢頗張。長政政猛，國人叛之。長政敗死。王亦見弑。第二朝亡。定亂者自立，爲第三朝。四十餘年，而爲孟駁所滅。鄭昭者，中國潮州人也。及是，起兵，以乾隆四十一年復國。是爲第四朝。昭者，暹語王之譯音也。Chod 蓋即南詔之詔。其壻丕耶卻克里，Phaya Chakri 今暹王室以此爲氏。本昭養子，復國時戰功第一。定亂嗣位。其表文稱鄭華，蓋襲前王之姓也。近人《游記》云："暹羅人民，舊分暹（Sham）與猪

(Lao)二種。暹之故國,實在緬甸北部,與雲南鄰。分南北二區,各有土王。予遊仰光,嘗至上緬甸,人其王居。猤亦有土王,最尊者在暹北青梅(Chiengma)。"又云:"暹人實來自雲南大理一帶。旅暹蕭君佛成,謂雲南土人言數,與暹人同。予聽之,惟五讀如海,六讀如霍,稱十二曰十雙,餘皆與華同。雲君竹亭有友,能操暹語,而不能操華語,至廣西,遇土人,其語竟相通云。"予案猤即獠,羅斛疑亦獠之異譯。所謂羅斛併暹,則暹併於獠也。又近人《隨筆》云"上世西蜀,蓋皆暹族所聚居。揚雄《蜀王本紀》:言蜀之先稱王者曰蠶叢。應劭《風俗通》載巴有賨人,剽勇,漢高祖募賨定三秦,復所發賨人盧、朴、沓、鄂、度、夕、龔七姓,不供租賦。閬中有渝水,賨人左右居。鋭氣善舞。高祖樂其猛鋭,數觀其舞。後令樂府習之。賨人即蠶人,古音賨入侵部,與蠶皆閉口音也。今暹,國名曰(Siam),種名曰(Sham);支派在緬北者,則曰Assam,或作Assom,正與蠶、賨諸音近。蠶、賨音轉則曰蜀,漢人亦呼爲叟。三國時屢言叟兵,《劉焉傳》:遣叟兵五千助之。劉璋送叟兵三百人於曹公。皆取其剽勇,即漢高時之賨人。《史記集解》引郭璞曰:巴西閬中有渝水,獠人居其上。皆剛勇好舞。漢高募此以平三秦。後使樂府習之。又不謂之賨而謂之獠。考暹族總稱本曰氐(Tai),分族則曰暹(Sham),曰獠(Lao)。今暹羅執國柄者,爲氐之本種,然國中自有獠人,與氐人同種,而風俗習尚,不無小異。可知郭璞之獠,即應劭之賨,本蜀之土人;古所謂蜀,即以此得名。漢初嘉陵江流域,尚有此種繁殖。其後漸驅而西南,又蔓衍於瀾滄江流域"也。予案漢代之巴氐,與南北朝之獠,程度高低逈異。本原雖一,支派自殊。郭璞即以《後書》之板楯蠻爲獠,説恐不諦。參看《羌族》篇自明。

緬、英構釁,始於道光時。緬人戰敗,割阿薩密、阿剌干、地那悉林以和。咸豐二年,英取白古。緬人無復南出之海口。伊洛瓦諦江兩岸,貿易大減。屢圖恢復,皆不克。法、越事起,英人乘中國不暇西顧,滅之。暹羅頗能自强,亦以英、法之相甚,得幸存也。暹羅咸同間入貢,適直中國内亂,道阻不得達,遂絶。

粤族有文身食人之俗,已見前。又世界斷髮之俗,亦當以此族爲最早。其事散見古書,不可枚舉。今試略徵之。《左》哀七年曰:"太伯端委,以治周禮。仲雍嗣之,斷髮文身,臝以爲飾。"十一年,齊與吴戰,"公孫揮命其徒曰:人尋約,吴髮短。"十二年曰:"吴夷狄之國也,祝髮文身。"可見春秋時之吴,確有此俗。昭三十年,"吴滅徐。徐子章禹,斷其髮,攜其夫人,以逆吴子"。蓋從其俗以示服杜《注》云"自刑示懼"者,非也。《墨子・公孟》:"昔者越王句踐,翦髮文身,以治其國。"《莊子・逍遥游》:"宋人資章甫而適諸越,越人斷髮文身，無所用之。"《韓非·説林》下："公孫弘斷髮而爲越王騎。"《淮南子·齊俗訓》："三苗髽首，羌人括領，中國冠笄，越人劗鬋，其於服一也。"《説苑·善説》："越文身鬋髮，范蠡、大夫種出焉。"《奉使》："越使者諸發，謂宋曰：今大國有命，冠則見以禮，不冠則否。假令大國之使，時過敝邑，敝邑之君，亦有命矣，曰：客必翦髮文身，然後見之。於大國何如？"可見春秋戰國時之越人，亦確有此俗。又《左》昭七年，"楚子享公於新臺，使長鬣者相"。注："鬣，須也。"《正義》曰："吴楚之人少須，故選長鬣者相禮也。"十七年，吴公子光與楚戰，"使長鬣者三人，潛伏於舟側"。《注》亦曰："長鬣，多髭須，與吴人異形狀，詐爲楚人。"案吴人無皆少須之理。《説文》髟部："鬣，髮鬣鬣也。"段氏玉裁曰："鬣鬣，動而直上皃。所謂頭髮上指，髮上衝冠也。辭賦家言旌旗獵獵，是其假借字也。人部曰：儠，長壯儠儠也。字意略同。今《左氏》長儠作長鬣，杜以多須釋之，殊誤。須下垂，不稱鬣。凡上指者稱鬣。"此説甚精。鬣既不可訓須，長亦不可訓多。蓋吴髮短，使長髮者詐爲非吴人耳。毛髮可以禦寒，故北族被髮，南人斷髮，中原斂髮，亦各適其地也。《禮記·王制》："東方曰夷，被髮文身。"《韓非·説林上》："越人被髮。"《淮南子·原道訓》："九疑之南，被髮文身。"被必斷之誤。《史記》，《陸賈傳》。《説苑》，《奉使》。《論衡》《率性》、《譴告》。皆謂尉佗椎髻，蓋雖不同乎夏，而猶未忍盡即乎夷，故未肯斷其髮；非越人有椎髻之俗也。

此族裸體之習，亦久而後改。《吕覽·貴因》篇："禹之裸國，裸入衣出。"《淮南子·原道訓》："禹之裸國，解衣而入。"《左氏》謂仲雍"嬴以爲飾"，則西周以前，吴、越之人，猶有不衣者。春秋以來，蓋此俗遂改。然《韓非·説林》謂："越人跣行。"則猶不履也。《論衡·恢國》篇："夏禹倮入吴國。太伯採藥，斷髮文身。唐、虞國界，吴爲荒服。越在九夷，罽衣關頭。今皆夏服，褎衣履舄。"則秦、漢之世，被服全與中夏同矣。其遠方則猶未變。《南史·扶南傳》："俗本裸，文身被髮，案此被亦誤字。不製衣裳。混填據其國，始教柳葉穿布貫頭，形不復露。吴時遣中郎將康泰，宣化從事朱應，使於尋國。范尋。國人猶裸，惟婦人著貫頭。泰、應謂曰：國中實佳，但人褻露可怪耳。尋始令國内男子著横幅。横幅，今干漫也。大家截錦爲之，貧者乃用布。"范疑中國氏族，已見前。乃范尋王扶南時，其國人猶裸，豈亦如泰伯、仲雍，不欲遽變蠻荒之俗邪？

山居之民，交通不便，則彼此不相往來。熱地之民，生事不勞，則一切趨於因任。故粤族政制，率無足觀。《三國志》云："馬韓有五十四國。《晉書》作五十六國。辰韓始六國，稍分至十二，弁韓亦十二國。大者萬餘家，小者數千家，總不過十餘萬户。各有長帥。大者自名爲臣智,其次爲邑借,散在山海間,無城郭。"蓋尚未脱部落之習也。混盤況攻并城邑,令子孫分王,蓋亦臣智邑借之類耳。流求:"國有四五帥,統諸洞。洞有小王。往往有鳥了帥。並以善戰者爲之。自相樹立,犯罪者皆斷於鳥了帥。不服,則上請於王。王令臣下共議之。"亦魯、衛之政也。

諸國制度,小有可觀者,似皆取法於中國。《隋書》云:"林邑尊官有二:一曰西那婆帝,二曰薩婆地歌。屬官三等:一曰倫多姓,次歌論致帝,次乙地伽蘭。外官分二百餘部。其長官曰弗羅,次曰可輪,如牧宰之差也。"《唐書》:盤盤,"其臣曰勃郎索濫,曰崑崙帝也,曰崑崙勃和,曰崑崙勃帝索甘,在外曰那延,猶中國刺史也"。投和,"官有朝請、將軍、功曹、主簿、贊理、贊府,分理國事,分州、郡、縣三等。州有參軍,郡有金威將軍,縣有城,有局。長官得選僚自助"。皆頗有大小内外,相維相繫之意。蓋林邑本中國地;其餘諸國,亦或取法於日南、九真諸郡也。

諸國刑法,亦多野蠻。《南史・林邑傳》:"國不設刑法。有罪者,使象蹋殺之。"《扶南傳》:"國法無牢獄。有訟者,先齊三日。乃燒斧極赤,令訟者捧行七步。又以金環、雞卵投沸湯中,令探取之。若無實者,手即爛,有理者則否。又於城溝中養鰐魚,門外圈猛獸,有罪者,輒以餧猛獸及鰐魚。魚獸不食爲無罪,三日乃放之。"《唐書・訶陵傳》:"上元間,國人推女子爲王,號悉莫。威令整肅,道不舉遺,大食君聞之,賫金一囊,置其郊,行者輒避。如是三年,太子過,以足躪金。悉莫怒,將斬之。羣臣固請。悉莫曰:而罪實本於足,可斷趾。羣臣復爲請乃斬指以徇。大食聞而畏之,不敢加兵。"此等固近東野人之言,然可見諸國刑法之酷。酷刑固惟野蠻之世有之耳。

粤族程度雖淺,然多能事農業,以南方溼熱,耕溽不勞,如史所謂"一歲種,三歲穫"故也。居沿海者,商業多盛,則地位爲之。其交易皆以金銀爲介,故諸國特重之;冶金之工,亦因之精巧。宋之伐林邑,其王陽邁,願輸金一萬斤,銀十萬斤,銅三十萬斤。及克之,銷其金人,得黄金數十萬斤,亦云多矣。《南史・毗騫傳》:"常遺扶南王純金五十人食器。形如圓槃,又如瓦塸,名爲多羅,受五升。又如椀者,受一升。"《晉書・扶南傳》:"好雕文刻鏤,器多以銀爲之。"《隋書・赤土傳》:"豪富之室,恣意華靡。惟金鏁非王賜不得服用。"隋使常駿等往,其人進金鏁以纜船。《唐書・投和傳》:"貞觀中,遣使以黄金函内表,并獻方物。"皆足見其金銀之饒,冶製之工也。

居處因地而異。《南史・林邑傳》:"國俗居處爲閣,名曰干闌,門户皆北向。"《毗騫傳》:"王常樓居。"《隋書・赤土傳》:"王宫諸室,悉是重閣。北户,北面而坐。"惟《唐書・真臘傳》云:"户皆東向,坐尚東。"此山居之遺習。干闌,即今所謂碉也。《唐書》:墮和羅,"俗喜樓居,謂爲干欄"。《唐書》:盤盤,"其民瀕水居,比木爲柵"。今暹羅尚有此俗,又有因樹爲屋者。《唐書》扶南:"楉葉以覆屋。"訶陵,"雖大屋,亦覆以栟櫚"。則以南方植物,多巨大而茂盛也。

諸國文化,多受之於我者。新羅、日本無論矣。《後書・南蠻傳》云:"凡交趾所統,雖置郡縣,而言語各異,重譯乃通。人如禽獸,長幼無别,項髻徒跣,以布貫頭而著,案此所謂項髻者,指雜居其間之濮族言之。後頗徙中國罪人,使雜居其間,乃稍知言語,漸見禮化。光武中興,錫光爲交趾,任延守九真。於是教其耕稼,製爲冠履。初設媒聘,始知姻娶。建立學校,導之禮義。"《循吏傳》云:"九真俗以射獵爲業,不知牛耕。民嘗告糴交趾,每致困乏。延乃令鑄作田器,教之墾闢田疇。歲歲開廣。百姓充給。又駱越之民,無嫁娶禮法。各因淫好,無適對匹。不識父子之性,夫婦之道。延乃移書屬縣:各使男年二十,至五十,女年十五,至四十,皆以年齒相配。其貧無禮聘,令長史以下,各省俸禄,以振助之。同時相娶者二千餘人。其産子者,始知種姓,咸曰:使我有是子者,任君也。多名子爲任。初平帝時,漢中錫光爲交趾太守,教導民夷,漸以禮義,化聲侔於延。領南華風,始於二守焉。"可見馬來之隸我版圖者,我族牖啓之勞,爲不少矣。此外以漢人作蠻夷大長者,蓋亦不少,最古之越無餘、吴太伯即其例。《唐書・環王傳》:"又有西屠夷。蓋援馬援。還,留不去者。才十户。隋末,孳衍至三百。皆姓馬。俗以其寓,故號馬留人。"歷世而不變於夷,則亦必能變夷,惜其跡不可考矣。

諸族中程度最淺者莫如獠,豈以其"散居山谷"故邪?《北史》云:"獠無氏族之别。又無名字。所生男女,惟以長幼次第呼之。案商人多以甲乙爲名,蓋亦此俗。其丈夫稱阿暮、阿段,婦人稱阿夷、阿等之類,皆其次第稱謂也。往往推一長者爲王,父死子繼,若中國之貴族。亦不能遠相統攝。好相殺害。人皆不敢遠行。至於忿怒,父子不相避,惟手有兵刃者先殺之。若殺其父,走避於外,求得一狗,以謝其母,不復嫌恨。亡失兒女,一哭便止,亦不復追思。相劫掠賣取如猪狗。往往親戚比鄰,指授相賣。被賣者不服,逃竄避之。乃將買人指捕,逐若亡叛。獲便縛之。但被縛,即服爲賤隸,不敢稱良矣。女多男少。婦人任役。婚法,女先以貨求男。案此俗與林邑同。貧者無以嫁,則賣爲婢。惟執楯持矛,不執弓矢。"其程度如此。史稱其"於諸夷中,最難以道招懷",誠有由也。近人《游記》述猓猓之俗:謂其"男女皆以束布圍要,謂之通裙。屋宇皆去地數尺，架以巨木，上覆以葉，如羊牢，時曰羊樓。其人蓬首垢面，不潔清。予以一飯，可使捐軀"。何此族進化之滯邪？

吾族牖啓粤族之功，具如前述。惟交通陸難於海；吾國文明，重心亦在北方；閩、粤沿海之區，進化亦晚；而印度航業夙盛，更加以神教之力；此則交趾、日南、九真諸郡而外，大陸沿岸，及南洋羣島之文化，所以多受之於印度也。諸國文化之出於印度，可以其奉佛爲徵。《隋書》真臘："有陵伽鉢婆山，上有神祠，每以兵五千人守衛之。城東有神，名婆多利，祭用人肉。其王年别殺人，以夜祀禱。亦有守衛者千人。"流求："俗事山海之神，祭以肴酒，鬬戰殺人，便將所殺人祭其神。或依茂樹起小屋；或懸髑髏於樹上，以箭射之；或累石擊幡；以爲神主。"此皆馬來西亞舊教，祭必用人，所以養成食人之蠻習也。又毗騫："傳其王身長丈二，頭長三尺；自古不死，莫知其年。王神聖，國中人善惡及將來事，王皆知之；是以無敢欺者。南方號曰長頸王國。王常樓居，不血食，不事鬼神。其子孫生死如常人，惟王不死。"則又以教主而兼君主矣。《南史·扶南》："俗事天神。天神以銅爲象，二面者四手，四面者八手；手各有所持，或小兒，或鳥獸，或日月"；則似已傳之印度，當時西域祭天，皆有金人也。然漢魏以後，佛教既入，諸國靡然從風。《南史》稱"扶南王數使與毗騫王書相報答。其王亦能作天竺書。書可三千言，説其宿命所由，與佛經相似；並論善事"。又林邑之王，舍國而之天竺；赤土之王，釋位以傳其子；皆其徵也。史載諸國政俗事跡者，其舉國奉佛無論矣；即僅載一二表文者，其所稱道，亦大抵佛經中語也。

其風俗之因奉佛而變，最易考見者，厥惟婚姻喪葬之禮。《晉書》林邑："貴女賤男。同姓爲婚，女先聘壻。"《南史》："嫁娶必用八月，女先求男，由賤男而貴女。同姓還相婚姻。婆羅門引壻見婦，握手相付，咒曰吉利吉利，爲成禮。"《隋書》赤土："每婚嫁擇吉日，女家先期五日，作樂飲酒。父執女手以授壻。七日乃配焉。"此可見其俗婚姻本亦父母主之，後乃改用婆羅門也。《南史》林邑："死者焚之中野，謂之火葬。"《北史》："王死，七日而葬；有官者三日；庶人一日。皆以函盛屍，鼓舞道從，輿至水次，積薪焚之。收其餘骨；王則内金罌中，沈之於海；有官者，以銅罌沈之海口；庶人以瓦送之於江。"《南史》扶南："死者有四葬：水葬則投之江流，火葬則焚爲灰燼，土葬則瘞埋之，鳥葬則棄之中野。"《隋書》赤土："父母兄弟死，則剔髮素服。就水上構竹木爲棚，棚内積薪，以屍置上，燒香建幡，吹蠡擊鼓以送之。縱火焚薪，遂落於水。貴賤皆同；惟國王燒訖貯以金瓶，藏於廟屋。"真臘："其喪葬：兒女皆七日不食，剔髮而哭。僧、尼、道士、親故，皆來聚會，音樂送之。以五香木燒屍。收灰，以金銀瓶盛，送於大水之内。貧者或用瓦，而以彩色畫之。亦有不焚，送屍山中，任野獸食者。”案流求：“其死者氣將絶，轝至庭前；親賓哭泣相弔；浴其屍，以布帛纏之，裹以葦席，親土而殯，土不起墳。”流球俗最蠻野，猶有瘞埋之制，諸國中惟流求不奉佛教。則棄尸中野，必非諸國舊習可知。故扶南四葬中，猶有所謂土葬者。林邑之王死七日而葬，有官者三日，庶人一日，亦近中國古制，特以日易月耳。然則諸國婚姻喪葬之禮，其必受之印度無疑矣。

諸國文字，亦皆傳自印度。《晉書》扶南：“亦有書記，文字有類於胡。”林邑：“范逸使通表入貢，其書皆胡字。”《北史》：“人皆奉佛，文字同於天竺。”《漢書·西域傳》顔師古注：“今西方胡國及南方林邑之徒，書皆横行，不直下也。”然則後印度諸國文字，受之中國者，獨一安南而已。扶桑爲美洲之地，已見第六章。《梁書》謂“其俗舊無佛法。宋大明二年，罽賓國有比丘五人，游行其國。流通佛法經象，教令出家。其俗遂改”。則佛教并曾傳至西半球矣。

第十章　濮　族

濮，亦作卜，《周書·王會解》，伊尹四方令。又作僰。《説文》："僰，犍爲蠻夷也。"今稱猓玀，《山海經·海外北經》："有青龍焉，狀如虎，名曰羅。"郝疏："吴氏引《天中記》云：今雲南蠻人，呼虎亦爲羅羅。"頗疑此族人以虎自號。亦西南一大族也。此族地與苗族相接，而種族判然不同。近人謂"其異，雲貴人類能言之。日本鳥居龍藏，探險苗疆，益言其骨骼、習俗、文明，彼此皆有差異。且二族世爲仇讎，今猶劇烈焉"。此族所居，爲今黔江、金沙江、大度河流域。《漢書》所謂"南夷君長以十數，夜郎最大；夜郎，今貴州銅梓縣。其西靡莫之屬以十數，滇最大；滇，今雲南昆明縣。自滇以北，君長以十數，邛都最大"者也。邛都，今四川西昌縣。然上溯周秦以前，此族之地，實尚不止此。今録予所撰《微盧彭濮考》一篇於下，以見其概。

《微盧彭濮考》曰：《書·牧誓》："及庸、蜀、羌、髳、微、盧、彭、濮人。"釋地者多不能得其所在。今案庸即春秋時之庸。《左氏》杜注，在上庸縣。今湖北竹山縣。蜀亦即後世之蜀。羌族蔓延甚廣，從武王伐紂者，當在隴蜀之間，别見予所撰《鬼方考》。微、盧、彭、濮，亦皆見於《左氏》。惟髳不能確知所在耳。《左氏》：桓公十二年，"伐絞之役，楚師分涉於彭。羅人欲伐之"。杜《注》："彭水，在新城昌魏縣。"今湖北之鄖陽，即《牧誓》之彭也。明年，"楚屈瑕伐羅。及鄢，亂次以濟。及羅，羅與盧戎兩軍之，大敗之"。《釋文》云："廬如字，本或作盧，音同。"則德明所據本，盧戎作廬戎。文公十四年，公子燮、公子儀以楚子出，將如商密，廬戢黎及叔麇誘而殺之。十六年，楚大饑。庸人帥羣蠻以叛楚。麇人帥百濮聚於選，將伐楚。自廬以往，振廩同食。使廬戢黎侵庸。杜《注》："廬，今襄陽中廬縣。戢黎，廬大夫。"此廬蓋即盧戎舊地，是時屬楚爲邑。晉中廬故址，在今湖北南漳縣東。鄢水，杜《注》謂在襄陽宜城縣，今湖北之宜城。羅，《釋例》謂是時在宜城山中。宜城南漳密邇，宜可合禦楚師。《書》："西旅獻獒。"《正義》曰："西方之戎，有國名旅者。"其説當有所本。旅盧音同，春秋時之盧戎，蓋即從武王伐紂之盧，亦即獻獒之旅也。《括地志》：金州，有古盧國，則在今陝西安康縣。文十一年，楚子伐麇，熊大心敗麇師於防渚。潘崇復伐麇，至於錫穴。此麇當即十六年帥百濮將伐楚之麇。《十三州志》：房陵，即春秋防渚。今湖北房山縣。錫穴，《釋文》云："或作錫。"《十道志》：鄖鄉本漢錫縣，古麇國也。《御覽・州郡部》引。蓋即錫穴，今湖北鄖鄉縣也。《釋例》謂麇在當陽，去防渚、錫穴太遠。羅泌謂在當陽者爲麇，在漢錫縣者當作麇，其説蓋是。麇麇形近易譌。哀公十四年，"逢澤有介麇焉"，《釋文》謂麇又作麇，其證。《穀梁》莊公二十八年，"築微"，《左氏》作麋，則麋微音同通用之證也。麋，亦即《牧誓》之微也。然則微、盧、彭三國，皆與庸相近。其地，皆在漢中、襄、鄖一帶，適當周人自武關東出之路。其能從武王以伐紂，亦固其所。濮爲種族之名，散布之地甚廣。《釋例》謂建寧郡南有濮夷，晉建寧，今雲南曲靖縣。蓋就當時種落言之，而牧野所從，則不在此。《左氏》昭公九年，王使詹桓伯辭於晉曰："自武王克商以來，巴、濮、楚、鄧，吾南土也。"巴即春秋時之巴國，今四川之閬中縣。鄧，在今河南鄧縣。楚封丹陽，後人多誤謂今秭歸。據宋氏翔鳳所考，地實在今商縣之南，南陽之西，丹、析二水入漢處。《過庭録・楚鬻熊居丹陽武王徙郢考》。濮與此三國並舉，其地亦必相近，故《國語》"楚蚡冒始啓濮"，韋昭謂爲"南陽之國"也。《論語》文王爲西伯，"三分天下有其二，以服事殷"。三分有二，鄭玄謂指雍、梁、荆、豫、徐、揚言之。而韓嬰敍《詩》，謂周南之地，在南陽、南郡之間。則牧野之役，武王實合西南諸族以伐紂也。濮爲種族之名，非指一國。故杜《注》謂庸亦百濮夷。然則微、盧、彭諸國，亦未必非濮矣。楚初封丹陽，熊繹徙荆山，在今南漳縣。武王遷郢，其所啓，蓋皆濮地也。以上爲《微盧彭濮考》原文。《山海經・中山經》："荆山，其中多犛牛。"注："旄牛屬也。黑色，出西南徼外也。"此亦濮人在今湖北之一證。

《左》昭十九年，楚子爲舟師以伐濮。"費無極言於楚子曰：若大城城父，而置太子焉，以通北方，王收南方，是得天下也。"此言在遷郢以後，則此濮必在郢之南。後來所闢黔中郡，疑亦濮族之地。自此以西南，則接於夜郎、滇王矣。然則濮族古地，實跨豫、鄂、湘、川、滇、黔六省也。如盧國在安康，則并跨今陝西省。《左》昭元年，趙孟謂楚曰："吴濮有釁，楚之執事，豈其顧盟？"蓋楚東南界吴西南界濮也。《爾雅》：四極，"南至於濮鉛"。蓋即此一帶。《廣韻》濮字注，引《山海經》曰："濮鉛，南極之夷。尾長數寸，巢居山林。"似據漢以後書僞造。《後漢書》述盤瓠種，哀牢夷，衣皆著尾也。不可以釋《爾雅》。今本《山海經》，亦無此文。

濮族古國，實以夜郎及滇爲大宗，《後漢書》云："初有女子，浣於遯水，有三節大竹，流入足間。聞其中有號聲，剖竹視之，得一男兒，歸而養之。及長，有才武，自立爲夜郎侯，以竹爲姓。"又云："夜郎之降也，天子賜其王印綬，後遂殺之。夷人以竹王非血氣所生,甚重之,求爲立後。牂牁太守吴霸以聞,乃封其三子爲侯。死,配食其父,夜郎謂之竹王三郎神。”今貴州土司,猶有自謂其先出於竹中者,亦可見其傳世之遠矣。其開闢則始於楚。楚頃襄王時,莊蹻從沅水伐夜郎,西至滇,以兵威定屬楚,欲歸報。會秦擊奪楚巴、黔中郡,道不通,乃以其衆王滇。變服,從其俗以長之。秦時,諸此國頗置吏焉。漢興,皆棄此國,而開蜀故徼。巴蜀民或竊出商賈,取其筰馬、僰僮、旄牛。武帝建元六年,番陽令唐蒙使南粤。南粤食蒙蜀枸醬。蒙問所從來。曰:“道西北牂柯江。”江廣數里,出番禺城下。蒙歸,問蜀賈人,知夜郎臨牂柯江。江廣百餘步,足以行船。蒙因上書,以爲制粤一奇。武帝拜蒙中郎將,説諭夜郎,以其地爲犍爲郡。後以公孫弘言,罷事西南夷。元狩元年,張騫言:“使大夏時,見蜀布、邛竹杖。問所從來。曰:從東南身毒國,可數千里,得蜀賈人市。或聞邛西可二千里有身毒。”騫因盛言:“大夏在漢西南,慕中國。患匈奴隔其道。誠通蜀身毒國道,便近,又無害。”於是通滇。南粤反,發南夷兵。且蘭君反。且蘭,今貴州平越縣。漢兵還誅之。平其地,爲牂柯郡。以邛都爲越嶲郡。夜郎遂入朝。地爲縣,屬牂柯。因使諷諭滇王。滇王衆數萬;其旁東北勞深、靡莫之屬,皆同姓,相仗;未肯聽。元封二年,發巴、蜀兵擊,滅勞深、靡莫。滇舉國降,以爲益州郡。

自漢開此等地方爲郡縣後,蠻夷大姓,遂多中原之人。《後書》云:公孫述時,牂牁大姓龍、傅、尹、董氏,與郡功曹謝暹保境爲漢。乃遣使從番禺江奉貢。光武嘉之,並加褒賞。《唐書》所載,有東謝蠻,在黔州西三百里。其附近有牂牁蠻,東謝之南曰西趙,西曰夷子。東謝及牂牁,酋長皆姓謝氏;牂牁後改以趙氏爲酋長。西趙酋長姓趙氏;夷子酋長姓李氏;宋時,有龍、方、張、石、羅五姓,常奉職貢,受爵命;而龍氏最大。神宗元豐七年,有程蕃,乞貢方物,願依五姓例著籍,許之。哲宗元符二年,有韋蕃者,亦來貢,總稱西南七蕃云。

滇中望族,爨爲最著。《唐書》云:“西爨,自云本安邑人。七世祖爲晉南寧太守。今雲南曲靖縣。中國亂,遂王蠻中。”而《大爨碑》謂其先出於楚令尹子文;未知孰是;要必中國人王蠻中者也。爨有東西之分。東爨謂之烏蠻,西爨謂之白蠻,即今所謂白猓玀,黑猓玀也。近人或云:“其種族有别。白猓玀,膚色較白,髮黄,眼碧,身長,似與白種相混。黑玀猓較短小,膚色亦較黑云。”又曰:“白猓玀皆白帽,黑猓玀皆黑帽。”案《唐書》:初裹五姓皆烏蠻,其婦人衣黑繒;東欽二姓皆白蠻,其婦人衣白繒;則其服飾之别,亦由來舊矣。烏蠻種落,見於《唐書》者:曰阿芋路,曰阿猛,曰夔山,曰暴蠻,曰盧鹿蠻,曰磨彌斂,曰勿鄧。阿芋路,居曲州、今四川慶符縣。靖州今四川屏山縣。故地,勿鄧則居漢會無縣故地焉。今四川會理縣。其北有初裹五姓,居邛部、今四川邛崍縣。臺登今四川冕寧縣。之間。又邛部六姓之中,其五姓爲烏蠻。勿鄧南七十里,有兩林部落。其南,又有丰琶部落。兩林部落,則十低三姓、阿屯二姓、虧望三姓隸焉。丰琶部落,則阿諾二姓隸焉。黎、今四川漢源縣。巂、今四川西昌縣。戎今四川宜賓縣。三州之鄙,又有粟蠻二姓、雷蠻三姓、夢蠻三姓;與兩林、丰琶,皆隸勿鄧。其在南詔附近者,則有獨錦蠻、施蠻、順蠻,及磨些蠻。在今麗江、劍川一帶。在滇池之西者,有徒莫祇蠻、儉望蠻、今楚雄一帶。白水蠻。在姚安大姚境。其西,爲大勃弄、小勃弄二川蠻;西接葉榆。又其西,即六詔也。白蠻境域,自彌鹿、升麻二州,今曲靖境。南至步頭。今建水縣。其種落之見於史者:又有邛部六姓中之一姓;及居北谷之東欽蠻二姓;今四川冕寧縣。及始居弄棟,今姚安。後乃散居劍共諸川麗江劍川境。之弄棟蠻焉。

此外未明著其屬於烏蠻抑白蠻者:則巂州新安城旁,有蒙蠻、夷蠻、訛蠻、狼蠻。戎州管内,有馴、騁、浪三州蠻。馴、騁二州,均在今屏山縣境。又有夷望、鼓路、西望、安樂、湯谷、佛蠻、虧野、阿醯、阿鴞、鉚蠻、林井、阿異十二鬼主,皆隸巂州。有奉國、苴伽等十一部落,春秋受賞於巂州。又戎、巂二州之北,有浪稽蠻、羅哥谷蠻。其東,有婆秋蠻、烏皮蠻。其南,有離東蠻、鍋銼蠻。及其西之磨些蠻。均與南詔越析相姻婭。黎州南路,有廓清道部落主三人,婆鹽鬼主十人。又有阿逼蠻,分十四部落,曰大龍池,曰小龍池,曰控,曰苴質,曰烏披,曰苴賃,曰觱栗水,曰戎列,曰婆狄,曰石地,曰羅公,曰訙,曰離旻,曰里漢。其最遠者,則爲松外諸蠻。今松潘縣西境。凡此,雖未明著其屬於白蠻及烏蠻,然就其所居之地及其習俗觀之,均可知其與烏白蠻同種,而爲古所謂濮族也。

爨氏之盛,蓋自晉政不綱以來。其初猶羈縻不絶。梁元帝時,南寧州徐文盛,以召詣荆州。有爨瓚者,遂據其地。死,子震翫分統其衆。隋文帝開皇初,命韋世沖以兵戍之。置恭州、今四川慶符縣西。協州、今四川珙縣南。昆州。今雲南昆明縣。未幾叛。史萬歲擊之,至西洱河滇池而還。震翫懼而入朝。文帝誅之。唐高祖即位,以其子弘達爲昆州刺史。奉父喪歸。死,以爨歸王爲南寧州都督。爲安寧城名,今雲南安寧縣。兩爨大鬼主崇道所殺。妻阿妊,烏蠻女也,走父部,乞兵相仇。於是其子守隅,爲南寧州都督。皮邏閣以女妻之。又以一女妻崇道子輔嗣。崇道、守隅,相攻擊不置。阿妊訴皮邏閣。皮邏閣爲興師。崇道走黎州。遂虜其族。殺輔嗣,收其女。崇道俄亦被殺。諸爨稍離弱。閤羅鳳立。召守隅并妻歸河睒,不通中國。阿妊自主其部落,歲入朝。

閤羅鳳以兵脅徙西爨户二十萬於永昌城。今雲南保山縣。東爨以言語不通，多散依林谷，得不徙。於是烏蠻種復振，徙西爨故地，與峯州爲鄰。在今安南境。德宗貞元中，置都督府，領羈縻州十八，世與南詔婚姻云。

宋時，諸蠻通朝貢者其屬於黎州者，凡十二種：即山後兩林蠻、在州南七日程。邛部州蠻、州東南十二日程。風琶蠻、州西南千一百里。保塞蠻、州西南三百里。三王蠻、州西百里。西箐蠻、州西三百里。浄浪蠻、州南百五十里。白蠻、州東南百里。烏蒙、州東南千里。阿宗蠻、州西南二日程。大雲南蠻、小雲南蠻即大理。是也。丰琶、兩林、邛部最大；其餘諸小蠻，皆分隸焉。邛部州蠻，即唐勿鄧，號百鬼都鬼主，最狡悍。嘗招集蕃漢亡命，侵擾他種，閉其道以取利。其屬敍州者，有三路蠻：西北曰董蠻，正西曰石門部，東南曰南廣蠻。徽宗大觀三年，夷酋羅永順、楊光榮、李世恭等，各以其地内屬。建純、滋、祥三州，後皆廢。屬威州者：今四川汶川縣。有唐保、霸二州，因稱保霸蠻。政和三年，以保州爲祺州，今汶川境。霸州爲亨州，今汶川西北。後亦廢爲砦。屬茂州者，有蓋、塗、静、當、直、時、飛、宕、恭等九州。政和五年，直州内屬，以其地置壽寧軍、延寧軍，未幾亦廢。其屬瀘州者，有溪峒州十。仁宗慶曆初，烏蠻王子得蓋請復建姚州，許之；即以得蓋爲刺史。得蓋死，其子竊號羅施鬼主。死，子僕夜襲其號。浸弱，不能令諸部。烏蠻有二酋：曰晏子，居直長寧、今四川長寧縣。寧遠今屏山附近。以南。曰斧望箇恕，居近納溪，今四川納溪縣。浸强大，擅劫晏州山外六姓，晏州，今四川興文縣。及納溪二十四姓生夷。熙寧六年，熊本經制蠻事。晏子、斧望箇恕及僕夜皆願入貢，受王命。晏子未及命而死。以箇恕知歸來州，僕夜知姚州。箇恕之子乞弟，晏子之子沙取禄路，並爲把截將、西南夷部巡檢。八年，俞州獠酋阿訛叛，率其黨奔箇恕。會箇恕老，以事屬乞弟，遂與訛侵諸部。元豐五年，討破之。以歸來州賜羅施鬼主。乞弟失地，窮甚，往來死於諸蠻。自是瀘夷震慴，不復爲患焉。案宋黎州之三王蠻，系氐羌族。

濮族之居黔江及金沙江流域者，久以耕農爲業；散爲諸小邑聚，無大部落；故不爲中國患。其在鬱江流域者則不然。唐之西原蠻，宋之廣源州蠻是也。西原蠻者，地在廣容之南，邕桂之西，西接南詔。今廣西扶南縣之地。俗椎結左衽。無城郭，依山險。各治生業，急則屯聚。而輕死善戰鬬。有寧氏者，世相承爲豪。黄氏其隸也。唐玄宗天寶初，黄氏强，與韋氏、周氏、儂氏相脣齒，爲邊患。後韋氏、周氏，亦爲黄氏所逐，奔海濱。肅宗至德初，黄氏叛。乾元中，乃討平之。貞元元和間，復叛。黄氏、儂氏，據州十八，大爲邕、容二管之患。文宗太和中，經略使董昌齡使子蘭討破之。諸蠻畏服。十八州歲輸貢賦,道路清平。其後儂氏最强,結南詔爲助。至宋時,卒有儂智高之患。

廣源州,在邕州西南,鬱江之原。地峭絶險阻,儂氏世據之。自交趾建國,廣源雖號邕管羈縻州,實服役焉。有儂全福者,知儻猶州。今廣西新寧縣。其弟存禄,知萬涯州。今廣西崇善縣。全福妻弟儂當道,知武勒州。亦在崇善縣境。全福殺存禄、當道,并有其地。交趾怒,執之;及其子智聰,以歸。全福妻阿儂,嫁商人,生子,名智高。年十三,殺其父。冒儂姓。久之,與其母據儻猶州。建國曰大歷。交趾攻拔,執之。使知廣源州。内怨交趾,襲據安德州。僭稱南天國。請内附,不許。乃招納亡命,謀入寇。宋仁宗皇祐四年,以兵五千,沿鬱江東下,陷邕州,僭號仁惠皇帝。時天下久安,嶺南州縣無備,故所向皆得志,連陷横、今廣西横縣。貴、今廣西貴縣。龔、今廣西平南縣。潯、今廣西桂平縣。藤、今廣東藤縣。梧、今廣西蒼梧縣。封、今廣東封川縣。康、今廣東德慶縣。端今廣東高要縣。九州,進圍廣州。五十七日,不拔,乃解去。諸將討之,皆無功。五年,正月,狄青絶崑崙關,在廣西南寧縣東北崑崙山上。擊破之。智高奔大理。初智高殺其父後,其母阿儂,嘗嫁特磨道儂夏卿。智高敗,往依之。阿儂有計謀,智高攻陷城邑,多用其策。及是收殘衆,欲再入寇。安撫使余靖,發峒兵掩禽之。智高死於大理。

大理,本南詔也。《唐書》云:烏蠻别種。其先渠帥有六,蠻語謂王曰詔,故號六詔。六詔:曰蒙嶲詔。今四川西昌縣。曰越析詔。亦曰磨些詔。今雲南麗江縣。曰浪穹詔。今雲南洱源縣。曰邆賧詔。今雲南鄧川縣。曰施浪詔。洱源之東。曰蒙舍詔。今雲南蒙化縣。蒙舍詔居諸部南,故稱南詔,其王蒙氏。唐玄宗開元末,有皮邏閣者,始强。逐河蠻,築太和城居之。今雲南大理縣。厚以利啖劍南節度使王昱,求合六詔爲一。玄宗許之,册爲雲南王。而詔特進何履光,以兵定其境。取安寧城鹽井,今雲南安寧縣。復立馬援銅柱,乃還。鮮于仲通節度劍南,卞急少方略。故事,南詔嘗與妻子謁都督。過雲南,即姚州。今雲南姚安縣。太守張虔陁私之。又多所求丐。閣羅鳳皮邏閣子。不應。虔陁數詬折之,陰表其罪。由是忿怨,發兵攻殺虔陁,取姚州及小夷州三十二。仲通討之,大敗。時楊國忠當國,調大兵攻之,又敗。閣羅鳳北臣吐蕃。會安禄山反,閣羅鳳遂取嶲州,據清溪關,在今四川漢源縣。與吐蕃共爲寇盜,爲蜀患頗深。閣羅鳳卒,孫異牟尋立。西瀘令鄭回,惇儒也。嶲州之陷,爲南詔所得。閣羅鳳使教子弟,實傅異牟尋。後以爲清平官。南詔之臣吐蕃,吐蕃悉奪其險要,立營候;歲索兵助防;賦斂重數,異牟尋稍苦之。回乃説其歸唐。會韋皐節度劍南,亦遣使招之。南詔復來歸,與唐合擊,敗吐蕃兵。時德宗貞元時也。異牟尋卒,子尋閣勸立。卒，子勸龍晟立。其下弑之，而立其弟勸利。勸利卒，子豐祐立。時穆宗長慶三年也。豐祐趫敢，善用其下。西川節度杜元穎，以文儒自高，不治戎事。南詔遂陷邛、戎、巂，入成都。宣宗時，又陷安南都護府。唐以高駢爲都護，復其地。豐祐卒，子坦綽酋龍立。稱帝，國號大禮。亦作大理。陷播州。攻邕管。唐徙高駢鎮西川，破其兵。南詔乃請和。酋龍年少，嗜殺戮。親戚異己者皆斬。兵出無寧歲。其寇蜀也，男子十五以下悉發，婦人耕以饟軍，稍衰矣。卒，子法立。年亦少。好畋獵，國事決於大臣，益衰。然僖宗時猶一寇西川，陷安南。後中國亂，不復通。

蒙氏傳國至唐昭宗時，爲其臣鄭買賜所簒，改號大長和。後唐明宗時，又爲其臣趙善政所簒，改號大天哭。尋又見簒於其臣楊義貞，改號大義寧。晉高祖時，段思平得之，改號大理國。宋太祖時，王全斌平蜀，欲取之，具圖以進。帝以玉斧畫大度河，曰："此外非吾有也。"由是不通中國。仁宗皇祐中，儂智高走死其國，函首以獻，始乃一通焉。神宗熙寧中，其主連義，爲其臣楊義所弑。義遂簒位。高昇太起兵討滅之，立段壽輝。傳子正明，避位爲僧。國人皆歸心高氏，遂奉昇太爲王。時哲宗元符二年也。改國號大中。臨終，屬其子太明曰："段氏不振，國人推我，不得已從之。今其子已長，可還故物。爾後人勿效尤也。"太明遵遺言，求段氏子正淳立之。於是段氏復興，號曰後理。高氏世相之，人稱爲高國王。理宗淳祐十二年，元憲宗二年。元世祖伐之。明年，兵臨其國。其王興智及相高太祥拒戰，敗績。太祥被執，不屈死。興智亦被虜。設大理都元帥府。又以劉時中爲宣撫使，與興智安輯之。中原多故，段氏復據其地，傳十一世。明藍玉、沐英乃滅之，以其地爲大理府。

自元以來，雲貴之地，日益開闢，諸濮族亦皆列爲土司。其最有關係者，在黔則播州，在滇則烏撒、烏蒙、東川、鎮雄四土府也。播州，今遵義縣地。唐僖宗時，爲南詔所陷。太原人楊端，應募復其城。其後遂世有其地。明初，楊氏率先歸附，仍以原職授之。其地三面鄰蜀，兵尤驍勇。數從征調，嘗有功。萬曆時，宣慰使楊應龍，雄猜阻兵。以犯罪，爲疆吏所糾，遂反。官兵討之，屢衄。天啓初，調川、滇、湖南三省兵，乃討平之。以其地爲遵義、平越二府。烏蒙、烏撒、東川、鎮雄，皆在雲南東北境，東川、鎮雄今爲縣，烏蒙今昭通縣。據其地者皆烏蠻裔。宋時，有封烏蠻王者。元置烏蒙、烏撒等處宣慰司。明初，傅友德平其地，分設四土府。其地西連貴陽，與水西安氏轄境相接，實滇、黔間要地。而明以之隸四川，鞭長莫及，制馭無從，遂爲腹心之梗。清初，平烏撒，置威寧，而餘三府仍隸四川。世宗時，鄂爾泰總督雲貴，主改土歸流。世宗知其才可任，以三府改隸雲南。乃開其地，爲東川、昭通二府焉。雲南全省，明初雖設郡縣，實多用土官。即正印爲流官者，亦必以土官佐之。經明清二代，乃逐漸同化，土官亦多改流云。

濮族進於耕農最早。《漢書》述西南夷，自夜郎至邛都，皆椎髻耕田，有邑聚，與其西之嶲昆明，編髮隨畜移徙者迥殊。由此上推之，《左》文十六年，蔿賈策百濮，謂將“各走其邑”，知其俗正與《漢書》所述之夜郎等同。謂濮族舊居鄂、豫，彌可信矣。《漢書》云：牂柯地多雨潦，寡畜生，無蠶桑，最貧。句町今雲南通海縣。有桄榔木，可以爲麪，百姓資之。邛都俗多游蕩，而喜謳歌，略與牂柯相類。益州則河平土敞，多出鸚鵡、孔雀。有鹽池田漁之饒，金銀畜産之富。民俗豪汰，居官者皆富及累世焉。可以見漢時此諸地方之肥瘠。

漢族良吏，牖啓濮族之功亦不小。《後書》云：王莽時，以廣漢文齊爲太守。造起陂池，開通溉灌，墾田二千餘頃。率厲兵馬，修障塞，降集羣夷，甚得其和。肅宗元和中，蜀郡王進爲太守，政化尤異。始興起學校，漸遷其俗。桓帝時，牂柯郡人尹珍，自以生於荒裔，不知禮義，乃從汝南許慎、應奉受經書、圖緯。學成，還鄉教授。南域始有學焉。其功績，殊不在文翁司馬相如之下。然《唐書》述諸族之俗，皆以十二月爲歲首。父母喪，斬衰布衣，近者四五年，遠者五六年。婚姻以牛酒爲禮。松外諸蠻，有城郭，知陰陽曆數。非盡漢以後所傳。蓋皆在北方，與漢族雜處所受也。

其俗尚鬼。《漢書》但言好巫鬼禁忌。《唐書》謂其稱主祭者爲鬼主。每户歲出一牛，或一羊，就其家祭之。大部落有大鬼主。百家則置小鬼主。兩林部落雖小，然爲諸族所宗，號爲都大鬼主云。此亦極似中國支子不祭，祭必於宗子之家之俗。

濮族自古離析爲小邑聚，亡大君長，此其文明程度雖高，而不能强盛之原因也。稍能摶結之，具有國家之規模者，當始爨氏，至南詔則益進矣。爨氏制度無可考。南詔制度，見於史籍者頗多。今舉其要者。其語：謂王爲詔。王母曰信麽，亦曰九麽。妃曰進武。其官：曰坦綽，曰布燮，曰久贊，謂之清平官。所以決國事輕重，猶唐宰相也。曰酋望，曰大軍將。大軍將十二，與清平官等。列日議事王所。出治軍壁，稱節度。有内算官，代王裁處。有外算官，記王所處，以付六曹。六曹長有功，補大軍將。次補清平官。幕爽主兵。琮爽主户籍。慈爽主禮。罰爽主刑。勸爽主官人。厥爽主工館。萬爽主財用。引爽主客。禾爽主商賈。皆清平官。酋望，大將軍兼之。爽，猶言省也。督爽，總三省也。乞託主馬，禄託主牛，巨託主倉廩，亦清平官，酋望，大將軍兼之。曰爽酋，曰彌勤，曰勤齊，掌賦税。曰兵獳司，掌機密。外有六節度，二都督，十瞼。瞼，夷語州也。大府，主將曰演習，副曰演覽。中府，主將曰繕裔，副曰繕覽。下府，主將曰澮酋，副曰澮覽。小府，主將曰幕撝，副曰幕覽。府有陀酋，若管記。有陀西，若判官。百家有總佐一，千家有治人官一，萬家有都督一。壯者皆爲戰卒，有馬爲騎軍。以邑落遠近，分四軍。以旗幟别四方面。一將統千人，四軍置一將。凡敵入境，以所入面將禦之。擇鄉兵爲四軍羅苴子。百人，置羅苴子統一人。王親兵曰朱弩佉苴。佉苴，韋帶也。師行，人廩糧斗五升，以二千五百爲一營。其法，前傷者養治，後傷者斬。行舉國皆兵之制，而又劫之以嚴法，此其所以能抗衡於兩大之間與？

民以農耕爲業。亦有授田之法。田，五畝曰雙，上官授田四十雙，上户三十雙，以是而差，自曲靖至滇池；人皆水耕；食蠶以柘，能織錦繡。太和祁鮮山名。以西，人不蠶，剖波羅樹實，狀如絮，紐縷而幅之。犂田，一牛三夫，前挽，中壓，後驅。無貴賤皆耕，不徭役。人歲輸米二斗，一藝者給田二收乃税。豐祐之入成都，掠工伎數萬。自是工文織，與中國埒焉。市易用帛及貝。貝大若指，以十六枚爲一覓。案雲南用貝甚久，明時猶然，謂之海肥。蓋南詔盛時，疆域頗廣，故其所用之幣，能推行全境也。

猓玀一族，今仍散布雲南全省，四川西昌，貴州威寧、普安一帶亦有之。或稱白夷，又作擺夷，亦逕作僰。人皆盤髮頂上，蓋猶是椎結之舊。其所居屋皆平頂。自有文字，謂之僰文。亦曰猓玀文。其文化程度頗高。清初，江陰陳鼎祚，就昏龍家，在威寧一帶。著《滇黔土司昏禮記》。謂龍爲漢上諸姬，本名鸗。爲楚所滅，放其族於此，乃去鳥爲龍。或謂漢武滅牂柯，徙蜀中大姓龍、董、傅氏於其地。未知孰是。其言語不與苗同，而陳鼎祚之妻，能通僰文，可知其爲濮族。貴陽、安順、都匀、平越之狆家，亦多通僰文之人。狆家，或謂係馬殷所率柳州之戍卒。此或間有混合耳，其本種，必濮人，故亦用僰文也。龍家以子月爲歲首。平越、黄平之夭苗，大定、威寧、平遠、桂陽、清鎮、修平、清平之蔡家苗，貴陽、清鎮、修文、龍里之宋家苗皆然。夭苗，自謂姬姓，周後。蔡家苗，自謂蔡後；楚放之於此。或謂隨莊蹻至此。宋家苗，自謂宋後。爲楚所俘，放此。或曰：宋漢時爲蜀中大姓，後遷此。此等雖被苗名，實皆濮族。宋家親喪食蔬水，蔡家三月不食稻肉，皆古禮，蓋居中原與漢族密邇時效之，迄今未變也。亦可見濮族古地，實抵今河南、湖北之説，爲不誣矣。

第十一章　羌　　族

羌亦東方大族。其見於古書者，或謂之羌，或謂之氐羌。案《周書·王會解》："氐羌以鸞鳥。"孔晁《注》："氐地羌。羌不同，故謂之氐羌。今謂之氐矣。"則漢時之氐，即古所謂氐羌。蓋羌其大名，氐其小别也。《後漢書·羌傳》："武丁征西戎鬼方，三年乃克。故其詩曰：自彼氐羌，莫敢不來王。"此以武丁所伐之鬼方，即爲氐羌。宋氏翔鳳《過庭録》：謂"紂以九侯爲三公"之九侯，即《文王世子》"西方有九國焉"之九國，又即《詩》"我征自西，至于艽野"之艽野，皆與鬼方是一。愚案《左氏》，秦晉遷陸渾之戎於伊川，亦謂之九州之戎，九州之九，蓋亦即鬼方之鬼也。陸渾之戎，周人謂在瓜州。杜注謂瓜州在敦煌，失之太遠。孔氏以漢時之氐，爲古之氐羌，范氏以氐羌即鬼方，則漢時氐地，即古鬼方之國耳。氐地在隴蜀之間，殷周並起關中，見第一章。實其聲威所及。故武丁有三年之征，受辛肆奪環之虐，《吕覽·過理》："紂刑鬼侯之女而奪其環。"武王以撫有九國爲吉夢之徵，而東遷以後，周大夫猶於役其地也。詳見予所撰《鬼方考》。

古之氐羌，在今隴蜀之間者，至秦漢時，蓋皆服屬中國，同於編户。其在南者，則同化較遲，則古所謂巴人，漢時所謂巴郡南郡蠻及板楯蠻也。《後漢書》述巴郡南郡蠻緣起曰："本有五姓：巴氏、樊氏、瞫氏、相氏、鄭氏，皆出於武落鍾離山。其山有赤黑二穴。巴氏之子，生於赤穴。四姓之子，皆生黑穴。未有君長，俱事鬼神。乃共擲劍於石穴，約能中者，奉以爲君。巴氏子務相，乃獨中之。衆皆歎。又令各乘土船，約能浮者，當以爲君。餘姓悉沈，唯務相獨浮。因共立之。是爲廩君。乃乘土船，從夷水至鹽陽。鹽水有神女，謂廩君曰：此地廣大，魚鹽所生，願留共居。廩君不許。鹽君暮輒來取宿，旦即化爲蟲，與諸蟲羣飛，掩蔽日光，天地晦冥。積十餘日，廩君伺其便，因射殺之。天乃開明。廩君於是君乎夷城，四姓皆臣之。廩君死，魂魄世爲白虎。巴人以虎飲人血，遂以人祠焉。"其述板楯蠻云："秦昭王時，有一白虎，常從羣虎，數游秦、漢、巴、蜀之境，傷害千餘人。昭王乃重募國中：有能殺虎者，賞邑萬家，金百鎰。時有巴郡閬中夷人，能作白竹之弩，乃登樓射殺白虎。昭王嘉之；而以其夷人，不欲加封。乃刻石盟要：復夷人頃田不租，十妻不算。傷人者論，殺人者得以倓錢贖死。盟曰：秦犯夷，輸黄龍一雙；夷犯秦，輸清酒一鍾。夷人安之。"案《説文》："巴，蜀桑中蟲也。"《魏略》：《三國志》注引。"氐之有王，所從來舊矣：其種非一：或號青氐，或號白氐，或號蚺氐，此蓋蟲之種類，中國人即其服飾而名之也。"合"廩君死魂魄爲白虎"，及閬中夷人射殺白虎之言觀之，可知此族圖騰時代之俗矣。鍾離山，在今湖北宜都縣。夷水，今清江。

巴氏蓋氐之大宗，故秦惠王并巴中，仍以爲蠻夷君長，世尚秦女。其民：爵比不更。有罪，得以爵除。其君長：歲出賦二千一十六錢；三歲一出義賦千八百錢。其民户出幏布八丈二尺，雞羽三十鍭。漢興，一依秦時故事。建武二十三年，南郡潳山蠻雷遷等始叛，劉尚討破之。徙其種人七千餘口，置江夏界中。和帝永元十三年，巫蠻許聖等反。明年，討破之，復悉徙置江夏，是爲沔中蠻。與盤瓠種之散處江北者，蓋混淆不可辨析矣。據馬端臨説。漢末張魯居漢中，以鬼道教百姓。賨人敬信巫覡，多往奉之。值天下大亂，自巴西之宕渠，遷於漢中楊車坂。抄掠行旅，百姓患之，號曰楊車巴。魏武帝克漢中，遷其衆於略陽北土。復號之爲巴氐。晉元康中，氐齊萬年反，關西擾亂；頻歲大饑，百姓流移就穀，相與入漢川者數萬家。李特等將之入蜀，是爲成漢；其留略陽者，苻氏爲前秦，吕氏爲前涼，並爲十六國之一。板楯蠻，世居渝水左右。漢高祖發其衆，還定三秦。遣還巴中。復其渠帥羅、朴、督、鄂、度、夕、龔七姓，不輸租賦。餘户乃歲入賨錢四十。世號爲板楯蠻夷。遂世世服從，至於中興，郡守常率以征伐。其人天性勁勇，初爲漢前鋒，數陷陳。永初中，羌入漢中。板楯蠻救之，羌死敗殆盡，號爲神兵。傳語種輩，勿復南行焉。

巴郡南郡蠻及板楯蠻，皆在今嘉陵江流域，古所謂渝水也。其居渝水以外者，部落分布尤廣。《漢書》撮敍之曰："自嶲以東北，君長以十數，徙、莋都最大；自莋以東北，君長以十數，冉駹最大；自駹以東北，君長以十數，白馬最大；皆氐類也。"武帝開西南夷，始以莋都爲沈黎郡，徙爲縣，屬蜀。天漢四年，并蜀爲西部，置兩都尉：一居旄牛，主徼外夷。一居青牛，主漢人。冉駹爲汶山郡，宣帝地節三年，并蜀爲北部都尉，靈帝時復置郡。白馬爲武都郡。分廣漢西部合之。而武都夷爲患最深。地有仇池，方百頃。四面斗絶。夷人依以爲險。數爲邊寇。郡縣討之，則依固自守。元封三年，遣兵破之。分徙其衆於酒泉郡。建安中，興國氐王阿貴，百頃氐王千萬，姓楊氏，各有部落萬餘。十六年，從馬超爲亂，超破後，夏侯淵攻滅之。餘衆或入蜀。其不能去者，分徙扶風、美陽、天水、南安界中。雖都統於郡國，亦自有王侯，在其墟落間。晉時，千萬之後，卒復據仇池，傳國至南北朝焉。《南史》之武興國。唐時，黎邛二縣之東，有凌蠻，其西有三王蠻，爲莋都夷、白馬氐之遺種。三王者，楊、郝、劉三姓，世爲酋長，襲封王，故以名焉。歲稟節度府帛三千匹，以詗南詔。南詔亦密賂之，使覘成都虚實。戎州又有姐羌，爲古白馬氐之遺，而居東欽磨些附近者，又有鑠羌及彌羌焉。此皆在今四川境者也。其在今雲南境者，則與濮族錯處。《漢書》所謂"西自桐師以東北至葉榆，名爲嶲昆明。編髮，隨畜移徙；亡常處，亡君長；地方可數千里"者也。此族與濮族，顯著之别有二：濮族椎結，而此族編髮，一；濮族耕田有邑聚，而此族隨畜移徙，二也。自漢至唐尚然。唐時仍謂之昆明蠻，在爨蠻以西，以西洱河爲境。高宗龍朔三年，有七千户内附。總章三年，以其地置禄州、湯望州。咸亨三年，昆明十四姓率户二萬内附，析其地爲殷州、總州、敦州。殷州居戎州西北，總州居戎州西南，敦州在戎州之南，遠不過五百餘里，近者三百里。其後又置盤麻等四十一州，皆以首領爲刺史。

隴蜀及滇，皆山嶺崎嶇，不能合大衆。故羌居其間，曾不能爲大患。如武興之歷久負固，既爲罕遘矣。而河湟西海之間，則地較平夷，便於獵牧。居民氣性，稍類北狄；故其爲中國患較甚。《後漢書・羌傳》所述是也。《後漢書》云："羌無弋爰劍者：秦厲公時，爲秦所拘執，以爲奴隸。後得亡歸，而秦人追之急，藏於巖穴中，得免。羌人云：爰劍初藏穴中，秦人焚之，有景，象如虎，爲其蔽火，得以不死。既出，又與劓女遇於野，遂成夫婦。女恥其狀，被髮覆面；羌人因以爲俗。遂俱亡入三河間。《續漢書》作河湟間。注："黄河，湟水，賜支河也。"案賜支即黄河九曲地，當以《續漢書》爲是。諸羌見爰劍被焚不死，怪其神，共畏事之；推以爲豪。河湟間少五穀，多禽獸，以射獵爲事。爰劍教之田畜，遂見尊信。廬落種人依之者日益衆。羌人謂奴爲無弋，以爰劍嘗爲奴隸，故因名之。其後世世爲豪。至爰劍曾孫忍時，秦獻公初立，欲復穆公之威，兵臨渭首，滅狄獂戎。忍季父卬，畏秦之威，將其種人附落而南，出賜支河曲數千里；與衆羌絶遠，不復交通。其後子孫分别，各自爲種，任隨所之。或爲氂牛種，越嶲羌是也。或爲白馬種，廣漢羌是也。或爲參狼種，武都羌是也。忍及弟舞，獨留湟中。並多娶妻婦。忍生九子，爲九種。舞生十七子，爲十七種，羌之興盛，從此始矣。"又云："爰劍子孫支分，凡百五十種。其九種在賜支河首以西及蜀漢徼北。其五十二種，衰少不能自立，分散爲附落。或滅絶無後，或引而遠去。其八十九種，惟鍾最强，勝兵十餘萬。其餘大者萬餘人，小者數千人。更相鈔盜，盛衰無常。"案此説以諸羌支分，悉出爰劍，未必可信。然爰劍之後，派别極繁，則自爲實録。蓋羌族先進，實在隴蜀之間。河湟上腴，東周之世，猶爲草昧。爰劍久居塞内，漸被華風，豢擾菑畬，實以一身而兼羲農之教。本支百世，長爲殊俗所尊親，固其宜矣！

羌人之爲漢患者，不在塞外而在塞内。以同化之效，非旦夕可期，而漢人又頗陵侮之故也。建武九年，司徒掾班彪上言："今涼州部皆有降羌。降羌被髮左衽，而又與漢人雜處。習俗既異，言語不通。數爲小吏黠人，所見侵奪。窮恚無聊，故致反叛。"景帝時，研種留何，研，忍子。率種人求守隴西塞。徙之狄道、今甘肅狄道縣。安故、在狄道南。臨洮氐道、今甘肅清水縣。羌道，今甘肅武都縣。是爲羌人附塞之始。時匈奴冒頓，臣服諸羌。武帝乃度河湟，築令居。今甘肅莊浪縣。開河西四郡，酒泉、武威、張掖、敦煌。以隔絶羌、胡。先零種爲寇，漢兵擊破之。置護羌校尉統領焉。於是羌去湟中，依西海今青海。鹽池。今青海之鹽池。宣帝時，復度湟水，犯塞。趙充國屯田以待其敝。卒破之。置金城屬國，以處降羌。王莽輔政，諷羌獻西海地。以爲郡。築五縣邊海。亭燧相望焉。莽敗，諸羌據西海爲寇。隗囂不能討，因加慰納。發其衆以距漢。囂亡，仍爲邊患。後乃歸服。徙置天水、隴西、扶風三郡。於是先零之患平，而燒當種起。

燒當者，研十三世孫。自燒當至滇良，世居河北大允谷。種小人貧。而先零、卑湳，並皆强富，數侵犯之。滇良與子滇吾、滇岸，積見陵易，憤怨。而素有恩信於種中，乃會附落及諸雜種，掩擊先零、卑湳，大破之。奪居其地大榆中。《水經注》："河水自河曲，又東，逕西海郡南。又東，逕允川，而歷大榆谷小榆谷北。"地肥美，阻河爲固。又有西海魚鹽之利。緣山濱水，以廣田畜。南得鍾、存，以益其衆。遂致强大。附落轉盛。滇吾子曰東吾，曰迷吾，曰號吾。東吾子曰東號。東號子曰麻奴。迷吾子曰迷唐。自光武末至和帝時，數爲邊寇。後乃敗走賜支、河曲。又爲漢兵所破。逾河首，依發羌。於是西海、榆中，無復羌寇。隃麋相曹鳳，請復西海郡縣。規固二榆，廣設屯田。漢從其謀。夾河列屯，凡三十四部。功垂就，而永初羌亂作，遂廢。

安帝永初元年，發金城、隴西、漢陽羌數百千騎征西域。羣羌懼遠屯不返，行到酒泉，多有散叛。諸郡各發兵徼遮，或覆其廬落。羌遂同時奔潰。時羌歸附久，無復器甲。或持竹竿木枝，以代戈矛。或執銅鏡以象兵，或負案以爲楯。而郡縣懦不能制，争圖上徙。諸將則斷盜牢廩，私自潤入。以珍寶賂左右。上下放縱，不恤軍事。士不得其死者，白骨相望於野。於是先零别種滇零，自稱天子於北地。東犯趙、魏，南入益州。寇鈔三輔，掠斷隴道。軍旅轉輸之費,至二百四十餘億。乃平之。時順帝永建三年,羌亂歷二十載矣。越十年,當永和元年,復叛。至沖帝永嘉元年,乃平。凡八年,軍費八十餘億。又十四年,當桓帝延熹二年,諸種復有叛者。段熲討破之。熲坐事徵,代以胡閎。閎無威略,羌遂陸梁。六年,復代以熲。熲以盡殺爲主。出兵剿擊。至靈帝建寧二年,乃平。是役凡歷十一年。據《後漢書·羌傳》,謂西羌降者萬餘落,獲生口數萬;東羌降者不過四千人;降羌在安定、北地、上郡者爲東羌。在隴西、漢陽、金城者爲西羌。殺戮不可謂不甚。然至中平元年,北地降羌與漢中羌義從胡北宫伯玉、李文侯等反。伯玉劫致金城人邊章、韓遂,使任軍事。後遂殺章及伯玉、文侯,擁兵攻隴西。太守李相如與連和,共殺涼州刺史耿鄙。鄙司馬扶風馬騰亦反,爲涼州患者三十年。中平元年,上距建寧二年,亦不過十五年也。後漢時之降羌,本不足爲大患。所以至於如此者,實朝政不肅,將帥貪懦,有以致之。與清川楚教匪之亂最相似。

滇吾爲燒當嫡裔,故羌人甚重之。滇吾九世孫遷那,率種人内附。漢處之南安之赤亭。在今甘肅天水縣境。那玄孫柯廻,爲魏鎮西將軍,綏戎校尉,西羌都督。廻子即姚弋仲也。

羌之又一派,爲西域中之氐羌行國。《漢書》云:“蒲犂與依耐、無雷,皆西夜類也。西夜與胡異,其種類氐羌。行國,隨畜,逐水草。”又婼羌、鄯善,亦爲行國。温宿則“土地物類所有,與鄯善諸國同”。《後漢書》西夜、子合各自有王。又有德若,俗與子合同。又載車師、蒲類、移支、且彌,亦均行國。移支“俗勇敢善戰,以寇抄爲事,皆被髮”,尤酷與羌類。此一派,蓋與居祁連、敦煌間之大月氏相近。而月氏漢初爲匈奴所破,西走,逐塞種,居其地。烏孫又乞師於匈奴,擊破之。乃南走,臣大夏,居嬀水濱。嬀水,今阿母河。大夏者,西史之巴克特利亞。月氏襲其遺風,遂焕然爲葱嶺以西文明之國。其羸弱不能去者,保南山,號小月氏。與諸羌共婚姻,亦稱湟中月氏胡。在張掖者,號義從胡。史載其風俗皆與羌無異。三國以後,遂不復見。蓋氐羌故同族,遂泯焉無别也。

大月氏至宋齊之間,乃爲嚈噠所破。中國史不載,西史亦不記其詳。然其遺跡有可考見者。《北史》:“康國者,康居之後也。遷徙無常,不恒故地。然自漢以來,相承不絶。其王本姓温,月氏人也。舊居祁連山北昭武城,因被匈奴所破,西踰葱嶺,遂有其國。枝庶各分王。故康國左右諸國,並以昭武爲姓,示不忘本也。”《唐書》:“康國,君姓温,本月氏人,始居祁連北昭武城,爲突厥所破,稍南依葱嶺,即有其地。支庶分王:曰安,曰曹,曰石,曰米,曰何,曰火尋，曰戊地，曰史，世謂九姓。並姓昭武。"案康居未嘗居祁連北；月氏西徙，亦遠在突厥興起以前；《北史》謂康國爲康居之後，明係誤謬；《唐書》"爲突厥所破"云云，突厥亦明係匈奴之誤。然月氏爲匈奴所破，西徙而臣大夏，祇分其國爲五部翕侯；厥後貴霜翕侯，且并四部而一之；則支庶分王，明是爲嚈噠所破以後之事也。康：亦稱薩末鞬，又曰颯秣建。元魏稱悉萬斤。即今撒馬耳干。安：亦曰布豁，曰捕喝，即今布哈爾。東安：亦曰小安，曰喝汗。在安東北四百里。當在今錫馬達亞境。東曹：亦稱率都沙那，又作蘇對沙那，蘇都識匿，此三名皆一音之異譯，《唐書》並列劫布呾那，云"凡四名"，則誤矣。北至石，西至康皆四百里。當在今敖罕境。西曹：本稱曹國；蓋東曹，中曹，皆自此而分也。亦稱劫布呾那。在米國之北，西三百餘里而至何國。據《西域記》。則當在塞拉佛山境。又有中曹：居康之北，西曹之東焉。石：或曰柘支，曰柘折，曰赭時，今塔什干。米：或曰彌末，曰弭末賀。北百里距康。今基大普也。何：亦曰屈霜你迦，曰貴霜匿，在劫布呾那西三百餘里。《西域記》。火尋，或曰貨利習彌，曰過利，《元史》之花剌子模。今基華境也。戊地：《西域記》作伐地，云在布喝之西四百餘里，地當今謀夫。史：亦曰佉沙，曰羯霜那。南有鐵門山。即《明史》所謂渴石，今加爾支也。此外見於《北史》者，又有烏那遏，都烏滸水西。東北去安四百里，西北去穆二百里。似亦在今謀夫附近。又有鏺汗國。《唐書》作寧遠。都葱嶺之西五百餘里。東距疏勒千里，西去蘇對沙那，西北去石國，各五百里。其王亦均氏昭武。《北史》又云："大月氏國，都賸藍氏城。在弗敵沙西，去代一萬四千五百里。北與蠕蠕接。數爲所侵，遂西徙，都薄羅城，去弗敵沙二千一百里。其王寄多羅勇武，遂興師，越大山，南侵北天竺。自乹陁羅以北五國，盡役屬之。""小月氏國，都富樓沙城。其王本大月氏王寄多羅子也。寄多羅爲匈奴所逐西徙後，令其子守此城，因號小月氏焉。在波路西南，去代一萬六千六百里。"案柔然兵力，未及葱嶺以西。所云數爲所侵，似即漢初見逼於匈奴之事。然賸藍氏城，即《漢書》之監氏城，乃月氏西徙後奠都之所，無由見逼於匈奴，則亦必月氏見破於嚈噠之事矣。以《北史》所載諸國道里向方考之，薄羅城，似係今阿富汗北境之波爾克，富樓沙則其東境之白沙威爾。然則月氏雖分崩，枝庶分王，猶遍今俄領中央亞細亞及阿富汗之境；特始役屬於嚈噠，繼役屬於突厥而已。至唐時，昭武九姓諸國，猶遍受封爵，以其地置都督府州；其禋祀固未嘗斬也。其亡，當在大食并西域後，其事實不可考。此節釋地，略據丁氏謙《大唐西域記考證》。

以上所述諸派，皆在今甘、新、隴、蜀之間。其居今川邊、海、藏境者，則梗塞不通，獉狉彌甚，今綜晉唐南北朝諸史述之。其最近中國者爲宕昌。地在吐谷渾之東，益州之西北。東接中華，西近西域。此語頗誤。其南爲鄧至。地在平武以西，汶嶺以北。鄧至之西有赫羊國。又有東亭衛、大赤水、寒宕、石河、薄陵、下習、小倉驤、覃水諸部落。今四川茂縣以北，北抵甘肅、青海河洮之間，皆其地也。自此以西北，則爲党項。党項之地，東接臨洮西平，西拒葉護。指西突厥言。實今黄河上源之地。《唐書》又有黑党項，居赤水西。赤水亦名赤亭水，在今甘肅隴西縣之西。又其西爲白蘭。《北史》云："自白蘭山西北，即爲可蘭。"白蘭山，似今巴顏哈喇之脈。《唐書》又有多彌，濱犂牛河。犂牛河，即今江源木魯烏蘇。多彌西爲蘇毗，則在今海、藏間矣。《北史》又云："吐谷渾有乙弗敵國。國有屈海，周圍千餘里。"核其地望，似指今柴達木河下游之達布遜淖爾也。此皆在今青海境者也。其在今西康境者：則成都西北二千餘里，有嘉良夷。嘉良夷之西有附國。"嘉良有水，闊六七十丈；附國有水，闊百餘丈；並南流，用皮爲舟而濟。"似即今雅龍江及金沙江。附國西有薄緣夷。其西爲女國。女國東北，連山緜亘數千里，接於党項，往往有羌。有大小左封、昔衛、葛延、白狗、向人、望族、林臺、春桑、利豆、迷桑、婢藥、大硤、白蘭、北利、模徒、那鄂、當迷、渠步、桑梧、千碉等，並在深山窮谷。案女國在今後藏，見下篇。女國東北之山，當即今長江、怒江上源間之山。又《唐書》所載："雅州西三百餘里之外，有百坡、當品、嚴城、中川、鉗矣、昌區、《地理志》作磊。鉗井七部落；四百餘里之外，有羅巖、當馬、三井、束緈、名耶、《地理志》作配。鉗恭、畫重、羅林、籠羊、林波、林燒、龍逢、索古、敢川、驚川、楇眉、不燭，十七部落；六百餘里之外，有椎梅、作重、楇林、金林、邏蓬五部落；皆置羈縻州。"邏蓬，《地理志》不載。柏坡、索古屬黎州，餘均屬雅州都督府。此皆在今西康境者也。宕昌，鄧至距中國最近。《北史》云："宕昌之衆，本姓別自爲部落。酋帥各有地分，不相統攝。有梁懃者，世爲酋長，得羌豪心，乃自稱王。"案《南史》，武興國大姓，有苻氏、姜氏、梁氏。武興故中國郡縣，姜、梁皆漢姓，得毋懃亦漢人歟？宕昌嘗受南北朝封爵。鄧至亦通貢南朝。其餘諸國，南北朝、隋、唐時，亦多來朝貢。以党項爲最强大。党項，魏周時頗寇邊。唐攻吐谷渾，其酋拓跋赤辭助之抗王師。唐擊破之。乃内屬。置羈縻州三十二，以松州爲都督府。今四川松潘縣。後吐蕃强，拓跋氏畏逼，請内徙。徙慶州，今甘肅慶陽縣。置靖邊等州以處之。西夏其後也。其故地入吐蕃。處者皆臣屬之，更號爲弭藥。

海、藏、西康，山嶺崎嶇，土地瘠薄；既不能合大羣；又不能發生文明；并不能傳受他國之文明；故其民自古默默無聞。青海諸部落，吐谷渾入則臣之；吐蕃人又臣之；吐蕃衰，蒙古又據其地。在西康境者，吐蕃强，亦悉爲之屬。然其部落自在。今日青海非蒙古諸土司，皆其地之土著。西藏之地，分康、衛、藏三區，康亦羌之轉音也。參看《藏族篇》。近人《玉樹土司調查記》謂："清初蒙古强而諸土司弱，清人務抑蒙以扶諸土司，今則適與相反。實由一地有一地之氣候、情況，土著者必與之相宜，外來者則不能如是。故一時雖强盛，能壓伏土著。久之，即强弱易位云。"自清末至今，西藏時有叛變，皆所謂康之地爲之。自内地入藏，由西寧經青海以至拉薩，本較直捷，而清駐藏大臣必出打箭爐者，所以鎮懾康地，使道不梗塞也。然則羌族雖處崎嶇瘠薄之地，所以撫綏之者，固不容緩矣。川邊海藏外，川省西北及雲南維西、中甸一帶，亦有羌族。

羌族散布甚廣，而其地之交通，率皆不便。故其風氣各有不同。最進步者爲氐。氐族被髪左衽，言語好譬類。蓋由稱名不具。不與中國同，而與羌雜胡同。其嫁娶，亦有似於羌。此爲其與羌同族之確證。然後漢三國時，與華人錯居者，已多知中國語。惟還其種落，則仍用氐語耳。貴婦人，黨母族，蓋去女系時代未久也。能織布，善田種。冉駹土地剛鹵，不生穀粟，亦以麥爲資。其地土氣多寒，盛夏冰猶不釋。冬則避寒入蜀爲傭，夏則違暑反其邑。其畜有豬牛馬驢騾。冉駹有旄牛，肉重千斤，毛可爲旄。其人能作旄氈、班罽、青頓、毞毲、羊羖之屬。以上據《後漢書》、《三國志》及《三國志》注引《魏略》。《後漢書》云："氐人依山居止，累石爲室，高者至十餘丈，謂之邛籠。"《注》云："彼土夷人呼爲雕。"即今所謂碉也。《南史・武興國傳》云："言語與中國同。地植九穀。婚姻備六禮。知書疏。種桑麻。出紬絹布等。"則全與中國同化矣。

其居河湟者，則極爲獷悍。史稱其兵"長在山谷，短於平地。不能持久，而果於衝突。以戰死爲吉利，病終爲不祥。堪耐寒苦，同之禽獸。雖婦人産子，亦不避風雪"。此其所以世爲中國之患也。其俗氏族無常，或以父名母姓爲種號。十二世後，相爲婚姻。父死則妻後母，兄亡則納嫠嫂。故國無鰥寡，種類繁熾。然不立君臣，無相長一。强則分種爲酋豪，弱則爲人附落。更相鈔暴，以力爲雄。殺人償貨，無他禁令。故其雖衆而不一。趙充國云："羌人所以易制者，以其種自有豪，數相攻擊，勢不壹也。"本傳。此其所以終爲漢弱歟？

其餘諸羌族，程度高低不一。宕昌及党項，皆既無法令，又無徭賦。惟戰時乃相屯聚，否則各事生業，不相往來。附國之法，重者死，輕者罰牛。人皆輕捷，便於擊劍。漆皮爲甲。弓長六尺，以竹爲箭。白蘭、党項，亦能作兵。然好盜，更相剽敓。尤重復讎。未得所欲者，蓬首垢面，跣足草食。後乃已。

私鬬既烈，自無由合大羣。党項在諸羌中爲最大，亦不過大部五千騎，小部千餘耳。此其所以不足畏邪？其婚姻：宕昌父及伯叔兄弟死，即以繼母、世叔母及嫂、弟婦爲妻。附國則父亦妻其子婦。惟党項不娶同姓。大抵以畜牧爲生。《北史·宕昌傳》"牧養犛牛、牛、豕，以供其食"；《唐書·党項傳》"養犛牛、馬、驢以供食，取麥他國以釀酒"是也。然如附國，《北史》云"其土高，氣候涼，多風少雨，宜小麥青稞"，則亦略知種植矣。男女皆衣裘褐，被氈。以皮爲帽，形圓如鉢。或帶羃籬。全剥牛脚皮爲鞾。項繫鐵鎖，手貫鐵釧。王與酋帥，金爲首飾，胸前懸一金花，逕三寸。後來吐谷渾之服飾，亦頗與此相類。蓋徙居羌地，化於羌也。其居處有二：一織犛牛尾及羊毛覆屋，歲一易。《北史》宕昌，《唐書·党項傳》。又其一爲碉。高者十餘丈，下者五六丈。每級以木隔之。基方四步，上方二三步。狀似浮圖。下級開小門，從内上通。下必關閉，以防賊盜。《北史·附國傳》。蓋因所居之地而異也。

羌族程度，有極低者。《北史》云：可蘭，"目不識五色，耳不聞五聲。頑弱不知戰鬬。忽見異人，舉國便走。性如野獸，體輕工走，逐不可得"。幾距原人不遠矣。

其所信教，亦間有可考者。宕昌、党項，皆三年一相聚，殺牛羊以祭天。党項之俗：人年八十以上死者，以爲令終，親戚不哭。少死者即云夭枉，乃悲。附國：有死者，置尸高牀上。沐浴衣服。被以甲，覆以獸皮。子孫不哭，帶甲舞劍而呼云：我父爲鬼所殺，我欲殺鬼報冤。其餘親戚，哭三聲而止。死家殺牛，親族以豬酒相遺，共飲噉而瘞之。死後十年，方始大葬。必集親屬，殺馬動至數十匹。立木爲祖父神而事之。

大月氏之居東方，亦當與羌同俗。西徙以後，則漸同化於白人。故《漢書·大夏傳》謂其"土地，風氣，物類所有，民俗，錢貨，與安息同"。《大宛列傳正義》引萬震《南州志》，謂其"城郭、宫室，與大秦同"。《唐書》謂其"習旁行書，則其文字亦受之西域。然東方舊俗，仍有存者"。《北史·康國傳》謂其"婚姻喪制，與突厥同"是也。據《北史》及《唐書》，昭武諸國，實以康爲大宗。《北史》云："其國立祖廟，以六月祭之。諸國皆來助祭。"《大唐西域記》曰："凡諸胡國，此爲其中。進退威儀，遠近取則。兵馬强盛，戰無前敵。"儼然爲禮樂征伐所自出焉。其神教，則兼奉佛教及火教。《唐書》謂"尚浮屠法，祠祆神"是也。《隋書·康國傳》："有《胡律》，置於祆祠。將決罰則取而斷之。"《石國傳》："城東南立屋，置座於中。正月六日，七月十五日，以王父母燒餘之骨，金甕盛之，置於牀上。巡繞而行。散以香花雜果。王率臣下致祭焉。"火葬蓋佛教之法,法律置於祆祠,則其嚴祀之不待言矣。又《隋書·曹國傳》:"國中有得悉神。自西海以東諸國,並敬事之。其神有金人焉。金破羅闊丈有五尺,高下相稱。每日以駝五頭,馬十匹,羊一百口祭之。常有千人,食之不盡。"《漕國傳》:"其俗重淫祠。葱嶺山有順天神者,儀制極華。金銀鍱爲屋。以銀爲地。祠者日有千餘人。祠前有一魚脊骨,其孔中通,馬騎出入。"《唐書·東曹傳》:"有野叉城。城有巨窟,嚴以關鑰。歲再祭。人向窟中立,即煙出,先觸者死。"《史國傳》:"城有神祠。每祭必千羊。用兵類先禱乃行。"此則各地方固有之神教也。

附録一 鬼方考

《左氏》：僖公二十二年，“秦晉遷陸渾之戎於伊川”。三十三年，“遽興姜戎，敗秦師于殽”。襄公十四年，“將執戎子駒支。范宣子親數諸朝，曰：來，姜戎氏。昔秦人迫逐乃祖吾離於瓜州。乃祖吾離，被苫蓋，蒙荆棘，以來歸我先君。我先君惠公，有不腆之田，與女剖分而食之。對曰：昔秦人負恃其衆，貪於土地，逐我諸戎。惠公蠲其大德，謂我諸戎，是四嶽之胄裔也，毋是翦棄。賜我南鄙之田，狐狸所居，豺狼所嘷。我諸戎翦其荆棘，驅其狐狸豺狼，以爲先君不侵不叛之臣，至於今不貳。昔文公與秦伐鄭，秦人竊與鄭盟，而舍戍焉，於是乎有殽之師。晉禦其上，戎亢其下。秦師不復，我諸戎實然”。昭公九年，“周甘人與晉閻嘉争閻田。晉梁丙、張趯帥陰戎伐潁。王使詹桓伯辭於晉曰：先王居檮杌于四裔，以禦螭魅。故允姓之姦，居於瓜州。伯父惠公歸自秦，而誘以來。使偪我諸姬，入我郊甸，則戎焉取之。戎有中國，誰之咎也”？觀此諸文，陸渾之戎、姜戎、陰戎，異名同實，事至明白。駒支自稱四嶽之胄，而周人稱爲允姓之姦，則其人實有二姓。杜《注》謂四嶽之後皆姓姜，又别爲允姓者，説自不誤。惟謂瓜州即敦煌，襄十四、昭九年注兩言之。説出杜林，《漢書·地理志》：敦煌，“杜林以爲古瓜州，地生美瓜”。則不無可疑耳。

河西四郡，乃漢武所開。春秋時，秦國疆域，蓋西不踰河，安得遠跡至敦煌哉？宋于庭謂《詩》“我征自西，至于艽野”之艽野，即“覃及鬼方”及《易》“高宗伐鬼方”之鬼方，又即《禮記·文王世子》“西方有九國焉”之九國。《史記·殷本紀》：以西伯昌、九侯、鄂侯爲三公。《禮記·明堂位》：“脯鬼侯以享鄂侯。”《正義》曰：“鬼侯，《周本紀》作九侯。”蓋西方九國之諸侯，入爲殷之三公。《列子》稱相馬者九方皋，九方當即鬼方，以國爲氏。愚案《左氏》昭公二十二年，晉籍談、荀躒帥九州之戎，以納王於王城。下言王城人敗陸渾於社。則杜《注》謂九州戎即陸渾戎者不誤。九州即九國，亦即艽野、鬼方。蓋陸渾戎之故國？所謂瓜州，疑亦其地也。

《漢書·賈捐之傳》：“武丁、成王，殷周之大仁也。然其地東不過江黄，西不過氐羌。”此以氐羌即武丁所伐之鬼方也。《文選·趙充國頌》李《注》引《世本注》：“鬼方，於漢則先零戎也。”《潛夫論·邊議篇》論羌亂曰：“破滅三輔，覃及鬼方。”並以漢時之羌當古之鬼方。干寶《易》注，謂在北方，《周易集解》。蓋誤。

氐羌者,《周書·王會解》:"氐羌以鸞鳥。"孔《注》:"氐地羌。羌不同,故謂之氐羌。今謂之氐矣。"蓋羌之一種也。《吕覽·義賞篇》高注,謂"氐與羌二種夷民",蓋誤。案經典有但言羌者,《書·牧誓》"及庸、蜀、羌、髳、微、瀘、彭、濮人"是也。有兼言氐羌者:《詩·商頌》:"昔有成湯,自彼氐羌,莫敢不來享,莫敢不來王。"《大戴記·五帝德》述舜所撫者,析支、渠蒐氐羌是也。羌爲大名,氐爲種别。但言羌者,辭略也,蓋亦指氐羌矣。

《大戴記·帝繫》:"陸終氏娶於鬼方氏。鬼方氏之妹,謂之女隤氏。"陸終爲顓頊之後,則鬼方在古代,實與中國相婚姻。故武丁伐之,至於勞師三年;其後又入爲紂之三公也。宜武王以撫有之爲夢祥矣。《詩》:"文王曰咨,咨女殷商。如蜩如螗,如沸如羹。小大既喪,人尚乎由行。内奰于中國,覃及鬼方。"《毛傳》僅訓鬼方爲遠方,未能實指其事。今知鬼方即鬼侯,則知"覃及鬼方",正指脯鬼侯事也。女隤,《世本》及《風俗通》皆作嬇,《漢書·古今人表》作潰。鬼貴同音,故餽字亦通作饋。則隤字疑即隗字。春秋狄人爲隗姓,戎狄固以方位言,非以種族言。遷古公於岐者,《書》、《傳》皆稱狄,其地固在秦隴間也。漢隗囂,天水成紀人。魏隗禧,京兆人。秦始皇時有丞相隗狀,當亦秦人也。隗禧,見《三國·魏志·王肅傳》。《國語·鄭語》:史伯謂鄭桓公曰:"當成周者,西有虞、虢、晉、隗、霍、楊、魏、芮。"則東遷後猶資其翊衛,周大夫之行役芃野,固無足怪矣。《左僖》二十二年杜注,但云"允姓之戎居陸渾,在秦晉西北。"

《左》昭九年,杜《注》:"允姓,陰戎之祖,與三苗俱放三危者。"蓋因陰戎、三苗皆姜姓云然。《禹貢疏》:"鄭玄引《地記書》曰:三危之山,在鳥鼠之西,南當岷山。"《水經注》卷四十引《山海經》亦云:"在鳥鼠山西。"又云:"江水東過江陽縣,雒水從三危道廣魏雒縣南,東南注之。"雒縣,今廣漢也。然則三危之脈,實在隴蜀之間。《續書·郡國志》謂首陽有三危,三苗所處。雖不中,當不遠矣。孔晁謂"氐地羌謂之氐羌,今謂之氐",則漢時所謂氐者,即古所謂氐羌。《漢書·西南夷傳》曰:"自筰以東北,君長以十數,冉駹最大。自駹以東北,君長以十數,白馬最大。皆氐類也。"《地理志》隴西有氐道,廣漢有甸氐道、剛氐道。蜀郡有湔氐道。古所謂鬼方者,必去此不遠矣。

陸渾之戎,杜《注》謂在當時之陸渾縣。僖二十二年。又有伊洛之戎。《注》謂"雜戎,居伊水、洛水之間者"。僖十一年。疏引《釋例》:"河南雒陽縣西南有戎城。"又有蠻氏。《注》云:"戎别種也。河南新城東南有蠻氏城。"成公六年。案成公六年侵宋之役,《左氏》以伊洛之戎、陸渾、蠻氏並舉,則自係三族,然秦晉遷陸渾之戎於伊川,則實與伊洛之戎雜處。《左氏》之伊洛之戎,《春秋》但作雒戎,得毋雒戎在雒,陸渾之戎在伊川,云伊洛之戎者,實兩種既混合後之總稱與?哀公四年,"蠻子赤奔晉陰地。陰地之命大夫士蔑,致九州之戎,將裂田以與蠻子而城之;且將爲之卜。蠻子聽卜,遂執之,與其五大夫,以畀楚師于三户",則蠻子所奔者,實陸渾之戎,陸渾以昭十七年爲晉所滅,然其部落自在,故二十二年,籍談、荀躒仍帥其衆以納王也。二者之關係亦極密。莊公二十八年,"晉侯娶二女于戎,大戎狐姬生重耳,小戎子生夷吾"。杜《注》謂"小戎,允姓之戎",其言當有所據。獻公是時,未必越秦而遠婚於西垂。又僖二十二年《疏》云:"十一年傳稱伊洛之戎,同伐京師,則伊洛先有戎矣。"疑允姓之戎,本有在伊洛之間者,惠公之處離吾,特使之從其類也。然則蠻氏之戎,或亦氐羌之族矣。此皆鬼方之類,播遷而入中國者邪?

氐羌之俗,有與中國類者。《左》莊二十一年,"王以后之鞶鑑與之"。杜《注》云:"鞶帶而以鏡爲飾也。今西方羌胡猶然,古之遺服。"定六年"定之鞶鑑"注同。《詩》:"在其板屋,亂我心曲。"《毛傳》曰:"西戎板屋。"《正義》:"《地理志》曰:天水、隴西,山多林木,民以板爲屋。故《秦詩》云:在其板屋。然則秦之西垂,民亦板屋。"則衣服居處,西戎與中國極相類矣。此皆其久相往來之徵,宜高宗之勤兵力於此也。《後漢書》謂巴"俗喜歌舞。高祖觀之,曰:此武王伐紂之歌也。乃令樂人習之,所謂巴渝舞也"。《尚書大傳》,稱武王伐紂之師,前歌後舞,所用者蓋即巴人,巴亦氐類也。殆果"終撫九國"歟?駒支謂"我諸戎飲食衣服,不與華同;贄幣不通,言語不達"。達亦通也,謂無使命往來。非謂其人不知華語也。不然,安能賦《青蠅》之詩邪?

《三國志》注引《魏略》:"氐語不與中國同,及羌雜胡同。"胡者,匈奴,氐與習,故亦通其語。羌則其本語也。《荀子大略》曰:"氐羌之虜也,不憂其係壘也,而憂其不焚也。"《注》:"氐羌之俗,死則焚其尸。"《吕覽·義賞》:"氐羌之民,其虜也,不憂其係纍,而憂其死不焚也。"《後漢書》謂羌人死則燒其尸。皆氐羌同族之證。

《山海經·海内經》:"伯夷父生西岳。西岳生先龍。先龍,是始生氐羌,氐羌乞姓。"西岳疑四岳之誤。乞姓疑亦允姓之譌。又《海内南經》:"氐人國,在建木西。其爲人,人面而魚身,無足。"《大荒西經》:"有互人之國。炎帝之孫,名曰靈恝。靈恝生互人,是能上下於天。有魚偏枯,名曰魚婦顓頊。死即復蘇。風道北來,天乃大水泉,蛇乃化爲魚,是爲魚婦顓頊。死即復蘇。"《圖讚》:"炎帝之苗,實生氐人。死則復蘇,厥身爲鱗。雲南疑當作雨。是託,浮游天津。"靈恝,《注》云:"音如券契之契。"與乞姓之乞,音同字異。《山海經》固不足信,亦氐羌姜姓之一佐證。頗疑姜、羌實一字也。

鬼方所在，古人雖不審諦，率皆以爲在西。自《詩序》以《殷武》之詩爲祀高宗，《毛傳》以“撻彼殷武，奮伐荆楚”爲指武丁，乃有以鬼方爲在楚者。今本《竹書紀年》，“武丁三十有二祀，伐鬼方，次於荆”，即據此等説僞造。下又云：“三十有四祀，王師克鬼方，氐羌來賓。”遂忘其自相矛盾也。近世鄒叔績，推波助瀾，又據紅巖摩崖石刻，謂鬼方在貴州，則去之愈遠矣。《紅崖碑》者，在“貴州永寧東六十里紅巖後山諸葛營旁。字大者周尺三四尺，小者尺餘。深五六寸許。共二十五字。土人以其在諸葛營旁，稱爲《諸葛碑》。又《傳》云：不知刻自何年。諸葛征南，營其下，讀而拜焉，使蠻人護之，故謂之《諸葛碑》。蠻人因歲祀之，以占𢘅雨瘴疫。其碑在巖上最高處，非[illegible]木疊架，不能上拓”。以上據鄒氏《紅崖碑釋文》。其文詭異而初不古，不知何世好事者所爲。鄒氏一一鉤摹而强釋之，附會爲高宗征鬼方所刻，亦可謂好奇之過矣。鄒氏之説曰：“漢之先零羌，即今青海。漢代之羌，有今藏地喀木。故《前漢書·地理志》云：桓水南行羌中，入南海。桓水，即今瀾滄江也。案此説亦誤。羌之種落，又延蔓於武都、越巂，所謂參狼、白馬、旄牛諸羌是也。以《竹書》、《世本》、《後漢書》證之，鬼方即羌明甚。是則今青海、藏地喀木，及滇蜀之西徼，皆商代鬼方。故虞仲翔謂坤爲鬼方。坤西南，且好寇竊，亦同羌俗也。案虞注“繻有衣袽終日戒”云：“伐鬼方三年乃克，旅人勠勞。衣服皆敗。鬼方之民，猶或寇竊，故終日戒也。”今雲貴羅羅種，自謂其先出於旄牛，殆亦羌種？其俗有鬼主，見《唐書》、《宋史·南蠻傳》。愈以知羌即鬼方也。案羅羅乃古之濮人，予别有考。羌以父名母姓爲種號，所謂旄牛，或人名，如蒙古始祖孛兒帖赤那，譯言蒼狼之例，非必謂其先爲旄牛所生也。《三國志》注引《魏略》，謂“氐種非一，或號青氐，或號白氐，或號蚺氐，此蓋蟲之類，中國即其服色而名之”。蓋氐羌有圖騰之俗。又部落各别其衣色。青氐、白氐之稱，由衣色而生；旄牛、白馬、蚺氐之名，皆以圖騰而立。圖騰之制，部各不同，斷不能謂漢代之西羌，同於今日之羅羅也。至以鬼主附會鬼方，則尤爲曲説矣。高宗之伐鬼方也，自荆楚深入，始入其地。歷今黔滇審矣。三年克之而還，蓋仍從故道，會諸侯於南岳也。此則其東還過西方而刻石紀功之作。”案鄒氏以羌爲鬼方，是也，乃舉後世羌人所居之地，悉指爲殷時之鬼方，則近於兒戲矣。古者師行日三十里，六軍一萬五千人，如何歷湘、鄂、滇、黔以入海、藏邪？

第十二章　藏　　族

今地理學家所謂西藏高原者，就地勢别之，可分四區：南山之南，岡底斯山之北，諸大川上源之西，地勢高而且平，水皆瀦爲湖泊，一也。雅魯藏布江之東，巴顔哈喇山之南，大度河之西，伊洛瓦諦江、怒江、瀾滄江、金沙江、雅龍江之所貫流，二也。巴顔哈喇之北，南山之南，黄河上游及青海所瀦，三也。喜馬拉耶之北，岡底斯之南，雅魯藏布江之域，四也。第四區爲印度阿利安人分支吐蕃興起之地，第二第三兩區皆羌地，第一區，則今所稱爲藏人者之故居也。

今之所謂藏人者，有一特異之習，曰多夫。往史所載四裔諸國，有此習者，始於嚈噠；則嚈噠實此族之首見於史者也。《北史》云："大月氏之種類，亦曰高車别種。"《南史》則稱爲滑國，曰："車師之别種。"三説皆誤。大月氏西徙後，史述其俗，多同大夏，姑勿論。其留居南山者，號小月氏，俗皆與羌同。羌俗多娶妻婦，適與嚈噠一婦數夫反。高車、車師，亦不聞有一婦數夫之俗。一婦數夫，此特異之俗，果其有之，諸史不容不載也。《北史》云："其原起自塞北，自金山而南。"金山本鐵勒所處，故有高車别種之譌。車師北近金山，此族蓋又嘗居車師故地，故有車師别種之説。目爲大月氏之種類，亦以其後得大月氏之地云然。皆指其所居之地以定其種族，而不知其人之初不居是也。《北史》又謂"其語與蠕蠕、高車及諸胡不同"。可見"大月氏之種類"及"高車别種"之説之不確。

然則嚈噠之故國，果安在歟？案《唐書》："大夏，即吐火羅也。嚈噠，王姓也。後裔以姓爲國，譌爲悒怛，亦曰挹闐。"此説頗誤。吐火羅者，大夏之舊都，即《大唐西域記》所謂縛喝者也。今阿富汗之波爾克城。《北史》别有吐火羅國，云："與嚈噠雜居。"又云："其王都拔底延城，蓋王舍城也。"尤非。《西域記》："縛喝，都城，周二十餘里，人稱小王舍城。"《隋書》謂其都城多寺塔，皆飾以金；蓋亦佛法興盛之地；故有此稱。若王舍城則自在印度也。乃城名。嚈噠都大夏舊都，故人猶以大夏舊都之名稱之。非彼初亦以吐火羅爲國號，後乃改用王姓也。此説出近人丁氏謙，案大夏二字，似亦吐火羅轉音，乃譯音，非有義也。於邑雙聲。于於同字。然則嚈噠、悒怛、挹闐，仍係于闐音轉。此族蓋自後藏越南山而北，首據于闐，人因以于闐稱之。其後拓土日廣，徙居大夏故都，人不復考其得氏之由，乃復别譯以嚈噠、悒怛、挹闐等字。實則與以大夏舊都名之爲吐火羅，正後先同揆耳。自于闐入後藏，本爲往來孔道。此族之故居後藏，可無疑矣。

嚈噠之盛，始於南北朝之初。其衰，亦略當南北朝之末。西史謂自五世紀中葉以降百餘年，爲嚈噠極盛之世，其年代亦略相當也。當夫月氏既衰，突厥未起，嚈噠實爲跨有葱嶺東西之大國。惜其事跡，東西史氏，均不能道其詳。今約略考之。《南史》云："後稍强大，征其旁國波斯、槃槃、罽賓、焉耆、龜兹、疏勒、姑墨、于闐、句般等國，開地千餘里。"《北史》則云："其人凶悍，能鬬戰。西域康居、于闐、沙勒、即疏勒。安息，及諸小國三十許，皆役屬之，號爲大國。"又載朱居國、渴槃陀國、鉢和國、賒彌國，皆役屬嚈噠。朱居國，在于闐西。其人山居。語與于闐相類。渴槃陀國，在葱嶺東，朱駒波西。河經其國東北流。今于闐河。風俗與于闐相類。鉢和國，在渴槃陀西。唐時曰護密，或曰達摩悉鐵帝，曰護侃，王居寒迦審城，北臨烏滸河。今阿母河，源出葱嶺，曰鄂克疏河，又曰瓦汗河，亦曰烏汗河。《唐書》烏滸，當是烏汗轉音。玄奘《西域記》作縛芻河，則鄂克疏轉音也。波知國，在鉢和西南，有三池。傳云大池有龍王，次有龍婦，小者有龍子。行人經之，設祭乃得過。不祭，多遇風雪之困。疑今帕米爾高原。賒彌國，在波知南。山居，皆葱嶺東西之地。觀其所力征經營，而其始起之地可知矣。

以上諸國，多不近車師，去金山尤遠。且葱嶺以東，自魏晉迄南北朝，雖曰時絶時通，而大事仍皆見於中國史籍。果使嚈噠力征，起自金山，遠逾葱嶺，焉耆、龜兹諸國，實乃首當其衝；于闐、疏勒之倫，乃後繼承其敝。縱無叩關乞援之使，亦有近塞傳述之辭。記載闕焉，寧不解人難索？然則原出塞北，寄居後部，非他族之事，而史誤繫之嚈噠，即强大之後，聲威乃暨於此，決非其初興時事矣。《南史》云，"漢永建元年，八滑從班勇擊北虜有功，勇上爲後部親漢侯。自魏晉以來，不通中國。魏之居代都，滑猶爲小國，屬蠕蠕"云云。案兩《漢書》載西域風俗皆詳，車師與漢尤密。果有一婦數夫之族，附後部以居，安得一語不及？後魏孝文帝太和中，高車副伏羅部叛柔然。其酋阿伏至羅與窮奇，走前部西北自立。後窮奇爲嚈噠所殺，虜其子彌俄突。阿伏至羅亦以殘爲其下所殺，立其宗人跋利延。嚈噠納彌俄突。國人殺跋利延迎之。明帝正光中，柔然内亂，婆羅門自立。嚈噠聽彌俄突之弟還國。擊波羅門，破之。婆羅門奔魏。魏置之敦煌。嚈噠主三妻，皆波羅門妹也。婆羅門叛投嚈噠，爲魏所討禽。此皆嚈噠勢力，及於金山、車師之事，然不能謂其初起於此也。

嚈噠之破月氏，西史亦不能道其詳。但云：嚈噠自此盡據兩河間地。又南下，降西北兩印度。西伐波斯。波斯納歲幣以和。嗣後嚈噠屢干預其君主之廢立，波斯幾夷爲藩屬。梁武帝普通元年後，北印度烏萇國興。《西域記》之烏仗那。攘嚈噠於境外。未幾，突厥復盛，與波斯東西夾攻。嚈噠遂分崩。其地多入突厥。《西域記》云："出鐵門，至覩貨邏國。自數百年，王族絶嗣，酋豪力競。依山據谷，分爲二十七國。皆役屬突厥。"此嚈噠敗亡後之情形也。

今通稱此族爲藏，又稱西康之地爲康。康也，藏也，實仍羌字轉音，因音變而字異耳。而此族之自稱，則曰土伯特。土伯即吐蕃異譯。蕃讀如播。特者，統類之詞。見《元史譯文證補》卷一。《蒙古源流考》稱尼雅特贊博汗勝四方部落，爲八十八萬土伯特國王。尼雅特贊博，即《唐書》之棄宗弄讚，乃印度阿利安人之首王西藏者。見下章。其時已稱土伯特，則土伯固藏人種族之本號也。今通稱察木多以東爲康，前藏爲藏，後藏爲衛。據西藏僧人所自述，則藏與康實以丹達山爲界，而衛在喜馬拉雅山以南，乃吐蕃盛時之疆域也。此説出《西康建省記》，考之於史，良是。丹達山以東，誠皆羌地；吐蕃盛時，喜馬拉雅山南之國，固有爲之臣者，泥婆羅即其一也。

藏族之北出者爲嚈噠，其留居後藏者，則南北朝時所謂女國，唐時所謂東女也。此國本名蘇伐剌拏瞿呾羅。《唐書》、《西域記》皆同。曰女國，曰東女，蓋皆中國稱之。據玄奘《西域記》：其地在大雪山中。北距于闐，東接吐蕃，正今後藏之地也。《唐書》云："王居康延川，巖險四繚。有弱水南流，縫革爲船。"似即今怒江。又云："東與吐蕃、党項、茂州接，東南屬雅州羅女蠻，白狼夷。"則似兼有今前藏地矣。此國世以女爲王，號曰賓就。女王之夫曰金聚，不知國政。王居九層之樓，侍女數百人。五日一聽朝政。後有小女王，共知國事。女王死，國人以金錢數萬納王族中，求賢女二人立之。其一爲小王。王死，因以爲嗣。或姑死婦繼。無篡奪。隋文帝開皇六年，始遣使朝貢。後絶。唐高祖武德中，其王湯滂氏，遣使入貢。高祖厚賜之。爲突厥所掠，不得通。貞觀中，使復至。太宗璽制撫慰。顯慶初，使高霸黎文與王子三盧來朝。授右監門中郎將。其王斂臂，使大臣來請官號。武后册拜右玉鈐衛員外將軍。天授開元間，王及子再來朝。詔與宰相宴曲江，封王曳夫爲歸昌王，左金吾衛大將軍。後乃以男子爲王。開元以後，史不復見。後南詔與韋皋書，言吐蕃之暴横，有云："西山女王，見奪其位。"其殆爲吐蕃所滅歟？女王之位，不傳之女而傳之婦；後又以男子爲王，則似此國王位，亦男系相承，立女特偶然之事。然南詔稱爲西山女王，則似其後仍立女，而以男子爲王，特偶然之事者。史籍無徵，末由億斷其政體矣。東女者，對西女言之也。西女者，西北距拂菻，西南際海島。皆女子。多珍貨。附拂菻。拂菻君長，歲遣男子配焉。俗生男不舉。亦見《唐書》。

又《唐書·南蠻傳》："名蔑，其人短小。兄弟共取一妻。婦總髮爲角，以辨夫之多少。"俗與嚈噠同，亦必同族也。

俗謂高原少女多男；下隰之地，少男多女，故西藏有一婦數夫之習。此亦臆測之辭，男女妃合之制，因時因地而殊；一婦數夫之習，他族邃古之世，亦不必無之，惟藏族則久而未變耳。嚈噠之俗，“兄弟共取一妻，迭寢焉。一人入房，户外挂其衣以爲志。生子屬其長兄。夫無兄弟者，妻戴一角帽。若有兄弟者，依其多少之數爲角”焉。故其世系不甚分明。“王位不必傳於子弟，堪者死便受之。”《西域記》謂其亡，由“王族絶嗣，酋豪力競”，殆亦繼嗣之法不定，有以致之歟？其王坐金牀，隨太歲轉；與妻並坐接客；而無職官。則政權必出於一之義，尚未分明；行政者又無其人；可見其政治演進之淺。刑法峻急。偷盜者，無多少，皆要斬。盜一責十。彌足見其野蠻耳。

《南史》謂嚈噠事天神、即祆神，亦即所謂胡天也。火神。《北史·吐火羅傳》，則謂其俗奉佛。蓋諸教並行，不衷於一。其葬，以木爲椁。富者累石爲藏，貧者掘地而埋。隨身諸物，皆置塚内。父母死，子截一耳。葬訖即去。則似猶守舊俗也。

嚈噠以游牧爲業。多駝馬。無城邑，依隨水草。以氈爲屋，東向開户。夏遷涼土，冬逐暖處。《唐書》云：“其國土著。”蓋指吐火羅一地言之。頭皆翦髮，衣服類加以瓔珞。其語與柔然、高車及諸胡不同，待河南人吐谷渾。重譯，然後通焉。吐谷渾與羌雜居，所謂河南人，蓋羌人也。此嚈噠本在後藏，地與羌接之明證。“無文字，以木爲契。與旁國通，則使旁國胡爲胡書，以羊皮爲紙。”蓋其文化皆受之西域，居後藏時無有也。

女國，“子從母姓。婦人輕丈夫，而性不妬忌。女貴者咸有侍男”。蓋亦行一婦數夫之制。丈夫惟務戰與耕而已。此女王所由立歟？然“官在外者，咸男子爲之。凡號令，女官自内傳，男官受而行之”。蓋女系時代，曾以女爲族長，其後化家爲國，而此制未變，故猶立女王；然執事究以男子爲優，故外官又皆用男子也。

其所居皆重屋，王九層，國人六層，蓋如羌族之居碉也。氣候多寒，以射獵爲業。然多産鹽，亦能將向天竺興販，其利數倍。男女皆以彩色塗面，一日中或數改變。人皆被髮，以皮爲鞋。案寒地之人多被髮，見《粤族》篇。則被髮者藏族之故俗。嚈噠之翦髮，蓋據西域後，化於西胡也。事阿脩羅神。又有樹神。歲初以人祭，或用獼猴。此殆知用人之殘忍，而以是爲代。可悟進化以漸之理。祭畢，入山祝之。有一鳥，如雌雉，來集掌上。破其腹視之。有粟粟，則年豐，沙石則有災。謂之鳥卜。其貴人死，剥藏其皮，内骨甕中，糅金屑瘞之。經一年，又以其皮肉，鐵器埋之。日人某《西藏游記》，謂“藏人所信神鬼甚多。傳自中國之佛教，不能大行；而自印度人之喇嘛教，矜炫奇跡者，則風靡全藏，職是之故”。惜乎藏族舊教，我國史籍，可徵者甚鮮也。

此稿成後，披閲王静菴《觀堂集林》。其《西胡考》云：“《大唐西域記》十二云：于闐國尼壤城，四百餘里至覩貨邏故國。國久空曠，城皆荒蕪。案于闐國姓，實爲尉遲。而畫家之尉遲乙僧，張彦《歷代名畫記》云：于闐人。朱景元《唐朝名畫録》云：吐火羅人。是于闐與吐火羅同族，亦吐火羅曾居于闐之證。又今和闐以東大沙磧，《唐書》謂之圖倫磧，原注：“《唐書・西域吐谷渾傳》：李靖等軍且末之西。伏允走圖倫磧，將託于闐。是圖倫磧在且末于闐間。”今謂之塔哈馬干磧，皆覩貨邏磧之譌變。是覩貨邏故國，在且末于闐間。”案謂吐火羅曾居于闐，又謂其故國在且末、于闐間，跡近鑿孔，不如予説之信而有徵矣。然一尉遲乙僧，或謂于闐人，或謂吐火羅人，則足爲嚈噠吐火羅是一，及嚈噠爲于闐異譯之證。蓋張彦云于闐人，猶云嚈噠人耳。當時雖誤譯于闐爲嚈噠，乙僧則自知其故國中國舊譯爲于闐，不隨時俗之譌而從其朔也。

第十三章　白　　種

自漢至藏，爲族十一，皆黄種也。世界人種，究起源於何地不可知。就有史以來言之，則亞洲中央高原，似係各種人最初居地。漢族究自西來與否，今日尚難質言。至於歐洲種人，自亞洲中央高原西徙，則似無疑義。今日歐亞二洲之界，爲烏拉山，爲烏拉河，爲裏海，爲高加索山，爲黑海。水本不足爲交通之障；烏拉山脈，雖長而低；高加索山，雖峻而短；亦不足以阻礙往來；故分史事爲東西洋二部，則其界線，非今日歐亞二洲之界，而亞洲中央之高原也。今自波謎羅高原，東連青海、西藏、川邊，實爲世界最高、最崎嶇之處。其北，則自新疆、蒙古，連於兩海之間，爲一大沙漠。南固山嶺重疊，北亦舉目荒涼。歐亞二洲之來往，除蠻族侵略外，殆無有焉。非謂竟無，謂其事不關重要耳。自亞入歐，陸道有三：一出西伯利，爲北道。一踰葱嶺，爲中道。一自前後印度沿海行，爲南道。北道荒寒，中道險阻，南道則蘇彝士地峽爲之阻。故中國與大秦之交通，卒始於海也。以兵事言：中國兵力，及於葱嶺以外者甚少。元人雖盡臣西亞，兼據歐洲，實仍蠻族侵略性質耳。大食之强，卒不能侵寇中國。西遼既建國，命將伐金。師行萬里，無所得。大石曰："皇天弗順，命也。"帖木兒之强，元亡於東方，遺民多歸之。帖木兒欲大舉伐明，中途而卒。即帖木兒不死，亦不易越沙漠而擾北邊也。此皆葱嶺爲東西限界之證。其南海道交通，卻較陸地爲便。然蘇彝士運河未開；加之昔時航海之術，不如今日之精，往來究屬不便。故冒險航行者，不過商賈之流。國家使節，必曠世而後一通，而兵事更無論矣。此東西洋之史事，所由以有關係爲變，無關係爲常邪？史事如此，而人種之分布隨之。葱嶺以東，以黄人爲主。葱嶺以西，以白人爲主。其東非無白人，其西非無黄人，然較微矣。然關係雖淺，究非絶無。我國盛時，疆理所至，蓋亦跨葱嶺東西；聲威所届尤遠。葱嶺以東之白人，固多同化於我者；其西之白人，來者亦不少；此史有明文者也。今皆泯然無跡矣。故論我國民之血統，與白人混合者，實亦不少也。

見於中國史之白人，當分數派論之：一爲漢時西域諸國。西域諸國，種族有三：(一) 塞種，(二) 氐羌，(三) 漢族也。知西域有漢族者，《漢書・西域傳》曰："自且末以往，皆種五穀。土地，草木，畜産，作兵，略與漢同。有異乃記。”然記其異者少,不記者多,則同於漢者甚多。此必非偶然也。塞種,似即Semites,近人譯爲塞米的,或譯爲山米。故居伊犂河流域。又有烏孫者,顔師古謂其“青眼赤鬚,狀類獼猴”。洪文卿嘗詢之俄人。俄人謂此類今德意志人。見《元史譯文證補》卷二十七上。此亦未必然。然烏孫之爲白種,則無疑矣。烏孫與月氏,俱居敦煌。其昆莫難兜靡,爲月氏所殺。子獵驕靡,新生。傅父抱之,亡歸匈奴。匈奴單于愛養之。冒頓及老上,再擊破月氏。月氏擊逐塞王,居其地。塞王南君罽賓。克什米爾。獵驕靡長,請於匈奴,再攻月氏,月氏敗,西走,臣大夏。大夏者,西史之巴克特利亞(Bactlia)也。烏孫自是居伊犂河域。張騫謂“烏孫居敦煌時故小國”,而《漢書》載其户口勝兵之數,爲西域最,蓋不去之塞種、月氏,皆爲所撫用矣。渾邪王之降,河西地空。張騫欲厚賜烏孫,使還居故地。許妻以公主,爲昆弟。時昆莫年老,國分於仲子大禄,嫡孫岑陬,不能專制;又遠漢,未知其大小;而臣匈奴久;其大臣又皆不欲,故謝使者。而匈奴聞烏孫通漢,怒,欲擊之。烏孫恐,乃使朝,願得尚主。漢以江都王建女細君妻之。昆莫自以年老,欲使岑陬尚主。主不可,以聞。詔從其俗。主死,復以楚王戊孫解憂妻之。岑陬卒,大禄子翁歸靡立。翁歸靡卒,岑陬子泥靡立。皆尚楚主。翁歸靡時,匈奴欲侵陵烏孫。昆莫及主,俱以爲言。宣帝爲發五將軍擊匈奴。校尉常惠,護烏孫兵,自西方入。獲畜産甚衆。匈奴由此衰耗。泥靡號狂王,與主不相得。公主與漢使謀誅之。不克。其子發兵圍公主及漢使。都護救之,乃解。翁歸靡胡婦子烏就靡,襲殺狂王,自立。元貴靡者,翁歸靡尚楚主時所生子也。漢立元貴靡爲大昆彌,烏就靡爲小昆彌。時出兵安定其國。元始以後,事跡乃不可知焉。《漢書》謂自“烏孫分立兩昆彌後,漢用憂勞無寧歲”。蓋烏孫大國,漢欲藉其力以制匈奴,不圖轉屈中國之力以事之也。

烏孫而外,大宛亦爲大國。近人云:“古時希臘之民,移殖裏海之北者,彼國稱爲耶而宛,Ionian,即Yavanas之轉音。即中國所謂大宛。葡萄、苜蓿,亦希臘語之譯音云。”Botrus Medike。張騫之使月氏,爲匈奴所得。後亡走大宛。大宛爲發譯傳道,抵康居。康居傳致大月氏。時大月氏得沃土,志安樂,無報胡心。而騫在大夏時,見邛竹杖、蜀布。問“安得此?”大夏國人曰:“吾賈人往市之身毒。”騫以爲“大夏去漢萬二千里,居西南。今身毒居大夏東南數千里,有蜀物,其去蜀不遠矣”。欲由蜀通大夏,不達,而漢由此開西南夷。參看《濮族》篇。是時由川滇通藏印之道,未必遂開。邛竹杖蜀布,疑仍由粤浮海道至印度也。其後漢求天馬於大宛,不得。使李廣利征之,不利。漢再發大兵征之,卒破其國。此役漢所失極多,然西域諸國,自此震懼,多遣使貢獻,使子弟入侍焉。

塞王之爲月氏所破也,《漢書》曰:"塞種分散,往往爲數國。疏勒以西,休循、捐毒之屬,皆故塞種也。"又烏弋山離,"其草木、畜産、五穀、果菜、食飲、宫室、市列、錢貨、兵器、金珠之屬,皆與罽賓同"。難兜,"亦種五穀,葡萄,諸果,與諸國同屬罽賓"。蓋亦皆塞種矣。西域之絶也,莎車王賢,稱霸諸國。嬀塞王殺賢使者,賢擊滅之,而立其臣。嬀塞王,蓋塞種之王嬀水者也。《穆天子傳》,於一切器物,必著之曰:"西膜之所謂某某。"西膜,蓋山米異譯也。《穆天子傳》,蓋西域既通之僞書?以考周時事,殊不足用。然實可考漢時事。《傳》述西膜之盛如此,正可見漢時塞種之盛也。疏勒,今新疆疏勒縣。捐毒,在疏勒之西。南與葱嶺屬。西上葱嶺,則休循也。烏弋山離,在今阿富汗境。難兜,在今巴達克山西境。

諸國中月氏本東方民族。然西徙後,其民實多大夏之遺。故《漢書》謂其"土地、風氣、物類所有,與安息同"。《北史·康國傳》:"人皆深目高鼻,多須髯。"安息者,西史之泊提亞(Partnia)也。《漢書》謂其"土地、風氣、物類所有、民俗,與烏弋、罽賓同"。於大宛,則云"與大月氏、安息同"。於康居,則云"與大月氏同俗"。參互觀之,而諸國之爲白種,可無疑矣。烏孫狀貌,確爲白種,而《漢書》謂其"與匈奴同俗"者,以白種諸國,均事農商,烏孫獨事游牧,故云。非謂其與匈奴同種也。《漢書》又總序之云:"自宛以西,至安息,雖頗異言,然大同,自相曉知也。其人皆深目高鼻,多須髯。善市賈,争分銖之利。貴女子。女子所言,丈夫乃決正。"可以知其種族矣。

漢通西域,始武帝時。至王莽而絶。後漢時,班超定之。超還,任尚代爲都護,以峻急,失諸胡心,西域復叛。永建中,超子勇復平之。然烏孫及葱嶺以西遂絶。故其興亡多不可考。大宛,《魏書》稱爲者舌,特以地望言之,其種族猶是與否,不可知也。烏孫:魏時猶通使。《魏書》云:"其國數爲蠕蠕所侵,南徙葱嶺山中。"自隋以後,遂無聞焉。元時有欽察者,亦曰乞卜察兀。地在烏拉嶺西,裏海、黑海以北。俄書稱其地曰波羅物次,稱其種人曰波羅物齊。他國皆稱之曰奇卜察克。拉施特,阿卜而戛錫云:突厥族派凡五,一爲奇卜察克;與蒙古同屬烏克斯汗之後。烏克斯汗與亦脱巴阿部戰敗,退至兩河間。未言何河。有陳亡將弁婦,懷孕臨蓐;軍中倉卒無産所,就空樹中生子。烏古斯汗收育之,名以奇卜察克,義謂空樹。越十七年,烏古斯戰勝亦脱巴阿人,遂降其部。未幾復叛,乃令奇卜察克往牙愛克河今烏拉河。鎮撫之。因以名部。西人涉獵中國史者,謂烏孫西徙葱嶺後,杳不知其所之。唐初突厥所屬之可薩部,即在奇卜察克之地。西書稱曰哈薩兒。唐中葉後,又有他部,自東而西。

哈薩兒部，被逼西徙。舊時牧地，悉屬別姓。此部族即是烏孫。俄人稱波羅佛次，佛次當即烏斯轉音。今俄南境帖尼駁河，古名烏蘇河；其入海之地，名烏速立姆那；猶言烏孫海灣。當由烏孫居此，故有此稱也。然所謂烏古斯汗者，中西古籍，咸無可徵。故近世西人，多解爲荒野平地之民；謂語出波斯，俄之波羅物次亦同解云。以上據《元史譯文證補》。予案蒙古爲韃靼、沙陀之混種，沙陀爲西突厥別部，俱已見前。哲別、速不台之西征，其誘欽察，實有"我等同類"之説，又《元史・土土哈傳》謂："其先本武平北折連川按荅罕山部族。自曲出徙居西北玉里伯里山，因以爲氏。號其國曰欽察。曲出生唆末納，唆末納生亦納思，世爲欽察國主。"則欽察與蒙古，同出突厥，説非無因。豈烏孫爲柔然所逼，後又隸屬突厥歟？

皙族之又一支爲堅昆。唐時稱黠戛斯；或曰居勿，曰結骨，曰紇骨，曰紇扢斯；皆一音之異譯也。《漢書・匈奴傳》，稱其"東去單于庭七千里，南去車師五千里"，蓋在今唐努烏梁海境。略當車師正北。《唐書》云："地當伊吾之西，焉耆西北，白山之旁。"又云："直回紇西北三千里。南依貪漫山。"又云："阿熱駐牙青山。青山之東，有水曰劍河。偶艇以度。水悉東北流，經其國，合而北，入于海。"又曰："徙牙牢山之南，牢山，亦曰睹滿；距回鶻舊牙，度馬行十五日。"案貪漫、睹滿，同音異譯，皆即今之唐努山。劍河，即《元史》之謙河，今葉尼塞上源之華克穆河也。詳見《元史譯文證補》卷二十六。黠戛斯人種甚雜。《唐書》稱"其人皆長大，赤髮，皙面，綠瞳"；此本爲白種之徵。又云："其種雜丁令，其文字語言，與回鶻同。"又列結骨爲鐵勒十五部之一；則與丁令相雜矣。丁令久屬匈奴；匈奴封李陵爲右賢王，蓋即王其部落。故其人至唐時，尚自以爲陵後。《唐書》稱其"以黑髮爲不祥。黑瞳者，必曰陵苗裔也"。"景龍中，獻方物。中宗引使者勞之曰：而國與我同宗，非它藩比。既破回鶻，得太和公主，自以李陵後，與唐同宗，遣使者達干，奉主來歸。會昌中，詔阿熱著宗正屬籍"。其果爲陵後與否不可知，而其人自謂陵後，則不虛矣。今俄人稱哈薩克曰乞兒吉思，謂語出回紇；乞兒義爲四十，吉思義爲女；古時匈奴以漢地四十女嫁夫居此，故蒙是稱。亦其與漢族相雜之一旁徵也。

堅昆自漢至隋，無所表見。唐時，爲突厥所覊制。突厥以女妻其酋豪。後又隸薛延陀。以頡利發一人監焉。貞觀時，其酋長三人：曰訖悉輩，曰居沙波，曰阿米輩，共治其國。二十一年，聞鐵勒入臣，即遣使獻方物。其酋俟利發失鉢屈阿棧，身入朝。《唐書》云："其君名阿熱，遂姓阿熱氏。"阿棧，似即阿熱異譯。以其地爲堅昆府，隸燕然都護。乾元中，爲回紇所破。自是不能通中國。回紇授其阿熱官毗伽頓頡斤。回紇稍衰,阿熱即自稱可汗。回紇遣宰相伐之,不勝。挐鬬二十年不解。而其將句録莫賀作難,導阿熱,阿熱遂得破殺回紇可汗。然未嘗徙居其地,故其後事跡不可知。元時謂之吉利吉思,亦作乞兒吉速。地在也兒的石河,今額爾齊斯河也。又有乃蠻者,亦作乃滿,又作乃馬。其部長曰亦難赤可汗。生二子:長曰太赤不哈,是爲塔陽可汗。次曰古出古敦,是爲不亦魯黑汗。兄弟交惡,分國而治。塔陽居金山之陽,忽里牙速兀、札八兒二水間,南近沙漠。不亦魯黑居兀魯黑塔黑之地,北近金山。忽里牙速兀,即今烏里雅蘇台河;札八兒,今匝盆河也。兀魯黑塔黑未詳。然云北近金山,則亦當在今科布多,烏梁海境。《元史・地理志》謂:乃蠻本居吉利吉思之地;而當時漠北諸族,惟乃蠻奉也里可温教,最爲潔清;可知其爲黠戛斯之後矣。清世亦稱哈薩克。分三部:左曰鄂爾圖玉斯,行國。中曰齊齊玉斯,西曰烏拉玉斯,皆居國。地界烏梁海、塔城、伊犂之間。西人仍稱之爲吉利吉思。左部曰大吉利吉思,中部曰中吉利吉思,西部曰小吉利吉思。乾隆時嘗内附,授所部以王公台吉等爵;定三年一貢,歲一互市於烏魯木齊。道光時,乃折而入於俄羅斯焉。

印度種族,盡人知之,無待贅述。然吐蕃王室,係出印度,則知者較寡矣。《唐書》云:"吐蕃,本西羌屬,居析支水西。祖曰鶻提勃悉野,健武多智,稍并諸羌,據其地。蕃發聲近,故其子孫曰吐蕃,而姓勃窣野氏。或曰:南涼秃髮利鹿孤之後,二子:曰樊尼,曰傉檀。傉檀嗣,爲乞伏熾磐所滅。樊尼挈殘部臣沮渠蒙遜,以爲臨松太守。蒙遜滅,樊尼率兵西濟河,逾積石,遂撫有羣羌云。"此二説求之藏人所自述,羌無左證。且其地僅在河源積石一帶,距吐蕃贊普所居之邏娑川,今拉薩。尚千里也。蓋中國前此,兵威所加,使譯所及,傳聞所得,極於河源内外。自此以往,實非所知。鶻提勃悉野及秃髮樊尼,固實有其人;其兼并羣羌,亦必實有其事。然與吐蕃實風馬牛不相及。特當時所知羌中故實,以此爲最遠,故遂從而附會之耳。

考西藏人之史,自當以藏人所自述者爲據。惜藏人史籍,譯成華文者,僅《蒙古源流考》之前半耳。今姑據以爲證。《源流考》云:"巴特沙拉國烏迪雅納汗生一子,善占之必喇滿占之,曰:此子尅父,必殺之。而鋒刃利器,皆不能傷。乃貯以銅匣,棄之恒河中。外沙里城附近種地老人收養之。長,告以前事。此子遂向東邊雪山而去。至雅爾隆贊唐所有之四户塔前,衆共尊爲汗。時歲次戊申,戊子後千八百二十一年也。是爲尼雅特贊博汗。勝四方部落,爲八十八萬土伯特國王。尼雅特贊博汗生穆特贊博汗,穆特贊博汗生定持贊博汗,定持贊博汗生索特贊博汗,索特贊博汗生墨爾特贊博汗,墨爾特贊博汗生達克特贊博汗，達克特贊博汗生色哩特贊博汗，色哩特贊博汗生智固木贊博汗，爲姦臣隆納木所殺。後文又云："尼雅特贊博汗之七世孫色爾特贊博汗，爲其臣隆納木所殺。"其長子置特，逃往寧博地方。次子博囉咱，逃往包地方。三子布爾特齊諾，逃往恭布地方。隆納木據汗位一載，舊日數大臣誅之，迎立博囉咱。是爲布迪恭嘉勒汗。布迪恭嘉勒汗生嚕勒噶凌，嚕勒噶凌生庫嚕木凌，庫嚕木凌生實勒瑪凌，是稱六賢汗。似奪二汗之名。實勒瑪凌生德嚕開木松，德嚕開木松生迪斯巴勒，迪斯巴勒生廸米雅，廸米雅生薩喇特納穆，薩喇特納穆生蘇斡，蘇斡生薩琳嘉勒燦，薩琳嘉勒燦生洞哩洞剪，此爲衍慶七汗。洞哩洞剪生都克廸都克燦，都克廸都克燦生持託克哲贊，持託克哲贊生拉托哩年贊，拉托哩年贊生持年松贊，持年松贊生達克哩年資克，達克哩年資克生納木哩蘇隆贊，是爲玅音七汗。亦僅六汗。納木哩蘇隆贊生名哩勒丹蘇隆贊，名哩勒丹蘇隆贊，以丁丑年生，實戊子後二千七百五十年。年十三歲，己丑，即汗位。"案名哩勒丹蘇隆贊，即《唐書》之棄宗弄贊。其即位之年己丑，爲唐太宗貞觀三年。其生年丁丑，爲隋煬帝大業十三年。是歲爲戊子後二千七百五十年，則上溯尼雅特贊博汗始王土伯特之戊申，爲戊子後千八百二十一年者，實爲周赧王二年矣。《源流考》之年代，固全不足據；然其事實，則考之他書，多有證驗，固不能盡指爲虚誣也。布爾特齊諾，即《元祕史》之孛兒帖赤那，乃蒙古奇渥温氏之祖。此人之年代，似不能在棄宗弄贊以前，此亦《源流考》年代不足據之一證也。

《唐書》述棄宗弄贊世系云："其後有君長曰瘕悉董摩。董摩生陀土度，陀土生揭利瑟若，揭利生勃弄若，勃弄生詎素若，詎素生論贊素，論贊生棄宗弄贊。亦名棄蘇農，亦號弗夜氏。"此説與前兩説絶不相蒙，可見前兩説之無據矣。此所述，蓋真吐蕃贊普世系。德宗時，贊普乞力贊，姓户盧提氏，亦不姓勃窣野氏也。棄宗弄贊，以貞觀八年遣使來朝。求婚，不許。使者歸，妄謂吐谷渾間之。棄宗弄贊怒，發兵攻吐谷渾。吐谷渾不能抗，走青海之陰。遂破党項、白蘭勒兵二十萬，入寇松州。今四川松潘縣。侯君集擊破之，乃去。旋使來謝罪，固請婚。以宗女文成公主妻之。自此事中國甚謹。永徽初，卒。無子，立其孫。《源流考》曰："贊普年八十二卒。長子莽蘇隴前卒。次子恭蘇隴立，年十四。"幼不事政。宰相禄東贊專其國。禄東贊卒，子欽陵，居中用事；贊婆、悉多干、勃論，皆專方面兵。而贊婆專東境幾三十年，大爲邊患。儀鳳四年，贊普死，子器弩悉弄立。《源流考》："恭蘇隴卒，遺腹子對蘇隴生，即嗣位。"觀《唐書》長欲得國之言，可知其即位時年尚幼。既長，欲自得國，殺欽陵。南方屬帳多叛。贊普自討，卒於軍。子棄隸縮贊立，始七歲。《源流考》：對蘇隴之後，爲哩勒丹租克丹汗。即位時二歲。吐蕃當高宗時，盡破諸羌，又取四鎮。龜兹、于闐、疏勒、碎葉。玄宗時，西突厥十姓可汗請居碎葉，乃以焉耆備四鎮。碎葉川，今吹河也。破茂州西之安戎城。疆域抵西洱河。武后時，王孝傑復四鎮。欽陵寇臨洮，又不勝。欽陵死，乃請和。中宗以雍王守禮女金城公主妻棄隸縮贊。吐蕃請河西九曲地，爲公主湯沐邑。許之。且許築橋河上，以通往來。由是河，洮之間，被寇無寧歲。玄宗立，乃復之。安禄山反，河西、隴右，盡爲吐蕃所陷。代宗時，至入長安，立廣武王承宏爲帝焉。時則畿輔歲見侵掠。德宗立，乃請和。已而請助討朱泚。約事平，畀以涇、靈等四州。吐蕃兵疫作，輒引去。其後顧求地。德宗賜以帛萬匹。吐蕃怒，遂爲寇。久之，其贊普達磨，《源流考》之達爾瑪。嗜酒，好獵，喜内，凶愎少恩，稍衰。武宗會昌二年，卒。無子，以妃綝氏兄子嗣。方三歲。别將尚恐熱殺宰相，自爲之。以兵攻鄯州節度使尚婢婢。鄯州，今甘肅西寧縣。尚婢婢來降。唐乘之，復河湟。時宣宗世也。自是之後，吐蕃衰，其事多不可見。

吐蕃盛時，疆域殊廣。西藏僧人謂衛地在喜馬拉雅山之南，已見前篇。今案吐蕃贊普治邏娑川，即今拉薩，其地已在西藏南境。而《唐書》謂器弩悉弄以討南方之叛卒於軍，其所謂南方，必在印度無疑矣。高宗時，吐蕃既破吐谷渾、党項、白蘭，又取安戎城，破諸羌羈縻州十有八；其疆域抵西洱河，實苞今西康及雲南、四川之鄙。王孝傑復四鎮，玄宗時，吐蕃欲假道勃律以取之。勃律者，《魏書》之波路，《西域記》作鉢露羅，在迦濕彌羅之北，迦濕彌羅今克什米爾。今印度之本治城也。武后時，吐蕃求與中國分十姓可汗地。西突厥地。參看第四章。《唐書・大食傳》謂："貞元中與吐蕃相攻。吐蕃歲西師，故鮮盜邊。"可見其在西域之威棱矣。然達磨以後，一蹶不振，何哉？阿利安人之入西藏，本以文明人入野蠻人之地。以開明之長，御樸魯悍强之衆，故其興也勃焉。然政府之措施，雖云如意，社會之程度，未必遂高，故賢君良相不作，遂泯焉無聞也。

西藏今日，最高之權，操於達賴、班禪之手。然其事不自今始。元時宣政院，固已僧俗並用矣。吐蕃贊普之統緒，絶於何時，殊不可考。以予度之：吐蕃王室，本以客族，駕居諸部落之上；固有諸部落，未必遂亡；一旦王室解紐，則仍各自獨立矣。此等部落，或則酋長佞佛，以君主變爲教主。或且捨位出家，及身縱仍綰政權，而黄教教律，不許取妻，其位遂不得不傳諸徒衆。又或僧人爲衆推戴，司其治理。如是，則達賴、班禪，以教中之首長，起而統馭之，甚易矣。此西藏政權之所由遞嬗歟？

又今之俄羅斯，其名早見《唐書》，此事措意者亦寡。案俄羅斯，《元史》作阿羅思，亦作斡羅思；《祕史》作斡魯速。據西史所載，此種人當唐季，居今彼得格勒之南，莫斯科之北；北鄰瑞典、那威。國人有柳利哥者，兄弟三人，夙號雄武；侵陵他族，收撫種人，立爲部落。柳利哥故居地，有遏而羅斯之名，遂以名部。西人云，遏而羅斯爲艣聲。古時瑞、那國人，專事鈔掠，駕舟四出。柳利哥亦盜魁，故其居地有是稱。其説牽强附會已極。案《唐書》："駮馬，或曰弊剌，曰遏羅支。直突厥之北，距京師一萬四千里。馬色皆駮，因以名國云。北極於海。雖畜馬而不乘，資湩以食。好與結骨戰。人貌多似結骨，而語不相通。"駮馬，蓋他部落稱之；遏羅支則其人自號。《唐書》所載，正西史所謂柳利哥故居之地也。

以上所述白種，雖與中國關係較疏，然其與中國人相混合者，實亦不少。冉閔之誅胡羯也，史稱"高鼻多鬚，或致濫死"。夏氏曾佑因疑匈奴之形狀，爲高鼻多鬚。非也。匈奴自是黄人。所謂高鼻多鬚，乃西域之白種人，隨匈奴入中國者耳。《北史·粟特傳》："其國商人，先多詣涼土販貨。魏克姑臧，悉見虜。"此其商人之混雜中國人中者也。此外佛教、火教等，傳教之徒，遂留中國者，當亦不少。

此諸白種，風俗亦各不同。然大率承襲歐洲之文明。亦頗能傳之中國。以生業言：則漢時西域，氐羌爲行國，而塞種爲居國。《漢書》述罽賓等之俗，謂其"能藝五穀，葡萄，諸果，糞治園田。雕文刻鏤。織罽，刺文繡。治宫室。有市列，以金銀爲錢"。據近今治植物學者言，則中國植物，傳自西域者實不少云。漢武帝征和中，桑弘羊與丞相御史奏言："屯田輪臺以東，其旁國少錐刀，貴黄金采繒，可以易穀食。"成帝時，康居遣子侍漢貢獻。都護郭舜欽上言："康居驕黠，訖不肯拜使者。都護吏至其國，坐之烏孫諸使下。王及貴人先飲食已，乃飲啗都護吏。故爲無所省，以誇旁國。以此度之，何故遣子入侍？其欲賈市，爲好辭之詐也。"罽賓殺漢使，遣使謝罪。杜欽謂"無親屬貴人貢獻，皆行賈賤人，欲通貨市買，以獻爲名"。又述道路之險，謂"歷大頭痛小頭痛之山，赤土身熱之阪，令人身熱無色，頭痛嘔吐，驢畜盡然。又有三池盤石。阪道陿者，尺六七寸；長者徑三十里。臨峥嶸不測之深。行者騎步相持，繩索相引，二千餘里，乃到縣度。畜隊未半阬谷，盡靡碎。人墮，勢不得相收視。險阻危害，不可勝言"。而賈市之徒，能數歲而一至，亦可謂難矣。此等固皆爲利，然文明之傳播，實利賴之。《北史·大月氏傳》："太武時，其國人商販京師，自云能鑄石爲五色瑠璃。於是采礦山，於京師鑄之。既成，光澤乃美於西方來者。乃詔爲行殿，容百餘人。光色映徹。觀者見之，莫不驚駭。自此國中瑠璃遂賤，人不復珍之。”此等事當尚不少，此特其一端也。

中國文化，亦當有傳播西域者。惜乎不可盡考。《漢書》云：“自宛以西，不知鑄鐵器。及漢使，亡卒降，乃教鑄作它兵器。”即此一端，其關係可謂絶大。桑弘羊謂輪臺以東，椎刀可易穀食，則重鐵器者，正不獨自宛以西。然此非必不知鑄作，但苦無鐵，或鑄作不便耳。然其與漢，初不甚親。《漢書》云“自烏孫以西，至安息，近匈奴。匈奴嘗困月氏，故匈奴使持單于一信到，國國傳食，不敢留苦。及至漢使，非出幣物不得食，不市畜不得騎。所以然者，以遠漢；而漢多財物，故必市，乃得所欲”云。

漢時西域白人，蓋皆希臘殖民之裔，故其俗頗文明。至其近於游牧者則不然。《唐書・黠戛斯傳》：“昏嫁納羊馬以聘，富者或百千計。法最嚴，臨陳橈，奉使不稱，妄議國，若盜者，皆斷首。子爲盜，以首著父頸，非死不脱。”皆北狄野蠻之俗也。又曰：“喪不剺面，三環尸哭，乃火之，收其骨，歲然後墓。”此蓋出於教律，非其故俗也。

吐蕃雖來自印度，亦雜羌俗爲多。其刑：雖小罪，必抉目，或刖劓。以皮爲鞭抶之，從喜怒，無常算。其獄，窟地深數丈，内囚於中，二三歲乃出。《源流考》謂名哩勒丹蘇隆贊始定刑法，蓋多仍羌俗。貴壯賤弱。母拜子，子倨父。出入，前少而後老。重兵死，以累世戰没爲甲門。敗懦者，垂狐尾於首，示辱，不得列於人。其居父母喪，斷髮，黛面，黑衣，既葬而去。其葬，爲冢，塈塗之。其君臣，自爲友，五六人曰共命。君死，皆自殺以殉。所服玩乘馬皆瘗。起大屋冢顛，樹衆木，爲祠所。欽陵之自殺，左右死者百餘。祠羱羝爲大神。贊普與其臣歲一小盟，用羊犬猴爲牲。三歲一大盟，夜肴諸壇，用人馬牛驢爲牲。凡牲，必折足裂腸，陳於前。使巫告神曰：“渝盟者，有如牲。”蓋多羌俗，而用人及猴爲牲，則似又藏族之俗也。其生業：能植小麥，青稞麥，蕎麥，豋豆。然究以游牧爲主。逐水草，無常所衣率氈韋，贊普聯毳帳以居，號大拂廬，容數百人。部人處小拂廬云。

吐蕃兵力之强，蓋由所用之衆故勇悍，而又以嚴法馭之也。《唐書》稱其“兵法嚴而師無饋糧，以鹵獲爲資。每戰，前隊盡死，後隊乃繼。其舉兵，以七寸金箭爲契。百里一驛。有急，驛人臆前加銀鶻。甚急，鶻益多。告寇舉烽。其傳騎曰飛鳥使”。可見其戒備之夙，節制之嚴矣。其鎧胄，“衣之周身，竅兩目，勁弓利刃，不能甚傷”。其勝兵數十萬。尤能收用客族。沙陀、南詔之服，皆以其人爲前鋒。初盜塞，畏春夏疾疫，嘗以盛秋。德宗時，得唐俘，厚給資産，而質其孥，雖盛夏，亦入邊矣。

西藏今日之文明，可謂爲佛教之文明。首以佛教入西藏者，則文成公主也。《唐書》云：棄宗弄贊既尚主，爲主築一城，以誇後世。遂立宫室以居。國俗赭面，公主惡之。贊普爲下令國中禁之。自褫氈罽，被紈綃，爲華風。其慕效中國蓋甚切。然吐蕃去印度近，其人又本自印度來，故其文化，究以傳諸印度者爲多。唐時吐蕃常遣人入國學習詩書，又請儒者典章疏；棄隸縮贊使來請《五經》，皆見於《唐書》。然其文字卒倣效印度；其所信佛教，亦以來自印度者爲盛，即所謂喇嘛教也。

中國民族演進史

前　言

《中國民族演進史》成書於一九三四年十二月，作爲上海亞細亞書局的基本知識叢書之一，專供中等學生學習閱讀用，内容上偏重於民族史的基本知識，多指示讀書的方法，也着重闡述民族史研究中的一些基本理論問題，是當時很受歡迎的一本民族史方面的通俗讀物。吕先生在序言中指出："講民族歷史，自然當力謀民族團結，但也不能因此而抹殺史實真相。中國現在，就是包含着好幾個民族的。諸少數民族，對於主要的漢族，以往的關係是如何？現在的關係是如何？談民族問題的人，都應該忠實叙述。爲要求各民族親近起見，團結起見，將以往的衝突，和現在未能一致之處，隱諱而不能盡言，未免是無謂的自欺。本書不取這種態度"。

《中國民族演進史》於一九三五年三月由上海亞細亞書局初版發行，一九三六年中國文化服務社再版。近年來，先后收入上海古籍出版社"吕思勉文集"《中國民族史兩種》（二〇〇八年五月出版）、[①]北京九州出版社"吕思勉講史系列"《中華民族源流史》[②]（二〇〇九年十一月出版）和上海世紀出版集團上海古籍出版社"世紀文庫"《中國民族史　中國民族演進史》（二〇一二年十一月出版）。此次我們將《中國民族演進史》收入《吕思勉全集》重印出版，按上海亞細亞書局的初版整理校訂，除了訂正刊誤、錯字外，行文、術語等未作改動。原書系章節注，現改爲文中夾註，編者的按語均作頁下注，又有參考書目和復習思考題的二種附録，現也刊於書末，以供讀者的閲讀參考。

李永圻　張耕華

二〇一四年七月

① 即吕先生的《中國民族史》和《中國民族演進史》的合刊。

② 即吕先生的《中國民族史》和《中國民族演進史》的合刊。

目　録

序

此書之作,本所以供中等學生的閱讀,理論原無取高深。惟過於浮淺,讀之亦使人一無所得;而且不易獲得所要研究的問題的真際。我以爲理論的高深與淺近,也很難有明確的界限的。自然,有一部分理論,確係高深的;亦有一部分理論,確係淺近的;但有許多,往往不易判定。此等理論,其難解與易解,往往不在理論的本身,而由於其説得明白不明白。我寫此書,自信話還説得明白的;也不至於十分膚淺。程度低一點的人,不至於看不懂;高一點的人,瀏覽一過,也還不至於十分乏味。

我所抱歉的,却在敍事方面。中國民族的演進,如要説個詳盡,非數十萬言不辦。然此書係叢書之一,分量略有一定。至於專揭舉大綱,用謹嚴簡潔之筆,自然數萬言的篇幅,也可做得來的。但因所懸擬的閱讀者,又不容如此。此項困難,我事前尚不深知,至動筆之後,才深深的感覺到,然亦無法補救。我現在所抱歉的,在未能詳盡一點。有許多話,似乎太概括了些。我希望中等程度以下的人,讀此而可得一大概的觀念。爲這一界讀者計,分量多了,也覺麻煩,此書大體,似乎還可適用。惟程度高一點的人讀之,或者覺其略而無所據。如有此一類人賜讀,我希望他以本書當做一種引綫,依此篇所依據,自行翻閱原書。就這一點上立論,這書似乎也還有一點用處。

民族是民族,國族是國族,這兩者是不容混淆的。一國家中,包含數民族的很多。既然同隸一國,自然該特别親近些;自然當力謀團結 。——其實只要没有阻礙他的事情,他也自會親近,自會團結的。——然不能因此而抹殺其實爲兩民族的真相。中國現在,就是包含着好幾個民族的。諸少數民族,對於主要的漢族,已往的關係是如何?現在的關係是如何?這些,談民族問題的人,都應該忠實敍述。爲要求各族親近、團結起見,將已往的衝突,和現在未能一致之處,隱諱而不能盡言,未免是無謂的自欺。本書不取這種態度。

此書懸擬的讀者,是中等學生,我的意思,務求爲之多輸入常識,多指示讀書的方法。所以此書的注語,特别詳盡。譬如引及緯書,便略説明緯書的性質,這一類的注語,似乎以前的書籍,是很少的。此法究竟好不好?——還是有詳明和連帶得到别種知識之益?還是嫌麻煩?——我亦未敢自信。敬求讀者賜以批評。如其認爲適用,我還希望以後著供學生閲讀的書的人,多多採用此法。

著者自記。民國廿三,十二,二〇。

第一章　什麽叫做民族

什麽叫做民族？這個，在西洋民族主義久經發達的國家，尚覺一時難於確答，在中國更不必説了。

但是民族觀念的晶瑩與否，與實際上民族的存在與否，毫無關係。在中國，民族觀念，雖未見晶瑩，然中國民族，則久經存在；而且從其演進之跡説起來，中國民族，真可稱爲民族之模範。

然則到底什麽是民族呢？請就我淺陋的見解，先下一個定義，然後再加以申説。

民族，是具有客觀條件，因而發生共同（對外即可稱爲特異）的文化；因此發生民族意識，由此意識而相團結的集團。

客觀條件，自然是先要明白的。但是這條件的有無，和其重要性，在各時代、各地方，並不一致。這是因爲：條件只是構成民族意識之具；而民族意識，當由何種條件構成，及其各種條件的重要性，在各時代、各地方，本不能一致之故。但是條件雖有出入，而無條件則民族意識無由構成，這是理論上當然的結果。我現在且舉出民族的重要條件如下：

（一）種族　種族在普通見解中，最容易受重視。尤其是像我國這種種族素不錯雜的國家。中國種族，亦非不錯雜。但因其同化力之强，錯雜的種族，在時間上，不久即被同化而泯然無跡。從空間上説，則未被同化的種族，爲數較少；且皆住在不甚重要的地方，所以不覺得種族的錯雜。所謂種族的純一，其意義，就不過如此。至於真正的純一，怕是從來没有過的事。惟其如此，所以在中國，民族和種族、國民，都很容易相混。在尋常人，很容易以爲：同國的人，必是同種，即是同民族；異國的人，必是異種，即是異民族。然而其實不是如此的。但是種族的當受重視，實不如普通人所想像之甚。種族是以體質爲標準的。據人種學家言，最難改變的，爲頭顱的形狀；而爲尋常人最易辨别的，則爲皮膚的顔色。在普通人的見解上，總疑心貌異則心亦隨之而不同。其實爲人類相親愛、相了解的障礙的，是心理而不是體質。所以畫人類的鴻溝的，是文化而不是種族。現今世界上，實無一單純的種族；

更無一單純的種族所構成的民族。這不但現在如此，在歷史上亦然。用不著什麼專門的考據，就通常事實，略加考核便知。而一種族分爲數民族，如芬蘭人。一民族包含數種族，如瑞士。及數種族漸化爲一民族的，如墨西哥、巴西。却不乏其例。所以種族的當受重視，實不如民族之甚。然種族純一，雖非構成民族必要或重要的條件，究不能説没有相當的價值。因爲體格的差異，由於婚姻的不通；而婚姻的不通，則由於文化的隔閡。所以種族的差異，雖不就是文化的差異，而此兩現象，却往往互相平行。貌異則心不同，雖可説是人類的誤解。然既有此誤解，即足以爲團結的障礙。所以民族的團結，雖不要求種族的絶對的純一，然能有相當的純一，亦是有助於民族的團結的。所謂相當的純一：(1) 謂其上溯至相當的年代，不能感覺其種族上之差異。(2) 則此等純一的種族，佔民族中的大多數。種族的區别，古來本不甚重視。據社會學家言：古代人民，合異種以攻同種者甚多。

（二）語言　語言爲民族構成的要素，其重要，却遠在種族之上。雖亦有少數例外，如猶太民族，並無統一的語言；瑞士人有三種不同的語言，而仍不失爲一民族；又如愛爾蘭，雖使用英語，而與英人不能稱爲同一民族。然通常，大都以一個民族，有一種語言——此語言即爲此民族所獨有爲原則。——語言是表現思想、情感最重要的工具。語言統一，彼此的思想、情感，才得統一，而心理的團結的基礎以立。雖然同種，苟語言不一，即其感情不親，如印第安人是其例。民族的團結，其源泉，是要追溯到既往的。惟有本族的語言，最適宜於表示既往；惟有本族的語言，最能使人了解既往。所以聞其言語，即能知其特徵。所以語言的合一，就是民族的同化；語言的廢棄，往往即是民族的滅亡。歐洲新興的民族，有竭力保持其言語的，亦有努力於恢復已喪失的言語的。前者如波蘭，後者如捷克，是其適例。美國究竟能否自别於英，而成爲一民族，至今還是疑問。其無獨立的言語，亦爲其一因。種族純一與否，不易追溯。然少數種族，通常不能改變多數種族的語言。風俗亦然。所以一種語言、風俗，歷久未曾改變，即可爲其種族純一之證明。世界上各事都可採用他人，獨不見採用異民族的語言爲本族的語言的。語言的擴大，則爲文字。民族的員數多了，所佔的地域大了，語言或不能不因方土而殊異，文字的統一，往往足以彌其缺憾。不但言語不通之時，藉文字以達意，並能統一一部分相異的語言，及維持本同的語言，使之不至變異。我國語言的分歧，所以只在語音方面；名詞大致統一，語法則絶無問題，文字的統一，亦有一部分力量。我國就是最好的一個例子。

（三）風俗　風俗是思想和行動的一種習慣，大多數人守之已久，不期然而然，受其陶冶的。這可説是最廣義的教育。人，本來是由教育造成的。一個問題當前，爲什麼如此？想一件事情當前，爲什麼如此做？這幾於無所謂天性,並非説没有天性,但謂天性不能不在此一定的型範中出現,不可誤會。都是由習慣造成。——所謂習慣爲第二之天性。所以民族性可説是風俗鑄成的。亦可説民族性的特徵,即爲風俗。惟風俗統一,然後民族統一。——思想融洽,步調整齊。風俗固亦有其成因,然既成之後,則不易驟變。這又是一個民族,所以不易爲他民族同化的原因。

（四）宗教　宗教是規定道德、倫理的趨向,及其軌範的。其作用,似乎和風俗相類。然宗教能深入人心的深處,而鼓舞其精神,則其力量,非普通的社會規範所及。同是社會規範,苟爲宗教所承認,而成爲宗教上的信條,就神化了,美化了,其意義更高尚,而更能使人死守不渝。惟宗教能發生信仰。古代社會的宗教,大抵是發生於本社會之中的,所以都和其習俗相合。但是到後來,習俗因生活方式的改變而改變了,而宗教的教義如故,甚至儀式也如故,則宗教和生活之間,就發生衝突。至於由别一社會中傳入的宗教,其不能與本社會的生活吻合,更無待於言了。而初期的教會,有一種組織公衆的力量,如合公衆舉行一種祭典即是。及其在學術智識上所佔位置的重要,到後來也逐漸改變。所以淺演的民族,宗教爲使其團結極重要的條件;到後來,就漸漸的不同了。在今日,信仰既以自由爲原則;而在事實上,一民族奉數種宗教的也很多。但是宗教,在民族團結上,究仍有相當的力量,如猶太、印度、荷蘭、比利時等,都是其適例。猶太是因同宗教而維持其爲同民族的。印度是因宗教複雜,而妨礙其民族之成立的。荷蘭、比利時,則因宗教不同而分化的。

（五）文學　文學是感情的産物,而亦即是所以陶冶、鼓舞人的感情的。凡事,知其當如此,不如願意如此;願意如此,又不如不能不如此。到不能不如此,就生死以之了。此非訴諸感情方面不爲功。而文學,就是陶冶、鼓舞感情唯一的工具。所以文學是民族的靈魂。即以理智方面論,文學亦能將公衆的理想,具體化了,——賦無形者以形,而使人易於了解。——若論實際,則歷史上偉大的人物,創痛和光榮的事業;地理上美麗的河山,以及足以使人繫戀的一事一物,亦都因文學的歌詠、描寫,而其意義更深。所以文學是民族的靈魂。文學以語言爲形質;惟有自己的語言,最適宜於表示自己的感情和理想;這也是語言所以成爲重要條件的一因。

（六）國土　一羣人民,必須有一片土地,爲其棲息之所。地理上各處的情形,是不同的,其及於人的影響,也自然不同。所以一羣人民,住居在一片土地上,持續到相當的時間,自能發生一種特殊的文化。而在地理上,性質相同,可以算做一個單位的一片地方,其住民,也自會聯結而成爲一個民族。地理及於人的影響，是很微妙的。無論怎樣荒涼瘠薄，在異域的人，視爲不堪居住的地方，住慣了的人，對於他，仍會發生愛慕繫戀之情。愛鄉愛國之情，此實爲其根源。所以一民族習慣住居之地，即此民族住居最適宜之地——惟此地方，能產生此特殊的文化；亦惟此特殊的文化所陶冶而成的人民，最適宜於此地方——民族的品性，實爲地理所養成。然既養成之後，即與其地分離，品性亦不改變。而此地方，即成爲其愛慕繫戀的對象。猶太人的懷念郇山，即其適例。所以民族或者有無國土的，決没有無故國的。盧梭説："無國之人，至少也有故國。"(Qui n'a pas pays a du moins une patrie)此故國爲其所愛慕繫戀，與國土無異。但使愛慕繫戀的情不衰，即爲此民族光復國土的基本。構成民族各種不同的因素，將來都可消滅；到這時候，民族即可隨之而消滅。但地理的特徵，能否全然泯除，則是一個疑問。

（七）歷史　現在是不能解釋現在的；現在的所以成爲現在，其原因全在過去；所以無過去即無現在。知此，則知歷史所以重要的理由了。不論什麼事，總是時間造成的。惟時間，能使事物成爲如此性質；惟時間，能使具有一定性質之物，達於一定的分量。時間就是構成事物最重要的因素。所以人和過去，關係極深。所以人對於過去，自能發生感謝愛護之情。惟愛護過去，才想保持現在；才想擴大將來。惟流浪之子，不知其祖先的光榮；而忘其祖先之人，亦最易成爲流浪之子。這是我們所常見的事。無民族性之人，在世界社會中，其品性之不足取，恰和在一個社會中，流浪子之不足取一樣。因爲品性必有一種較高深的文化養成；而惟本民族的文化，爲其民族員所最易接受。所以無歷史的人民，很難説會成爲一個民族。一個民族而自棄其歷史，也可以説是等於自殺。

以上七種，都是構成民族客觀上最重要的條件。此等條件備具——即或缺其若干，或有若干種不甚充足——共同的文化，自會發生。其人民，自然會發生同類的感覺；覺得彼此相互之間，較諸和他人相互之間，更爲親密，就會發生一種相親愛、相扶持的情緒。至此，則民族意識，可云業已完具。但還有逼迫之，而使之入於覺醒的狀態的，是爲外力。

（八）外力　我，自然是繼續存在的。但非與人相對之時，我之觀念，亦朦朧而不清晰。民族，國家，也是如此。使一民族自覺其爲一民族的，是異民族相當的壓力。使一國家自覺其爲一國家的，是異國家相當的壓力。壓力愈重，其覺醒之程度愈高；其團結的力量亦愈厚。所以説："殷憂可以啓聖，多難可以興邦。"世界各民族：自身的條件，業已備具；民族的組織，可謂完成；而其自覺的意識，總在若明若昧之間；及至近世，乃一齊覺醒；民族主義，隨而伸張；民族事業，因之完成；近世史中，其例不勝枚舉。我國到現在，才盛言民族主義,亦是其一例。民族的團結,固因外力而促成;即團結既成之後,亦因外力的壓迫,而更形堅固。有外争時,即内争因之消滅;經一次失敗,即愈興奮其恢復的精神;都是彰明較著的事實。所以外力雖爲外的條件,而實是民族構成重要的條件。

但外的條件,對於民族的構成,雖具有一種促進之力,能使之急速完成;而其成就的大小,與其堅固不堅固,則仍視其内的條件,是否充實而定,此又不可不知。如此,則像我國這種演進極深的民族,自然足以自豪了。

怎樣説民族的成就有大小;而其既成就之後,其性質還有堅固不堅固之别呢? 須知民族的本身,並非不變的。天下本無不變的事物,民族亦何獨不然。民族是怎樣變化的呢? 民族的成因,總説起來,可以説是原於文化。一民族,就是代表一種文化的。文化的差異不消滅,民族的差異,也終不能消滅。而文化之爲物,並不是不變的。文化,只是一種生活的方式。生活的方式變,即文化變;而人所遭遇的環境變,即其生活方式,不得不因之而變。環境是無時無小變的,所以人類社會,也不絶的在漸變。到環境生大變化時,人類要求適應他,乃罄其潛力(即平時儲蓄之力以應之),就發生所謂突變了。凡事窮則變,變則通,通則久,所以民族本來是要求其能變的。惟能變才有生機。惟一種文化,發達到一定的程度,就要發生均衡的現象。此時非加之以外力,則不能大變。但微細的漸變,仍是有的。因和異民族交通,而效法其所爲,這亦可以説是一種環境的改變。民族之互相衝突亦然。所以異民族之相接觸,於民族亦是有利的。因爲這亦是一種文化的刺激。此等變化,劣者必改而從優,乃是自然而然,不可避免的公例。所以兩個以上的民族相遇,其文化必有變動。變動的結果,劣者的文化,全無可取,悉數改而從優。此項文化,即隨之而消滅;而其民族亦即隨之而消滅。劣等民族的消滅,即是優等民族的擴大——我們中國民族,依據優勝劣敗的原則,也不知其擴大過若干次了。這是講《中國民族演進史》時重要的觀念——若其兩個民族,文化互有短長,彼此互有棄取,則或者互相融合,而新民族産生;或雖有所取於人,而其固有的特性,仍不消失,則爲舊民族之革新;亦即一種變化。

我們知道,世界上的各種文化,總是要互相調和融洽,而終歸於統一的;"不知來,視諸往。"歷史上此等事實,已不少了。我們並不像偏狹主義者流固執——或者故意説自己的文化,就是世界上最優的文化;因而更進一步,説自己的民族,就是世界上最優的民族;再進一步,就要説自己民族,負有宣傳文化的使命;什麽事强人從我——甚至以武力强迫,都是合理的;這樣就要成爲侵略的藉口了。然則我們的民族,實在是世界上優等(即不説是最優)的民族;我們的文化,確是世界上偉大的文化;這是有真實的歷史做證據的。我們並不要壓迫消滅人家的文化;我們却有把我們的文化,發揚而光大之,以供世界各民族採取,而增進其幸福,亦即增進全人類幸福的義務。既如此,我們本民族,就不能不自保其生存。希臘哲學家說:"人們是爲喫飯而生存的,我是爲生存而喫飯。"我民族不可不有此抱負;而我民族,亦確有懷此抱負的資格。怎見得呢? 請看《中國民族演進史》。

第二章　中國民族的起源怎樣

現今世界上，決没有真正單純的民族國家。這就是説：没有以一民族而組織一國家的；一國家中，總包含好幾個民族。中國自然也是如此。

這不但現在如此，追溯到歷史上，也久已如此了。但是一個國家，雖不止一個民族，而其中，總有一個主要的民族，爲文化的重心的。通常所謂某國民族，就是指此而言。此項主要民族，在中國，無疑地是漢族了。

漢族的名稱，是後起的。這是漢有天下之後（公元前二〇二年），外人以吾國王朝的名字，做吾國民族的名字。前乎此，則有稱中國人爲秦人的；後乎此，又有稱中國人爲唐人的；其理由也相同。《漢書·匈奴傳》："衛律爲單于謀，穿井、築城、治樓以藏穀，與秦人守之。"《西域傳》載漢武帝詔，説："匈奴縛馬前後足置城下，馳言秦人，我匄若馬。"此皆在秦亡之後，仍稱中國人爲秦。《皇宋類苑》卷七十七引《倦遊録》："至今廣州胡人，呼中國爲唐家，華言爲唐言。"《倦遊録》爲張師正所撰，在宋神宗元豐初年，距唐亡，也已一百七十年了。外人又習稱吾國人爲支那。這個名稱的由來，在現在，還是一個考據問題。可參看向達《中外交通小史》第一章（商務印書館本）。夏曾佑《中國古代史》，引《左氏》戎子駒支對晉人説："我諸戎飲食衣服，不與華同。"《春秋左氏傳》襄公十四年。説華字該是我民族的本名。但是華和夏是雙聲字，難保本是一語。華夏兩字連用，則是所謂"複語"。古人言語，自有此例。詳見拙撰《字例略説》第十章（商務印書館本）。又關於此問題，可參看拙撰《中國民族史》第二章（世界書局本）。夏爲禹有天下的朝號，其性質，亦和秦、漢等字相同。以華字爲中國民族之名，本無不可。但是中華現在是中國的國名。在歷史上，外人固習稱中國人爲華，也未嘗不稱中國爲華。中國民族的複雜，由來已久。華族兩字，難免有包括中國國内一切民族的疑義；又有些嫌與貴族相混；不如仍用漢族兩字，表示中國的一種主要民族，意義較爲確定。唐時有"漢蕃"之稱，清時有"滿漢"之語，漢字成爲民族之名，非復一王朝的意義，也由來已久了。

要講一個民族的演進，必須追溯到最古的時代；就發生歷史上"民族起源”問題。民族起源，和人種起源不同。人種起源，是考據體質特異的人民，發生於地球上的某處地方的。民族起源，則只是考據一個民族，以何年代，住居於其國土（或故國）之上，而發生其民族特殊的文化。

但是民族起源，也是一個很遼遠的問題。世界上一個大民族，其文化的起源，往往是很早的。即其形成民族——至少構成民族的條件備具——是很早的。而人類的有史，大抵不過五千年。尚且多半支離，雜以神話。開化較晚的民族，或可借助於開化較早的民族的歷史，以説明其起源。如研究朝鮮、安南的古史，取材於中國，是其適例。在中國這種開化較早之國，又是無望的。考古學，從地下掘出許多東西（無論其爲人造的，非人造的），借這許多東西，以補文字記載的不足，也將人類的歷史，加長了幾千年，甚者至萬年以上。然而還嫌不夠充分説明民族的起源。況且中國的考古學，方始萌芽；所以證據還很少，幾乎不能根據着他，得到什麽結論。所以中國民族的起源，現在還在茫昧之域。我現在，也只能將現在所知道的情形，説一個大概。

在閉關之世，中國人是即以其國爲天下的，這也不獨中國如此，從前的西洋人，實在亦係如此。試看他們所謂世界史，實在就是西洋史，便是一個證據。這是世界未曾大通以前，事勢使然的。自然不發生民族起源問題。世界大通之後，就不然了。在歐洲，民族起源的成爲問題，較中國爲早。所以最初研究中國民族起源問題的，反不是中國人而是西洋人。但是這一個問題，現在本來尚在茫昧之域；而西洋人研究這問題，又不免受些種族偏見的影響；所以其説不甚可據。這話是怎樣説呢？

原來研究民族文化的，其所立之説，本有兩派：一爲演進派。以爲人類的心理，根本相同。而在淺演之世，環境對於人類的影響，也大致相同。以根本相同的心理，處於大致相同的環境之下，自然會發生相類的反應。所以世界上各民族，雖然各各孤立於不相聞問之境，而其演進的程序，却大致相同。所以世界上各種不同的文化，是可以各各孤立，各自發生的。一爲傳播派。此派以爲人類的創造力，極不足道；以異民族而有同一的發明，尤爲絶無僅有之事。所以現在世界上各種文化，其相異，只是後來之事；其初，却是同出一源的。固然，愈到古代，人類的交通愈少，愈處於孤立的狀態。然而因其時間的悠久，其事情即隨而繁複；一種文化的輾轉傳播，事實即非不可能。所以現在各種文化，其初只有一個根源。傳播派論文化的根源，只注重於其性質的相類；地理上距離的遠近，他們以爲無甚關係。此兩派議論，固然不易判決其是非。然而既同稱人類，心理上根本的一致，似終難否認。環境性質之相類，也是無疑的。以相類的人，處於相類的環境之下，可以發生相類的對付方法，似乎也是理論上當然的結果。傳播論者的議論，似乎太輕視了人類的創造力罷？不幸，近代的西洋人，無形中都受了此等偏見的影響（雖然他們不都是傳播論派的民族學家），總以爲白種人，是世界上最優秀的民族。如此，自然容易想像到：世界上最初的文化，只有在白種人中會發生。如此，研究中國民族起源問題，也很容易疑心到中國民族，本自西方遷來了。

西人研究中國民族起源，有的説來自埃及，有的説來自巴比侖。其證據中較能言之成理的，還是中國文字，和埃及同屬象形，巴比侖的楔形文字，有些和中國八卦相像之説。然而最初的文字，總是象形的；在未曾專用言語表示意象以前，人類表示意象的方法（如擬勢等），大致相同。初有文字的時候，並非專用來表示語言。此時文字與語言，同爲代表意象之具。人類既可各自獨立發生語言，自然可各自獨立發生文字。所以埃及和中國造字的方法相同，只是心理一致説 Theory of psychic unity. 當然的結果。至於中國的八卦，究竟是否文字，在考據上，還是一個問題，把來和巴比侖的楔形文字相附會，那更不成理由了。此外還有主張中國民族，來自馬來半島的。則似乎無形之中，受了人種起源説的影響。因爲最適宜於算做人類的祖先的直立猿人，其遺骨是在爪哇發見的。所以南洋一帶，很容易被擬爲人種起源之地。震驚於中國文化悠久的人，自然容易把中國民族的起源，推想到很悠遠的時代，就很容易附會到南洋一帶去了。然而中國古代文化的重心，爲什麽不在南方而在北方呢？又有説來自印度的。則因盤古的神話，和印度的神話，很爲相像。然而這相像的神話，怕不是我國所固有，而是印度神話輸入後，我國人用爲根據而僞造的。《五運曆年記》説："首生盤古，垂死化身。氣成風雲，聲爲雷霆，左眼爲日，右眼爲月，四支、五體爲四極、五岳，血液爲江河，筋脈爲地理，肌肉爲田土，髮髭爲星辰，皮毛爲草木，齒骨爲金石，精髓爲珠玉，汗流爲雨澤，身之諸蟲，因風所感，化爲黎甿。"和《摩登伽經》所説："自在以頭爲天，足爲地，目爲日月，腹爲虛空，髮爲草木，流淚爲河，衆骨爲山，大小便利爲海。"相似。又《三五曆記》説："天地混沌如雞子，盤古生其中。萬八千歲，天地開闢。陽清爲天，陰濁爲地。盤古在其中，一日九變。神於天，聖於地。天日高一丈，地日厚一丈，盤古日長一丈。如此萬八千歲，天數極高，地數極深，盤古極長。"亦和《外道小乘涅槃論》所説："本無日、月、星辰，虛空及地，惟有大水。時大安荼生，形如雞子，周匝金色。時熟，破爲二段：一段在上作天，一段在下作地。"相似。吾國古帝，多在北方，獨盤古則墓在南海，祠在桂林；而今廣西巖洞中，亦尚有崇宏壯麗的盤古廟。六月二日，相傳爲盤古生日，遠近聚集，致祭極虔。所以夏曾佑《中國古代史》，疑心盤古是苗族古帝，吾族誤引其神話爲己有。其説極有道理。關於此問題，可參看拙撰《中國民族史》第八章。又有説中國、印度、巴比侖的文化，同是太古時代一種較高文化的殘餘的。這也是深中於傳播論的心理，因此三國之文化，頗有相類之點，遂臆度而創此説。我們既承認相類的文化，可以各自獨立發生，正不必取此等毫無證據之説。又有説中國民族，來自于闐附近的。

則又受了白種人歷史上民族起源論的影響。因爲現在的歐洲人，溯其原始，可以説是起於中央亞細亞之地的；據此推度，中國民族，自然也可説是從這一帶東遷的了。

最初引起中國人研究中國民族起源的興趣的，是法國人拉克伯里所著的《支那太古文明西元論》。拉克伯里原名 Terrien de Lacouperie 其書以一八九四年在倫敦出版，名 Western Origin of the Early Chinese Civilization from 2300 B. C. to 200 A. D.。日本白河次郎、國府種德，取其説以著書，名《支那文明史》。中國東新譯社，將其譯成華文，改名《中國文明發達史》。此事已在三十年前。書中把中國一切事物，和巴比侖相比附，已極牽强。其尤可笑的，則説中國古代的某君主，就是巴比侖的某君主；古代的某名人，就是巴比侖的某名人。簡直説中國的古代史就是巴比侖的古代史，真是一場笑話。如此穿鑿附會，自然没有人相信他。雖亦有少數好奇的人，以爲談資，然亦不過以爲談資而已，真相信的，可説没有。可是郢書燕説，魯酒薄而邯鄲圍，一件事物，所引起的作用，往往不是正面的。從此以後，中國人研究這問題的興趣，却漸漸的濃厚了。繼此書而發布的，要推蔣觀雲的《中國人種考》。此文本刊於《新民叢報》中。後來上海坊間，亦有翻刻爲單行本的。蒐輯東西學者之説頗博，自己却並無一定的主張。其中國人自己發表意見的，如丁益甫、章太炎等，亦大抵傾向於西來説。丁氏之説，見其所著《穆天子傳地理考證》，在《浙江圖書館叢書》二集中。章氏之説，見《太炎文録・原種姓》篇。西來説我從前亦主張過的，但是現在意見改變了。中國人爲什麽會傾向於西來説呢？因爲有兩部古書：其一名《山海經》，其一名《穆天子傳》。前者記載某山某水，有一部分，似乎涉及亞洲的中部和西部。後者是述公元前十世紀，周朝的穆王，遊行的事跡的。其行程，亦可解釋爲自甘肅、青海、新疆，經俄領中央亞細亞，以達小亞細亞半島。此種解釋，而且是頗爲確實的，並非穿鑿附會。地理不是能嚮壁虚造的。即有妄人，嚮壁虚造，必不能和實際相合。中國古代的地志，而記載及於亞洲的西部；中國周朝的帝王，而遊行及於亞洲的西部；可見漢族古代，至少要起源於亞洲的中部，而和西方有密切的關係了。這是中國人所以主張西來説的原因。但是據現在看來：《山海經》雖有一部分是古書，其又一部分，則是漢通西域之後，把新得的地理知識，附加進去的。現在的《山海經》，其一部分，我疑心是漢代方士，記載其所祀山川之神的。其又一部分，則後人把他當作地理書，將所得地理知識附入。此書實非《漢書・藝文志》數術略形法家所著録的《山海經》。詳見拙撰《先秦學術概論》下編第九章(世界書局本)。《穆天子傳》，更是南北朝時才出現的書；此書本名《周王游行》，見《周書・束皙傳》。其爲僞造，更不待論了。此外還有可附會爲中國民族起源於西方的證據，一加考核，大抵都屬此類。譬如《周官》大宗伯："以黄琮禮地。"《鄭注》説："此禮地以夏至，謂神在崑崙者也。”典瑞：“兩圭有邸，以祀地，旅四望。”《鄭注》説：“這個是神州之神。”《史記・孟子荀卿列傳》載鄒衍之説：“中國名曰赤縣、神州。”則神州是中國人現居之地。住在神州，而仍祭崑崙之神，可見得崑崙是中國人的故鄉了。崑崙在哪裏呢？《史記・大宛列傳》説：“漢使窮河源，河源出于闐。”又説：“天子案古圖書，名河所出由曰崑崙云。”漢武帝去古未遠，所案圖書，必非無據，則今于闐河上源之山，必即古代所謂崑崙。如此，豈不證實了中國人舊居在于闐附近麽？然而漢使以于闐河上源爲河源，本係妄説；漢武帝信其妄説，而指古代的崑崙山，謂在于闐河上源，也是謬誤的。古代所謂崑崙，實在就是今黄河上源之山。詳見拙撰《崑崙考》，附録在《中國民族史》第二章裏。至於夏至祭地，所祭係崑崙之神，其説亦未必可信。所以我們雖能證古之崑崙即今黄河上源之山，仍不能説漢族本居黄河上源的。這一説，根據《周官》鄭注和《史記》，總算頗可信據之書，然而其説之不足信仍如此，所以漢族西來之説，根據是很薄弱的。所以中國民族西來之説，絶不足信。至於從南方馬來、印度等處遷來之説，則更無證據。在可靠的古書上看，則只見古代的帝王，其事跡，多在中國本部而已。

據書籍看如此。若論地下所得，中國現在發掘的事業，固然方在萌芽，然而就其所得，也頗有足以證明中國民族，居於中國土地之上，爲時已極悠久的。當民國十年，河南澠池縣仰韶村古代遺物發見之後，因其中的采色陶器，和安諾、蘇薩兩地方所得，頗爲相像。安諾 Anan，蘇薩 Susa。十二、十三兩年，在甘肅導河、寧定、鎮番及青海沿岸所得，則相像更甚。因而頗有主張中國文化，傳自西方的。然而安諾、蘇薩，係在銅器始期；而仰韶村所得，則並無銅器。文化傳播，必經相當的年代。豈有安諾、蘇薩銅器時代的文明，業爲我國石器時代的仰韶村所承襲，而安諾、蘇薩的製品，本身仍無進步，還和仰韶村的製品相似之理？況且河南所得的采陶，較諸甘肅所得，質地、製法、圖案、設色，均形進步；則只能解釋爲河南的文化，自東而西；斷不能解釋爲安諾、蘇薩的文化，自西而東，經甘肅以達河南。又況河南和甘肅，都曾得有古代遺骸。與民國十年，遼寧錦西縣沙鍋屯所得，經協和醫院步賴克教授 Dr. Davison Black。的研究，都認爲與現代華北的居民，體格一致。這可見中國民族，住居於中國地方，爲時已久。若再上溯，則民國十年，奥人師丹斯基，O. Zdansky。曾在河北房山縣的周口店，採得化石甚多。十五年，於其中發見兩個人齒，定名爲中國猿人。十六年以後，北平地質調查所，因在其地繼續發掘，所得遺骸及遺物頗多，現在已有拼成的一具顱骨。據專家的研究：周口店的遺跡，當屬於始石器時代，距今約二三十萬年；而此人類遺骸之古，亦超出爪哇的直立猿人以上。這更可見得中國有發生最古文化的可能。雖然不一定就是現在中國文化的前身，然而説中國本土，不能或未曾發生文化，而必有待於外來的傳播，則總是不確的了。此節所説，可參看衛聚賢《中國考古小史》（商務印書館本），鄭壽麟《中西文化之關係》第四章(中華書局本),何炳松《中華民族起源新神話》(《東方雜誌》第二十六卷第二期),金兆梓《中國人種及文化之由來》(同上,第二十四期)。

然則從古史上,和考古所得的結果上研究,中國民族的起源,雖然還不能得到十分滿足的答覆;而中國民族,居於中國土地之上已久,其文化亦爲時已久,則似乎可以假定的。

第三章　中國民族是怎樣形成的

中國民族的文化，大約就是在中國本地發生；而中國民族，亦很早就住居在中國土地之上；這個，在第二章中，已經説過了。然則中國民族，到底是怎樣形成的呢？

人類的團結，其最初，必然根據於血統，這是無疑義的。然而人類親親之情，其實不以血統相同爲限。所以古代所謂民族，Clan。實兼包一部分血統不同之人在内。其真有血統關係的，則稱爲家族。Family。家族有廣狹二義：廣義的家族，包涵一切親屬。狹義的家族，則但指夫婦，親子而言。家族和民族，都可以説是血統上的聯結。人類的聯結，還有根據於地理的。因所住地方的接近，彼此漸漸能互相了解，互相親愛（如其婚姻互通，則亦發生親屬關係），終至團結爲一；這就是所謂部落。Tribe。更因交通的便利，貿易的增多，人口增加，各部落的居地，逐漸擴大而互相接近；終至各部落之間，亦漸能互相親愛，互相了解，而至於團結爲一，這就是所謂民族了。

以上是社會學家研究人羣組織的成説。人類的演進，各地方雖有小異，而大致都是相同。這大約是心理一致，見第二章注七。① 而環境的影響，亦大致相同之故；並非穿鑿附會。所以我國古代社會演進的狀況，也可借資於社會學家的成説來説明他的。我國古代的所謂姓，大約和現今社會學家所謂氏族相當。一個姓，便佔有一塊土地，而自成其爲一個團結。氏族有行外婚制，亦有行内婚制的。Endogamy，内婚制。Exogamy，外婚制。我國古代的氏族，大約係行外婚制，即所謂同姓不婚。間有行内婚制的，如《公羊》所説的"楚王妻妹"（桓公二年），然很少，後來也改變了。這也是促進各部落聯合的一個原因。古代所謂九族，包含：（一）五服以内的父系親屬，（二）姑母和他的子女，（三）姊妹和他的子女，（四）自己的女兒和他的子女，（五）外家，（六）外祖母家，（七）姨母和他的子女，

---

① 見本册第二二三頁第十二行注文。

（八）妻家，（九）妻的母親的家，見《詩經·王風·葛藟疏》引《五經異義》。這相當於廣義的家族。至於《孟子》上所説五口、八口之家，包含一夫及其父母、妻子，則是所謂狹義的家族了。

社會的演進，可以從多方面觀察，而用種種標準，以分別其演進的等級。但是人類最急切的問題是求食；而其所以能高出於其他動物，則因其能使用器械。所以用人類取得食物的方法，和其所使用的器械的不同，來分别他演進的等級，是最切要的。用取得食物的方法來分别，可以分爲：（一）蒐採，（二）漁獵，（三）農業、牧畜時代。以其所使用的器械爲標準，則可分爲：（一）石器，（二）銅器，（三）鐵器時代。大約漁獵時代，還只能使用石器；到農牧時代，漸能使用銅器和鐵器了。

我國古史之所記載，即有史時代，究竟起於何時呢？這句話，是很難回答的。古書所載，有説得極遼遠的，如《春秋緯》謂自開闢至獲麟，獲麟是孔子作《春秋》絶筆的一年，（孔子作《春秋》，止於此年。）是公元前四八一，民國紀元前二三九二年。緯書是西漢末年出現的書。和讖夾雜，所以又稱讖緯。相信緯書的説：孔子作六經，是可以公布的。另有觸犯忌諱，不便公布的，則陰書於策，以授弟子，是之爲緯。其實孔子所傳的書謂之經；孔子的口説，弟子筆録下來的，則謂之傳；並無所謂緯。緯，顯然是假造的。所以要造緯，則因想把讖夾雜進去，使人易於相信之故。讖是從前的所謂"豫言"。大抵以隱語暗示將來的事情。如秦時有讖説："亡秦者胡。"這四個字，便是表明秦朝到二世皇帝胡亥手裏，便要滅亡的意思。實在是妖妄不經的東西。隋時，已經把他禁絶銷毁了。所殘餘的，只是散見在别種書裏頭的。但是讖雖妖妄不經，而緯則多存經説，並且讖緯多有援引古史的地方。此等經説及古史，有我們在别處看不見，而惟見於殘餘的讖緯中的。所以仍有人蒐輯研究他。凡三百二十七萬六千年，分爲十紀等是。注《史記》的司馬貞，《補三皇本紀》所引。《尚書序疏》引《廣雅》，則作二百七十六萬歲。這自然不足爲據。較可信的，是據曆法推算之一法。即據古書中零碎的月日的記載，以及天象的變動（如日蝕等），利用後人曆法上的知識，推算其當在何時。史家確實的紀年，起於共和元年，即公元前八四一年，在民國紀元前二七五二年。自此以前，只有後人推算的年代。推算所得，是不能没有出入的。但相去還不甚遠。普通用的，亦可以説是用此法推算，現存而最早的，是《漢書·律歷志》所載。據其所推算：則共和以前，周朝還有一九二年。自此以上，殷六二九年，夏四三二年，虞五〇年，唐七〇年。則唐堯元年，在公元前二二一四年，即民國紀元前四一二五年。再加上無從推算的年代，中國古史所紀載，亦總在距今五千年之譜了。

古代的傳説，總把社會自然的事情，歸功於一兩個人，尤其是酋長身上。但是古代的君主，都以德爲號。這是服虔之説。所以所謂某某氏，某某氏，亦可説是並無其人（至少雖有其人，而不關重要），而其名稱，只是代表進化中的一個階段。

神話姑不必論。古代傳説的君主，較有事跡可徵的，是巢、燧、羲、農。巢是有巢氏，教民構木爲巢的。燧是燧人氏，教民鑽木取火的。羲是伏羲氏。伏羲，亦作庖犧。從前的人，多釋爲“馴伏犧牲”，“取犧牲以充庖廚”，説他是畜牧時代的酋長。但這種解釋，實在是望文生義。伏羲的正當解釋，見於《尚書大傳》中，《尚書大傳》，是西漢初年伏生所撰。伏生名勝（漢人言生，如今人言先生），還是秦朝的博士。是漢朝傳《尚書》的第一個經師。所以其説較古而可信。是“下伏而化之”之義。至其事業，則《易經·繫辭傳》，説他“作結繩而爲網罟，以佃以漁”。其仍在漁獵時代可想。至於神農二字，則古人本多當農業或農學的意義用。如《禮記·月令篇》説：“毋作大事，以妨神農之事。”“水潦盛昌，神農將持功。”是農業的意思。又如《孟子·滕文公》上篇説：“有爲神農之言者許行。”就是説“有治神農之學者許行”。神農氏爲農業時代的君主，那就不言可知了。

從前有些人，誤謂從漁獵到農耕，畜牧是其中必經的階段。照現在的研究，則殊不盡然。漁獵的或進爲畜牧，或進爲農耕，是視乎其地的。大抵草原之地，多進爲畜牧；山澤之地，則進入農耕。我國古代，似乎巢、燧、羲、農等，是根據河南，從漁獵進入農耕的。黄帝一族，則居於河北，而以畜牧爲業。怎見得呢？案《遁甲開山記》説：石樓山，在琅邪。漢琅邪郡，治東武，今山東諸城縣。有巢氏治此山南。《命歷序》説：人皇氏出暘谷，分九河。暘谷，見《書經·堯典》，是堯命羲仲居此，以推步天象的地方。堯命羲仲、羲叔、和仲、和叔，分居東、南、西、北四方，以推步天象。羲仲是居東方的。其地，即是嵎夷。嵎夷，據《經典釋文》引馬融説，以爲就是春秋時的萊夷，即後世登、萊一帶。鄭康成注《通卦驗》説：人皇就是燧人氏。《左氏》説：陳爲太昊之墟。《春秋左氏傳》昭公十七年。皇甫謐《帝王世紀》説：神農都陳，而遷於曲阜。見《史記·五帝本紀正義》。地都在今河南、山東兩省。至於黄帝，則《史記·五帝本紀》説他“邑於涿鹿之阿”，是現今河北的涿縣。這是服虔之説。又皇甫謐及張晏，則以爲在上谷，那就是現在察哈爾的涿鹿縣了。説得太遠，恐不如服説之可信。又説他“遷徙往來無常處，以師兵爲營衛”，可見其爲河北遊牧之族了。

據社會學家的研究：蒐採及漁獵時代，人民恆苦於飢餓。畜牧時代，亦仍所不免。而且漁獵時代的人，最好殺伐。人類一切戰鬥的技術，都是從漁獵時代遺留下來的。兵器其初是因獵取禽獸而發明的。包圍、埋伏、火攻等法，亦皆獵時所用。在三代時，尚以田獵講武。畜牧時代，雖生活已變，此等殺伐之性質和戰鬥的技能，仍未忘掉。且因其經濟較爲寬裕，所團結的人數較多，所以其戰鬥之力更强，往往成爲好侵掠的民族。惟農耕之民則不然。他們生計饒足，無求於外。天時若有豐歉，自能用“耕九餘三”等方法扯平，《禮記·王制》：“三年耕，必有一年之食。九年耕，必有三年之食。以三十年之通，雖有凶旱水溢，民無菜色。”不必掠奪他人。至於社會的内部，則私産制度，尚未興起。“衹有協力以對物，更無因物以相争。”因此就組織一種對外平和，而内部的關係亦極良好的社會。孔子所追想的大同世界，大約即在此時。《禮記・禮運篇》説：

> 大道之行也，天下爲公。選賢與能，講信修睦。故人不獨親其親，不獨子其子。使老有所終，壯有所用，幼有所長；鰥寡孤獨廢疾者，皆有所養。男有分，女有歸。貨惡其棄於地也，不必藏於己；力惡其不出於身也，不必爲己。是故謀閉而不興；盗竊亂賊而不作；故外户而不閉。是謂大同。

孔子説：“大道之行也，與三代之英，丘未之逮也，而有志焉。”志字，鄭康成把識字去解釋他，這是不錯的。古識字，就是現在之誌字，亦即是記字。古人稱史籍爲史記，亦有時單稱記。古人用史記二字，和現在人用歷史二字相同。現在的《史記》，本名《太史公書》。因其係最早的歷史，所以後人逕以這一類的書名稱其書。“未之逮也，而有志焉”，這是説我雖未及其時，然而有歷史可據。下文所謂禹、湯、文、武、成王、周公，便是三代之英。三代之英，是實有其人的，大道之行，就斷不會是空想。這所謂大道之行，究竟要什麽時代，才足以當之呢？用社會學的眼光看來，當然是所謂農業共産之世了。農業共産，是古代各種社會裏，最優良的組織。此種組織，固然别國的社會，亦曾經歷過（並且還有一小部分，遺留到現在的）。然而此種社會的文化，别一國，都未能把他發揚光大。只有我國，社會的組織，後來雖然改變了，而此種文化的精髓，還保存得若干。我國的文化，實以此爲基本。所以其文化的性質，極和平而優美。我國民族，所以能保世滋大；而其對待異民族，融化異民族的經過，尤足以稱爲全世界民族的模範；其根源即在於此。讀到下文自見。

狂風怒潮，起於河北。羲、農一族，優美和平的社會，似乎要暫爲黄帝之族所蹂躪。這就是歷史上所謂阪泉、涿鹿之戰。據《史記・五帝本紀》説：黄帝是先與炎帝（神農）戰於阪泉，又與蚩尤戰於涿鹿的。然而既説“神農氏世衰，諸侯相侵伐，暴虐百姓，而神農氏弗能征”，又説“炎帝欲侵陵諸侯，諸侯咸歸軒轅”，未免自相矛盾。我們知道：蚩尤，炎帝，同是姓姜；蚩尤爲三苗之祖。三苗爲姜姓之國，見下。又知道涿鹿、阪泉，實係一地；《史記・五帝本紀集解》引皇甫謐説：“阪泉，在上谷。”又引張晏説：“涿鹿，在上谷。”在上谷之説不足信，然二者之爲一地則隱然可見。則此兩役或竟是一役，二人或同是一人。即不然，蚩尤，炎帝，亦必是同族。這兩次戰役，總是姬姓之國，對姜姓之國的戰争了。遊牧之族，性質慓悍，往往非愛好和平的農耕民族所能敵。姜姓之族，給姬姓之族打敗，是理所可有的。

假使當時，黄帝戰勝之後，率意横行，把河南農耕民族優良的社會組織任意破壞，古代優良的文化，或不免於中絶。天幸！當時黄帝之族，未曾如此。而且不久即同化於羲、農之族的文化。這何以見得呢？案據《史記·五帝本紀》和《大戴禮記》的《帝繫姓》，則自黄帝以後，至於周，居天子之位的，都是黄帝的子孫。其系圖如下：

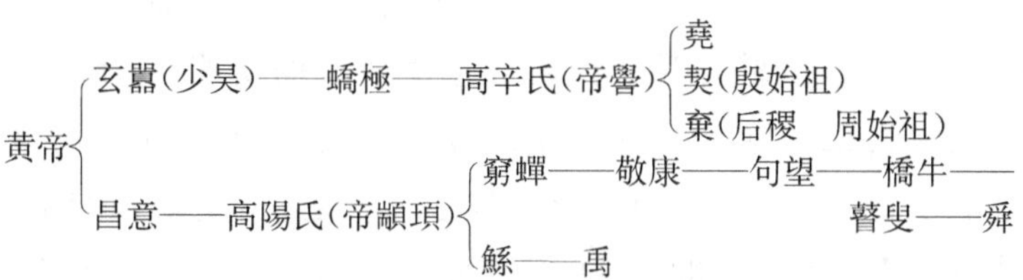

此中世次，固然不盡可信。如堯、舜、禹相承，而堯與禹同爲黄帝玄孫，舜爲黄帝九世孫之類。然而世次縱有脱落，本源則必不誣。須知古代貴族的譜牒，乃史官所記，亦史籍之一種。據《周官》，爲小史之職。所記天子的世系，名帝繫。諸侯、大夫的世系，名世本。秦人燒書，“諸侯史記尤甚”。《史記·六國表》。經此一炬之後，大部分滅亡，小部分最著名的天子、諸侯、卿大夫之家，世系仍有存留，而亦不免於淩亂，正是極合乎情理之事。近人并此而疑之，就未免過當了。知堯、舜、三代，都是黄帝之後，而其政治，則是孔子所謂小康，不言堯、舜，因《尚書》“虞、夏同科”；而虞、舜的事，即在《堯典》之中。現在《書經》有《堯典》、《舜典》兩篇，這是東晉時出現的僞古文本。其《舜典》篇首二十八字係僞造，餘則割裂《堯典》的下半篇爲之。真本兩篇合一，總稱《堯典》，舜的事亦都在其中。大約古史唐、虞、夏三朝，係合爲一部的；所以説禹就可以概括堯、舜。有人説小康時代起於禹，堯、舜是大同時代，恐未必然。則黄帝之族，同化於河南的農耕民族，而全盤接受其文化，就不難明白了。堯、舜、三代之治，古人所稱頌的，或亦未免言過其實。然而以大體論，則古書所傳，此時代之政治和社會，衡以現代的社會學理，也都是可有的。所以知其不是揑造騙人的話。大抵此時的社會：平地（田），是用平均的方法，分配給農夫耕種的。租税之率是什一。田以外的土地，總稱爲“山澤”，是公有的。遵照一定的規則，大家可以使用。工業，在共産社會裏，難造的器具，是有專司製造的人。這是爲衆人服務，並非私人借以牟利。此時仍沿襲其規模，是即所謂工官。商業，其初僅行於部落與部落之間；本部落之中，無所謂交易。後來雖然不是如此了，然而古代的政治，所以監督商人者甚嚴；此時的經濟，大體還是自給自足者多，商人也無從牟大利。如此，只多了一個貴族階級（天子、諸侯、大夫）安坐而食，要人民養活他。然而貴族的奢侈，尚不甚利害；其暴虐，亦不甚利害。

列國相互之間,戰爭亦未甚劇烈。如此,則對外平和,内部關係亦良好的社會組織,還未甚破壞。在長時期間,我族社會的文化,仍得逐步進展;并得領導開發諸演進較淺的民族。我國民族偉大的組織,深厚的根基,實在確立於此時。

有文事是不可無武備的。世界上許多民族,其文化未必不優良,然因武力不足之故,爲野蠻民族所蹂躪,其文化,亦即隨之而夭折了。天幸!我國的炎、黄二族,能融合爲一。黄族接受炎族的文明,炎族也漸次振起其武力。炎、黄二族,融合而成所謂華夏之族,漸次擴張其政治勢力和社會文化於各方。封建之制,在後世,業已統一之世,是足以自召分裂的。至於在古代,部落林立之世,則正好借此以擴張政治勢力。社會的演進,大抵是由母系制轉入父系制的。我國自有史以後,這種轉變,也漸漸的形成了。到周代,則父系家族的組織,更爲完備,而有所謂"宗法"。繼承的條件,首重嫡,次重長。嫡長子繼承其父的地位的,爲大宗宗子。自次子以下,均爲小宗,小宗宗子,各自管理其家内之人,而仍統屬於大宗宗子。天子、諸侯和大夫之間,其關係亦都如此。譬如武王是文王的大宗宗子。周公在魯爲大宗,歸周則爲小宗。魯桓公的嫡系子孫,承襲魯君之位的,算是大宗,則出於桓公的孟孫、叔孫、季孫三家,對他永遠是小宗。小宗有時而絶,大宗是無論如何,不能聽其絶的。而但有一大宗,則同出一始祖的人,生者都歸其撫養,死者都歸其祭祀。所以但得其大宗,則同出一祖的人,均能團結而不散。此其組織之所以堅强而悠久。而天子和諸侯,諸侯和大夫,亦仍保存此等關係,則國際間之團結,也因之而加厚了。此外雖非同族,而或者是親戚,或者是功臣,或者是故舊,分封出去之後,和其本國,總還保存很親密的關係。後來列國之間,雖有争鬥,然對於當時所謂蠻夷,大概是一致攘斥的;蠻夷侵陵中國,列國之間,亦大概能互相救援。參看下章。如此,所謂華夏之族,其勢力,自然能拓展於四方,而文化也隨之而廣布了。

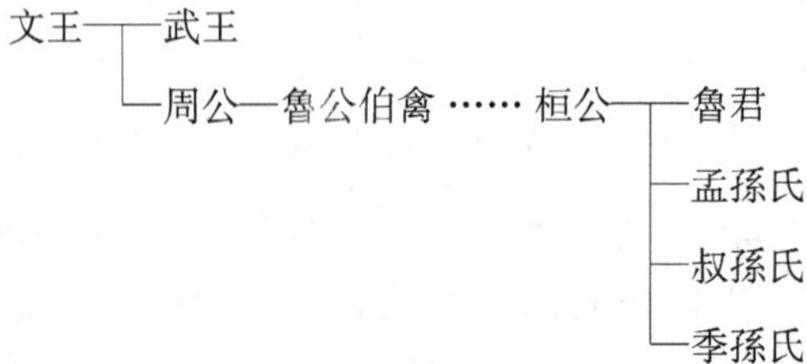

只要略一研究古代的歷史地理,便可見得我國民族拓殖的情形。巢、燧、

羲、農，都是在今河南、山東的。黄帝邑於涿鹿之阿，在今日的河北。衛爲顓頊之虚，見《春秋左氏傳》昭公十七年。堯、舜、禹三代，皆都晉陽，晉陽是現在山西省的陽曲縣。堯都晉陽，見《漢書・地理志》。《左氏》定公四年説唐叔（晉國的始祖）封於夏虚，則禹亦都晉陽。堯與禹中間的舜，自然不會遷徙到别處去了。堯都平陽，今山西臨汾縣；舜都蒲阪，今山西永濟縣；禹都安邑，今山西夏縣；説出《尚書僞孔安國傳》及皇甫謐《帝王世紀》，不足信。《僞孔安國傳》，是與《僞古文尚書》同時並出之物。皇甫謐的學術，是和這一派僞説一致的。則自今河南的北部，進入山西。夏朝的後代，遷都陽城，説出《世本》，見《漢書・地理志》注引臣瓚説。陽城，今河南登封縣。則又回到河南。商朝的始祖封於商，周朝的始祖封於邰，都在今陝西省裏。商，今陝西商縣。邰，今陝西武功縣。商朝的得天下，是從陝西打到河南。後來放桀於南巢，地在今安徽省巢縣。周朝亦然。武王勝紂於牧野，營建洛邑。牧野，今河南淇縣。洛邑，今河南洛陽縣。武王死後，紂的兒子武庚，和武王派他監武庚的三個兄弟造反。三監，謂管叔、蔡叔、霍叔。武王克殷，仍以其地封紂子武庚；而三分其畿内之地，使三叔監之。大約當時武王雖勝紂，對於東方的權力，還不甚完全；而殷朝的勢力，也未盡消滅之故。周公去征伐他，兵鋒直打到奄。奄，《説文》作郁，云"在魯"。案魯是今山東曲阜縣。又使其兒子伯禽，打平淮夷、徐戎；則殷、周之時，兵力已從黄河流域，進展到淮水流域了。淮水流域，本和黄河下流相連接，爲中國東部的一個大平原，所以其拓殖較易。而長江流域，文明的種子，亦久已散布。這個好像下棋的人，在遼遠的地方，先布置着幾子，然後慢慢連結起來似的。江域最早的文明之國，要推三苗。三苗亦姜姓之國。韋昭《國語》注，説他是炎帝之後。大約是神農、蚩尤之族，和黄帝戰敗，而退居於此的。古書上多説禹征三苗之事；禹征三苗，古書中説及其事的很多。王鳴盛《尚書後案》，蒐輯得最爲完備。現在的《書經》裏，也有"分北三苗"之文；見《舜典》。實係真本的《堯典》，已見上注。① 則當虞、夏之間，炎、黄兩族的爭鬥，還未全泯。但是後來，就漸漸的成爲過去了。三苗之國，左洞庭，右彭蠡，見《韓詩外傳》，《戰國策・魏策》，《史記・吴起列傳》。在今江西、湖南之間，三苗的立國於江域，和南方文化的演進，大約是很有關係的。所以後來，長江的中游，和北方接近最早。《尚書大傳》説：漢南諸侯，歸湯者四十國；而周初周、召二公，分陝而治。所謂周南者，據《韓詩外傳》説：地在南郡、南陽之間。今河南陝縣境有陝原，古人説是周、召二公分界處，此近乎穿鑿。其實陝字在古代，就是狹字。分陝，就是以潼關以東的隘道，爲東西兩區域之界。漢南郡，今湖北江陵縣。南陽，今河南南陽縣。則當商、周之世，湖北的西部，已逐漸開化了。周時，開拓長江中流的爲楚；而長江下流，則周朝的泰伯之後在吴，夏少康之庶子無余之後在越，到春秋的末期，亦漸漸强盛起來。長江上

① 見本頁第二至第六行注文。

流,《史記·五帝本紀》説:黄帝之子昌意之後,降居若水。這若水,據説就是現今的鴉龍江。這話不知確否?但到春秋時,現在四川地方,也漸漸進步了。在今四川省裏,較大的國,東爲巴,西爲蜀。巴國,今四川巴縣。蜀國,今四川成都縣。巴是當春秋時代,就和楚國有交涉的。蜀則至戰國時,乃爲秦所併。自西周以前,政治史上,不甚涉及長江流域。至春秋時,則長江中游的楚,始終和北方的齊、晉争衡;而其末年,吴、越亦大露頭角。吴人與晉争霸,又開闢了現在的淮南運河(邗溝),北伐齊、魯。越人滅吴之後,亦會齊、晉於徐州,此徐州在今山東滕縣,見《史記·魯世家集解》引徐廣説。稱爲霸王。此等國,其内部必有很大的進步,才能和中原文明之國相敵,是無待於言的。巴、蜀雖較偏僻,在中原逐鹿的鬥争上,似乎無大關係。然而《戰國策》説:秦人滅蜀之後,“益富厚,輕諸侯”,則當時四川的經濟,必已很爲發達。總而言之,從炎、黄之際,至於周末,爲時約在二千年左右,漢族從農牧社會的初期,經過封建時代,而至於統一,其聲名文物,都已大有可觀;而民族的組織,至此亦已很形完密;其文化的根柢,也培植得極其深厚了。

别的都不説,我們只揀中國的文化和中國民族的形成最有關係的説幾句。關於這一點,我以爲《中庸》裏頭“今天下,車同軌,書同文,行同倫”這十二個字,是最表現得出我們民族形成的情形的;而亦即是我們民族所以能形成的原因。“車同軌”是表示政治的統一的。因爲交通也是一種政治。尤其在古代,對於道路的修治等,政治上特别注意。交通之政而能統一,其餘政治的能統一,自可以此類推了。關於此,我們只要看古書上所述各國的政治制度、政治理想等,無甚根本上的差殊,便可明白。《左傳》閔公元年,載齊國使臣稱贊魯國的話,説他“猶秉周禮”。古代所謂禮,不是現今所謂禮節、禮貌的禮,是把法律和一切政治上、社會上的習慣,都包括在裏頭的。説治國的人猶秉周禮,就是説他在政治上還能謹守成規。這成規,不是各國隨意制定的,而是從歷史上相沿下來的。所以在魯國的和在周朝的一樣。當時猶秉周禮的,決不止魯國一國;其餘聲名文物之國,大概都是如此的——自然,總有隨時而變,因地而殊的;然而其所根據的理想和制度,既然相同,則雖有改革,亦不至大相懸殊了。政治是文化的産物,而又能影響於文化。當時各地方的國,能用同一的政治,可見其於舊日的文化,都能注意保存;而既能施行這種政治,於保存及促進文化的統一,亦有相當的力量。這是我國所以易於統一的一因。因爲各國的政治,本來無大不同,所以吞併之後,易於施行和本國一樣的治法。春秋、戰國時代,列國的互相吞併,大約就是如此的。到秦滅六國時,亦還是如此。當時除罷侯置守外，並没聽見政治上有别種紛更。“書同文”是表示語言的統一的。現在有許多人，都説中國語言不統一，比不上外國，是非常荒謬的。説這話的人，忘掉中國有多大。中國本部之大，略＝歐洲－俄羅斯。他們的語言，共有幾種？中國則只是一種，不過因地方廣大，發音不甚一致而已。這實在算不得什麽歧異。見第一章注十一。① 此種情形，亦並非今日才如此，實在自古就是如此的。古書上説音讀和言語的不同，都説是楚、夏之别。自南北朝以前皆如此。楚當然是代表南方的，夏當然是代表北方的。然則楚、夏究有多大的異同呢？《説文》牛部：𤘘，黄牛虎文，讀若塗。王箓友《説文句讀》説：楚人謂虎爲於菟，實在和𤘘字同音。又口部咷字下：楚謂兒泣不止曰噭咷。噭咷二字，亦和《易經》“先號咷而後笑”的號咷同。又《穀梁》：“吴謂善伊，謂稻緩。”吴是現在的蘇州。《説文》：“沛國謂稻曰稬。”沛是現今徐州一帶。這就是現在之糯字；北音讀如儒，南音仍讀如稬；根本上還是一句話。所以《左氏》載吴國人把衛君捉去，“衛侯歸，效夷言”。《春秋左氏傳》哀公十二年。這個夷言，就是吴語。一定和衛語大同小異，所以一學就會。然則古代言語，楚、夏之異，亦正如今日南北方言的不同；不過語音小有差池，並無甚難於了解之處。所以當時列國之間，使命往來，從不曾要用翻譯。然則當時中國之地，是否有不同的語言存在呢？那自然是有的。《禮記·王制》説：“五方之民，言語不通，嗜欲不同。達其志，通其欲，東方曰寄，南方曰象，西方曰狄鞮，北方曰譯。”可見古代夷、蠻、戎、狄，語言都和中國不同。然而漢族散處四方，絶未爲其所同化，而仍保守自己固有的語言，這就可見得我民族團結力之强了。至於文字，那更不成問題。看遍了古書和古器，幾曾發見古代有兩種不同的文字呢？“行同倫”是代表風俗和信仰的統一的。信仰：從思想方面説，是行爲的哲學的根據。從感情方面説，則是其靈感的源泉。而風俗則是大家同具此思想，同有此情感，而表現於外，成爲一致行爲的。大抵偏激之行，只適宜於一時一地。環境一變换，就非徒無益，而又有害。然而積重難返，要想改革，却是極難。所以一個民族，信仰、風俗，都不宜走於一極端。中國古代的哲學，有一個優點，便是其最高的思想爲“易”。看得天地萬物，無不是刻刻在變動的，無一息之停。天地萬物，既然都是變動的，人居其間，如何能獨不變？所以一切都主張與時俱變。“窮則變，變則通，通則久。”《易·繫辭傳》之文。便是《易經》的大義，貫通於一切人倫日用之間。所以中國人最不固執。到什

① 見本册第二一六頁第二十七至二十九行注文。

麽地位，總能審察環境，而酌度其應付之宜，以定自處之方。此種自處之方，是審察環境，隨時決定的。決定之後，即宜遵照他做。這該遵照的道理，不論何時何地，都只有一點；稍過一些，不及一些都不是；這就是所謂中庸。中庸雖不論何時何地只有一點；然亦隨時隨地總有這一點，可以遵照的。只要你能發見他，能遵照他就是了。中國人行爲的標準，既是隨時隨地審察出來的，則總是較合理的，使你雖欲不遵循而不得；而大家同應於事實上的需要，自然也容易一致。這是中國從古以來，没有注重儀式，誇張裝點，崇拜對象的宗教；而國民的信仰、風俗，却能極其一致的原因。

即此三點，用以説明中國民族形成的原因，大概也就彀了罷！惟自己能統一，才能彀同化他人，請看下章。

第四章　中國民族怎樣統一中國本部

中國現在，人口號稱四萬萬，其本部的面積，即大於歐洲之半；如此龐大的民族，自非一蹴所能組成。稍讀歷史的人，誰不知在古代，神州大陸之上，和漢族雜居的異族之多呢？這許多異族，而今都往哪裏去了呢？這並非滅亡；亦非被迫逐而遷徙；其大多數，實在都和我們同化了。這就是中國民族擴大的第一次。所以，要研究中國民族的演進，第一步，便須考究中國本部地方的民族，如何與漢族相同化。

《禮記・王制》上說：

> 東方曰夷，被髮文身，有不火食者矣。南方曰蠻，雕題交趾，有不火食者矣。西方曰戎，被髮衣皮，有不粒食者矣。北方曰狄，衣羽毛穴居，有不粒食者矣。

他又說："中國，夷、蠻、戎、狄，皆有安居、和味、宜服、利用、備器。"再下文，便是前章徵引過的"五方之民，言語不通，嗜欲不同。達其志，通其欲，東方曰寄，南方曰象，西方曰狄鞮，北方曰譯"。可見四面，都有和我們語言、風俗不同的人民了。夷、蠻、戎、狄，是就其所居的方位而言，並不能表示他們的民族。我們現在，若要知道中國在古代，曾經同化過多少異族，則先須知道中國境內不同的民族共有幾族。現在且就鄙見，列舉如下：

（一）匈奴　此族在古代，是與漢族雜居黄河流域的。其名稱，或作玁狁，或作獯鬻，都是一音的異譯。又稱昆夷、串夷、畎夷，疑即胡字的轉音。《史記・五帝本紀》說："黄帝北逐獯鬻。"這獯鬻，該在今河北境內。堯建都晉陽，而《墨子》稱其"北教八狄"，則今山西境內，自古亦有此族雜居。而其在今陝西境內的，尤爲跋扈。周朝的始祖后稷，受封於邰。數傳之後，其子孫有喚做不窋的，即"失官而竄於戎狄之間"，大約就是爲此族所逼。又傳若干代，到公劉才復興，定居於邠。然三傳到大王，又被逼而遷徙到岐山下去了。邠是現在陝西的邠縣。岐是現在陝西的岐山縣。周朝王季、文王兩代，費了很大的氣力，和此族奮鬥。到武王，才把他放逐到涇、洛之北。涇是現在的涇水。洛是現在的北洛水，或稱西洛水。古此水稱洛，現在的洛水則作雒。然而到幽王手裏，西周畢竟亡於犬戎。平王東遷洛邑，而西畿之地，遂淪於戎狄。春秋之世，秦國又費很大的氣力，才把他收回。春秋之世，這一族在陝西、甘肅境内的，或稱戎，或稱狄，大約都爲秦國所克服。秦文公時，才盡收岐以西之地，岐以東獻諸周，但周朝實際不能有，其後仍入於秦。到穆公時，就東境至河了。其在今山西、河北境内的，則初稱狄；後來又有赤白狄之分。除鮮虞到戰國時滅於趙外，鮮虞至戰國時稱中山。其餘都滅於晉。其在河南的揚拒、泉皋、伊洛之戎等，揚拒在今河南偃師縣附近。泉皋，在今河南洛陽縣附近。伊洛之戎，是在此二水流域的。則都併於周。戰國之世，列國開拓益遠。《史記·匈奴列傳》説：魏有河西、上郡，趙有雲中、雁門、代郡，秦有隴西、北地，以與戎界邊。河西，今陝西大荔縣一帶。上郡，今陝西綏德縣一帶。雲中，今山西大同縣一帶。代郡，今山西代縣一帶。隴西，今甘肅狄道縣一帶。北地，今甘肅寧縣一帶。自此以内，都成爲中國的領土；其人民，亦即都和漢族同化了。

赤狄
- 東山皋落氏（今山西昔陽縣）
- 廧咎如（今山西樂平縣）
- 潞氏（今山西潞城縣）
- 甲氏（今河北雞澤縣）
- 留吁（今山西屯留縣）
- 鐸辰（今山西長治縣）

白狄
- 鮮虞（今河北定縣）
- 肥（今河北藁城縣）
- 鼓（今河北晉縣）

（二）東胡　東胡是後來烏丸、鮮卑的祖宗。有人説："春秋時的山戎，就是戰國時的東胡。"未知確否？戰國時，燕將秦開，爲質於胡。歸而襲破東胡。東胡却千餘里。燕國就開闢了上谷、漁陽、右北平、遼西、遼東五郡。上谷，治今河北懷來縣。漁陽，治今河北密雲縣。右北平，治今河北盧龍縣。遼西，治今河北撫寧縣。遼東，治今遼寧遼陽縣。這五郡，就是現在熱河、遼寧兩省地方。東胡雖然退却，總有一部分，留在故土的；秦漢時，此五郡中，絶不見有異族雜居的形跡，想都和我們同化了。如此廣大的土地，異民族何以能同化得如此之快呢？大約燕開五郡，不過是政治上的設施。在實際，中國民族，移殖於東北一帶，已經很久了。漢朝末年，有一部書唤做《方言》，説是揚雄做的，這話或不盡誣。《方言》這部書，記載各地方方言的不同（語言中所用詞的不同）。自北燕至於朝鮮，其語言略相一致。可見燕開五郡以前，中國的疆域，雖還限於山海關内，其人民，則久已移殖關外。又據現在考古學上的研究，自旅順北至遼陽，一切遺跡，有許多可認爲山東之民，從半島浮海北上，移殖於遼東半島，漸入内地的。詳見日本鳥居龍藏《滿蒙古跡考》（商務印書館譯本）。然則海道的交通，在古代久已發達；而民族海路的拓殖，也久經開始了。這個亦可見得我民族能力的偉大。燕開五郡一事，還不止和東胡有關係，和後來高麗、滿洲人的祖宗，也都有關係的。

（三）貉族　朝鮮半島最古之國爲朝鮮，這是誰都知道的。朝鮮的始祖，是紂的叔父箕子，也是誰都知道的。但是據現在史家的考究，則朝鮮之國，其初，實不在今朝鮮半島之地。當周初，中國對遼東西地方，還未有政治勢力，無論是箕子出走，或者武王封他，都没有能達到朝鮮半島之理。古代的朝鮮，至多在今遼西地方；日本林泰輔《朝鮮通史》（商務印書館譯本）之説如此。説不定，其受封之時，還在關内。但是中國民族，拓殖之力真大。到戰國時，所謂朝鮮，已確實達到現在的朝鮮半島了。此時的朝鮮，與中國以浿水爲界，便是現在的大同江。這可以説是順着我民族的拓殖，和燕人政治勢力的展拓，自然達到這境界的。朝鮮的東遷，給東北民族以很大的感化。但是所謂東北民族，其初怕還不是住居於東北，而是從中國内地漸次遷徙出去的。東北民族，古稱爲貉，亦稱濊貉，又單稱濊。漢時，立國於今吉林的長春地方，謂之夫餘。其文明程度很高。朝鮮半島的高句麗和百濟，其王室的先世，都是出於夫餘的；而漢朝設置在朝鮮半島的郡縣，有許多都以濊爲民；以上均見《後漢書·東夷傳》。可見這一族，在東北散布之廣。然古書上所謂貉，則還不在此。《詩經·韓弈篇》説："王錫韓侯，其追其貉。"這韓國，在今陜西韓城縣一帶。《鄭箋》説：追、貉是王畿北面之國，則在今陜西北部。和《管子·小匡篇》説貉在西河相合。《史記·燕世家》説："燕北迫蠻貉。"《貨殖列傳》又説："燕東綰穢貉、朝鮮、真番之利。"真番是漢武帝滅朝鮮所開四郡之一，地跨今鴨緑江兩岸。則在河北熱河、遼寧、朝鮮之間了。這一族，大約居於漢族之北，逐漸東北徙的。《水經注》："清漳逾章武故城西，故濊邑也。枝瀆出焉，謂之濊水。"章武，是現在河北大城縣和滄縣之地。這是貉族在中國内地的一個遺跡，這許多貉族，自然也都和漢族同化了。

（四）肅慎　肅慎是金朝和清朝人的祖宗，這是無疑的。因爲自漢以後，他們住居在現在吉林省内松花江流域，其歷史便連接不斷，都有可考了。而這肅慎，古代曾住居中國境内，也是無疑的。爲什麽呢？因爲《左氏》昭公七年，載有這樣的一句話：

自武王克商以來，……肅慎、燕、亳，吾北土也。

這燕是南燕，在今河南的封邱縣。亳是商朝的都城。古人城邑，雖屢經遷徙，往往仍用舊名，商朝又是屢次遷都的，所以很難指定其在何處。但亦始終不越黄河兩岸。所以這時候的肅慎，極遠只能在河北省内，而且還在河北省的南部。《史記·孔子世家》説："有隼集於陳廷而死。楛矢貫之，石砮，矢長尺有咫。陳湣公使使問仲尼。仲尼曰：隼來遠矣！此肅慎之矢也。昔武王克商，通道九夷、八蠻；使各以其方賄來貢。……於是肅慎貢楛矢石砮，長尺有咫。先王欲昭其令德，以肅慎矢分大姬，配虞胡公，而封諸陳。大姬是武王的長女。虞胡公即陳國始封之君陳胡公。以其爲虞舜之後，故又稱虞。試求之故府，果得之。"這話，可以做《左氏》武王克商以來，肅慎、燕、亳爲周之北土之證。而滿洲和金朝人的祖宗，自住居吉林省以來，仍屢以楛矢石砮來貢；自晉至唐皆然；歷史上屢有記載，確鑿不誣；又可證《史記·孔子世家》之言之確。假使孔子之時，肅慎已居於今吉林地方，豈有一隻鳥，中了箭，能飛至陳國之理？陳國，是現在河南的淮寧縣。而這種肅慎氏之矢，古人視爲珍貴之物，武王特意分給他的女兒、女壻的，豈有尋常人能得之以射鳥之理？假使尋常人得之，又豈肯以之射鳥？而且兵器，各人有各人使用慣的；弓箭不是難得之物；别一族也未必使用肅慎的楛矢。而在歷史上，自周以後，還用石鏃的，除肅慎以外，也未見第二種民族。所以《史記》這一段文字，又是春秋時代，中國還有肅慎人的暗示。肅慎是怎樣逐步遷徙到東北，今不可考。而其達到今吉林松花江流域，則必和燕開五郡，大有關係。此族沐浴中國的文化，可説最淺。所以自唐以前，迄在石器時代。然既本居内地，則其和中國人的關係，亦必不少。而金朝和清朝，竟兩次猾夏。直到現在，還借着異國人的勢力，竊據東北。在東方民族中，這一族，要算最落伍的了。

（五）黎族　一二十年以前，讀史的人，有一個誤解：説古代的三苗，就是現在的苗族。這是大錯了的。三苗明明是個國名；而現在苗族的苗字，則是蠻字的轉音；這是確鑿無疑的事實。自宋以前，無所謂苗，元以後才漸有稱苗的，然核其地，都是從前的所謂蠻。現在的苗族，其民族之名，當稱俚，古作黎。《後漢書·南蠻傳》："建武十二年，九真徼外蠻里張游，率其種人，慕化内屬，封爲陽漢里君。"注："里，蠻之别號，今呼爲俚人。"三苗之國的君主，是姜姓，是漢族；其人民則多黎人。所以鄭康成注《書經》説："苗民是九黎之君。"見《禮記·緇衣疏》引。鄭注《尚書》已亡，故只能據他書所徵引者轉引。這民字是三苗國君的貶稱，非謂人民。黎族的根據地，是洞庭流系。所以古人説三苗之國，"左洞庭，右彭蠡"。自楚國强盛以來，這一帶地方，多爲所據。吴起爲楚悼王相，"南并蠻越，遂有洞庭、蒼梧。秦昭王使白起伐楚，略取蠻夷，置黔中郡"。此蒼梧是否漢朝的蒼梧郡，難以斷言，然總在洞庭以南。秦黔中郡，治今湖南沅陵縣。此數語據《後漢書·南蠻傳》。是三代以前，中國人同化此族的史實。

（六）粤族　粤亦作越。此族和苗族不同，分布於沿海之地。此族特異的風俗，爲斷髮文身。古書説泰伯居吴，夏少康的庶子無余封於越，都斷髮文身，以從其俗。《史記·吴越世家》。而據《漢書·地理志》，則當時蒼梧、鬱林、合浦、交趾、九真、南海、日南，亦都有此習，漢蒼梧郡，治今廣西蒼梧縣。鬱林郡，治今廣西貴縣。合浦郡，治今廣東海康縣。南海郡，治今廣東南海縣。交阯、九真、日南，皆在今越南。交阯即今東京，惟無明河、黑河流域，及紅河上流。九真在越南北部，從清華到安南關。日南包括越南中部及南部，從安南關到伐勒拉角。據馮承鈞譯鄂盧梭《秦代初平南越考》，一〇八頁（商務印書館本）。可見今之江蘇、浙江、福建、兩廣、安南，都是此族分布之地。又此族有食人之俗。《墨子·魯問篇》説："楚之南有啖人之國。"《節葬下篇》又説："越東有輆沐之國，其長子生，則解而食之。"而《韓非子·二柄、難一》兩篇，都説"易牙蒸其子首，以進齊桓公"。《十過篇》及《淮南子·主術訓、精神訓》的高誘《注》，則都作"首子"。又《左氏》僖公十九年，説"宋襄公使邾文公用鄫子於次睢之社，欲以屬東夷"。次睢之社，《續漢書·郡國志》注引唐蒙《博物記》，説在臨沂縣。就是現在山東的臨沂縣。然則山東境内，也有此族居住了。我們因此，知古代的東夷、南蠻，實是一族；雕題交趾，就是文身。文身和食人之俗，廣布於亞洲沿海及南洋羣島。此處不能備引，欲知其詳，可參看拙撰《中國民族史》第九章。然則古代沿海的萊夷、淮夷等，悉係此族。萊夷滅於齊。淮夷風氣，最爲强悍。歷代和中國争衡。至秦有天下，才悉散爲民户。《後漢書·東夷傳》。其在長江以南的，則自吴、越盛强之後，浙西地方，逐漸開化。戰國時，越爲楚所滅。《史記·越世家》説：其"諸族子，或爲王，或爲君，濱於江南海上，服朝於楚"。漢朝的東越，閩君皆其後。而《漢書·地理志》説："蒼梧、鬱林、合浦、交趾、九真、南海、日南皆粤分；其君禹後，帝少康之庶子云。"這話固不見精密，臣瓚已駁之，見《漢書注》引。然而此諸郡有越國之後，爲之君長，則是不誣的。然則春秋戰國時，漢族的開拓，已經漸及於閩、廣了。

（七）濮族　此族即今之猓玀，其漢以後分布之地，大略在今雲、貴兩省。在古代則不止此。《書經·牧誓》（武王與紂戰於牧野時誓師之辭）有庸、蜀、羌、髳、微、盧、彭、濮人，則濮人實從武王以伐紂。《國語》："楚蚡冒始啓濮。"韋昭《注》説是南陽之國。《左氏》文公十六年，楚大饑，麇人帥百濮聚於選，將伐楚。昭公十九年，又説："楚子爲舟師以伐濮。"楚初封丹陽，昔人誤以爲今湖北秭歸縣。據宋于庭先生所考，地實在今商縣之南，南陽之西，丹、淅二水入漢處。見《過庭録·楚鬻熊居丹陽武王徙郢考》。楚是後來向南開拓，逐漸達到現在湖北的江陵縣的。楚都城郢，即今江陵縣。其從南陽到江陵，似乎所開闢的，多是濮地。濮族在西南諸族中，程度最高，自有文字，可見其受漢族薰陶之久了。

（八）氐羌　氐羌是一個大族。從秦、隴、蜀三省之交，曼衍於青海、西康兩省，都是羌地。現在所謂康，疑即羌字的舊讀。這一族，因其所居之地的閉塞，迄今未能完全開化。然其在古代，却有早和漢族往來的。《詩經·商頌》説："昔有成湯，自彼氐羌，莫敢不來享，莫敢不來王，曰商是常。"則此族在商初，已和中國有交涉了。氐羌，似乎是羌中最進化的一支，《周書·王會解》："氐羌以鸞鳥。"孔晁《注》："氐地羌，羌不同，故謂之氐羌，今謂之氐矣。"即漢時所謂巴氐，《後漢書》謂之巴郡蠻。其在漢時南郡境的，則稱南郡蠻。巴在春秋時，早和楚國有交涉。至戰國時，爲秦所征服。《後漢書》説："秦惠王并巴中，以巴氐爲蠻夷君長，世尚秦女；其民爵比不更；秦人謂徭役爲更。爵到不更，就可以不服徭役。這也是待新附人民的寬典。有罪得以爵除。其君長歲出賦二千一十六錢；三歲一出義賦，千八百錢。其民，户出幏布八丈二尺，雞羽三十鍭。"又有一種板楯蠻，居於渝水左右。渝水，今嘉陵江。其人天性勁勇，而喜歌舞。《尚書大傳》説：武王伐紂的兵，"前歌後舞"，據説就是這一種人。見《晉書·樂志》。秦時，"復其頃田不租，十妻不算。算賦爲秦漢時所收人頭税，亦謂之口錢。每人出錢百二十。秦漢時錢價貴，所以此税之負擔亦頗重。傷人者論，殺人者得以倓錢贖死"。所以"夷人安之"。可見我國古代，撫柔異族的一斑了。

漢族以外，古代中國的異族，犖犖大者，略具於此。此諸族，因其地理性質的不同，又可分爲兩派：匈奴、貉、東胡、肅慎爲北派，黎、粵、濮、氐羌爲南派。北派之民，因其所居的地方，氣候比較寒冷，土地比較瘠薄，生活艱難，因而養成强悍的性質。除貉族進化程度較優外，匈奴、東胡、肅慎，遁居於中國之北的，到後世，都成爲侵略者，中國頗受其害。南派之民，因其所居的地方，氣候比較温暖，物産比較豐饒，生活較易，因而侵略的性質較少。但是其所居的地方，大都山嶺崎嶇，交通不便；因此，漢族的開發不易，而他們自己的進化也遲；迄今，還未能全和漢族同化。這都是我民族未能解決終了的問題。但是追溯既往，我民族的成績，已經不易了。即以三代以前論：黄河、長江兩流域，業已全然開發，成爲漢族的土地；其人民，大部分同化於漢族。南嶺以南之地，雖未能收入版圖；但是在拓殖上，也早已立下根基。秦漢時代，起而竟其全功，遂如發蒙振落。見下章。細想古代：南派民族，包圍東、及東南、西南三面；北派民族，則包圍北、及東北、西北三面。以民族競存的形勢論，真如四面楚歌。而我漢族，居於中央，能發生高度的文化，把他輻射到四方；使這四方的民族，都逐漸同化於我；爲東亞開闢一新天地；這中派民族——漢族——的功績，確是不可磨滅的。我們鑑於已往的光榮，自不能不思感奮了。然則古代中國民族，所以能奏此偉績，究恃何術呢？

第一是内部的團結　我們知道：古代的希臘，雖然列國分立，時有兵争，然而他們對於外族，則極有團結一致的觀念。他們總自己覺得是一個文明的民族，和野蠻民族不同。中國古代，亦是如此。"内其國而外諸夏，内諸夏而外夷狄"，本國和諸夏，固然是一個界限；諸夏和夷狄，同樣是一個界限。而且後者比前者，還要重要。所以有霸者起，必以尊王攘夷爲大功。攘夷是目的，尊王只是一種聯結的手段。王而不足尊，就把他推翻，也無害於義的。所以孟子對於梁惠王、齊宣王，都勸他行仁政，王天下。至於攘夷，則孔子稱贊管仲，説"微管仲，吾其被髮左衽矣，"可見其視之之重。霸者如此，王者更不必説了。同族之間，團結堅固，自然力量雄厚。這是中國民族，所以確立於不敗之地的原因。

第二對於異族的寬大　文化是各適其環境的。所以少數民族，實有在其區域之内，保持其文化的權利。這並不是説文化不要改變。劣等的文化，自然要改而從優。但是文化的性質，宜於牖啓，而不宜於强迫。甲民族的文化，優於乙民族，不必强迫，乙民族也會自己明白的。到乙民族明白的時候，就是甲民族文化，適宜於乙民族的時候。如由甲民族强迫推行，則反成爲無益有損之舉了。因爲特殊文化的價值，是有其時間性和空間性的，不是普遍一律的。中國民族，最知此義。《禮記·曲禮》説：

> 君子行禮，不求變俗。祭祀之禮，居喪之服，哭泣之位，皆如其國之故，謹修其法而審行之。

這所謂禮，把一切政治、宗教等等，都包括於其中。我們知道，强迫的性質，是只能引起反抗的。有些雜居俄、奥的民族，被迫改操外國語言，不惜出死力抵抗；及至移殖美洲，所操語言，無人干涉，反都棄本族語言而不用了。劉君木譯伯爾拿約瑟《民族論》第一七七頁（民智書局本）。這就是力服、心服的問題。我民族不講究以力服人，而專推崇以德服人；所以不必强人從我，甚且捨己從人，而久之，人家仍自然同化於我。泰伯的斷髮文身，是其一例。而且我民族，在物質上，對待異族，更其寬大。不但不榨取異族以自肥，往往異族所邀的寬典，反在本國人民之上。如秦人的對待巴郡、南郡蠻，是其一例。種瓜得瓜，種豆得豆，異族的同化於我，自然更無問題了。

以文化的勢力爲前驅,以政治的勢力爲後盾。政治順着文化的方向進行,是自然的,不是勉强的;是感化的,不是壓迫的。壓迫的只會引起反抗,感化的却能得到服從。勉强的必不會持久,自然的却不會變壞。以文化的勢力,陶冶、團結民族;而以政治的勢力,組織國家,以爲之藩衛。我偉大的民族國家,於是乎造成。

第五章　中國民族第一次向外開拓怎樣

中國内地的問題，既已解決，進一步，我們便要研究中國民族的對外開拓了。中國民族對外的開拓，大略是與其内部的統一同時開始的。所以我們於此，先得略敍一敍，和中國有關係的各民族的情形。當時和中國有關係的各族是：

（一）匈奴　初時根據河套，後來移到陰山。他的勢力，一時發展頗盛。曾東破東胡，西走月氏；又向北征服諸小國，盡併今蒙古地方。並曾西服西域，臣屬今新疆省之地。詳見下文。

（二）東胡　他的根據地，在今滿、蒙之間。大約在蒙古東部内興安嶺一帶。其西爲匈奴，其東爲夫餘。

（三）氐羌　羌人所分布的區域，是很廣的，説已見前。在秦漢時代，和中國有關係的各族，仍在隴、蜀之境。而其關係尤大的，則爲今青海境内河、湟流域的一支。

（四）西域　中國歷史上所用西域二字，有廣狹二義：狹義的西域，即今天山南路。《漢書・西域傳》説："南北有大山（今天山及祁連山延長的南山）；中央有河（塔里木）；東則接漢，阸以玉門、陽關（在今甘肅敦煌縣西）；西則限以葱嶺。"漢時分爲三十六國。其種有塞，有氐羌。塞，似乎就是白種的塞米的族。Semites。氐羌大約是沿祁連山脈，西向分布的。自狹義的西域以西，交通所及，亦總稱爲西域；連現在的歐洲，都包括在内。但關係較密切的，還是狹義的西域。

（五）貉族　建國於今吉林長春地方的，謂之夫餘。而朝鮮半島，此族散布，亦已很廣。

以上都是在中國本部以外的。其閩、廣、雲、貴各省，雖然戰國以前，略經開闢，然亦到秦漢時代，方竟其全功。

敍述當時各民族的大勢既竟，請進而述漢族開拓的大略。

秦漢時,中國最强的敵人爲匈奴。匈奴本居河南,即今河套,秦始皇使蒙恬把他斥逐。因戰國時秦、趙、燕三國北邊的長城,再加修繕開拓。西起今甘肅境内,東經黄河及陰山之北,再東,經熱、遼兩省之北,直抵今朝鮮境内。秦朝的長城,全不是現在的長城。其西段,當在黄河及陰山之北;東段當在今熱、遼兩省之北。——即包燕所開上谷、漁陽、右北平、遼西、遼東五郡在内。——現在的長城,差不多全是明朝築的。讀《明史·兵志》自見。秦末戍邊的人,都離去了,匈奴乘此,復據河南。此時匈奴出了一個偉人,唤做冒頓單于。東破東胡。西擊走祁連山北的月氏。又北服諸小國。其疆域,直抵今西伯利亞的貝加爾湖(當時謂之北海)。冒頓的兒子老上單于,又征伏西域諸國。漠南北的游牧種族,與中國對立,實以此爲第一次。從公元前二〇七年,秦朝滅亡,到前一二七年,漢武帝出兵擊匈奴以前,可以算做匈奴的全盛時代。前一二七年,漢武帝出兵收復河南。後來又降匈奴的渾邪王,開河西四郡。酒泉,今甘肅高臺縣。武威、張掖、敦煌,今縣均同名。通西域。匈奴自此遁居漠北。漢武帝又屢次出兵打他。然匈奴總還不服。直到前四九年,匈奴内亂,其呼韓邪單于,才入朝於漢。郅支單于,逃到西域,卒爲漢人所殺。匈奴至此,才算給漢人征服。然前後漢之間,中國大亂,匈奴又强。到公元四八年,匈奴内部乖離,分爲南北。南單于降漢。北單于給中國打敗,輾轉西走,其後遂入於歐洲,和中國無關了。而南單于入居中國内地,爲晉時五胡之一。

東胡爲匈奴所破後,其餘衆分保烏丸、鮮卑二山,遂改稱烏丸、鮮卑。這兩山,大約都在今蒙古東部内興安嶺之内。漢武帝時,招致烏丸,居上谷、漁陽、右北平、遼西、遼東五郡塞外,助漢偵察匈奴。而鮮卑則居其北。所以烏丸與中國,較鮮卑切近些。後漢時,北匈奴亡,鮮卑徙居其地。北匈奴有未能遷去的,亦都改稱鮮卑。於是鮮卑驟盛。漢末,其大人檀石槐,盡服漠南北之地;其聲勢,幾與匈奴盛時相等。檀石槐死後,闕乏共主,其勢復衰。然其種落,自遼東以至現在甘肅塞外,處處有之。遂成一環伺中國北方,待機侵入之勢。烏丸當漢末,部落亦頗有强盛的。袁紹據冀州,今河北省。頗籠絡他。曹操滅袁氏,襲破之於柳城。漢縣,今熱河凌源縣。遷徙其一部分入中國,用爲騎兵。其留居塞外的,後來都併入鮮卑。如後魏初起時,其部衆實多烏丸,讀《魏書·序紀》自見。所以歷史上,不再有獨立的烏丸部落了。

氐人居嘉陵江流域。漢高祖定關中時,曾發其人爲兵。後來又採用他的樂舞,作成"巴渝舞"。氐人是最勇敢,而且很服從中國的。兩漢之世,中國屢用其人爲兵。後漢末,魏武帝把他遷徙到略陽。今甘肅秦安縣。其後漸漸遍布於關中。是爲晉時五胡中之氐。羌在隴、蜀之境的，漢時謂之西南夷。其大爲中國之患的，則爲河、湟流域的一支。這一支，因其所居的地方，頗爲肥沃，兼宜射獵、畜牧，所以最爲進步。且其所處之地，較之其餘諸羌，最爲平坦，易於集合，所以頗帶游牧種人侵掠的性質。後漢初年，大爲邊患。中國發兵把他打破，都徙之於内地。同化之功，既不能收之旦夕；而撫綏、治理，又不明其法；遂釀成後漢中葉的羌亂。涼州地方，受害最烈。今甘肅省。末年出了一個段熲，專仗兵力，把羌人大加誅夷。然其餘衆分布關、隴的，仍成爲晉時五胡之一。

西域是漢武帝時才開通的。後來中國設置都護，保護南北兩道，即現在的天山南北兩路。漢朝管理西域，是注重在維持這兩條通路的。管理葱嶺以東諸國。西域的開通，最可注意的，是黄、白人種的接觸。當時葱嶺以東，本有所謂塞種。葱嶺以西，如大宛、安息等，則都是阿利安族所建的國。安息即西史帕提亞 Parthia 的亞薩基王朝 Arsakidal。大宛爲希臘人所分布，西域人稱爲 Ionian，即 Yavanas 的轉音。《漢書・西域傳》説："自宛以西，至安息，雖頗異言，然大同，自相曉知也。其人皆深目高鼻，多鬚髯。善市賈，争分銖之利。"這幾句話，幾於活畫出一個現在通商口岸的西洋人了。白色人種，文明程度頗高。當時西域的氐羌，還是行國，他們則都是居國。居謂定住，行謂不定住。會種苜蓿，釀葡萄酒。在商業上尤爲活動。西域開通後，其人來中國的頗多。

朝鮮半島，到後來貉族得勢，遂成爲貉族人的世界。但當秦漢之世，還不曾呢。此時半島的北部，主要的民族是濊貉；南部則爲三韓。馬韓、弁韓、辰韓。三韓大約是馬來人，所以亦有文身之俗。這兩民族的開化，都大有賴於中國人。其在北部，則箕子之後朝鮮侯，久已立國於大同江外。漢初，燕人衛滿，又亡命出塞，後來把箕氏打敗，奪據其國，是爲衛氏朝鮮。箕氏乃逃奔三韓中的馬韓，而爲之主。其滅亡的年代不可考。然到後漢時，馬韓中仍有祭祀他的。而辰韓中亦有漢族雜居。據他們自己説：是秦人避苦役，逃出去的。《三國志》、《後漢書》的《四裔傳》上，都證明他們還會説中國話；而且他們的話，"有似秦人，非但燕、齊之名物"。然則當時和辰韓雜居的秦人，簡直是從現在陝西地方遷徙出去的。其移殖之力，也不可謂之不偉了。到漢武帝滅朝鮮，開其地爲四郡，樂浪郡，今黄海、平安西道。臨屯郡，今漢江以北之地。玄菟郡，今咸鏡南道。真番郡，地跨鴨緑江。而漢族的政治勢力，確立於朝鮮半島。

還有南方的開闢，也很可注意的。現在的閩、廣，當戰國時，越國的子孫，就有爲之君長的，這話，前一章中已説過了。到秦併天下之後，又將今福建地方，開闢爲閩中郡；兩廣和越南地方，開闢爲桂林、南海、象三郡。此三郡，大略桂林爲今廣西省之地，而兼有廣東的西南一部分；此外廣東省之地爲南海郡；其象郡則在越南。秦末，南海尉趙佗，據三郡之地自立，是爲南越。而閩中郡和現在浙江永嘉縣一帶，漢初也以之封越國的苗裔，是爲閩越及東甌。漢武帝時，這三國又爲中國所併。於是中國對閩、廣的政治統一完成。其在雲、貴和四川的西部、北部，則當時總稱爲西南夷。《史》、《漢》敍述他的形勢是：從夜郎經滇至邛都爲一族。夜郎，今貴州桐梓縣。滇，今雲南昆明縣。邛都，今四川西昌縣。椎結、耕田、有邑聚。這是濮族。從同師到葉榆爲一族。葉榆，澤名，即今洱海。編髪，即辮髮。古書又作被髮，義亦同。隨畜移徙。這是羌人。此外徙、筰都、冉駹、白馬，徙，今四川天全縣。筰都，今四川漢源縣。冉駹，今四川茂縣。白馬，今甘肅成縣。介居隴、蜀之間，《史記》說："皆氐類也。"漢武帝時，亦都開闢爲郡縣。後漢明帝時，今保山一帶的哀牢夷，又來歸化。以其地爲永昌郡。中國的境界，就和現在的緬甸相接了。

南方的開拓，亦是和中、歐交通，很有關係的。《史記・貨殖列傳》說："番禺爲珠璣、玳瑁、果、布之湊。"這珠璣、玳瑁、果、布，都是後來南洋和中國通商的進口貨；中國古無棉布，棉布皆自海外輸入，這布當即棉布。番禺便是現在的廣東省城；可見當太史公時，廣東已是海路通商的重要口岸了。而半島之地，突出海中，在航海術未甚進步之時，尤易爲海船到着之點。所以日南、交趾之地，貿易尤爲興盛，竟成爲東西洋貿易的中樞。中國想和羅馬交通，而爲安息所阻隔，後漢時，到底是從日南徼外，把這條路打通的。見《後漢書・西域傳》。自日南徼外通中國的大秦王安敦，即 Marcus Auielius。當時中國的航綫，所至亦已頗遠。《漢書・地理志》說："自日南障塞、徐聞、合浦船行。可五月，有都元國。又船行。可四月，有邑盧没國。又船行。可二十餘日，有諶離國。步行。可十餘日，有夫甘都盧國。自夫甘都盧國船行。可二月餘，有黄支國。自武帝以來，皆獻見。有譯長，屬黄門。與應募者俱入海，市明珠、璧流離、此物即現在的玻璃。《說文》玉部作璧[illegible]josé。後世或作流離，或作頗黎；都是譯音。在當時爲天産品，後來才會製造，見顔師古《注》。奇石異物。黄支之南，有已程不國。漢之譯使，自此還矣。"徐聞、合浦，都是現在廣東的縣。其餘國名，雖難確考；而黄支國，據近人考證，說就是印度的建志補羅。Kanchipura。然則當時，中國的航路，業已達到印度了。

難道當時海道交通的發達，專在南方一帶麽？不，北方也同樣的發達。不過其事跡不甚可考罷了。然而據近來的研究，也有大可見得當時北人航海成績的偉大的。《山海經》一書，其中有一部分，是秦漢後人，把當時所得的域外地理智識羼入，第二章中，已經說過了。據近來的研究，此事也是方士所爲。因爲方士多喜入海求神仙,所以於海路的情形,甚爲熟悉。説雖近乎怪異,只是傳聞失實,並非子虚烏有之談。後來的《博物志》等,亦都係如此。其可考的:如古代的扶桑,便是現在的庫頁島。三神山指日本。君子國指朝鮮。白民係朝鮮境内的蝦夷。黑齒則黑龍江南的魚皮韃子。又有背明國,則在今堪察加半島至白令海峽之間。其詳,見於近人所譯《中國史乘中未詳諸國考證》中,馮承鈞譯,商務印書館本。殊有趣味。讀者諸君,大可取來一閲。

如此,自公元前兩世紀至後兩世紀,四百年之間,中國民族,在政治方面和社會方面,都向外爲猛烈的開拓。(一)中國本部之外,東三省、蒙古、新疆、青海,都隸屬於中國。惟西藏至唐時才有關係,見下章。(二)朝鮮和安南,雖然未能保守,在文化上,亦成爲我的嫡系。(三)南洋羣島,則實際上成爲我國民族移殖之所。其根基都確立於此時。規模太大的事,自非一時所能竟其全功。其結果,就不得不經過三世紀末至六世紀末,約三百年間,五胡之亂。這是我民族向外開拓所付的代價。

所謂五胡,是(一)匈奴,(二)羯,(三)鮮卑,(四)氐,(五)羌。匈奴、鮮卑、氐、羌,前文都已説過了。羯則是匈奴别種,居於上黨、武鄉、羯室,而得此名的。以居上黨、武鄉、羯室得名,其地爲今山西遼縣。所以胡、羯很爲相近,往往連稱。從後漢中葉起,到晉初,這許多異族,逐漸移住中國塞内。遂成爲:(一)今山西境内,是胡、羯的根據地。(二)陝、甘則是氐、羌。(三)自遼、熱、察、綏,以至寧夏和甘、青之間,處處分布着鮮卑部落。這個形勢既成,而晉初又有八王之亂,授之以隙。於是所謂五胡者,紛紛而起。五胡之亂,歷史教科書中,就有敍述。我們現在不必細講。只提挈其大勢如下:

一、乘中原擾攘,首先起而倡亂的是前趙(匈奴),後趙(羯)。

二、胡、羯既亡,自遼東西侵入的爲前燕(鮮卑)。起於關中的爲前秦(氐)。各據北方之半。後來統一於前秦。前秦解紐後,鮮卑復起,是爲後燕。而羌亦起於關中,是爲後秦。回復到前燕、前秦對立的樣子。這是據中原之地,關係較大的。其偏隅之地,關係較小的,則(一)匈奴族有(1)夏,及(2)北涼。(二)鮮卑族有(1)南燕,(2)西秦,(3)南涼。(三)氐族有(1)成,及(2)後涼。總而言之,十六國中,有十四國是五胡。而最後北方爲鮮卑、拓跋魏所據,遂成爲北方淪陷,而漢族據着長江流域,和異族相抗之局。

所以致此,是有政治上的弱點,也有社會上的弱點的。政治上的弱點,第一是分裂。柳子厚做《封建論》説:"秦、漢以後,有叛國而無叛郡。"這句話,是最透澈不過的。大抵地方區域,像後世的府一般大,是不能據之以對抗中央政府的。這便是秦、漢時郡的區域。到據有幾郡大的地方,就靠不住了。這就是秦、漢時的所謂國。秦、漢時的制度:一切政治,本都屬於郡守。郡守就和中央政府直接的。郡以上還有一個區域,喚做州。每州設一個刺史。却只是監察的官,並非行政的官。所以行政區域,最大的就是郡。後漢末年,把州刺史改爲州牧,成爲行政的長官。其區域,比現在的省要略大,而都兼握軍權,遂成爲割據之局。草寇是没有根基,易於勘定的,割據的州郡或藩鎮却難了。藩鎮,謂唐時的節度使。這是後漢所以卒成爲三國,分裂幾近百年的原因。既然分裂,同族相争,就不免假借異族以爲用。譬如氐人,在其老家裏,本是不能爲患的。而魏武帝把他遷到略陽,就成爲後來氐人遍布關中的張本。其所以然,便是怕他爲敵人所用。又如匈奴,從南單于降漢之後,入居中國塞内,後來愈遷徙,愈深入内地了,人口也愈滋生愈繁盛了,本已成爲不可制之勢。然而其有力的酋長,從魏到晉,是始終借侍子的名義,以入侍天子爲名,實即質子。把他軟禁在京城裏的。八王之亂起初,他們多方運動,中國總還是不肯放。却到後來,亂得厲害了,終於聽了他"合五部之衆此時因匈奴之衆太盛,分之爲五部。其中左部最强,劉淵即左部帥的兒子。來赴國難"之説,把他放了回去。這一放,就如虎兕出柙,不可收拾了。再則喪亂之世,握大權的,往往是軍人。而軍人大都是驕縱的,奢侈的,不懂得政治的。所以其措施,大抵是無遠慮的;甚而至於無所謂措施。譬如晉初,郭欽、江統,都倡徙戎之論。要把雜居内地的異族,遷徙還他們的老家裏去。這件事,趁初定天下之時,兵力尚盛,是可以辦到的。把他們遷回老家,固然不是個根本之計,根本之計,自然總在同化他們。然而同化也要相當的時間;這時間之内,總要能使他們不生叛亂。遷回本土,固然未必不能叛亂。然而他們的本土,是比較上爲漢人雜居很少的區域;而且在其邊界上,中國還有相當的防禦;所謂塞也。此遷諸塞外,與聽其居於塞内之别。即使叛亂,亦不能爲大患。如此,漢族同化他們,就可在和平中順利進行了。這在當時,實在是最重要、最急切的問題,而晉武帝竟置若罔聞,以致釀成大禍。爲什麼置若罔聞呢?别無理由,不過本係軍人,並無政治知識;而且當時軍人和依附軍人的人,大都習於奢侈;平吴之後,格外志得意滿,沉溺不能自振而已。晉武帝雖疏於防外患,而内亂的原因,由於州郡握兵,是知道的(其實這在當時,也幾於成爲一致的輿論,同現在要裁兵一般)。所以平吴之後,即下詔罷州郡的兵,令刺史專於監察,回復到漢朝的老樣子。然而五胡之亂旋起,中央政府,既已覆亡,只得靠州郡之力來抵禦;於是州郡之兵,仍不能去。元帝立國江東,自始就不能命令荆州,到後來的情形,也還是如此。從晉室東渡以後，北方有好幾次可乘的機會，都以荆、揚二州，荆州，今湖北。揚州今江蘇，當時中央政府所在。互相猜疑而不能乘。直至宋、齊、梁、陳四朝，也還是如此。因爲篇幅所限，此地不能細講。讀者諸君，只要將這一朝的史事，留心細看，就知道了。所以分裂是最大的罪惡。然而政治上的罪惡，還不止此。吏治的腐敗，也是一個大原因。晉時五胡之亂的先聲，實在是後漢時的羌亂。羌亂的原因，據班彪説：是"數爲黠吏小人，所見侵奪，窮恚無聊"，以致於此。見《後漢書·羌傳》。而既叛之後，郡縣之吏，都無心於守土。强迫人民，遷徙至内地。以致死亡流離，不可勝計。朝廷命將征討，也擁兵自守，全不以寇賊爲意。中央政府的大臣，又像清平世界，没有亂事一般。以致當時有個有志之士，唤做王符的，恨極了，在他所著的《潛夫論》中説：應該叫這班大臣子弟去當兵，免得他們看着百姓的流離死亡，不以爲意。這部書現存，讀者諸君，只要取來一讀，就可知道當時政治界的情形了。然而小吏黠人，侵奪降羌，政治家固然有不加管束之罪，社會上爲什麽會有這種人？又爲什麽要聽其横行呢？這個，社會與政治，也應分負其責的。譬如石勒，是個羯酋。在其未起事之前，曾被晉朝的并州刺史掠賣到山東，做人家的奴隸。當時的掠賣，並非偶然的事情，是大規模的，是有意的。掠了許多人，兩個人合戴一面枷。見《魏書·石勒傳》。這還成什麽話？然而官掠人賣，也要有人買。我們再看《南史》、《北史》，知道當時四川地方，有一種人唤做僚。僚人程度甚低，往往自賣或相賣。於是梁、益二州，梁州今漢中，益州今成都。就歲歲伐僚以自利。把他賣給人家做奴婢。於是"公卿氓庶之家，多有僚口"。就知道當時貪利之徒，待異族的酷虐了。種瓜得瓜，種豆得豆，果然全社會人，個個都不造業，哪得會有惡報呢？所以我説：五胡之亂，政治和社會，是要分負責任的。

雖然如此，畢竟靠我們的社會，文化優，根器厚，經過三百年的磨難，到底把這些異族，完全同化了。當其未能同化時，中國民族，在異族政府下，所受的磨難，可謂不小。譬如《晉書》石虎的《載記》説：

> 季龍即石虎。唐朝諱虎字，《晉書》唐人所修，故稱其字。性既好獵。其後體重，不能跨鞍。乃造獵車千乘。轅長三丈，高一丈八尺。置高一丈七尺格獸車四十乘。立三級行樓二層於其上。剋期將校獵。自靈昌津南至滎陽，東極陽都靈昌津，在河南延津縣北。滎陽，今河南滎澤縣。陽都，陂名，在今河南鹿邑縣。使御史監察其中禽獸。有犯者罪至大辟。御史因之，擅作威福。百姓有美女、好牛馬者，求之不得，便誣以犯獸，論死者百餘家。……又發諸州二十六萬人，修洛陽宫。發百姓牛二萬餘頭，配朔州牧官。此朔州後趙所置，治今察哈爾蔚縣。增置女官二十四等。東宫十有二等。諸公侯七十餘國，皆爲

置女官九等。先是大發百姓女，二十已下，十三已上，三萬餘人。爲三等之第，以分配之。郡縣要媚其旨，務於美淑。奪人婦者，九千餘人；百姓妻有美色，豪勢因而脅之；率多自殺。石宣石虎的兒子。及諸公及私令採發者，亦垂一萬。總會鄴宫。漢縣，石虎所都，故城在今河南臨漳縣。……自初發生鄴，諸殺其夫及奪而遣之，縊死者三千餘人。

這只是舉其一例而已。當時的士大夫，則北齊顔之推著《顔氏家訓》説：

齊朝一士夫，嘗謂吾曰：我有一兒，年已十七。頗曉書疏。教其鮮卑語及彈琵琶，稍欲通解。以此伏事公卿，無不寵愛。

其降志辱身如此。然而一有不幸，逢彼之怒，還是生命不保的。譬如北涼沮渠蒙遜，聞宋武帝滅後秦，大怒。有一個校書郎去白事。他説："汝聞劉裕入關，敢研研然也。"遂殺之。見《晉書·載記》，亦見《魏書·蒙遜傳》。又如崔浩，事後魏太武帝，可謂曲盡小心。崔浩是善於寫字的。常有人請他寫《急就篇》。古人編成韻語的識字之書，亦即請會寫字的人寫了，以爲習字的範本。《急就篇》中，有"馮漢彊"一句，他怕觸犯拓跋氏的忌諱，一定改做馮代彊。魏初封於代。他是魏太武的謀臣，替他畫了許多計策。拓跋魏可説深有賴於他。然而後來因修拓跋氏的歷史，不曾替他諱飾得盡，仍遭殺身之禍。不但自己，連姻親都聯帶滅族。而且當拘執他時，"置之檻内，使衛士數十人溲其上"；見《魏書》本傳。真可謂戮辱無所不至了。

最可痛心的，便是當時的武力，幾乎全在異族手裏。除掉石虎伐燕，苻堅寇晉等，要用幾十萬大兵，異族不夠用外，是不甚用漢人爲兵的。北齊神武帝嘗對鮮卑説："漢民是汝奴；夫爲汝耕，婦爲汝織；輸汝粟帛，令汝温飽，汝何爲陵之？"對漢人則又説："鮮卑是汝作客；得汝一斛粟，一疋絹，爲汝擊賊，令汝安寧，汝何爲疾之？"看這幾句話，當時專用異族當兵的情形，便宛然在目了。"秀才遇着兵，有理講不成"，何況小百姓！當時社會上，異族横暴，漢人受欺的情形，一定是很普遍的，不過史不盡傳罷了。神武帝起兵時，即與擁戴他的人約："不得欺漢兒。"這一句話，不是表示神武帝能愛護漢人，正表示當時的異族把漢人欺陵慣了。

民族苟非同化，其界限是終不能泯除的呀！不但異族對待漢人，即異族與異族之間，亦係如此。魏太武帝攻盱眙時，寫信給守將臧質説："吾今所遣鬥兵，盡非我國人。城東北是丁零與胡，南是三秦、氐、羌。設使丁零死者，正可減常山、趙郡賊；胡死，正減并州賊；氐、羌死，正減關中賊。卿若殺之，無不利。”見《宋書・質傳》。這真是全把異族作犧牲了。其狡猾一點的像苻堅：則表面上開誠布公，把自己的本族，分布在四方；而把異族留在輦轂之下。外博寬大的美名，而實行其駐防和監視的政策。然而淝水戰後，到底以羌和鮮卑，並起攻之而敗。民族苟非同化，其界限真是不能泯滅的呀！

當時的龍争虎鬥如此，後來却如何終於同化了呢？這個可説：全是由於民族文化的優劣。文化便是生活，生活劣者總不得不改而從優，前文已經説過了。我們試看《晉書・北狄傳》説：當時的匈奴部落，“隨所居郡縣，使宰牧之，與編户大同，而不輸貢賦”。則可知其時匈奴的生活，實已很接近於漢人。所以《王恂傳》説：太原諸郡，以匈奴、胡人爲田客的，動有百數。又如《後漢書・冉駹夷傳》説：他們“冬則避寒入蜀爲傭，夏則避暑反其邑”。可知當時漢族和異族，人民之間，關係亦已極其密切。設非有五胡之亂，政治上的逆轉，同化得總還要快些。這是説普通人民。若説五胡中的貴人，和中國的文化，亦已很爲接近。如劉淵，《晉書・載記》上説他文武兼資。嘗恥“隨、陸無文，絳、灌無武”。這些話，或者不免增飾。然而總不全是子虚的。《晉書・藝術傳》裏，就有一個匈奴人，卜珝。可以爲證。此外五胡中的酋長，除極無道的外，亦没有不讀中國書的。齊文襄執政，延師以課諸弟，即其一例。《北齊書・孝昭紀》。文化之爲物，是最能使人愛慕，而忘掉人我的界限的。兩種文化相形之下，亦是最易使文化劣等的民族，自慚形穢，而願意捨己從人的。如此，積之久，自然有像北魏孝文帝這種人，自願革除胡化，同於華夏了。我們只要看：胡、羯的運命短，鮮卑的運命長；尔朱氏終敗，而高歡卒成；愈到後來，愈是接近於漢族的得勝，便見得漢族同化的力量，在無形中逐漸進行。

只有後趙滅亡時，冉閔（漢人，爲石虎養子），既誅石氏，下令大開城門，聽憑去留，於是“趙人百里内悉入城，胡、羯去者填門”。閔知胡、羯之不爲己用，乃“躬率趙人，誅諸胡、羯，死者二十餘萬。屯據四方者，所在承閔書誅之”。只有這一次，漢人露出很鮮明的民族色彩。其餘則大概都是忍辱負重，在平和中，靠着文化的優越，潛移默化地，慢慢地把胡人同化於我的。冉閔這個人，雖是漢人，然而他的性質，早已胡化了——他以種族論，是漢人，以民族論，却是胡人——他的大殺胡、羯，只算得胡、羯的自相殘殺。在漢民族，是始終保持着平和、忍辱的態度的。基督説：“哀慟者福矣；飢渴而慕義者福矣；矜恤者福矣；施和平者福矣；爲義而遭迫害者福矣。”漢民族真足當之而無愧了。然而爲人當剛柔得中，民族亦然。一味柔和，雖勝於强暴之徒，亦不是民族的全德。這個留待下章再講。

異民族的文化，爲我族所採取的，亦不是没有。譬如衣服，我國古代，是上衣下裳；把衣裳縫在一塊，便謂之深衣，是古代最普通的衣服。這種衣服，不便於騎射。所以戰國時，趙武靈王要滅中山，因其在山地，不得不用騎射，就不得不改胡服。自此以後，我國人平居的衣服，亦因衣裳或深衣的不便，而漸漸的改着袍衫。南北朝以後，則袴褶漸漸通行，成爲戒嚴時的公服。褶是較袍衫爲短的外衣，袴褶，便是既不着裳，又不必着袍衫，漸近於今日的操衣或洋裝了。這雖不一定是學胡人，可是和胡人的雜居，多少有些影響。韡是我國所没有的，後來也漸漸通行，尤其明證。欲知古今衣服的變遷，可看任大椿《深衣釋例》。此書凡三卷，於古今衣服變遷的大概略具。

但是中國人採取異族的，只是這等無關緊要之處，其關係重大，而足以表顯民族精神的，則他們都不得不改而從我，這是勢處於不得不然的。譬如言語，在北魏時，很有許多獻媚於異族，而操鮮卑語的人。如前文所引《顔氏家訓》所述之事，即其一例。現在《隋書・經籍志》裏，還保存着許多鮮卑語的書籍的名目。然而這只好在無關緊要的地方使用，真要求生活滿足，不必説高等文化，就是日常生活，他們的話，也是不夠用的。從兼通而至於改操漢族的語言，實處於不得不然之勢。所以當時的鮮卑人，實在没有一個不會説中國話的。試看：《北齊書・高昂傳》説：齊神武在軍中，發號施令，總是用鮮卑話。到昂在時，就改用中國話了。假使鮮卑人都不懂得中國話，怎能由你改用呢？我們不論在物質方面，精神方面，都遠較他們爲優，他們自不得不改而從我。而我們的文化，尤妙在有一種博愛寬大的精神。《春秋》之法："用夷禮則夷之，進於中國則中國之。"只要你能自進於文明，我們決不排斥你，歧視你。至於我們呢？則向以平天下爲目的，治國只是其中的一個階段。聖人固然要以"中國爲一人"，也要以"天下爲一家"。《禮記・禮運》。我們所謂聖人，不是壓迫，殘殺異族的野蠻英雄，而是"聲名洋溢乎中國，施及蠻、貉；舟車所至，人力所通，天之所覆，地之所載，日月所照，霜露所墜，凡有血氣者，莫不尊親"的仁人。《中庸》。惟不立界限的人，人亦無從和他立界限；異族的同化於我，自然毫無阻力了。佛教的輸入，在這一期中，於我民族的精神上，亦生很大的影響。論理，佛教是發生於印度的，和我民族多少總有些扞格。然而佛教既抱有世界的精神；而又偏於出世。扞格是在實際生活上的，哲學上、信仰上没有多大關係。所以佛教輸入，與舊有的教義，可説並無衝突，反給我們的精神上以一些新鮮的養料。這也是我民族寬大爲懷的好處。不但本族受其益，於同化異族，亦有相當的助力的。

雖然靠着民族文化的優强,社會根柢的深厚,把雜多的異族,在大約三百年間,都同化了。然而經這長期的擾亂,政治的力量鬆弛了,終竟要受些損失的。朝鮮在兩漢時本中國郡縣,經過五胡之亂,就成爲獨立國了,就是其中最大的一事。

第六章　五胡亂後的中華民族是怎樣的

有文事者必有武備，這是國家所以自立之道，亦即民族所以自衛之方。中國文教的發達，在東方，可稱獨一無二。若論武備，則自統一以後，不免逐漸衰退。這是晉代以後，中國所以受侮於異族的一大原因。雖然靠着文化高，屈於武力的，仍得最後的勝利；然而武力不足自衛於當時，必須靠别種力量，從事後來圖補救，究非十全之道。

中國民族武力的衰退，是從什麽時候起的呢？這話説來很長。當戰國以前，中國也是個列國並立之局。競争很爲劇烈；人民的風氣，也很爲强悍。梁任公先生輯有《中國之武力道》一書，可以見其大概。尚武風氣的衰落，起於秦漢以後，既已統一，無須競争。雖有對外競争，只須由一部分去應付就彀了，不必勞動全國。而專制政體，又不利於民氣之强，民力之厚，不但不從事奬厲，或且不免於摧折。如此，本身和外緣，都不適宜於武德的發達，尚武的風氣，就漸漸的消磨了。在制度上，關係最大的，則爲民兵的廢壞。在戰國時，本是舉國皆兵的。西漢的制度，還是如此。人民年二十三歲，則服兵役；五十六歲乃免。郡有都尉，幫助太守，管講肄、課試之事。見《漢書・高帝紀》注引《漢儀注》，《後漢書・光武紀》注引《漢官儀》。漢初用兵，都是從郡國調來的。這都是普通的人民。武帝以後，因用兵的事多了，普通人民，不勝征役之苦，乃都改而用謫發。此制本起於秦漢，自武帝中葉後沿用之。其初意，是叫有罪的人，去充征戍之役。然到後來，所發的人，並不一定是有罪的。譬如《漢書・武帝紀》注引張晏説：所謂七科謫者：係（一）吏有罪，（二）亡命，（三）贅壻，（四）賈人，（五）故有市籍，（六）父母有市籍，（七）大父母有市籍。從第三種以下，都不能算得有罪；不過是免得擾累農民罷了。在當時，未嘗非恤民之道。然久而久之，人民服兵役的機會更少了，就不免於老死不見兵革。尚武的風氣，自然漸漸的衰退了。到後漢光武定天下，只圖休養生息，大裁其官，把郡國都尉也廢掉；講肄、課試之法，亦隨之而廢。民兵之制，遂并其名而無存了。各地方的風氣，本來不是一律的。在漢初，大約是東北西北兩邊最强；南方長江流域，却也有剽悍之氣；讀《漢書·地理志》論各地方風俗的話便見。只有腹裏之地弱些。三國時代，還是如此。所以孫吴能以江東之地，和中國抗衡。晉朝東渡以後，因其時的士大夫，都沉溺於清談；慷慨激發，磨礪其民，以與異族競争者甚少。於是南方的文明程度漸高，而尚武的風氣，也日漸衰退，逐漸成爲北强南弱之局。至宋文帝和魏太武帝構兵時，而其情勢畢露。從東晉至陳，所以始終不能恢復北方，原因固然很多，而民氣之北强南弱，至少也是一個原因(怕還是其中重要的原因)。我們試看《北齊書·高昂傳》説：

> ……隨高祖討尔朱兆於韓陵。昂自領鄉人部曲……三千人。高祖曰：高都督純將漢兒，恐不濟事。今當割鮮卑兵千餘人，共相參雜，於意如何？昂對曰：敖曹所將部曲，練習已久；前後戰鬥，不减鮮卑。……願自領漢軍，不煩更配。……及戰，高祖不利。軍小却。兆等方乘之。高嶽、韓匈奴等以五百騎衝其前，斛律敦收散卒躡其後，昂與蔡儁以千騎……横擊兆軍。兆衆由是大敗。是日微昂等，高祖幾殆。

高昂這一軍，固然替漢人争光吐氣；然而在普通情形之下，漢人的戰鬥力，不如鮮卑，已成定論，讀這一段文字，也是可以見得的。然則當五胡佔據北方時，所以不用漢人爲兵，固然出於異族猜忌之心，而漢人戰鬥力的不如異族，亦不能不説是原因之一了。——或亦是重要的原因。

提起中國國威之盛，人無不並稱漢、唐。其實漢朝和唐朝，不是一樣的。漢朝的打敗匈奴，可説是純靠自力。唐朝的征討，則大多雜用蕃兵。而且唐朝還多用蕃將。譬如著名的李光弼，其父親，便是契丹的降將。有些較弱之國，我們利用較强的部落的兵，去征服他，自然不成問題，至於較强之國，則往往是乘其内亂，把他摧破。當他强盛的時候，唐朝就無如之何。讀者諸君，試取《唐書》，或者《通鑑》，看高宗中年以後，直至玄宗初年，此時的吐蕃、突厥、契丹如何，便可見得。五胡亂華的時代，在北方，本不甚用漢人爲兵的。但是及其末期，五胡死亡的死亡了，同化的同化了；這一種胡，有時未能甘心給那一種胡用；如南北朝時代，北方的匈奴、氐、羌等，都不服拓跋魏，屢有反叛。於是胡人能充兵的，其數漸少；而此時東西魏(後來周、齊)間的鬥争，其規模却頗大；乃不得不雜用漢兵。而又財政困難，不能養强大的常備兵，乃不得不令其耕以自養。這是有名的府兵制度所由成。府兵之制，隋唐都相沿不廢，這可説是國民自己的武力。然而唐朝,距開國稍久,府兵即有名無實。戰鬥力且不必論,便人也調不出來。不必説出征、遣戍,調幾個皇帝的衛兵,也不能足額。這是開元時邊兵不得不重的原因。這些邊兵中,實在都雜有蕃兵的,尤其東北安禄山的兵。天下之勢,不可以"偏重"。怎樣叫偏重呢?就是這一部分太强了,而那一部分太弱。强的部分,就要恃勢横行;而弱的部分,痛憤而無如之何;大亂便由此而起了。合全世界而觀之,這一國强,那一國弱,也不過是一個偏重。一國之内,尤其不可如此。唐朝的安史之亂,便是起於偏重的。這時候,内地無兵,只沿邊有兵;而沿邊的兵,莫强於東北。東北一動,是無人能夠抵擋的。如此,居於東北者,安得不驕横?積重者難反,其勢是終不免於破裂的,即非玄宗的怠荒,安史之禍,亦未必能免。安禄山、史思明,都是異族。其手下的兵,異族亦不少。所以安史之亂,也要算是漢族同異族的一次鬥争。雖因安、史之無大略,徒有强兵,終歸失敗;然而從此以後,藩鎮就遍於内地。藩鎮是驕横的軍人。軍人倒成爲尾大之勢,其利害,總是與"國"及"民"相反的。於是養兵愈多,而外族之禍反日烈。結果,遂釀成沙陀的擾亂中原,契丹的崛起東北。推原其朔,實在和民族的武德,大有關係的。假使漢族人民,而個個尚武,或者大多數尚武,全體的情勢,略相平均,偏重之局,就無由而成。即使沿邊之地,要駐一部分强兵,亦不必要雜用蕃兵,武力就不得到異族手裏。所以唐中葉後的擾攘,其原因,可説是早伏於開元以前,而開元以前之所以要雜用蕃兵,又可以説是秦漢以來,民族的風氣,久已轉變,造成弱點,至此乃收其果。論起歷史上的事情來,原因結果的關係,真是極其深遠複雜的。讀者諸君,喜歡讀詩麽?請把《杜工部集》中《前後出塞》,翻出來一看。《前出塞》活畫出當時國民,厭惡當兵的心理來(雖然當時的政府,使之也不以其道)。《後出塞》便是描寫當時東北軍隊驕横的情形的。

現在要講隋唐時代,中國民族和異民族接觸的情形,先得略述當時各種民族的形勢。

歷代爲中國患的,莫甚於北狄;而所謂北狄,尤以起於蒙古地方的,最爲切近。隋唐時代,在這方面的,爲突厥、回紇。突厥、回紇,實在是同族而異部。在東洋方面,最後稱强的爲回紇,所以中國人習稱此族爲回族。在西洋方面,則始終只和突厥有交涉,所以都稱爲突厥;就是現在所謂土耳其。詳見《元史譯文證補》突厥回紇條。其實二者都不是它的本名。它的本名,當稱爲丁令。在漢代,即分佈於匈奴和西域諸國的北邊。自貝加爾湖畔,西抵兩海(鹹海、裏海)之北,成一直綫。後漢時,北匈奴亡,鮮卑侵入其地。魏晉以後,鮮卑又逐漸南遷了。丁令乃踵其後,而入今蒙古地方。自漠北蔓衍於漠南。此時譯文改作勑勒,亦作鐵勒。中國人則稱爲高車(因其車輪高大,輻數至多)。拓跋魏和始終同魏對抗的柔然,所用的,實在都有一部分是高車之衆。至南北朝末年,此族在金山(今阿爾泰山)的突厥强盛,柔然遂爲所滅。自此突厥與中國,成對抗之勢。當隋時,曾乘突厥内部的分離,運用外交手腕,一度使之臣伏。然及隋末,突厥之勢又强。當時起於北方的羣雄,都稱臣於他;即唐高祖亦所不免。此事唐時的史官,已隱諱掉。所以在歷史上,没有正式的記載。只在《突厥傳》裏,太宗既滅突厥之後,口裏露出一句,説:從前太上皇爲生靈之故,所以"奉突厥,跪而臣之"。不過此時高祖並非中國的共主,不能代表中國國家,算不得中國的恥辱罷了。突厥初雖和唐朝講和,後來就變了臉。北邊深受其害。到太宗即位後,乘突厥頡利可汗衰亂,把他征服(公元六三〇年)。然而突厥種類甚多,散處北邊,不易管理。後來屢次反叛。初時都給中國鎮定。其後骨咄禄可汗又反,中國就無如之何。骨咄禄死,弟默啜可汗立,更爲强盛。武后時,曾攻陷河北州縣數十。中國發三十萬大兵,而不能迎敵,只是尾隨着送他出塞。直至玄宗時,突厥又衰,才乘機再把他滅掉。此時已是公元七四五年了。自此突厥不能復振,而回紇代居其地。當安、史亂時,正是回紇强盛的時候。他曾發兵助中國平亂(其實中間有一次,也幾乎聽了史朝義的話,要發兵攻唐。因唐朝又派人去迎接他,乃又反過來,助唐朝攻史思明)。亂定之後,就驕横不堪。其人民住居中國的,尤其蠻强得無理可喻。中國一切隱忍着他。至公元九世紀中葉,而回紇爲黠戛斯所破。黠戛斯便是漢朝的堅昆,元時的吉利吉思。現在中國人稱爲哈薩克。地在烏梁海、塔城、伊犂之間。清乾隆時,亦曾内附。道光以後,乃折而入於俄羅斯。其餘衆多走向西域。天山南北路,本來無甚强國的,漸漸的都給他征服。遂成爲今日回族佔據天山南路的張本。回族在漠南北時,本是信奉摩尼教的。此時伊斯蘭教,Islam。業已盛行於葱嶺以西。回族在葱嶺以西的,都信仰他。其後遂漸行於葱嶺以東。於是天山南路,也成爲伊斯蘭教的區域了。中國所見,信仰伊斯蘭教的,多數係回紇人,遂稱伊斯蘭教爲回教。在葱嶺以西的回族,並非都是回紇人。前文已説過:這一族,中國人統稱爲回,西人則統稱爲突厥。突厥當强盛時,葱嶺以西的地方,大部分爲所征服。其疆域,直抵亞洲的西境,和羅馬接壤。當隋時,突厥分爲東西,各有可汗。唐高宗時(公元七世紀中葉),曾征服西突厥。自波斯以東,都置羈縻都督府州。這是唐朝所以處置異族歸附的酋長的。大的稱都督府,小的稱州。表面上和中國的都督府州一樣,但實際上,其酋長仍是世襲,一切自主。然其時,大食的勢力,方在伸張。中國在實際上,不甚能統馭其地。到八世紀中葉，而安史亂起，邊兵都撤防向内，中國對西域，就全不能過問了。其地遂盡入於大食。然在政治上、宗教上，雖爲大食所征服；而以民族論，則回族實爲葱嶺以西一大民族。一再傳以後，政治之權，亦入於其手。謂後來大食國東部據土自擅的大酋。其實一切自主，僅承認回教教主宗教上的威權而已。迄今日猶然。所以現在，"從中國的天山南路，越過葱嶺，直抵土耳其，回族横亘其間，成爲一個很大的民族；具有一種很大的勢力"，其局面，實在是南北朝末至唐末葉(公元六世紀中葉至九世紀中葉)造成的。

當這時代，其關係的重要，次於回族的爲藏族。藏族是棲息於西藏高原的。自晉以前，和外界無甚交涉。至南北朝的初年而嚈噠興。嚈噠兩字，實在就是于闐的轉音。此族大約是從後藏通新疆的路所出的。此問題的詳細，可參看拙撰《中國民族史》第十二章。一時曾極强盛。葱嶺以西的大月氏，爲其所滅。並曾臣服波斯。至突厥興而嚈噠乃爲所破。其在今西藏境的，又有女國，隋唐時也曾通貢受封。但是嚈噠的勢力，只是曇花一現；女國則始終無甚作爲；直到吐蕃興起，而藏族的勢力乃一振。吐蕃的英主棄宗弄贊，據《蒙古源流考》説，是來自印度的。這部書是蒙古人撒囊撤辰所作。其人是個喇嘛教徒，硬説元朝帝室，是吐蕃贊普之後。書名《蒙古源流》，其實三分之二，倒是吐蕃和喇嘛教的歷史。以體例論，可謂極其荒謬。惟吐蕃人自己所作的歷史，中國現在還没有譯本，這部書倒可見其大略。這話大約不錯的。因爲西藏地勢閉塞，所以自己不能發生文明，而不得不有待於外來的傳播。棄宗弄贊首和中國交通，唐太宗妻以宗女文成公主。公主是信仰佛教的。下嫁時，遂將佛教輸入吐蕃。這是今日西藏人信仰佛教之始。但是文成公主輸入的，是大乘教。程度太高，和西藏人的機緣，不甚相湊。所以到後來(約在公元八世紀之初)，佛教中的密宗(就是現在的喇嘛教)，由印度輸入，漸次盛行。但是顯密雖有不同，其爲佛教則一。現在佛教，在各地方都衰落了；印度本土，尤其幾於絶跡；西藏轉成爲世界上惟一的佛教國了。棄宗弄贊從尚主以後，對中國是很恭順的。死後，嗣主幼弱，大臣專權，對中國就開了兵釁。從唐高宗到宣宗時(公元七世紀中葉到九世紀中葉)，中國對吐蕃，争鬥不絶。此時吐蕃很爲强盛。現在的西康、青海都曾爲其所征服。此等地方的民族(羌族)，其信仰佛教，實起於此時。到唐宣宗以後，吐蕃勢衰，對於這許多地方的政治勢力，遂不能維持，然其宗教勢力仍在。

吐蕃和中國之間，山嶺重疊，交通太覺困難了。所以戰鬥雖烈，始終未能佔據中國的土地。東北各族，就不然了。東北民族，最大的是貉族；次之便是肅慎(即現在的滿族)。滿族的興起，亦在唐朝中葉。其開化，是和貉族很有關係的。所以要説滿族的興起，又得追溯到貉族所建的高句麗等國。近人著《東北史綱》，此書共有五卷，尚只出第一卷。係傅斯年所撰。委託北平國立中央研究院歷史語言研究所發行。説夫餘的滅亡，是歷史上一件很大的事實。這話誠然不錯。因爲夫餘是一個文明程度較高而愛好和平的民族。儻使夫餘在吉林，而能平和發達，則吉林東部松花江上流的滿洲人，和黑龍江省裏嫩江、黑龍江流域的室韋人（蒙古爲其一部），都可逐漸被其感化；現在的吉、黑兩省，或者在相當時期，可以造成朝鮮半島的情形（以現在的朝鮮民族，去開化滿、蒙民族）。金、元、清三代猾夏之禍，可以不作了。不幸，當公元三世紀之末，至四世紀中葉，夫餘迭爲據有遼東西的鮮卑慕容氏所破，自此不能復振；而貉族的發達，遂限於朝鮮半島。當慕容氏强盛時，半島北部的高句麗，亦很受其壓迫。公元五世紀中，自慕容氏蟬蜕而出的北燕亦亡。自此遼東遂爲高句麗所據。其兵鋒有時并及於遼西及熱河邊境。此時高句麗對中國，亦頗爲桀驁。所以隋、唐兩代，屢動大兵伐他。至公元六六〇、六六七年，和高句麗同出夫餘的百濟及高句麗，先後爲唐所滅。中國的政治勢力，一時復達於半島的北部。然亦不能持久。而松花江上流的滿族，和高句麗等接觸得久了。其文明程度，漸次增高。遂乘唐朝政治勢力的衰頽，在東北自立一國。滿族古稱肅慎。兩漢時號爲挹婁。因爲夫餘所隔絶，和中國無甚關係。夫餘亡後，此族始與中國交通。稱爲勿吉，亦作靺鞨。其分部甚多，而最有關係的有三部：一爲黑水，就是後來的金朝；一爲白山，則爲後來的清朝；此時都還未開化。只有粟末部和高句麗最爲接近。古代的黑水，是以現今的松花江爲上源的。在與嫩江會合以前，稱粟末水（亦作速末、涑末），會嫩江後，乃稱黑水。所謂粟末靺鞨、黑水靺鞨，就是在同名之水流域的。白山，即長白山。其酋長大氏，又早經歸化中國，住在今熱河地方。所以文明程度最高，當唐時，已有建國的資格。唐時，現在的熱河省境，爲奚、契丹的居地。公元七世紀末，契丹造反，靺鞨不得安其居，因此走出塞外，自立一國。此時突厥强盛，奚、契丹爲所懾服，中國征討之路不通，也就未曾過問。此時粟末靺鞨大氏所立之國，名爲渤海。兼有今吉、黑兩省及前清咸豐年間割給俄國的地方；並包有朝鮮的咸鏡、平安兩道。其國有五京，十五府，六十二州。勃海五京，據近世史家所考，大約：上京在今敦化縣附近，中京在今吉林西南，西京在今輯安縣境，東京在今海參崴，南京在今朝鮮咸興。其都曰忽汗城，臨忽汗海，即今寧安南的鏡泊。一切制度，無不模範中華。至公元九二七年，乃爲契丹所滅。滿族的獨立，雖然復陷於悲運，然其民族之開化，則自此而始了。

從來野蠻民族的勃興，和文明民族文化的傳播，實在極有關係。在東西歷史上,文明民族,都受野蠻民族的蹂躪。如中國之於遼、金、元、清,希臘之於馬其頓,羅馬之於日耳曼。説者多以爲野蠻民族性質强悍,勇於戰鬥之故。其實不然,單靠勇於戰鬥,是不能征服人家的。文明國民,雖然全體的風氣,比較野蠻民族怯弱些,豈無一部分勇於戰鬥之士?以中國國土之大,人民之衆,要抵禦遼、金、元、清等族的侵略,本只要一部分人民就夠了,原不消勞動全體。而這一部分人民,在中國亦並非没有。試看外族侵入之際,我國雖然受其蹂躪,也總有若干次的劇戰;就這若干次戰役論,中國軍隊的戰鬥力,實在並不弱於蠻人;有時還要優强些。因爲在訓練、組織及器械方面,我們都較優勝之故。所以説文明人之不敵野蠻人,在於民族的氣質(尚武好鬥的性質),全是隔壁的話。然則其原因在哪裏呢?我説這在社會組織上。因爲我們的社會,是在病態中進化的。一方面,文明程度,固然逐漸加高;一方面,組織病態,亦在逐漸加深。所以以文明程度論,固然文明人優於野蠻人;以社會組織論,實在野蠻人勝於文明人。我們説具體一些的話:在政治上,我們有陽奉陰違之弊;又有法出而奸生,令下而詐起的弊。假使在兩軍相當之際,我們的將帥,就可以找一句推託的話,逗撓不前;我們的軍需官,甚而可以藉圖私利。這許多事情,在野蠻社會裏,大抵是很少有的。關於這一點,古來的人,也早就見到。譬如在《史記·秦本紀》裏所載由余對秦穆公的話,《匈奴列傳》裏所載中行説(當時的一個漢奸)詰難漢使的話,都是這一個道理。這還在公元以前。直到公元第十七世紀中,顧亭林先生著《日知録》,他痛心於堂堂的中國,竟爲滿族所征服;研究文明民族所以爲野蠻民族所征服的原因;回答出來的,還不過這個道理(見第二十九卷《外國風俗》一條)。這個道理,是顛撲不破的。不過前人的眼光,偏重於政治方面;尚未能普遍的就社會的種種方面,加以觀察罷了。如其普遍觀察,這種深刻的病理現象,也是隨處可見的。爲什麽歷代文明民族,和野蠻民族相争之時,文明民族裏所謂内奸,總是很多;甚至有倒戈以攻其祖國的;而野蠻民族中,此等現象,却極少。就可見得文明社會病狀的深刻。因爲病狀深刻,所以其社會中的分子,利害和社會全體相反的多了。這不是中國一國的問題,乃是全世界上,號稱文明民族的一個公共的問題。所以現在世界上的人,如不回頭猛省,改弦易轍,而只是走現在所走的路(靠着兵力財力……壓迫的路),將來所謂文明人,必有大禍在其後。這禍在什麽時候呢?在野蠻人的文明程度,達到足以和文明人競争的時候。只消達到這一點便夠了,並不是和文明人並駕齊驅。野蠻人的社會組織,固然優良;因之植基於社會風俗的政治,亦較清明;然而文明程度太差了,亦是不能和文明人競爭的。所以野蠻人而要和文明人競爭，必得(一) 其用於競爭的組織(政治的，軍事的)；(二) 用於競爭的物質(軍械等)；都達到足以和文明人競爭這一點。野蠻人的程度而達於這一點，文明人的災難就到了。試舉兩個實例：(一) 春秋時的吴國，其初是絶無能爲的。到巫臣奔吴，教之射御、戰陳，《春秋左氏傳》成公七年。吴人由是驟强，居然打破楚國的都城；侵齊，伐魯，與晉争長。(二) 鮮卑在漢代，其初亦絶無能爲。却是到後漢的末年，驟然强盛了。漢朝有一次，出大兵三路打他。兵力頗厚；帶兵的，也都算當時的戰將；竟殺得大敗虧輸。這是什麽理由呢？蔡邕説：是由"於關塞不嚴，禁網多漏，精金良鐵，皆爲賊有；漢人逋逃，爲之謀主"；所以素無能爲的鮮卑，居然"兵馬利疾，過於匈奴"。以上均見《後漢書・本傳》。此等例，真是舉不勝舉。現在再舉兩個例：如《魏書・蠕蠕傳》：魏太祖説："蠕蠕之人，昔……來鈔掠，駕牸牛奔遁，驅犍牛隨之。牸牛伏不能前。異部人有教其以犍牛易之者。蠕蠕曰：其母尚不能行，而況其子？終於不易。遂爲敵所虜。今社崙(蠕蠕的酋長)學中國，立法，置戰陳，卒成邊害。"這就是取法於中國，以改進其組織的例。又如《金史・世紀》説"生女直舊無鐵，鄰國有以甲冑來鬻者"，景祖"傾貲厚價，以與貿易；亦令昆弟族人皆售之。得鐵既多，因之以修弓矢，備器械；兵勢稍振，前後願附者衆"。這便是野蠻民族，物質上仰給於文明民族的例。所以文明民族的文明，向野蠻民族傳播，達到一定的程度，文明民族自身，會有危險的。這個並非文明之罪；文明民族將文明向野蠻民族傳播，原是應有的責任；而且文明的自身，也是没有法子阻止他不傳播的。然則還是社會組織不正常的罪罷了。

在唐時，便要達於這個時代了。此時塞外的民族，如契丹，如女真，如蒙古，因爲中國的文化，直接或間接的傳播，都已達到，或將要達到足以與文明民族競争的時候，正在塞外等待着機會。而中國民族，當安史亂後，政治上現出畸形的狀態。藩鎮紛紛割據，離心力太大了，一時收束不來。就要迫於暫受異族侵陵的悲運。雖然如此，通前後而觀之，却也是又給中國民族以一個擴大的機會。

第七章　中國民族在近代所受的創痛是怎樣

栽培民族精神的養料是什麽？是歷史。是歷史上何等事件呢？是光榮？還是苦痛？光榮是人所樂道的，苦痛未免不願回憶。然而苦痛之爲養料，與光榮正同；或者力量還要厚些。天下事哪有循直綫進行的？中途總不免有些曲折頓挫。一個民族而曾受些挫折，原是不足爲奇之事；正惟磨難來得多，挫折受得大，才能夠成爲偉器。所以一個民族而曾經受過挫折，大可不必自諱；況且諱疾忌醫，是最壞的事，原也不該自諱的。

滿洲、蒙古，在現在，都是我們同國的民族。衡以嚴格的民族條件，固然與漢民族還未能合一。然而"兄弟鬩於牆，外禦其侮"，際此世界大通，而大同之治還未能實現之日，其相互之間，自然比異國的民族，總要親近些。況且合許多民族而共建一國家，在現今世界上，原是數見不鮮之事。而且嚴格的説，不論在歷史上，在現世界上，怕本没有真單純的民族國家，這話第一章中早就説過了。我們今日，對於滿、蒙等族，難道還有什麽歧視之意？但是現在無甚隔礙是一事，從前曾經衝突，又是一事。現在固然不必追想什麽歷史上的仇恨，從前的事情，又豈能一筆抹殺？而近一二十年來，却有一種風氣：凡中國現在國内的民族，從前爭鬥的事迹，敍述起來，總不敢十分把真相説出，像煞怕挑起民族惡感似的。其實歷史上的事情，已成陳迹了。今日而真能聯合，誰還追念已往的事情？若其不能，就把從前的歷史，全數毁滅，亦有何益？從公元第十世紀到第二十世紀之初，這一千年之間，以民族主義論，可説是漢民族受一個很大的創痛的時代。在這一千年之間，我們的國土，迭爲異族所佔據；甚至整個國家，被人征服。然而我們的文化，未曾動摇；我們的民族性，依然存在；且因此而更見晶瑩。到現在，征服者或幾於全部，或仍在繼續和我們同化，而我們巍然如故，這自然也顯得我們文化的偉大深厚。過去的磨難，正是一種玉汝於成，磨鍊我們民族的好境遇。這一千年中的事實，是怎樣呢？

公元十世紀之初，契丹漸强。至九三六年，晉割燕、雲十六州，幽州，今河北北平縣。薊州，今河北薊縣。瀛州，今河北河間縣。莫州，今河北肅寧縣。涿州，今河北涿縣。檀州，今河北密雲縣。順州，今河北順義縣。新州，今察哈爾涿鹿縣。媯州，今察哈爾懷來縣。儒州，今察哈爾延慶縣。武州，今察哈爾宣化縣。雲州，今山西大同縣。應州，今山西應縣。寰州，今山西馬邑縣。朔州，今山西朔縣。蔚州，今察哈爾蔚縣。我國國土，喪失其一部分。

一一二六年，金人陷汴京，至一一四一年而和議成，中國國土，喪失其半。

一二七九年，元滅宋。中國全被蒙古人征服。

一三六八年，明軍恢復北平，元順帝北去。此後三百年間，漢族算自有其獨立的國家。然至一六六二年，明永曆帝被弑，而中國民族，在大陸上的國土全失；至一六八三年，臺灣鄭氏滅，而中國民族，在海外的根據地亦亡；又整個爲滿族所征服。直至中華民國元年，清主溥儀遜位才光復。然而其餘孽至今未盡。試看民國以來，對於清廢帝，始終未能有斷然適當的處置。以至現在，野心國利用他做傀儡，佔據我們的東北。這固然是野心國的利用，然而爲什麽會有這一物被他利用？總還是我們的一個遺憾。

這一期遼、金、元、清的侵入，和前此五胡之亂，性質不同。五胡的大部分，是久居塞内，半已同化於我的。他們的崛起，固然帶有民族爭鬥的性質，一半也可以説是政治上的内亂。遼、金、元、清的侵入，却不同了，他們是以國家的資格侵入的。當五胡亂華時，他們無不自附於漢民族，如前趙的改姓劉，拓跋氏之自託於黄帝，宇文氏的自託於炎帝都是。見《晉書》載紀，《魏書》序紀，《周書》本紀。自遼以後，就没有這種舉動了。這就見得他們民族意識的明顯。

偌大的中國，如何會給遼、金、元、清這種小民族征服呢？其病根，還是和前此一樣的。即（一）由民族武德的衰頽，（二）由國家政治的敗壞。當公元八世紀中葉，安史之亂雖然平定了，然而唐朝中央政府的威權，自此不能復振。藩鎮遍佈，形同割據。九世紀後半，黄巢亂起。各藩鎮都坐視不肯力戰，讓他由北而南，再由南而北；終于京城失陷。諸鎮或坐視不出兵；應調前來的兵，亦不肯作戰；環繞着長安兩年，竟爾無如一黄巢何。到底不得不把前此作亂而被中國攆走的沙陀突厥召回來，才算把長安收復。自此沙陀在中國，就成爲最强的軍隊，雄據河東。五代中的唐、晉、漢三代，中原之地，都被他佔據。而唐、晉兩朝争奪之際，又把燕、雲十六州割給契丹。這十六州之在北方，處居高臨下之勢。山西方面，雲州割後，雖還有雁門内險可守，其勢已成“拊其背”；河北方面，則更無險阻，惟藉塘濼以限制契丹的馬隊；契丹兵一南下，即直抵大名，渡過黄河，便是宋朝的都城；其勢直是“扼其吭”了。北宋一代,對契丹,形勢上始終處於不利的地位,實由於此。中國之於外夷,是利其分不利其合的。假使國威遐暢,在邊界以外,或者邊界上,設有駕馭外夷的機關,則可以隨時操縱,使野蠻民族,不能合成大羣,危險就無從而起了。而唐代到末年,塞外之事,幾於無從過問。於是東至渤海,西至新疆,北抵臚朐河,今克魯倫河。塞外的許多民族,悉爲契丹所征服。他們也有將他編制成自己的國民的,是爲部族,其仍聽其自主的,則爲屬國。部族之民,是全體皆兵。因其都是游牧民族,戰馬極多,行動非常敏捷。即屬國,有事時亦得量借兵糧。所以契丹的軍隊,精而且多。這也是宋朝對他不敢開釁的一個原因。然而此等國家,聲勢雖盛,結合是不穩固的。契丹的爲國,本是合三種人民而成:(一)部族,這是北方民族已可稱爲契丹的國民的,最爲契丹立國的根本。(二)屬國,是北方民族服屬於契丹的。(三)州縣,這是中國地方,割給契丹,其人民因而隸屬於契丹的。(二)(三)的結合,自然不固;即(一),在建國上的能力,也究竟有限;所以契丹容易滅亡。滿族所建立的渤海國,當契丹盛時,雖爲所征服,其民族意識,却始終未曾消亡。渤海的遺民,是始終不服契丹的,不過力不能與之抗。當這時候,而有較文明的舊高麗國裏的人民(函普),跑到生女真的部落裏(完顔部),而爲之酋長;漸次將諸女真併合爲一,其勢力遂不可侮。至一一二五年,而契丹竟爲所滅。契丹滅後,其三種人民:州縣之民,還是依然如故。其部族,則一部分服從於金,是爲金人之所謂乣軍。其戰鬥力亦很强大。金朝到末年,還恃以禦元,到乣軍叛後,而金朝的大局始大壞。詳見日本箭内亙《遼金乣軍及金代兵制考》(陳捷、陳清泉譯,商務印書館本)。其一部分不服金的,在北邊亦時有叛亂,但勢無能爲。金朝起於現在的吉林,和蒙古地方本來相隔較遠,到遷都北平而後,又盡力於鎮壓所得的中國地方;所以金人對於北方的權力,始終不甚完全。契丹部族的一部分,和其屬國的大部分,到蒙古興起後都爲其所收用。金人的鎮壓中國,是這樣的。他在本土時,凡部落之長,都稱爲孛堇。至戰時,則這些部長各率兵而來。仍以部長爲統帥,視其兵的多少,分别與以猛安(千夫長)、謀克(百夫長)的稱號。女真是兵民不分的,無所謂文官,亦無所謂武官,只有酋長,就是統帥罷了。金世宗時,因北方人民,羣起反抗,將這種女真人,搬進中原來鎮壓。其遷移的時候,是照軍隊的編制,遷移進來。人民即屬於其統帥(亦即部長),所以即稱爲"猛安謀克户"。此等人民,入中原後,即把固有的官田、荒田,再加以臨時名爲互换,而實多强奪的民田,整理成整塊的,給他耕種。面積甚大,而收税很輕。而且其田,都是整齊的。(一)者取其於耕種上有利。(二)者使女真人得以聚族而居，用屯墾的形式自衛，並可以壓制漢人。這一種移民，既入中原之後，舊風俗迅速的改變了，迅速的同化於漢人。但不能如漢人的勤事生産。這因爲他們是特權階級之故。在金世宗，是很覺得舊風俗要保存的。我們只要看《金史·本紀》上載，他重遊上京時，如何戀戀不捨；再三稱美舊風俗；諄諄誥誡他本族人，不可同化於漢人；便可知道他民族意識的强烈。然而環境改變了，人的意識，如何能以空言維持？劣等的文化，要進而自同於優等的文化，這是自然而然，無可避免的。到金朝末年，女真人遷入中原的，强悍善戰的性質，已全失掉了。元兵一至，遂如鼓洪爐以燎毛髮。猛安謀克户的形勢，像山一般的崩頹下來。此時的女真人，在實質上，本已同漢族無甚異同了，實在業已同化於漢族了，只因其爲特權階級之故，界限一時不得泯滅。到金朝滅亡後，從前特别的地位，再也不能維持，就全然併入漢人之中。看蒙古滅金之後，所得人民，通稱爲漢人，更無所謂女真人可知。

蒙古是室韋的别部，其部名見於《新唐書》作蒙元，《舊唐書》作蒙瓦。本是黑龍江畔的一個小部落。從契丹滅亡到蒙古興起，其間約經過六十年。這六十年之中，正是塞北民族，互相吞噬，逐漸進步，可以發生一個强大的民族的時代。而成吉思汗，適於此時起而收其果。蒙古的武功，在歷史上，可以稱爲空前；即至今日，世界上各民族的武功，亦還未有能和蒙古相比的。這也有個理由：（一）此時東方的宋和金，都在衰頹不振的時代。（二）此時西方的大食，亦已衰頹，其武力，反是靠的突厥人；而突厥人並不能聯合一致，以抵抗蒙古人，反有一部分爲蒙人之助。蒙古西征之前，今新疆境内之畏吾兒部，即已降順。西征時最大之敵。爲花剌子模，即《元史》所謂西域國。其國有兵四十萬，皆突厥族康里人，驕恣不聽命令，故其王不能抵禦，一敗塗地。（三）自此向西北，都是許多小民族。在歐洲，首當其衝的爲俄人。而俄人此時，亦分爲許多小國，力弱而分，斷不足以抵抗累戰皆捷、氣雄力厚的蒙古。總而言之，蒙古民族的勢力，固然值得稱許，然而其成功之所以超越古今，則亦是時代爲之。

當遼、金、元三代迭起稱雄之時，中國正陷於衰頹不振的狀況。這是爲什麽？其遠因，仍由於分裂所召之禍。因爲晚唐、五代的藩鎮割據，所以宋興之後，不得不厚集兵力於中央。於是有地方的兵（廂兵），只可給役，而征戍全靠中央軍隊（禁兵）之事。於是中央的養兵，不得不多。而兵之爲物，養而不用，是要腐敗的。乃有至宋英宗時，養兵百餘萬而不能一戰之事。而且因養兵之故，財政上所費較巨，所以取於民之數，較前代爲多。當北宋中葉，就有人説："現在太平無事，而取於人民之數，業已不可復加；到緩急之時，更何恃以應變？"社會上，從唐中葉以後，經過五代長期的戰亂、剥削，因之兼併肆行，高利貸活躍，小民困苦顛連，自更説不上根本的救濟了。因此之故，乃有王安石的變法。想要整理財政；行青苗等法，以救濟農民；裁汰募兵，漸次代以民兵。又因變法之故，而新舊交争，政策亦舉棋不定。新黨得勢，則變舊法；舊黨握權，即廢新政。其結果：財政依舊紊亂；社會經濟，還是困窮；兵則募兵已裁，而民兵仍未能練，到北宋末年，幾於無兵可用。

南宋初年，羣盜如毛，靠韓、岳、張、劉等大將戡定。而此諸將，遂即恃權驕横。“金帛充盈，錦衣肉食；輿臺廝養，皆以功賞補官。”“所至驅虜，甚於夷狄。”“煮海榷酤之入，遇軍之所至，則奄而有之。闤闠什一之利，半爲軍人所取。”“至於衣糧，則日仰於大農；器械則必取之武庫，賞設則盡出於縣官。”聽其自然，則“非特北方不可取，而南方亦未易定”，所以秦檜不得不隱忍屈辱，和金人講和。以上所引，爲宋時汪藻、胡寅、葉適之言，見《文獻通考·兵考》。拙撰《白話本國史》第三編第一章第二節，第五章第三節，亦可備參考(商務印書館本)。從講和以後，則所謂四大屯兵者，韓世忠、岳飛、張俊、劉光世四人兵最多，號稱南渡四大將。劉光世死後，酈瓊以其兵叛降僞齊。韓、岳、張爲三宣撫司。秦檜殺岳飛，韓世忠、張俊亦解兵柄，其兵改稱爲御前軍，分駐諸州。四川的兵，後來都併於吴玠。玠死，歸其弟璘統率。合稱四大屯兵。更其腐敗不可用。中原遂終不能恢復，而坐待蒙古的併吞。所以有宋一代，中國之始終不能振作，實仍受唐代分裂之害。至於民族的武德，則我們只要看下列兩段話，就知道當時優勝劣敗的情形。

> 《金史·酈瓊傳》：語同列曰：瓊嘗從大軍南伐，每見元帥國王，指宗弼(即兀朮)言。親臨陣督戰；矢石交集，而王免胄，指揮三軍，意氣自若。……親冒鋒鏑，進不避難，將士觀之，孰敢愛死？……江南諸將，材能不及中人。每當出兵，必身在數百里外，謂之持重。或習召軍旅，易置將校，僅以一介之士，持虚文諭之，謂之調發。制敵決勝，委之偏裨。是以智者解體，愚者喪師。幸一小捷，則露布飛馳，增加俘級，以爲己功，斂怨將帥。縱或親臨，亦必先遁。
>
> 《宋史·吴玠傳》：玠死，胡世將問玠所以制勝於璘。璘曰：璘從先兄，有事西夏，每戰，不過一進却頃，勝負輒分。至金人，則更進迭退，忍耐堅久；令酷而下必死；每戰，非累日不決。勝不遽追，敗不至亂。自昔用兵，所未嘗見也。久與角逐，乃得其情：蓋金人弓矢，不若中國之勁利；中國士卒，不若金人之堅耐。吾常以長技，洞重甲於數百步外，則其衝突固不能相及。於是選據形便，出鋭卒更迭撓之，與之爲無窮，使不得休暇，以阻其堅忍之勢。

前一則是中國的將和女真的將的比較，後一則，是中國的兵和女真的兵的比較，可見得勝負不是偶然的。限於篇幅，舉此爲例，餘可類推。所以我説，這一千年中，中國民族的所以迭遭悲運，民族武德的衰頹，國家政治的敗壞，實在是其兩大原因。

契丹是鮮卑最後同化於中國的。他在熱河境内，住的久了，和漢人接觸較多，所以民族意識，不如女真、蒙古的强烈。終契丹之世，設官分南北面。北面之官，以治宫帳部族；部謂部落，族謂民族。屬於契丹的遊牧人，都有指定居住畜牧之地，自成部落。其部落，有爲同族的，亦有不然的，總稱爲部族。每一君主，都有所謂"宫"，有直屬於宫的兵民，死後亦不解散。帳則爲其君主（歷代君主所共）及前代王室等直屬的人民。南面以治漢人州縣，頗有各適其俗之意。其兵，以部族爲主；漢人充兵的，謂之鄉丁，只令守衛本地方，並不用做正式的軍隊；其用意亦不過如此。到女真、蒙古，便不然了。我們試看下列一段文字，便知女真人待中國的酷烈。

> 《容齋三筆》：靖康之後，陷於金虜者，帝王子孫，宦門士族，盡没爲奴婢，使供作務。每人一月支稗子五斗，令自舂爲米，得一斗八升，用爲餱糧。歲支麻五把，令緝爲裘。此外更無一錢一帛之入。男子不能緝者，則終歲裸體。虜或哀之，則使執爨。雖時負火得煖熱，然纔出外取柴歸，再坐火邊，皮肉脱落，不日輒死。惟喜有手藝，如醫人、繡工之類。尋常只團坐地上，以敗席或蘆藉之。遇客至開筵，引能樂者使奏技；酒闌客散，各復其初；依舊環坐刺績，任其生死，視如草芥。

民族鬥争失敗的下場如此，讀之，真令我們瞿然而驚，潸焉出涕了。至於蒙古，則他所征服的地方更多。其視中國爲其征服地，與女真人同；而其視中國之地，爲其國家重要的一部分，則又與女真異。太宗時，近臣别迭至於説："漢人無益於國，可悉空其人，以爲牧地。"因耶律楚材力争乃止。見《元史·耶律楚材傳》。元初諸將，掠漢人爲奴婢，動至千萬户；雖儒士亦不免。詳見《廿二史札記·元初諸將多掠人爲私户》條。漢人至此，真可謂欲哭無淚了。然而漢人的民族主義，則亦因此而得光晶。

漢人的待異族，是最寬大的。從來鄙視夷、蠻、戎、狄，不過因其文化的落後。他們苟能進而自同於我，我即無甚歧視之心。五胡之能佔據中原，原因固然很多，而漢人民族主義的暗昧，未始非其中一重要的原因。却是自宋以後，中國受異族的壓迫漸深，而其民族主義，亦漸見明顯。宋儒講《春秋》，所以特别注重於"尊王、攘夷"，可以説就是受的藩鎮專横，沙陀擾亂中原，契丹割據北方的影響。到南宋時,二帝蒙塵;中原之民,陷爲俘虜;代表中國國家的皇帝,且稱臣奉貢於異族;自然要使中國人民,起悲憤之心。所以就有主張極端的恢復論的。論義理不論事勢,論是非不論成敗;雖然格於時勢,不能實行,然以民族主義論,却可謂光燄萬丈。《宋史》中如胡銓等的章疏,大可檢出一讀。見《宋史》本傳。到元代,整個的神州,陷於異族鐵蹄踐踏之下,自然人民心上,更覺得悲憤。當此時期,最足代表漢人民族主義的心理的,便是鄭所南的《心史》。所南名思肖,福建連江人,客居吴中。明代《姑蘇志》有其傳,説他"宋亡,……改今名。思肖即思趙。……遇歲時伏臘,輒野哭,南向拜。……聞北語,必掩耳亟走。……坐臥不北向。扁其室曰本穴世界,以本字之十置下,則大宋也。精墨蘭。自更祚後,爲蘭不畫土,根無所憑藉。或問其故。則云:'地爲番人奪去,汝不知耶?'"其所著《心史》,以鐵函藏於承天寺中,明崇禎十一年,因大旱濬井發見。時爲公元一六三八年,距其埋藏時一二八三年,已經三百五十六年了。此書清徐乾學疑爲海鹽姚士粦所僞撰(見《資治通鑑後編祥興二年考異》),但羌無證據,似乎避觸清人之忌而爲此言。如其所言而真,則姚士粦又是一個清代的有心人了。我來唸他四句詩給諸位聽:

舉世無人識,終年獨自行。海中擎日出,天外唤風生。

這真是亡國遺民,被壓迫的民族,所當枕戈待旦,銘心刻骨的訓條了。

雖然如此,漢民族還是保守其沉着鎮静,見侮不鬥的舊態度,專靠文化的優勝,來同化他人。金、元兩代,初起時雖獷悍,而金自熙宗,元自世祖以後,其治法,差不多都已採取漢制。所未能泯除的界限,只是金朝初興時,契丹、漢人,亦得爲猛安謀克,後來漸次罷其承襲,以兵柄專歸本族。見《金史·兵志》。元朝則中原之地,專用蒙古軍和"探馬赤"軍鎮守。邊徼之地,又皆封建親王。其兵藉,漢人不得窺見。所以有國百年,竟不能知其兵數。見《元史·兵志》。探馬赤,爲蒙古以外他部族的軍隊。又諸官署皆以蒙古人爲長官,中國人只能爲其副貳;以及學校,選舉方面,中國人與蒙古人,權利亦都不平等而已。如科舉,蒙古色目,只試兩場,而其出身,反較漢人、南人試三場的爲高。此外亦大都採取中國的成法。這亦是勢所不得不然的。至於其人民,則同化於中國尤速。遼、金人的同化,已見前。元代分人爲蒙古、色目、漢人、南人四種。蒙古是其本族。漢人爲滅金所得。南人爲滅宋所得。色目之意,猶現在言諸色人等,包括漢人及蒙古人以外的各種人。元朝的用人,是不問國、族,有長即録的。所以色目之名,載於陶宗儀《輟耕録》的,至有七十二種。其結果,不但蒙古人盡爲中國所同化,即色目人亦然。我們看《元史》本紀:世祖至元二十三年,"以從官南方者,多不歸,遣使盡徙北還";成宗大德七年,"以行省官久住,多與所部人聯姻,詔遷其久任者”;便可見蒙古人同化於漢人之速。近人陳垣撰有《元西域人華化考》,尤可見當時色目人同化於漢人的情形。見北京大學《國學季刊》。

如此,同化的作用,迅速進行:至元末,順帝失政,明太祖遂起而恢復河山。太祖的民族意識,也頗爲鮮明。他北伐的檄文,有“天道好還,中國有必伸之理;人心效順,匹夫無不報之仇”之語。到北京既下之後,《太祖實録》上,又有如下的記載:據日本稻葉君山《清朝全史》轉引(但燾譯,中華書局本)。

> 詔復衣冠如唐制。初,元世祖自朔漠起,盡以胡俗,變易中國之制。士庶咸辮髮、椎髻、深襜、胡帽,無復中國衣冠之舊。甚至易其姓名爲胡名,習胡語,恬不知怪。……至是,悉令復舊。衣冠一如唐制。士民皆以髮束頂。其辮髮、椎髻、胡服、胡言、胡姓,一切禁止,於是百有餘年之胡俗,盡復中國之舊。

如其中國的社會,真已同化於胡,移風易俗,豈旦夕所能收效?一朝而盡復中國之舊,正可見中國民族,保守之力甚强,舊風習實未嘗失。胡服、胡言、胡姓,只是一小部分獻媚於異族之人所爲罷了。

明初的邊防,規模亦頗遠。對於北方,則以開平爲外衛,而宣大且爲内險。開平,今多倫縣。宣、大爲宣化、大同的簡稱。對於東北方,則將女真之地,分設海西、野人、建州三衛。海西在今吉林的西部,遼寧的西北部。野人,在吉、黑兩省的極東。建州,初設於朝鮮會寧府河谷,後移於佟佳江流域。現在黑龍江下流特林地方,尚存有明代勅建和重建永寧寺的碑文,都載有征服奴兒干及海中苦夷之事。見曹廷杰《西伯利亞東偏紀要》。奴兒干,地在黑龍江下流,明代曾設有都司;苦夷即庫頁異譯;可見明初對東北聲威之遠。但是此等局面,後來都不能維持。其在北方,則蒙古衰後,瓦剌强盛;瓦剌既衰,蒙古的達延汗,又繼之而起。中國對北方,始終立於防禦的地位。所維持的,不過是現在長城的一綫。其在東北方,則接近朝鮮的建州女真,漸次興盛。海西、野人,都爲所征服。而明朝政治腐敗,流寇、内訌,不可收拾,終於又成滿洲人入據中原之局。

滿洲人自稱建號爲清以前,滿洲爲其部名,亦即爲其國名。其實據近來所考究,絶無其事。滿洲二字,明人書作滿住,乃係大酋之稱。其部落,實爲明代的建州女真。始祖猛哥帖木兒,曾入侍朝鮮李朝,受其官職。後來乃受職於明,爲建州衛的指揮使。清初史料,中國無存,朝鮮、日本,所存轉較多。近年來考究此問題的,有孟森的《心史史料》(時事新報館本)。後又撰《清史前紀》(商務印書館本)。章炳麟亦有《清建國别紀》(自刻本)。若爲簡便計,拙撰《中國民族史》第七章,亦可供參考。所以清朝的先世,亦和渤海、金朝一樣的，係受朝鮮的啓發。而清朝人在民族精神上，亦頗以金朝人的繼承者自居。建號曰清以前，實曾定國號爲金。後來因怕挑起漢人的惡感情，所以自行隱諱掉。

他的文化，又較金人爲高。所以其猾夏，亦更甚。當其未入關時，即能譯讀漢文。太宗崇德元年，曾集諸王、貝勒、大臣，命弘文院官清初三院之一，掌譯漢書。讀《金史·世宗本紀》，諭以勿忘舊俗。入關以後，康、雍、乾諸朝，還很兢兢於此。其尤甚的，則强迫漢人，悉數薙髮易服。這是遼、金、元等歷代異族，所不敢行的。因此引起江南民兵的反抗，死者無算。他當入關以後，即圈佔漢人的田地，以給旗人。又令八旗軍兵，駐防各省；這也和金、元兩朝所爲無異。其深謀遠慮，爲前此異族所想不到的：則爲（一）大興文字之獄，焚毁書籍，以消滅漢人的民族思想。（二）封鎖滿、蒙，不但關東三省，不許漢人移殖，即蒙古亦在禁止之列；而自己則和蒙古王公，結爲婚姻；且陽爲崇信喇嘛教，以結其歡心。如此，一方可防其本族人同化於漢人；一方可保守其故土；並可聯合蒙古，以制漢人。這種深謀遠慮，真是前此的異族，所夢想不到的。

然而藏舟於山，夜半，有力者負之而走。劣等民族的同化於優等，到底非政治之力所能防止。清人當入關以前，其凌厲無前之氣，可謂不可一世。然而入關以後，即迅速變遷。到吴三桂等舉兵時，旗兵即已毫無用處，而轉靠緑營的爲虎作倀。嘉慶時川、楚教民之亂，咸、同時的太平天國和捻亂，其非滿洲人自力所能戡定，更不必説了。至其人民，則其既不能勤事生産，又失其强悍善戰之風，亦與金人同。而且實際亦已同化於漢族。不過在清代，他們是個特權階級，靠領饟爲活的，所以特别養成懶惰的性質。又清代駐防的旗兵，是自成一個區域，不與漢人雜居的。所以其服裝、語言（並非滿語，只是中國的方言，如住居在南方的，仍説中國的北方話）、生活習慣等，在滿清遜位以前，始終與漢人小有異點。然而這實在算不得什麽異同。所以到滿清一滅亡，此等人特權一消失，一經散開居住以後，即和漢人更無區别。在内地的如此，在關東三省的，亦因漢人移殖力之偉大，清朝的封鎖，逐漸爲所突破；循優勝劣敗的公例，逐漸同化於漢人。在今日，吉、黑兩省中，未同化於漢人的民族，也只是極少數了。

漢人的民族主義，因明、清之間，經過一次的磨礪，而愈覺其光晶。其尤可注意的：則（一）顧亭林先生説："有亡國，有亡天下。""保國者，其君其臣，肉食者謀之；保天下者，匹夫之賤，與有責焉。"亭林先生這句話，在其《日知録》第十三卷《正始》一條中。正始是曹魏的年號，晉人清談之風氣，起於此時，其後遂繼以五胡之亂。五胡之亂的原因，固未必就是清談，而亭林先生之意，則實指其所謂“易姓改號”者爲亡國，而以晉代懷、愍二帝被虜於異族等事爲亡天下；不過當時在文網之下，不能明言而已。其所謂國，就是現在所謂王朝；而其所謂天下，即是現在所謂國。以中國的情形言之，亦可謂即中國人所建立的民族國家。其民族意識，可謂很明顯的了。（二）則中國此時，受異族的壓迫，已經好幾次。物窮則變，於是懷疑到我們的文化，必有欠缺的地方。在從前，尋根究底，自然歸結到政治上，於是有黄梨洲先生的《原君》（在其所著《明夷待訪録》中），攻擊到君主專制政體。這是因民族的不競，籌畫補救的辦法，爲最近的國體變革，立下一個很深遠的根原。以上是從思想一方面說。若論實際行動，則明清之間，消極的抗志殉節，積極的起兵反抗者甚多。即至事無可爲，而仍相率爲祕密團結，留下民族主義的根苗，以爲他日光復的預備。現代的革命，還得其力不少。鄒魯《中國國民黨史稿》（民智書局本）第一篇第一章：“美洲各地華僑，多立有洪門會館。洪門者，當清康熙時，明朝三五遺老，見大勢已去，無可挽回，乃欲以民族主義的根苗，流傳後代；以反清復明的宗旨，結爲團體，以待後有起者，可藉爲資助也。”案孫中山從事革命，最初贊助的，實爲會黨。學生、新軍等的贊成，都是較後的事。清代二百二十八年中（從一六八三臺灣鄭氏滅亡的翌年起，至一九一一年清室滅亡止），看似漢人戢戢於異族羈勒之下，其實反抗運動，是無時而絶的。有名的曾静之事敗後，清世宗曾因此降旨，說：

> 從前康熙年間，各處奸徒竊發，動輒以朱三太子爲名。……近日尚有山東人張玉，假稱朱姓，託於明之後裔。……從來異姓先後繼統，前朝之宗姓，臣伏於後代者甚多；否則隱匿姓名，伏處草野；從未有如本朝奸民，假稱朱姓，摇惑人心，若此之衆者。

平心論之，朱明一朝，君主之昏愚，宦官之專横、勾兵、開礦、偵緝等騷擾，可謂歷代所無。簡而言之，明代的政治，是紊亂的、暴虐的，有何足以追念之處？然而嘉慶初年的川、楚教民，其首領王發生仍自託於明裔，可見民族主義的氣勢，十分蓬勃。君主爲國家的代表，而中國爲民族國家，在當時，忠於本族的君主，即是忠於國家，忠於民族。不過有許多給清朝人諱飾掉，我們今日無從知之罷了。然而到底有諱飾不盡的。至於彰明較著，無從諱飾的，像太平天國等，那就更不必說了。“自由如樹也，溉之以革命之血而後生長焉。”清末革命黨人答覆張之洞勸告的信裏的話。我亦說：“民族主義如樹也，溉之以民族革命之血，而後生長焉。”我們固然没有復仇之念，然而錯誤是要矯正的。以少數文化低的滿洲人，統治多數文化高的漢人，不能不說是一種急待矯正的錯誤。所以至滿洲末年,民族革命主義,復風發泉流,與政治革命,携手同行,以完成今日國爲民有之局。

構成民族幾個重要的條件:歷史:凡侵入中國的民族,大概都是很短的。地理:他們既然侵入中國之後,對於其本土的關係,自然也就薄了。風俗:在淺演的民族,確有很醇厚質樸的。惟意識不能不受生活的決定,他們侵入中國後,既不能不改從中國人的生活,自然舊風俗也漸漸的消滅了。宗教:契丹的住地,和中國很接近;事實上,他和中國接觸亦較久;所信仰的,就是中國所盛行的佛教,自然不生問題。金、元、清所信仰的,是亞洲北部的一種巫術,即所謂薩滿教。此種程度較低的宗教,和世界上的大宗教相遇,自然不能度長絜大的。所以金、元、清入中國後,其固有的信仰,即不見有何勢力。惟蒙古人信仰喇嘛教甚篤,替現代的蒙、藏關係,立下一個很密切的根基。語言:如元代帝王,大都不通中國文,實在是個例外。此外,凡異民族既入中國,大抵不久即能操漢語;稍久,就并其本族的語言而忘掉了。其高等人受教育的,則大都能通漢文;學問家及文學家亦不少。這亦是日常生活和高等的文化,迫之使不得不然的。遼、金、元、清四朝,都自有文字。金人曾特立女真學。其科目,亦有所謂女真進士,都是要讀女真文的書籍(翻譯的中國書),做女真文的策論的。元朝亦是如此。元朝當未有文字時,曾借用過回紇文。所以後來,除蒙古國子學外,又有所謂回回國子學。終元之世,回文亦未能廢。然此等文字,實際無甚用處,不過迫於功令,有時不得不用而已。如頒行各地方的文告,必須以蒙古字爲主,而以其本國的字爲副。見《元史・百官志・蒙古翰林院》下。至政治勢力一旦失去,其文字自然亦即隨之而廢棄。種族:則滿、蒙亦同是黄種,形體上的差異,本來不甚顯著。所隔閡的,反是在文化上(民族的而非種族的)。民族既能同化,種族上自然不生問題了。在元代,中國和西域交通,特别繁盛。歐洲人東來的,自然較前代爲多。然置諸中國社會中,則亦太倉之一粟而已。此少數的異方人,到中國來,一切文化,自然不得不接受中國的。所最難同化的,當在宗教。然中國人於宗教,向主寬大。只要不妨害公共秩序,善良風俗,一切都聽其自由。天下惟不壓迫人的,人家亦不固執其所固有。所以宗教一端,在民族同化上,亦不發生問題。

如此,在近世一千年中,中國民族在武力鬥争上,雖然迭遭失敗,而在文化鬥争上,仍佔優勝,依然爲一龐大優秀的民族,立於亞東。

第八章　中國民族的現狀怎樣

誰都知道：自西力東侵以來，中國遇着一曠古未有的變局。前此所遇的異族，至多武力爲我所不逮；到現代，便文化的優劣，也發生問題了。民族既以文化爲特徵，與優等的異民族相遇，自然我們的民族，也感受着重大的威脅。

文化進展到一定的程度，便要發生平衡的現象。這話，在前文業經説過了。所謂平衡，便是樂於保守，憚於改革；非加之以外力，則不能大變。中國文化，在東亞的一個區域中，其發展，可説是已達於高度。向來同我們接觸的民族，其文化程度，都較我們爲低。其文化的趨向，與我相異，而足給我們以一種刺戟的，只有印度。但是印度的佛教，自漢代輸入中國以來，經過魏晉、南北朝、隋唐時代的攝取，再加以宋、明時代（理學時代）的改造，業已與我國的文化融合爲一；又成平衡的現象了。當此情勢之下，非環境大變，我們的文化是不會有急劇的改進的。所以近世世界大通，和歐洲趨向相異的文化接觸，實給我們民族以甚大的進展的機會。

一個民族的文化，當其發生劇變之時，總不免相當的犧牲和苦痛。當這時代，對於新文化，深閉固拒愈甚，則其所受的犧牲和苦痛愈深。中國民族，是以"易"爲其哲學思想，以"中庸"爲其踐履的標準的。見第四章。所以對於新文化，最能歡迎和吸受。"前此於科學，雖有所欠缺，然亦從無仇視科學的事物。所以科學知識的發展，絕無阻力。和歐洲中世紀，時時見阻於教會的，大不相同。"羅素之説，見其所著《中國問題》。歐洲的文化，其異於我而足以補我所不足的，厥惟科學。論理：中國人對於科學，應該極其歡迎，而且科學，除其本身價值之外，本尚有其應用的一方面。在應用的一方面，其利益尤顯而易見。生產、運輸等技術，及其所使用的器具，單在物質方面，不與舊社會的組織，發生衝突的，本具傳播的性質，而易爲人所歡迎；即較頑固的民族，亦係如此，何況中國呢？然則歐洲文明的東來，似應一帆風順，毫無阻力。從十六世紀到現在，爲時已歷四百年，中國早該能接受西洋的文化，吸收、消化；自己的文化，早就焕然改觀了。却到現在,還在改革的途中,而民族且正臨着重大的危機,這又是什麼理由呢?

精神文明的轉變,本需要相當的時間。以中國之大,向來文化根柢的深厚,本非短時間内所能改變。況且精神文明,是要以物質文明爲其基礎的。固然,現代的生産方法,改變了現代的社會經濟;然亦要社會的經濟組織達到相當的程度,才能利用現代的生産運輸……器具。譬如在工價低廉之處,使用機器,未必較使用人工,成本會低廉,機器就不易被採用。又如偏僻的地方,貨物的交换(無論輸出與輸入),都只限於相近之處,新式的交通器具,就不甚感覺其必要。如此,物質文明的輸入,自然要相當的時間。精神文明,是以物質文明爲基礎的。物質文明未興,"自然的"和"社會的"環境,都没有改變。人類的精神,自然不會絶跡飛行,憑空突變。如此,以中國之地大人衆;腹裏的區域,和現代文明接觸的艱難;從西力東侵到現在,而有現在的狀況,實在並不算遲。

還有一件,略爲西洋文化輸入的障礙的,便是中國民族,在近代以來,疊受壓迫的事實。中國民族,是最爲寬容的,最不固執的。對於異民族的文化,固然最能歡迎;即其對於異族,亦毫無歧異嫉視之念;看前面幾章所述,已經略可明瞭。然而我們以和平待人,人家未必都以和平待我。從第十世紀以來,遼、金、元、清,迭次侵入,我民族所受的創痛,不可謂不深;因此而略有偏狹、疑忌之見,也是理所當然的。還有一端:中國人向來最怕的是海寇(因其根據地不易找到;即找到,亦不易剿滅之故)。而自元末至明中葉,又大遭倭寇之患。格外養成畏惡海寇的心理。而歐人的初至,却自海道而來;其船堅砲利,又非前此海寇之比;自然要引起中國人的疑忌。天下惟不知其真相的東西,最爲可怕。自西力東侵以前,中國人對於世界地理,是全不清楚的。西洋各國,究在何處?是何情形?其國究有多大?國數究有若干?這許多,全不清楚。正和我們一個人,對於所與交涉的人,全不知其根柢一樣。如此,安得不疑懼?再者:文化的傳播,是物質的、技術的較易,而在精神一方面較難;尤其是涉及倫理、宗教等等,和社會的傳統思想有關的。而西人初來,通商之外,便是傳教。通商既因海寇的嫌疑而被畏惡;傳教則基督教惟拜一神,禁止拜祖宗,拜孔子,尤與我們的習慣相反,而爲我們所不能了解。而西教士的博學多能,堅苦卓絶,更易疑其傳教係"有所爲而爲之"。疑心既生,真相就易隱蔽,視基督教爲邪教之流的謡言,雖有知識的人也不免相信了。這是西洋文化到中國來,所以未能一帆風順,暢行無阻,而要略遇頓挫的原因。雖然如此，我們歡迎西洋的科學，實在不可謂不速。試看明末利瑪竇、湯若望等初來，中國像徐光啓、李之藻一班人，對其科學，即備極歡迎，盡力介紹，並引進其人於朝，改正曆法，製造槍砲等事，無不令其參與可知。羅素謂“科學知識，在中國的發展，毫無阻力”，固不得不承認其說之確了。

但是以中國之大，向來文化根柢之深，要一旦翻然大變，至於能與現世界相適應，而毫無扞格，這自然是不可能之事。即使能之，亦非中國之福，並非世界之福。因爲變得太快，就是舍己從人；並非融合人我，以發生一種新文化。如此，以中國民族言之，固然等於滅亡；就全世界論，亦是很大的損失。因爲我們的文化，自有其優點，爲世界所不可少；而爲其他民族，所應當採取，以補益、修正其文化的。然而中國民族，在暫時就不能不受着壓迫，而遭遇着危機了。

中國民族，在現代被壓迫的情形及其經過，是大家都知道的。因爲學校中歷史一課，對於近代，講述總要詳細些；而且這類的讀物也較多；在報章雜誌中，亦時常提及；所以我現在只提挈其大要如下：

中國民族，在近代的受壓迫，可以分爲幾個時期：

其（一）：自西人東來，至五口通商，可稱爲强迫交通時期。試看年代較早的書籍，說到交涉，總係以通商、傳教並提。可知西人之初來，和中國有關涉的，就是這兩件事。其初，中國人因前面所述的關係，對於此二者，雖不絕對拒絶，也不十分歡迎；而西人却不肯放手。隔閡之餘，終至以兵力强迫。至此役，而西人的目的達到。

其（二）：進一步，便在我國攫奪許多權利，且侵削我的邊境和藩屬。前者如領事裁判、關税協定、内河航行等條約。至中日戰後的《馬關條約》許外人在我們通商口岸設廠製造而極。後者如俄之於黑龍江及新疆，英之於哲孟雄及緬甸，法之於安南，日之於琉球。亦至中日之戰，朝鮮脱離，臺灣割讓而極。

其（三）：藩屬既盡，本土的權利喪失又多，於是有瓜分之論。畫定中國的某地方，爲某國的勢力範圍。要求我國訂約承認，或聲明不得割讓他國。彼即視爲禁臠，於其中攫奪種種的權利。既已損害主人，又要排斥他國。因此，又有“門户開放，領土保全”之說。想以前者緩和列國間的競爭，維持其在中國工商業均等的地位；後者維持其在條約上所已得的權利（因爲領土如有變更，條約即隨之廢棄）。這就是所謂均勢。自清末至現在，中國外交上的形勢，即飄摇於此二者之間，均勢而能維持，也是靠人家的力量，來維持自己，很可恥，很可憐的，尚且求之而不得，時時爲野心之國所破壞。至暴日佔據東北，而中國的危機，達於極點了。

以上是就政治言。至於就經濟上説：則我國現在，所謂以舊式的生産而行新式的消費。民族的工業，被壓迫至不得振興。商業幾於都是販賣外貨，而從中沾取若干利益。實在等於做外商的代理人（所謂買辦階級）。甚至幾千年來，恃以立國的農業，亦因帝國主義的剥削，而陷於衰頹的狀況。以文化論：則舊者既已動摇，新者又未確立，全國人民遂都陷入旁皇無主之境。當這情勢之下，中國民族的情形，究竟如何呢？我請略説其大概。

近代的日本，有所謂南進論和北進論。南進論是向南洋羣島開拓，北進論則向亞洲大陸進攻，都帶有侵略的性質。中國雖向不以侵略爲務，然事實上，民族拓殖的形勢，亦係如此的。以地理論，北方陸地相接，移殖自然較易。但因天時地利，都不甚適宜。兼之國家的兵力，不能抵禦蠻族的侵略。漢人開拓未幾，即遭游牧民族的蹂躪。所以終未能在本部之北，造成一片極繁榮的地方，而將游牧民族悉數同化。如現在的熱、察、綏，在秦漢之世，即已開建郡縣，然至近世，仍是蒙族游牧的地方，現方從事於開墾，即其一例。南方天時地利，自然都較北方爲優。然而究竟遠隔着重洋。後印度半島雖然陸地相接，然往來亦以海路爲便，所以向來所謂南洋，連後印度半島亦包括在内。人民從事商販則易，經營農礦等定住之業較難。所以移殖之衆，亦必有待於近世。近三百年來，就移殖上論，確乎和前此迥然不同。其（一）：因吉、黑地方，漸次開化，漢人移殖較易；而遼東西一帶，亦極安静。其（二）：則向爲中國大敵的漠南北地方，居其間的蒙古人，因信仰喇嘛教故，而漸即於平和。三百年以來，北方殆無邊患。其（三）：只有一個崛强的衛拉特，却給清朝人打掉了。對於西北邊的權力，亦較歷代爲伸張。其（四）：西藏因喇嘛教的盛行，和蒙古、青海都發生密切的關係。其和中國政府的關係，也自然更爲密切。所以以形勢論，漢、滿、蒙、回、藏五族，各自發展，至於近代，確有漸趨同化之勢（關係的密切，便是同化的先聲）。事實上業經做到怎樣了呢？則以滿族的同化，成績爲最優。關東三省居民，十五分之十四，均爲漢人。見東北事變後，國際聯盟所派調查團的《報告書》。這是因其地利，最適宜於漢人移殖之故。至於蒙古，則其地較諸關東，較宜於牧而不宜於農；西北和西南兩面，交通都較困難；又距中國人口密度最大的地方較遠；所以移殖的成績較差。但是熱、察、綏、寧夏、青海等省，在前代，本亦曾開建郡縣。當時開拓的成績，亦並不算壞。不過民族間相互的關係，未能如近代的密切；薄有成功，旋被破壞。近代民族間的關係，既非昔比，此等成功，就可望其不再退轉了。

南方諸民族，因其所居的險阻，歷代對漢族，没有大規模的鬥争；然亦因此，而漢族拓殖同化的進行，不能甚速。以大概論：湖南的開拓，是經隋唐兩代的努力，至宋熙寧之世而大定；又經過清朝乾隆末年的苗亂，而後竟其全功的。雲南當唐、宋之世，還獨立爲南詔（大理國）。至元代，而其合於中國始定。貴州至明代，才列爲布政司。廣東的西部和廣西，雖久列爲郡縣，然實際上蠻族亦甚多。都經過元、明、清三代，對於土司的管束漸嚴；改土歸流之事亦漸多；人民的移殖，和國家政治之力，相攜並進；然後達到今日，十分之八九，都已開闢的地步。中國西南方的疆域，在前代，本較現在爲廣。安南在唐以前，固是中國的郡縣，明代還曾暫列於郡縣。即緬甸，在元、明兩代，亦還是中國的土司。因民族同化之力，有所不及，到底分裂爲獨立國。這許多地方，讀史的人，大抵不免痛惜。然而其實不必的。爲什麽呢？因爲民族的力量是真的；國家的政治，實在只是表面上的力量。民族而既已同一，政權即使暫時喪失，將來總是會恢復的。民族未能醇化，而硬建設一個政權於其上，不唯終不穩固；即能勉强維持，實亦甚屬無謂。况且勉强維持的强力，亦終是不能維持的。中國歷代的開拓，和現在帝國主義者的侵略不同，是靠民族的力量，漸次進行的；不是靠政治之力，一時强佔；所以其成功雖緩，而其收效則真。西南一帶的開闢，看似頗遲，然而今日，可稱開闢的地方，却可保其更無問題的了。因爲國家的境界綫，就是民族的境界綫。安南、緬甸等，未能全然同化的地方，暫時政權的放棄，實在不算什麽失敗。因爲天下事是要取其實的，不必徒騖虚名。然則中國對西南諸族的同化，何以如此其緩慢呢？這是民族同化的本質如此。因爲同化是以德服人的事，非以力服人的事。提攜誘掖到人家下層的基礎，和我們一樣，而其上層建築，自然隨之而吻合，是非經相當時間不可的；是不能以人力强迫的。如其强迫，只有引起反抗，並無實益。中國向來同化異族，其進行，是順着自然的趨勢的。既要自然，就不得不緩慢；惟其緩慢，所以成功確實；緩慢並不足爲病。

對於海外的拓殖，近代也有很大的進展。中國民族的海上交通，由來甚早，已見第五章。南北朝以前，移住的情形，不甚可考。至唐時，則移住者漸多。大抵以蘇門答臘爲薈萃之地。元時，又移殖於爪哇。當時的人，稱爪哇爲新邨，蘇門答臘爲舊港，可見此兩處爲華僑最多之地。至明初，則因鄭和的航行，國威大張於海外。華民移殖的亦更多。馬來、菲律賓、婆羅洲、摩鹿加各島，均有華人的蹤跡，且多握有大權。此節根據劉繼宣、束世澂《中華民族拓殖南洋史》（商務印書館本）。就造成華人在南洋，深根固柢的勢力。自西力東侵以後，雖然南洋羣島，爲其瓜分殆盡；後印度半島，除暹羅外，亦皆爲其所併吞；政治上的權力，都落入異族手中，我們到處受其迫害；然而中國民族，在南洋的，仍屬不少。合計其數，仍在四百萬以外。南洋華僑之數，據張其昀《中國民族志》（商務印書館本）：安南四十萬。暹羅一百八十萬。英屬馬來等地，一百二十萬。荷屬各地七十萬。非利賓羣島四十萬。

中國民族進步到這個樣子，就和現在所謂帝國主義者相遇了。政治上領土和藩屬的侵削，經濟上農工商各方面的壓迫，已述於前。他們再用一種手段，引誘我國内的少數民族，想使之與漢族分離。如近幾十年來，外蒙古的獨立，西藏的糾紛，新疆的叛變，都有一個或數個帝國主義者，指揮或嗾使於其後。到東北的事變，就更其明目張膽，公然劫奪了。我民族向外的自然發展，則到處遇着侵害。如往美華工的被禁；華工之被禁止，始於一八八一，即前清光緒七年美國的排斥華工。在南洋的華僑，疊遭苛待是。而尤爲可怕的，則爲文化上的壓迫。最近江亢虎先生，在日報上發表了如下一段的文字。見民國二十三年十一月十八日上海《申報》。

> "昔日戲言身後事，今朝都到眼前來！"我國人儻欲豫知亡國以後，固有文化，成何景象者，請北遊大連，南遊港、澳；……更游……安南……臺灣。安南……割讓於法人，……被帝國主義根本統制。……遍設法文傳習所；創造羅馬拚音字；禁止公私機關使用漢文。……今……除最少數官吏、文人外，……不但不能讀漢文書；乃至本人姓名，原係漢字者，亦已不能識、不能寫，……只能以羅馬字拚出。……歷史遺蹟，散在民間者，盡數蒐羅，入政府所辦遠東博物館。館中附設一遠東學院，聚法國考古家及南安老學究數十人，研究保存，作爲特殊階級的專門學科，而其影響之及於社會與人生者，則掃地以盡矣。……臺灣……割讓，留者一律登記，爲日本籍民。……强制以日本語爲國語。公用場所，禁用本地語，即厦門語。……公學教科書，由總督府特别編製。所有漢字，均依假名讀和音。今三十歲以下之人，除特别例外，如專研究文學者、曾受家教者、留學中國者，無能作漢文，亦無能以中國音讀漢文者。除官立學校……外，不准有……學習或研究漢文之機關。因此規定，華僑學校不准成立；僑民子女亦不准學習本國文字、語言。此真五洲萬國，亘古未有之奇聞也。……中華會館，……駐臺總領事，雖要向日本當局請願、交涉，……但曰："此帝國治臺方針，決不變更，亦不通融；並不解釋，惟有服從。"一面用極嚴厲手段，禁止一切類似學校之文化事業，拘捕其發起人、贊成

人,没收其産業。於是中國文化,非經過日本文化之同化者,在臺灣即不能存在。……

天下最可怕的,是文化的侵略。别種侵略,無論如何利害,你自己總還記得是自己;一旦事勢轉移,就可以回復過來了。獨有文化的侵略,則使你自己忘掉自己。自己忘掉自己,這不就是滅亡麽?民族是以文化爲特徵的。文化的侵略,豈不就是民族的危機麽?

中國民族的出路,在哪裏呢?

第九章　怎樣復興中國民族

古語説：殷憂所以啓聖，多難所以興邦。國家如此，民族亦然。我們有很大的國土；很多的人口；使用人數很多的語言；歷時極久、性質極優美、極偉大的文化。歷史上的事實，證明我們着着成功。短時間的挫折怕什麼？我們便該鼓起民族復興的勇氣。

但是復興民族，不是虚憍之氣所能濟事的。我們既要復興民族，就得深切認識：現在民族的病根在哪裏？是怎樣的病情？病狀既明，然後從根本上施以救治。

民族的特徵，既是文化；我們的民族，既然處於被壓迫的地位；那我們的文化，自然總有缺點的。我們不該自諱。同理：我們是世界上最大最古的民族，那我們的文化，自然也是有優點的，我們也不該妄自菲薄。然則中國文化的優點和劣點，到底在哪裏呢？

這個問題，若要舉具體的事實作答，真是更僕難窮；而且零碎的事實，也未必能表示整個文化的性質；我們必須要一句較爲概括的話。羅素説得好："西方文化的優點，是科學方法。中國文化的優點，是合理的生活觀念。"見所著《中國問題》。這句話，可謂一語破的；真能道出東西方文化異同優劣之點。中國人是注重於人與人的關係的。所以自古以來，所苦心研究的，是修身、齊家、治國、平天下之道。其於實際的應付，則注重於治人。西洋人所注重的，是人與物的關係。苦心研究，專想闡明事物的真相，求得其不變的法則。因此上發明了科學，及其實際的應付，則注重於治法。人是較爲活動的，物是較爲呆板的。中國人以爲呆板之物，生不出什麼問題來，不肯用心去研究，所以不會發明科學。西方人則習慣於研究"物"。其治社會科學，分明所研究的對象是人；是人所做出來的事情；然而亦想以研究"物"的方法行之，於紛紜蕃變的人事中，求得其不易的定則。二者可謂各有所偏。物，誠然是呆板的，不會有意與人爲難。然而對於物的性質不明白，因而駕馭物的方法不盡善，則這呆板之物，已儘足做人類發展的障礙了。在中國人的意思，或者以爲人和人的關係，弄明白了，對於物的措置，自然不成問題。而不知受了物質方面的牽制，人與人的關係，也是不能盡善的。譬如老話説："倉廩實而知禮節，衣食足而知榮辱。"然生產之法不精，防患之法不周，不能戰勝天然的災害，何法使之倉廩實、衣食足呢？社會現象，雖非絶無定則可求，然而究竟只是一個大概。人，到底是有選擇的自由的。雖然選擇的自由，仍受一定的制限；然在一定的制限以内，究有選擇的自由。絶非像無生命之物，或低級的生物一般，加以一定的刺激，可得一定的結果。所以人要極端的控制人，是很難的。譬如現在，帝國主義者壓迫異民族，他們豫算定，用了某種方法，一定可得某種結果的；在實際，或者適得其反。舉個實例：法國、日本，在安南、臺灣，禁用漢文，他們以爲如此，可以使當地人民，忘掉中國，和他們親近。然而這種舉動，或者就是漢文在安南、臺灣復興，及安南、臺灣人排法、排日的原因。現在禁之數十年而不能絶，將來或者有一兩個人提倡，在短時間内就會風行全境的。所以論人對人的關係，還是照中國的老法子，寬大一些的好。

如此，中國民族和西洋各民族的異同優劣，就可以了然；而中國民族復興所應取的途徑，也就可以不煩言而解了。中國所最缺乏的是科學。惟其有科學，對付起"物"來，事前才算得定；而辦理的手續，也可以一無錯誤；工力才可簡省；而任何浩大的工程，亦都可以舉辦。人類制伏自然，利用自然之力才强。制伏自然、利用自然之力强了，供給人類發展的物質基礎，才無所欠缺。所以中國今日，對於西洋人的科學方法，是應該無條件接受，迎頭趕上去的。至於人對人的關係，則仍宜保存中國之舊。民族的性質，是定於人與人相關之間的，人與物的關係，倒在其次。譬如日本，一切器械、技術等，在從前，可説無不取法於我，然而彼仍自有其民族性，所以中國，儘管無條件接受西洋人的科學，民族性決無消失之虞，只有發揚光大。次於科學的，則民族自衛的武力，亦宜爲相當的提倡。這並非像西洋人一般，專講發展自己，視他人如"物"，到他認爲於己有妨礙時，便拿來作犧牲品。實在人在世界上，要求生存的權利是有的。到他人要妨害我的生存時，我們自然也不能不迫而自衛。中國民族，近一千年來的創痛，都失敗在武力不足上，已如第五、六、七三章所述。於此點，我民族中任何一員，都不可不猛省的。

自五口通商以來，可以説是我民族受外力壓迫的時代。自戊戌變法以至於今，可以説是我民族受外力壓迫而起反應的時代。前此固非全不認識西洋人的長處。買槍砲、買兵輪，進而至於自己立船廠，設製造局，……也算覺得西洋人的長處了。然而總以爲西洋人的長處，不過如此。此等一枝一節之事，民族間互相仿效，是常有的事，中國最切於生活之物，如木棉的栽種、紡織，來自南洋；蔗糖的煎熬，出自摩揭陀國。見《唐書》本傳。算不得文化的大變動；所以也算不得我們民族的有覺悟。到中日之戰以後，就不然了。我們知道他們之所以强，並不在於這些械器之末，而另有其根本的。於是始而想變法維新，仿效其政治。繼而擬議及於政體。再後來，就知不僅是政治，軍事……一部分的關係，實在整個社會，都是有關係的。於是所擬議的，遂及於社會組織，學術思想……根本的問題。到這時代，我們可謂承認我們的文化，有改造的必要了。我們也可以説：業經走上改造的路了。我們的覺悟，並不算遲；我們所走的路綫，也並没有錯；至於一時未能見效，則事情的體段大了，原非旦夕所能奏功，這並不算無成效。我們不必因此灰心，反當益勵其勇氣。

試看我們國内：反對改革的人，可説是没有了。改革的事，也在逐漸進行。然而我國民族性的堅强，依然如故。除極少數有特别原因，或性質偏激者外，對於本國的文化，依然珍視，絶無鄙夷不屑之意。在國外的，愛國、愛民族之心，尤其深切。華僑對於革命的功績，是衆所共知的。外蒙古、西藏等，雖然受着帝國主義者的誘惑或迫脅，一時似有離心的傾向。然而這不過是少數人的所爲，多數民族，心理未必如此。這少數人，雖然一時被誘惑、迫脅，然而帝國主義者的對待異民族，是以優者朘削劣者，甚而至於屠滅劣者的，和我國以優者提攜劣者，啓發劣者的，大不相同；積習難移。現在被誘惑的少數人，終有回面内向之一日。而且此事並不在遠，只要我國政象一清明，國事一安定，立時可以實現的。而政象的不清明，只是表面上的翳障；大風一起，即陰霾皆散，四野清明。到這時候，我民族現在暗中所做的工作，就一一顯出效力來了。光明已在前途了！只在不遠的前途！請努力以赴之！

芮恩施公使説得好："從各方面情形看起來，中國已是一個完全發展的民族了。……蒙古、西藏，雖因宗教關係，有種種特殊的社會制度和習慣，然而主要部分的語言、風俗和種族系統，已足使中國國家根基穩固。"Rheinsh（芮恩施），前美國駐華公使。此處所引之説，見其所著《平民政治基本原理》（羅志希譯，商務印書館本）。何況以前事觀之，現在未同化部分的同化，也總是可以實現的呢？我請再將歐洲的羅馬和我們自己，作一比較，以壯讀者之氣。

在世界史上，可以和我們比較的國，只有一個羅馬。然而羅馬早就滅亡了。這是爲什麼？因其只造成國家，而未造成民族。羅馬的兵力，何嘗不强？其疆域，何嘗不廣？其治法，何嘗不完備？其宫室，道路……物質文明，何嘗不堂皇富麗？然而一解紐，就風流雲散，不可收拾了。歐洲再沒有一個大帝國出現了。各民族各自發展，分歧的益復分歧，而且日趨固定，遂成爲歐洲今日的局面。爲什麽羅馬不會造成民族呢？即由於羅馬人的政策，近於朘削四方，以莊嚴羅馬；這就是朘削異民族以自肥。所以"愛人者人恆愛之，敬人者人恆敬之"；惟不歧視他人者，人亦不能與之立異；在民族與民族，個人與個人之間，並無二致。這就是我國民族，可以爲世界民族模範之處；亦即從前的所以成功。從前業已成功了，今後還宜照此進行。

雖然如此，民族主義也是不可以忘掉的。我們非不贊成大同。在距今二千五百年前，我們的大聖人孔子，就早將大同的理想，昭示我們了，難道我們不贊成？但是我們作事，眼光要看得極遠，脚步要走得極穩；要以最高遠處爲目標，而從最切近處做起。大同的理想，未嘗不高，然在今日，實苦無從着手。現在能自覺其爲一國民、一民族員的人甚多，能自覺其爲全世界人民中的一員的人很少。欲有所藉手，以自效於本國家、本民族之途很多，而欲有所藉手，以自效於全世界之途甚少。這並非我們偏狹，現在實際的情勢，實在如此。我們也並非就把大同主義抛棄，却必須有一着手之途。於此，當知致力於部分的，與致力於全體無異。現雖致力於部分，至其結合成一體時，其功效仍在，並不亡失。而且現在對部分的致力，亦正所以促進其結合的過程。若竟要致力於全體，其如各部分尚未結合，全體並無其物何？現在世界上各種特殊的文化，都是將來大同時代文化的源泉。我們要盡力於大同，要盡力於全世界，對於本族的文化，就不可不善自保守，發揚光大。國籍可以在短期間內取得，民族員的資格，是不能的，可見其非短時間所能造成。凡非短時間所能造成之物，亦必非短時間所能毁棄，因爲其確有客觀上的需要。所以民族主義，在今日是值得提倡的，而且是必須提倡的。只不要過分陷於偏狹就是了。

第十章　中國民族演進的總觀察怎樣

中國民族的演進，在以前九章中，業已粗枝大葉，説得一個概略了。我們現在，請再用綜括之法，觀察一個演進的總趨勢。

民族是以文化爲特徵的。文化的差異不消滅，民族的差異，也永不消滅。但所謂文化，並不是永遠分立着的。文化的本身，是在或急或緩，一息不停地變化着的。而且其變化，總是日趨於共同。世界上各種文化，果能彼此混合，而發生一種"世界的文化"，原是極好的事。但其事非一蹴可幾；而各種文化各別的發達，正是世界文化的預備。因爲現在的人類，既處在各種不同的環境中，自有各種不同的需要；而滿足各種不同需要的方法，亦自宜在各種不同的環境中造成。所以世界上各個民族，對於世界全體，可以説是都有貢獻的。（一）自己發達其文化，（二）亦不阻礙他人文化的發達，實爲各民族對於世界所應負的責任。

造成文化的分立，地理可以説是一個最大的原因。地表的形勢，和自然地理上其他的條件，把人類所住居的地方，分成許多區域。各個區域之中，人類的自然環境，既不相同；而彼此往來，又受限制；自然造成各種不同的文化。文化是有傳播的性質的。一種特殊的文化，往往向其四圍而顯出輻射的作用。如此，兩種不同的文化相遇，劣者便被優者所消滅，這就是文化的所以日趨於共同。在現代，世界大通，全世界上各種文化，都已互相接觸了。以前雖不能如此，但在一個較小的區域中，其文化亦時時互相接觸。這所謂區域的大小，是並無一定的。大概時期愈早則愈小，隨着交通及社會的進步而擴張。在現代世界大通以前，葱嶺以東，喜馬拉耶山系以北，阿爾泰山系以南，略與今日中國的國界相等，可以説自成爲一個文化區域。在此區域以内，彼此的文化，關係較深；對於這一個區域以外則較淺。在此區域之内，中國是文化的中心。其文化，不斷向四圍輻射。過去數千年的民族，被同化於中國的，已不知凡幾；而此項作用，現在還在進行；將來很有把這一區域内的民族，陶鑄爲一的希望。——雖然現在還没有完全成功。

我們若校勘其已往的成績，大概的形情是如此：

（一）就中國本部而論，則黄河流域，開化最早；長江流域次之；珠江流域又次之。這是民族的開化，要在寒暖適中的地方，太寒太暖，都不相宜之故。就此點論，黄河流域，在東亞，可謂最爲適宜，遂成爲本區域中文化最先進之地。

（二）以地味論，本部以外，關東三省，可稱最爲優良的地方。但以其氣候較寒，距文化中心地較遠，所以其開發較遲。直至公元七八世紀間，渤海建國，而其土著的民族，才有顯著的進步。但是其開發雖遲，而進展則速，在近二百年中，十之八九，都已和漢族同化了。

（三）新疆、蒙古，地勢上合爲一高原；是一個乾涸掉的内海。蒙古全體成爲一大草原，最適宜於畜牧。以前的生産方法，不能變更這地理上自然的條件。所以自古以來，蒙古地方總是游牧民族所居住。而游牧民族性好侵掠，遂成爲中國民族的一大威脅。直至最近三百年内，佛教輸入其地，而其性質始行變更。天山南路，可居的多是沙漠中的島嶼（泉地）。此外則天山之麓。地勢不利於統一，所以自古無强大之國。却是其地早有定住之國；其劇烈變動，遠較蒙古地方爲少；又去西南亞均近；所以自古就能吸收西方和印度的文化；而至現在，遂成中國境内回教的大本營。中國如能騖心域外，這一條路，實在是和回教民族互相提攜的好媒介。

（四）青海、康藏高原，地勢較閉塞，地味亦較瘠薄，所以接受中國的文化較難。此區域中，地勢較平坦，地味較肥沃的，自然要推雅魯藏布江流域；其和文化早開的印度，亦最接近；所以西藏最初的開發，實受印度的影響；後來的文化，亦以承受印度的爲較多。西藏的文化，雖非純受諸漢族，然而漢族和印度的文化，關係也是很密切的，所以兩者之間，並無扞格。而自喇嘛教盛行以來，能够潛消蒙古人獷悍之氣；並能以此改變羌族的風俗，而使之日趨於統一，使漢族的同化，更易爲之。所以喇嘛教的傳播，於中國民族，影響亦是很大的。

（五）至於本部的西南各省，山嶺崎嶇之地，雖有苗、粤、濮三族雜居，然以地形論，不能自成一區。所以這諸族，在很早的時期，就成爲中國國内的雜居——非國外的對立的民族。其同化，總是遲早問題。

新世界的文明，未能發揚光大。舊世界的文化，則因其環境的各異，而各有其特徵。其最有特色，各爲一個特定區域的中心的，共有三種：即（一）中國文化，（二）印度文化，（三）西洋文化。此三種文化，可謂各有其特色。而中國文化，最注重於人生的實際問題，即人與人相處的問題，所以於同化他民族，爲力最偉。爲什麽呢？中國文化的特色，在於寬容、偉大。自己的文化，極其偉大，而對他人的文化，則極其寬容。幾千年來，住在我國内的弱小民族，保守其固有的語文、信仰、風俗，……我們都聽其自然，不加干涉。照近來學者的意見：一個民族，對待别一個民族的文化，應該同其對待宗教一樣，即聽其自由。歐洲人固執太甚，前此因爲争教，想消滅他人的宗教，推行自己的宗教，不知道引起多少糾紛。到近來才覺悟了。然其對民族的文化，還不覺悟。總想用强力消滅他人的文化，使之同化於我。而不知其適足以引起糾紛。所以主張民族主義的人説："歐洲的糾紛，並非民族主義之過，乃是阻遏民族主義之過。"這句話，真可謂一語破的了。關於此，只有中國人的見解，最爲聰明。所以絶不用强迫手段，而其所成就，反較歐洲人爲優。復次，則中國人的理想，以"易"與"中庸"爲其根本。因主張"易"，則看得一切事，都不是不變的；而且都是應該變的；所以易於吸收他族的文化。因主張中庸，故其所以自處，都是合理的。人誰不要合理呢？要合理，就不得不同化於我。現在未能合理的人，輾轉遷流，又誰能不終歸於合理呢？到歸於合理，就同化於我了。這就是中國文化所以偉大之處。但是一種文化，總不能無闕失的；而一件事情的長短，亦往往互相依倚。中國文化的短處，即在其過注重於人與人的關係，而對於自然，太被忽視，以致自然科學，不能發達，而其制馭自然之力不强。亦因其過於寬容，不注意於人爲的侵害，所以武力衰退，有時要受異族的壓迫。印度文化，已經有一度的接觸了。現在正和西洋文化接觸。而西洋文化，制馭自然之力極强；他們習慣於對付自然，有時對於人，亦視之如物，足以爲自己發展的障礙的，亦不免當作物，把他來排除；所以其侵略性質亦頗甚。我們於此，不可不兢兢注意。

雖然和西洋文化的接觸，一時似乎臨於危機，然而這正是我民族革新的好機會。因爲文化之爲物，達於一定的程度，是要發生平衡的現象的；非加之以刺激，則不能大變。西洋文化，和我既然各有所偏；他之所長，正是我之所缺；那正是我民族文化的好養料。我們能好好的吸收他，消化他，一定使我們的文化，更有嶄新的進步。同理：我們的文化，也一定能發揚其光輝，矯正他人，補益他人，這便是我民族對於世界的貢獻。

民族的自信力，是不可以没有的。近來有人，因中國一時的衰敗，不説是政治、經濟……關係，竟懷疑到中國民族的能力。甚而至於有人説:“中國民族，已經衰老了，不可復振的了。”這真是妄自菲薄了。我們只看見個體有衰老，幾曾見集體有衰老的呢？況且我們民族，不如人之處在哪裏？知識不如人麽？能力不如人麽？人家做過的豐功偉烈，我們哪一件没做過？我們創建如此一個大的國家，經歷數千年，而依然完固；我們吸合四萬萬人爲一民族，從没像歐洲這麽支離破碎，有不斷的鬥争；亦没有像印度這樣，文明雖古，而種族錯雜，語言錯雜，階級森嚴，自古以來，到底曾否有過印度國，現在的印度人，能否稱爲完全的一個民族，迄今還是疑問。只這兩端，便足以表顯我們的能力。我們現在，所以陷於困境，尋根究柢，不過近數百年來，科學的發達，比西洋人遲了一步。其他都是枝節問題；科學一發達之後，便都不成問題。科學不過是人所發明的事情，難道有什麽學不會，趕不上的麽？請再追想我民族居於此土之久。這一片土地，好一片適宜於發生高等文化的土地，我們利用它，已經好幾千年；現在此種文化，正要發揚其光輝於世界；亦惟有我民族，最適宜於改進此文化，擴大此文化。我們要追想已往的光榮，我們亦勿忘掉已往的創痛；我們要懔然於目前的危機，我們要負起目前的責任；我們要服膺孫中山先生的民族主義；我們該鼓起民族復興的勇氣。

中國民族萬歲！

附録一　參考書

關於中國民族的著述,現在頗形缺乏。我今酌量介紹三種於下,以供參考。第一種是研究民族的理論的。第二種是記載中國民族過去的史跡的。第三種是記載中國民族現在的狀況的。

《民族論》(Bernard Joseph)　伯爾拿·約瑟著,劉君木譯,民智書局出版。定價銀八角。

此書共分廿四章。第一章名詞的釐定,係説明有關民族的各名詞的意義,並糾正種種誤解及濫用。自第二至第十章,都是説明民族因素的。第十一章,論民族的起源和發展。自十二章至十八章,則廣論世界上各個民族。雖然多與中國無涉。然而不啻是理論的證明;而且可以知道世界各重要民族的狀況,和中國作一個比較:對於瞭解世界歷史,又是一個幫助,所以讀之亦極有益。第十九章以下,説明民族的本質及其功能,以及民族與國家及大同主義,國際主義等等的關係。此書理論頗爲正確,却並不十分難解。我們必先瞭解民族的意義如何,乃可進而研究民族的歷史。所以就參考書而論,此書實應首讀的。

《中國民族史》　吕思勉著,世界書局出版。定價銀一圓二角五分。

此書内容,專門的考據頗多,我本不想把它介紹給普通的讀者。但是中國民族史,現在專著太少,不得已,勉强用以承乏。但爲普通讀者計,却亦有一優點,即其於各族的文化,敍述頗詳,不徒可見各族進化之跡,且亦頗有趣味。此書將中國民族,分爲十二族:(一)漢族。(二)匈奴。(三)鮮卑。(四)丁令。(五)貉族。(六)肅慎。(七)苗族。(八)粵族。(九)濮族。(十)羌族。(十一)藏族。(十二)白種。於各族的源流及其支派,分得還算清楚。讀者取其普通的敍述和議論,將於專門考證之處,暫且擱過亦好。

《中國民族志》　張其昀撰,商務印書館出版。定價銀六角。

此書凡分八章:第一章,中華民族發展史。第二章,中華民族之現狀。第三章,海外華僑與祖國之關係。第四章,移民實邊政策。第五章,原始民族之開化運動(這一章是敍述西南諸族,和東北森林地帶諸小民族的)。第六章,西北回教徒之分佈。第七章,外蒙問題與西藏問題。第八章,中國之民族精神。卷首另有"綱要"一篇,摘述各章的大要。此書是詳於記載現狀的。作中國民族演進史,其勢不得不偏於既往;對於現狀,其勢不能甚詳;此書很可以補其所不足。全書分量不多,敍述頗爲簡明,用作普通參考書,實在很爲適宜。

附録二　復 習 問 題

（一）構成民族的條件，有哪幾種？這些條件，是一定不移的？還是因時地的不同而有出入？

（二）構成民族的條件中，以哪一種或哪幾種爲最重要？

（三）試述種族與民族的區别。

（四）中國現在，可否採用羅馬字母，將中國文字，改爲拚音？

（五）"宗教和風俗，都有使人民趨於協同一致的力量"，這句話確否？如其是確的，這一點，可否算做宗教風俗，對於民族的構成，有相同的作用？其同異的作用又如何？

（六）民族的構成，何以必須有外力這一個條件？

（七）民族成立在先？還是國家在先？如其都有的，還是民族造成國家的好？還是國家造成民族的好？

（八）何謂民族國家？

（九）研究古代歷史的，何以必須借助於神話？神話之外，何以還須借助於考古學？考古學與神話，所能考得的時代，孰長孰短？

（一〇）從考古學上看來，中國民族，住在中國地方，爲時久暫如何？假定中國民族，是從别地方遷徙來的，其遷徙的形跡，在神話及歷史上，是否有考得的希望？

（一一）孔子所説的大同，是有事實爲根據的？還是理想之談？

（一二）有人説："中國的文化，全以農業社會的文化做根柢。"這句話確否？

（一三）有人説："炎帝是河南農耕之族，黄帝是河北游牧之族；炎族的文明，是中國文化的根柢；黄族的武力，是中國所以成爲大國的原因。"這句話確否？

（一四）中國民族，最初的根據地，是黄河上流？還是黄河下流？

（一五）中國民族，是怎樣向長江流域發展的？

（一六）何謂氏族？何謂部落？二者與民族的關係？孰爲切近？

（一七）古代在中國的土地上，漢族而外，共有幾族？這許多民族，如何把他分做南北兩派？南派的性質如何？北派的性質如何？漢族是否可稱爲中派？其性質如何？

（一八）古代所謂華夏，與夷、蠻、戎、狄的區别，是否含有以文化爲標準的意思？

（一九）封建制度和民族發展的關係如何？

（二〇）中國在古代，言語統一到什麽程度？政治和風俗統一到什麽程度？

（二一）中國民族，何時開始向珠江流域拓展？何時完成其政治上的統一？

（二二）兩漢時代，中國民族，向中國本部而外開拓的方向如何？所開拓的，是現在的什麽地方？

（二三）爲什麽住居在蒙古地方的民族，在歷史上常成爲中國民族的强敵？自漢至今，住居於蒙古地方的强大的民族，共有幾種？

（二四）漢代管理西域的方法如何？其注意於南北兩道，和現代的政策，是否有相似之點？

（二五）五胡怎樣會遷入中原？設使他們始終在塞外，未入中國，其情形將如何？設使晉初實行徙戎之論，將他們都遷出塞外，其結果又將如何？

（二六）漢族與五胡民族相處的狀況如何？

（二七）十六國中，最重要的是哪幾國？屬於什麽民族？

（二八）爲什麽五胡民族，久居内地的先滅亡？留在塞外，後來遷入的，强盛較久？

（二九）北魏孝文帝的改革，對於鮮卑民族，利害如何？

（三〇）佛教的輸入，爲什麽不引起宗教上的鬥争？佛教對於五胡民族的同化，是有助力的？還是有阻力的？

（三一）有人説："夫餘的滅亡，是東北一件很重大的事。"其理由若何？

（三二）漢唐兩代的武功，同異之點若何？

（三三）試述回族的起源。

（三四）試述藏族的起源。

（三五）試述滿族的起源。

（三六）有人説："唐代藩鎮的兵强，所以外夷不能侵入；宋代廢除藩鎮，是外夷侵入的要因。"其説確否？

（三七）燕、雲十六州的割讓，中國所受的損失如何？

（三八）遼、金、元、清的性質，與五胡有何異同？其民族性較諸五胡，孰爲顯著？

（三九）遼、金、元、清的侵入，和民族武德的盛衰，關係如何？

（四〇）有人説："元、清的侵入，漢族所建立的國家，暫時滅亡，其民族則並未摇動。"此説如何？

（四一）滿清强迫薙髮，激起漢族很大的反抗，爲什麼今日中國人民，會自動翦髮？

（四二）滿清對待漢族的手段，有何比前代的異族，更酷烈之處？

（四三）中國民族向南洋拓殖的成績如何？

（四四）近代滿、蒙、回、藏地方情形，與前代有何不同？

（四五）喇嘛教的傳播，對於中國民族問題的影響如何？

（四六）中國在現代，民族問題，何以較前此特别嚴重？

（四七）中西文化的特質，同異若何？西洋文化與印度文化的同異若何？

（四八）試舉外人壓迫我民族文化的實例。

（四九）何謂民族復興？

（五〇）有人説："就民族的立場論，中國民族，可稱爲民族的模範。"其説如何？

中國文化史六講

前　　言

《中國文化史六講》寫於一九二九年至一九三〇年間，是吕思勉先生在江蘇省立常州中學授課時的講稿，原計劃分二十講，現僅存六講，系油印稿，藏於江蘇省常州中學校史陳列室。

《中國文化史六講》最初收入華東師範大學出版社出版的《吕思勉遺文集》(一九九七年九月出版，有删改)，二〇〇七年一月以《吕思勉　中國文化史六講　中國政治思想史十講》爲書名，收入天津古籍出版社的"名師講義"叢書。又收入《吕思勉經典文存》(洪治綱主編，上海大學出版社二〇〇八年四月出版)、《吕思勉講中國文化》(北京九州出版社"吕思勉講史系列"二〇〇八年七月出版)、《吕思勉講思想史》(葛劍雄主編，南京鳳凰出版社"近代學術名家大講堂"二〇〇八年十一月出版)、上海古籍出版社的"吕思勉文集"《中國文化思想史九種》(二〇〇九年四月出版)等。① 此次我們將《中國文化史六講》收入《吕思勉全集》重印出版，按原油印稿重新做了校對，除了改正錯字外，其他均照油印稿刊印。

李永圻　張耕華

二〇一四年七月

① 收入先生的《三國史話》、《讀三國史札記》、《秦漢史・三國》和《中國文化史六講》四種著述。

目　録

何謂文化，事極難言。追溯文化之由來，而明其所以然之故，彌不易矣。予謂文化者，人類理性之成績也。人之舉措，直情徑行者果多；熟思審處者，亦自不少，舉措既非偶然，成績必有可睹；一人然，人人從而效之，萬人然，後人率由不越，積久則成爲制度，習爲風俗。其事不容驟變，而其跡亦不可遽滅。此則所謂文化史者矣。人之作事，恒因其境而異，各國民所處之境不同，故其所造之文化亦不同。觀其異同，而其得失可見矣。非茹荼不能知苦；觀於其粲然者，而其文化可知矣。故就我國社會，犖犖大端，分爲二十篇述之。其目爲：婚姻族制第一；户籍階級第二；財産制度第三；農工商業第四；衣食居處第五；交通通信第六；政體官制第七；學校選舉第八；兵制第九；法律第十；財政賦税第十一；文字印刷第十二；先秦學術第十三；兩漢經學第十四；玄學佛學第十五；理學第十六；清學第十七；史學第十八；文學美術第十九；神教第二十。

第一講　婚姻族制

《易》曰："有天地，然後有萬物。有萬物，然後有男女。有男女，然後有夫婦。有夫婦，然後有父子。有父子，然後有君臣。"若是乎社會之組織，實源於家族，而家族之本，又由於男女之牉合也。欲知文化之源者，必不容不知婚制及族制審矣。

今言人倫，必始夫婦。然夫婦之制，非邃初所有也。《白虎通》言，古之時，人民但知其母，不知其父。是爲夫婦之制未立之世。斯時匹合，蓋惟論行輩。同輩之男，皆可爲其女之夫。同輩之女，皆可爲其男之妻。《周官・媒氏》有會男女之法。而《禮運》言"合男女，頒爵位，必當年德"，蓋由於此。其後慮以争色致鬥亂，而程度日進，各部落之接觸日繁，乃有劫略或價買於異族者。婚禮必行之昏時，蓋即源於略奪。六禮之納徵，則賣買之遺俗也。《郊特牲》曰："取於異姓，所以附遠厚别也。"厚别所以防同族之争亂，附遠則借此與異族結和親也。益進，則脱賣買之習，成聘娶之禮矣。婚禮有六，曰納采，亦曰下達，男氏求婚之使。曰問名，女氏既許婚，乃曰："敢請女爲誰氏。"謙，不必其爲主人之女也。問其姓氏者，蓋主人之親戚或傭婢之類也，果是主人之女，奚用問姓也。納采、問名共一使。曰納吉，歸卜之於廟。曰納徵，亦曰納幣，卜而得吉，使告女氏，納玄纁束帛儷皮。曰請期，定吉日也。吉日男氏定之，然必三請於女氏，女氏三辭，然後告之，示不敢專也。曰親迎。親迎之夕，共牢而食，合巹而酳，所以合體，同尊卑，以親之也。質同平。明，贊婦見於舅姑。厥三日。明，舅姑共饗婦。舅姑先降自西階，婦降自阼階，以著代也。此禮亦稱授室。與適（同嫡）子之冠於阼同，惟冢婦有之。婦入三月以三月氣候一轉也。而祭行。舅姑不在，則三月而廟見。未廟見而死，歸葬於女氏之黨，示未成婦也。《禮記・曾子問》。必三月者，取一時，足以别貞信也。《公羊》成公九年，《解詁》。納徵之後，婿若女死，相爲服喪，既葬而除之。故夫婦之關係，實自納徵始。然請期之後，婿若女之父母死，三年服闋，仍可别婚。《禮記・曾子問》。則禮必成於親迎。後世過重納徵，乃有未嫁婿死、女亦爲之守貞者，宜清人汪容甫譏爲好仁不好學。其蔽也，愚也。

娶妻之禮如此。若言離婚，則婦人有七棄，五不娶，三不去，説見《公羊解詁》。莊公二十七年。其説曰：嘗更三年喪不去，不忘恩也。賤取貴不去，不背德也。有所受無所歸不去，不窮窮也。喪婦長女不取，無教戒也。世有惡疾不取，棄於天也。世有刑人不取，棄於人也。亂家女不取，類不正也。逆家女不取，廢人倫也。無子棄，絶世也。淫佚棄，亂類也。不事舅姑棄，悖德也。口舌棄，離親也。盜竊棄，反義也。嫉妒棄，亂家也。惡疾棄，不可奉宗廟也。《大戴禮記·本命篇》略同。後世法律，亦明七出之文，然社會情形，今古不同，故律所强其出之者，惟在義絶。何謂義絶，律無明文，蓋難言之，故以含渾出之也。

婚禮精義，在於男不親求，女不親許。今世婚姻適得其反矣。吁！故如魯季姬使鄫子請己，《春秋》大以爲非。《公羊傳》僖公十四年。然如《左氏》所載，子南子晳，争婚徐吾氏，乃使其女自擇者，亦非無之。《左傳》昭公六年。婚禮不稱主人，特其形式而已。《公羊傳》隱公二年。固非如後世，全由父母主婚，男女絶不與聞也。

婚年。《書傳》、《尚書大傳》。《禮記》、《公》、《穀》、《周官》皆云男三十，女二十。《墨子·節用》、《韓非·外儲説右下》則曰男子二十，女十五。《大戴禮記·本命》謂上古男五十，女三十。中古男三十，女二十。此皆爲之極限，使不可過。非謂必斠若劃一也。大抵婚年早者，出於蕃育人民之意。遲則由於古人財力不及，故殺禮多婚，爲《周官·大司徒》荒政十二之一。古者霜降逆女，冰泮殺止。《荀子·大略》、《春秋繁露·循天之道》。至於仲春而猶不能婚，則其財力不逮可知。故《周官·媒氏》，仲春會計也。男女，奔者不禁。所謂奔者，謂不備禮，正以貧乏故也。六禮不備曰奔，非淫奔之謂也。婚年婚時，以王肅之説爲通。見《孔子家語·本命解》及《詩·摽有梅》疏。後世生計漸裕，則婚嫁較早。曹大家十四而適人，見《女誡》。漢惠帝令女子十五不嫁五算，《漢書》本紀。惠帝時成年者納一算。皆其徵也。《大戴記》謂婚年自天子至庶子同。《左氏》則謂國君十五而生子。見襄公九年。越勾踐撓敗於吴，乃頒律男女十七不婚嫁者，科其父母，以進生殖也。

畜妾之俗，起於富貴之淫侈。《鹽鐵論·散不足篇》謂"古者一夫一婦，而成家室之道"。妾非邃古所有，見於書傳者，惟此而已。妾御之數見於經者，《公羊》謂天子娶十二女，《公羊傳》成公十年《解詁》。諸侯九。莊公十八年。取一國，則二國往媵，皆有侄娣。夫人有左右二媵。侄爲今之内侄女，娣爲今之小姨。《曲禮》謂"天子有后，有夫人，皆世婦。有嬪，有妻有妾。公侯有夫人，有世婦，有妻有妾"。《昏義》謂天子有一后，三夫人，九嬪，二十七世婦，八十一御妻。《周官》無三夫人，有世婦女御，而不言其數。案冠、婚、鄉、射、燕、聘諸義，皆《儀禮》之傳，傳文皆以釋經。惟《昏義》末節，與經不涉，文亦不類。而百二十人之數，適與王莽和、嬪、美、御之制合，《漢書》本傳。和、嬪、美、御亦一百二十人。其爲後人竄入無疑。古者諸侯不再娶，所以"節人情，開媵路"也。《公羊》莊公十八年。《儀禮·喪服傳》。媵與夫人之娣，爲貴妾，得爲繼室。《昏禮》曰"無大夫冠禮而有其婚禮，古者五十而後爵，何大夫冠禮之有"。然則大夫五十，猶得再娶，其爲繼娶可知。得繼娶，其本爲妾媵可知。故知畜妾爲後起之俗也。

《顏氏家訓》云："江左不諱庶孽，喪室之後，多以妾媵終家事。河北鄙於側出，不預人流。是以必須重娶。至於三四。"蓋江左猶存有妾不得再娶之義，河北則蕩然也。《公羊》質家，《公羊》有文質兩家，質求實際也。母以子貴。隱公元年。又《春秋繁露·三代改制質文篇》。然妾爲夫人，特廟祭之。子死則廢。《公羊傳》隱公五年，《解詁》。猶與正夫人有别。此由本爲妾媵故然。再娶事自有異。《唐書·儒學傳》：鄭餘慶廟有二妣，疑於祔祭，請諸有司。博士博士爲太常寺司員，掌禮也。韋公肅議曰："古諸侯一娶九女，故廟無二適。自秦以來有再娶。前娶後繼，皆適也。兩祔無嫌。"余慶用其議。後世亦多遵之，同爲適室，衹限繼娶。若世俗所謂兼祧（嗣也）雙娶等，則爲法所不許。大理院統字四百二十八號解釋，以後娶者爲妾。妾之有無多少，古視貴賤而分，後世則以貧富而異。法律仍有依貴賤立别者，如《唐書·百官志》：親王孺人二人，媵十人。二品，媵八人。國公及三品，媵六人。四品媵四人，五品媵三人。庶人娶妾，亦有限制。如《明律》，民年四十以上無子者，方聽取妾，違者笞四十。然多成具文而已。

貞婦二字，昉見《禮記·喪服四制》。宋伯姬逮火而死，排他爲愛情之要素。魯女嫁宋伯姬。古例傅姆不下堂。傅，年長之男侍。姆，年長之女侍。《春秋》特書之。《公羊傳》襄公三十年。以及《芣苢》、《柏舟》柏舟，齊公主嫁衛國君，甫抵衛城而國君亡。《大車》之序於《詩》。皆見《列女傳》。劉向學《魯詩》，今詩分魯、齊、韓三家，古唯《毛詩》而已。皆可見儒家之崇獎貞節。然有淫通者，亦不以爲大過。《凱風》之詩，衛有七子之母，不安其室。而孟子曰："《凱風》，親之過小者也。"視再嫁尤爲恒事。《郊特牲》曰："壹與之齊，（妻也）終身不改，故夫死不嫁。"案："壹與之齊，終身不改。"謂不得以妻爲妾。非謂不得再嫁。注亦不及再嫁義。此語爲後人竄入無疑。宋學家好作極端之論。宋學盛行，而貞節乃益重，上中流女子，改嫁者幾於絶跡矣。世多以伊川"餓死事小，失節事大"之言爲詬病。案此語出程氏《外書》，《外書》本不如《遺書》之可信。而此語之意，亦别有在，意在極言失節之不可，非主婦女再嫁言也。泥其辭而昧其意，亦流俗無識使然。未可專咎小程也。

倡妓之始，娼妓本作倡伎，最初之時，本爲男人所操之業。日本謂之賣淫。世多以《管子》女閭三百爲徵。此蓋後世樂户之流。至於私倡，則其原始，無可徵矣。後世樂户，多以罪人及其家屬充之。或取諸賤族。詳見《癸巳類稿》。樂户分官奴婢和私奴婢兩種，俞正燮理初著有《樂户集》。

以上論婚制竟。以下略論族制。

夫婦之制既爲邃初所未有，則保育子女之責，必多由母任之。故人類親親之情，必造端於母子。知有母，則知有同母之人焉。由此而推之，則知有母之母焉。又知有與母同母之人焉。親屬之關係，自此昉也。故古代血統，以母爲主，所以表其血統者爲姓。於文，女生爲姓，職是故也。女系時代，得姓之由，略如下圖：

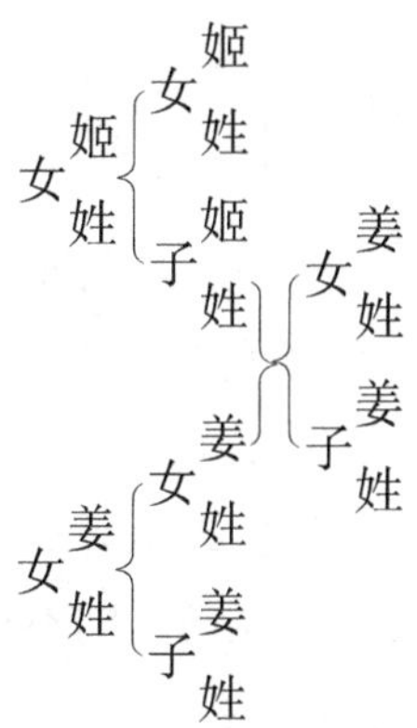

斯時甥舅爲一家之人，同姓一，異姓二，陰陽之義也。母黨者，生之所自出也；妻黨者，生之所由出也，終始之義也。其後所生者雖不同，而其爲甥舅則一也，均異姓也。而世叔父則否。歐俗財産或傳諸甥由此。人類生計，必自漁獵進於游牧，自游牧進於耕農。漁獵之世，民居出谷洲渚之間，可以合族而處。游牧須逐水草，耕農各有分地，斯不然矣。丁斯時也，人民由合而分，而女子遂爲男子之私屬。私其子姓，人有恒情，有財産者，必思傳於子。又古代職業，父子相繼，欲知其人爲何如人者，必先知其父爲何如人。財産權力之統系，亦必有以表之。夫是之爲氏。故姓之始，恒從女。而氏之起恒從男。

然至男權日張，妻子皆爲之私屬，周時子姓乃隨父，如文王姓姬，夫人任武王亦姓姬。則表女系之姓，亦易而爲男系。如周姓姬，齊姓姜，宋姓子是也。是之謂正姓，同出一祖者，正姓皆同。而又有氏以表其支派。若魯之三桓，孟孫氏、仲孫氏、季孫氏。鄭之七穆是也。是之謂庶姓。詳見《禮記》、《尚書大傳》注疏。三代以前，大抵男人稱氏，女子稱姓。詳見顧亭林《原姓》。姓百世尚不更，氏數傳而可改。封建既廢，譜牒淪亡，正姓多不可知。亦無新起之庶姓，而姓氏之别遂亡。詳見《通志·氏族略》。古有王牒纂修館。

下圖九族，爲今《戴禮》、《歐陽尚書》説。

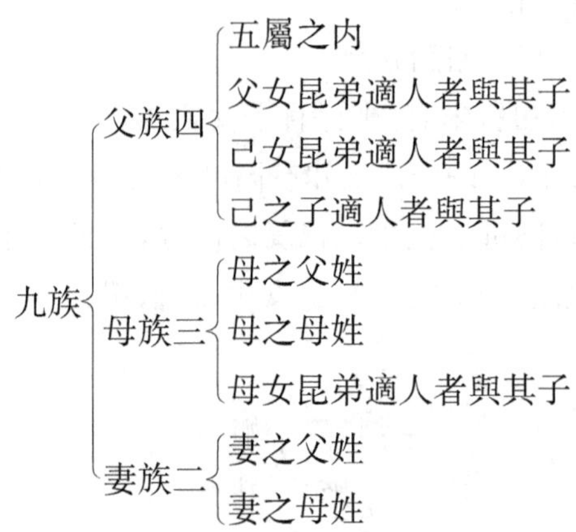

古文家以上自高祖，下至玄孫爲九族，乃九世之誤也。俞蔭甫説。宗法至周而始詳，蓋亦至周而始嚴，其法以别子爲祖。别子之正適爲大宗，次子以下，皆爲小宗。小宗之正適，爲繼禰小宗，其正適爲繼祖小宗，以次相傳，爲繼曾祖小宗，繼高祖小宗。繼禰者兄弟宗之，繼祖者從兄弟宗之，繼曾祖者再從兄弟宗之，繼高祖者三從兄弟宗之，六世親盡。則不復宗事與我同六世之正適，故曰五世而遷。大宗之正適，則永爲同出一祖者所宗事，故曰百世不遷。凡諸小宗，皆爲大宗所統攝。族之殤與無後者，從祖附食。皆祭於大宗之家。故小宗可絶，大宗不可絶。《儀禮·喪服》。大宗不絶，則同出一祖之人，皆能摶結而不散。此宗法之組織，所以爲堅强而悠久也。天子者，同姓諸侯之大宗。諸侯者，同姓大夫之大宗。故曰“君之宗之”。《詩·篤公劉》。然則宗子皆有土之君，故能收恤其族人。族人皆與宗子共生息於其封土，故必翊戴其宗子。此宗法與封建，所以相輔而行也。九族之義，詳見《五經異義》。宗法詳見《禮記大傳》。古者諸侯不敢祖天子，大夫不敢祖諸侯。祖，正統之世祖也。宗，旁系也。

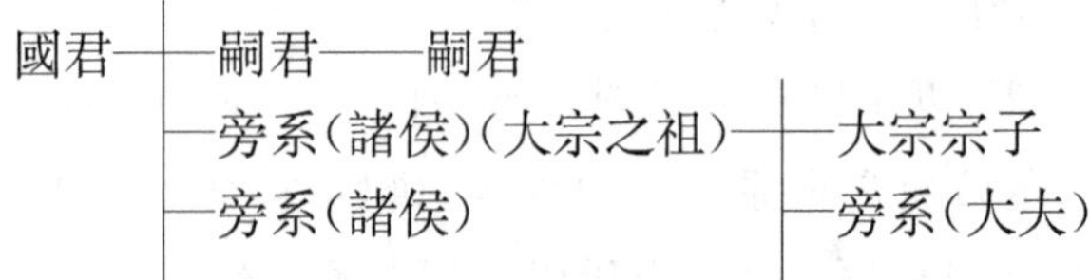

如上圖，大宗之祖不能稱國君爲祖也。然稱宗則可也。而不能親與祭祀，以正名也。旁系在本系内稱諸侯，至别系内又得稱世祖。小宗在别系内又得稱大宗。

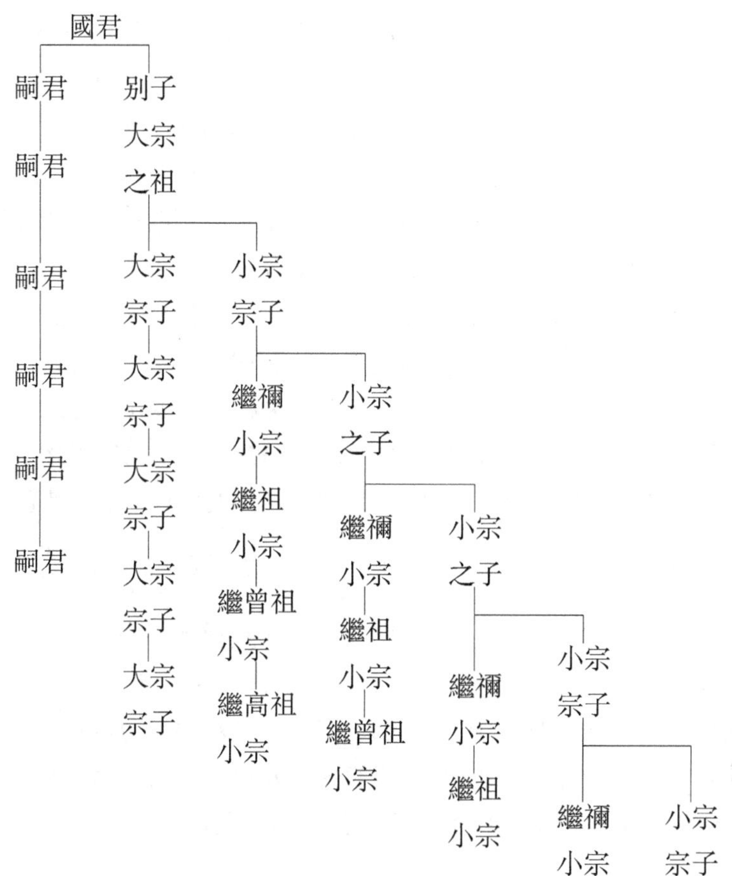

古代之民所以篤於宗族者，先有族後有宗。以其時人類相親相愛之情未廣，分工協力之道未備，政治與生計之摶結，皆止於是也。後世親愛之情日擴，通工易事之範圍亦日廣。職業複雜，斷不容聚族而居，强宗巨家或且爲政令之梗。則宗法不得不替，而相生相養，專恃五口八口之家，治理則胥由於國矣。有謂古之家族觀念厚，今之家屬觀念薄，實則非人心之異，乃社會之組織不同有以致也。古者社會組織簡陋，宗族事務非協力無以生存。今則適趨其反，工商發達，凡百事業，皆可以金錢代力。則宗族愈大，反致無濟於事，是以宗族之觀念疏焉。喪服同財，以大功爲限。平民有弟，則爲餘夫。《孟子·滕文公上》。可見古者卿大夫之家，較今日普通之家爲大。平民之家，則相等也。五口八口，爲一夫上父母，下妻子。此謂相生相養，不得不然之摶結。較諸歐人，亦僅多上父母一代耳。此非至人人"不獨親其親，不獨子其子"之世，不易破除也。宗族百口，累世同居之事，史傳多載之。篤舊者侈爲美談，喜新者又以爲詬病，其實以中國之大，此乃鳳毛麟角耳。制度與社會組織，格不相入，未有能行之廣、持之久者也。繼嗣之法，自周以來，始專重適長。其時宗族方盛，宗子之地位最尊，有一大宗，則同出一祖之人，皆得所依倚。故所不可絶者僅大宗。後世宗法既廢，敬宗收族之意亦亡。而不孝有三，無後爲大之見解，依然如故，《孟子·離婁上》。遂至人人皆欲立後，此其勢實不可行。故儀禮之家多非之。然財産既許私有，無後則産無所歸，歸公非人情所願。近親分受，轉益糾紛，尚不如立一人焉。主其祀而襲其産之爲得，此習俗之所以重立嗣，而法律亦從而許之也。惟今世法律，當重保護人之財産，立後與否，當聽其人之自願。財産歸諸何人，當一憑本人之意。而法律於此，不能盡符。此則未盡善者耳。趙甌北先生著《陔餘叢考》一書，專叙歷史上制度與社會組織正史所遺漏不載。

兼祧之法長房之子兼祧於其次各房者，則於本生父母服三年而於兼祧父母服一年。小房之子兼祧長房者，於本生父母服一年，於兼祧父母三年。創於清高宗時。蓋一族人丁衰少時，往往近親固無多丁，遠房亦無支子。清律禁立異姓爲後。惟仍得爲養子，且得分給財産。又禁昭穆輩份相稱也。失序，非如是，不能令人人皆有後也。女子繼承，係國民政府新定之法，於理固當。然與習俗相違，推行盡利，尚非旦夕間事也。

第二講　户籍階級

凡治皆以爲民，亦凡治皆起於民。故户籍者，一國政治之根本也。吾國户口之清晰，蓋尚在三代以前，斯時國小而爲治纖悉。君卿大夫，皆世守其地，易知民之情僞。又生事簡陋，交通阻塞，社會風氣誠樸。而民之輕去其鄉者少，故户籍易於清厘。後世則一切反是，故其民數，遂至無可稽考也。中國古時户口之不得清查，丁、户税之存在，亦爲一大主因。

清查户口，必始鄉里。鄰比之制，鄰比之制，猶今之區鎮街長是也。實爲其基。《周官》小司徒，頒比法於各鄉，使各登其鄉之衆寡，承行其事者，蓋皆比閭族黨之長，司民登萬民之數，特爲之會計而已。後世鄉職，名存實亡。官吏又皆客籍，視其位爲傳舍，逆旅也。此等詳密之政，安得推行盡利哉！而其尤爲清查之累者，則莫如户籍役籍，併爲一談一事。

徐幹漢末年人。《中論》曰："民數者，庶事之所出也。以分田里，以令貢賦，以造器用，以制禄食，以起田役，以作軍旅。"蓋古之清查户口，有裨治理如此。後世此等事一切不問，特爲收税起見，加以清查。則人民安得不隱匿，官吏又安肯切實奉行乎？

歷代清查户口之法，雖難具詳，要之在官必始於縣，自此上達於郡，更上達於中央，或監司之官。自縣以下，則委之吏胥及鄉職。吏胥舞弊，鄉職蠢愚，其不能善其事，無待再計矣。略舉其弊，約有七端：酷吏務求增丁，畏葸者亦不敢減；户有死絶，攤諸現存，一也；清以前人民須得度牒，方得落发空門。清以來乃廢，以致僧侣益衆。貨賄出入，任意低昂，二也；吏胥婪索，三也；此弊之在官吏者也。詐稱客籍，冒爲士族，或妄托二氏，二氏者，和尚、道士也。以規免役，四也；脱户漏口，五也；豪强隱佔，親族蔽匿，六也；户役輕重，各有不同，如軍民匠竈等。情有趨避，遂生詐冒，七也。此皆弊之在民者也。總而言之，役籍不實，而户籍與之併爲一談，其不能實，無待再計矣。

姑以明清近事徵之。明制：以百十户爲里，在城曰坊，近城曰厢。歲役里長一人,甲長十人,以司其事。民數具於黄册。黄册以户爲經,以田爲緯,亦以里長司之。而上諸縣,縣上諸府,府上諸布政司,布政司上諸户部,歲終以聞。命户科給事中一人,御史二人,户部主事四人校焉。其制似極精詳,黄册先載户數,次載當差丁數,次載男婦口數,末總計當差丁數。鰥寡孤獨,不能應役者,附十甲後爲畸零。僧道有田者,編册如民科,無田者亦爲畸零。果能推行盡利,全國民數,亦未始不可周知。然總結祇具當差人丁,其法已不盡善。況於當差人丁,數亦未必得實。不當差之男婦,其爲隨意填寫,抑真加以清查,更不可知乎。又況乎後來并黄册而無之,或有之而全不實。厘定賦役,但憑所謂白册者乎。各縣自造,以供定賦役之用者,謂之白册。明制,五年一均役,十年則更造黄册。清初三年一編審,後改爲五年,所謂編審,與清查人口,全無干涉。祇是將全縣應收丁税,攤之各户而已。此時丁税,實早攤入田畝。故康熙五十年,有嗣後滋生人丁,永不加賦之詔。非不欲加丁税,明知即加之,所得亦終有限也。雍正四年,徑將丁銀攤入地糧,自此編審不行。乾隆時,遂憑保甲以造户册。保甲固與役法無關,然其立法極詳密。以昔時政治之疏闊,安能實力奉行,則亦具文而矣。人謂編審停而户口之數較得實,吾不信也。

嬴秦以前,户口之數,已無可考。自漢以來,則散見史籍,大約口數盛時,多在六七千萬左右,最少時不足千萬,歷代户口之數,可看《三通考·户口考》最便。此可覘歷代口税盈絀耳。與户口之數,實無涉也。乾隆既停編審,户口之數驟增,口數逾一萬萬。自此遞有增加,道光十五年,遂逾四萬萬。今日習稱中國人口爲四萬萬,由此也。

中國議論,有與歐洲異者。歐洲古希臘等皆小國,崎嶇山海之間,地狹人稠,過庶之形易見。故自亞里士多德古希臘大哲學家。以來,已有人衆而地不能容,爲最後之憂之説。馬爾薩斯之人口論,特承其餘緒而已。中國則大陸茫茫,惟患土滿。故古之論者,多以民之不庶爲憂,後世雖有租庸調等計口授田之法,實未必行。故過庶之患難見。而政治主於放任,調劑人口等事,政府又素不關懷,殖民之説,尤自古無有。數千年來,國内則荒處自荒,稠密處自患稠密。開疆拓土,亦徒以饜侈君喜功好大之心,於人民無甚裨益。“年年戰骨埋荒外,空見葡萄入漢家”。古來暴骨沙場,不知凡幾,而訖今日,仍以廣田自荒,啓戎心而招外侮。誦昔人之詩,能無深慨乎!

古有恒言曰君子小人,所謂君子,蓋執政權者之通稱。所謂小人,則不與政,自食其力者也。大抵古代階級由於戰争,有戰争,則有征服者,亦有被征服者。征服者之同姓、外戚、功臣、故舊，謂之百姓。古百姓與民異義。如《堯典》"平章百姓"與"黎民於變時雍"分言。其餘則因其職業之異，分爲士、農、工、商。士之初，蓋戰士之意。當時政事，蓋多在此等人手，故後遂變爲任事入仕之稱。初任事者曰士，士而受爵，則爲大夫，此皆所謂君子。自士以下，執事者曰庶人。"士有員位，而庶人無限極"，《孝經・庶人章》疏引嚴植之語。則與農工商同爲小人矣。士、農、工、商，通稱四民，野人則變民言氓。《周官・遂人注》。蓋民爲征服人之族，居於郭以内。野人則服於人之族，居於郭以外。城爲極小之方圍，郭乃大範圍之城，無定形，郭内景象，一如鄉村。然郭内多行畦田制，郭外多行井田制，以郭内多不平之地也。古制居於郭之内者，稱國人。居於郭之外者，稱野人。大概國人爲戰勝民族，野人爲戰敗民族，其待遇迥異。孟子曰："國人皆曰可殺，然後殺之。國人皆曰可用，然後用之。"故國人之力大焉，而野人無與也。古代參與政治，實惟國人如詢國危，詢國遷，詢立君等，見《政體篇》。以此。其後封建制壞，君卿大夫，漸失其位，遂至與民無别。而國人增殖，不能不移居於野。野日富厚文明，寖至與國無異，則國人野人之跡亦泯矣。又有所謂奴婢者，蓋以罪人及俘虜爲之。《周官》司隸有五隸，罪隸爲罪人。閩隸、蠻隸、夷隸、貉隸皆異族。蓋戰勝所俘也。然其除去奴籍，初不甚難。《左氏》襄公三十二年，斐豹請殺督戎，范宣子喜曰："而殺之，所不請於君焚丹書者，有如日。"則以君命行之而已。後世人主每以詔旨釋放奴婢，殆亦沿之自古歟。

古代之階級，由貴賤而分。封建政體既壞，則由貧富而異。秦漢之世，擁厚資者，大略有三：曰大地主；曰擅山澤之利者；曰大工商。董仲舒言，富者田連阡陌，貧者無立錐之地，此則所謂大地主。《史記・貨殖列傳》所載事種樹、畜牧、煮鹽之人，則所謂擅山澤之利者也。晁錯謂當時商賈，交通王侯，力過吏勢。以利相傾，千里游敖。乘堅策肥，履絲曳縞。當時所謂商賈，實兼製造之家言之。如孔僅爲南陽大冶是也。此所謂大工商也。《漢書》謂編户齊民，同列而以財力相君，雖爲僕隸，猶無愠色。《貨殖列傳》。貧富階級之顯著，概可見矣。然古代貴賤之階級，亦非至此而遂劃除净盡也。其遺留者，則爲魏晉以後之門閥。

唐柳芳論氏族曰："氏族者，古史官所記也。昔周小史，定系世，系，帝系也。世本，諸侯卿大夫之家譜也。辨昭穆，故古有《世本》，録黄帝以來至春秋時，諸侯卿大夫名號繼統。""秦既滅學，公侯子孫，失其本系。漢興，司馬遷父子，乃約《世本》修《史記》，因周譜明世家，乃知姓氏之所由出。虞、夏、商、周、昆吾、大彭、豕韋、齊桓、晉文，皆同祖也。更王迭霸，多者千祀，少者數十代。先王之封既絶，後嗣蒙其福，猶爲强家。漢高帝興徒步，有天下，命官以賢，詔爵以功。先王公卿之胄，才則用，不才棄之。不辨士與庶族，始尚官矣。然猶徙山東豪傑，以實京師。齊諸田，楚屈、景，皆右姓也。其後進拔豪英，論而録之。蓋七相五公之所由興也。魏氏立九品，置中正，尊世胄，卑寒士，權歸右姓已。其州大中正主簿、郡中正功曹，皆取士族爲之，以定門胄，品藻人物。晉宋因之，始尚姓已。中正之弊，惟能知其閥閱，非復辨其賢愚，是亦九品制之不完美也。所謂尊世胄，卑寒士，助長階級之氣焰。上品無寒門，下品無世族。於時有司選舉，必稽譜籍而考其真僞。故宦有世胄，譜有世官。賈氏王氏譜學出焉。由是有譜局，譜局爲齊梁時所設。令史職皆具。""夫文之弊，至於尚官；官之弊，至於尚姓；姓之弊，至於尚詐。隋承其弊，不知其所以弊。乃反古道，罷鄉舉，離地著，尊執事之吏。於是乎士無鄉里，里無衣冠，人無廉恥，士族亂而庶人僭矣。"《新唐書·柳冲傳》。此説於階級興替，言之殊爲瞭然。蓋古代貴族宗支，具存譜牒。故與平民不相混。此等譜牒，本皆職以官司。逮封建廢而官失其守，譜牒淪亡。漢世用人，又不拘門第。自古相沿之階級，本可至斯而泯。然沿襲既久，社會視聽，驟難變易，故魏晉以降，其焰復張。當時士庶之隔，有若鴻溝。婚姻不相通，膴仕不相假，甚至一起居動作之微，亦不相儕偶。觀《陔餘叢考》"六朝重氏族"一條可見。琅邪王姓，博陵崔姓，皆貴族也。唐文宗欲以公主降士族，曰："民間婚姻，不計官品，而尚閥閲。我家二百年天子，反不若崔、盧邪？"《舊唐書·杜兼傳》。可見唐末此等風氣尚盛。乃至五季，而"取士不問家世，婚姻不問閥閲"。《通志·氏族略》。千年積習，一旦捐除，雖曰遭遇喪亂，官私譜牒淪亡，《昭明文選》譏琅邪王與富陽滿通婚姻事，以不明譜牒也。亦何遽至此哉？君子觀於此，而知世變之亟也。凡蟠踞社會之上層者，必有其實力，實力惟何，一曰富，一曰貴，貴者政治上之勢力，富者社會上之勢力也。觀《廿二史札記·江左世族無功臣》、《江左諸帝皆出庶族》、《南朝多以寒人掌機要》等條，而知士族政治勢力之式微。觀《日知録·通譜》、《廿二史札記·財昏》等條，而知庶族社會勢力之雄厚。社會之組織，既不容由憑恃財力，復返於憑恃武力。則徒藉相沿閥閲以自雄者，終不能不爲新起之富豪所征服，有斷然矣。蓋至此而自古相沿之階級盡矣。論者或以崇尚門閥，區别士庶爲美談，而轉陋隋唐之所爲，豈知言哉？

門閥既廢，則爲平等之累者，惟有奴婢。奴婢有二：以罪没入者爲官奴婢，以貧鬻賣者爲私奴婢。二者皆漢世最盛，而後漢光武一朝，免奴最多，皆見《本紀》。殆可稱中國之林肯。不過政治力强，莫敢舉兵相抗而已。古代奴婢，皆使事生業，所謂"耕當問奴，織當問婢"。非如後世以供驅使，故其數可以甚多。白圭、刁間、蜀卓氏皆以此起。後世二者亦不絶，然政治常加以糾正，故其勢不能大盛。大抵官奴婢有赦令則免,私奴婢則或以詔旨勒令釋放,或官出資爲贖,或令以買直爲庸資,計其數相當則免之。然在民國以前,其跡終未能盡絶也。又有所謂部曲者,其初蓋屬於將帥之卒伍,後遂爲之私屬。《續漢書·百官志》:大將軍營五部,部下有曲,曲下有屯,此部曲本意。《三國魏志·李典傳》:宗族部曲三千餘家,居乘氏,自請願徙詣魏郡。《衛覬傳》:鎮關中,時四方大有還民,諸將多引爲部曲,覬書與荀彧謂郡縣貧弱,不能與争,兵家遂强,一旦變動,必有後憂,皆部曲專屬將帥之證。部曲之女,謂之客女,較平民爲賤,而較奴婢爲貴,自魏晉至唐宋皆有之。

古代婢妾,本無區别,故以罪没入之婦女,亦可使之執伎薦寢以娱人,是爲樂户。此制歷代皆有,直至清世始全廢。俞氏正燮《癸巳類稿》,有文紀之。又歷代以罪淪爲賤民者極多,至清世亦皆放免。如江山之九姓等。亦見俞氏文中。在清代,所謂身家不清白者,惟倡優皂隸,及曾鬻身爲奴者而已。然不許應試入仕,亦僅以三世爲限也。至民國,乃舉此等汙跡,一律剗除焉。

以上所述,爲本族之階級,而本族與異族間之階級,亦隨武力之不競而俱起。此則述之而滋可傷者已。我族爲異族所征服,自五胡之亂始。史稱高歡善調和漢人與鮮卑,其語鮮卑人曰:漢民是汝奴,夫爲汝耕,婦爲汝織,輸汝粟帛,令汝温飽,汝何爲陵之?其語漢人則曰:鮮卑是汝作客,得汝一斛粟,一匹絹,爲汝擊賊,令汝安寧,汝何爲疾之?以漢人任耕,鮮卑任戰,儼然一爲武士,一爲農奴焉。五胡之待中國人可知矣。遼、金、元、清,猾夏尤甚。遼自太祖,即招致漢人,别爲一部。卒以此併八部而成帝業。然終遼之世,徵兵必於部族。五京鄉丁,僅使保衛閭里而已。遼世設官,分南北面。北以治部族宫帳,南以治漢人州縣,而財賦之官,南面特多,蓋朘漢人以自肥也。遼金漢人不雜居,其禍尚淺。金則猛安謀克户入中原者,皆奪民地以畀之。宣宗南遷,騷擾尤烈,致成骨仇血怨,一朝喪敗,屠戮無遺。觀其後來報之慘,而知其初陵之烈矣。《廿二史札記·金末種人被害之慘》。元入中國,至欲盡戮漢人,空其地以爲牧場。《元史·耶律楚材傳》。雖不果行,而漢人入奴籍者甚多,雖儒者亦不免。《廿二史札記·元初諸將多掠人爲私户》。元世分人爲蒙古、色目、漢人、南人四等,一切權利,皆不平等,末造見誅之事,往史雖語焉不詳,然今諺猶有"殺韃子"一語,韃子即蒙人自號也。想其見報,亦必不免矣。清代滿漢不通婚,不雜居,故相仇亦視金元爲淺。然其初入關時,籍民莊田,又圈民地,以給旗民,亦與金代所爲無異。官缺皆分滿漢,又有蒙古包衣缺,亦與元代長官必用蒙人者,相去無幾。此皆非契丹所有。其刑法,宗室、覺羅及旗人,皆有换刑,特邀寬典。又或刑於隱者,儼然有"不與國人慮兄弟"之意。亦與遼金元不同。遼金元之初，刑法亦漢蕃異施。然意在各率其俗，與清代用意不同也。迫令舉國薙髮易服，尤前此外夷所不敢行，相迫相煎之局，每以降而愈烈。處兹生存競爭之世，固不容不凛凛矣。

第三講　財產制度

中國財產分配之法，大抵隆古之世，行共產之制。有史以後，逐漸破壞，至秦漢之世而極。是時冀望復古者甚多，王莽毅然行之，卒召大亂，自是無敢言均平財產者。私產之制，遂相沿以迄於今。

老子言"郅治之世，鄰國相望，鷄犬之聲相聞。民各甘其食，美其服，安其俗，樂其業，至老死不相往來"。此爲邃古之世，部落分立之情形。其時蓋各部落之中，自行共產之制。孔子謂大道之行也，"人不獨親其親，不獨子其子"。"貨惡其棄於地也，不必藏於己，力惡其不出於身也，不必爲己"。蓋即此時代之情形也。自交通日闢，彼此之往來日繁，而其制漸壞。

部落共產之制，所以隨交通之便而破壞者，一因其互相兼併，勝者攘敗者之財爲己有。一由交易漸興，前此自造之物，至此可不造而易之於外，少造之物，可多造以與人相易。前此之分職，遂不可復行。而奇異之物，日接於耳目，欲利之心，因之日熾。爲公家任職之處，又多制私貨，鬻諸異族。於是部落中有私財之人日多，而貧富漸不均。前此共產之組織，亦遂逐漸破壞，兩部落之相爭戰也，敗者之財產，率盡爲勝者所有。斯時無所謂個人之私產也，一部落之財產，則其族之人所共有而已。然財產雖爲一族之人所共有，而管理之權，必操諸一人，其實乃與族長一人所有無異。戰敗之族之財產，盡歸諸戰勝之族，亦仍如此。《詩》曰："普天之下，莫非王土。率土之濱，莫非王臣。"王即戰勝之族之酋長也。戰勝之酋長，以此土地，分給子弟親故，使食其入而治其人，是爲封建。以此土地，賦與農奴，使之耕種，則所謂井田之制也。農奴僅得耕作，土地初非所有，故有還受之法焉。古代分職，時曰士農工商，士之初蓋爲戰士，其後乃變爲任事之稱。凡爲士者，皆祿足代耕，然亦僅足代耕而已。農夫所食，自九人至五人。工業大者皆由官營，商人之貿遷，亦爲國家謀通有無，彌闕乏，所得私利有限，國家所以監督之者又甚嚴。見《農工商業》篇。故斯時四民，實無甚貧甚富。其所入較多者，惟有封地之君大夫而已。此則諸部落互相兼併，因生平民貴族之差，以至於此也。

貧富之不平，首由井田之破壞；井田之破壞，孟子謂由"暴君汙吏，慢其經界"。實亦人口漸繁，土地不足，惜田間道路溝洫，佔地太多，故欲從事墾闢也。見朱子《開阡陌辨》。自井田廢而民或無立錐之地，貧富始大不均矣。農田以外之土地，古代皆爲公有。故《王制》謂"名山大澤不以封"，孟子言"數罟不入汙池"，"斧斤以時入山林"。而《周官》有山虞、林衡、川衡、澤虞、跡人、卝人等官。蓋凡遵守規則者，皆得取用焉。自土地日闢，成法日壞，亦爲私人所有。《史記・貨殖列傳》所載，以畜牧、種樹、煮鹽、開礦致富者是也。漢董仲舒言"富者田連阡陌，貧者無立錐之地。又顓川澤之利，管山林之饒"，晁錯言商賈"大者積貯倍息，小者坐列販賣"，"男不耕耘，女不蠶織，衣必文采，食必粱肉"，"因其富厚，交通王侯，力過吏勢"。漢世所謂商人，實包含大工業家在內。大地主、大工商，乃當時所謂富者階級也。

漢人救正之法有二。其於土地，主急進者欲復井田，主漸進者則欲限民名田。終兩漢之世，迄未能行。其於大工商家，則法律抑之特甚。《漢書・食貨志》言："高祖令賈人不得衣絲乘車，重税以困辱之。孝惠高后時，天下初定，復弛商賈之律，然市井子孫，亦不得仕宦爲吏。"又漢時有所謂七科謫者，賈人，故有市籍，父母有市籍，大父母有市籍者皆與焉。《漢書・武帝記》天漢四年注引張晏説。其於農人，則特輕其税。漢初十五税一，文帝除民之田租，至於十有三年。景帝即位，乃令民半出租，爲三十而税一。後漢亦仍之。然荀悦謂其"適足以資豪强"。晁錯謂"法律賤商人，商人已富貴矣；尊農夫，農夫已貧賤矣"。蓋其救正之效甚鮮矣。

王莽者，社會主義之實行家也。莽既得志，更命天下田曰王田，奴婢曰私屬，皆不得賣買。男口不盈八，而田過一井者，分餘田與九族鄉黨，又立五均司市泉府之官。司市以四時中月，定物平價，物之周於民用而不讎者，均官以本賈取之，物昂貴過平一錢，則以平價賣與民。工商百業，皆除其本，計其利，以十分之一爲貢。民欲治產業，或喪祭無費者，泉府以貢之所入貸之，喪祭者無息，治產業者，歲取息無過十一。又行六筦之制，收鹽、鐵、酒酤、山澤、賒貸、鐵布銅冶，皆歸諸官。合生產者與消費者，皆思有以劑其平。蓋欲一舉而復三代盛時之舊矣。然行之既無其法，而吏又因之爲奸，遂至"元元失業，食貨俱廢"。天下大亂，莽卒以亡。自莽之亡，言治者輒引爲戒。雖亦知貧富不均，爲致亂之原，然所行者，率不過彌縫補苴之策，無敢更言清源正本者矣。

王莽變法，雖召大亂，而土地却因亂而漸均。荀悦云："井田之制，不宜於人衆之時，田廣人寡，苟爲可也。然欲廢之於寡，立之於衆，土地布列在豪强，卒而革之，并有怨心。則生紛亂，制度難行。若高祖初定天下，光武中興之後，人衆稀少，立之易矣。”觀此，可知東漢之初，實有土廣人稀之象，向之田連阡陌，又顓川澤之利，管山林之饒者，至此皆因兵燹而喪其所有矣。此其所以獲暫安也。

凡一種制度，爲人心所同欲，學者所同然，一時雖未克行，久之，未有不見諸施行者。限民名田之論，兩漢儒者之公言也。兩漢迄未能行，而晉以後行之。晉之户調式，魏之均田令，唐之租庸調法，皆以成年爲丁，因男女之異，而受田有差。其所受之田既均，則其所納之税亦均，乃按户而征之，是曰户調。魏制有桑田露田之别，桑田爲世業，露田有還受。蓋以在官之荒田授民爲露田。其所私有，亦不奪之，則爲桑田。孟子曰："五畝之宅，樹之以桑。"桑田蓋屋廬所在。桑田得賣其盈，亦得買所不足。而不得賣其分，亦不得買過所足。蓋欲以漸平均地權也。唐制：還受者曰口分，不還受者曰永業。鄉有寬狹，田多可以足其人者爲寬鄉，不足者爲狹鄉。田，鄉有餘以給比鄉，縣有餘以給比縣，州有餘以給比州。庶人徙鄉及無以葬，得賣世業田。自狹鄉徙寬鄉者，得并賣口分田。其立法彌詳矣。然史稱開元而後，其法大壞，并兼踰漢成哀。德宗時，楊炎創兩税，就其有而取之，雖稱救時良法，然制民之産之意，蕩焉盡矣。

凡天下喪亂之際，必爲豪强兼併之時，其故約有數端：田多荒蕪，乘機佔有，一也；貧者無以自立，或迫於苛税，棄田而去，亦爲豪强所佔，二也；亂時民或棄農爲兵，田益易荒，三也；暴政恒施於小民，民不得不托庇於豪强，四也；吏治苟簡，不能摧抑豪强，或且與之結托，五也。唐中葉以後，蓋即其時，宋興，初未能加以救正，故其農民困苦特甚。當時民間借貸，自春徂秋，取息逾倍。宋太祖時嘗禁之，見《宋史・食貨志》。且穀粟布縷魚鹽薪蔌耰鉏斧錡之屬，皆雜取之。《宋史・陳舜俞傳》。宣仁太后臨朝，司馬光疏言農民疾苦，有曰："幸而收成，公私之債，交争互奪。穀未離場，帛未下機，已非己有。所食者糠籺而不足，所衣者綈褐而不完，直以世服田畝，不知有何可生之路耳。"其言可謂哀切矣。王安石秉政，欲行方田均税之法，南渡後又有經界之制。然或推行未廣，或則有名無實，訖無成效可見。而南宋貴勢，肆行兼併，兩浙腴田，多落其手。賈似道當國，强買爲公田，即以私租爲官額。明太祖下平江，惡其民爲張士誠守，又以私租爲官賦。嗣後雖屢經蠲減，至於今日，兩浙賦額，猶獨重於全國。并兼之詒禍，亦可謂烈矣。

明初行黄册魚鱗册之法，黄册以户爲主，以田從之。魚鱗册則以土田爲主,諸原阪墳衍下隰沃瘠沙鹵之别畢具。據黄册則知各户所有丁糧,由之以定賦役,而田之所在,則稽諸魚鱗册而可知。其法本甚精詳,使能實行,則户口土田,皆有可考,雖由此進謀平均地權可也。顧積之久,魚鱗册漫漶不可問,而田所在不可復知。於是黄册亦失實,卒至富者有田而無税,貧者有税而無田,其或田棄糧存,則攤征於細民,責償於里甲。紳士又爲下户代納賦税,而私其所入,其弊不可勝窮。嘉靖時,乃有履畝丈量之議。神宗初,張居正爲相,行之,限三歲竣事。史稱豪猾不得欺隱,里甲免賠累,而小民無虚糧焉。清代丁税攤入地糧,但按田征税,而人户之有田無田,及其田之多少,不復過問。地權之均不均,國家遂無從知之矣。

工商之業,在私有財産之世,所以制馭之者,不過税法之重輕;業之大者,實宜收歸官營,一以防豪强之兼併,一則國家得此大宗收入,可以減輕賦税,以利窮民,且可興舉大業也。然歷代論政之家,狃於三代以前,偏重田租口賦之制,不知此爲産業未盛之時之遺法,而以爲義所當然。故漢汲黯謂縣官但當衣食租税。《漢書·食貨志》。晉初定律,酒酤等事,皆别爲令,以便承平時廢除。《晉書·刑法志》。隋文帝定天下,亦將一切雜税,次第除去。唐中葉後,藩鎮擅土,王賦所入無幾,國用艱窘,不得不取之雜税。而鹽茶等税,乃日增月益,藩鎮亦競收商税,有住税,有過税,亦猶清代軍興時之有厘金也。宋代養兵太多,竭天下之財以給之,此等税遂迄不能除,抑且加重。元、明、清三代,皆沿襲焉。然皆徒爲斂財計而已。抑并兼利萬民之意,則蕩然無復存焉者已。

借貸之事,古者蓋由公家司之。孟子謂"春省耕而補不足,秋省斂而助不給"。《梁惠王下》。陳氏齊大夫。以公量貸,而以家量收之,《左傳》昭公三年。馮諼爲孟嘗君收責於薛,盡焚其券以市義,《戰國策》。蓋皆其事。《史記·貨殖列傳》謂"子貸金錢千貫者,比千乘之家"。則秦漢時,已有私人恃放債爲生者,其後訖亦不絶。趙氏翼《陔餘叢考》有一條考之,可見其概。

其以救濟爲宗旨者,於民食,在漢爲常平,在隋爲義倉,在宋爲社倉。更思推此以充借貸者,則爲宋王安石之青苗法。常平之法,創自耿壽昌。蓋沿李悝糴甚貴傷民甚賤傷農之説,而思有以劑其平。其法於諸郡築倉,穀賤時增價以糴,穀貴時減價以糶。民獲其利,而官司亦有微贏,誠爲良法。然在穀物貿易未盛之時,其策可用。後世食糧之市場益廣,而在官之資本甚微,則其效亦寡矣。且其法僅可以平穀價,而不可以充振貸。於是隋長孫平有義倉之法。勸課當社,收穫之日,隨其所得,出粟及麥,時或不熟,即以振給。既能遍及各地,又令人民自謀,實爲最善。然後或移之於縣,則全失本意矣。宋以來，乃又有所謂社倉。孝宗乾道四年，建民艱食，朱熹請於府，得常平米六百石，請本鄉土居朝奉郎劉如愚，共任賑濟。夏受粟於倉，冬則加二計息以償。自後逐年斂散，或遇少歉，即蠲其息之半，大飢即盡蠲之。凡十有四年，得息，造成倉廒，以元數六百石還府，仍存米三千一百石，以爲社倉，不復收息。一鄉四十五里間，雖遇凶年，人不闕食，後多有放行之者。《通考》謂"凶年飢歲，人多賴之。然事久而弊，或主之者倚公以引私，或官司移用而無可給，或拘納息米而未尝除，甚者拘摧無異正賦"。

蓋此爲人民自治之事，必人民程度高，而後其效可睹也。青苗之法，始於李參。參官陝西，令民隱度穀粟之羸，貸以錢，俟穀熟還官。安石秉政，請以諸路常平廣惠倉錢穀，依其例，預借於民，令出息二分，隨夏秋税輸納。謂常平廣惠之物，收藏積滯，必待年儉物貴，然後出糶，而所及又不過城市游手之人。今通一路有無，貴發賤斂，可以廣蓄積，平物價，使農人有以赴時趨事，而并兼者不得乘其急也。當時反對者甚衆，大抵謂官吏奉行不善，而朝廷之意，實在藉此以取財。予謂青苗立法之意頗善。然實人民自相扶助之事，一經官手，則因設治之疏闊，而監督有所難周，法令之拘牽，於事情不能適合，有不免弊餘於利者。此安石所以行之一縣而效，行之全國而不能盡善也。王安石嘗一度長浙鄞縣令，故云。

平均市價之事，後世無之。漢桑弘羊行均輸之法，藉口百物由官販賣，則富商大賈，無所牟大利，則反本而萬物不得騰躍，故抑天下之物，名曰平準。然其意實在理財而已。宋神宗時，嘗置市易務。凡貨之可市及滯於民而不售者，平其價市之，願以易官物者聽。若欲市於官，則度其抵而貸之錢，責期使償，半歲輸息十一，及歲倍之。以吕嘉問爲都提舉市易司，諸州市易司皆隸焉。頗近王莽之司市泉府，其事亦卒不能行。蓋後世商業日盛，操縱非易也。

自王莽以後，以國家之力，均平貧富，無復敢萌此想者。然特謂其事不易行而已，固非謂於理不當行。讀王安石之《度支廳壁題名記》，可見其略。安石之言曰："合天下之衆者財，理天下之財者法，守天下之法者吏也。吏不良，則有法而莫守，法不善，則有財而莫理。有財而莫理，則阡陌閭巷之賤人，皆能私取予之勢，擅萬物之利，以與人主争黔首，而放其無窮之欲，非必貴强桀大，而後能如是。而天子猶爲不失其民者，蓋特號而已耳。雖欲食蔬衣敝，憔悴其身，愁思其心，以幸天下之給足而安吾政，吾知其猶不得也。然則善吾法而擇吏以守之，以理天下之財，雖上古堯舜，猶不能毋以此爲急，而况於後世之紛紛乎。"此等見解，蓋非特安石有之，此現今之社會主義，所以一輸入，遂與吾國人深相契已。然其行之如何，則固不可不極審慎矣。

第四講　農工商業

人類資生，莫急於食，取食之方，有僅爲目前之計，其技幾於不學而能者，水漁山獵，及取天然之草木以爲食是也；有必待稍知久遠之計，勤苦盡力而後能得之者，畜牧種植是也。《禮運》曰："昔者先王未有火化，食草木之實，鳥獸之肉，飲其血，茹其毛。"蓋我國疆域廣大，偏北之地，氣候物産，近於寒帶；偏南之地，則近熱帶。故取資動植，以給口實者，一國之中，兼有之也。古稱三皇曰燧人、伏羲、神農。燧人之功，在能攢木取火，教民熟食。伏羲之號，蓋以能馴伏犧牲。"神農"二字，本古農業之通稱。如《月令》言"水潦盛昌，神農將持功"。又古言神農之教，乃農家言，非謂炎帝之教令也。蓋至此三君之世，而我國民始漸習於畜牧種植之業矣。神農以後，農業日重。《堯典》載堯命羲和四子，曆象日月星辰，敬授民時。授時者，古代農政之要端也。《禹貢》備載九州土性，分爲九等，固未必真禹時書，亦無以斷其所録非禹時事。《無逸》一篇，歷述殷周賢王，中宗、高宗、祖甲、大王、王季、文王，多重農之主。此篇出周公之口。《生民》、《篤公劉》，亦周人自述先世之作。此皆信而有徵，觀此知唐虞三代之世，我國農業，業已盛行矣。

農業既盛，而漁獵畜牧之事遂微。田獵僅行之農隙，以寓講武之意。漁則視爲賤業，爲人君所弗親。可看《左傳》隱公五年，臧僖伯諫觀魚之辭。牧業如《周官》所設牧人、牛人、充人、羊人、犬人等，皆僅以供祭祀之用。惟馬政歷代皆較注重，則以爲交通戎事所資也。此以設官論，至於民間，亦因重視農業，地之可供畜牧，民之從事畜牧者少，故僅盛於沿邊。内地則穀量牛馬者，幾於絶跡矣。

蠶業興起，略與農業同時。《農政全書》引《淮南蠶經》，言黄帝元妃嫘祖，始育蠶治絲繭。説固未可盡信。然《易・繫辭傳》言："黄帝堯舜，垂衣裳而天下治。"疏曰："以前皮衣，其制短小，今衣絲麻布帛，所作衣裳，其制長大，故言垂衣裳也。"《虞書》亦有"以五采章施於五色作服"之文。知黄帝堯舜時，蠶織必已發明矣。三代之政，天子親耕，后親蠶。"五畝之宅，樹之以桑"。男耕女織并稱本業，至於今未替。此其所以能以絲織，著聞五洲也。然古代蠶利，盛於西北，而後世惟盛於東南。偏僻之處，且有絶不知紡織之利者。此則疆域廣大，各地方風氣不齊，而治化亦不能無進退故也。清知襄陽府周凱，嘗勸民種桑。其言曰："《禹貢》兖州曰桑土既蠶，青州曰厥篚檿絲。"檿，山桑也。楊徐東南亦僅曰厥篚織貝，厥篚玄纖縞而已。《詩·豳風》："蠶月條桑。"《唐風》："集於苞桑。"《秦風》："止於桑。"桑者閑閑，詠於魏。鳲鳩在桑，詠於曹。説於桑田，詠於衛。利不獨東南也。襄陽介荆豫之交，荆州厥篚玄纁璣組，豫州厥篚纖纊。纊，細綿也。纁絳幣組綬屬，皆絲所織。北燕馮跋下書令百姓種桑。遼無桑，慕容廆通晉求種江南。張天錫歸晉，稱北方之美，桑葚甘香。《先賢傳》載司馬德操躬採桑後園，龐士元助之。《齊書》載韓系伯桑陰妨他地，遷界，鄰人愧謝。三子皆襄陽人，襄之宜桑必矣。《日知録》曰：今邊郡之民，既不知耕，又不知織。雖有材力，而安於游惰。引華陰王宏撰著議，謂延安一府，布帛貴於西安數倍。又引《鹽鐵論》，邊民無桑麻之利，仰中國絲絮。夏不釋復，冬不離窟。崔寔《政論》，五原土俗，不知緝績。冬積草，伏卧其中。若見吏，以草纏身。謂今大同人，多是如此。婦人出草，則穿紙褲。

我國農業之進化，觀其所植之物，及其耕作之精粗，可以知之。古曰百穀，亦曰九穀、鄭司農云：黍稷秫稻麻大小豆大小麥。康成謂無秫大麥，而有粱苽。見《周官·大宰》注。五穀黍稷粟麥稻。蓋其初以爲主食之品甚多，後乃專於九，專於五也。今則以稻麥爲主矣。古者一夫百畝，又有爰田之法。爰即换字。《公羊》宣十五年何注：上田一歲一墾，中田二歲一墾，下田三歲一墾。《周官·大司徒》：不易之地家百畝，一易之地家二百畝，再易之地家三百畝。其所穫則"上農夫食九人，其次食八人，其次食七人，其次食六人。下農夫食五人"。《孟子·王制》。今日江南，上農所耕，不逮古者三之一，其所食，未有以遜於古也。此蓋積時久則智巧漸開，人口增，土地少，則墾治之法日密。乃社會自然之進步也。然亦有不逮古者二端。一古國小，設官多，爲治密，故有教民稼穡之官，亦多省斂省耕之事。《噫嘻》鄭箋謂三十里即有一田畯主之，其精詳可想。漢世鄉有嗇夫，猶存遺意。魏晉而後，此制蕩然。耕植之事，一任人民自謀，官不過問，士之講農學者絶少，有之亦不能播其學於氓庶。凡事合才智者以講求，則蒸蒸日上。聽其自然，未有不衰敝者也。此其一也。一則古代土地，屬於公有，故溝洫陂渠，易於整治。後世變爲私有，寸寸割裂，此等事，遂莫或肯爲，亦莫或能爲。而如人民貪田退灘廢堰，濫伐林木等，又莫之能禁。利不興，弊不除，農事安得不壞。古代農業，西北爲盛。後世大利，皆在東南。唐都長安，宋都汴梁，元、明、清都北平，無不仰東南之轉漕者，以東南天然之利厚，而西北有待於人力者大。人事荒，故農業盛衰，隨之轉移也。此又其一也。歷代農業升降之原，二者蓋其大端也。

古代教稼之法，今略見於《周官》。如大司徒"辨十有二壤而知其種"。司稼"巡邦野之稼，而辨穜稑之種，周知其名，與其所宜地以爲法，而懸於邑閭"。此辨土壤擇穀種之法也。草人"掌土化之法，以物地相其宜，而爲之種”。此變化土壤之法也。其農書，則《管子》之《地員》，《吕覽》之《任地》、《辨土》、《審時》，其僅存者，惜不易解。漢世農書，以氾勝之爲最，今亦無傳焉。今所傳者，以後魏賈思勰《齊民要術》爲最古。後來官修之書，如元之《農桑輯要》，清之《授時通考》；私家鉅著，如元王楨之《農書》、明徐光啓之《農政全書》，皆網羅頗廣，如蠶桑菜果樹木藥草孳畜等，皆該其中。田制勸課救荒等，亦多詳列。即不皆有用於今，亦足考昔日耕耘之法。

《管子》言葛盧雍狐之山，發而出水，金從之，蚩尤受而制之以爲兵。《地數》。此蓋礦業初興，尚未知取之於地。又述伯高對黄帝之言，謂“上有丹砂者，下有黄金。上有慈石者，下有銅金。上有陵石者，下有錫鉛赤銅。上有赭者，下有鐵。此山之見榮者也”。則已知察勘礦苗之法矣。《管子》東周之書，其時蓋已有此法。其托之伯高，蓋不足信。漢有司言“黄帝作寶鼎三，禹收九牧之金鑄九鼎”。《漢書·郊祀志》。而《易·繫辭傳》言黄帝堯舜之時，“弦木爲弧，剡木爲矢”。《禹貢》荆州之貢，“礪砥砮丹”。賈逵曰“砮，矢鏃之石也”。則其時之金，特用以鑄重器。至春秋時，乃以之作兵。《左氏》僖公十八年，“鄭伯始朝於楚，楚子賜之金。既而悔之，與之盟，曰無以鑄兵”是也。斯時之農器，則多以鐵爲之。《管子》書所言其事，秦漢之世猶然。故賈生説漢文收銅勿令布，而曰“以作兵器”。漢武筦鹽鐵，而文學以爲病民也。曹魏以後，乃多以鐵作兵，而銅兵漸少。詳見《日知録》卷十一。工業在古代，較重難者，皆由官營。其簡易者，則人人能自爲之。《考工記》曰：“粤之無鎛，燕無函，秦無廬，胡無弓車。粤之無鎛也，非無鎛也，夫人而能爲鎛也。燕之無函也，非無函也，夫人而能爲函也。秦之無廬也，非無廬也，夫人而能爲廬也。胡之無弓車也，非無弓車也，夫人而能爲弓車也。”注曰：“人人皆能作是器，不須國工。”此簡易之工，人人能自爲之之説。其設官“曰某人者，以其事名官。曰某氏者，官有世功，若族有世業，以氏名官者也”。此則重難之工，國家設官治之者也。此蓋古代自給自足之遺制。其後交通日繁，貿易日盛，一國所造之物，或爲外邦所需，或可不造而求之於外。人民智巧日進，能自造械器者亦多。則設官制器之事，不復可行，而其制漸廢矣。中國夙以節儉爲訓，又其民多農業，安土重遷，故其器率貴堅牢樸質，奇巧華美非所尚，間或有之，則智巧之士特出心裁。達官世家，豪民駔賈，日用飲食，殊異於人。重賞是懷，良工競勸，爲是以中其欲耳。夫智巧由於天授，而人云亡而其技亦湮。衒鬻專於一家，則製雖工而其傳不廣。此皆無與工業之進化。工業之進化，當觀多數人之用器，比較其精粗良楛而得之。如古人率用几席，無後世之桌椅，宋以後漸有之。

然民國初元，濮陽宋古城發見，民家所用桌椅，率多粗惡，較諸今日，精粗幾不可以道里計，又其所用陶器，亦較今世爲粗，此則工業進化之一端也。

古代小部落，率皆自給自足，故商業無由而興。《老子》謂："郅治之極，鄰國相望，鷄犬之聲相聞，民各甘其食，美其服，樂其業，至老死不相往來。"《鹽鐵論》曰："古者千室之邑，百乘之家，陶冶工商，四民之求，足以相更。"《權修》。則此時代之情形也。交通日便，往來日繁，則貿遷有無之事起。最初所行，大抵如現在之作集。《易・繫辭傳》言，神農氏"日中爲市，致天下之民，聚天下之貨，交易而退，各得其所"是也。《酒誥》言農功既畢，"肇牽車牛遠服賈"。《郊特牲》言"四方年不順成，八蜡不通"。皆可見其貿易之有定時。其後社會日進，有資於通工易事者日多，則商業亦日盛。商人分兩種，行貨曰商，居貨曰賈。賈大率在國中。《考工記》："匠人營國，面朝後市。"又有設於田野之間，以供人民之需求者。《公羊》何注"因井田而爲市"《公羊傳》宣公十五年。是也。《孟子》謂："有賤丈夫焉，必求龍斷而登之，以左右望而罔市利。"龍斷謂岡隴之斷而高者，亦可見其在田野之間矣。其行貨者，則必遠適異國。如《左氏》所載鄭商人弦高是。《左傳》僖公三十三年。此等人周歷四方，見聞較廣，故其才智頗高。弦高之能却秦師，即其一證。

隆古社會，本皆自給自足，有求於外者，非淫侈之品，則適逢荒歉之時耳。惟所販粥，本多淫侈之品，故當時之商人，多與王公貴人爲緣。如子貢結駟連騎，以聘享諸侯。《史記・貨殖列傳》。漢鼂錯謂當時商人，交通王侯，力過吏勢是也。其當本國空無之時，能遠適異國，以求得其物者，則於國計民生，所關甚大。鄭之遷國，實與商人俱。《左傳》昭公十六年。豈不以新造之邦，財用必患不足，不得不求之於外哉！斯時之商賈，實生産消費者之友，而非其敵也。其後則漸不然。《管子》曰：歲有四秋。四秋即四次收穫也。農事作爲春之秋，絲纊作爲夏之秋，五穀會爲秋之秋，紡績緝縷作爲冬之秋。物之輕重，相什而相百。《管子・輕重乙》。又曰：歲有凶穰，故穀有貴賤，令有緩急，故物有輕重。然而人君不能治，故使畜賈游於市。乘民之急，百倍其本。《管子・國畜》。至此，則商人日朘生産消費者以自肥，始與公益背道而馳矣。然分配之機鍵，操其手中，非有新分配之法，商人固未易廢除也。

商業之演進，不徵諸富商大賈之多，而徵諸普通商人之衆。普通商人衆，則分工密，易事繁。社會生計，互相依倚，融成一片矣。《史記・貨殖列傳》，謂關中自秦漢建都，"四方輻湊，地小人衆，故其民益玩巧而事末"。又謂"鄒魯地小人衆，好賈趨利，甚於周人"。以地小人衆而爲商，其必負販之流，而非豪商大賈明矣。古代之市，皆自爲一區，不與民居相雜。秦漢而降，此意仍存。如《三輔黄圖》謂長安市各方二百二十六步，六市在道西，四市在道東。《唐書·百官志》，謂市皆建標築土爲候，日擊鼓三百以會衆，日入前七刻，古者每晝夜分爲十二小時，每時分爲十刻，每刻分爲十二分。擊鉦三百而散。《遼史》謂太祖置羊城於炭山北，起榷務，以通諸道市易。太宗得燕，置南京，城北有市，令有司治其徵。餘四京及他州縣貨産懋遷之地，置示如之是也。邸肆民居，毫無區别，通衢僻巷，咸有商家，未有如今日者。此固由市制之益壞，亦可見商業之日盛也。

中外通商，亦由來已久，且自古即頗盛。《貨殖列傳》述櫟邑、巴蜀、天水、隴西、北地、上郡、揚、平楊、上谷至遼東等，與外國接壤之處，商利幾無不饒。漢初兩粵，尚同化外，西域尤絶未聞知。而枸醬竹杖，既已遠至其地，商人之無遠勿届，亦可驚矣。西域既通，來者益多。罽賓殺漢使，遣使謝罪，漢欲遣使報送，杜欽言其"悔過來，而無親屬貴人奉獻者，皆行賈賤人，欲通貨市買，以獻爲名"。欽述當時西域之道，險阻爲害，不可勝言。而賈胡猶能矯其君命，遠來東國，其重利可謂甚矣。自此至南北朝，中國與西域之交通，雖或盛或衰，而訖未嘗絶。史所云絶者，以國交言之。若民間之往來，則可謂終古未絶也。隋唐之世，國威遐暢，來者尤多，元代地跨歐亞，更不必論矣。唐、宋、元、明中外通商情形，可參考《蒲壽庚傳》一書。日本桑原騭藏《東洋史要》曰："東西陸路之互市，至唐極盛，先是隋煬帝時，武威、張掖、河西諸郡，爲東西交易之中樞。西方賈人，來集其地者，溢四十國。唐興，中亞天山南路之路開，西方諸國，來東方通商者益盛。支那人之商於中亞波斯印度者亦不少。素諳商業之猶太人，乘機西自歐非，東至支那印度間，商權悉歸掌握，或自紅海經印度洋，來支那之南海。或自地中海東岸之安地凹克，經呼羅珊、中亞、天山南路來長安。及大食勃興，阿剌比亞人漸拓通商之範圍，無論陸路海路，世界商權，殆在其掌中。"又曰："自蒙古建國，四方割據諸小國悉滅，商賈往來日便，又新開官道，設驛站，分置守兵，旅客無阻。東西兩洋之交通，實肇於此。是時西亞及歐洲商人，陸自中亞經天山南路，或自西伯利亞南部經天山北路，而開販路於和林及燕京。波斯與印度及支那之間，海上交通亦日繁，泉州、福州諸港，爲世界第一貿易場，外人來居其地者，以萬數云。"

海路通商，似亦先秦即有之。《史記·貨殖列傳》言番禺爲珠璣、瑇瑁、果、布之湊，此即後世與外國交易之品也。自秦開南海、桂林、象郡，今安南之地，自廣和以北，悉在邦域之中。廣和，即後來據地自立之林邑也。桑原氏云："當時日南交阯，爲東西洋交通中樞。西方賈人，多集其地。時則羅馬商船，獨專印度洋航權。及佛教東漸，錫蘭及南洋諸國，與支那道路已通。支那海運，因而漸興，經爪哇、蘇門答剌至錫蘭之航路，遂歸支那人手。歷南北朝至唐初葉，支那商船更推廣其航路。或自錫蘭沿西印度海岸入波斯灣，或沿阿剌伯海岸至亞丁。當時錫蘭爲世界商業中樞，支那人、馬來人、波斯人、哀西比亞人等，交易於斯。及大食興，非洲西亞沿岸及印度河口港灣，前後歸其版圖，阿剌比亞人與其屬波斯人、猶太人，益恢張海運，東經南洋諸國，通商支那，代支那人而專有亞細亞全境之航權。日本曆千三百五十年頃，周武后天授中。阿剌比亞人，商於廣州、泉州、杭州者以萬數，唐於諸港置提舉市舶之官，征海關税，爲歲入大宗。"案國史於南方諸國，記載最詳者，當推《宋》、《梁》、《唐》三書。所記諸國，大抵爲通市來者也。互市置官，始於隋之互市監，而唐因之。市舶司之置，新舊《書》、《六典》皆不載。《文獻通考》曰：唐有市舶使，以右威衛中郎將周慶立爲之。唐代宗廣德元年，有廣州市舶使吕太一。案慶立見《新唐書・柳澤傳》。吕太一事，見《舊唐書・代宗紀》。又《新書・盧懷慎傳》："子奂，天寶初，爲南海太守，汙吏斂手。中人之市舶者，亦不敢干其法，遠俗爲安。"然則唐市舶使之置，多以武人宦官爲之。黷貨無厭，以利其身，損國體而斂怨於遠人。云爲歲入大宗，蓋東史臆度之語。泉杭諸州，曾置市舶，史亦無文。謂於諸港皆置提舉，亦不審之談也。及宋代而設置漸多，其可考者，有杭、明、温、秀、泉、廣諸州，及華亭、江陰、板橋。鎮名，屬密州，即今青島也。所税香藥犀象，往往以酬入邊，充鈔本。始真於國用有裨矣。元、明二代，亦皆有之。元設於上海、澉浦、杭州、慶元、温州、泉州、廣東，凡七處。時有省置，明洪武初，設於太倉黄渡，尋罷。復設於寧波，以通日本，泉州以通琉球，廣州以通占城暹羅及西洋。永樂中，又常設交阯、雲南市舶提舉司。元代甚重視木棉之培植，故江浙一帶設有提舉司一職，專司一切提倡木棉事務。明之設司，意不在於收税，而在以此撫治諸夷，消弭釁隙，此其時倭寇方張也。宋、元二代，海路所通頗遠，明祖御宇，亦使驛四通。陸路遠至天方，海路幾徧今南洋群島。成祖之遣鄭和下西南洋，事在永樂三年，即西曆一千四百有五年。哥倫布得亞美利加，事在西曆千四百九十三年，當明孝宗弘治六年。後於和者，實八十八年也。自鄭和航行後，中國之聲威，頗張於海表。華人之謀生南洋者不少，且有作蠻夷大長者。新大陸既發現，西人陸續東航，而通商之情形，乃一變矣。其詳更仆難窮，其大略則人多知之。其利害又當別論。今不具述。

第五講　衣食居處

《禮記·禮運》曰:"昔者先王未有宫室,冬則居營窟,夏則居橧巢。未有火化,食草木之實,鳥獸之肉,飲其血,茹其毛。未有麻絲,衣其羽皮。後聖有作,然後修火之利,範熔鑄也。金合土,以爲臺榭宫室牖户。以炮以燔,以亨以炙,以爲醴酪。治其麻絲,以爲布帛。"此總述古代衣食居處進化之大略也。所謂先王,蓋在伏羲以前,所謂後聖,則在神農以後,何以知其然也。《禮運》又曰:"夫禮之初,始諸飲食,其燔黍而捭豚,汙尊而抔飲,蕢桴而土鼓,猶若可以致其敬於鬼神。"疏引《明堂位》:"土鼓葦籥,伊耆氏之樂。"《乾鑿度》云伊耆氏爲神農,斷此爲神農之事。《世本》曰:"伯余作衣裳。"亦見《淮南子·氾論》。伯余黄帝臣,《易·繫辭傳》:"黄帝堯舜,垂衣裳而天下治。"疏曰:"以前衣皮,其製短小。今衣絲麻布帛所作衣裳,其製長大,故曰垂衣裳。"《傳》又言:"上古穴居而野處,後世聖人易之以宫室。"同蒙上黄帝堯舜而言。《淮南·脩務》亦云:"舜作室築墻茨屋。"知衣食居處之進步,必先在炎黄堯舜之世矣。

古人食草木之實,鳥獸之肉,其物較少,不足以飽。乃於食肉之外,兼茹其毛。見《禮運》疏。果實之外,亦兼茹菜,是謂疏食,疏今作"蔬"。亦曰素食。《墨子·辭過》曰:"古之民,素食而分處,聖人作,誨男耕稼樹藝,以爲民食。"故穀食者,疏食之進化也。穀食始稱百穀,繼則九穀,繼稱五穀。蓋其初用以充食之物甚多,漸次去其粗而存其精,是則所謂嘉穀也。此又穀食中之進化也。

既進於農業之世,則肉食惟艱,故必貴人耆老,乃得食肉。《孟子》:鷄豚狗彘之屬,無失其時,七十者可以食肉矣。庶人所食,魚鱉而已。見《詩·無羊》疏。《鹽鐵論·散不足》曰:古者燔黍食稗而燁豚以相餉,其後鄉人飲酒。老者重豆,少者立食。一醬一肉,旅飲旅飲即輪轉互飲也。而已。及其後賓昏相召,則豆羹白飯,綦膾孰肉。今民間酒食,肴旅重疊,燔炙滿案。古者庶人糲食黎藿,非鄉飲酒膢臘祭祀無酒肉。諸侯無故不殺牛羊,大夫無故不殺犬豕。今閭巷阡陌,無故烹殺，負粟而往，易肉而歸。古者不饗飪，不市食。其後則有屠沽，沽酒市脯，魚鹽而已。今熟食遍列，肴旅即雜列重叠之意，言其繁也。成市云云。可見漢時飲食遠較古代爲侈。然《論衡·譏日》謂海内屠肆，六畜死者，日數千頭。則較諸今日不過十一之於千百耳。《隋書·地理志》謂梁州漢中，"性嗜口腹，多事佃漁，雖蓬室柴門，食必兼肉"。已非漢時所及矣。可見人民生活程度，無形之中，日漸增高也。

飲食之物，隨世而殊。如古人食肉，犬豕并尚，後世則多食豕。古調羹用鹽梅，秦漢則用鹽豉。見《左氏》昭公二十年疏。鹽之豆豉。今湘贛亦兼有用淡豆豉以調羹者，蘇浙不多見。古人刺激之品，惟有酒及葷辛。《儀禮·士相見禮》："夜侍坐，問夜，膳葷，請退可也。"注："膳葷，謂食之葷辛物葱薤之屬，食之以止卧。"案葱韭氣葷而味非辛。故鄭言之屬以該之辛，如薑桂是也。鄭兼言辛，見膳葷亦得兼及辛。後世則兼有茶煙。古食甘止有飴，後世乃有蔗糖。此等或因生業之不同，或因嗜好之遷變，或因中外交通，食品增多，未易一一列舉矣。

釀酒蓋起虞夏之世。《戰國策》曰："儀狄作酒，禹飲而甘之。"《明堂位》謂"夏后氏尚明水"，其徵也。神農之世，汙尊抔飲，蓋飲水而已。疏謂鑿地盛酒，恐非。

古無"茶"字，祇有"荼"字。"荼"見於《詩》者，或指苦菜，或指茅秀，或指陸草，皆非今之茶。惟《爾雅》釋木，"檟，苦荼"。注曰："樹小如梔子，冬生葉，可煮作羹飲。今呼早採者爲荼，晚取者爲茗。一名荈，蜀人名之苦荼。"此字雖亦从草从余，而所指實爲今之茶。蓋茶味亦苦，故借苦菜之名以名之。復乃變其韵而成兩字。王褒《僮約》："武都買茶。"張載《登成都白菟樓詩》"芳茶冠六清"，孫楚詩"薑桂茶荈出巴蜀"。《本草衍義》："晉温嶠上表，貢茶千斤，茗三百斤。"《三國吴志·韋曜傳》"密賜茶荈以當酒"。《世説新語》："王濛好飲茶，客至，嘗以是餉之。"則飲茶始於蜀，先行於南方，至唐時乃遍行全國。故《唐書·陸羽傳》，謂羽著《茶經》三篇，天下益知飲茶，而茶税亦起唐世也。然金章宗時，嘗以茶皆市於宋，費國用而資敵，置坊自造。其後坊罷，又限七品以上，方得飲茶，則尚不如今日之盛也。

蔗糖之法，得自摩揭陀。見《唐書·西域傳》。大徐《説文》新附中，始有"糖"字，糖乃从米，訓以飴而不及蔗，則宋初尚未大盛。至王灼撰《糖霜譜》，始備詳其法焉。

菸草來自吕宋，漳州莆田人始種之，盛行於北邊。謂可避瘴，崇禎末嘗禁之，卒不能絶，禁旋弛。王肱《枕蚓庵瑣語》、張岱《陶庵夢憶》，皆謂少時不識菸草爲何物。則其盛行，實在明末弛禁之後也。然是時吸食之法，尚不如今日之便。張岱謂大街小巷，盡擺烟卓。黄玉圃《臺海使槎録》，謂“鴉片煙用麻葛同雅土切絲，於銅鐺内剪成鴉片拌煙，另用竹筩，實以棕絲，群聚吸之，索值數倍於常煙”。中國人之吸鴉片，本由吸煙引起。觀張、黄二氏之説，則當初之吸煙，殆亦如後來之吸鴉片也。

鴉片由吸煙引起，説見日本稻葉君山《清朝全史》。案罌粟之名，昉見《開寶本草》。又曰，一名米囊。而唐雍陶《西歸出斜谷詩》曰：“萬里客愁今日散，馬前初見米囊花。”則唐時已有其物。然自明以前皆作藥用。清雍正硃批諭旨，七年“福建巡撫劉世明奏，漳州知府李國治，拿得行户陳遠，私販鴉片三十四斤，擬以軍罪。臣提案親訊，陳遠供稱，鴉片原係藥材，與害人之鴉片煙，并非同物。當傳藥商認驗，僉稱此係藥材，爲治痢必須之品，并不能害人，惟加入菸草同煎，始成鴉片煙。李國治妄以鴉片爲鴉片煙，甚屬乖謬，應照故入人罪例，具本題參奏”云云。則知當時吸食鴉片，尚未與菸草相離也。製菸膏之法，見明王璽《醫林集要》亦以作藥用。豈雍正以後，吸食鴉片之禁日嚴，有癮者欲吸不得，乃代之以藥，而成後來之吸法歟。

未有麻絲以前，衣之材料有二。一《禮運》所謂衣其羽皮，此爲皮服。一則如《郊特牲》之黄衣黄冠，《詩》之臺笠，所謂卉服也。有麻絲以後，此等材料，乃逐漸淘汰。至其裁制，則最初有者，爲後世之韍，亦曰韠。鄭注《乾鑿度》謂“古者佃漁而食，因衣其皮，先知蔽前，後知蔽後”是也。《詩·采菽》疏引。夫但知蔽前爲韍，兼知蔽後，則爲裳矣。裳有襱襪而短則爲褌。《事物記原》，褌，漢晉名犢鼻。姚令威曰：醫書膝上二寸爲犢鼻。蓋褌之長及此。長其襱則爲袴。《説文》作絝，曰脛衣也。蔽上體者曰衣。連衣裳而一之爲深衣。詳見《禮記·深衣》、《玉藻》兩篇。裳幅前三後四，朝祭之服，襞績無數。喪服三襞績，深衣之裳，前後皆六幅不襞績。衣之在内者短曰襦，長曰衫，長而有著者曰袍。古朝祭之服，皆殊衣裳，深衣則否。然惟庶人即以爲吉服。漢以後，漸去衣裳，徑以袍爲外服，而其便服轉尚裙襦，遂漸成今世之服矣。詳見任大椿《深衣釋例》。《唐書·車服志》：“中書令馬周上議，禮無服衫之文，三代之制有深衣。請加襴袖褾襈，爲士人上服。開胯者曰缺袴，庶人服之。”《類篇》：衣與裳連曰襴。褾，袖端也。襈，緣也。《事物記原》曰：“缺胯衫，今四胯衫”。

作事以短衣爲便，古今皆然。《曲禮》曰：“童子不衣裘裳。”《内則》曰：“十年，衣不帛，襦袴。”衣不帛句絶。疏謂“不以帛爲襦袴”，誤矣。二十可以衣裘帛，則亦二十而裳。不言者，與上互相備，古人語法如此。故戴德喪服變除，童子當室，自十五至十九。其服深衣不裳也。武人之服亦然。故杜預釋跗注曰：若袴而屬於跗。《左傳》成公十六年。不徑曰袴者，袴不皆屬於跗也。此即後世之袴褶。魏晉以後，爲車駕親軍，中外戒嚴之服。王静庵以爲皆出於胡，見《觀堂集林·胡服考》。誤矣。中國服飾，惟鞾確出於胡，見《陔餘叢考》。古人則夏葛屨，冬皮屨也。見《士冠禮》。曾三異《同話録》曰："近歲衣製，有一種，長不過腰，兩袖僅掩肘，名曰貉袖。起於御馬院圉人，短前後襟者，坐鞍不妨脱著，以其便於統馭也。"此今之馬褂也。裲襠，《玉篇》曰："其一當胸，其一當背。"《廣雅》謂之袙腹，宋時謂之背子。見《石林燕語》。此爲今之坎肩。見《陔餘叢考》。加於首者，最尊者爲冕，以木爲幹，用布衣之。上玄下朱，前俯後仰，黈纊塞聰。《東京賦》薛綜注：黈纊，以黄綿，大如丸，懸冠兩邊，當耳。案後以玉曰瑱。垂旒蔽明，蓋野蠻時代之飾。弁如冕，前後平，以皮革韋等物爲之，冠以豢髪，《説文》。略如後世之喪冠。中有梁，廣二寸，秦始皇改爲六寸，漢文帝增爲七寸，而梁始廣，而古制不可見矣。詳見江永《鄉黨圖考》。冠之卷曰武，纓以組二屬於武，合結頤下。有餘則垂爲飾，是曰緌。冠爲士服。古者男女必冠，以露髪爲耻。故子路謂君子死，冠不免，結纓而死。後世官吏獲咎者，每稱免冠謝過。庶人則以巾。巾以覆髻曰幘。帶有大帶、革帶。大帶以素絲爲之，以束腰，垂其餘爲飾，謂之紳。《左傳》桓公二年疏。革帶在大帶上，爲雜佩所繫。佩有德佩、事佩。德佩，玉也。事佩，如《内則》所云紛帨小觿之屬。紛帨，即今之手帕也。小觿，解結之具。袴之外有行縢，亦曰邪幅。襪，初亦以革爲之。故見尊者必跣，後則惟解屨耳。

古無棉布，凡布皆麻爲之。所謂絮纊，皆今之絲綿也。裘之製，則因貴賤而不同，詳見《禮記·玉藻》。古人衣裘，皆毛在外，故曰："虞人反裘而負薪，彼知惜其毛，不知皮盡而毛無附。"裘上有衣，時曰裼衣。開裼衣露其裘曰裼，掩之曰襲。無裼衣爲表裘，爲不敬。故曰"表裘不入公門"。《玉藻》。袗、袗，褌也。袗，絺綌之外袍也。絺、音 chī。綌音 xì。亦然。惟犬羊之裘不裼。賤者衣褐。褐，毛布也。木棉，宋以前惟交廣有之。宋末元初，其種乃入江南。有黄道婆，自崖州至松江，教紡織之法，其利遂遍全國。《陔餘叢考》。

古喪服以布之精粗爲序，非以其色也。斬衰三升，約二百餘支纖維爲一升。齊衰四升五升六升，大功七升、八升、九升，小功十升、十一升、十二升，緦麻十五升去其半，至十五升則爲吉布，爲深衣。然其色亦白。故《詩》曰"麻衣如雪"。素服亦白色。周之大札、大荒、大灾，《周官·司服》。或以絹爲之，與喪服非同物。古王公大人，服有采章，無爵者皆白，故白衣爲庶人處士之稱，然王公大人，初非不著白衣也。宋程大昌《演繁露》謂"南齊桓崇祖守壽春，著白紗帽，肩輿上城。今人必以爲怪。樂府《白紵歌》曰：'質如輕雲色如銀，製以爲袍餘作巾。'

今世人麗妝，必不肯以白紵爲衣，古今之變，不同如此。《唐六典》：天子服有白紗帽，其下服如裙襦襪，皆以白，視朝聽訟，燕見賓客，皆以進御，猶存古制。然其注云，亦用烏紗。則知古制雖存，未必肯用，習見忌白久矣”。愚案歐洲古平民衹許衣黑，革命之後，乃并貴人皆黑衣。見康有爲《歐洲十一國游記》。中國古代平民衹衣白，階級崩壞，乃并許平民衣采章，似以中制爲得也。

未有宫室以前，居處因寒暑而異。《禮運》：冬則居營窟，夏則居橧巢。注云：“寒則累土，暑則聚柴薪居其上。”《詩》曰：“古公亶父，陶復陶穴。”疏曰：“平地累土謂之復，高地鑿坎謂之穴。其形如陶竈。”此即所謂寒則累土。《孟子》曰“下者爲巢”。此即聚柴薪而居其上之類也。《墨子·節用》曰：“未有宫室之時，因陵丘堀穴而處，聖王慮之，以爲堀穴，冬可以避風寒，逮夏，下潤濕，上熏蒸，恐傷民之氣，於是作爲宫室而利。”宫室之所由興如此。然棟梁之制，實原於巢居。墻壁之制，則原於穴居者也。

古之民，蓋居水中洲上，州、島同音，州、洲實一字也。明堂稱辟雍。雍者，壅之古字。西北積高，則稱雍州。辟即璧。玉肉好若一曰璧，璧形圜，言其四面環水也。後世之城，率繞之以池，蓋猶沿邃古之制。城方大國九里，次國七里，小國五里。《考工記》。皆築土爲之。時曰墉，墉之上爲垣，稱脾睨。亦曰陴，亦曰女墻。《釋名》。城皆以人力爲之。其外曰郭，亦曰郛，則依山川，無定形。焦循《群經宫室圖》。郭之内爲郊，猶稱國中，其外則爲野鄙。匠人營國，面朝後市。内有九室，九嬪居之。外有九室，九卿朝焉。案天子諸侯，皆有三朝。最南爲外朝，在皋門諸侯曰庫門。之内，應門諸侯曰雉門。之外。應門之内曰治朝，其内爲路門，路門之内爲燕朝，燕朝之後爲寢，寢之後爲宫。宫寢之間，爲内宫之朝。内九室當在於是，外九室則當在治朝也。其餘尚有官府次舍，不能確知其處。應門之旁有闕，亦曰觀，亦曰象魏，爲懸法之地。天子外闕兩觀，諸侯内闕一觀。見《公羊》昭二十五年《解詁》。家不臺門，見《禮器》。路門之側爲塾，民居二十五家爲閭，閭之兩端有門，其側亦有塾，爲教學之地。

路寢之制，前爲堂，後爲室。堂之左右爲兩夾，亦曰廂。東廂之東曰東堂，西廂之西曰西堂。室之左右爲東西房，其北曰北堂，牖户之間謂之房。室西南隅爲奥，户在東，西南隅最深隱，故名，尊者常處焉。西北隅謂之屋漏，日光所漏入也。東北隅謂之宧，宧，養也。蓋飲食所藏。東南隅謂之窔，亦隱闇之義。此爲貴族之居。晁錯論募民徙塞下，謂古之徙遠方，“先爲築室，家有一堂二内”。此近今日中爲堂，左右爲室之制。蓋平民之居然也。

《爾雅》曰：“闍謂之臺。”注：“積土四方。”有木者謂之榭。注：“臺上起屋。”又曰：

“四方而高曰臺,狹而修曲曰樓。”則今日之樓,非周以前所能爲。《孟子·盡心》:“孟子之滕,館於上宫。”趙注:“上宫,樓也。”可以爲館,則似今日之樓。而非前此之臺榭,僅供眺望者矣。恐不足信。然亦可見邠卿時,已有今日之樓也。

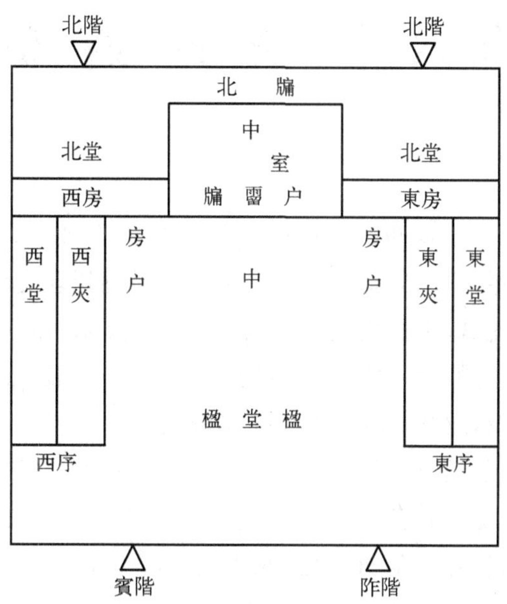

《儒行》稱“一畝之宫,環堵之室,篳門圭窬,蓬户瓮牖”。可想見古代民居之簡陋。然《月令·季秋》:“乃命有司:寒氣總至,民力不堪,其皆入室。”《詩》:“十月蟋蟀,入我床下。穹室熏鼠,塞向墐户。嗟我婦子,曰爲改歲,入此室處。”《公羊解詁》亦曰:“吏民春夏出田,秋冬入保城郭。”宣公十五年。則除風雨寒暑外,蜇處室中之時,蓋甚少也。

古代眺望,止於臺榭,游觀則在苑囿。囿兼有禽獸,苑但有草木,蓋畫地施以厲禁,如美之黄石公園。故其大可方數十百里,非今之花園也。今之花園,蓋因園圃爲之。

古築城郭宫室,皆役人民爲之,故以卑宫室爲美談,事土木爲大戒。崇宏壯麗之建築,歷代未嘗無之。然以中國之大言之,則其數甚微耳。又地處平原,多用土木而少石材。即用磚亦甚晚,故大建築之留詒者甚少。《日知録》曰:“予見天下州之爲唐舊治者,其城郭必皆寬廣,街道必皆正直,廨舍之爲唐舊創者,其基址必皆宏敞。宋以下所置,時彌近者制彌陋。”致慨於“人情之苟且,十百於前代”。此等足覘生計之舒蹙,治化之進退,誠爲可憂。若夫詗諸史而覺偉大建築之不逮人,則康南海所云,適足見我階級之平夷,迷信之不深,不足愧也。

第六講　交通通信

交通者，國家之血脈也。以地理形勢言之，原隰平坦之區，陸路交通爲亟。水路交錯之區，河川交通爲亟。山嶺崎嶇，港灣錯雜之地，則其民長於航海。我國之黄河流域，東亞之大平原也。長江支流航路之遠，亦世界所僅見也。南嶺以南，平地較少，河川雖多，航行之利，亦不如長江。然海綫曲折，則遠非江河流域所及，故其航海之業，亦爲全國之冠焉。

中國文明，本起河域。故其陸路交通，發達最早。《莊子》所謂"山無蹊隧，澤無舟梁"者，蓋已在荒古之世。至於三代，則其陸路交通，已頗便利矣。斯時之道路，當分國中及野外言之，國中之道，《考工記・匠人》云："經涂九軌。"《王制》云："男子由右，婦人由左，車從中央。"蓋極寬平坦蕩，野外則不能如是。《儀禮》："商祝執功布，以御柩執披。"注云："道有低仰傾虧，則以布爲左右抑揚之節，使引者執披者知之。"《曲禮》曰："送葬不避涂潦。"《左氏》載梁山崩，晉侯召伯宗，行辟重，重人曰："待我，不如捷之速也。"可見其寬平不逮國中矣。案郊野之道，蓋即所謂阡陌。《月令・季春》："命司空，修理隄防，道達溝瀆，開通道路，毋有障塞。"注："古者溝上有路。"蓋依溝洫爲之。井田未廢之時，溝洫占地頗多，且頗平直。則依溝洫而成之道路，亦必較今日田間之道路，爲寬且直矣。特其用人力修治，不能如國中之殷，故其平坦，亦不逮國中耳。其有多用人力，修治平坦者，則秦漢間所謂馳道。

古戎狄事田牧，多居山險。漢族事耕農，多處平地，故駕車之時，較騎乘之時爲多。車有兩種，一曰大車，駕以牛，平地任載之車也。一曰小車，即兵車，亦稱武車，駕馬，人行亦乘之。婦人坐乘，男子立乘，車皆駕二馬。三馬爲驂，四馬爲駟，然三四皆可稱驂。《公羊》説：天子駕六。《毛詩》説：自天子至大夫皆駕四。

古書言騎乘者甚少，後人因謂古馬惟駕車，無單騎。《左傳》昭公二十五年："左師展將以公乘馬而歸。"疏引劉炫，以爲騎馬之漸，此非也。《日知録》謂"古公亶父，來朝走馬"。即是騎馬。其説得之。又言："春秋之世，戎狄雜居中夏者，大抵在山谷之間，兵車之所不至。齊桓晉文僅攘而却之，不能深入其地者，用車故也。中行穆子之敗翟於大鹵，得之毀車崇卒。而智伯欲伐仇猶，遺之大鐘，以開其道，其不利於車可知矣，勢不得不變而爲騎。騎射，所以便山谷也。胡服，所以便騎射也。"此雖言兵事，而交通變遷之故，從可知矣。

古代騎馬，又不獨平人也，驛亦有之。戴侗曰："以車曰傳，以騎曰馹。"《經典釋文》曰："以車曰傳，以馬曰遞。"亭林因謂《左氏》所載乘馹乘遞，皆是騎馬。説亦甚確。漢初尚乘傳車，後惡其不速，皆改爲乘馬矣。

水路之交通，不如陸路之發達。《孟子》言："歲十一月，徒杠成。十二月，輿梁成。"則必水淺之時，乃能乘之以架橋。水大時，則惟有用舟濟渡耳。《爾雅》所謂天子造舟，比船爲橋。諸侯維舟，連四船。大夫方舟，併兩船。士特舟，單船。庶人乘柎併木以渡。者也。此即後世之浮橋。《詩》疏。川之甚之者，則乘舟以渡。《詩》云"誰謂河廣，一葦杭之"是也。淺狹之處則徒涉，《詩》云："子惠思我，褰裳涉溱。"《論語》云："深則厲，淺則揭。"《禮記》言："舟而不游。"《淮南子》言"短綣無袴，以便涉游"是也。舟之初蓋以一木爲之。故《易》言"刻木爲舟"，又曰"利涉大川，乘木舟虚"也。注："空大木爲之曰虚"。《月令》有舟牧，季春之月："命舟牧覆舟，五覆五反，乃告舟備具於天子。"則其製造，必非如前此之簡陋矣。《禹貢》九州貢路，皆有水道，雖未必真禹時書，亦必春秋以前物。《左氏》：晉饑，乞糴於秦，秦輸之粟。"自雍及絳相繼，命之曰泛舟之役。"則能由水道漕粟矣。然北人之使船，似終不如南人。吴欲伐齊，城邗，溝通江淮，此爲以人力開運河之始。其後徐承又自海道伐齊。吴楚争戰，用舟師時甚多。入郢之役，楚所以不能禦者，以吴忽舍舟而遵陸，出不意故也。春秋時，江域之文化，遠後於北方，獨航行駕於其上。亦可見開化之必由地利矣。

中國地勢，西高東下，大川皆自西徂東。故其交通，東西易而南北難。自河域通江域之運河，相需最亟。古代以人工開鑿者，蓋有二焉。一爲邗溝，一爲鴻溝也。鴻溝久湮，《史記・河渠書》述其略曰："滎陽下引河東南爲鴻溝，以通宋、鄭、陳、蔡、曹、衛，與濟、汝、淮、泗會。"其爲用，頗似今惠民河、賈魯河也。

婁敬言河渭漕挽天下，西給京師。則自泛舟之役以來，其利迄未嘗替。至後漢明帝時，而引汴渠自滎陽至千乘之大工程出焉。蓋當時富力，皆在山東。故亟謀自長安通齊地之水運也。東晉以後，富力漸集於江淮，則運道亦一變。隋開通濟渠，自東都引穀洛入河，又自河入汴，自汴入淮，以接淮南之邗溝。自江以南，則自京口達餘杭，開江南河，凡八百里。唐世江淮漕轉，二月發揚州，四月自淮入汴，六七月至河口，八九月入洛。自此以往，有三門之險，欲鑿之而未成，乃陸運以入於渭。此自東南通西北之運道也。宋都汴京，水道四達。東河通江淮，亦曰里河。西河通懷孟，南河通潁壽，亦曰外河，今惠民河其遺跡也。北河通曹濮。四河之中，東河之利最鉅，淮南、浙東西、荆湖南北之貨，皆自此入汴。嶺表之金銀香藥，亦陸運至虔州入江。陝西之貨，有入西河入汴者。亦有出劍門，與四川之貨，同至江陵入江者，蓋東河所通，三分天下有其二矣。元有天下，始引汶水，分流南北，以成今日之運河，歷明、清無改。此則自東南通東北之水路也。

陸路交通，秦、漢而後，蓋已不如列國時之修整，自宋以後，廢壞尤甚。今試引《日知録》數則，以見其概。

《日知録》曰："讀孫樵《書褒城驛壁》，乃知其有沼有魚，讀杜子美《秦州雜詩》，又知其驛之有池有林有竹。今之驛舍，殆於隸人之垣矣。予見天下州之爲唐舊治者，其城郭必皆寬廣，街道必皆正直，廨舍之爲唐舊創者，其基址必皆宏敞。宋以下所置，時彌近者制彌陋。此又樵記中所謂州縣皆驛，而人情之苟且，十百倍於前代矣。"

又曰："古之王者，於國中之道路，則有條狼氏，滌除道上之狼扈，而使之潔清。於郊外之通路，則有野廬氏，達之四畿。合方氏，達之天下，使之津梁相湊，不得陷絶。而又有遂師以巡其道修，候人以掌其方之道治。至於司險掌九州之圖，以周知其山林川澤之阻，而達其道路。則舟車所至，人力所通，無不蕩蕩平平者矣。晉文之霸也，亦曰：司空以時平易道路，而道路若塞，川無舟梁，單子以卜陳靈之亡。自天街不正，王路傾危。涂潦遍於郊關，污穢鍾於輦轂。《詩》曰：'周道如砥，其直如矢。君子所履，小人所視，睠焉顧之，潸焉出涕。'其斯之謂歟？"

又曰："《周禮》：野廬氏，比國郊及野之道路宿息井樹。《國語》：單襄公述周制以告王曰，列樹以表道，立鄙食以守路。《釋名》曰：古者列樹以表道，道有夾溝，以通水潦。古人於官道之旁，必皆種樹，以記里至，以蔭行旅。是以南土之棠，召伯所茇。道周之杜，君子來遊。甘棠之咏召公，鄭人之歌子産。固已宣美風謡，流恩後嗣。子路治蒲，樹木甚茂。子産相鄭，桃李垂街。下至隋唐之代，而官槐官柳，亦多見之詩篇。《詩》云：蔽芾甘棠，勿剪勿敗，召伯所憩。猶是人存政舉之效。近代政廢法弛，任人斫伐。周道如砥，若彼濯濯，而官無勿翦之思，民鮮侯甸之芘矣。《續漢書・百官志》，將作大匠，掌修作宗廟路寢宫室陵園土木之功，并樹桐梓之類，列於道側，是昔人固有專職。《後周書・朱孝寬傳》：雍州刺史，先是路側一里置一土堠，經雨頹毁，每須修之。自孝寬臨州，乃勒部内，當堠處植槐樹代之。既免修復，行旅又得庇蔭。周文帝後問知之。曰：豈得一州獨爾，當令天下同之。於是令諸州夾道一里種一樹，十里種三樹，百里種五樹焉。《册府元龜》：唐玄宗開元二十八年正月，於兩京路及城中苑内種果樹。代宗永泰二年正月，種城内六街樹。《舊唐書・吴湊傳》：官街樹缺，所司植榆以補之。湊曰：榆非九衢之玩，命易之以槐。及槐蔭成而湊卒，人指樹而懷之。《周禮・朝士》注曰：槐之言懷也，懷來人於此。然則今日之官，其無可懷之政也久矣。"

又曰："《唐六典》：凡天下造舟之梁四，石柱之梁四，木柱之梁三，巨梁十有一，皆國工修之。其餘皆所管州縣，隨時營葺，其大津無梁，皆給船人。量其大小難易，以定其差等。今畿甸荒蕪，橋梁廢壞，雄莫之間，秋水時至，年年陷絶，曳輪招舟，無賴之徒，借以爲利。潞河渡子，勒索客錢，至煩章劾。司空不修，長吏不問亦已久矣，況於邊障之遠，能望如趙充國，治隍狹以西道橋七十所，令可至鮮水，從枕席上過師哉。《五代史》：王周爲義武節度使，定州橋壞，覆民租車，周曰：橋梁不修，刺史過也。乃償民粟，爲治其橋。此又當今有司之所愧也。"

今日各地方之情形，與亭林所言，有以異乎？無以異乎？其原因，亭林謂由"國家取州縣之財，纖毫盡歸之於上，而吏與民交困，遂無以爲修舉之資"。蓋古代之民政，愈至後世而愈廢弛，此實中國不振之大原因也。

古代肩輿，僅用之於山地。《史記・河渠書》所謂"禹山行即橋"。《漢書・嚴助傳》所謂"輿轎而隃嶺"者也。宋某小説載，王荆公終身不乘肩輿，可見北宋時用者尚罕。南渡以後遂盛行，亦可見城市中路日趨傾隘也。

驛置歷代有之，至唐益備。唐制：卅里一驛，天下水驛一千六百三十九，陸驛一千二百九十七，水陸相兼之驛八十六。其職屬於駕部。宋以駕部屬兵部，有步遞馬遞急脚遞之分。急脚遞日行四百里，軍興則用之，南渡又有金字牌急脚遞，日行五百餘里，見沈括《夢溪筆談》。《宋史》所謂岳飛一日奉金字牌詔十二者也。元稱站赤，站之稱固取之他國也。設置兼及藩王封地，規模尤大。明制：南北京設會同館，在外設水馬驛遞運所。清制分鋪遞驛遞兩種，鋪遞用人，驛遞用馬，亦皆屬兵部。凡驛皆有官馬及舟車，不足則和雇。馳行則或役民夫，或用兵卒。自郵局興，驛站乃以次裁撤。

驛站之設，人物既可往來，音訊亦資傳遞，實爲最便之事。然歷代僅限其用於官，而未能推以便民。故民間通信，事極艱苦。非遣急足，諉親友，則必輾轉請託矣。歷來當寄書之任者，蓋多商人或旅客。或代人請託者，則爲逆旅主人。至清代乃有民信局之設，初起寧波，後遍全國，甚至推廣及於南洋。而沿江一帶尤盛。郵局設立以後，雖逐漸減少，猶未盡絶也。此事頗足見我國民才力之偉。

海道交通可考者，始於吴人以舟師伐齊，前已言之。此等沿岸航行，蓋隨世而益盛。至漢以後，則有航行大海者，其路綫見《漢書・西域傳》、《唐書・地理志》。明時鄭和奉使，航路抵今非洲，詳見鞏珍《西洋番國志》、馬歡《瀛海勝覽》。《明史・外國傳》，即採自鞏書者也。海路運糧，始於唐之陳磻石。磻石潤洲人。咸通中，用兵交阯、湖南、江西，轉餉艱苦。磻石創海運之議，自揚子經閩廣以往。大船一艘，可運千石，軍需賴以無闕云。元、明、清三代，則天庾之正供，亦藉海舟以輸運矣。

中國文化史

前　言

《中國文化史》原是一九四二年至一九四三年吕先生任教常州青雲中學(抗戰時蘇州中學常州分校)高二時的講課筆記,由黄永年先生按當年隨堂記録整理而成,最初於二〇〇八年收入中華書局《吕思勉文史四講》(吕思勉述　黄永年記,二〇〇八年三月出版)。黄永年先生在書序中説:"我到青雲中學是上高中二年級,而當時青雲中學最高的班級就是高二,辦學的人因爲請到吕先生,就把高二文理分科,由吕先生給我們文科班學生開設'國學概論'、'中國文化史'兩門專門課程,另外班上的'國文'、'本國史'也理所當然地請吕先生擔任。四門課合起來每週有十二小時,吕先生給我們整整講了一學年。後來才知道在大學裡也很難有機會聽名教授講那麽多鐘點。""吕先生當時所講的四門課我都作了詳細的筆記,寫在黑板上的當然一字不漏地抄下來,口述的也儘量記下來,外加[　]號以與板書區别。"①

《中國文化史》曾收入《吕思勉講國學》(北京華文出版社"國學經典藏書"二〇〇九年十二月出版)、②《國學知識大全》(長春吉林出版集團有限責任公司二〇一二年十二月出版)③和《國學綱要》(北京金城出版社二〇一四年一月出版)等書。④ 此次將《中國文化史》收入《吕思勉全集》重印出版,我們只訂正個别勘誤錯字,黄永年先生的代序《回憶我的老師吕誠之(思勉)先

① 吕思勉述、黄永年記:《吕思勉文史四講》,中華書局二〇〇八年三月版,第一——二、四頁。四門課的講課記録,即國文(《〈古文觀止〉評講録》)、本國史(元至民國)、國學概論和中國文化史,其他三種現收入《吕思勉全集》第十九册、二十册和第十六册。

② 即吕先生的《經子解題》、《國學概論》、《理學綱要》和《中國文化史》的合刊。

③ 即吕先生的《國學概論》、《經子解題》、《理學綱要》、《中國文化史》、《歷史研究法》、《史學與史籍》和《中國史籍讀法》的合刊。

④ 即吕先生的《國學概論》、《經子解題》、《理學綱要》、《歷史研究法》、《史學與史籍》、《史籍與史學》、《中國史籍讀法》和《中國文化史》的合刊。

生》,仍按原樣收入,其他如行文遣句、體例格式等均照黄先生的整理本付印。

李永圻　張耕華
二〇一四年七月

目　　録

回憶我的老師吕誠之(思勉)先生(代序)

黄永年

我聽史學大師吕誠之(思勉)先生的課,做他的學生,已是四十年前的事情了。當時正是太平洋戰争爆發的第二年,日軍進駐上海租界後光華大學停辦,吕先生回常州,應聘到離城不遠湖塘橋鎮上的私立青雲中學教書。這是一所剛開辦的“地下”學校,表面上向日僞登記,骨子裏是原蘇州中學的幾個常州籍教員弄起來的蘇州中學常州分校。辦學人以請到原光華大學歷史系主任吕思勉教授任教爲號召。我也聞風而動,轉學到這所中學做了吕先生的學生。所以嚴格地講,吕先生只是我的中學老師,不是大學老師。但確是我生平第一次遇到的好老師,是把我真正引進學問之門的導師。

我之所以聞風而動,倒也不是徒慕大學教授系主任之虚名,而是確確實實對吕先生的學問欽佩。原來在我十四歲的時候,在已淪陷的常州的書攤上買到一本吕先生的商務印書館版《經子解題》,引起了我研讀古書的極大興趣。先母對我説:“這本書的作者吕先生和我們還沾點親戚呢!”(先母姓程,是吕先生的母親程老太太同族的内侄孫女)因此當青雲中學開辦時,我雖只是個十六歲的小青年,而且先父早去世,多年來一直和教小學爲生的先母相依爲命,很少離開家,這時也下定决心,離家去做心儀已久的吕先生的學生,對此先母也給我很大的支持。

我到青雲中學是上高中二年級,而當時青雲中學最高的班級也就是高二,辦學的人因爲請到吕先生,就把高二文理分科,由吕先生給我們文科班學生開設“國學概論”、“中國文化史”兩門專門課程,另外班上的“國文”、“本國史”也理所當然地請吕先生擔任。四門課合起來每周有十二小時,吕先生給我們整整講了一學年。後來才知道在大學裏也很難有機會聽名教授講那麽多鐘點。

因爲是高二,"本國史"從元代講起,基本上是象他所著商務一九二四年版《本國史》(新學制高中教科書)那樣的講法。這本書現在已經很少有人知道了,前些日子看到湯志鈞同志所寫的《現代中國史學家・吕思勉》,附有"吕思勉先生主要著作",其中就没有提到這本《本國史》,也許認爲這只是教材而非著作吧? 其實此書從遠古講到民國,只用了十二萬字左右篇幅,而政治、經濟、文化以及典章制度各個方面無不顧及,在取舍詳略之中,體現出吕先生的史學史識,實是吕先生早期精心之作。有些青年人對我講,現在流行的通史議論太多,史實太少,而且頭緒不清,實在難讀難記。我想吕先生這本要言不煩的《本國史》是否可給現在編寫通史、講義的同志們一點啓發。

在講授上,吕先生也有其獨特的風格。他當時已是五十八歲的老先生,但課堂里從不設坐椅,老是站着先在黑板上寫一段,然後從容不迫地邊踱方步邊講説。他没有叫我們買教科書,也没有專門印發講義,但把吕先生每次寫在黑板上的抄下來就是一部好講義。而且文字不長,要言不煩,抄起來也不吃力。他講説也同樣言詞清晰,語氣和平,而内容處處引人入勝,筆記起來也很省力。所以我感到聽吕先生的課簡直是一種學問上的享受。附帶説一下,吕先生在黑板上寫的是文言文,這種文言文既不象章太炎那麽古奥艱深,又不象梁任公那麽多水分,而是簡雅潔净,這對有志文史之學的青年人學習文言文也是一個很好的典範。

"國學概論"、"中國文化史"這兩門課程,今天不僅中學生,恐怕大學歷史系的學生也不很清楚是怎麽一回事了。其實,"國學概論"者,即"中國學術思想史"之謂,這比現時的"中國哲學史"的範圍似乎還要寬廣一些。"中國文化史"則包括社會等級、經濟情況、生活習慣、政治制度,以至學術宗教等各個方面,而作綜合的歷史的講述。在此以前,吕先生寫過一部《中國通史》,一九四〇年開明書店出版,其上册就是文化史,這次給我們講的"中國文化史"、"國學概論"的基本内容都已見於這本上册里。這本上册是第一部真正的"中國文化史",前此日本人高桑駒吉也寫過一本《中國文化史》,但實際上和《中國通史》差不了好多。最近胡喬木同志談到要編寫"中國文化史",我建議編寫者把吕先生這册舊著找出來讀一讀,將會得到好處。

在這裏我想着重講一些吕先生教我們"國文"課的情況。因爲一般人只知道吕先生是史學家,不知道吕先生還是一位對中國古典文學以及文學史深有研究的學者。可惜吕先生在這方面的見解除在《宋代文學》這本小册子(一九三一年商務版)裏披露過一些外,從未寫成專書,不爲人所知,因此作爲當年的老學生有義務在這裏向大家介紹。

我記得上第一堂“國文”課，吕先生就宣布用《古文觀止》作教本。我當時聽了大吃一驚。《古文觀止》我在十三四歲時就選讀過，不久買到姚鼐的《古文辭類纂》，又有了點文學史的知識，早薄《古文觀止》爲村塾陋籍。何以吕先生這位大學者忽然要用這種陋籍作教本呢？可是接着吕先生就作解釋了，吕先生説：所以用這部書，正是因爲它選得壞。壞在哪裏呢？吕先生從“古文”這個名詞來申説，吕先生説：所謂“古文”是和駢體文相對而言的，可是這部《古文觀止》裏却選了六朝隋唐的若干駢體文，如《北山移文》、《爲徐敬業討武曌檄》、《滕王閣序》之類，説明編選者根本不知“古文”爲何物！既然選得如此亂七八糟，爲什麽還要用作教本呢？吕先生説：正因爲它選得雜亂，各種文章都好壞有一點，作爲教本讓大家多了解些東西還是有好處。當然，通行易得也是用它的一個理由。

《古文觀止》雖是陋籍，其中所選的文章還應該是好的，這是我過去的認識。但吕先生不這麽看，他指出：《古文觀止》這部書是爲科舉時代學做八股文的人誦讀的，做八股文要從没有話可説處硬找話説，因此《古文觀止》所選的有相當一部分是説空話發空論的文章。吕先生在選講唐宋八家的文章時還不止一次地説：八家是能寫好文章的，但選在這裏的往往不是好文章，主要原因就是此書專要選空議論文章。再有一個原因，就是此書要選短文章，有些好文章篇幅長，就不予入選。吕先生還舉《史記》爲例，説司馬遷的《史記》是有許多好文章的，但因爲長，所以此書不予入選，盡選些短而空的文章。

吕先生所講授的文章不一定是他認爲好的，不好的也講，講它不好在哪裏。我記得最清楚的，一篇是王禹偁的《黄岡竹樓記》，吕先生説它不好，不好在哪裏，在不純，開頭寫古文，中間來幾段駢文，最後又是古文，不純就不美。再一篇是蘇軾的《潮州韓文公廟碑》，這更是一篇萬口傳誦的大文章，可是吕先生認爲也寫得很不好，一上來説的“申吕自岳降，傅説爲列星”和下面所講的孟子“浩然之氣”根本是兩回事，不應硬扯到一起，最後的七言歌辭又不古，古文中不宜有此。

吕先生當時所講的四門課我都作了詳細的筆記，寫在黑板上的當然一字不漏地抄下來，口述的也盡量記下來，外加〔　〕號以與板書區别。其中尤以“國文”課的筆記更詳細。吕先生逝世後，在一九六一年我曾把它整理寫成清本，可惜被友人借閲，不在手邊，所以上面所述多憑記憶，不盡原話。但意思是不會有出入的，因爲吕先生當年講課的精采之處實在給我印象太深，雖事過四十年猶有歷歷如昨之感。不僅"國文"課,其他幾門課也無不如此,譬如"國學概論"的佛學部分,本來是最難講、最不好懂的,何況聽課者還是毫無哲學常識的高中生,可是他不慌不忙,只用三小時左右就把佛教大小乘的基本教義、中國佛教主要派别法相宗、天台宗、華嚴宗、净土宗、禪宗等在理論上的異同得失講得清清楚楚,使人聽起來很有味,一點不難懂。這不是憑口才,而是真正有批判地研讀各宗重要經、論後才能做得到。我很慚愧,《大藏經》雖摸過,經、論可迄未從頭到尾讀過一種,現在有時能對付着講幾句,還是靠當年吕先生講授之賜。

同時開講四門功課應説是很繁重的,可吕先生從未因此停止撰寫"斷代的中國通史"的工作。吕先生在早年撰寫過一部在當時影響極大的通史——《白話本國史》(一九二二年商務版,四册),但他後來認爲只是"粗淺的東西",計劃撰寫一部詳盡的斷代的中國通史,分成《先秦史》、《秦漢史》、《兩晋南北朝史》、《隋唐五代史》、《宋遼金元史》、《明清史》六部,全部完成至少有四五百萬字。《先秦史》已在一九四一年由開明出版。《秦漢史》、《兩晋南北朝史》後來在一九四七、四八年由開明出版,承吕先生各送我一部。《隋唐五代史》在解放後一九五九年由中華書局上海編輯所出版,已是吕先生身後的事,可惜出版者出於今天看來不必要的顧慮,把前言删去不印,全賴吕先生的女兒翼仁同志把被删的這部分打印出來,分贈知好,才不致失傳。我現在手頭還保存一份,將來如重印,建議能補進去。而且希望《先秦史》等三部也趕快重印,臺灣省的開明書店早已重印了,我們實在没有理由不印。至於宋以後的兩部,吕先生晚年身體不好,没有精力完成,改用札記的方式把研究成果寫出來。吕先生是一向重視寫札記的,抗戰前吕先生的部分札記就曾以《燕石札記》的名稱在一九三七年由商務出版,晚年大量的札記除一九五七年由上海人民出版社印了一册《燕石續札》外,絶大部分還未問世,聽説現在已有出版的希望,這是大好事。

我當吕先生的學生時,吕先生正在寫《兩晋南北朝史》,住在離中學不遠的一家居民樓上,單身一間房,很清静。我課余去看他,看到他寫作的實况:桌上是幾堆綫裝《二十四史》中的《宋書》、《南齊書》、《南史》之類,吕先生一邊逐卷看,一邊摘抄用得着的史料。吕先生是書法家,寫字的結構有點象顔書《多寶塔碑》,但比《多寶塔》更剛勁挺拔。摘抄的史料一筆不苟地寫在自印方格稿紙上,既清晰又好看,體現出前輩學者謹嚴的治學風度。摘抄的史料分好類,加以排比,連貫成文。這正式的文稿我也看到,字的清晰不必再説,連文句都極少改動，最後就付印出書。以《兩晋南北朝史》而言，全文一百多萬字，連抄史料恐怕至少手寫了二百萬字以上，還不算過去讀書和行文思考的功夫。我想，一個人能以畢生之力寫出百萬字的巨著，也就不容易了，而吕先生除《兩晋南北朝史》外還前有《先秦》、《秦漢》，後有《隋唐五代》，還有其他十多種著作。古人説"著作等身"，如果把吕先生的全部著作象古人那樣統統刻成木板書，堆起來恐怕幾個"等身"還不止吧！

這幾部"史"現在大圖書館里總還有，我常勸有志研究我國歷史的青年認真讀一讀。以我的淺學，當然很難對這幾部巨著作出全面的確如其分的評價，我只想談兩點。一點，這幾部巨著都分上下册（只有《先秦》合一厚册），上册政治史我認爲是一部新的《通鑒紀事本末》，下册文化部分我認爲是一部新的《文獻通考》。新於《文獻通考》者，《通考》只引用紀傳體史的志和《通典》等現成的典章制度史料，而吕先生的書則除這些史料外，更多地引用了散見於列傳中的大量有關史料。這個工作前人也做，如宋人的《兩漢會要》、清人的《三國會要》、《明會要》，近人楊樹達先生也曾沿此方法撰寫過一册《漢代婚喪禮俗考》，但都比較片段，遠不如吕先生這幾部巨著之規模大而探索深。新於《通鑒紀事本末》者，《紀事本末》只本《通鑒》剪裁，這幾部巨著則以紀傳體史爲主，兼取《通鑒》，考核異同，尋求真相，對許多重大歷史事件提出精辟的看法，絶不囿於陳説，這非司馬光等舊史家之所能及（我現在研究唐代政治史，在方法上很大成分還是受吕先生這幾部書以及陳寅恪先生《唐代政治史述論稿》的啓發）。再有一點，對史學稍有修養的人都知道，寫單篇論文容易見精采，寫通史、斷代史則很難寫好。這是因爲論文總挑自己有研究的東西來寫，没研究過的可以回避不寫，而通史、斷代史必須面面俱到，不管有没有研究都得寫，遇到没研究過的就只好敷衍剿襲，自然精采不起來。吕先生這幾部書則不然，幾乎每個問題每一小點都下過功夫鑽研，所以寫出來的可説有百分之九十五以上是自己的東西。如果把這幾部書拆散改寫成單篇論文，恐怕要數以千計。誰能一生寫出這麽多的論文呢？單就這點就足見吕先生之不易企及了。

吕先生所用的《二十四史》也值得談幾句。倒不是版本好，版本實在太普通，是當時比較價廉易得的圖書集成局扁鉛字有光紙印綫裝小本。但打開來一看，實在使我吃了一驚，原來全部從頭到尾都動過筆。過去學者動筆點校書雖是常事，能點校整部《二十四史》的便不多，即使有，也無非是用朱筆斷句，或對好的文句加圈點。可吕先生這部《二十四史》不一樣，是用紅筆加了各種符號,人名加[　],有用的重要史料圈句,名物制度在詞旁加△,不僅紀、傳如此加,志也加,很少人讀的《天文志》、《律曆志》也加,連卷後所附殿本考證也加。後來我讀《二十四史》裏的《三國志》,借了吕先生的校本想過録一部,可是由於怕下苦功,過了兩個月還是一筆未下,把原書還給了吕先生。吕先生的斷代式中國通史所以寫得如此快,幾年就是一大部,其主要原因之一應該是他對《二十四史》下了如此扎實的基本功。吕先生究竟對《二十四史》通讀過幾遍,有人説三遍,我又聽人説是七遍,當年不便當面問吕先生,不知翼仁同志是否清楚。但我曾試算過一筆賬:寫斷代史時看一遍,之前朱筆校讀算一遍,而能如此作校讀事先只看一遍恐怕還不可能,則至少應有四遍或四遍以上。這種硬功夫即使畢生致力讀古籍的乾嘉學者中恐怕也是少見的。

説到這裹,可以順便講講吕先生的藏書。書都藏在常州十子街吕先生的私宅裏,是祖上留下的幾進老式平房,書放滿一、兩間,滿滿幾十只書箱。這種書箱是吕先生請木工定做的,不太大,木門不鑲玻璃,可上可卸,可隨房屋高底寬窄堆叠成各種不同的形式,萬一搬動也不用把書倒出來,比現在通行的書橱、書架似乎還合用些。箱里的書不僅有綫裝書,還有大量的平裝新書,是商務、中華等的出版物,除歷史外,政治、經濟、哲學各個領域的新書無不應有盡有。我曾問吕先生借過幾本馮承鈞所譯的史地考證小册子,發現每一本吕先生都看過,而且對他認爲有用的史料或好的見解象《二十四史》一樣用紅筆圈句。綫裝書,没有什麽舊刻舊抄、善本秘笈,而只是通行常用的刻本或石印、排印本,但都認真看過,不象有許多人的藏書只是隨便翻翻,甚至買回來往書架上一放永遠不翻看。至於善本書,吕先生也有他的看法。我當時曾問過他商務的百衲本《二十四史》好不好(都是影印宋,元、明舊本善本)?吕先生説:有的也不見得好,有個朋友曾用宋本《晋書》和殿本對過,發現宋本反而比殿本錯得厲害。但吕先生又説:張菊生(元濟)先生把百衲本中長於殿本的重要異文寫成一部《校史隨筆》,很可以看。可見吕先生并没有否認舊本的長處,只是不以爲“凡宋刻必好”,没有某些藏書家“佞宋”之癖。

吕先生記聞之博還可舉個例子。有一天,翼仁同志問他:爸爸,元代的“知院”是什麽?這是個不常用專門名詞,吕先生可不慌不忙地馬上回答:“知院”就是知樞密院(樞密院是主管軍事的機構)。我當時在旁邊聽到,後來翻過《元史·職官志》,果然如此。可是差不多同時,就有一位頗爲知名的史學家在所寫的作品裏把“知院”臆解成和尚,又不肯去查《元史》。我認爲人之高下正可從這種看似細微的地方分辨出來。吕先生盡管博學,但從不想當然,不知道就是不知道。我當時讀黄仲則的《兩當軒詩》，有一首咏歸燕的七古，典故很多，有幾處不知道出處本事，問吕先生，吕先生解釋了幾處，但對"神女釵歸錦盒空"一句也不清楚，就很和平地對我説：這是什麽典故我也想不起了。這種平易樸實的態度使我很感動。我以後也當了老師，當學生問起我不懂的問題時，我就學吕先生，老老實實對學生説：我也不懂。或者説：我記不得了，可以查查什麽書。學問如大海，而人的生命精力有局限，即使自己專攻的學問裏也必然有許多自己解决不了的問題，要留待下一代來繼續解决。硬把自己假裝成無所不知，適説明其淺薄無知。

吕先生對不同學派的人是很尊重的，只要人家確有真才實學。如顧頡剛先生編著的《古史辨》，很明顯和吕先生是不同的學派，但顧先生的高足童丕繩(書業)先生抗戰初到上海，認識了吕先生，馬上被吕先生請到光華大學歷史系任教。童先生當時繼續顧先生的工作編集《古史辨》第七册，又得到吕先生很大幫助，不僅幫童先生看文章、看校樣，還允童先生之請把自己的古史論文編進去，答應和童先生共同署名作爲第七册的編著者。我過去也久知《古史辨》之名，但總認爲是史學的旁門左道，從不一看其書。這時問起吕先生，才知道吕先生和童先生合編第七册之事，從而對《古史辨》重視起來，托友人從上海買了寄來細讀。這年冬天聽説童先生有事路過常州，就請人介紹引見，以後成爲童先生的學生、女婿。又因童先生的介紹成爲顧先生的學生。使我由此在先秦古史上打了點基礎，并且懂得如何用《古史辨》的考訂方法去研究後代的歷史。這些事溯其源，還應該歸功於吕先生的不黨同伐異啊！

聽童先生説顧先生寫信給吕先生都自稱後學，但他們和吕先生畢竟只是朋友，没有師生關係，而吕先生即使對自己真正的學生也是虚懷若谷。現在魏晋南北朝隋唐史的權威唐長孺先生當年曾聽過吕先生的課，是吕先生的學生，一九四八年在《武漢大學社會科學季刊》上發表了一篇題爲《唐代軍事制度之演變》的論文，寄給吕先生，吕先生認爲講得好，在撰寫《隋唐五代史》的兵制部分時就把這篇論文的要點全部引用進去，并且説明是"近人唐君長孺"的看法，説"府兵之廢，……近人唐君長孺言之最審"。老師對學生的學術成就如此推重，真值得我們今天身爲老師者學習。

多年來在極左思潮的影響下老是批知識分子的名利思想，其實有些知識分子專心致志於學問，名利思想實在不多。我在吕先生身上就從未發現過有什麽求名逐利的東西。在抗戰前，吕先生早已是一位在史學界負有盛名的學者了，胡適想請他到北京大學去。論理當時北大文科是全國頭塊牌子，而吕先生所在的光華大學則是排不上號的私立學校。但吕先生拒絶了,理由是:光華的文學院長錢子泉(基博)先生是我多年的老朋友,我離開光華,等於拆他的臺,我不能這麽做。爲了幫助老朋友辦好學校,甘願放棄北大的優厚條件,這不能不説是一種高尚的品德。

吕先生的修養也真好,從未見他有過疾言厲色的時候。有一次我到十子街老宅去看他,他留我便飯,他家的黄猫爬上桌子,把他筷頭上的菜打下來就吃,他也不生氣,更未叱責,笑笑就算了。對猫如此,對人可知。學問如此大了,當年的老朋友(學問成就遠不如吕先生甚至并無學問的)還是老朋友,那天一起吃飯就有他的幾位同鄉老友,大家談笑風生,在他身上絲毫看不到有所謂教授學者的氣派。當然,吕先生待人也不是無原則的,他也講到壞人,但只是心平氣和地説某人如何不成話,説過就算,從不駡。

我正式聽吕先生的課只有這一九四二年下半年到四三年上半年一年功夫。四三年暑假後吕先生没有再來青雲中學,在十子街老宅埋頭撰作,由開明書店支送稿費以維持生活。這時期我還常去看他,向他借書。《太平廣記》這一大部集自古至唐五代小説大成的古籍我久知其名,多年無法看到,就是這時候向吕先生借來看了幾遍。我後來撰寫明器論文所用的史料就大部分從這部書上看來的,以後把興趣轉到研究唐史這部書也起了一定的誘導作用(這部書裏唐人小説居多)。抗戰勝利,光華大學在上海復校,吕先生回校主持歷史系。我本想跟着進光華,只因光華私立學費太貴,考進了不要學費的國立復旦大學。復旦在江灣,離在虹口的光華不算太遠,還有校車可坐,所以每學期總去光華幾次看看吕先生。當時我已開始寫學術性文章,最早一篇是《春秋末吴都江北越都江南考補》,補童丕繩先生原考之不足,寫成後請吕先生審閲,吕先生還很誠懇地給原稿親手加上一段"吴城邗"即爲遷都江北的論證:"漢初以前,長江下流之都會,實惟吴與廣陵(即今之揚州)。秦會稽郡治吴,而漢初吴王濞還都廣陵,蓋王負芻既虜之後,楚尚據江南以拒秦者一年,故秦爲深入其阻起見,置郡於江南吴之故都,漢初江南業已宴然,取與北方聲勢相接,故王濞又却居江北吴之新都耶? 此雖推測之辭,然王濞之建都,必不能於荒凉偏僻之地,廣陵若前無所因,必不能於漢初救死扶傷不給之際,建成都邑,則理無可疑。以此推之,亦足見城邗之即爲建立新邑耳。"這篇文章先後發表在當時的《益世報》"史學"副刊和《文史雜志》六卷三期上,明眼人一看就會知道這般老練的文字和精卓的見解不可能出於大學一年級生的手筆。

解放後,我將畢業前還經吕先生介紹到光華附中代過幾個月歷史課,以解决點經濟上的困難。以後，組織分配我做政治工作，工作忙，和吕先生就更少見面的機會。五六年我到西安工作，第二年吕先生就以老病逝世，享年七十四歲。千里迢迢，我也無從到他靈前去哭别。

現在，我也是五十好幾的人，已接近當年吕先生給我們講課時的年齡了，也勉强在大學裏帶着幾位唐史專業研究生。可是撫心自問，在學問上固不當吕先生的萬一，在爲人處世上也深感吕先生之不易企及。吕先生當年曾爲我寫過一副對聯："夙夜强學以待問，疏通知遠而不誣。"因爲聯上寫明是"録梁任公語"，多年來懾於極左的壓力，一直深藏箱篋。現在想應該張之於壁，以促使我時常考慮怎樣真正做到這兩句話，真正不負吕先生當初對我的勖勉。

［附録］《中國史研究動態》一九八〇年第二期上刊登了湯志鈞同志所寫《現代中國史學家・吕思勉》。大概是限於體例，只作了辭書式的簡要記述，而在個别記述上也還不免有差錯。如説"除'一・二八'後一度到安徽大學任教外，在家閉户著作，恃開明書店稿費自給。直到抗戰勝利，重返光華"。其實回常州老宅閉户著作是"一・二八"即太平洋戰争爆發上海光華停辦後的事情，而且其間還在青雲中學以及性質相同的輔華中學教過一年書。到安徽大學是在"一・二八"後，但只去了三個月又回光華任教。我這篇文章當然比湯文更不全面，但因爲是回憶舊事，可以寫得比較具體，也許多少能够表達一點吕先生的治學精神和人格。表達得不够或其他失當之處，尚請吕翼仁同志批評指正。

原載《學林漫録》第四集，中華書局，一九八一年。

一　研究歷史之目的

“現在不能説明現在。”

歷史者，所以求知社會之所以然，必注重於文化。——不可偏重一二端。

△“現在不能説明現在。”常稱於今世之史學上。夫歷史者，爲一種社會科學。爲世故人情之較深切之常識也。研究之目的，不外打通眼前之人情世故而已。然事由直接經驗，恒不能顧及全部；見其大者，必當知其小而推其大，通大小之事而爲一。人多信任故知，鮮任新交，苟不得已，亦必探求新交之履歷。此何故者？蓋現在所以爲如此之人，非偶然之事，亦非起自現在。其深受過去種種之影響，而爲已往歷史所規定矣。固不能以現在説明之。任故知，求新交之履歷，不外知其過去而已。社會亦如是，研究歷史，即研究過去社會之事實，所以求知現社會之所以然，通眼前之人情世故。此則所以研究之理由也。

二　何謂文化

△文化之定義，研究史學與社會學者，各有不同，大别之可分爲二：（一）視文化之範圍過狹。僅以學術、文學、美術、宗教等爲文化。若文化人、文化事業等名詞，頗通行於社會，成文化之通俗意義。實則不然。蓋社會之種種，不在狹義文化中者頗多。僅注意學術等一方面，即不能將社會作爲整個的研究。（二）視文化之範圍過廣。凡一切人爲之事，概謂之文化現象。其意即謂有意的。然有意之事，不僅人爲，一切生物之所爲，亦莫不有意。既不聞有動物文化等語，則凡屬有意之舉動，亦不能謂之文化現象。今依據相當之理由，折中言之，而得以下之文化定義。

人的特色，使用工具，故不待機體的進化。其所以能使用工具，由於：（一）手足分工。（二）手之拇指與餘指相對。又人之腦特别發達，能構成概念。人之發音器官發達，能造成繁之語言——其擴大者爲文字。故人不但能改變自己以適應於環境，且能改變環境使適應於自己，是謂控制環境。又人系一種社群動物（對家庭動物而言），凡事皆以群力爲之。——此爲人與猿極重要的區别，幾與四手及手足之區别相等，因猿之群居本能，比之於人，殊不足數。

文化者，人有特殊之稟賦，能制造使用工具，有良好之交通工具（語言）所造成之控制環境之共業（見商務本《文化進化論》）。因而人之行爲純粹從機體來看，不在文化範圍之内。但人之行爲之殆全部機體都只供給能力，其以何形式而出現，幾全視乎其文化。故文化之範圍極廣。

前人以爲天下之事，一動一静，故社會亦一治一亂，爲不易之真理。實則其過重視機體，而混超機體與純機體爲一。蓋整個社會可以此動而彼静，一治一亂，僅能謂之社會之病態。

三　中國文化之起源

△世界各民族之分歧，由於文化之相異，而生活之不同。世界之民族，能自言其緣起者，率由開化較早之鄰族爲之記述。吾國開化極早，無可借鏡。而民族緣起，必在有史以前，既不可能求之故書，僅能求之於考古發掘。故近二十年來之説，可資採取，前此則無甚價值。

民國十二三年，河北房山縣周口店發見古人遺跡，考古學家名其人爲“北京人”。推究其年代，約距今四十萬年。此只能證明中國地方，有甚古之居人，不能言其與中國民族有何關係。民國十年，遼寧錦西縣沙鍋屯，河南澠池縣仰韶村，十二三年，甘肅（西南部）、青海（東部），發見古人遺跡。專家言其人之骨骼，與今華北人同（同種族）。此種遺跡中，有彩色陶器，與亞洲西南部、歐俄、意大利北部相似。

民國十九年，山東歷城縣城子崖，廿年，滕縣、日照縣，浙江杭縣等地發見之古跡中，有黑色陶器。此爲沿海江、河下流之一種古文化。名之爲“黑陶文化”，若以此爲中國文化之基本，則中國文化系起於東部，江、河之下流。然若無更古之文化發見，則“黑陶文化”當爲中國文化之起源。可以下列諸點證明之。

一、自黄河流域以北，石器時代的情形，近來略有些明白。大約漠南北各爲一種。自黑龍江北部經朝鮮北部至黄河流域又爲一種。此種石器，多與鬲（三足土器）并存。鬲在考古學上，爲中國所獨有。爲鼎之前身。〔前一種爲漁獵遺跡，後一種爲農耕遺跡，可推之與中國民族相銜接。〕

二、又考古學上中國之古跡，與太平洋沿岸諸地相類者頗多。

三、在歷史上。（一）中國食以植物并魚爲主。〔濕熱之地，植物繁茂，故多以植物爲主，寒冷之地，則多以動物爲主。〕（二）衣以麻、絲爲主，而其裁制寬博。〔濕熱之地，衣多寬博，寒冷之地，衣多短窄。〕（三）宫室以木爲主。〔以木爲架，起自巢居，以土爲墻，起自穴居。〕（四）貨幣以貝爲主。〔用金後最著者錢，錢有孔，猶仿貝制。〕(五) 宗教上敬畏龍蛇。〔龍蛇皆水屬。〕皆足見其文化起於東南濕熱之地。(六) 人所聚處曰州。

如前所述，中國文化起於東南江、河下流沿海之地，似無疑義。〔愈古之民族，其受地理之影響也愈甚。是以古代開化早前之民族，必沿海，旁大河，土地肥沃，温濕之地。〕惟近來作此主張者，不能分别中國人與馬來人，(古之越人，越亦作粤。)亦是一病。

一、在文化上，古代中南北分爲三派。〔古代文化，多就地理之緯度而不同。〕而處置頭髮之方法，恰爲其表征。即北族辮髮，(亦作編髮。)南族斷髮，〔亦作祝髮，斷、祝音近，古通。又作披髮、被髮，披、被，皆爲髲之假借，髲，假髮也，有離字之義。〕中原冠帶。此俗古人執之甚固。蓋由來已久。〔《論語·憲問》，子曰："微管仲，吾其被髮左衽矣。"《左傳》，哀公十五年，子路曰："君子死，冠不免。"結纓而死。皆可見吾國古代視冠帶之事甚重。蓋一種風俗，傳之既久，則常帶有神秘性矣。〕

二、又越族之文身，(包雕題言之。雕題，即臉上刺文。)〔越族特異之俗有二：一曰斷髮文身，二曰食人。徵諸後世史乘，地理學家所謂亞洲大陸之真緣邊者，無不皆然。而在古代，我國沿海之地亦如是。中國古謂文身之故，即因入海可避魚害。清閻若璩筆記載，廣東省城孫禄文身事，即謂因下海取珠故。則古説亦爲可信。〕入中國則爲黥刑。蓋初以異族俘虜爲奴隸，後乃施諸本族之罪人。〔古不知勞力之可貴，故得俘虜即殺之，而本族之有罪者，則以逐出本族爲最酷之刑。以古依族爲生，逐出後他族又不容之，不啻置之死地矣。及悉勞力之可貴，則獲俘虜以爲奴，而本族之罪人，亦以爲奴隸，而儕諸異族，乃亦黥其額以爲識。五刑之黥，本與文身爲一事，即起於此也。〕此二者，可證中國與馬來，决非同族也。

三、又馬來之族，最重銅鼓，吾族則無此物。中國民族，就古史觀之，似起於今山東。古書説九州，每州皆方千里(一千平方)，略與《禹貢》之州相當。《禹貢》之九州，約當今江、河二流域之地。但此系一説。〔前人以此九州，即爲堯、舜、禹時之土地。實則不然，經近人證明，《禹貢》所述，蓋戰國時學者以意區分，最早亦僅在春秋時。〕《淮南子·地形訓》言："九州之大，純方千里。"(純即邊，謂以横直綫相乘。)〔純，深衣之邊。引申之凡邊皆曰純。〕則合九州，只與《禹貢》一州相當。蒙文通説(見所作《古史甄微》)，其正北之濟，即在齊地。而《爾雅·釋地》言中有岱岳，則泰山爲古中國之中心，其説是也。然則古九州，大略不過今山東之地耳。

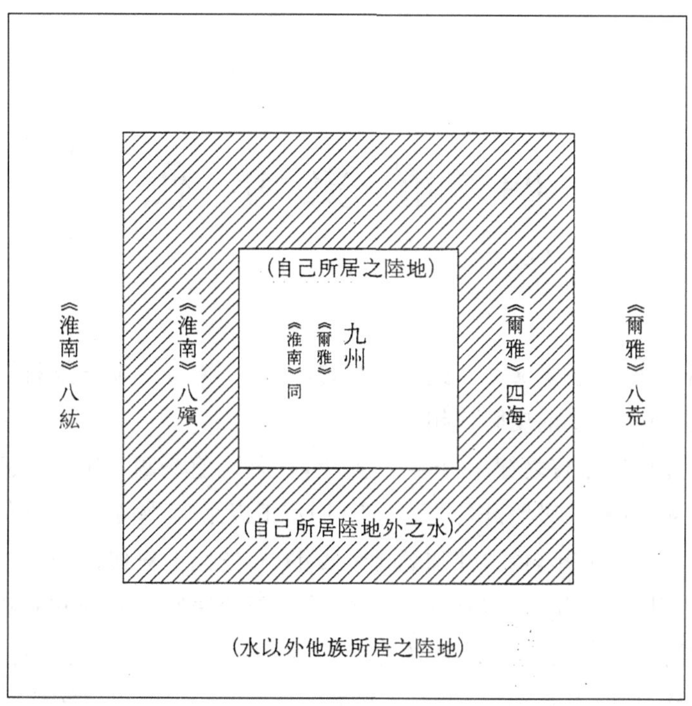

九州八荒圖

《説文·川部》："州，水中可居者。昔堯遭洪水，民居水中高土，故曰九州。"此爲州之古義。古"州"、"洲"一字，亦即後世之"島"字。〔州，古音雕，一字二訓，乃别造"洲"字，以洲水中可居者。至"島"字更屬後起。《書·禹貢》"島"字，僞孔安國傳謂讀爲"島"字。僞孔安國傳爲晉人作。則州、洲之轉今音。"島"字之造，爲水中可居者，後"州"字之訓，兼爲陸地所居之區域。古音之廢，約當晉時也。〕中國民族古蓋湖居，〔即澤居。〕島爲人之所聚，故由水中可居之義，引申爲人所聚之義，後乃分造"洲"、"州"兩字耳。

此邊綫之東南西北四點，《爾雅》謂之四極，再加四隅四點，《淮南》謂之八極。

四　歷史年代

石器時代，大體無文字。銅器時代，則爲文字萌芽之期。故石器、銅器時代，大體與歷史及史前史時代相當。

中國歷史上確實之紀年，爲共和元年，在公元前八四一年。〔民國紀元前二七五二年。韓非《説難》曰："《記》曰：周宣王以來，亡國數十，其臣弑君而取國者衆矣。"宣王元年，後於共和紀元十四年。《史記·三代世表》曰："孔子因史文，次春秋，紀元年，正時日月，蓋其詳哉。至於序《尚書》，則略，無年月；或頗有，然多闕，不可具。故疑則傳疑，蓋其慎也。"《春秋》記始魯隱公元年，實周平王四十九年，其後於共和元年一百一十九年。足徵古史紀年，起於西周末造，史公之作，自有所本也。〕

自此以前，只有零碎的材料。如《書經》記某年之某月某日爲某甲子；及朔、望、生魄、死魄。《春秋》記晦、朔、日食。《詩》言"十月之交，朔日辛卯，日有食之"之類。後人據之，用曆法逆推。〔謂之"長曆"。然昔人從事於此者，其術多未甚精；古曆法亦多疏舛；史籍記載，及經傳鈔，又皆有訛誤。故其所推，未可盡據。然因據事實，故各家所推年數，亦多相差無幾。〕大抵上溯至堯爲止。〔因實多本之《書》，而《書》以堯爲始也。〕(更上於此者，如《漢書·律曆志》所載之張壽王等，不知其所據。)最普通者有二：(一) 漢劉歆所推，見《漢書·律曆志》。堯元年在公元前二一四四年。〔劉歆作《世經》，推校前世年歲，唐七十，虞五十，夏四百三十二，殷六百二十九，周八百六十七。〕(二) 宋邵雍所推，見其所著之《皇極經世書》。堯元年在公元前二三五七年。〔爲甲辰，民國紀元前四二六八年。〕

近代考古學上所發掘。據安特生所假定，仰韶一系之文化，約自公元前三千五百至一千七百年，正在中國有史時代與先史時代之間也。

古書所言古史年代，多不足據。然亦非信口開河。以予所研究，則古人好舉成數。而其成數，可舉至百位。〔此在今人，亦有此習，特至十而已。〕凡在位較久之君主，大率假定其年代爲百年。如堯七十二使舜攝政，其時舜年三十，攝政二十八年而堯死，時舜年五十八。服喪三年，舜年六十一，明年即帝位。三十九年而死，則年正百歲。是其一例。〔蓋先臆定其年爲百歲，然後以其事分隸之年。〕尚有一種説得龐大無倫，則係根據曆法，而其所根據之曆法又有二：（一）劉歆之《三統曆》，以十九年爲一章，〔以一章内置七閏。〕四章（七十六年）爲一蔀。二十蔀（一千五百二十年）爲一紀。三紀（四千五百六十年）爲一元。六百十三元，爲二百七十九萬五千二百八十年。此《詩疏》引緯書言文王受命以前之年歲也。（二）爲王莽《三萬六千歲曆》（三萬六千乘以九十一＝三百二十七萬六千年。《路史·餘論》引《春秋緯》言春秋末年以前年數如此。緯書所言年代，皆以此二者爲本。〔又"曆元"者，曆法之元始也。《後漢書·律曆志》："建曆之本，必先立元，元正然後定日法。"大抵上推日月五星至適宜之時，定此日爲曆元。凡一種曆法，必自有其元也。〕

五　三皇五帝事跡

古代公衆事業，必附會於一個人。古代的所謂政治，是包括一切的。故古代一切事業，悉歸諸部落酋長，此即後人所謂古帝王。古帝王的系統，爲三皇五帝之王。此純係後人所編製。古代一部族中，有最高主權者謂之君。爲許多君所歸往者謂之王（王者，往也。）〔蓋古之民，或氏族而居（自謂有血統關係者），或部落而處（居地相近而聯合者。至不辨其爲氏族與部落，則名之曰部族，《遼史》有《部族志》），酋長主之，即所謂君，文化較低時，各自爲政，迨稍進步，彼此之間，皆不能無關係，有關係，則必推有才德者主其各部族間之事，又或一部族人口獨多，財力獨裕，兵力獨强，他部族或當空無之時，資其救恤；或有大役之際，聽其指揮；又或爲其所懾；其强者且可涉及其内政，於是諸部族率聽命於一部族，此部族之長，即所謂王也。故同時各地，皆可有王，實力衰，則復降爲君。〕古語"天無二日，民無二王"，〔見《孟子・萬章上》〕此乃一種理想。事實上係許多王同時并列，各不相涉。（大者如春秋時吴、楚皆稱王，小者如戰國時越爲楚所破。《史記》言句踐之後。或爲王，或爲君，服於楚。〔見《越世家》〕）春秋時北方大而文明之國較多，最强大之齊、晉不敢稱王，只争做諸侯之長，是之謂霸。〔霸，原當作伯，伯，長也。蓋是時北方之周王，既無實權，復受傳統觀念，雖諸侯强大，不遽廢之。遂别争霸。〕戰國時，七國皆稱王，〔七雄地小者與王畿侔，大者則又過之，實即春秋前之王，故各國後皆稱王。〕其時又感覺諸王之上須有一個爲諸王所聽命者，無以名之，乃借天神之名而稱之爲帝。但帝迄未能成。〔齊、秦嘗并稱東、西帝，旋去之。秦圍邯鄲時，魏使客將軍辛垣衍欲令趙尊秦爲帝，亦未果。〕

古有德號地號之别（見《禮記・月令疏》引服虔説），〔服虔云："自少皞以上，天子之號以其德，百官之號以其徵。自顓頊以來，天子之號以其地，百官之號以其事。"〕三皇皆德號，可見言古史而取三皇，係用以代表社會進化之重要現象。至五帝則代表政治系統之意多矣。

五帝世系圖：

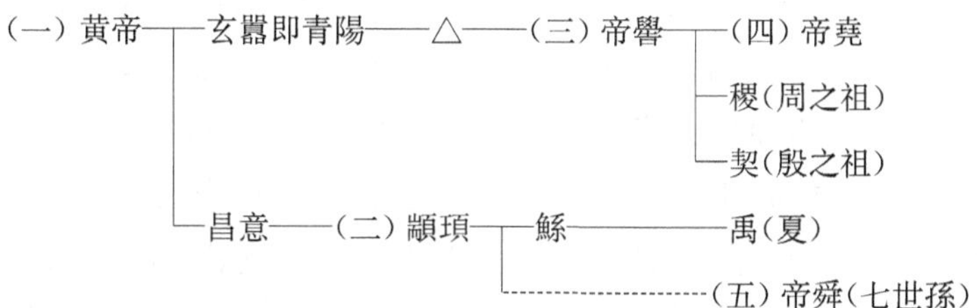

見《史記·五帝本紀》、《大戴禮記》、《帝系》。

《史記·五帝本紀》，黄帝與蚩尤戰於涿鹿，又與炎帝戰於阪泉。他書或只載其一。〔《大戴禮記·五帝德》只有與炎帝戰於阪泉之文，而《賈子·益壤》曰："炎帝無道，黄帝伐之涿鹿之野。"《制不定》曰："黄帝行道，而炎帝不聽，故戰於涿鹿之野。"尤可見此二事實一。〕神農（即炎帝）姜姓，蚩尤亦姜姓，涿鹿、阪泉，釋者皆以爲一地。〔阪泉，《史記集解》引皇甫謐云：在上谷。又引張晏云：涿鹿在上谷。此雖因漢世縣名附會，然可證其爲一地也無疑。〕故或謂阪泉、涿鹿之戰，實一事。炎帝、蚩尤即一人，其説似是。涿鹿釋者或謂在涿郡，（今河北涿縣）〔服虔説。〕或謂在上谷涿鹿縣。（今察哈爾涿鹿縣）蓋因漢世地名附會，不足據。《太平御覽·州郡部》載《帝王世系》引《世本》，謂涿鹿在彭城，則今江蘇銅山縣也。〔《戰國策·魏策》云："黄帝戰於涿鹿之野，而西戎之兵不起；禹攻三苗，而東夷之兵不至。"此爲涿鹿在東方之明證。《史記集解》又引《皇覽》，謂蚩尤冢在壽張（後漢縣，今山東東平縣），其肩髀冢在鉅野（漢縣，今山東鉅野縣），亦距彭城不遠也。〕

《大戴禮記》、《史記》又言青陽降居江水，昌意降居若水。常璩《華陽國志》以江水爲金沙江，若水爲鴉龍江。酈道元《水經注》因之。此大非。其實古江爲南方之水之通稱。若水，王筠説：古桑字作[illegible]，亦可作[illegible]，作[illegible]（加口以象根）。《楚辭》之若木，即桑木〔《楚辭·離騷》："飲余馬於咸池兮，總余轡乎扶桑。折若木以拂日兮，聊逍遥以相羊。"〕（見所著《説文釋例》。）其説極通。故青陽，昌意所居，亦當在東方也。堯都據《世本》亦在彭城。〔《太平御覽·州郡部》引《帝王世紀》，謂"堯之都後遷涿鹿，《世本》謂在彭城"。〕而《孟子》稱舜爲東夷之人，（《離婁下》）故五帝踪跡，皆在東方，至夏乃居於河、洛流域，見《楚辭》（《天問》），《周書》（《度邑》）等皆然。〔《周書·度邑解》曰："自洛汭延於伊汭，居易無固，其有夏之居。"蓋堯遭洪水，使禹治之，用力雖勤，而沈灾實未能澹，自禹以後，我族乃漸次西遷。自伊、洛渡河，即爲汾、澮之域。唐、虞、

夏支庶,蓋有分徙於是者。〕

商又興於東方,其始祖契封於商。舊説在今陝西商縣。〔《書僞孔傳疏》曰:"《商頌》云:帝立子生商,是契居商也。鄭玄云:契本封商,國在大華之陽。皇甫謐云:今上洛商是也。"上洛商即今陝西商縣。〕似不如謂在河南商邱之確。〔《左傳》襄公九年曰:"閼伯居商丘,相土因之。"服虔曰:"湯以爲號。"又《書序》王肅注云:"契孫相土居商丘,故湯因以爲國號。"《左氏》襄公九年《疏》引《釋例》曰:"宋、商、商丘,三名一地。"《僞孔》、杜預,多同王肅,然則《湯誓》僞孔傳謂"契始封商,湯遂以爲天下號"者,意亦不謂其在大華之陽,乃《疏》强分商與商丘爲兩地,轉謂《僞孔》、杜預之説,同於鄭玄,實鄭玄之説非,而《僞孔》、杜預之説爲實也。商丘即今河南商邱。〕又居蕃,(《世本》)〔《世本》曰:"契居蕃。"〕王國維説:即漢之蕃縣,(今山東滕縣。)〔見所著《觀堂集林·説自契至於成湯八遷》。〕古人率以當時地名述古事。《世本》戰國時書,漢地名於戰國爲近,此説似可信。湯居亳,漢京兆杜縣有亳亭。然湯所居,《孟子》而外作薄,恐《孟子》所用乃借字。〔《管子·地數》《輕重甲》、《荀子·議兵》、《吕覽·具備》、《墨子·非攻下篇》皆作薄。惟《非命上篇》及《孟子》作亳,《説文》亳字下不言湯所都。然《史記·六國表》以"湯起於亳",與"禹興於西羌,周以豐鎬伐殷,秦用雍州興,漢之興自蜀漢"并言,則漢人久混薄、亳一。故緯候有"天乙在亳,東觀於洛"之文。〕漢薄縣,在今河南夏邑永城縣境。湯破桀於鳴條,地不可考。《孟子》言舜卒於鳴條,爲東夷之人,則亦當在東方。〔《吕覽·簡選篇》曰:"殷湯良車七十乘,必死六千人,戰於郕,登自鳴條,乃入巢門。"郕,見《春秋》隱公五年,《公羊》作成,今山東寧陽縣。《淮南子·修務訓》曰:"湯整兵鳴條,困夏南巢,譙以其過,放之歷山。"《荀子·解蔽篇》曰:"桀死於亭山。"巢門者南巢之門,亭、歷聲之轉,後人以春秋時地名釋之,謂南巢爲今安徽巢縣,歷山在和縣,實不然。歷山疑即舜耕處,仍在今山東境内。由此二地觀之,鳴條蓋亦在山東也。〕古書多言桀與東夷之交涉,蓋桀之勢力東展,乃與湯起冲突也。然湯勝桀後居偃師(河南今縣),仍在河洛流域。〔《春秋繁露·三代改制質文篇》曰:"湯受命而王,作官邑於下洛之陽。"蓋即偃師之地。〕

周又興於西方,後稷封邰,〔《史記·周本紀》:"封棄於邰,號曰後稷。"〕舊説今陝西武功縣。公劉居豳,〔按《史記》曰:"公劉卒,子慶節立,國於豳。"則公劉尚未居豳。《史記·劉敬列傳》《匈奴列傳》、《詩毛傳》皆言公劉居豳者,乃約略之辭。〕今邠縣,大王遷岐,今岐山縣。至文王居豐,武王居鎬,在今長安境内。〔《史記集解》:"徐廣曰:豐在京兆鄠縣東,有靈臺。鎬在上林昆明北，有鎬池。去豐二十五里，皆在長安南數十里。”〕爲自西而東。近人錢穆作《西周地理考》，謂周自今山西西南部汾水流域入渭水流域，於發展形勢亦合。〔《西周地理考》謂邰即臺駘之地。《左氏》昭公元年，言金天氏有裔子曰昧，生臺駘，“宜汾、洮，障大澤，以處大原。帝用嘉之，封諸汾川。”《水經・涑水注》：涑水兼稱洮水。是臺駘居汾、涑之域也。《左氏》昭公九年，王使詹桓伯辭於晉，曰：“我自夏以後稷、魏、駘、芮、岐、畢，吾西土也。”《御覽》引《隋圖經》：“稷山，在絳郡（今山西稷山縣），後稷播百穀於此。”《水經注》：山西去介山五十里（介山，在今山西滎河縣北）。《周書・度邑》：武王升汾之阜，以望商邑。汾即邠，亦即豳。然則公劉舊邑，實在山西；大王逾梁山，當在今韓城；岐山亦當距梁山不遠也。案，虞、夏之間，吾族西遷河、洛，更渡河而入河東。山西之地，三面皆山，惟自蒲津渡河入渭域爲平坦，錢氏之言，衡以地理情勢，固無不合矣。〕要之，不論何説，周之根據地，總較夏又展向西北。

此事於漢族之發展，關係殊大。蓋東南水利較饒，西北地較瘠，人力奮而文明進展矣。〔地理氣候較優，無所需人力之地，及地理氣候過劣，盡人力而無所得之地，文化皆不易發展。文化進展最宜者，乃爲人力盡而有所獲，生計無乏之地。西北較瘠之區，蓋正合此條件也。〕溝洫之制，發達於北方。〔《周官》遂人、匠人，言溝洫之制甚詳。〕又用銅東南較西北爲發達。（戰國時，楚與吴、越，皆以兵器著名。古兵器用銅。）〔浙江杭縣之古蕩，發掘得有孔石斧，似用鐵器旋入，又多石英器，質堅，非金屬不能穿鑿，則已在石銅兼用之期。雖時代尚難推斷，然南方之用銅，必尚在黄帝之先，古書皆言蚩尤制兵，蓋亦受之於南，觀五刑始於蚩尤可知。夏以後，乃稍傳於北。南方所用，皆係鎔合銅、錫爲之，而北方銅、錫皆少於南。故穆王及管子，皆有贖刑之制（《尚書・吕刑》、《管子・中小匡》），《管子》言美金以鑄戈、劍、矛、戟，惡金以鑄斤、斧、鉏、夷、鋸、欘，蓋以銅爲兵器，鐵爲農器也。《左氏》僖公八年，“鄭伯朝於楚，楚子賜之金。既而悔之，與之盟，曰：無以鑄兵。”《吴越春秋》、《越絶書》，皆盛稱南方兵甲之利，可見北方之用銅，至東周時，尚遠在南方之後。〕而用鐵則落北方之後。（《管子》書言鹽鐵，古以鐵爲農器。）即其明證。此事之原因何在，現尚難言。我所推測：（一）禹之治水，實僅較暫時見功。因避水患而西遷。（二）禹再傳而遭羿、浞之亂，爲避敵國而西遷。二者或居其一。然則推測，亦殊薄弱難信也。

六　古代之社會組織

中國古代所謂姓，等於今社會學家所謂氏族，其始蓋係女系，故“於文，女生爲姓”。(《左傳》。案凡古之姓字皆從女，其不然者則氏也。)後漸轉爲男系，以始祖所受之姓爲姓，是爲正姓。如後稷之後皆姓姬。其一姓中之分支，則表之以氏，國君即以國爲氏，如魯君氏魯。國君之别子，(嫡長之外。)皆别立一宗，即别受一氏。如魯桓公之三子，爲孟孫、叔孫、季孫氏是。氏亦曰庶姓，婚姻則論正姓。(如魯、吴氏雖異，正姓同爲姬。魯昭公娶吴女爲非禮。〔見《論語·述而》、《禮記·坊記》。〕)古男子稱氏，〔顧亭林言：“男子稱氏，女子稱姓，考之於《傳》，二百五十五年之間，無男子稱姓者。”(見其《原姓》)〕非不論姓，(正姓)以舉氏而姓可知也。女子只稱姓，以婚姻關係，氏可弗論。

古氏族有外昏者，周人之同姓不昏是也。有内昏者，如楚王妻媦是也。(見《公羊》桓公二年。《注》：“媦，妹也。”)自殷以前，六世親屬盡，則昏姻可通。〔見上所載《禮記·大傳》。則殷以前，同姓昏之禁不甚嚴。〕蓋通昏之禁，只以血緣相近爲限，不論姓之同與不同。然則同姓不昏之制，似起於周也。古宗與族異，〔《白虎通義》曰：“族者，凑也，聚也，謂恩愛相流凑也。生相親愛，死相哀痛，有會聚之道，故謂之族。”蓋純論情誼者也。又曰：“宗者，尊也。爲先祖主者，爲宗從之所尊。”則有督責之意矣。〕所謂九族者：(一)父系之五服以内；〔《白虎通義》作父之姓爲一族。〕(二)姑及其子；(三)姊妹及其子；(四)女及其子；(五)母之父姓；(六)母之母姓；〔《白虎通義》於(五)、(六)作母之父母爲一族，母之昆弟爲一族。〕(七)從母及其子；(八)妻之父姓；(九)妻之母姓。此説見《詩·葛藟疏》引《五經異義》，爲今文説。〔亦見《白虎通義》，爲今《戴禮》、《歐陽尚書》説。〕古文以上自高祖、下至玄孫爲九族，純乎男系，乃秦、漢時制也。〔見《五經異義》，爲高祖、曾祖、祖、父、己、子、孫、曾孫、玄孫九族。蓋誤以九世當之也。〕然據《白虎通義·宗族篇》，則今文家所言之制，已不甚古，此制父族四、母族三、妻族二。更古之制，則父母妻三族各三也。〔此爲《白虎通義》之又一説，謂堯時父母妻之族俱三。周乃貶妻族以附父族。〕《白虎通義》此處脱佚，不能知其詳，但知妻之姊妹爲一族耳。〔欲詳知氏族之情形，可觀《禮記・大傳》、《通志・氏族略》二篇，前詳於古，後詳於後世。〕

所謂宗法者，除嫡長子〔諸侯之子〕繼承其父之地位外，餘皆别立一宗，是爲"别子爲祖"。〔蓋諸侯不敢祖天子，而大夫不敢祖諸侯。〕其嫡長之子，世世承襲，爲大宗宗子。次子以下，别爲小宗，亦其嫡長子繼承之。二世曰繼父小宗，〔即繼禰小宗。〕三世曰繼祖小宗，四世曰繼曾祖小宗，五世曰繼高祖小宗。凡宗子，應管轄、收恤其族人，但至六世，則不復有此權利義務。〔繼禰者親弟宗之，繼祖者從父昆弟宗之，繼曾祖者從祖昆弟宗之，繼高祖者從曾祖昆弟宗之。更一世服絶，則不復來事，而自事其五服内繼高祖以下者，所謂五世則遷也。〕惟大宗宗子，對凡同出一祖之人，永遠有之，故曰："小宗五世則遷，大宗百世不遷。"諸侯對大夫，天子對諸侯，實猶大宗之對小宗也。

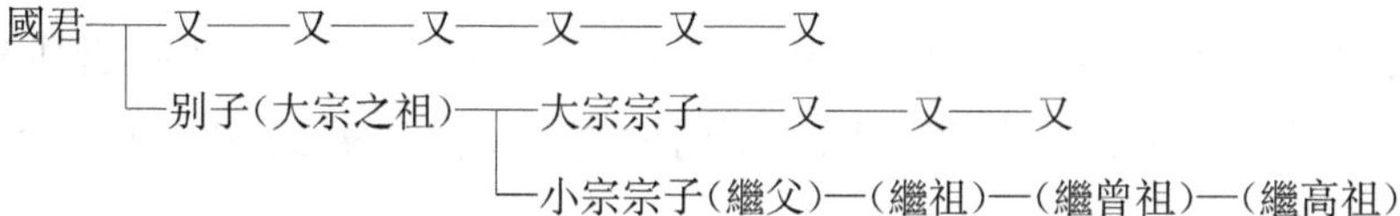

宗法之立，能將同出一祖之人，團結爲一，其所團結之範圍，較族爲狹，而其所團結之人數，轉較族爲多（此由其在時間上悠久故）。此爲男系氏族最完整之組織，但必一氏族中人，生活互相依賴，乃可維持。〔古宗子皆有土之君，故能收恤其族人。族人實其宗子共恃封土以爲生，故必翼戴其宗子。"衆建親戚，以爲屏藩"，一族之人，互相衛翼，以便把持也。"講信修睦"，戒内訌也。"興滅繼絶"，同族不相翦也。美其名曰"親親者天下之達道"。語其實，則一族之人，肆於民上，朘民以自肥而已。曷怪孔子以"大人世及以爲禮"，爲小康之治哉？（《禮運》）〕然其後事實漸變，士大夫之家，見於《儀禮・喪服傳》者，名爲大功以下同財，實則不過有一筆公款。〔《喪服繼父同居傳》謂"夫死子稚，子無大功之親"，則"與之適人"，故説者謂古卿大夫之家，大功以下皆同財。然《傳》又曰："昆弟之義無分，然而有分者，則辟子之私也。子不私其父，則不成爲子。故有東宫，有西宫，有南宫，有北宫，異居而同財，有餘則歸之宗，不足則資之宗。"人各私其父，則所謂大功同財者，亦其名焉而已。其實亦與一夫上父母下妻子者，相去無幾矣。〕小民之家，見於《孟子》、《禮記・王制》等篇者，不過五口八口而已。〔一夫上父母下妻子，率五口至八口（《孟子・滕文公上集注》引程子説)。〕此蓋耕作方法漸變,家族取氏族之土地而分裂之,以至於此也。〔古者交易未盛,生活所資,率由一族之人通力合作,人口愈多,生利之力愈大,故其人率能搏結;至交易之道開,則相待而生者,實爲林林總總,不知誰何之人。生活既不復相資,何必集親盡情疏之人以共處?且交易開,則人人皆有私財,而交易之際,己嗇則人豐,己益則人損,尤爲明白易見。如此切近之教育,日日受之,安有不情疏而涣者?氏族替而家族興,固勢所必至矣。〕中國至此時,其情形已與今日無大異矣。

人類之團結,有依於血統者,亦有依於地域者。依於血統者曰氏族,依於地域者曰部落。(合若干氏族組成一團體,亦當稱爲部落。)其首領皆可稱爲君。合一個區域中若干部族所共歸向者則爲王,前已言之矣。凡氏族之長,愈到後來,其政治上統治之性質,必漸增加,與其所治之人之親族關係,必漸趨淡薄。〔如族人於小宗之子,僅以本服服之,於大宗宗子,則五世而外,悉爲之齊衰三月,於其母妻亦然。此庶人爲君之服也,而親族之關係淡薄矣。〕故氏族之長,與部落之長,成因雖不同;至後來,性質并無異同。惟氏族之長,繼承之法,必依血統;部落之長,其初或有出於公舉者耳。但在中國,此等史料,尚無所得。至於王,則惟視列國之歸向與否,(不論以德致,以力服。)本不能常存不替也。

七　社會階級

中國古代似有一農漁之民爲獵牧之民所征服之事實，故牛、羊、犬等爲貴人之食，谷與魚鱉爲賤者之食（可看《詩·無羊疏》）〔《禮記·王制》曰："國君無故不殺牛，大夫無故不殺羊，士無故不殺犬豕。"亦見《玉藻》。《國語·楚語》：屈建曰："祭典有之曰：國君有牛享，大夫有羊饋，士有豚犬之獻，庶人有魚炙之薦。"又觀射父曰："天子舉以大牢，祀以會。諸侯舉以特牛，祀以大牢。卿舉以少牢，祀以特牛。大夫舉以特牲，祀以少牢。士食魚炙，祀以特牲。庶人食菜，祀以魚。"《詩·無羊》："牧人乃夢，衆惟魚矣。""大人占之，衆惟魚矣，實惟豐年。"《箋》云："魚者，衆人之所以養也。今人衆相與捕魚，則是歲熟相供養之祥。"案《孟子》言："鷄豚狗彘之畜，無失其時，七十者可以食肉。"又言："數罟不入污池，魚鱉不可勝食。"與"不違農時，谷不可勝食"并言，蓋以爲少者之食。《公羊》言晉靈公使勇士殺趙盾，窺其户，方食魚飧。勇士曰："嘻，子誠仁人也。爲晉國重卿，而食魚飧，是子之儉也。"（宣公六年）則魚飧實賤者之食，鄭《箋》之言是也。〕田獵藉以講武，而漁爲賤業，爲人君弗視。（可看《左傳》臧僖伯諫隱公觀漁之辭。）

凡征服者，初期往往立於被征服之團體以外，此時納税服役等皆係以團體之資格負責。龍子述夏後氏税法，其名曰貢，係取數年收獲之平均數定爲常額，不問歲之豐凶，即其遺跡（見《孟子·滕文公上篇》）。〔《孟子》引龍子曰："貢者，校數歲之中以爲常，樂歲粒米狼戾，多取之而不爲虐，則寡取之，凶年糞其田而不足，則必取盈焉。"此制猶後世義役之制，鄉自推若干人以應役，官但求役事無闕，應役者爲誰，初不過問也。〕

其後農業日重，征服者亦從事於耕作。當此時也，征服者則擇山險之地，築城郭而居之。〔蓋所以便守御，其人則曰國人。至後世城郭，必築平夷之地，則以利交通矣。〕而使被征服者，居四面平夷之地，從事耕農。〔謂之野人。〕故古云："設險以守國。"（古國字指郭以内言。）〔《易·坎卦·彖辭》曰：

“王公設險以守國。”《孟子・公孫丑下》曰：“域民不以封存疆之界，固國不以山谿之險。”〕郭以内行畦田，郭以外行井田。〔田有畦田與井田之别，《九章算術》有圭田（圭、畦即一字）求廣從法，有直田截圭田法，有圭田截小截大法，凡零星不成井之田，一以圭法量之。蓋井田者，平地之田；畦田，則在高下不平之處者也。《孟子》述井田之制，謂“方里而井，井九百畝。其中爲公田，八家皆私百畝，同養公田”。又曰：“請野九一而助。”即井田之制也。又曰：“國中什一使自賦，卿以下必有圭田，圭田五十畝”者，圭田即“國中什一使自賦”之田，以其在山險之地，不可井授，故名之曰畦田。〕兵皆近國都（見江永《群經補義・春秋》）。〔據朱大韶《實事求是齋經義・司馬法非周制説》，蓋征服者居中央山險之地，服兵役，是爲鄉，故兵皆近國都也。被征服者非不能兵，惟但使保衛閭里，不事征戍，如後世之鄉兵然。古兵農不合一之説江永《群經補義》首發之，而此篇繼其後，其論皆極精辟者也。〕《周禮》詢國危、詢國遷、詢立君等參政之權利皆國人所享，〔《周官》鄉大夫之職，大詢於衆庶，則各帥其鄉之衆寡而且致於朝，所謂大詢，即小司寇所謂詢國危、詢國遷、詢立君者，故有參政權者，國人也。〕政變時，參與其事者，亦皆國人。〔如厲王監謗，國人莫敢言，三年乃流王於彘（見《國語・周語》）。蓋國人如遼世之契丹，金世之女真，與其國關係較密。〕若野人，則有仁政即來歸，遇暴政則在可能之範圍中逃亡而已。

緬想當初，國人與野人間，當有甚深之仇恨，但時代太早，故記載已不可見矣。

古代之階級：大約在征服者中，執權者爲貴族，其餘爲平民，平民即國人也；被征服者爲野人，近爲農奴。（至於奴隸，古書所載，無以之爲生産主力者。）其初，平民當與貴族近，與農奴遠。但至後來，武力把持之局，漸成過去，執政柄者，威權益大；又因雜居通婚之關係，〔國有限，野無限，國中人口漸繁，不得不移居於野；即野人亦有移居於邑者。居地既近，昏姻遂通。〕則平民與農奴，漸相混合，而其貴族判爲兩階級矣。此項階級之起源，古書亦無記載，只能從遺跡上推想而已。蓋其時代甚早故也。

此種制度，爲中國史與西洋史之一異點。或可云中國史與西洋史走向分歧之路之第一步，希臘、羅馬，皆僅視其市府中人爲國民，餘皆認爲征服之地，歧視其人，不能與自己平等者也。（羅馬較希臘稍擴大。）故其全國之民，難於融合爲一體。康有爲《歐洲十一國游記》極論此事，近人錢穆祖之，其所著《國史大綱》，推論近代歐人剥削殖民地之根原，仍自古希臘、羅馬來焉。中、歐所以有此不同者，鄙意：歐洲古史，重海路通商，所至之地遠，所據之地多，故不能與土著同化；中國爲大陸上之農國，征服部族，與被征服部族同生息於一片土地上，時日積久，故其同化易也。中國之同化作用，在古代即如此逐漸進行，故至戰國時，略已風同道一，而秦始皇所建之大帝國，與亞歷山大所建，基礎不同。

征服者 { 貴族（君、大夫）
　　　　平民（國人）

　　　　　　　　　　　——平民

被征服者 { 農奴（野人）
　　　　　奴隸

奴隸在古書中有兩種：一從事於大家庭中消費品之生産，（如舂米、釀酒、縫衣。〔《周官》司厲："其奴，男子入於罪隸，女子入於舂藁。"《墨子・天志下》："婦人以爲舂酋。"（《説文》："酋，繹酒也。"）《周官》酒人：女酒三十人，奚（《周官》禁暴氏《注》："奚隸，女奴也。"）三百人。《注》曰："女酒，女奴曉酒者。"惠士奇《禮説》："酒人之奚，多至三百，則古之酒皆女子爲之。"《吕覽・精通》："臣之父不幸而殺人，不得生，臣之母得生，而爲公家爲酒。"〕）或供使令，《周官》天官所載是也。〔《周官》内豎："掌内外之通令，凡小事。"《左氏》所載，晉侯有豎頭須（僖公二十四年），士伯有豎侯獳（二十八年），叔孫氏有豎牛（昭公四年）。《禮記・曲禮》曰："長者賜，少者賤者不敢辭。"《注》曰："賤者，僮僕之屬。"蓋亦備左右使令者。《周官》司厲："凡有爵者，與七十者，與未齔者，皆不爲奴。"未齔者不爲奴，蓋以其力未足以事生業，當即以之給使令也。〕一爲主權者之衛隊，如《周官》之司隸是。無以爲生産之主力者。

統一之前，昔人稱爲封建時代，此名在今日頗覺混淆。吾意必（一）能征服異部族，使之表示服從。（二）進一步，則能改易其酋長。（三）或本部族移殖於外，與本國之關係仍不斷，方可稱爲封建。自此以前，各部族之間，彼此毫無關係者，以另立新名，稱爲"部族時代"，〔"部落曰部，氏族曰族。"見《遼史・營衛志》。〕或"先封建時代"爲較妥。

古代各部族之中，有最高之主權者曰君，部族與部族間之共主曰王。古語曰："天無二日，民無二王。"此乃理想，非事實。事實上所謂王者，僅限於一區域之中，故春秋時吴、楚等國皆稱王。惟其時之北方地丑德齊之國太多，稱王不易得人之承認，故僅争爲霸主（即諸侯之長），而仍以王之空名奉諸周天子。至戰國時，二等以下之國漸盡，則七國皆稱王矣。此時國際間之情勢，又覺諸王之上有産生一共主之必要，乃借天神之名而稱之爲帝，秦稱西帝，齊稱東帝，辛垣衍欲令趙尊秦爲帝是也。皇者，始王天下之義，似時人所造之名。秦王政并天下，博士等議尊之爲泰皇，皇字似取大義，"泰"即"大"字，古"大"字與"人"字通。故其議曰："古有天皇，有地皇，有泰皇，泰皇最貴"也。政改其議，自號爲皇帝。〔見《史記·始皇本紀》。〕似以帝高於王，爲時人所習知，而斯時既統一天下，又與戰國時所謂帝立於諸王之上者不同，故又加一皇字以示别也。

又自戰國以來，似習以皇爲尊貴而無實權之稱，故有太上皇之號，〔皇帝父之稱，《史記·始皇本紀》："追尊莊襄王爲太上皇。"此死者進尊之號，後則生存者亦用此稱。《漢書·高帝紀》："上尊太公曰太上皇。"《注》："太上，極尊之稱也，皇，君也，天子之父，故號曰皇。"王先謙《補注》："蔡邕云：不言帝，非天子也。蓋太上者，無上也，皇者，德天於帝。"〕不曰太上帝，亦不曰太上皇帝也。漢哀帝之父，僅追尊爲皇。至漢獻帝殁，王肅猶上書以爲可追謚之爲皇焉。（但不得曰帝而已。）

縣之起原有三：（一）滅國而爲之。〔古書多記滅國爲縣者；其不記其興滅建置者，縣名亦率多舊國名，可推想其滅國而爲縣也。〕（二）卿大夫之采邑，發達而成爲縣。〔《左氏》昭公二年，晉分祁氏之田以爲七縣，羊舌氏之田爲三縣。五年，薳啓彊言："韓賦七邑皆成縣。"又言："因其十家七縣，長轂九百，其餘四十縣，遺守四千。"此卿大夫採地，浸盛而成縣者也。〕（三）并小鄉聚爲之。〔《史記·商君列傳》，言商君治秦，集小都鄉邑聚爲縣，此則國家新設之縣，君之者不復世襲者也。〕凡一縣，大抵自成一行政區域。大國之吞滅小國，非改若干小行政區爲一大行政區，乃以一國而包若干個行政區域也。故被滅之國，仍爲政治上之一單位，不過改世襲之君爲任命之官吏而已。邊荒之地，則稱爲郡，本與縣不相統屬。但（一）郡之地必廣大，至其漸次發達，民政加詳，則可分設爲縣。（二）又郡率有兵力，以之保護縣；而以縣之物力支持郡，亦相甚宜。如此者，縣皆易受郡之統屬。戰國以前，郡皆設於邊地；至秦始皇滅六國，覺到處有用兵力控制之必要，乃舉天下而分爲三十六郡矣。然秦之舊地，固仍屬内史也。

原始政治，必爲民主，此乃自然之理。〔蓋一群之中，公事本無由一人把持之理也。愈近古代，世界各地之情况必愈相似，故凡各地古代之政治，必經一民主之時期者，雖即無遺跡可證，實乃當然之理，無足怪者也。〕中國古代民主遺跡亦多，最著者如《周禮》所載詢國危、詢國遷、詢立君之制是也。〔見小司寇。《左氏》定公八年，衛侯欲叛晉，朝國人，使王孫賈問焉；哀公元年，吴召陳懷公,懷公召國人而問焉:此所謂詢國危者也。盤庚之將涉河也,命衆悉造於庭(《書·盤庚上》);太王之將遷岐山也,屬其耆老而告(《孟子·梁惠王下》):此所謂詢國遷者也。《左氏》僖公十五年,子金教郤缺朝國人,而以君命賞。且告之曰:孤雖歸,辱社稷矣,其卜貳圉也。昭公二十四年,晉侯使士景伯莅問周故,士伯立於乾祭,而問於介——大——衆;哀公二十六年,越人納衛侯,文子致衆而問焉:此所謂詢立君者也。〕不知者或謂中國本無民主制度,附會者又喜據此等遺跡自夸,均屬誤謬。民主政治之廢墜:(一)地大人衆,并召集代表而有所不能,而直接參與無論矣。(二)執行常務者專擅,應詢問大衆之特殊事務,亦視爲常務而執行之。(三)政治之性質,日益精深復雜,大衆不能參預;又政治之範圍日廣,大衆對之,不感興趣。陵夷墮廢之制度,不能得正面之證據,論其原理,則當如是也。

八　古代之生業

古人食鳥獸之肉，草木之實，〔見《禮記·禮運》〕後者謂之疏食。〔蓋鳥獸之肉，時患不足，當不能飽時，遂食草木之實，受經濟狀況之限制也。此漁獵搜採之時之食也。〕〔疏食有二義：一指谷以外物，一指谷類之粗疏者，《禮記·雜記》"孔子曰：吾食於少施氏而飽，少施氏食我以禮。吾祭，作而辭曰：疏食不足祭也。吾飧，作而辭曰：疏食也，不足以傷吾子。"《疏》曰："疏粗之食。"是後一義也。前一義，後人作蔬以別之（《管子·七臣七主》曰："果蓏素食當十石。"《墨子·辭過》曰："古之民，素食而分處。"素食即此疏食，見《月令》鄭注），蓋草木較谷食爲粗疏，故得疏食之名，後遂引伸以稱谷食之粗疏者也。〕從此進化爲谷食。在谷食中，再存其精而去其粗，故始稱百谷，繼言九谷、五谷也。〔又言六谷。〕藥物似係疏食時代所發明。〔因疏食之世，所食之物甚雜，乃漸知草木之性也。〕故稱神農本草。（此神農乃農業之意，非人名。）〔《禮記·月令》：季夏之月，"水潦盛昌，神農將持功"；又曰："毋發令而待，以妨神農之事。"此神農乃農夫之名。《曲禮》："醫不三世，不服其藥。"《疏》引舊説云："三世者，一曰黄帝鍼灸；二曰神農本草；三曰素女脉訣，又云夫子脉訣。"神農乃農業之名，神農本草，猶言農家原本草木之書。《淮南·修務》言："神農嘗百草之滋味，水泉之甘苦，一日而遇七十毒。"乃附會之辭也。古書傳於後之《神農本草經》，即神農本草之學。〕疏食，後世在饑饉之時仍有之。研究之者，亦有《救荒本草》等書。（明人所撰。）

衣之材料爲麻、絲、綿、裘、革。革僅以制甲；非武器則用之爲屨及弁耳。〔《禮記·禮運》曰：昔者先王"未有麻絲，衣其羽皮"，後聖有作，"治其麻絲，以爲布帛"。《墨子·辭過》曰："古之民未知爲衣服時，衣皮帶茭，冬則不輕而温，夏則不輕而凊。聖王以爲不中人之情，故作誨婦人，治絲麻，捆布帛，以爲民衣。"案古冠之最通用者爲弁，弁以皮爲之。甲則後世猶用革。帶用韋，韈（襪）亦从韋。屨用皮。此皆衣皮之遺俗。〕綿蓋頗貴。〔知用麻絲，實爲衣服一大變。既有絲，即絮纊(《禮記·玉藻》:“纊爲襺，緼爲袍。”《注》云:“纊謂新綿，緼謂纊及絮。”《疏》云:“好者爲綿，惡者爲絮。”《説文》:“絮，敝綿也。”《公羊》昭公二十年《解詁》，又以絮爲新綿，蓋皆對文别，散則可以相通)，古絮纊頗貴，故必五十乃得衣帛。〕不能衣裘者則衣褐，以雜毛制成。〔貴者衣裘，賤者衣褐。《詩》“無衣無褐”，《箋》云:“褐，毛布也。”《孟子·滕文公上》“許子衣褐”，《注》云:“褐，以毳織之，若今馬衣。”〕木棉則非此時所有。裁制之式樣：蓋最初有後世之所謂韍，〔亦曰韠，以皮爲之。〕後世以此着於裳外，用爲裝飾；古則惟有此物，所謂“田漁而食，因衣其皮，先知蔽前，後知蔽後”也。〔《詩·採菽》、《左氏》桓公二年《疏》引鄭注《乾鑿度》。案衣服之始，非以裸露爲褻，而欲以蔽體，亦非欲以御寒。蓋古人本不以裸露爲耻，冬則穴居或煬火，亦不藉衣以取暖也。衣之始，蓋用以爲飾，故必先蔽其前。此非耻其裸露而蔽之，實加飾焉以相挑誘。〕但知蔽前爲韍，兼知蔽後則爲裳。〔裳幅前三後四，皆正裁。祭服、朝服，襞積無數，喪服則三襞積。(《喪服》鄭注)〕能知作袴管，則有褌(短袴)〔亦曰襣(《方言》)，又曰犢鼻(《史記·司馬相如傳》)。〕及袴矣。〔引長褌，而爲之襱以便行動，而成袴。〕蔽上體者爲衣。衣之長者，有着(綿絮)曰袍，無着曰衫。古人雖着袍衫，外必加以衣裳。〔凡禮皆重古，故知初惟有短衣，長衣爲後起也。〕然服裝實以上下衣合一爲便，故有連衣裳而一之深衣，以爲過渡也。〔深衣之制，詳見《禮記·玉藻》《深衣》二篇。古衣裳皆異色，惟婦人之服，上下同色(《詩·緑衣》箋)，深衣亦然。士以上别有朝祭之服，庶人即以深衣爲吉服，蓋古男子之好修飾，本甚於女子(古男子爲求愛者，女子則操選擇之權)，又惟貴族爲能盡飾也。然貴族燕居，亦服深衣，即非燕居，深衣之爲用亦甚廣，則所謂“可以爲文，可以爲武，可以擯相，可以治軍旅，完全弗費”者(《深衣》文)，以簡便切用言，固有不得不然者矣。〕

冠以豢髮，〔見《説文》。〕其形略如後世之喪冠，中有梁，較後世爲狹。〔梁廣二寸(喪冠廣二寸，見《喪服》，《疏》云：古冠當同)。〕束髮而韜之曰縰，以梁壓之，中貫以簪。(男曰簪，女曰笄。)冠爲貴人服，〔亦爲成人之服。〕平民則用巾。〔故《吕覽》謂庶人不冠弁(《上裳》)，《釋名》謂二十成人，庶人巾，士冠也。巾以葛爲之，形如帢(《後漢書·郭泰傳》注引周遷《輿服雜事》。《玉篇》：帢，帽也)。〕巾以覆髻曰幘。〔《獨斷》謂幘古卑賤執事不冠者之所服，後世以巾爲野人處士之服，蓋沿之自古也。〕朝祭之服，别有冕弁。冕以木爲幹，其形長方，〔《周官·弁師·疏》引叔孫漢禮器制度，廣八寸，長尺六寸。《續漢書·輿服志》：明帝永平二年，用歐陽、夏侯説制，廣七寸，長尺二寸。前圓後方。《禮記·王制·疏》引應劭《漢官儀》，廣七寸，長八寸。〕以布包之。〔《論語·子罕》：子曰：麻冠禮也。《禮記·王制·疏》：以三十升玄布爲之，裹用朱，不知布繒。〕上玄下朱，〔是爲延，亦作綖。〕〔前俯後仰。〕前有旒，旁有纊，(黄綿丸)〔纊，薛綜《東京賦注》云：以黄綿大如丸，懸冠兩邊當耳，後易以玉；曰瑱，懸瑱之繩曰紞。見《左氏》桓公二年《疏》。〕以爲最尊之服。蓋野蠻時代之飾，以古而見尊重也。〔所謂"英主纊掩聰，垂旒蔽明"者，乃後世爲之解釋之辭也。〕弁以皮爲之，冕前俯後仰，弁前後平。〔弁制略與冕同。所異者，"弁前後平，冕則前低一寸餘耳"。(《弁師·疏》)弁爲初制，冕其後起加飾者。〕

足衣曰襪(韈)(初用皮，故字从韋)。外有履及屨，以革及絲麻爲之，以革爲之曰履。〔《左氏》僖公四年《疏》引《方言》曰："絲作者謂之屨，麻作者謂之扉。"《禮記·少儀》言："國家靡敝，君子不履絲屨。"則絲履君子之所服也。〕又有今之綁腿，謂之行縢，〔《戰國·秦策》言蘇秦"羸縢履蹻，負書儋橐"。〕亦作邪幅，〔《詩》曰："赤芾在股，邪幅在下。"〕亦曰偪，行路則用之，然亦爲裝飾。〔其初所以自偪束，便行走，後以爲飾也。〕古入室必脱屨，爲之跣。〔古者席地而坐，故必解屨而後升堂。既解屨，則踐地者襪也，久立或瀆污，故必解襪而後就席。屨皆脱於户外，惟尊者一人脱於户内。此禮至後世猶沿之。至舉國胡坐時，跣禮始廢也。〕

帶有大帶，有革帶。(女絲帶。)革帶束於腰間，所謂"當無骨者"。(《禮記·深衣》)大帶〔以素絲爲之，亦曰鞶。其垂者曰紳。〕較高，以之佩物。——德佩及事佩。〔德佩謂玉，事佩則《内則》所謂紛帨等也。又有笏，亦插於帶，笏佩之制，皆見《玉藻》。〕

宫室，從巢居、穴居進化而來。〔《禮記·禮運》曰："昔者先王未有宫室，冬則居營窟，夏則居橧巢。"《孟子》言："當堯之時，水逆行，泛濫於中國，龍蛇居之，民無所定，下者爲巢，上者爲營窟。"(《滕文公》上)《淮南子》言："舜之時，江、淮流通，四海溟涬，民上丘陵，赴樹木。"(《本經訓》)即其事。穴居多在寒地，巢居則在温熱而多毒蛇猛獸之區。《御覽·皇王部》引項峻《始學篇》曰："上古皆穴處，有聖人教之巢居，號大巢氏，今南方人巢居，北方人穴處，古之遺俗也。"可見其一起於南、一起於北也。〕(穴居有二種：一是真正的穴；一在地面上累土爲之，形如後世的窑，是爲寝，亦但作復。〔《詩》云："古公亶父，陶復陶穴。"《禮記·月令·疏》曰："古者窟居，隨地而造，若平地則不鑿，但累土爲之，謂之復。若高地則鑿爲坎，謂之爲穴。"其形皆如陶竈。故《詩》云陶復陶穴也(《詩·疏》不甚清晰，故引《禮記·疏》)。〕)以木爲骨干，以土爲肌肉,〔甎即熟土。〕則成宫室矣。〔《易·系辭傳》曰:"上古穴居而野處,後世聖人易之以宫室,上棟下宇,以待風雨。"《淮南子·修務訓》曰:"舜作室築墻茨屋,辟地樹谷,令民皆知去岩居,各有家室。"棟宇者,巢居之變,築墻則穴居之變也。〕

古貴族之居〔寢制〕如圖:

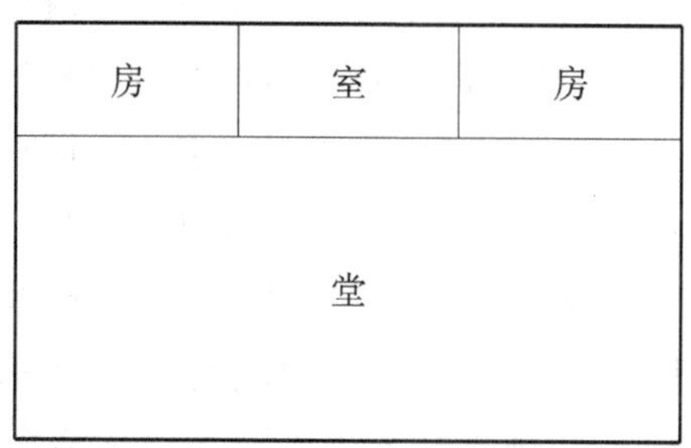

圖二

〔鄭玄云:天子、諸侯左右房,大夫士僅有東房。見《詩·斯干·箋》、《禮·公食大夫禮·注》。〕〔欲知古代宫室之詳,可閲焦循《群經宫室圖》。〕平民之居,漢晁錯謂其有一堂二内。〔張晏曰:"二内,二房也。"〕(《論移民塞下書》。所述乃古説。)蓋以室爲堂,以堂爲房。〔《史記·孔子世家》:"故所居堂,弟子内,後世因廟,藏孔子衣冠琴車書。"蓋改一堂二内之居,爲廟寢之制也。〕

古命士以上,父子皆異宫,後世則數世合居,廳即古之堂,其後多進房屋,即其房及室,蓋多組房室共一堂也。〔古代造宫室,非專門之技術,人人能爲之;命士以上等貴族,且有其所屬之平民奴隸爲之工作矣;其時所用土木等材料,皆可不費而得;地又多空曠,故得父子異宫也。後世此三點有異,勢不能矣。〕

古代生業,初以農業爲主。井田之制,昔人以爲普遍施行於全國;近人〔胡適等〕又疑爲孟子等理想之談,古無其事;恐皆非。此制大約文明發達,水利關係重要之地則有之。最初一部族之地,均屬公有;其後耕作方法漸精,家族漸次分割部族之土地,爲田間之"阡陌""溝洫",極爲整齊,則成此制矣。人口漸繁,惜土地之荒廢,溝洫、阡陌,漸被開墾成田,田之疆界,因之混淆。斯時地代〔耕種人之地,而納田租,謂之地代。〕發生,遂有乘機兼并者,而地權不均矣。田以外之土地,古人總稱爲山澤,本屬公有,依一定之規則,大家皆可使用;後來大約先由有政權者封禁,〔《王制》曰:"名山大澤不以封。"《注》云:

“與民同財，不得障管，亦賦税之而已。”按《王制》又言“澤梁無禁”。而《荀子·王制》言“山林澤梁，以時禁發而不税”，則税之亦非今文家意也。《左氏》襄公十一年，同盟於亳，載書云：“毋壅利。”《注》云：“專山川之利。”昭公二十年，晏子言：“山林之木，衡鹿守之。澤之萑蒲，舟鮫守之。藪之薪蒸，虞候守之。海之鹽蜃，祈望守之。”此即所謂障管者。而三年又言陳氏厚施曰：“山木如市，弗加於山；魚鹽蜃蛤，弗加於海。”則春秋時猶有行之者，然其後則漸少矣。《月令》：季冬，“命水虞漁師，收水泉池澤之賦，毋或敢侵削衆庶兆民，以爲天子斂怨於下”。《周官》：山師，“掌山材之名，辨其物與其利害，而頒之於邦國，使致其珍異之物”。川師，“掌川澤之名，辨其物與其利害，而頒之於邦國，使致其珍異之物”。皆税之之法也。《曲禮》曰：“問國君之富，數地以對，山澤之所出。”蓋國君視山澤爲私産久矣。〕〔然有政權者未必能利用山澤之利也。〕再以賞賜租借等形式，轉入私人之手，《史記·貨殖列傳》所載種樹、畜牧、煮鹽、開礦等人是也。

工業。在公産之世，簡易者人人能爲之；較難者，則有專司其事之人，此爲封建時代工官之前身。但其後私人工業漸興。〔工官之制，亦有其阻遏工業，使停滯不進者在：人之才性，各有不同，子孫初不必盡肖其父祖，而古工官守之以世，必有束縛馳驟，非所樂而强爲之者矣，一也。工官之長，時曰工師，所以督責其下者甚嚴。下者乃不得不苟求無過，凡事率由舊章，則無由改善矣，二也。封建之世，每尚保守，尤重等級，故《月令》再言“毋或作爲淫巧，以蕩上心”；《荀子》亦言：“雕琢文采，不敢造於家。”《管子》曰：“菽粟不足，末生不禁，民必有饑餓之色，而工以雕文刻鏤相稚也，謂之逆。布帛不足，衣服無度，民必有凍寒之色，而女以美衣錦綉綦組相稚也，謂之逆。”（《重令》）此即漢景帝“雕文刻鏤傷農事，錦綉纂組傷女紅”詔語所本，原不失爲正道，然新奇之品，究以利用厚生，抑或徒供淫樂，實視其時之社會組織而定，不能禁富貴者之淫侈，而徒欲禁止新器，勢必淫侈仍不能絶，而利用厚生之事，反有爲所遏絶者矣，三也。凡制度，皆一成而不易變者也。而社會日新無已。閲一時焉，社會遂與制度不相中。削足適履，勢不可行，制度遂至名存實亡矣。工官之制，亦不能免於是。工官之設，初蓋以供民用。然其後在上者威權日增，終必至專於奉君，而忽於利民。孟子之詰白圭也，曰：“萬室之國，一人陶，則可乎？曰：不可，器不足用也。”（《告子》下）明古之工官，皆度民用而造器，然所造之數，果能周於民用乎？生齒日繁；又或生活程度日高，始自爲而用之者，繼亦將以其所有易其所無；則相需之數必驟增，然工官之所造，未必能與之俱增也，則民間百業，緣之而起矣。工官取應故事，民間所造之器，則自爲牟私，相競之餘，優絀立見，則一日盛而一式微矣，况乎新創之器，又爲工官所本者邪？此皆私人工業代工官而興之故也。〕

商業。初止行於團體之間，〔《老子》曰："郅治之極，鄰國相望，鷄狗之聲相聞，民各甘其食，美其服，安其俗，樂其業，至老死不相往來。"（據《史記·貨殖列傳》）《管子》曰："市不成肆，家用足也。"（《權修》）《鹽鐵論》曰："古者千室之邑，百乘之家，陶冶工商，四民之求，足以相更。故農民不離畎畝而足乎田器，工人不斬伐而足乎陶冶，不耕而足乎粟米。"（《水旱》）蓋古代部族，凡物皆自爲而用之，故無待於外也。然智巧日開，交通稍便，分業即漸行於各部族之間。《洪範》八政，一曰食，二曰貨，貨即化，謂變化此物爲他物也。〕商人如伙友，團體方系老板。——損益皆由團體負之。——但團體間之交易行，則團體内部之組織，不復合理，遂至漸次破壞，斯時并無新組織起而代之，於是人之所需，漸不能仰給於團體，必須自行設法，與人交换，商業遂漸行於團體之内，人與人之間矣。商業能（一）打破部族間之界限。（二）使團體内部，人與人之利害對立。（三）貧富不均。（四）使下級者對於上級之命令，不肯真實服從（因商業專從利害打算，不輕信人）。改變社會之力最大。

九　古代之道路

最初《莊子》所謂“山無蹊隧，澤無舟梁”。〔《馬蹄篇》〕其後，田間有阡陌，其較寬平者爲馳道。國中之道路，大約寬廣。

交通上利用牛馬之力，但皆乘車，牛車曰大車，馬車曰小車。〔《論語·爲政》：“子曰：大車無輗，小車無軏，其何以行之哉？”《集解》：“包曰：大車，牛車；小車，駟馬車。”〕戰車亦用馬。以人推挽者曰輦，甚大，用人甚多。〔《周官》鄉師云：“大軍旅會同，正治其徒役，與其輂輦。”《注》云：“輂駕馬，輦人挽行，所以載任器也。止以爲藩營。《司馬法》曰：夏后氏謂輦曰余車，殷曰胡奴車，周曰輜輦。輦，一斧、一斤、一鑿、一梩、一鋤，周輦加二版二築。”又曰夏后氏二十人而輦，殷十八人而輦，周十五人而輦。案《春官》巾車，“王后之五路”有輦車。《注》云：“爲輇輪，人换之而行。”又服車五乘，士乘棧車，庶人乘役車。《注》但云：役車方箱，可載任器以共役，與棧車皆不言爲人挽。而《詩》“有芃者狐，率彼幽草，有棧之車，行彼周道”，《毛傳》云：“棧車，役車也。”《箋》云：“狐草行草止，故以比棧車、輦者。”一似棧車、役車，皆以人挽行者，蓋役車既可駕馬，又可人挽行；既可乘坐，亦可供役；而棧車、役車同爲無飾，故二者又可通名也。《説文》“輦，挽車也，從車㚘，在車前，引之也。”㚘訓并行，蓋二人挽之，亦或一推一挽。《司馬法》所言，乃行軍時制，尋常役車，固不必如是其大也。〕

有驛以傳命。〔其初蓋以便人行，後因其節級運送，人畜不勞，而其至可速，乃因之以傳命。《説文》傳、遽互訓，而《管子·大匡》言，三十里置遽委，有司職之，若宿者，令人養其馬，食其委，是其徵也。驛有車有騎。〕報信之方法更速者爲烽火。（古烽火之制，見《史記·周本紀》末，《索隱》但説烽火似互訛。〔《周本紀》：“幽王爲𤈦燧大鼓，有寇至，則舉燧火。”〕）

開辟漸及山地，乃漸騎馬。〔顧亭林《日知録》論騎射之始云：“春秋之世，戎、翟雜居中夏者，大抵皆在山谷之間，兵車之所不至。齊桓、晉文僅攘而却之，不能深入其地者，用車故也。中行穆子之敗翟於大鹵，得之毀車崇卒；而知伯欲伐仇猶，遺之大鐘，以開其道，其不利於車可知，勢不得不變而爲騎。騎射，所以便山谷也。胡服，所以便騎射也。"雖論軍事，而交通從可見焉。〕

最古刳木爲舟（獨木舟），後能用箄、栰（桴），至能斲木成板，再加聯合，則有今之舟。〔舟之興，蓋始於浮木，《莊子・逍遥游》曰："今子有五石之瓠，何不慮以爲大樽，而浮乎江湖？"《釋文》引司馬云："樽如酒器，縛之於身，浮於江湖，可以自渡。"此蓋最古之法。稍後，則知刳木。《淮南子・説山》曰："古人見竅木浮而知舟。"《詩》曰："就其深矣，方之舟之。"《疏》云："《易》曰：利涉大川，乘木舟虚。《注》曰：舟謂木板，如今船，空大木爲之，曰虚。即古又名曰虚，總名皆曰舟。"案《詩》所謂方，即《淮南子》所謂方版，乃後世之筏，不足以當舟。虚則其所謂窬木，而亦即《易》所謂刳木也。舟之始，蓋僅如此，能方版而爲筏，技已稍精，知造舟則更進矣。〕

橋，大約多木橋，水淺時爲之。水闊者用船連接而渡，所謂"造舟爲梁"，即後世之浮橋也。〔宋陸放翁有句曰："九軌徐行怒濤上，千艘横係大江心。"〕〔既能浮木以渡水，則亦能架木以爲橋。《説文》："榷，水上横木，所以渡者"是也。其字亦作杠。《孟子》曰："歲十一月徒杠成，十二月輿梁成。"梁與杠字并从木，蓋亦架木爲之。《爾雅》曰："石杠謂之徛。"則後來更用石也。《郭注》云："聚石水中，以爲步渡。"蓋未能爲橋時，又有此法。〕

水路的交通，南方較北方爲發達。試觀《左傳》，北方用船運漕，只"泛舟之役"一次。（秦輸晉粟，在僖公時。〔十三年〕）南方吴、楚沿江屢有水戰。末年，吴徐承又以舟師自海伐齊，（哀公時。〔十年，《左氏》〕）〔越王勾踐亦命範蠡、後庸率師沿海泝淮，以絶吴路。（《國語・吴語》）〕則不徒内河，并及緣海矣。又吴"溝通江、淮"，即今淮南運河也。〔《史記・河渠書》云："滎陽下引河東南爲鴻溝，以通宋、鄭、陳、蔡、曹、衛，與濟、汝、淮、泗會於楚；西方則通渠漢水、雲夢之野，東方則通鴻溝、江、淮之間。於吴，則通渠三江、五湖。於齊，則通菑、濟之間。於蜀，蜀守冰，鑿離碓辟沫水之害，穿二江成都之中。此渠皆可引舟，有餘則用溉浸，百姓饗其利。"《左氏》昭公九年："吴城邗，溝通江、淮。"《吴語》：夫差"起師北征，闕爲深溝，於商、魯之間。北屬之沂，西屬之濟，以會晉公午於黄池"。蓋自江至河，水道幾於縱横交貫矣。果誰所爲不可知，而其較大之工程，明見記載者，爲徐偃王、吴夫差。〕故知水道之發達，必始於南，而南方古史傳者甚少，故中國水道交通之發達史不詳。

《禹貢》九州入貢，皆有水道，蓋戰國時情形。

行路歇宿之處，古皆官營，其制略見《周禮》。〔《周禮》野廬氏，"比國郊及野之道路宿息井樹。"遺人，"凡國野之道：十里有廬，廬有飲食。三十里有宿，宿有路室，路室有委。五十里有市，市有候館，候館有積。"〕君、大夫等至他國，或有他預備之館舍，或即供宿其貴族之家，所謂館於某氏也。〔《覲禮》："天子有賜舍。"《曾子問》曰："卿大夫之家曰私館，公館與公所爲曰公館。"《覲禮》又曰："卿館於大夫，大夫館於士，士館於工商。"蓋無特設之客舍，故各就其家館之。民間往來，亦當如是。〕公家經營之歇宿，平民本亦可止息，觀漢世之亭，猶官民公用可知。但行路多，勢難遍給，於是有民營之逆旅，其事略見《商君書》。至後世則雖欲官營，而不可得矣，見《晉書・潘岳傳》。

十　古代之用人

古代之用人，大抵大夫以上，多屬世官，征服之族中執政權者爲之。士則出於選舉，（選舉與世官爲對待之名詞。）〔邃古之世，公産之群，群之公事，必有人焉治之，則必舉其賢者能者，此即孔子所謂“選賢與能”也（《禮記・禮運》）。後爲黷武之群所征服，百戰所得，視同私産，遂行世官。然舊有之事，征服者初不甚干涉之，故選舉之法仍存。〕其法有二：(1) 如《周禮》所説，鄉大夫以下治民之官，平時考察其民之德行道藝，三年大比（查軋人口及軍用品）之時，與其賢者能者。(2) 如《禮記・王制》所説，鄉論秀士，升於司徒，司徒升之於學，學升之於司馬，然後用之。大約兩法都有些事實做根據。

至於學校，在國中者謂之學，爲宗教哲學之府，初與明堂合一，後乃分出，欲知其説，須看惠棟《明堂大道録》、阮元《明堂説》。（在《揅經室集》中）在鄉間者爲校、（見《公羊》宣公十五年何《注》。〔《注》曰：“一里八十户，八家共一巷。中里爲校室，選其耆老有高德者，名曰父老。十月事訖，父老教於校室。八歲者學小學，十五者學大學。”《孟子》所謂：“校者，教也。”〕）庠、（行鄉飲酒禮。〔《孟子》：“庠者，養也。”〕）序，（行鄉射禮。〔《孟子》：“序者，射也。”〕）乃興教化之處，非講學問之處。漢人言興鄉學者猶如此。

此等學校中，并無應用之學。（看《禮記・學記》可知。）應用之學，則從辦事之機關中來，《漢書・藝文志》推論九流之學，皆出於王官者如此。封建制度破壞，官失其守，遂變爲私家之學，平民之能術學問者漸多，教育之權，移於私家，學術亦散布於社會矣。戰國之世，上級官吏，漸不能專用貴族，於是游士興，貴族政治，漸變成官僚政治。

戰國時，社會劇變有二：在經濟上，(一) 井田之制大壞。(二) 商業大盛。前已言之。在政治上，則(一)爲官僚階級之興起。(二)爲國民軍之編成。古大夫以上皆世官，士以下乃出選舉。選舉之法有二：(一) 如《周禮》所言，鄉大夫以下，治民之官，皆有考察其民德行道藝之責，三年大比之時，與其賢者能者，蓋即用爲比（五家）、閭（二十五家）、族（百家）、黨（五百家）、州（二千五百家）、鄉（萬二千五百家）之長，所謂"使民興賢，入使治之；使民興能，出使長之"也。〔見《周禮》。俞正燮《鄉興賢能論》曰："出使長之，用爲伍長也。入使治之，用爲鄉吏也。"〕（二）如《王制》所説，鄉論秀士，升之司徒，司徒升之於學，學成，升諸司馬，司馬辨其才而用之，則與貴族同其作用矣。戰國時，士之干求進用者，不限一國；君之用之，亦不拘常法，於是游説之事盛行，此輩浸代貴族之地位，（在朝及治理地方）而官僚階級之興。（此事於封建破壞，大有關係。）

古正式軍隊，限於征服之族。故《周禮》出兵，限於六鄉；齊有士之鄉與工商之鄉；（見《國語》、《管子》）楚莊王亦"荆尸（一種出兵之法。）而舉，商農工賈，不敗其業"。（《左傳》邲之戰。）非士鄉之人，只令保衛本地方而已。故《左傳》鞌之戰，齊頃公見保者而勉之也。〔成公二年〕至戰國時，則此等守衛本地方之兵，悉數調上前綫，故其數驟增，論者謂"韓、魏戰而勝秦，則兵半折，四竟不守"也。〔蘇秦説齊宣王之辭。〕中國兵制，近乎通國皆兵者，莫如此時若。而此制秦人行之，尤爲有效，讀《荀子・議兵篇》可知。

十一　先秦諸子學術

先秦諸子學術，《史記·自序》述其父談之言，分爲陰陽、儒、墨、名、法、道德六家。《漢書·藝文志》諸子略蓋以縱横、農、雜家、小説爲十家。其中去小説家謂之九流。〔此外古書論及先秦學術者甚多，如《莊子·天下》、《荀子·非十二子》、《淮南·要略》等，皆爲近人所征引。〕古學術之分類，似以《漢志》爲最完全，因其係根據書籍分類，其他皆一學者之見，一人不能遍通諸學也。

先秦諸子之學，《漢志》以爲皆出王官之守；《淮南·要略》則以爲起於救時之弊，此二説實可并存，蓋一言其來源，一言其興起之由也。諸子之學，根據各有不同：（一）所承受之學説不同。（二）所興起之社會不同。雖各能闡發一種真理，〔不能兼顧全局。〕然并非皆通於其時之時勢。此點似頗緊要，〔我國人向有崇拜古代之心理；而先秦諸子之學，去今復遠，不易發見其弊，故人多譽之。實則衡以學術進化之原理，自應不如後世之學也。〕

依鄙見：先秦諸子之學，其能綜攬全局者，（如縱横家、兵書略中之兵家等，只效一節之用。）當依新舊分爲五派：〔吕師於民國二十五年左右，始有此見解。〕

最舊者：農家。

次舊者：道家。

又次者：墨家。

較新者：儒家、陰陽家。

最新者：法家。

名家與法家頗相附爲用。

而雜家則自專門漸趨於會通焉。

農家之學，書并不存；只許行之説，見於《孟子·滕文公》上篇。其説，乃主張：（一）人君與民并耕而食，饔飧而治。（二）賣買論量不論質。此蓋以隆古農業小社會之文化爲根據者，斷不能行於是時。

道家主無爲。爲,舊訓化。野蠻之族,恒因文明之輸入,而社會組織隨之改變,風俗因以薄惡。而文明之輸入,則(一)由君主之以此爲文明而加以提倡。(二)由其慕效淫侈。道家戒之以無爲,猶今戒中國人勿歐化,戒西南土司毋漢化耳。其實文明之傳播,終非可以人力阻也。故其説亦陳舊。《淮南·要略》言:"墨子學於孔子而不悦,棄周道而用夏正。"其説是也。《吕氏春秋》言:"魯惠公請郊廟之禮於天子,天子使史角往。其後在魯,墨子學焉。"史角蓋知夏政者也。然墨子主兼愛,既非其時之社會組織所能行。主上同亦然。反對戰争,而但以攻守爲是非之準,説亦嫌粗。天志、明鬼之説,欲借助於迷信,而不悟迷信已破,非可以人力建説也。故其説亦不能行。

儒家之學,較爲廣博。《易》言原理,《春秋》言人事。《春秋》先示治亂世之法,次言治升平世之法,末言治太平世之法,是爲張三世。又言夏、殷、周三種治法,當更迭變換,故王者必封前二代(如夏、殷之於周)之後以大國,使得保存其治法,以備取用,此爲通三統,與陰陽家五德終始相似。(五德謂有五種治法,當求之於民。)五德終始亦謂有五種治法,當更迭用之耳。二家之學,皆非博聞廣見不能,故較新。

法家之學,細别之,又包含法(治民)、術(治治民之人)兩派(見《韓非子·定法篇》)。而狹義之法亦有殊:商君主農戰,《管子》言輕〔價賤〕重〔價貴〕斂散是也。此派最能造成一强有力之國家,故在戰國時爲最適,秦卒用之以取天下。

十二　秦、漢時之新局勢

一、内戰乍息,〔秦末之亂爲例外,通常可謂息内戰矣。〕民生獲蘇。尤其交通上之限制廢除,〔前此國際間并一國内之交通,皆有種種限制,觀《周官》之《夏官》、《秋官》可知。至是則關津雖存,而譏察無矣。〕得以完成廣大之分工,國富總量之增加,殆非前此所能想象。

二、統一則國力强盛,便於對外;然中國在此時,開始與騎寇相遇。(蒙古高原之游牧民族。黄河流域之戎、狄皆居山,如今西南諸族,所謂山戎也。〔居山戎、狄,遠不若騎寇之强盛。〕)〔前此中國與蒙古高原游牧民族間,爲山戎所隔。其時,游牧民族之不南侵者,固由其本身未臻强盛,而其南向之山戎之不足侵,實一大緣故也。至戰國末而北方諸國拓地與游牧民族相遇矣。〕

三、封建制度告終。秦盡廢封建。〔"父兄有天下,子弟爲匹夫。"無尺土之封。〕秦亡後,諸侯相王,(此語見《史記・自序》)〔分王諸侯,决非項籍一人所能爲。〕義帝猶周天子,西楚霸王猶春秋時霸主,其餘之王猶列國,其下爲侯,猶戰國時之王封其臣民爲侯,(王侯列爵二等,漢亦沿之。)乃恢復東周時之局面也。但封建之基礎,(各區域内之自足經濟。〔封建非政治力之所爲;實政治隨經濟情形而如此耳。〕《王制》等之經濟計劃即如此。)業已不存,故卒不能持久。經(一)楚、漢之争。(二)漢初之翦滅異姓。(三)吴、楚七國之亂。而封建之實,遂蕩然無存焉。

十三　此時之政情

一、民主政治之廢墜。此由(一)民意無表見之方法,如古之大詢於衆庶等。(二)民意之表見爲習慣,習慣愈不適於時勢,則拘束之力愈弱。又列國問罪大夫叛變等事皆無之。故君主之地位,日益神聖。最後,遂謂其權係受之於神,而非受之於民,兩漢、新莽之言符瑞是也。〔此節與西方頗相似。〕

二、地方自治之廢墜。古之國,等於後世之縣。〔古國方百里,而漢縣亦方百里;漢縣名多仍古國名,皆可見也。〕國君等於縣令,大夫等於鄉鎮長,士則保甲長矣。漢世十里一亭,亭有長;十亭一鄉,鄉有三老、(掌教化。〔體制最尊〕)嗇夫、(職聽訟,收賦税,威權尤大。〔至人只知嗇夫,不知復有縣令者,觀《兩漢書》可知。〕)游徼,(主徼循,禁盜賊。)猶存此意。然左雄謂鄉亭禄薄,多取於民,(《後漢書》本傳)則其弊必有爲吾人所不知者。〔且人心必日趨於民主之心理,對嗇夫等服從之傳統觀念,必日趨淡薄。人心對嗇夫等既漸變,則嗇夫等之威權必漸不行,以至於廢墜。〕又喪亂之際,官吏及割據者,每向此曹壓迫,人莫利爲之,而其職遂廢。〔兩漢時存此制,魏、晉時而廢墜。東晉元帝嘗問臣下剽掠者之衆,即有對以亭、郵(兩亭間有一郵)之廢之所致,可見也。〕縣令實不能躬親辦事,而地方公務悉廢矣。

三、放任政治之形成。貴族既倒,處於治者之地位者,爲官僚階級,〔幕友、吏胥、衙役、紳士、讀書人(官僚之後備軍)亦屬之。〕同時亦即成爲榨取階級,〔階級無不自利者。世有不自利之個人,無不自利之階級。此階級中,僅有少數之不自利者,亦救於其階級之自利。只有鏟除階級,無法改良階級,——欲實行良好教育已造成整個階級之各不自利,爲不可能之事。——而此時於官僚階級,非鏟除之時也,於是取監督之方式矣。〕政治上之首領,理宜加以監督。但監督者少,被監督者太多,勢不能給,則惟有將所辦之事,減至最小限度,使其無所藉以虐民。中國之良吏,每勸人民早完國課,(或"自有組織"義圖等。)少打官司,免得與吏役接觸,此正與政府之取放任主義同。顧亭林譏後世大官多,小官少。而不知其在昔時之政治上,只重監督官僚階級,不使虐民,興利治國,固在其次也。〔自漢以來,中國之政治向如此。〕

儒學之專行及其效果。九流之學,農、道、墨、儒、陰陽,皆太陳舊,或迂闊;惟法家見用於時,前已言之。統一之後,法家之"法",已不宜再用,僅其"術"當施諸官僚,政治一味放任,尚非漢時所知。〔"治天下不如安天下,安天下不如與天下安。"此乃中國舊日政治上最主要之格言,一切放任政治,皆由此出。然此乃積累年之經驗而得知,固非漢初人所得知也。〕斯時對於人民,則有富與教兩問題,此爲理論上當然之結果,故儒與陰陽二家,處於必興之勢。〔漢世儒與陰陽二家,實相混雜。〕秦始皇言:"吾前收天下書不中用者盡去之,悉召文學方術士,欲以興太平,方士欲練以求奇藥。"興太平指儒學言。使始皇不死,而其時之内治外攘,始皇認爲已無問題,亦未必不用儒家,以圖足民而興教化,特未及而早死耳。漢高、惠、高後,皆未及有所作爲,文帝一用公孫臣,旋因爲新垣平所欺而罷。〔帝實非賢君,其真相見應劭《風俗通義》載劉向語。〕景帝本無能爲之主。故至武帝而儒術興焉。此乃事勢之自然。或謂武帝之崇儒,乃利其明君臣之義,可以專制:此乃數十年前梁啓超等之議論,有爲言之,非事實。漢世儒家,明民貴君輕之義者極多,最甚者如眭孟,勸漢帝求索賢人,禪以帝位,而退自封百里:便於專制者安在。武帝即位,年僅十六,趙綰、王臧、田蚡等説以崇儒術,斯時聽從之者,恐實即後來反對儒術之竇太后。(後以儒術行,有礙外戚之權利反對。)竇太后而亦許崇儒,可知儒術之興,乃事勢之自然也。

漢宣帝言漢家自有治法,以王霸之道雜之(見《漢書・元帝紀》)。王指儒,霸指法。以儒家之道治民,法家之術察吏,固極合理也。

	主　張	漢　世	新　莽
儒　家	平均地權	急激者主恢復井田,緩和者主限民名田	王田之制,系行急激派之主張
	節制消費	法令頗多,不能實行	同上
法家 新世之 《周官》	節制工商	重農抑商之法令,桑弘羊之鹽鐵官賣,耿壽昌之常平倉	五均、六筦
	干涉借貸	官貸種食,貸者或勿收	司市、泉府

廖季平謂經學中之今古文,係魯學齊學之分,可謂卓識。〔在廖氏《今古

學考》中。〕但未言其所以然。予意魯之經濟，不如齊之發達。故魯學僅主平均地權，齊學兼重節制資本。明節制資本之義者，莫如《管子》；漢時桑弘羊行之，讀《鹽鐵論》可見。儒家之學，發達於齊，則有《周官》（即《周禮》）一書，所述乃治千里之國之規模，有治工商之法。魯學治國之規模，見於《禮記》之《王制》，則治百里之國自足經濟區域之規模也。關於社會政策：漢初所行之魯學（今文），與法家分道揚鑣；若兼取《周官》，則足與法家相調和。新莽等所以重《周官》扶古學者以此。此予最近之見解也。

此項主張，乃先秦以來學者公共之主張。及王莽得政權而實行之而失敗。〔莽編集學者之主張，經詳實之考慮，抱絶大之决心，作有系統大規模之實行者也。〕此失敗乃先秦以來學者公共之失敗，非王莽一人之過也。

此政策何以行之而失敗？則以未知社會之階級性，不能領導被壓迫階級以行革命，而欲以治者階級操刀代斲之故。〔以治者階級操刀代斲，是猶"與虎謀皮"矣。〕

教化問題，則儒家主張，本在民生問題解決之後。漢初儒者尚知此義。〔如叔孫通爲漢高祖徵朝儀，二儒生不行，即其例。〕但至後來，漸與生活問題相脱離。（此風起於宣帝以後。）遂至空言教化，其不能有成也决矣。

故儒家在政治上，可以謂之失敗。但其在社會上，則頗有功績。因其能示人以做人之方法，且教人民互相親愛也。

十四　漢代學術

（一）自王莽變法失敗後，經世致用一派，漸以消沉。經學流爲瑣碎之考據。南北朝、隋、唐義疏之學，皆承其流。（二）其有思想者，至魏、晉之際，競務研求《老》、《易》，（後加以《莊子》。）遂開玄學一派，與佛家銜接。（一）瑣碎。（二）玄妙。（三）文字漸趨於駢儷。書法則隸書變爲八分。〔求美故。前此之由篆至隸，則由篆書圓筆，不適於實用，代之以隸也。〕其仍供應用之章程書，（即正書，亦曰真書。正書真書之名，乃對行、草而立。）亦漸趨美化。甚至專於求速之草書亦然，草書既趨美化，則必去真日遠而不畫一，不能供實用。而實用又不能皆作正書，於是有行書以代草。然行書之近真者爲"真行"，與真書相去無幾；近草者爲"行草"，與草書相去無幾，仍不適於實用。講實用者，遂只得求之減筆矣。要之瑣碎、玄妙、求美，皆學術爲有閑階級專有之現象也。

隸書｛筆畫做成一定樣子，即挑法，亦曰波磔，是爲八分。
　　　不須的即章程書。

十五　漢代兵制變遷

本來人民二十三歲有服兵役之義務，至五十六乃免；人人有戍邊三日之義務，事實上不能自行，則須出錢雇人，或入錢於官，由官代爲雇人。〔漢沿秦法，蓋本諸古。〕然統一之後，兵役之負擔，自然偏於緣邊，有失公平之旨。於是漸用謫戍、謫發，甚且兼用異族，其事起於漢武帝之世。〔以武帝屢用兵，不欲有擾於民故也。〕至後漢光武罷郡國都尉，無復"都試"，〔亦簡稱曰"都"。〕而民兵之制遂廢。〔民兵之時，對外大戰，命將軍統之；有數軍則有數將軍，而各加名號；其上或置大將軍以統之。戡定小亂，則郡太守、州刺史自將之。〕

十六　漢代刑法變遷

一、戰國時，李悝爲魏文侯相，“撰次”諸國法，爲《法經》六篇。商君取之以相秦。漢初沿用之。後苦其不足用，漸次增加；又益之以“令”及“比”(成案)，遂大病其雜亂。直至魏世，始行重纂。至晉初頒行之，〔稍加改删。〕是爲《晉律》。此後中國法律，無甚根本變動矣。此一改變，由古依習慣解決之事多，後世依法律解決之事多也。

二、漢文帝除肉刑，代以髡(髡鉗)、笞，刑法之種類太少。〔不能得其平。〕故多主復肉刑者；又因其殘酷，終不能行。直至隋世，定笞、杖、徒、流、死五刑，而此問題乃息。此緣古代習以傷及肉體，使蒙不可恢復之創傷者，乃稱爲刑；故一時想不到以笞、杖、徒、流爲刑也。

三、秦時法吏，自成風氣，習於嚴酷。〔此或自古而然。〕漢人力加矯正，其風氣乃漸變。此可謂儒家之主義，戰勝法家。

西諺云：“羅馬非思想之人，乃作事之人。”在此點，先秦極似希臘，漢人極似羅馬。兩晉、南北朝，則爲中國與西洋走向兩路分歧之點。羅馬經蠻族侵入後，歐洲非復羅馬人之世界；中國則經過五胡之亂，仍然是中國人之世界也。此其故似有四：(一) 中國有廣大之長江流域，以資退守，而羅馬無之。(二) 中國人與五胡人口之比例，似較羅馬人與蠻族之比例爲大。(三) 五胡亦已漸染中國之文化，程度非歐洲蠻族所及。(淫暴之主，如劉曜、石虎等，其行政立法，仍依據中國習慣。)(四) 歐洲此時，處處有小政治中心，持久不敝，加以組織，遂成封建政體，中國雖亦有此端倪，而地勢平坦，風俗相同，中央力量較强，割據之局，不能持久。(觀南朝陳之事，最可見也。)

十七　此時代重要之現象

一、南方文化及産業，漸次發達。尤其荆、揚兩州，即湖南、北兩省間之湖沿地帶，及江、浙兩省之太湖流域，成爲全國經濟重心。〔南朝財賦，盡出於此，文化亦最高。〕

二、自後漢之末，人民開始大遷移。（一）將積古以來各地方豪族之根基拔去。（此時遷徙，多宗族、姻戚、鄉里等，成群而行。此等人離開本鄉，勢力即減小，且難持久。）（二）貧民入山，與異族雜居，是爲北方之山胡，南方之山越。山地藉以開拓，異族因之同化。

三、南方之發達，偏於文化及産業。故未能將政治之重心，自北方轉移至南方。〔此因缺乏戰斗性質之故。〕

古代之政治，實多帶屬人主義，〔此固積古之相沿，而實由交通阻塞，各地之民，皆顯著之隔膜之故。〕觀晉、南北朝之僑州、郡、縣可知。後因久不獲歸；政治上復厲行“土斷”，〔此因當時遷移僑置之民，各自爲政，頗多不便，於賦役尤甚，於是遂厲行土斷。〕乃皆爲屬地主義。此於畛域之化除，實甚有益。魏晉以後所謂門閥，實皆沿自封建時代。蓋前此居於本地，不待自異，人自尊之；一遷徙則失其所恃，故須標舉郡望以自異。貴族恒互相援引，故九品中正之制，區别士庶極嚴。然主動立事者，率多出於庶族。又貴族多窮困（似與其家族之大有關係），貪庶族之富，而與之通譜通婚。則其根柢業已摇動。至隋，廢九品中正及鄉官，肇行科舉之制。唐、宋而後，科舉日重，而其立法亦日嚴，於是士族在政治上亦無占便宜之處。至五代而士庶之别蕩然矣。積古相沿之等級至此破除，實社會組織之一大變也。

科舉制度，一、打破門閥階級，二、看重學術出身者，（吏道係經驗出身。）皆爲優點。惟漢世丞相，四科取士，（一）重德行，（二）重學術（經中博士），（三）重才能（才任三輔令），（四）重文法（文中御史），實最合理。（一）、（三）皆雜以文字考試，故唐有明經〔即（二）〕明法〔即（四）〕兩科，此於理論亦合。

惟(一)所試者太不足以得人才,(二)而無補實用之進士科(試詩賦)爲重,則殊不合宜。

因唐人重視進士,宋王安石變法,遂廢諸科,獨存進士。後又分爲詩賦、經義兩科。〔試詩賦者仍衆。〕至明、清,又合爲一。所試既皆無用(策及明代詔、誥、表、判等僅存虚名),又不分科,其事既非夫人之所能,所試遂皆有名無實。近代之士子,遂大固陋而不可救。

自先秦至漢之社會政策,本兼有平均地權、節制資本兩方面。後儒學專行,法學廢絶,節制資本之説,遂無人提起,而平均地權,亦止敢行緩和之法。是爲晉之户調式、魏之均田令、唐之租庸調法。此三法,皆(一)乘亂後土田失主之時,官以授民。(二)其授之,則以年齡屬性而異其多少。(三)而課役隨之。(四)還授……皆有法度。但其一、推行至何種程度,先已可疑。即不論此,而二、人口日增,無移民之法。三、農民無他産業,緩急時不得將田質賣,亦終必破壞也。〔而當時僅按人口征税,而失田者,遂紛紛僞爲官、吏、士人、僧、道或外邑人,以圖逃税。而有力兼并者,多數之田,反不需納税矣。〕唐德宗時,楊炎立兩税法,但就其所有而税之。而民之有産無産,國家不復過問矣。自晉武行户調式至此適五百年。

户調之法,實起漢末,爲魏武帝所行。蓋漢人取諸民者,曰田租,曰口賦。(出錢,亦曰口錢。)此時田皆荒廢,不能恃田租爲收入;而交易破壞,錢法紊亂,民亦難於得錢;乃因其勢而取其布帛,遂成爲一種户税。晉時户調,亦是如此,特給之以田爲異耳。

户調之制,起於後漢之末,與當時經濟狀況,頗有關係。蓋古之取於民者,曰税,即漢世之田租;日賦,一爲馬、牛、車、輦等戰時所用之物,一則隨時之征取,此二者,漢世并作口錢,又其一則力役也。後漢之末,天下大亂,耕者少,田租不足供軍國之用;是時商業,蓋極凋零;又當時錢貴,而幣制漢末又大壞,無從征錢;乃改爲按户取布帛:此爲户調之始。晉以後,有授田之法,乃更取其谷物。唐世身丁有可稽,則又并力役而責之,遂成租庸調之法耳。田既不能授,則不能不變爲兩税,就有負擔力者而課其錢。此法行,民之有田産與否,官不過問;負擔却較爲均平,以其就有財力者而取之,非如租庸調法之專責諸人也。但力役則仍責諸人。後雖亦兼論貲産,究之丁仍爲一重要之元素,然丁根本無負擔力,此役之所以病民也。貲産調查,最難得實,久之,乃側重於田,於是應役專論丁糧。又因丁之無負擔力也,變爲丁隨糧行,(即將一地方丁額,攤派於有糧之家。)則不啻加田賦而免力役矣。此清聖祖所以有

“盛世滋生人丁,永不加賦”之詔也。歷代農民所負擔之租税,變遷大略如此。雜税則隋時曾盡除之。唐中葉乃逐漸興起。其重要者,爲(一)鹽、(二)酒(或麴)、(三)茶、(四)商(分過税、住税)。而近世契税、牙税亦稍盛。

民兵既廢,後漢末,乃有州、郡之兵;至南北朝未革。〔晉武平吴,亦罷州郡兵備。而於諸王國,顧皆假以兵權,遂致釀成八王之亂。五胡交哄,盜賊大起,仍藉州郡募兵鎮壓;而方鎮之權始重。渡江以後,荆、揚二州,積世相猜。其初下流之勢常弱,迨北府兵起,而形勢乃一變。劉裕率階以圖篡。然自宋迄於梁、陳,州郡之擁重兵,内外之相猜忌,實始終一轍也。〕後周創府兵之制,隋、唐因之。〔北方五胡迭起,所用者皆其種人。迨周、齊之末,諸種人皆已凋敝,乃不得不參用漢人。又大亂之後,物力凋殘,軍資無出,不得不令兵人屯種自食。而府兵之制以興。迄唐而益臻完備。唐制,於全國設折冲府六百三十四,而其在關内者二百六十一。府置折冲府都尉,而以左右果毅都尉爲之副。上府千二百人,中府千人,下府八百。其軍隊編制之法:三百人爲團,團有校尉。五十人爲隊,隊有正。十人爲火,火有長。諸府分隸十二衛。平時力耕以自食;有事調集,臨時令將統之。事訖,則將上所佩印,兵歸其府。頗得寓兵於農之意。宿衛亦由府兵番上。〕

唐中葉後,府兵制壞,而藩鎮之兵興。内之則禁軍强横。〔高宗、武后時,天下久不用兵,府兵之法浸壞,至不能給宿衛。宰相張説,乃請以募兵代之,號曰彍騎,以充宿衛。外之則有藩鎮之兵。又有所謂禁軍者,初以從定天下,不願散歸之士爲之;授以渭北閑田。其後增置漸廣。中葉後,原駐隴右之神策軍,入京師,列爲禁軍。德宗自奉天還,始統以宦官。其時各方分戍之兵,餉糈皆薄,而神策軍獨厚;遂皆請遥隸焉。於是宦官之勢驟盛。終至把持朝局,與唐偕亡。〕

〔自有藩鎮之後,地擅於將,將又擅於兵;節度使之廢立,每操之軍人之手。五代時天子之兵,其實仍即前此藩鎮之兵,故視置君如弈棋也。周世宗始大革其弊,又務弱外州兵,以强京師。〕宋懲藩鎮之弊,將全國强兵,悉隸三衙(殿前司、侍衛親軍馬、步軍司),謂之禁軍。諸州厢軍,給役而已。

後禁軍數多而不可用。王安石裁其大半。〔置將分駐,以代番戍。〕創保甲之法,漸次練爲民兵;〔變募兵爲民兵;募兵闕額,則收其餉,以供保甲教閲之費。於是民兵盛而募兵衰。〕亦未有成。〔元祐以後,保甲教閲之制既廢,蔡京爲相,又務封樁缺額軍餉,以充上供;而民兵亦衰焉。〕

南渡後則恃屯兵爲固。〔南宋之兵,多出招募及招降群盜。其從高宗總宿衛者，爲楊沂中之兵。此外則張浚、韓世忠、岳飛、劉光世之兵最盛。四川之兵，多皆并於吴玠。楊沂中（中）及韓（後）、岳（左）、張（前）、劉（右）之兵，初稱御前五軍。劉光世死後，其衆叛降齊，以吴玠之兵升補。時張、韓、岳之兵，爲三宣撫司，分駐於外。秦檜與金言和，乃罷之。雖仍駐扎外州，而直隸朝廷，帥臣不加節制。設總領以掌其財賦，并帶報發御前軍馬文字之銜焉。〕

明衛所之制，類唐府兵，實亦近法元之萬户分屯。〔其制：以五千六百人爲衛，千一百二十人爲千户所，百二十人爲百户所。每所設總旗二，小旗十人。其取兵之途有二：一曰從征，二曰歸附。此外又取之謫發。凡諸衛皆隸於五軍都督府，征伐則命將充總兵官，調衛所兵領之。師旋，則將上所佩印，兵士如歸衛所。〕

清制兵有一、八旗〔清制編兵，起於佐領。每佐領三百人。五佐領設一參領，五參領設都統一。其後得蒙古、漢人，皆以是編制之，是爲八旗兵。〕分（一）禁旅、〔駐直隸、奉天。〕（二）駐防。〔駐其他各省。〕二、漢兵謂之緑旗，後通稱緑營。〔乾、嘉以前，出征多用八旗，内亂則多用緑營。〕中葉後有勇營。（湘、淮軍皆勇營。）同治大亂平後，抽練緑營兵，謂之練軍；又或以勇丁補緑營之缺，意在裁勇營而使緑營亦强也。然未有成。

中國宗教之變化。在列國分立時代，止有保護一地方一部族之神。全國統一以後，漸發生爲全國各階級各民族所共同崇拜之宗教。此時吾國之舊宗教，乃集合而成道教；將前此崇拜之對象，概行網羅，而編成一系統。（自然隨時隨地又有不同。）道教教理，并無足可取，且亦説不出有甚教理。（馬貴與言道家雜而多端，其多端中，又或自相矛盾，如清虚與符籙丹鼎等即是。）然卒與佛教并峙者，即以此等崇拜之對象，不能驟廢；而佛教又不能包容也。儒家放棄靈魂界，道、釋二家皆放棄俗生活方面之權利，而道、釋亦各有分野，不相冲突。此爲中國宗教優於西方之點。所謂三教，乃爲政府所承認者。此外反政府或反抗現社會組織之宗教，亦尚不乏；并有托諸釋、道者；統治階級，概目爲邪教。〔《舊約全書》耶和華僅保護以色列一族，即原始神之偏狹性也。中國古代，蓋亦如是。〕

儒家之真精神，貫注在社會政治方面。其視爲重要之問題，爲教養二者。宋儒尚承襲此精神。養之問題，偏重於平均地權；教之問題，必求其百廢俱舉。故正統派之宋儒，多主張井田封建。（因讀古書，在封建時代政治，非如後世之放任。不知此爲部族時代之遺跡，誤以爲封建政治之效果也。）又多欲以冠昏喪祭等禮，社倉鄉約等法，行之於一地方。（教之事。）至宋儒之哲學，又有受佛家之影響者，講“國學概論”時已言之，今爲時間所限，不再贅。

印刷術之發明，於文化之傳播關係最大。可看孫毓修《中國雕版源流考》。（商務本。）

中國近代與西洋交通以來，文化發展至相當程度，每易生停頓狀態，非加之以外力，則不生變動。

前此所受之外力：（一）北族之武力，不能摇動我之文化。（二）西域、印度之文明，或無物質的基礎，或僅枝節之技術。至近世歐美實業革命，社會之組織，隨之而起變化；我亦不得不隨之而起變化，迄今猶在動蕩之中。然必能合全世界而產生一種新文化，可知也。

竊謂今後文化變動之方向，在於社會力量之蘇生。蓋古代部族，原屬博愛、自由、平等，特限於部族之内，而不能及乎其外。人類在物質方面，必求勞費少而報酬多；欲達此目的，必求分工合作範圍之擴大；故分立之團體，不得不合而爲一；而當其合并時，并非有意識的爲之；於是從有組織變爲無組織，此團體與彼團體（國家、民族），一團體之中，此階級與彼階級，利害日趨於背馳，或以智取，或以力征，而人道苦矣。

人爲環境的產物，而環境之中，又以社會的環境爲更切。故欲恃前此之觀念論，以改良社會，必無此理。而不得不舉社會之組織而改變之。舉社會之組織而改變之，必須有一種力。此種力必不能恃今日之所謂國家，無待再計也。——以國家恒爲一階級所把持也。但非謂國家在目前即可廢棄，因外侮來時，國内被統治階級與統治階級之利害，即暫歸一致。此今日民族主義，所以大顯光芒，而民生主義，一若奄奄不振之故。

放開眼光看，現在世界的情勢，是物質的及人類真正的精神求其合，而特殊的階級求其分。——因其利益在於分，其意識自亦蔽於分。最爲世界觀大同的障礙的，大約有幾端：（一）民族的界限。（二）國家的組織。（因其實爲一階級所蟠據，固亦有可利用之時。然在真正進化的路上，則因其蔽於階級之偏私；且其本身之發達，嫌於龐大，以致不切實際；而又有過大之威權。）（三）家族。〔起於女性的奴役。〕（四）交换制度。因人類爲環境所鑄造，而社會之組織，必隨經濟狀態而變化。故欲圖改革，必有其物質的基礎。——前此孔、佛、耶等大宗教，及諸聖賢豪杰改革之所以無成，皆因缺此基礎故。今者生產工具及勞動力之集中，已藉（或可藉）資本主義造成。所缺者，最後之一轉移而已。此次世界大戰之後，文化方向，能否改變，此則今後數十百年人類禍福之所系也。